미학 강의 3

Georg Wilhelm Fridrich Hegel
Vorlesungen über die Ästhetik I-III
Volumes 13, 14 and 15 from: Werke in 20 Bänden mit Registerband
Redaktion Eva Moldenhauer und Karl Markus Michel
© Suhrkamp Verlag Frankfurt am Main 1970.
All rights reserved by and controlled through Suhrkamp Verlag Berlin.

Korean Translation Copyright © 2022 by Sechang Publishing Co.
Korean edition is published by arrangement with Suhrkamp Verlag, Berlin through BC Agency, Seoul.

세창클래식 003

미학 강의 3 —회화, 음악, 시문학

초판 1쇄 인쇄 2022년 2월 23일
초판 1쇄 발행 2022년 3월 2일

—

지은이 게오르크 빌헬름 프리드리히 헤겔
옮긴이 이창환
펴낸이 이방원
편   집 송원빈·김명희·안효희·정조연·정우경·곽병완
디자인 양혜진·손경화·박혜옥   **마케팅** 최성수·김 준

—

펴낸곳 세창출판사
　　　신고번호 제1990-000013호 **주소** 03736 서울시 서대문구 경기대로 58 경기빌딩 602호
　　　전화 02-723-8660 **팩스** 02-720-4579 **이메일** edit@sechangpub.co.kr **홈페이지** http://www.sechangpub.co.kr
　　　블로그 blog.naver.com/scpc1992 **페이스북** fb.me/Sechangofficial **인스타그램** @sechang_official

ISBN 979-11-6684-017-3 94100
　　　979-11-6684-014-2 (세트)

© 이창환, 2022

미학 강의 3

- 회화, 음악, 시문학

게오르크 빌헬름 프리드리히 헤겔 지음

이창환 옮김

세창클래식 003

세창출판사

2권 차례

제3부

개별 예술들의 체계

일러두기

- 본문 중 대괄호 [   ] 속에 표시된 숫자는 원서(*Vorlesungen über die Ästhetik I-III*, Volumes 13-15: *Werke in 20 Bänden* mit Registerband, Frankfurt am Main: Suhrkamp Verlag, 1970)의 쪽수를 가리킨다.
- 본문 중 대괄호 [   ] 속에 서술된 부분은 역자가 원문의 원활한 이해를 위해 임의로 추가한 것이다. 단, 원서의 편집자가 추가한 대괄호도 이와 구분 없이 표기하였다.
- 본문의 각주는 주어캄프판 편집자의 주이며, 그 외에 추가한 것은 역자의 주이다.
- 이 책의 목차 구성은 다음과 같다. 부-편-장-Ⅰ, Ⅱ, Ⅲ ⋯ -1, 2, 3 ⋯ -a, b, c ⋯ -α, β, γ ⋯ -$\alpha\alpha, \beta\beta, \gamma\gamma$ ⋯

제3편

낭만적 예술들

[11] 앞서 살펴보았듯이,[1] 남아 있는 예술들(회화, 음악, 시문학)로 조각이 전면 이행하게 해 주는 원칙은 내용 및 예술적 표현에 파고든 주관성이다. 주관성은 그 자체로서 추상관념적으로 존재하는, 자신을 외면성으로부터 내적 현존재로 되끌어오는 정신의 개념이며, 그런즉슨 이 정신은 더 이상 자신의 신체성과 불가분의 통일을 이루며 동행하지 않는다.

그러므로 조각의 실체적, 객관적 통일성은 안정, 고요 및 궁극적 완성을 초미의 관심사로 삼았지만, 저 이행을 통해 바야흐로 조각에 합체되어 들어 있던 바가 해체, 분리되기에 이른다. 우리는 이러한 분열을 두 가지 면에서 고찰할 수 있다. 일면 조각은 그 의미내용의 면에서 정신의 실체적 요소와 내면에서 아직 개체적 주관으로 반성되지 않은 개별성을 직접 한데 얽고 이를 통해 하나의 객관적 통일을 이루었으나, 이 경우 객관성은 무릇 내적으로 영원한 것, 부동의 것, 참된 것, 자의와 개체성에서 비롯하지 않는 실체성을 의미하였다. 다른 한편 조각은 이러한 정신적 의미내용을 신체성 속에 완전히 부어 넣고 또한 이를 통해 신체성에 생명과 의미를 부여함으로써 하나의 새로운 객관적 합일을 이루었으나, 이것은 객관성이 —단순 내적이며 주관적인 것과 반대로— 외형적, 실재적 현존재를 표시한다는 그런 의미에서의 합일일 뿐이다.

그런데 조각을 통해 처음으로 상호 부합하도록 제작된 이 두 측면이 서

---

1   역주: 『미학 강의』 제2권, 377쪽 이하 참조.

로 분리된다면, 이제는 자신 안으로 되돌아온 정신성이 단지 외형적인 것 일반, 자연 내지 내면의 고유한 신체성에 대립한다. 그뿐만 아니라 [12] 정신 적인 것 자체의 영역에서도 정신의 실체적이며 객관적인 요소는, 그것이 더 이상 단순한 실체적 개별성 속에 머물러 있지 않은 한에서, 살아 있는 주 관적 개체성 그 자체로부터 분리되어 있으며, 또한 종래에는 하나로 융합 되었던 이러한 모든 계기들이 서로 대립하고 그 자체로 자유롭게 되어 이 제는 바로 이 자유 속에서도 예술에 의해 작품화되는 것이다.

1. 이를 통해 첫째, 우리는 내용의 측면에서 정신적인 것의 실체성, 진리 와 영원의 세계, 신적인 것을 얻는데, 그러나 여기에서 이 신적인 것은 주관 성의 원리에 따라 그 자체가 주관으로서, 인격으로서, 자신을 영원한 정신 성 속에서 인식하는 절대자로서, 정신과 진리 속에 있는 신으로서 예술에 의해 파악되고 현실화된다. 이에 대응하여 세속적이며 인간적인 주관성이 대두하니, 이것은 정신의 실체적 요소와 더 이상 직접적 통일을 이루지 않 는 것으로서, 이제 자신의 모든 인간적 특칭성에 따라 자신을 전개할 수 있 으며 또한 모든 인간의 가슴과 인간적 현상의 온갖 풍부함을 예술에 접근 가능하도록 만든다.

그런데 [신과 인간이라는] 양자가 다시 통일되는 지점이 발견되는 그곳에는 그들에게 공통된 주관성의 원칙이 있다. 그러므로 정신적인 것으로서의 인 간적이며 유한한 주관성이 절대적 실체와 진리, 신적인 정신을 내면에 살 아 있는 현실적인 것으로 만드는 것과 마찬가지로, 절대자는 살아 있는 현 실적인 주관으로서, 또한 인간적인 주관으로서 현상한다. 그러나 이를 통 해 획득된 새로운 통일성은 조각에서 처음 표현되었던 직접성의 성격을 더 이상 지니지 않는다. 본질적으로 그것은 구분되는 측면들의 매개로서 드러 나는, 그리고 개념상 오로지 내면적, 추상관념적으로만 자신을 완벽하게 알 리는 통합과 화해의 성격을 지닌다.

나는 이미 우리의 학문 전체를 일반적으로 분류하면서(제1권, 127쪽 이하) 이 사실을 다음과 같은 식으로, [13] 즉 조각의 이상은 내적으로 견실한 신의 개별성을 모름지기 그에 적합한 신체성 속에서 감각적, 현실적으로 제시하는 반면, 이제는 이 대상에 정신적, 내적 반성으로서의 교구[신앙공동체]가 다가온다는 식으로 표현했었다. 그러나 자신 안으로 회수된 정신은 정신성 자체의 실체를 오직 정신으로서 그리고 주관으로서만 표상할 수 있으며 또한 동시에 이 점에서 개체적 주관성과 신의 정신적 화해라는 원칙을 얻는다. 하지만 개체적 주관으로서의 인간은 우연한 자연 현존재와 크고 작은 범위의 유한한 관심, 욕구, 목적과 열정들도 갖는바, 그는 이 범위 내에서 독립적으로 존재하고 자족할 수도 있거니와 그 범위를 신에 관한 예의 표상들 및 신과의 화해 속으로 심화시킬 수도 있다.

2. 이제 둘째, 표현상의 외적 측면을 보자면, 이 측면의 특수성도 못지않게 독자화되고, 또 이 독자성 속에서 등장하는 권리를 얻는다. 왜냐하면 여기에서 주관성은 실로 대자적으로 존재하는 실제적 현존재에서 벗어나 추상관념적인 것으로, 즉 감응, 가슴, 심정, 관조로 회귀한 내면성인 까닭에, 주관성의 원칙은 어느 모로 보나 내적인 것과 외적인 것의 저러한 [즉 조각에서 표현되었던] 직접적 상응 및 완전한 삼투를 불허하기 때문이다. 이러한 추상관념성이 외적 형상에서 현상하는 것은 사실이지만, 외적 형상 자체는 대자적으로 존재하는 내적 주관의 외면에 불과한 것으로 드러난다. 그러므로 고전적 조각에서의 신체적인 것과 정신적인 것의 긴밀한 관계가 총체적 무관계성으로 해체되는 데 이르지는 않을지라도 느슨해지고 헐거워짐으로써 비록 하나가 다른 하나 없이는 있을 수 없다고 해도, 양 측면은 이 관계 속에서 서로에 대한 그들의 특칭적 독자성을 보존하며, 또는 좀 더 깊은 합일을 실제로 달성할 경우 [조각에서의] 객관적이고 외적인 것과의 융합을 능가하는 내적인 것으로서의 정신성이 [14] 본질적인 면에서 빛을 발하는 중심

점이 된다. 그러므로 다소 증가된 객관적, 실제적인 것의 이러한 독자성으로 인해 여기서는 흔히 외적 자연이, 매우 특수한 개체적 대상들이 표현되기도 하지만, 이 경우 이것들은, 아무리 충실하게 취급되더라도 그 예술적 실현 방식의 면에서 정신의 참여, 이해의 생동성, 외면성의 이 최종적 극단에조차 심정이 자리함, 그리고 내적, 추상관념적 요소 등을 가시화해야 하며 또한 이로써 자신에게서 정신성을 명료하게 반영해야 한다.

그러므로 주관성의 원리는 전반적으로 외적인 것에서 내면성을 부각하기 위해 정신과 그 신체성의 순박한 합일을 포기하여 신체적인 것을 다소간 부정적으로 정립해야 하는 필연성을, 정신적인 것과 감각적인 것이 분열되고 운동함으로써 나타나는 특수자의 다양성에 자유로운 유희 공간을 마련해야 할 필연성을 수반한다.

3. 셋째, 이러한 새로운 원칙은 예술이 새로운 표현들을 위해 사용하는 감각적 질료에도 통용되어야 한다.

a) 종래의 질료는 질료적인 것 그 자체, 즉 공간적 현존재의 총체성[3차원성] 속에 있는 무거운 덩어리였으며, 또한 그 형상은 단순 추상적인 형상에 불과하였다. 이제 주관적인, 그것도 동시에 즉자 그 자체에서 특수화된 알찬 내면이 이 질료 속에 이입된다면, 내면은 내면으로서 비치기 위해 이 질료에서 한편으로는 공간적 총체성을 제거하고 또한 공간의 직접적 현존재를 그와 반대되는 것으로, 즉 정신에서 야기된 가상으로 변화시켜야 할 것이되, 다른 한편으로는 형상 및 그 외적, 감각적 가시성과의 관계에서 새로운 내용이 요구하는 갖가지 특수한 현상방식들을 추가로 도입해야 할 것이다. 그러나 여기서 예술은 처음에는 여전히 감각성과 가시성 속에서 [15] 움직여야 한다. 왜냐하면 지금까지 서술된 과정에 따르면 내면은 내적 반성 Reflexion-in-sich으로 간주될 수 있겠지만 동시에 외면성과 신체성에서 벗어나 자기 내면으로 회귀하는 과정, 이로써 자기에게로 도달하는 과정으로서도

현상해야 하는데, 이것은 처음에는 다시 자연의 객관적 현존재 및 정신적인 것 자체의 신체적 실존에 기대어 제시될 수밖에 없기 때문이다.

그런 까닭에 첫 번째의 낭만적 예술은 이와 같이 외적, 인간적 형상과 모든 자연물들 일반의 형식들 속에서 가시화되어야 할 것이되, 그렇다고 조각의 감각성과 추상에 머물러서는 안 될 것이다. 이 과제가 회화의 사명이다.

b) 그런데 조각에서는 모름지기 정신적인 것과 신체적인 것의 완성된 융합이 기본 유형을 제공했다면, 회화에서는 이와 반대로 내적으로 집중된 내면의 발현이 기본 유형을 제공하며, 그런 한에서 무릇 공간적 외형은 정신의 주관성에 진정으로 적합한 표현 수단이 아니라는 결과가 나타난다. 그러므로 예술은 종래의 형상화 방식을 떠나 공간적인 것의 구상화 대신 시간 속에서 울리고 잦아드는 소리[음]의 구상화를 채택한다. 왜냐하면 이 소리는 공간적 질료를 부정함으로써만 정립되며, 이를 통해 그 추상관념적인 시간적 현존재를 얻으며, 그런 관계로 자신 스스로를 주관적 내면성에 따르는 감응으로 파악하며, 또한 가슴과 심정의 내적 운동에서 표명되는 모든 의미내용들을 음들의 운동으로 표현하는 내면에 상응하기 때문이다. 이러한 표현의 원리에 따르는 두 번째의 예술이 음악이다.

c) 하지만 이를 통해 음악은 또다시 대립적 측면을 갖는다. 왜냐하면 음악은 조형예술들과 대조적으로 내용뿐만 아니라 감각적 질료 및 표현방식과 관계해서도 내면의 비형상성을 견지하지만, 예술은 [16] 그 개념의 총체성에 적합하려면 내면뿐만 아니라 그 현상과 현실 역시 내면의 외적 실제성 속에서 가시화해야 하기 때문이다. 그런데 예술은 현실적인, 이로써 가시적인 객관성의 형식으로 실제로 들어가기를 그치고 내면성의 요소를 향해 돌아섰으며, 그럴진대 예술이 새로이 향하는 객관성은 더 이상 실제적 외면성이 아니라 단지 표상된, 또한 내적 직관, 표상, 그리고 감응을 위해

형상화된 외면성이며, 자신의 고유한 영역 내에서 창조하는 정신이 정신에 전달하는, 외면성의 표현은 정신을 알리는 감각적 질료를 그저 단순한 전달매체로서 사용할 뿐이며, 그리하여 그것을 자체로는 무의미한 기호로 격하시켜야 한다. 이러한 입장에 서 있는, 그리고 —보통은 정신이 언어로 자신 속에 있는 바를 정신과 소통하고 있지만— 이제 그 자신 예술 기관으로 육성된 언어로 예술적 산물을 구현하는, 그런 언어[말]의 예술인 시문학은 또한 자신의 [고유한] 요소들에서 정신의 총체성을 전개할 수 있는 까닭에 모든 예술형식들에 고루 속하는, 다만 정신이 아직 자신의 최상의 의미내용에 대해 스스로 불분명하여 자신에게 외적인 타자의 형식과 형상을 통해서만 자신의 고유한 예감들을 의식할 수 있을 뿐인 곳에는 머물지 않는, 그런 보편적 예술이다.

제1장
회화

조각에 최적인 대상은 자기 안에 고요하고 실체적으로 침잠되어 있는 성격이며, 그 정신적 개별성은 실로 신체적 현존재로 발현하여 그 속에 완벽히 삼투되지만, 정신의 이러한 체현을 표현하는 감각적 질료는 [17] 단지 형상 그 자체의 면에서만 정신에 부합하도록 제작되었다. 인간의 내적 주관성, 그의 심정의 생동성과 가장 고유한 영혼의 감응은 시선 없는 형상에서 드러나지 않았다. 그것들은 응축된 내면으로 집약되지 않았으며 또한 정신적 운동으로 외적인 것과 분리되어 내적인 구분을 행하는 운동으로 펼쳐지지도 않았다. 이것이 고대의 조각작품들이 얼마간 차갑게 보이는 이유이다. 우리는 그 작품들 곁에 오래 머물지 않으며, 혹은 머문다면 그것은 형상의 섬세한 차이들과 그 개체적 형식들에 대한 보다 학㊀적인 연구를 하기 위함이다. 고상한 조각품들에 대해 의당 가져야 할 높은 관심을 표하지 않는 사람들이 있다 하여 그들을 나쁘게 볼 수는 없다. 왜냐하면 그것들을 평가하는 법을 우리는 우선 배워야만 하는바, 그럼으로써 우리가 무언가에 사로잡히는 일이 없게 되거나 전체의 보편적 특성이 곧장 드러나기 때문이며, 그런 다음에 세부사항을 위해 우리는 더 나아간 관심을 끄는 것을 비로소 살펴보아야 하기 때문이다. 그러나 연구, 숙고, 학적인 지식 그리고 다수의 관찰로부터 비로소 생겨나는 향유는 예술의 직접적 목적이 아니다. 그리고 심지어 이렇듯 우회적으로 향유를 얻었다고 해도, 고대 조각작품들에서는 한 성격이 발전하여 외부를 향한 행동과 행위로, 내면의 특수화와 심화로 이행해야 한다는 요구가 늘 불만족스럽게 남는다. 바로 그 때문에 우리에게는 회화가 더욱 친숙하다. 즉 회화에서는 유한하면서도 내적으로 무한한 주관성의 원칙, 우리 자신의 현존재와 삶의 원칙이 처음으로 열리며, 또한 우리는 그 형상물들에서 우리 자신 속에서 작용하고 활동하는 그 무엇을 보는 것이다.

조각이 표현하는 신은 직관에 대해 단순한 객체로서 대면하는 반면, 회화에서 신성은 즉자 그 자체로서 정신적이며 생동하는 주관으로 현상하는 바, 이것은 교구로 이행하는 주관이자 자신과 신성의 정신적 공동체를 정립하여 양자를 매개할 수 있는 가능성을 각 개별자들에게 부여하는 주관이다. 이로써 실체적인 것은 [18] 자체가 교구로 이행하여 특수화되어 있다. 그것은 조각에서처럼 내면을 벗어나지 못하는 경직된 개인이 아니다.

그런데 주관을 그 고유한 신체성 및 외적 환경 일반으로부터 구분하는 원칙과 그것들을 내면과 매개하는 원칙은 동일한 것이다. 주관적 특수화는 신, 자연, 다른 개인들의 내적, 외적 실존에 대한 인간의 독립화로서 존재하며, 또한 역으로 신이 교구에 대해 갖는, 특칭적 인간이 신, 자연환경, 그리고 무한히 복합적인 인간적 현존재의 욕구, 목적, 열정, 행위와 행동들에 대해 갖는 극히 내밀하고도 견고한 관계로서 존재한다. 이러한 범위의 주관적 특수화에는 조각이 그 내용과 표현 수단의 면에서 아쉬워하는 모든 운동과 생동성이 속하며, 종래에는 없었던 무진장한 내용의 소재와 광범위한 표현방식의 다양성이 새로이 예술에 도입된다. 주관성의 원칙은 한편으로는 특수화의 근거이자 다른 한편으로는 매개자, 총괄자이기도 하니, 회화는 종래에는 두 가지의 상이한 예술들에 속했던 것, 즉 건축이 예술적으로 취급했던 외적 환경과 조각이 가다듬었던 자체로서 정신적인 형상을 하나의 동일한 예술작품으로 통일한다. 회화는 그 인물들을 자신이 고안한 외적 자연이나 건축적 환경 속에 ―이것들은 회화에서 인물들에 못지않은 의미를 갖는다― 위치시키며, 이 외적인 것을 이해의 심정과 영혼을 통해 동시에 주관적 반영인 것으로 만들 줄도 알며, 또한 그것을 그 속에서 운동하는 인물들의 정신과 관계 맺게 할 줄도, 그리고 양자를 조화롭게 정립할 줄도 안다.

이것이 종래의 예술적 표현방식에 회화가 추가하는 새로움의 원칙이라고 하겠다.

이제 좀 더 특정한 고찰을 하기 위해 [19] 나는 여기서 다음의 분류를 정할 것이다.

첫째, 우리는 여기에서도 보편적 성격의 측면을 살펴볼 것인데, 회화는 그 특정한 내용 및 이러한 내용에 결부된 질료, 그리고 이를 통해 조건 지어지는 예술적 취급의 관점에서 그것을 수용해야 한다.
다음으로 둘째, 내용과 표현의 원칙에 들어 있는, 그리고 회화에 해당하는 대상 및 이해방식, 구성, 채색을 좀 더 확실히 경계 짓는 특수한 규정들이 전개될 수 있다.
셋째, 다른 예술들에서도 그렇지만, 그러한 특수화를 통해 회화 역시 여러 역사적 발전 단계들을 갖는 상이한 유파들로 개별화된다.

1. 회화의 보편적 성격

나는 회화의 본질적 원칙으로서 내적 주관성을 ―이것은 감응, 표상, 그리고 행위의 생동성 전부를 아우르며, 또한 신체적인 것의 다양한 상황들과 외적 현상방식들 속에 들어 있다— 거론하고 이를 통해 회화의 중심점을 낭만적, 기독교적 예술로 옮겼는데, 그리되면 즉각 조각뿐만 아니라 회화에서도 최고의 단계에 올랐던 탁월한 화가들이 고대인 중에서 발견된다는 문제, 또한 중국인, 인도인, 이집트인 등의 타민족들도 회화로 명성이 자자했다는 문제가 누구에게나 제기될 수 있다. 물론 회화가 그 선택 대상들 및 그것들을 묘사하는 방식의 다양성으로 인해 제약을 덜 받으며 여러 민족들로 퍼졌던 것은 사실이다. [20] 그러나 중요한 점은 이것이 아니다. 경험적인 측면만을 고려한다면, 이러저러한 것이 이러저러한 방식으로 이러저러한 시대의 이러저러한 민족에 의해 생산되었다고 말하면 그만이다. 하지만 좀 더 깊은 문제는 회화의 원칙에 관한 것인바, 이는 그 표현 수단의 탐구 및 이를 통한 내용의 천명에 대한 것으로서, 이 경우 내용은 그것의 본성 자체로 인해 필경 회화적 형식 및 표현방식의 원칙과 일치해야 하며, 그리하여 이 형식은 철두철미 그 내용에 상응하는 형식이 된다. — 남아 있는 고대인들의 회화는 거의 없다. 우리가 보는 것은 고대의 가장 탁월한 작품들에 속하지도 않고 당대의 가장 유명한 거장들에 의해 제작되었을 리도 없는 그림들이다. 적어도 우리가 고대인들의 사저私邸를 발굴하면서 발견한 것은 이런 종류의 것이다. 그럼에도 불구하고 우리는 취미의 섬세함, 대상의 적절성, 배치의 명료성, 제작의 경쾌함, 채색의 신선함을 찬탄해 마지 않는다. 원본 그림들은 그 특장特長들을 훨씬 높은 정도로 소유했으며, 예컨대 폼페이에 소재하는 소위 비극시인의 집의 벽화는 이 원본에 따라 제작되었다. 유감스럽게도 이렇다 할 거장에 관해 우리에게 전해 오는 것은 전무하다. 그런데 이 원본들이 제아무리 탁월하다고 해도, 고대인들은 —그들의 조각은 비할 데 없이 아름답지만— 중세 기독교시대에, 특히 16, 17세기에 달성되었던 정도로까지 회화를 본격적으로 발전시킬 수는 없었다. 고대인들의 경우 회화가 조각에 뒤처지는 것은 어느 모로나 짐작될 수 있으니, 까닭인즉 그리스적 관점의 중핵은 다른 그 어떤 예술보다도 정녕 조각에서 성취될 수 있는 것의 원칙에 더욱 합당하기 때문이다. 그러나 예술에서는 정신적 의미내용과 [21] 표현방식이 갈라져서는 안 된다. 이러한 관점에서 무엇 때문에 회화가 낭만적 예술형식의 내용을 통해 비로소 그 고유의 정점으로 치솟게 되었는가를 묻는다면, 곧 감응의 내밀함, 심정의 지복과 고통이야말로 영혼이 깃든 정신을 요구하는, 한층 깊은 이 의미내용이라 할 것이니, 이것이 좀 더 고차적인 회화 예술의 완전성에 길을 닦아 주고, 또 그 완전성을 필연적으로 만들었다.

이와 관련하여 다만 나는 라울 로셰트[2]가 호루스를 무릎에 앉힌 이시스를 이해하기 위해 거론하는 바를 다시 사례로서 환기하고자 한다. 전반적으로 여기서의 주제는 기독교의 성모 이미지와 동일한 대상, 즉 자신의 아이를 안고 있는 신모神母이다. 그러나 이 대상들에 내재된 것을 이해하고 표현하는 차이는 엄청나다. 이집트의 이시스에서는 그러한 상황이 저부조Basrelief로 표현되어 있는데, 그녀는 전혀 모성적이지 않고, 자애롭지 않으며, 영혼과 감응의 아무런 특징을 갖지 않는 반면, 비교적 경직된 비잔틴의 성모聖母상들에서조차 이 감응은 전무하지 않다. 군이 라파엘로나 기타 이탈리아 거장이 아닐지라도 조각가들이 성모와 아기 예수에서 과연 무엇을 제작하였겠는가. 그러한 깊은 감응이, 그러한 정신적 삶이, 그러한 내밀함과 충만함이, 그러한 숭고함 내지 사랑스러움이, 인간적이지만 신적 정신이 완전히 관류하는 그러한 심정이 모든 표정들을 통해 우리에게 말을 걸지 않는가. 그리고 이 하나의 대상이 종종 같은 장인들에 의해 그리고 더욱 잦게

---

2 역주: Désiré Raoul-Rochette(1789~1854). 프랑스의 고고학자.

는 기타 여러 예술가들에 의해 얼마나 무한히 다양한 형식과 상황들로 표현되어 왔는가. 성모, 순수한 성처녀, 신체적 아름다움, 정신적 아름다움, 숭고함, 사랑스러운 매력, 이 모든 것이 그리고 그보다 훨씬 더 많은 것이 번갈아 표현의 주요 특징으로 부각되었다. 그러나 무엇보다 거장다움을 드러내고 또한 표현의 거장다움으로 인도하는 것은 형식의 감각적 미가 아니라 영혼이 깃든 정신이다. — 이제 그리스 예술이 이집트 예술을 훨씬 능가하고 [22] 또한 인간적 내면의 표현 역시 대상으로 삼았던 것은 사실이지만, 그것은 기독교적 표현방식에 들어 있는 감응의 내밀함과 깊이를 달성할 능력이 없었으며, 또한 그 전체 성격의 면에서 영혼이 이런 식으로 깃들도록 애쓰지도 않았다. 종종 인용되었던, 예컨대 어린 바쿠스를 팔에 안고 있는 파운[3]은 매우 매력적이면서도 사랑스럽다. 님프들도 마찬가지로 바쿠스를 보살피니, 이 상황은 매우 아름다운 일군의 인물들이 벌이는 소소한 명장면을 묘사한다. 여기에서 우리는 질박하고, 욕심과 요구가 없는 아이에 대한 사랑과 유사한 것을 감응하지만, 그럼에도 그 표현은, 모성적인 것은 차치하고라도, 우리가 기독교적 그림들에서 만나는 내면의 영혼과 심정의 깊이를 전혀 갖지 않는다. 고대인들이 초상화를 탁월하게 그렸을 수는 있지만, 자연물에 관한 그들의 이해이건 또는 인간적 상태와 신적 상태에 관한 그들의 직관이건 간에 그 모두는 기독교적 회화에서처럼 그토록 내적으로 깊은 정신성을 회화로 표현할 법한 종류의 것이 아니었다.

그러나 회화에서 영혼이 이렇듯 한층 더 주관적으로 깃들 것을 요구할 수밖에 없음은 이미 그 질료에서 연유한다. 즉 회화는 색채들의 특수화를 통한 형상화, 평면으로의 확장이라는 감각적 요소 속에서 움직이며, 이를

---

3   역주: Faun은 로마 신화에 나오는 숲의 정령(파우누스)이다.

통해 눈에 보이는 대상성의 형식은 정신에 의해 정립된 예술적 가상으로 변화하며, 회화에서는 이 가상이 실제의 형상 자체를 대신한다. 이러한 질료의 원칙에는 외물의 현실적 현존재가, 비록 정신적인 것에 의해 영혼이 깃들었다고는 하나, 더 이상 그 자체로서 궁극적 타당성을 간직해서는 안 되며 오히려 이 실제성 속에서 정녕 그 자체가 내적 정신의 단순한 비추임으로 격하되어야 한다는 점이 포함되어 있다. 왜냐하면 여기서 정신은 자신을 자체로서 관조할 것을 원하기 때문이다. 이 사실을 좀 더 깊숙이 파악해 보면, 이 발전은 총체적 조각형상으로부터 유래하는 발전과 다른 의미를 갖는 것이 아니다. 정신의 내면은 외면성의 가상 속에서 [23] 자신을 내적인 것으로 표현하고자 기도한다. 이 경우 둘째, 회화가 자신의 대상들을 현상시키는 평면은 이미 평면인 까닭에 환경, 연관성, 관계성들을 끌어들이며, 가상을 특수화하는 색채 역시 이제 특수화된 내면을 요구하는바, 이 특수화는 표현, 상황 그리고 행위의 규정성을 통하여 비로소 분명해지는 까닭에 다양성, 운동 그리고 특칭적인 내적, 외적 삶을 직접적으로 요구한다. 우리는 이러한 내면성 자체의 원칙을 낭만적 예술형식의 원칙으로 간주했는데, 이것은 그 현실적 현상에서 각양각색의 외적 현존재와 결부되어 있으면서도 동시에 이러한 특칭적 실존을 넘어서서 그것들을 자신 속에 취합하는 대자존재로서 인식된다. 따라서 회화의 요소는 자신에게 철두철미 상응하는 대상을 유일무이하게 낭만적 예술의 의미내용과 표현방식에서 얻는다. 역으로도 말할 수 있을 것인데, 낭만적 예술이 예술작품이 되고자 한다면, 그것은 자신의 내용과 합치하는 질료를 찾아내야 하며, 또 그것을 일차적으로 회화에서 발견한다. 그런 관계로 회화는 그 밖의 모든 대상들 및 이해들에서는 다소간 형식적인 것으로 머문다. 그러므로 기독교적 회화 이외에도 동방, 그리스, 그리고 로마의 회화 역시 있긴 하지만, 그럼에도 이 예술이 낭만적 예술의 경계 내에서 얻은 발전은 회화 본연의 중심점으로 머물며, 또한 우리가 동방과 그리스 회화에 관해 이야기할 수 있음은 고전적 이상에 뿌리를 두는, 그리고 그 표현과 더불어 참된 정점에 도달했던 조각에서도 기독교적 조각을 언급했던 것과 다를 바 없다. 즉 우리는 인정해야 하거니와, 회화는 낭만적 예술형식의 소재 속에서 비로소 그 수단 및 형식들과 완벽하게 어울리는 내용을 포착하며, 따라서 그러한 대상들을 취급하면서 자신의 수단들을 남김없이 십분 사용하는 법을 처음 배우는 것이다. [24]

이 점을 일단 아주 일반적으로 추적해 보면, 회화의 내용, 질료 그리고 예술적 취급방식에 관해 다음의 점이 밝혀진다.

a. 내용의 주요 규정

회화의 내용에 대해서는 대자적으로 존재하는 주관성이 주요 규정임을 우리는 보았다.

α) 그러므로 이제 내면의 편에서 보면 개별성은 실체적인 것에 완전히 양도될 수 없으며, 오히려 반대로 그것이 어떻게 이 주관으로서 각각의 의미내용을 자신 속에 포함하는지, 그리고 그 속에서 어떻게 스스로를, 자신의 내면을, 자신의 표상과 감응의 고유한 생명성을 소유하고 표현하는지를 보여 주어야 한다. 그리고 외적 형상도 역시 조각의 경우와는 달리 마냥 내적 개별성에 의해 지배받는 것으로 현상할 수 없다. 왜냐하면 비록 주관성이 자신에게 속한 객관성으로서의 외면에 삼투하기는 해도, 그것은 동시에 객관적인 것에서 벗어나 자신 속으로 회귀하는 동일성, 즉 이러한 자기귀환으로 인해 외적인 것에 대해 무차별적인, 이를 그대로 놓아두는 동일성이기 때문이다. 그러므로 내용의 정신적 측면에서는 개체적 주관성이 실체 및 보편성과 직접 통일되는 대신 대자존재의 정점을 향해 내적으로 반성되듯이, 이제 형상의 외면에서도 역시 특수성과 그 보편성은 예의 조형적 통

일에서 벗어나 개체적인 것의, 이로써 다소 우연적이며 무차별적인 것의 우위를 향해 ―안 그래도 경험적 현실에서는 이러한 것이 이미 모든 현상들의 지배적 특징을 이룬다― 나아간다.

β) 회화는 원칙상 표현대상들을 확장하는바, 두 번째 점은 이 확장에 관한 것이다.

자유로운 주관성은 한편으로 전체 범위의 자연물들과 모든 국면의 인간적 현실에 그들의 독자적 현존재를 허용하지만, 다른 한편으로 자신을 일체의 특수자 속에 투입하고 또 그것을 [25] 내면의 내용으로 삼는다. 주관성은 실로 구체적 현실과 엮임으로써 비로소 자신을 구체적, 생동적인 것으로서 증명한다. 이를 통해 화가로서는 자신이 표현하는 영역에 조각으로서는 근접할 수 없는 대상들을 가득 들여놓는 일이 가능해진다. 전 범위의 종교적 주제들, 천당과 지옥의 표상들, 그리스도, 사도들, 성자들 등의 이야기, 외적 자연, 상황과 성격들의 찰나적 스침까지 포함하는 인간사, 이러한 각양각색의 것이 회화에서는 자리를 차지한다. 왜냐하면 주관성에는 특수하고, 자의적이고, 우연한 관심과 욕구 또한 속하는 관계로, 회화는 이것들도 마찬가지로 이해할 것을 촉구하기 때문이다.

γ) 여기에는 회화가 심정을 묘사의 내용으로 삼는다는 제3의 측면이 결부된다. 즉 심정 속에 살아 있는 것은, 비록 그것이 의미내용의 면에서 객관적이며 절대적인 것 자체일지라도 주관적으로 현전한다. 왜냐하면 심정의 감응은 보편자를 내용으로 삼을 수 있는 것이 사실이지만, 그것은 감응인 까닭에 이러한 보편성의 형식을 유지하는 것이 아니라 오히려 이 특정 주관으로서의 내가 그 속에서 나를 인식하고 감응하는 바에 따라 현상하기 때문이다. 객관적 의미내용을 객관성 속에서 부각하려면 나는 나 자신을 망각해야만 한다. 회화는 물론 내면을 외적 대상성의 형식으로 가시화하지만, 회화가 표현하는 본격적인 내용은 감응하는 주관성이다. 그런즉 회

화는 형식의 측면에서도, 예컨대 조각이 그런 것처럼 규정된 신성의 모습들을 제공할 수 없으며 오히려 감응에 속하는 비교적 비규정적인 표상들을 제공할 뿐이다. 이 사실은 유명한 화가들이 누차 인간의 외적 환경 역시, 즉 산맥, 계곡, 초원, 시내, 수목, 덤불, 배, 바다, 구름, 하늘, 건물, 방 등 역시 회화의 대상으로 즐겨 선택하는 것과 모순되는 듯 보인다. 하지만 그러한 예술작품들에서 [26] 내용의 핵심을 이루는 것은 이러한 대상들 자체가 아니라 주관적 이해와 제작의 생명성 및 영혼이며, 또한 작품에 반영되는, 외적 대상의 단순한 모사에 그치지 않고 동시에 자기 자신과 자신의 내면을 전달하는 예술가의 심정이다. 바로 이를 통해 주관적인 것은 대상들에서 주요 요인으로서 불거지기 시작하며, 그리하여 이 면에서도 대상들은 회화에서 무차별적인 것으로 밝혀진다. 회화는 종종 외적 자연대상들이 야기하는 분위기의 일반적 반향에 그치는 심정에서 이렇듯 멀어지는 가운데 음악에 더욱 접근하여 조형造形하는 예술로부터 조음調音하는 예술로 향하는 이행을 이루는바, 이 점에서 회화는 조각 및 건축과 가장 크게 구분된다.

b. 회화의 감각적 질료

이제 둘째, 나는 이미 회화의 감각적 질료를 가장 일반적인 기본 특징의 면에서 조각과 대조하여 누차 거론하였던바, 여기서는 다만 이 질료와 이에 의해 주로 표현되어야 할 정신적 내용의 관계를 보다 상세하게 다루고자 한다.

α) 이 면에서 고찰해야 할 첫 번째 사항은 회화가 3차원이라는 공간적 총체성을 축소한다는 사실이다. 그러한 수축의 완성은 [공간적] 병렬성 일반을 지양하는 점點으로의 수축일 것이요, 또한 시간의 점이라면 그러한 지양의 내적 동요일 것이다. 그러나 이러한 부정의 철저한 관철에 이르기 위해서는 음악까지 나아가야 한다. 이에 반해 회화는 공간적인 것을 여전히 존속

시키며 세 개의 차원들 중 다만 하나를 제거할 뿐이니, 회화적 표현의 기본은 평면이다. 평면을 향한 3차원의 이러한 축소는 내면화의 원칙, 즉 공간적인 것에서 자신을 내면성으로서 드러내려면 [27] 외적 차원의 총체성을 존속시켜서는 안 되며 오히려 그것을 제한해야 한다는 원칙에 내재한다.

사람들은 보통 이러한 축소가 회화의 재량이며 이를 통해 회화에는 하나의 결함이 유착되어 있다고 생각하는 경향이 있다. 왜냐하면 그들이 생각하기에 회화는 분명 자연물들은 그 온전한 실제성 속에서, 그리고 정신적 표상과 감응들은 인간의 신체와 표정을 통해서 가시화하기를 바랐으나, 평면은 이 목적에 불충분하며 또한 전혀 다른 완전성[3차원성] 속에서 등장하는 자연에 뒤처지기 때문이란 것이다.

αα) 물론 회화는 질료적 공간성의 면에서 조각보다 한층 추상적이다. 그러나 이러한 추상은 단순 자의적인 제한이나 자연과 그 산물들에 대한 인간의 미숙함과는 거리가 멀며, 조각에서 필연적으로 발전되어 나온 것이다. 이미 조각이 단순히 자연적, 신체적 현존재의 모사가 아니라 오히려 정신에서 비롯된 재생산이었으며, 그리하여 조각은 표현하려는 특정 내용에 상응하지 않는 일상적 자연존재의 모든 측면을 형상에서 제거하였다. 조각에서는 채색의 특칭성이 이에 해당하였는바, 그리하여 그 외에는 감각적 형상의 추상뿐이었다. 이제 회화에서는 그 반대가 나타난다. 왜냐하면 회화의 내용인 정신적 내면성은 오직 외적인 것 속에서 현상할 뿐이되, 동시에 외적인 것에서 벗어나 내면으로 진입하는 것으로서 현상하기 때문이다. 회화도 가시화를 위해 작업하는 것이 사실이지만, 표현되는 객체가 현실적, 총체적, 공간적 자연 현존재로 머무는 방식이 아니라 오히려 정신의 반영이 되는 방식으로 작업하니, 이러한 반영 속에서 정신은 실제의 현존재를 지양하여 그것을 정신적인 것을 위해 정신적인 것에 속하는 단순한 가상으로 개조하는 한에서만 자신의 정신성을 드러낸다.

ββ) 이로써 회화는 여기서 공간적 총체성과 필히 절연해야 하는 것이지, 이러한 완전성의 포기가 단지 인간 본성의 제한성 따위로 인해 필요해지는 것은 아니다. [28] 즉 회화의 대상은 공간적 현존재의 면에서 정신적 내면의 가상으로 존재할 뿐이며, 그런 까닭에 공간적으로 현전하는 현실적 실존의 독자성은 해체되고 또 조각작품의 경우보다 관조자와 훨씬 밀접하게 관계한다. 조각상은 대개 그 자체로 독자적이어서 감상자가 어디에 서고자 하는가를 걱정하지 않는다. 감상자가 어디에 서든, 어떻게 움직이든, 어디를 둘러보든, 그것은 작품에 대해 무차별적이다. 이러한 독자성이 온존하려면, 조각상은 여하한 위치의 관조자에게도 무언가를 제공할 수 있어야 한다. 그런데 조각에서 작품의 이러한 대자존재가 보존되어야 하는 까닭은 그 내용이 외적으로든 내적으로든 자신에게서 기인하고, 완결되었으며, 객관적이기 때문이다. 이에 반해 회화의 의미내용을 이루는 것은 주관성, 그것도 동시에 내적으로 특칭화된 내면성이다. 회화에서는 대상과 관조자로 나뉘는 예술작품의 분리라는 앞의 측면도 같이 드러나야 하지만, 또한 그것은 직접적으로 해체되니, 까닭인즉 회화는 주관적인 것을 묘사하는 작품으로서 이제 본질적으로 오로지 주관을 위해, 감상자를 위해 현존할 뿐 독자적으로 그 자체로서는 현존하지 않는다는 규정을 그 전체 표현방식에서도 역시 보여 주기 때문이다. 관조자는 말하자면 애초부터 함께 있고 또 함께 고려되니, 예술작품은 주관이라는 이 확고한 점을 위해서만 오로지 존재한다. 이러한 관계의 관조와 그 정신적 반성을 위해서는 실제성의 단순한 가상이면 충분하며, 공간의 현실적 총체성은 심지어 방해가 된다. 왜냐하면 후자의 경우에는 관조된 대상들이 자체로서 현존재를 보유하며, 또한 단순히 정신의 고유한 관조를 위해 정신을 통해 표현된 것으로서 현상하지는 않기 때문이다. 그러므로 자연은, 그 대상들이 하나의 실제적 대자존재를 가지며 동시에 가져야만 하는 까닭에, 자신의 형상물들을 평면으로 축

소할 능력이 없다. 하지만 회화의 만족은 현실적 존재에서 기인하기보다는 내면의 외적 반조返照에 대한 순수 이론적 관심에서 기인하며, [29] 이로써 회화는 공간적, 총체적 실제성과 그 구성을 위한 일체의 필요성과 장치를 멀리한다.

γγ) 이제 셋째, 평면을 향한 이러한 축소는 회화가 조각에 비해 건축과 한층 멀리 떨어져 있다는 정황과도 결부된다. 왜냐하면 조각작품들은, 그 자체로서 독자적으로 공공장소나 정원에 세워질 경우에도, 항상 건축학적으로 취급되는 받침대를 필요로 하는 반면, 건축예술은 거실, 앞마당, 회당들에서 조각들의 주위 환경으로 봉사하거나, 반대로 조각상들이 건물의 치장으로서 사용되니, 이로써 양자 사이에는 한층 긴밀한 관계가 성립하기 때문이다. 이에 반해 회화는 밀폐된 방에 있든 공개된 회당이나 야외에 있든 간에 벽에 한정된다. 회화는 원래 빈 벽면을 채운다는 규정만을 갖는다. 특히 고대인들의 경우에는 회화가 이 사명을 다하였으니, 그들은 사원의 벽을, 그리고 나중에는 사저의 벽을 그런 식으로 치장했다. 매우 장엄한 비례의 내부공간을 주 과제로 삼는 고딕 건축술은 비교적 큰, 아니 생각 가능한 가장 거창한 평면을 제공하지만, 이 경우에는 건물의 외부와 내부 모두에서 초기 모자이크가 빈 벽면의 장식으로서 등장할 뿐이다. 이와는 반대로 후일의, 특히 14세기의 건축은 거대한 벽면들을 가히 건축학적인 방식으로 채우니, 스트라스부르 대성당의 앞면[파사드]이 그 예이다. 여기서는 출입문들, 장미창 그리고 그 밖의 다른 창들을 제외한 빈 면들이 성당 벽면 위로 늘어선 창문 모양의 장식들과 매우 우아하고 다양한 인물상들을 통해 더 이상 회화가 필요 없을 정도로 꾸며져 있다. 따라서 회화는 종교적 건축에서, 특히 고대 건축술의 [30] 전형에 접근하기 시작하는 건물들에서 다시 등장한다. 그렇지만 기독교적 종교화는 전반적으로 건축술로부터도 분리되니, 예컨대 제단 위의 큰 장식들과 예배당 내부, 그리고 주제단主祭壇에 있

스트라스부르 대성당의 정면(© Benh Lieu Song)

는 회화작품들은 독자적인 것이 되었다. 이 경우에도 그림은 그것이 있도록 규정된 장소의 성격과 연관되어야 하지만, 보통은 자신의 규정을 단순히 벽면의 채움에 두지 않고 오히려 조각작품이 그렇듯 자기 자신을 목적으로 현존한다. 마지막으로 회화는 공공건물, 시청, 궁전, 사저 등의 기둥과 거실의 장식에 쓰이는데, 이를 통해 회화는 다시 건축과 좀 더 밀접한 관계를, 하지만 자유로운 예술로서의 그 독자성을 상실해서는 안 되는 관계를 맺는다.

β) 그런데 회화가 3차원적 공간을 평면으로 지양해야 하는 또 하나의 필연성은 회화의 소명이 내적으로 특수화된, 이로써 동시에 다양한 특칭성들을 풍부하게 갖는 내면성의 표현이라는 사실과 연관된다. 조각은 형상의 공간적 형식들에 단순히 제한되고 또 이에 만족하지만, 공간형식들은 자연에서 가장 추상적인 것이므로 좀 더 풍부한 예술[회화]에서는 그러한 제한이 풀린다. 그리고 오늘날에는 내적으로 한층 다양한 질료가 요구되며, 그런 한에서 앞의 추상성은 특칭적 차이들의 면에서 파악되어야 한다. 그리하여 공간성 속의 표현이라는 원칙에 물리적으로 특유한 질료가 [즉 색채가] 추가되는데, 그 질료들의 차별성이 이 예술작품에서 본질적인 차별성으로 현상해야만 하는 경우, 더 이상 궁극의 표현수단으로 있지 않은 총체적 공간성에서 [즉 회화의 평면성에서] 이 차별성은 그러한 경우를 스스로 보여 주어야 하며 그 물리적 속성에 따른 현상을 강조하기 위해 공간 차원의 완전성[3차원성]과 절연해야 한다. 왜냐하면 회화에서는 차원들의 고유한 실제성이 차원들 자체를 통해 현존하지 않고 오히려 이 물리적 요소를 통해 가상화되고 가시화되기 때문이다.

αα) 이제 회화가 사용하는 물리적 요소가 어떤 종류인지를 묻는다면, [31] 대상성 일반을 보편적으로 가시화하는 빛이 그것이다.

종래 건축의 감각적, 구체적 질료는 지지력과 무게를 지니는 것이었다. 특히 건축술에서는 바로 이러한 무거운 질료의 특성이 누르고, 버티고, 전달하고, 받치는 등의 것으로서 드러났으며, 또한 그 같은 규정은 조각에서도 여전히 상실되지 않았다. 무거운 질료는 그 질료적 통일점을 자기 자신이 아닌 다른 것 안에 지니고, 그것을 찾고, 그리로 다가가도록 노력하지만, 힘의 전달체가 되는 다른 물체들의 저항으로 인해 그 자리에 머문다. 빛의 원리는 아직 자신의 통일에 도달하지 못한 무거운 질료와 대립해 있다. 우리가 빛에 관해 무엇을 구구하게 말하든 간에, 부인할 수 없는 것은 빛이 절대적으로 가볍고, 무겁지도 저항하지도 않으며, 순수한 자기동일성이며, 이로써 순수한 자기연관성이며, 자연 최초의 관념성이자 최초의 자아라는 사실이다. 자연은 빛에서 처음 주관적으로 되기 시작하며, 이제 보편적인 물리적 자아로 존재하니, 이 자아는 분명 특칭성으로 나아간 것도 개체성 및 점과 같은 내적 완결성으로 수렴된 것도 아니지만 대신에 무거운 질료의 단순한 객관성과 외면성을 지양하는 것이자 그 감각적, 공간적 총체성을 사상할 수 있는 것이다. 더욱 추상관념적인 이러한 측면의 성질로 인해 빛은 회화의 물리적 원칙이 된다.

ββ) 그런데 빛 자체는 주관성의 원칙에 내재하는 하나의 측면, 즉 이러한 더욱 추상관념적인 동일성으로서 존재할 뿐이다. 이러한 면에서 빛은 명시작용에 불과하다. 하지만 이 명시작용은 여기 자연에서는 가시화됨 일반으로서 나타날 뿐이며, 이를 통해 드러나는 것의 특수한 내용을 자신의 외부에 대상성으로서 가진다. 따라서 이 대상성은 빛이 아닌 빛의 타자이며, 이로써 어두움 속에 존재한다. [32] 빛은 이제 형상, 거리 등과 같은 대상들의 차별성들을 가상화함으로써 ―다시 말해 그들의 어둡고 보이지 않는 부분을 다소간 밝게 만들어 개별적 부분들이 더 잘 보이도록, 즉 관조자에게 좀 더 가깝게 다가오도록 만드는 반면 다른 부분들은 더욱 어둡게, 즉 관조자로부터 한층 멀리 뒤로 물러나게 만듦으로써― 이 대상들이 인식되게끔 만든다. 왜냐하면, 대상의 특정 색채를 논외로 친다면, 명암 자체는 일반적으로 특수한 조명 속에서 가상화된 대상들과 우리 사이의 거리에 관계하기 때문이다. 빛은 대상성에 대한 이러한 관계 속에서 더 이상 빛 자체가 아닌, 이미 내적으로 특수화된 밝음과 어두움, 즉 명암을 야기하니, 이것들에 의한 다양한 형태구성은 객체들의 형상 및 그들 서로의, 그리고 그들과 관조자 사이의 거리를 인지하게끔 만든다. 회화의 개념에는 애초부터 특수화가 들어 있는 까닭에, 회화는 바로 이 원리를 사용한다. 이 면에서 회화를 조각

및 건축과 비교하자면, 후자의 예술들은 공간적 형상의 실제적 차이들을 산출하고, 또한 명암이 자연광의 조명 및 감상자의 위치를 통해 결과하도록 만드는바, 그리하여 여기서는 형식들의 완성이 이미 그 자체로서 현전하며 또한 그것을 가시화하는 명암은 이미 이 가시화와는 무관하게 현실적으로 현존했던 것의 귀결일 뿐이다. 반면 회화에서는 온갖 단계적 차이들[그러데이션] 및 섬세하기 그지없는 뉘앙스들을 지니는 명암이 자체로서 예술적 질료의 원칙에 속하며, 또한 조각과 건축이 그 자체로 실제적인 것을 형상화한다면, 명암은 그 의도적 가상을 산출할 뿐이다. 빛과 그림자, 그리고 그 조명 속에 있는 대상들의 현상은 자연광이 아닌 예술을 통한 결과인 것이다. 따라서 자연광은 이미 여기서 회화에 의해 생산된 명암 그리고 그 조명을 다만 볼 수 있게 만들 뿐이다. 이것이 고유한 질료 자체에서 기인하는, [33] 그리고 회화가 3차원을 필요로 하지 않는 긍정적 근거이다. 형상은 빛과 그림자를 통해 제작되며, 또한 그 자체가 실제 형상일 필요는 없는 것이다.

γγ) 그런데 셋째, 밝음과 어두움, 그림자와 빛 그리고 그들의 상호 작용은 하나의 추상일 뿐이니, 그것은 추상인 까닭에 자연에서 실존하지 않으며 따라서 감각적 질료로서 사용될 수도 없다.

다시 말해, 이미 살펴보았듯이, 빛은 자신의 타자, 즉 어두움과 관계한다. 한데 이 관계에서 보면 양자의 원칙들은 말하자면 독자적이지 않으며 오히려 자신들을 통일성으로서, 빛과 어두움의 상호 내재성으로서 정립한다. 이런 식으로 내적으로 흐려지고 어두워지되 마찬가지로 어두움을 관통하고 비추기도 하는 빛은 회화 본연의 질료인 색채의 원칙을 제공한다. 빛 자체는 비색채적인 것으로, 순수 비규정적인 자기동일성으로 머문다. 빛과 대조적으로 이미 무언가 상대적으로 어두운 것인 색채에는 빛과 구분되는 것, 곧 흐림이 속한다. 흐림과 빛의 원리는 하나인 것으로 정립되며, 따라서 빛이 여러 색깔들로, 다시 말해 여러 어두움들로 합성되었다고 상정하는 것은 잘못된 생각이다.

회화에서는 형상, 거리, 경계, 윤곽, 한마디로 공간적 현상의 공간관계 및 차별성 일체가 오직 색채를 통해 야기될 뿐이다. 이제 비교적 추상관념적인 색채의 원칙은 비교적 추상관념적인 내용도 표현할 수 있으며, 또한 채택되는 대상들의 풍부함 및 특수성과 관계하는 비교적 심오한 대립들, 무한히 다양한 중간 단계들, 알 듯 말 듯한 뉘앙스의 이행들과 섬세함들을 통해 매우 광범위한 유희공간을 확보한다. 여기서 단순한 채색은 실로 엄청난 것을 구현한다. 예컨대 두 사람은 완전히 구분된다. 각자는 자의식과 육체적 구성에 있어서 자체로서 정신적 신체적으로 완결된 하나의 [34] 총체성이지만 그럼에도 회화에서는 이러한 전체적 차이가 색채의 차이로 소급될 뿐이다. 하나의 채색과 다른 하나의 채색이 여기[한 지점]에서 끝나고 시작함으로써 형식, 거리, 표정 변화, 표현, 극히 감각적인 것과 극히 정신적인 것, 이 모든 것이 현존한다. 그리고 이미 말했듯 우리는 이러한 소급을 미봉책이나 결함으로 간주해서는 안 되며 오히려 그 반대이니, 회화는 말하자면 3차원을 아쉬워하는 것이 아니라 단순 공간적인 실물을 색채라는 한층 고차적이며 한층 풍부한 원칙으로 대체하기 위해 그것을 의도적으로 버리는 것이다.

γ) 이러한 풍부함은 이제 회화가 그 표현들에서도 역시 현상의 총체성을 발전시키게끔 허락한다. 조각은 많든 적든 개별성의 고정된 내적 폐쇄성에 제한된다. 그러나 회화에서의 개인은 그러한 내적 경계에 갇혀 외부와 대면할 수 없으며, 오히려 극히 다양한 연관성 속으로 발을 딛는다. 왜냐하면 이미 다루었듯이 개인은 한편으로 감상자에 대해 훨씬 긴밀한 관계를 설정하기 때문이며, 다른 한편으로 다른 개인들 및 외적 자연환경과 더욱 다양한 연관성을 맺기 때문이다. 객관성의 단순한 가상화는 하나의 동일한 예술작품에 매우 먼 거리와 넓은 공간들, 그리고 그 안에서 나타나는 온갖 다

종다양한 대상들을 담을 가능성을 제공하지만, 그럼에도 그것은 예술작품인 까닭에 못지않게 내적으로 닫힌 전체여야 하며, 또한 이 닫힘 속에서 단순히 우연적 그침이나 제한이 아닌, 실로 상호 귀속하는 특수성들의 총체성으로서 나타나야 한다.

c. 예술적 취급의 원칙

회화의 내용과 감각적 질료에 대한 이러한 일반적 고찰에 이어 셋째, 우리는 예술적 취급의 일반 원칙을 간략하게 언급해야 한다.

회화에는 조각이나 건축에서보다 더 많이 허용되는 두 극단이 있으니, [35] 한편으로는 대상의 깊이, 이상적 형식미를 파악하고 표현하는 종교적, 인륜적 진지성 등이 주안점이 되지만, 다른 한편으로는 대상들이 자체로서는 무의미할 경우에도, 현실적인 것의 특칭성과 제작의 주관적 기술이 주안점이 되는 것이다. 그래서 우리는 또한 두 극단의 판단을 번번이 듣게 된다. '얼마나 훌륭한 대상인가, 얼마나 심오하고 매혹적이며 경탄스러운 착상인가, 얼마나 위대한 표현인가, 얼마나 비범한 도안인가!' 하는 [대상에 대한] 탄성이 들릴 때도 있고, '얼마나 훌륭하게, 비할 데 없이 잘 그려졌는가!' 하는 그 반대의 탄성이 들릴 때도 있는 것이다. 이러한 엇갈린 판단은 회화 자체의 개념에 ―이 개념에 따르면 양 측면은 대칭적인 발전 속에서 통일되지 않고 오히려 각각은 자체로서 독자적이어야 한다― 들어 있다고 말할 수 있을 것이다. 왜냐하면 회화는 공간제한의 형식들인 형상 그 자체뿐만 아니라 색채도 그 표현 수단으로 갖기 때문이며, 또한 이러한 성격으로 인해 이상적, 조형적인 것과 현실적인 것의 직접적 특수성이라는 두 극단 사이에 위치하기 때문이니, 이를 통해 또한 두 가지 종류의 회화가 즉, 보편성을 본질로 삼는 이상적 회화와 개체적인 것의 협소한 특칭성을 묘사하는 또 다른 회화가 나타난다.

α) 이 점에서 회화는 첫째, 조각이 그렇듯 실체적인 것, 종교적 믿음의 대상들, 역사적 대사건들, 극히 탁월한 개인들을 수용해야 하되, 이것을 내적 주관성의 형식으로 가시화한다. 여기서는 묘사된 행위의 위대함과 진지성, 그 속에 표현된 심정의 깊이가 중요한 것인바, 회화가 동원할 수 있는 각종 풍부한 예술 수단과 이러한 수단들을 대가大家답게 사용하기 위해 요구되는 솜씨를 육성, 적용하는 것은 여기에서 아직 그 완전한 권리를 얻을 수 없다. 표현되어야 할 의미내용이 지닌 힘으로 인해, 의미내용의 본질적, 실체적 요소로의 침잠으로 인해 [36] 능수능란한 저 그리기 솜씨는 부차적인 것으로 밀려나게 된다. 예컨대 라파엘로의 소묘들은 평가할 수조차 없는 가치를 지니며 구상의 의미내용의 면에서 타의 추종을 불허한다. 물론 완성된 —도안, 이상적이면서도 철저하게 생동적인 개별 형상들의 순수성, 구성, 채색 등의 면에서 그가 대가적 면모에 도달했다고 할— 그의 회화라 해도 채색이나 풍경화적 요소 등에서는 네덜란드 대가들이 그보다 더 뛰어났지만 말이다. 그보다 앞선 이탈리아 예술 영웅들의 경우 더욱 그러한데, 그리기 솜씨, 생동적 인물 배치로 인한 아름다움, 도안 등의 면에서는 라파엘로가 저들을 능가했지만 표현의 심오함, 힘, 내밀한 면에서는 그들에 미치지 못했던 것이다.

β) 하지만 반대로 회화는, 이미 보았듯이, 의미내용으로 가득한 주관성과 그 무한성 속으로의 이러한 침잠에 머물러서는 안 되며 오히려 특수성을, 말하자면 보통은 그저 부수물, 환경 및 배경을 형성하는 것을 독자적인 것으로 해방하여 자유롭게 만들어야 한다. 이것은 지극히 깊은 진지함으로부터 특칭적인 것의 외면성으로 나아가는 발전이다. 이제 회화는 이 발전을 현상 자체의 극단으로까지 밀고 나아가야 하는바, 여기서는 일체의 내용이 무차별적이며, 또한 예술적 가상 제작이 주 관심사를 이룬다. 우리는 하늘, 한낮, 숲속 햇살 등의 찰나적 가상비침들, 구름, 파도, 호수, 시내 등의 가상

및 반사[되비침]들, 유리잔에 담긴 포도주의 영롱한 반짝임, 눈의 광채, 눈짓하거나 미소 짓는 등의 순간들이 최고의 기교를 통해 나타나 있음을 본다. 여기서 회화는 이상적인 것으로부터 생동하는 현실로 옮겨 가니, 그 현상의 효과는 무엇보다 지극히 개체적인 각 부분들의 정확한 제작을 통해 달성된다. 하지만 이것은 단순한 잔기교의 근면이 아니라 정신성의 근면인바, 이 근면은 각 특수성들을 독자적인 것으로 완성하되 전체를 연관성과 흐름 속에서 [37] 간직하며, 또한 이를 위해 가장 큰 기술을 요한다. 이제 이를 통해 현실적인 것을 가상화하는 가운데 달성된 생동성은 여기서 이상보다 한층 높은 규정인 듯 보이며, 그리하여 이미 앞서 다른 곳[4]에서 자세히 언급한 바와 같이, 다른 그 어떤 예술에서보다도 회화에서 이상이라든가 자연에 대해 다툴 여지가 더 많다. 물론 그렇듯 [이상화된 자연과는 무관한] 하잘것없는 소재에 온갖 예술적 수단들을 사용하는 것을 두고 혹여 낭비라고 비난할지도 모른다. 하지만 회화는 이러한 소재를 포기해서는 안 되는데, 그런 것이야말로 오히려 그러한 예술에 의해 취급되기에, 가상의 무한한 섬세함과 정교함을 보장하기에 가장 적합한 소재이기 때문이다.

γ) 그런데 회화는 무릇 주관성과 특수성의 원칙에서 기인하는 까닭에, 예술적 취급은 이러한 비교적 일반적인 대립에 머물지 않고 오히려 좀 더 자세한 특수화와 개체화로 나아간다. 건축과 조각 역시 민족적 차이를 보여주며, 게다가 특히 조각에서는 이미 각 유파들과 개별 거장들의 개성이 한층 자세하게 인식되는 것이 사실이다. 그러나 회화에서는 표현방식의 이러한 상이성과 주관성이 가늠할 수 없으리만치 확장되며, 회화가 취할 수 있는 대상들도 그와 진배없이 미리 제한되지 않는다. 여기서는 특히 민족, 지

---

4   역주: 제1권, 69쪽 이하 참조. 헤겔은 여기에서 예술, 특히 회화는 자연의 모방 혹은 이상화된 자연에 그쳐서는 안 된다는 점을 역설한다.

방, 시대 그리고 개인들의 특수한 정신이 말을 하며, 또한 그것은 선택된 대상, 정신적 구상 등에 관계할 뿐만 아니라 도안, 배치, 색조, 붓놀림, 특정 색채의 취급 등의 방식에서부터 개인적인 수법과 습관에 이르는 모든 것과 관계한다.

하지만 회화는 내면과 특수자 속을 거리낌 없이 거니는 것으로 규정되는 까닭에, 회화에 관해 규정적으로 이야기되는 것은 거의 보편적인 것이 아니며 마찬가지로 회화가 보편적으로 열거할 법한 대상은 거의 규정적인 것이 아니다. 그럼에도 불구하고 우리는 지금까지 설명되었던 [38] 내용, 질료 그리고 예술적 취급의 원칙으로 만족해서는 안 되며, 경험적인 것의 다층적 다양성은 논외로 치더라도 중요한 것으로 밝혀진 몇 가지 특별한 측면들을 좀 더 자세하게 고찰해야만 한다.

2. 회화의 특수한 규정성

우리는 기존에 설명한 바에 따라 이미 제시된 몇 가지 관점들에 따라 이 성격을 보다 확실하게 규정짓고자 한다. 그러한 관점들은 다시 내용, 질료 및 양자의 예술적 취급에 관계한다.

첫째, 내용에 관계해서 보자면, 우리는 낭만적 예술형식의 의미내용을 [회화에] 걸맞은 소재로서 간주하였으되, 이 방대한 예술형식 가운데 회화적 표현과 특별히 잘 융합하는 특정 권역들에 대해서는 좀 더 상세한 질문을 던져야 한다.

둘째, 우리가 감각적 질료의 원리를 알고는 있으나, 이제는 인간형상과 기타 자연물들이 정신의 내면성을 알릴 목적으로 현상해야 하는 까닭에, 평면 위에 색채를 통해 표현 가능한 형식들을 좀 더 자세하게 규정해야 한다.

마찬가지로 셋째, 내용의 상이한 성격에 그 자체로 차별화된 방식으로 상응하는, 그리고 이를 통해 회화의 특수한 장르들을 야기하는 예술적 이해 및 표현의 규정성에 대해 물을 것이다.

a. 낭만적 내용

이미 앞에서 나는 고대인들에게 탁월한 화가가 있었다는 점을 환기했으며, 또한 동시에 회화의 소명은 낭만적 예술형식에서 적극적으로 작용하는 직관 및 [39] 감응 방식을 통해 비로소 충족될 수 있음을 언급했다. 그런데 내용의 면에서 보면 이 사실은 바로 기독교적 회화의 정점에서, 즉 라파엘로, 코레조, 루벤스 등의 시대에, 신화적 대상들이 한편으로는 그 자체를 위해, 다른 한편으로는 위대한 행동과 승리, 왕족들의 혼인 등의 장식과 알레고리화를 위해 이용되고 묘사되었던 사정과 모순되는 듯 보인다. 최근에도 이와 비슷한 이야기가 누차 있었다. 예컨대 괴테는 폴리그노투스[5]의 그림들에 관한 필로스트라투스[6]의 서술을 재수용하고 또한 시적 이해를 통해 이 주제를 매우 아름답게 재해석하여 화가에게 새로운 것을 제시하였다. 그런데 만일 그러한 제안들에 대해 그리스 신화와 전설의 대상들, 또한 프랑스인들이 그들 회화의 특정 시기에 매우 선호했던 로마세계의 장면들이 고대인들 자신의 특수한 의미와 정신 속에서 이해, 서술되어야 할 것이라는 요구가 결부된다면, 이에 대해서는 이 과거사가 되살아나지 않는다는

---

5   역주: B.C. 450년경에 활약한 그리스의 화가이다.

6   역주: 소피스트의 일원이며(A.D. 190~?) 저서로는 『이마기네스(*Imagines*)』가 있다.

점, 또한 고대의 특수성이 회화의 원칙에 완전히 적합한 것은 아니라는 점을 들어 일반적으로 즉각 반론이 제기될 것이다. 그러므로 화가는 이러한 소재들로부터, 그 내용을 회화 본연의 과제 및 목적들과 조화시키기 위해, 고대인 자신들에게서 보였던 것과 전혀 다른 어떤 것을 제작하여, 전혀 다른 정신, 전혀 다른 감응 및 가시화 방식을 그 안에 들여와야 한다. 그럴진대 고대의 소재와 상황들의 권역도 전체적으로 보면 회화가 일관적인 발전 속에서 육성한 그 권역이 아니며 오히려 반대로 회화는 이질적이기도 한, 본질적으로 우선 재해석되어야 할 요소로서의 그 권역을 떠났다. 왜냐하면, 이미 누차 암시했듯이, 회화는 무엇보다 조각, 음악 그리고 시와 비교하여 특히 외적 형상을 매개로 표현될 수 있는 바로 그것을 포착해야 하기 때문이다. 이것이 바로 [40] 정신의 자기 안으로의 집중이니, 조각은 그 표현을 제대로 하지 못하고, 반면 음악은 다시 내면을 현상케 하는 외면성으로 건너가지 않으며, 또한 시 자체는 신체성을 불완전하게 가시화할 뿐이다. 이에 반해 회화는 양 측면을 결합할 수 있고 외적인 것 자체에서 내밀함을 가득하게 표현할 수 있으니, 따라서 감응이 풍부한 영혼의 심연뿐만 아니라 깊게 각인된 성격 및 성격적인 것의 특수성 역시, 즉 감정 일반의 내밀함뿐만 아니라 특수한 것 속의 내밀함 역시 본질적 내용으로서 취해야 하는데, 후자의 표현을 위해서는 특정한 사건, 관계, 상황들이 단순히 개인적 성격의 노출로서 현상해서는 안 되며, 오히려 세분화된 특수성은 영혼과 인상 자체에 깊게 배어들고 뿌리내린 것으로, 그리고 외적 형상에 의해 완전히 수용된 것으로 나타나야만 한다.

그런데 내밀함의 표현에서는 고전적 예술이 갖는 근원적 이상의 독립성과 위대성이 —이러한 독립성과 위대성 가운데 있는 개별성은 정신적 본질의 실체성과 신체적 현상의 감각성 사이의 직접적 조화에 머무는 것이다— 결코 요구되지 않으며, 마찬가지로 자연적 명랑성, 그리스인들이 누리는 향유의 기쁨, 행복한 자기침잠도 심정의 표현에 충분하지 않으며, 오히려 진정 심오하고 내밀한 정신에는 영혼이 그 감정, 능력, 전체 내면의 삶을 철저히 섭렵한다는 점, 많은 것을 극복하고 고통을 겪으며 영혼의 불안과 곤란을 감내하면서도 이러한 분열 속에서 자신을 유지하며, 또한 그로부터 벗어나 자신 안으로 회귀하게 된다. 고대인들이 헤라클레스 신화에서 제시하는 영웅은 많은 고난을 겪은 후 신들 사이로 자리를 옮겨 그곳에서 지복에 찬 평안을 누리는 영웅이기는 하다. 그러나 헤라클레스가 완수한 공업功業은 외적인 공업일 뿐이며, 그에게 보답으로 할애된 지복은 정적인 휴식일 뿐이며, 또한 제우스의 왕국이 [41] 그를 통해 종말을 고할 것이라는 옛 예언을 그리스 최고의 영웅인 그는 실현하지 않았으며, 오히려 그러한 독립적 신들의 지배는 인간이 외부의 용들과 레르나의 히드라 대신 자신의 가슴의 용과 뱀들을, 즉 주관성 내면의 완고와 비타협을 극복할 때 비로소 종식을 고하기 시작한다. 오로지 이를 통해 그 자연적 명랑성은 한층 고차적인 정신의 명랑성, 즉 분열이란 부정적 계기를 완전히 관통하고 또한 이 공업을 통해 무한한 만족을 쟁취한 명랑성이 된다. 명랑성과 행운의 감응은 낭만화되고 지복至福으로 순화되어야 하는 것이다. 왜냐하면 행운과 행복은 아직 주관과 외적 상태들의 우연적, 자연적 조화를 포함하지만 지복에서는 직접적 실존과 여전히 관계하는 행운이 사라지고 전체가 정신의 내면성 속으로 전이되어 있기 때문이다. 지복은 힘들여 얻은, 또한 오로지 그로 인해 정당화되는 만족이다. 그것은 승리의 명랑성이자 영혼의 감정으로서, 감각적이며 유한한 것을 내면에서 근절하고 그럼으로써 항상 매복해 있는 근심을 내던진 것이다. 투쟁과 고통 속으로 발을 디뎠으나, 자신의 곤경을 이겨 승리한 영혼이 지복을 누리는 것이다.

α) 이러한 내용에서 과연 무엇이 이상적인지를 이 시점에서 묻는다면, 그것은 자신의 인간적 현상 속에서 스스로 이러한 고통의 길을 감내했던

신과 주관적 심정의 화해이다. 실체적인 내밀함은 오직 종교의 내밀함이며, 또한 감응하는 주관의, 그러나 내면으로 집중하고 현세의 마음을 끊어내어 현존재의 단순한 자연성과 유한성 너머로 자신을 고양하고, 또한 이 고양 속에서 보편적 내밀함을 —이것이 신 안에서, 신과 더불어 일체화된 내밀함이다— 습득하는 한에서 진정 만족하는 그러한 주관의 평화이다. 영혼은 자신을 원하되, 자신의 특칭성 안에서보다는 타자 안에서 자신을 원하며, 그렇기 때문에 영혼은 신과 마주하여 신 안에서 자신을 [42] 발견하고 향유하기 위해 자신을 포기한다. 이것은 사랑의 특성이며, 진정한 내밀함이며, 정신에 화해, 평화 그리고 지복을 주는 무욕의 종교적 사랑이다. 그 사랑은 살아 있는 현실적 사랑의 향유와 환희가 아니며, 격정 없이, 말하자면 경향성 없이 그저 영혼의 경향으로만 존재한다.[7] 자연적 측면에 따르는 사랑에는 죽음이 있어 인간에 대한 인간의 현세적 인연으로서의 현실적 관계는 스쳐 가는 관계인 것으로 여겨지는바, 실존하는 것이 무릇 그렇듯 그것은 본질적으로 완전성을 결하며, 시간성과 유한성의 결함을 내포하며, 또한 이로써 저편으로의 고양을 야기하니, 이 고양은 동시에 탐심 없고 무욕적인 사랑의 의식이자 향유로서 상존한다.

이러한 특징이 이 시점에서 고대의 고요한 위대성과 독자성을 대신하는, 내적이고 한층 고차적이며 영혼으로 가득한 이상을 형성한다. 고전적 이상의 신들에서도 슬픔의 특징이, 이 명랑한 형상들에서 차가운 필연성을 비치게 만드는 숙명적 부정이 없지 않은 것은 마찬가지지만, 그럼에도 그 형상들은 독자적 신성과 자유 속에서 그들의 단순한 위대함과 권능을 확보하

7　현실적 사랑과 종교적 사랑의 차이를 설명하기 위해 헤겔은 현실적인 것의 향유와 신 안에서 발견된 자신에 대한 향유를, 살아 있는 것에 대한 격정 및 경향성(傾向性)과 영혼의 무욕적인 순수한 경향을 대비하고 있다.

고 있다. 그러나 그 자유는 영혼으로 한층 가득하고, 내적으로 한층 깊은 사랑의 자유가 아니니, 사랑은 영혼이 영혼을 대하는, 정신이 정신을 대하는 태도 가운데 있는 까닭이다. 이러한 내밀함이 심정에 현재하는 지복인 사랑을 빛나게 하니, 이 사랑은 역경과 극도의 상실을 당할 때 말하자면 맹신이나 냉담 따위로 느껴지는 것이 아니라 오히려 심한 역경을 겪을수록 그 사랑의 감정과 확신 또한 그런 만큼 더 깊게 발견하는 것이며 또한 고통 속에서 즉자적, 내적으로 극복한 모습을 보여 주는 것이다. 이에 반해 예컨대 니오베와 라오콘 같은 고대의 이상적 형상들에서도 고귀한 인물들이 겪는 고통의 표현이 보이지만, 이것은 방금 언급한 고요한 슬픔의 특징과는 무관하다. 이들은 회한과 실망 속으로 스러지는 대신 오히려 그 속에서 자신을 위대하고 고결하게 보존하지만, 이 자기보존은 공허하게 머물며, [43] 고난과 고통이 말하자면 최후의 것이며, 차가운 체념이 화해와 만족을 대신할 수밖에 없으며, 또한 개인은 이 체념 속에서 내적으로 붕괴되지는 않지만 그가 집착했던 것을 포기한다. 하찮은 것이 억눌린 것이 아닌데 분노, 경멸, 혐오 따위를 표하지도 않는다. 그럼에도 개인의 고상함은 그저 경직된 침착함일 뿐이며 운명에 대한 헛헛한 순응일 뿐이니, 이때 영혼의 고귀함과 고통이 균형을 이루지는 못한 듯하다.[8] 지복과 자유의 표현은 낭만적, 종교적 사랑을 기다려야 한다.

　이제 이러한 합일과 만족은, 타자 속에서 자신을 자신과 하나인 것으로 의식하는 정신의 감응인 까닭에, 본성상 정신적 구체성을 갖는다. 이로써

8　여기서 "고귀한", "고요한", "위대", "고결하게(hochherzig)", "고상함(Hochheit)" 등의 표현은 빈켈만(J. J. Winckelmann)이 고대 미술의 이상적 특징으로 제시한 "고귀한 단순함과 고요한 위대함(edle Einfalt und stille Große)"을 연상케 한다. 헤겔이 보기에 눈앞에서 죽어가는 자식을 바라보는 니오베와 자식들과 함께 죽어가는 라오콘은 그 고통을 담담히 감내함으로써 자신들의 고귀함을 보여 주지만, 그렇다고 이 슬픔을 내적으로 극복하고 있지는 못하다.

여기서는 표현된 내용이 완벽하려면 쌍방이 요구되니, 사랑에는 복수複數의 정신적 인격이 필수적이기 때문이다. 사랑은 독립적이면서도 통일의 감정을 갖는 두 인격체에서 기인한다. 그런데 이 통일에는 항상 부정의 계기가 동시에 결부되어 있다. 즉 사랑은 주관성에 속하지만 주관은 독자적으로 존립하는 하나의 마음이니, 사랑을 하려면 이 마음은 자신을 떠나 자신을 포기하고 유아독존 격인 자신의 고유성을 희생해야 한다. 이 희생이 사랑 속의 감동을 형성하는바, 사랑은 오로지 헌신 속에서 살고 또 감응한다. 그러므로 인간이 헌신 속에서도 그의 자아를 되찾고, 그의 대자존재의 지양 속에서 정녕 긍정적 대자존재에 도달한다면, 이러한 합일과 그 최고의 행복의 감정에는 부정적인 것, 즉 감동이 희생의 감응으로서가 아니라 오히려 희생에도 불구하고 스스로를 독립적이며 자신과 통일된 것으로 느끼는 감당하기 벅찬 지복의 감응으로서 남는다. 감동은 인격을 포기하였음에도 독자적으로 존재한다는 변증법적 모순의 감정이니, 이 모순이 현존하는 곳도 사랑이며 영원히 해소되어 있는 곳도 사랑이다. [44]

이제 이러한 내밀함 속의 특수한 인간적 주관성에 관해 살펴보자. 지복을 베풀고 자신 안에서 천국을 향유하는 유일의 사랑은 성격의 특수한 개별성과 시간성을 초월하는 것이니, 여기서 성격은 무언가 무차별적인 것이다. 앞서 언급하였듯이, 이미 조각의 이상적 신상들도 서로 내적으로 이행한다. 그럼에도 그들은 최초의 직접적 개별성의 내용과 권역에서 벗어나지 않으며, 그런 관계로 이 개별성은 표현의 본질적 형식으로 남아 있다. 이에 반해 지복의 순수한 빛에서는 특수성이 지양되어 있다. 신 앞에서 만인은 동등하며, 혹은 차라리 경건함이 그들을 실제로 동등하게 만들지니, 오로지 관건이 되는 것은 행운이나 이러저러한 개별 대상을 필요로 하지 않는 앞서 말한 응축된 사랑의 표현이다. 물론 종교적 사랑도 그 실존을 위해 이러한 감응 이외에도 그들 현존재의 기타 권역을 갖는 특정 개인들을 필요로 한다. 하지만 여기에서 진정 이상적인 내용을 제공하는 것은 내밀함이 가득한 영혼이며, 그런 까닭에 종교적 사랑은 성격과 재능, 그 관계와 운명의 특수한 상이성 속에서 표현되고 현실화되는 것이 아니라 오히려 그러한 것들 너머로 고양되어 있다. 오늘날에는 주관적 성격의 차이가 교육의 주요 사안으로 고려될 뿐 아니라 인간은 즉자적으로 이것을 요구해야 한다고들 하는데, 이로부터는 각자가 달리 취급되어야 하고, 또한 자신을 달리 취급해야 한다는 기본 명제가 결과한다. 이러한 사고방식은 그러한 상이성들이 후퇴하는 종교적 사랑과 정면으로 대치한다. 그러나 개인적 특성은 비본질적인 것이며 사랑의 정신적 천국과 절대적으로 융합하는 것이 아니지만, 바로 이 때문에 역으로 그것은 여기에서 더욱 큰 규정성을 얻으니, 까닭인즉 그것은 낭만적 예술형식의 원칙에 따라 자유로워지며, [45] 직접적 생명성과 유한한 특수성에 정신적, 종교적 의미내용이 삼투되어 있는 고전적 미를 최고의 법칙으로 삼지 않고, 또 그럴수록 더더욱 특성적으로 표출되기 때문이다. 하지만 그렇더라도 이 특성적인 것은 저렇듯 내밀한 사랑을 흐리게 할 수도 없고 또 해서도 안 된다. 왜냐하면 그러한 사랑도 마찬가지로 나름대로 특성적인 것 자체에 매임이 없이 자유로우며, 또한 그 자체로서 진정 독자적인 정신적 이상을 형성하기 때문이다.

이미 낭만적 예술형식을 고찰하면서 분석하였지만, 이제 종교적 영역의 이상적 중심점이자 주 내용을 형성하는 것은 내면에서 화해를 이룬 평화로운 사랑이니, 그 대상은 회화에서 단순한 정신적 저편으로 머물러서는 안 되며 오히려 현실적, 현재적이어야 한다. 즉 회화는 정신적 의미내용 역시 인간적, 신체적 현실성의 형식으로 표현해야 하는 것이다. 이 면에서 우리는 신성 가족을, 특히 아이에 대한 성모聖母의 사랑을 이 권역에 꼭 적합한 이상적 내용으로 들 수 있다. 그러나 이 중심점 이쪽저쪽으로 또 하나의 광범위한 소재가 —비록 이것이 이런저런 면에서 내적으로 사랑만큼 완벽한 회화의 소재는 아니라고 해도— 확장된다. 우리는 이 전체 내용을 다음과 같이 분류할 수 있다.

αα) 첫 번째 대상은 단순한 보편성과 순수한 자기통일성을 갖는 사랑 자체의 객체, 즉 비현상적 본질을 갖는 신 자체 — 성부聖父이다. 하지만 여기서 회화는, 종교적 기독교적 표상이 수용하는 바의 성부를 표현하고자 할 경우, 커다란 난관을 극복해야 한다. 예술은 신들과 인간들의 아버지인 제우스를 특수한 개인으로서 부족함 없이 표현하였다. 이에 반해 기독교의 성부는 그 자체로 보면 정신적 인격이며 최고의 권능, 지혜 등등이되 비형상적 사상의 추상으로서 고정되어 있는 까닭에 그에게서는 인간적 개별성이 즉시 소멸된다. 그러나 회화는 정신적 요소를 오로지 그러한 개별성 속에서 재생산할 수 있으며, [46] 신인동형론神人同形論은 불가피한 까닭에 인간형상이 신에 부여되어야만 한다. 그런데 회화가 인간형상을 아무리 보편적으로, 아무리 고차적, 내면적 그리고 권능적으로 그리더라도, 그로부터는 남성적이며 다소간 진지하며 성부의 표상과 완벽하게 합치하지 않는 개인이 생성될 뿐이다. 예를 들어 옛 네덜란드인들 중에서 반에이크[9]는 헨트에 있는 대제단화의 성부 그림에서 이 국면에서 성취 가능한 가장 탁월한 것을 달성하였다. 이것은 올림포스의 주피터에 비견할 만한 작품이다. 그러나 그것이 아무리 영원한 고요, 고상함, 권능, 존엄 등의 표현을 통해 완성되었다고는 해도 —게다가 그것은 구상과 제작의 면에서 더할 나위 없이 깊고 장엄하다— 그럼에도 거기에는 무언가 우리들의 표상을 만족시키지 못하는 것이 남아 있다. 왜냐하면 여기서 성부는 동시에 인간적이기도

---

9   역주: 반에이크(Van Eyck) 형제는 네덜란드 화가이다. 형은 후베르트(Hubert, 1370?~1426)고 동생은 얀(Jan, 1390?~1441)이다. 두 형제의 합작품인 헨트시 성 바보(St. Bavo) 성당의 대제단화에는 형이 제작 도중에 죽자 동생이 이어받아 1432년에 완성했다는 글귀가 새겨져 있다.

반에이크 형제의 대제단화(성 바보 성당)

한 개인으로서 표상되는데, 이는 성자 그리스도에서야 비로소 가능하기 때문이다. 우리는 그리스도에서 비로소 개별성과 인간성이라는 이 계기가 신의 계기임을, 게다가 이것이 그리스 신들의 경우처럼 천진한 판타지의 형상으로서 나타나지 않고 핵심 내용에 해당하는 본질적 계시로서 나타남을 본다.

ββ) 그러므로 회화의 표현에서는 그리스도가 한층 본질적인 사랑의 객체이다. 즉 이 대상과 더불어 예술은 인간적인 것으로 건너가니, 이것은 여기서 그리스도 이외에 그 밖의 권역으로, 즉 마리아, 요셉, 세례 요한, 사도들 등의 표현으로, 또 최종적으로 때로는 구세주를 따르는, 때로는 책형磔刑을 요구하고 그의 수난을 조롱하는 군중들의 표현으로 확산된다.

흉상이나 초상들에는 대상의 보편성이 포착, 표현되어 있는데, 여기서 만일 그리스도의 보편성도 그런 식으로 포착, 표현되어야 한다면 방금 언급한 난점이 재발한다. 나는 고백하건대, 예를 들어 내가 보았던 카라치[10]의 그리스도 두상들, [47] 특히 한때는 솔리 씨의 소장품이었고 현재는 베를린 박물관에 있는 반에이크의 유명한 두상[11], 그리고 한때 부아제레 형제[12]가 소장했으며, 현재는 뮌헨에 있는 멤링[13]의 두상은 적어도 나에게는 항간에 전해지는 바와 같이 만족스러운 것은 아니었다. 반에이크의 작품은 형태, 이마, 색채, 전체 구상의 면에서는 장엄하지만 입과 눈은 동시에 초인간적이기도 한 요소를 전혀 표현하지 않는다. 그보다 그것은 완고한 진지함의 인상을 주며, 이것은 가르마 등의 전형적 형식을 통해 더욱 증대된다. 반면 만일 그러한 두상들이 표현과 형상의 면에서 개별적인 인간적 요소를, 그리고 이로써 다소 온화하고 연약하고 부드러운 요소를 멀리한다면, 그들은 아차 하면 효과의 깊이와 강력함을 상실한다. 그러나 이미 앞서도 언급했듯이, 그들에게 가장 어울리지 않는 것은 그리스적 형식미이다.

그러므로 그리스도의 실제 행적은 회화의 대상으로 채택되는 것이 한층 적절하다. 하지만 이 면에서 하나의 본질적 차이가 간과되어서는 안 된다. 즉 한편으로 그리스도의 생애에서는 신의 인간적 주관성이 주요 계기이다. 그리스도는 삼위일체의 일환이되 현실적 인간이다. 그리하여 그는 삼위일체의 일환으로서 인간들 사이로 되돌아가는 까닭에, 인간들의 현상방식이 정신적 내면을 표현하는 한, 그는 그 속에서도 표현될 수 있어야 한다. 그러나 다른 한편 그는 단순 개별적인 인간이 아니라 철저하게 신이다. 이 신성은 인간적 주관성을 돌파하여 출현하는 것일 터, 이제 회화는 그런 상황

---

10 역주: Annibale Caracci(1560~1609), 이탈리아의 화가이다.
11 역주: 반에이크 형제 가운데 동생 얀(Jan)이 그린 〈베라 이콘(Vera Icon)〉으로 알려졌던 이 작품은 사실 원본이 아니라 에이크의 제자가 복원한 것으로 현재 알려져 있다.
12 역주: 미술 수집가인 Boisserée 형제. 형은 Sulpiz(1783~1854)이고 동생은 Melchoir(1786~1851)이다.
13 역주: Hans Memling(1430?~1494), 네덜란드 풍속화의 대가이다.

들에서 새로운 난점들에 봉착한다. 의미내용의 깊이가 너무도 압도적인 것이 된다. 왜냐하면 그리스도가 예컨대 설교 등을 행하는 대부분의 경우, 예술은 그를, 가령 라파엘로의 〈아테네 학당〉에서 등장하는 피타고라스나 그 밖의 다른 현자들이 그러하듯, 지극히 고귀하고 존엄하고 현명한 남성으로서 표현하는 것에서 그리 더 나아갈 수 없기 때문이다. 그러므로 회화가 구해야 하는 차선책이 있으니, [48] 그리스도의 신성을 주로 그의 주변과 비교하여, 특히 인간의 죄악, 회한과 참회, 혹은 비열 및 사악과 대비하여 가시화하거나, 역으로 경배자들을 통해 가시화하는 일이 그것이다. 그도 같은 인간이지만 현상, 현존하는 그에게서 인간으로서의 경배자들이 기도를 통해 직접적 실존을 앗아 가니, 우리는 그가 정신의 하늘로 올라가 있음을 보는 동시에 그가 신으로서뿐만 아니라 일상적이고 자연적인, 비이상적 형상으로도 현상해 있음을, 정신으로서 본질적으로 자신의 현존재를 인간성과 교구 속에 두고 있으며, 또한 그 반영 속에서 자신의 신성을 표현하고 있음을 본다. 하지만 우리는 이 정신적 반영을 두고 인간성을 갖는 신을 단순히 우연적으로, 혹은 외적인 형상과 표현방식 속에서 현전하는 듯 보아서는 안 되며 오히려 인간 의식 속의 정신적 현존재를 본질적이며 정신적인 신의 실존으로서 간주해야 한다. 그리스도를 한 남자이자 스승으로, 부활한 자로, 혹은 변용하여 승천하는 자로 가시화하려면, 그러한 표현방식이 특히 도입되어야 할 것이다. 즉 그러한 상황들에서는 인간형상과 얼굴색, 용모, 시선 등의 회화적 수단들이 그리스도 안에 있는 것을 완벽하게 표현하기에는 어느 모로나 불충분한 것이다. 그러나 여기서 가장 충분치 못한 것은 고대의 형식미이다. 대관절 책형을 당한 후 한 명의 개별적 인간으로서의 직접적 현존재에서 벗어나 아버지에게로 돌아가는 그리스도 생애의 모든 장면들, 특히 부활, 변용, 승천은 회화가 완벽하게 표현할 수 있는 것보다 한층 고차적인 신성의 표현을 그리스도 자신에게서 요구하는바, 까닭인즉 여기서 회화는 그 표현을 위해 사용할 수밖에 없는 본연의 수단인 인간적 주관성의 외적 형상을 말소하고 그것을 한층 순수한 빛 속에서 신성화해야 하기 때문이다. [49]

그러므로 더욱 유리하고 그 목적에 더욱 부합하는 것은 그리스도 생애의 상황들 중 그리스도가 내면 자체에서 정신적으로 아직 완성되지 않은 상태의 상황들, 혹은 그의 신성이 핍박받고, 폄하되고, 부정의 계기 속에서 현상하는 상황들이다. 그리스도의 유년기와 수난사의 상황이 이 경우이다.

그리스도가 그림 속에서 아이로 있다는 점은 한편으로 그가 종교에서 갖는 의미, 즉 그는 인간이 된 신이며, 그런 까닭에 인간의 자연적 단계를 마찬가지로 거친다는 사실을 분명하게 표현한다. 다른 한편 그리스도가 아이로 표상된다는 사실은 그의 즉자적 본질 일체가 이미 유년기에 분명하게 나타날 수 없다는 사실적 불가능성을 동시에 내포한다. 이제 여기서 회화는 아이의 순진무구에서 정신의 고결과 숭고가 내비치도록 만드는 헤아릴 수 없는 다음의 이점을 지닌다. 즉 이미 이러한 대비를 통해 고결과 숭고가 힘을 얻을뿐더러, 그것들이 아이에게 속한다는 이유로 심오함과 영광스러움이 남성, 스승, 세계 심판자 등으로서의 그리스도에게서보다 무한히 덜 요구되는 것이다. 라파엘로의 아기 예수 그림들, 특히 드레스덴에 있는 시스티나 성모화의 아기 예수 그림은 매우 아름다운 유년기를 표현하면서도 그 속에서 단순한 유아적 순진함 이상의 것을 보여 주는데, 이것은 아이의 겉모습에서 신성이 보이도록 하며, 이 신성이 무한한 계시로 확장될 것임을 예감케 한다. 그리고 동시에 아이의 모습에서는 그러한 계시가 아직 미완의 것이라는 사실을 다시 정당화한다. 반면 반에이크의 성모화들에서는 보통은 경직되고 갓난아이의 불완전한 모습을 한 아이들이 언제나 가장 성공적이지 못한 부분들이다. 사람들은 거기서 무언가 의도적이고 알레고리적인 것을 보려는 마음에서 말하기를, 경배의 대상이 되는 것은 아기 예수의 아름다움이 아니라 그리스도 그 자체이기 때문에 그 그림들이 아름답지 않다는 것이다. 그러나 그러한 고찰은 예술에 개입해선 안 되며, 이 면에서 보면 라파엘로의 아기 예수들이 예술작품으로서는 훨씬 우수하다. [50]

수난사, 즉 조롱, 가시면류관, 이 사람을 보라,[14] 십자가의 고행, 책살, 십자가에서 내림, 안장安葬 등의 표현도 마찬가지로 목적에 부합한다. 왜냐하면 여기서는 신성이 바로 그 승리의 반대편에서, 그 무한한 권능과 지혜의 격하 속에서 의미내용을 제공하기 때문이다. 이것은 무릇 예술이 표상할 수 있는 것이며, 그뿐만 아니라 구상의 독창성은 동시에 이 내용에서 큰 유희공간을 가지면서도 환상적인 것으로 일탈하지 않는다. 인간인 까닭에, 이 특정의 한계를 갖는 까닭에 고난을 겪는 신이 있다. 그리고 고통은 단순히 인간적 운명에 대한 인간적 고통으로서 나타나지 않는다. 그 운명은 섬뜩한 고난으로, 무한한 부정성으로 존재하되, 인간적 모습으로, 주관적 감응으로 존재한다. 그렇지만 고통을 겪는 자가 신이기 때문에 그의 고통은 다시 완화, 경감되며, 절망의 절규나 일그러짐과 공포로 될 수는 없는 일이다. 이러한 영적 고통의 표현은 특히 다수의 이탈리아 거장들의 아주 독창적인 창조이다. 라오콘에서 절규로 해석될 법한 근육의 뒤틀림과는 달리 고통은 하관下顴에만 나타나며, 겹겹이 밀려오는 영적 고통의 풍파는 눈과 이마 안에 있다. 내적 고통의 땀방울들이 솟지만, 그것들은 곧 뒤틀림 없는 뼈가 전체의 모습을 규정하는 이마 위에서 솟는다. 또한 이 지점에서는 코와 눈과 이마가 만나며, 내적 감관과 정신적 본성이 집중되며, 이러한 집중이 드러난다. 여기에는 피부와 근육들이 거의 없으니, 이것들은 크게 뒤틀릴 일이 없으며, 바로 이로써 이 고통을 억제된 것인 동시에 무한히 집약된

---

14 역주: Ecce Homo. 이것은 빌라도가 가시면류관을 쓴 예수를 가리키며 유대인에게 한 말이다.

것으로 현상시킨다. 나는 특히 귀도 레니[15]의 것으로 생각되는 슐라이스하임 화랑에 있는 두상 하나를 기억하는데, 여기에서 이 거장은, 다른 거장들의 유사한 표현들도 그렇지만, [51] 인간의 얼굴색에 속하지 않는 아주 독특한 색채를 고안하였다. 그들은 정신의 밤을 밝혀야 했으며, 또한 신적 본성의 단단한 이마에 굳게 갇힌 이 정신의 뇌우, 이 먹구름에 가장 탁월하게 상응하는 채색법을 창안하였다.

그러나 이미 나는 내면에서 만족하는 사랑을 회화의 가장 완벽한 대상으로서 거론하였다. 그러한 사랑의 객체는 순전한 정신적 저편이 아니라 현재하는 것이며, 이 경우 우리는 사랑의 대상에서 사랑 자체를 목도한다. 가장 고유하고도 지고한 이 사랑의 형식은 그리스도에 대한 마리아의 모성애, 구세주를 출산하여 안고 있는 한 어머니의 사랑이다. 이것이야말로 가장 아름다운 내용이니, 기독교 예술 일반은, 특히 종교적 권역의 회화는 그리로 매진하였다.

신에 대한 사랑은, 좀 더 자세히 말해 신의 오른편에 자리하는 그리스도에 대한 사랑은 순수하게 정신적인 종류의 것이다. 그 대상은 오로지 영혼의 눈에만 보일 뿐이니, 여기서는 사랑에 속하는 본래의 쌍방성이 나타나지 않으며, 자연적이기도 한 어떤 인연이 사랑하는 자들을 묶어 천생연분으로 만들지도 않는다. 반대로 다른 모든 사랑은 한편으로 그 경향성의 면에서 우연적이며 다른 한편으로 사랑하는 자들은, 예컨대 형제자매나 아이들을 사랑하는 아버지는, 이 관계 외에도 그들에게 본질적으로 요청되는 또 다른 규정들을 갖는다. 아버지와 형제는 세계, 국가, 사업, 전쟁에, 한마디로 일반적인 목적들에 부응해야 하며, 자매들은 부인, 어머니 등이 된다.

---

15 역주: Guido Reni(1575~1642), 이탈리아 볼로냐파의 중심이 된 화가이다.

이에 반해 모성애의 경우에는 일반적으로 아이에 대한 사랑이 이미 우연적인 것도, 단순히 개별적인 계기도 아니다. 모성애의 최고의 현세적 규정은 사랑의 자연적 특성과 지극히 신성한 사랑의 소명이 직접 하나로 합치하는 것이다. 보통의 모성애에서는 어머니가 아이를 통해 [52] 그녀의 남편을, 그리고 그와의 가장 내밀한 합일을 동시에 관조하고 감응하지만, 마리아와 아기의 관계에서는 이러한 측면마저도 사라지고 없다. 왜냐하면 그녀의 감응은 한 남성에 대한 부부애와 공통점이 없고, 반대로 요셉에 대한 그녀의 관계는 오히려 동기同氣의 관계이며, 또한 요셉의 편에서 보면 그것은 신과 마리아의 아이에 대한 신비로운 경외이기 때문이다. 그런 까닭에 종교적 사랑의 가장 충만하고 가장 깊은 인간적 형식은 수난을 겪고 부활하는 그리스도나 사도들 사이에 머무르는 그리스도에게서 보이는 것이 아니라 여성적이며 다감한 본성에서, 즉 마리아에게서 보인다. 마리아의 모든 심정과 현존재 일반은 그녀가 자신의 아이라고 부르는 아이에 대한 인간적 사랑이자 동시에 그녀가 자신과 하나라고 느끼는 신에 대한 공경, 기도, 사랑이다. 다른 모든 처녀처럼 그녀는 신 앞에서 무릎을 꿇지만 그 누구보다도 큰 은총을 받은 여인이라는 무한한 감정 속에 있다. 그녀는 자체로서 독자적이지 않고 그녀의 아이 안에서, 신 안에서 비로소 완성되지만, 구유 앞에 있든 하늘의 여왕으로 있든 간에 열정과 동경 없이, 그녀가 가진 것 이상을 갖고 유지하려는 욕구나 기타 등등의 목적 없이 그 아이 안에서 만족하고 지복을 누린다.

이제 이 사랑의 묘사는 종교적 내용의 면에서 광범위한 경로를 갖는다. 이에 속하는 것으로는 예컨대 수태고지, 성모 방문, 탄생, 이집트로의 도피 등이 있다. 그 밖에도 그리스도의 후기 생애에서는 그를 따르는 사도들과 여인들이 —그들에게서는 신에 대한 사랑이 다소간 현재 생존하는, 실제 인간으로서 그들 사이를 거니는 구세주에 대한 개인적 관계의 사랑으로 되는데— 추가된다. 이 모든 것에서 특히 회화는 평화와 사랑으로 충만한 만족을 묘사한다.

그러나 이 평화는 매우 깊은 내면의 고뇌로 [53] 나아가기도 한다. 마리아는 그리스도가 십자가를 지고 가며, 십자가에서 고통을 겪고 죽으며, 십자가에서 내려져 매장되는 것을 보매, 그 어떤 고통도 그녀의 고통보다 심하지 않다. 하지만 그러한 고난 속에서도 떠나지 않는 고통, 순전한 상실감, 필연성의 인내, 운명의 부당함에 대한 고발이 진정한 내용을 이루는 것은 아니니, 특히 니오베의 고통과 비교할 때 그 특징이 잘 드러난다. 니오베도 그녀의 모든 아이들을 잃고서 이제 순수한 숭고함과 비할 바 없는 아름다움으로 존재한다. 이 불행한 여인의 실존의 측면은 여기서 자연으로 변한 아름다움으로 보존되며, 또한 이 아름다움이 그녀의 현존재적 실재의 전부를 이룬다. 아름다움 속에 머무는 이 현실적 개별성, 이것이 그녀의 본질이다. 그러나 그녀의 내면, 그녀의 가슴은 사랑과 영혼의 모든 의미내용을 상실하였으니, 그녀의 개별성과 아름다움은 바위가 될 뿐이다. 마리아의 고통은 전혀 다른 종류이다. 마리아는 영혼의 한가운데를 관통하는 가시를 감응하고 느끼며 심장은 부서지지만 바위가 되지 않는다. 그녀는 사랑을 단지 가졌던 것이 아니라 그녀의 모든 내면이 사랑으로, 자유롭고 구체적인 내밀함으로 —이 내밀함은 그녀가 상실한 것의 절대적 내용을 보존하며 또한 사랑하는 자를 잃는 가운데서도 사랑의 평화 속에 머문다— 존재한다. 가슴이 찢어지는 그 비탄의 실체는, 즉 영혼의 고통을 겪고 이로써 스러지지 않는 생명성으로 빛나는 심정의 의미내용은 그보다 무한히 고차적인 것이다. 이것이 추상적 실체와 대립하는 영혼의 생동적 아름다움이다. 추상적 실체의 신체적인 이상적 현존재는 실체가 사라져도 영구히 남지만 바위로 변한다.

끝으로 마리아와 연관된 마지막 대상은 그녀의 죽음과 승천이다. 마리아는 죽음 속에서 젊음의 매력을 회복하는데, 특히 스코렐이 그것을 아름답게 그렸다. 이 대가는 성처녀를 몽유병자의 모습으로, 죽음이 다가와 바깥 세상에 눈먼 경직된 모습으로 표현하지만, [54] 그럼에도 표정들을 통해 엿보이는 정신은 하늘에서 지복을 누리고 있음을 아울러 표현한다.

YY) 그리스도와 사도들의 삶과 고난, 그리고 변용으로 이루어진 신의 이 실제적 현재의 권역에 이제 셋째, 인간성, 주관적 의식이 다가오는바, 이 의식은 신을, 좀 더 특정하자면, 그의 수난사의 각 장들을 사랑의 대상으로 만들며 또한 어떤 하나의 시간적 내용과 관계하는 대신 절대적인 것과 관계한다. 여기서도 세 가지 측면이 부각될 수 있는바, 첫째는 고요한 경배이며, 둘째는 내면적이든 외적이든 인간 속에서 신의 수난사를 반복하는 참회와 귀의이며, 그리고 셋째는 내면의 변용과 정화의 지복이다.

첫째, 경배 자체를 보자면, 그것은 주로 기도Anbetung의 내용을 제공한다. 경배란 겸양하고, 자기를 희생하고, 타자 안에서 평화를 추구하는 상황이면서, 청탁함bitten이 아니라 기원beten의 상황이다. 기도Gebet도 청탁일 수 있는 한, 청탁과 기원이 매우 유사한 것은 사실이다. 하지만 본래 청탁은 무언가 자신을 위한 것에 대한 의욕함이다. 내가 청탁을 하는 까닭은 나에게 절실한 것을 갖고 있는 자를 내게로 기울게 하고 그의 마음을 눅여 나를 사랑하게 함으로써 그와 나의 동질감을 일깨우기 위함이다. 그러나 나는 청탁을 함에 있어 내가 어떤 것을 요구하며, 그것을 얻으려면 다른 사람이 그것을 잃어야 한다는 사실을, 또한 나의 자기애가 만족되고 나의 이익과 안녕이 촉진되려면 다른 사람이 나를 사랑해야 한다는 사실을 감지한다. 반면 나는 이 경우 청탁을 받는 자도 나에게 요구할 수 있다는 사항 말고는 그 어떤 것도 양보하지 않는다. 기원함은 그러한 종류의 것이 아니다. 그것은 즉자 대자적인 사랑으로 존재하는 절대자, 그 어떤 것도 자신을 위해 갖지 않는 절대자를 향한 마음의 고양이다. 경배 자체는 승낙이 되며 청탁 자체는 축복이 된다. 왜냐하면 기도가 아무리 특정한 것에 대한 청탁을 포함할망정, 본래 표현되어야 할 것은 이 특정한 것이 아니며, 오히려 본질적인 것은 [55] 특정한 청을 들어준다는 것이 아닌, 오히려 청을 들어줌 자체에 대한 확신이기 때문이요, 신이 내게 최선의 것을 안기리라는 절대적 신뢰에 다름 아니기 때문이다. 기원은 이러한 관계에서도 그 자체로 영원한 사랑의 만족이자 향유이고, 그 분명한 감정이자 의식이다. 이 사랑은 변용의 빛으로서 형상과 상황을 밝힐 뿐만 아니라 그 자체가 상황을, 표현되어야 할 실존적인 것을 형성한다. 예를 들어 교황 식스투스는 그의 이름에 따라 명명된 라파엘로의 그림[16]에서 기도의 이러한 상황을 보여 준다. 바로 그 그림에서 성 바바라도 같은 모습이며 또한 사도들과 예컨대 성 프란치스쿠스와 같은 성인들이 십자가 아래서 —여기서 이제 내용으로 선택되는 것은 그리스도의 고통이나 사도들의 망설임, 의구심, 절망이 아니라 신에 대한 사랑과 공경, 그의 안으로 침잠하는 기도이다— 올리는 숱한 기도들도 마찬가지이다. 특히 비교적 오래된 회화의 시기들에는 이런 인물들이 대부분 나이 들고 삶의 쓴맛을 겪은 얼굴들을 하고 있는데, 이것들은 초상화적이긴 해도 실은 경건한 영혼들이다. 그들의 경배는 비단 이 순간에만 그들의 임무가 아니다. 그들은 말하자면 성직자, 성인들이니, 그들의 전 생애, 사유, 욕구 그리고 의지가 경배이며 또한 그들의 표현은 온갖 초상화적 요소들에도 불구하고 오로지 이러한 신뢰와 이러한 사랑의 평화만을 내포한다. 하지만 비교적 오래된 독일과 네덜란드 거장들에게서는 벌써 이것이 다르게 나타난다. 예를 들어 쾰른 성당에는 기도하는 왕들과 쾰른의 후원자들을 그린 그림이 있다. 이것은 반에이크 화파에서도 각별히 애호되는 대상이었는데, 여기서

---

16 역주: 〈시스티나 성모(Sistine Madonna)〉라 불리는 이 작품은 원래 교황 율리우스 2세의 분묘를 장식하기 위해 라파엘로에게 주문되었다.

라파엘로의 〈시스티나 성모〉(알테 마이스터 미술관)

는 기도를 올리는 자들이 종종 유명인사들, 제후들이어서, 예컨대 반에이크의 작품으로 이야기되는 부아제레 형제 소장의 유명한 기도 그림에 나오는 왕들 중 두 인물을 사람들은 부르군트의 필립 대공과 용담공 샤를로 인식하려 했었다. 우리는 이 인물들에게서 그들이 그 이외에도 어떤 다른 일을 하고 다른 임무를 갖는다는 사실, 여기서는 말하자면 다만 안식일이나 아침 일찍이 미사에 가고, 다른 [56] 날이나 다른 시간에는 다른 사업을 추진한다는 사실을 본다. 특히 네덜란드와 독일 회화에서는 기부자가 경건한 기사, 신실한 주부 및 아들과 딸들이다. 그들은 분주히 다니고 외부의 세상사에도 노력을 기울이는 마르타 같은 여인을 닮은 것이지 최상의 몫을 선택한 마리아를 닮은 것이 아니다.[17] 그들의 경건함에 심정의 내밀함이 없지는 않으나 그들의 전체 본성을 이루는, 그래서 그저 고양, 기도 혹은 은총에 대한 감사에 머물지 않는, 마치 나이팅게일의 경우가 그러하듯 저 노래가 단지 고양, 기도 혹은 은총에 대한 감사일 뿐만 아니라 그들의 유일한 삶이어야 했을 그런 사랑의 노래는 없다.

일반적으로 그런 그림들에서는 성자, 경배자와 현실적 현존재인 기독교 교구의 독실한 구성원들이 다를 수 있는데, 이 차이가 거론되는 까닭은 기도자들이, 특히 그들의 독실함을 표현하는 이탈리아 그림들에서, 외적 활동과 내적 의식의 완벽한 일치를 보여 주기 때문이다. 영혼에 찬 심정은 또한 영혼적인 것으로, 주로 영혼으로 충만한 얼굴 모습들로 현상하며, 여기서는 가슴의 감정들에 대립하거나 그 감정들과 상이한 어떤 것도 표현되지 않는다. 반면 현실에서는 이 상응이 매번 현전하지는 않는다. 예컨대 우는 아이는, 특히 막 울려는 아이는, 우리가 그의 고통이 울 만한 것이 아님을 알든 모르든 간에, 그 울상 때문에 종종 웃음을 짓는다. 노인들도 마찬가지로 웃으려 할 때 얼굴을 찡그리는데, 이유인즉 자연스럽고 힘들이지 않는 웃음이나 친절한 미소를 편하게 짓기에는 표정들이 너무 굳고 차갑고 고정되어 있기 때문이다. 회화는 독실함을 표출하는 감각적 형태들과 감응 사이의 그러한 부적합성을 피해야 하며, 또한 외면과 내면의 조화를 가능한 한 잘 성취해야 한다. 이탈리아인들은 대체로 이것 역시 충분히 해냈으나, 독일인과 네덜란드인들은 초상화적으로 표현하는 까닭에 그에 미치지 못하였다. [57]

---

17 역주: 예수가 마르타와 마리아 자매를 방문하는 내용이다. 마르타는 대접할 음식을 준비하기에 분주한 반면, 마리아는 예수의 말씀을 듣느라 마르타를 돕지 않는다. 이에 마르타가 예수에게 마리아를 꾸짖어 달라고 요청하지만, 예수는 오히려 다른 일들을 모두 제치고 자신의 몫을 다한 마리아를 칭찬한다(『신약성서』, 「누가복음」 10:38~42).

하나 더 첨언하자면, 영혼의 이러한 경배는 시편과 루터교회의 많은 찬송가, 예를 들어 "사슴이 신선한 물을 찾아 헤매듯 나의 영혼은 당신을 찾아 헤맵니다"(시편 42:3)와 같은 구절들이 내용으로 삼는 외적 궁핍 내지 영혼의 궁핍을 겪는 두려움의 외침이어서도 안 되고, 오히려 ─설사 수녀들의 경우처럼 감미롭기까지는 않더라도─ 영혼이 녹아들어 귀의하는 일이요 이러한 귀의의 향유요, 만족에 이르는 일이어야 한다. 왜냐하면 신앙의 궁핍, 괴로운 심정의 근심, 투쟁과 분열에 머무는 이 의구심과 실망, 자신이 죄악 속에 있음을, 회개가 참됨을, 은총이 스며 있음을 결코 알지 못하는 그런 식의 우울증적 경건함, 주관이 자신을 포기할 수 없는 그리고 바로 이것을 주관의 괴로움을 통해 증명하는 그런 식의 맡김이 낭만적 이상의 아름다움에 속하는 것은 아니기 때문이다. 시선이 마리아, 그리스도, 성자 등과 같은 기도의 현세적 대상을 향해 있다면 그것이 더욱 예술적이고 만족스러운 것임에도 불구하고, 그전에 이미 경배는 천국을 간절히 올려다볼 수 있다. 주 인물이 하늘을, 저편의 세상을 올려다보는 표현을 통해 그림에 한층 높은 관심을 부여하는 것은 쉬운, 너무도 쉬운 일이며, 그런즉슨 오늘날에도 여전히 신, 종교를 국가의 기초로 삼거나 매사를 현실의 이성 대신 성서의 구절들로 증명하는 이런 쉬운 수단이 사용된다. 가령 귀도 레니는 그의 그림들에서 이러한 시선과 올려다보는 눈을 상투적으로 그렸다. 예컨대 뮌헨에 소장된 〈마리아의 승천〉은 동료 및 예술감정가들에게서 최고의 찬사를 얻었는데, 무엇보다 큰 작용을 한 것은 영혼의 변용, 천국으로의 그 침잠과 녹아듦, 하늘로 오르는 인물의 전체 자세, 색채의 밝음과 아름다움이다. 하지만 그럼에도 불구하고 나로서는 [58] 마리아가 현재의 사랑과 지복 속에서 아이를 향한 시선과 더불어 표현되는 것이 그녀에게 더욱 적합하다고 본다. 동경, 노력, 하늘을 향한 귀도 레니의 시선은 현대의 과민성과 접경하는 것이다.

레니의 〈마리아의 승천〉(알테 피나코테크 미술관)

두 번째 점은 사랑의 정신적 경배에 부정성이 도입되는 것과 관계한다. 사도들, 성자들, 순교자들은 그리스도가 그들에 앞서 수난사 속에서 먼저 걸었던 그 고통의 길을 때로는 외적으로, 때로는 내적으로 따라야 한다.

한편으로 이 고통은 회화의 예술적 한계를 넘어갈 법하니, 이 경우 회화는 신체적 고난의 잔인함과 끔찍함, 살가죽을 에이고 포락炮烙당하는 장면과 십자가에 못 박히는 괴로움과 고초를 내용으로 삼기 때문이다. 회화가 정신적 이상을 벗어나서는 안 된다면, 이것이 회화에 허락될 수는 없다. 그것도 단지 그러한 순교의 가시화가 감각적으로 아름답지 않다거나 오늘날 우리들의 신경이 약하다는 이유 때문이 아니라 오히려 이러한 감각적 측면은 중요하지 않다는 한층 높은 이유 때문에 그러하다. 느껴지고 표현되어야 할 본격적 내용은 한 주관에 가해진 직접적인 신체적 고통이 아니라 정신의 역사, 사랑의 고통을 겪는 영혼, 다른 사람의 고난을 걱정하는 고통, 혹은 자신의 하찮음에 관한 자기 내면의 고통이다. 감각적 공포에 처한 순교자의 의연함은 단순히 감각적일 뿐인 고통을 참는 의연함이지만 그 영혼은 정신적 이상 속에서 자신과, 자신의 고난과, 사랑의 훼손과 내면의 참회, 슬픔, 후회, 회한과 관계한다.

하지만 이러한 내면의 고통에서조차 긍정적 측면이 빠져서는 안 된다. 영혼은 인간과 신의 객관적인, 즉자대자적으로 완성된 화해를 확신해야 하며 또한 이 영원한 구원이 자신 속에서도 주관화될 것이라는 사실만을 걱정해야 한다. 이리하여 우리는 [59] 객관적 화해의 확신 속에서 한편으로는 포기해야 하는 마음을 슬퍼하는, 다른 한편으로는 자신의 이러한 헌신을 완성하였으되 늘 새롭게 완성된 화해를 인식하고자 참회를 언제나 거듭 짊어지는 참회자, 순교자, 승려들을 종종 보는 바이다.

이제 여기서는 이중의 출발점이 취해질 수 있다. 즉 현실의 유대와 삶을 수월하게 받아들이고 또 그것들을 간명하게 해결할 줄 아는 쾌활한 천성, 자유, 명랑성, 결단성이 처음부터 예술가의 표현 근거에 놓여 있다면, 이와 더욱 잘 어울리는 것은 형식의 자연적 고귀함, 우아함, 즐거움, 자유 그리고 아름다움이다. 반면에 목이 뻣뻣하고 거만하고 거칠고 제한된 성향이 전제되어 있다면, 그 극복은 정신을 감각적, 세속적인 것에서 구출하여 구원의 종교를 얻기 위해 강경한 폭력을 요청한다. 따라서 그러한 완강함의 경우에는 강력함과 단호함이라는 비교적 강경한 형식들이 나타나며, 이 완고함에 가해질 수밖에 없는 상처의 흔적들이 한층 눈에 띄고 상존적인 것으로 있으며, 또한 형식들의 미는 사라진다.

이제 셋째, 화해의 긍정적 측면, 즉 고통으로부터 나타난 변용, 참회로부터 얻어진 지복 역시 자체로서 내용이 될 수 있는데, 이 대상은 물론 쉽사리 여러 가지로 파생되기도 한다.

이상의 것들이 낭만적 회화의 가장 본질적 대상으로서의 절대적, 정신적 이상이 갖는 주요 차별성들이다. 그러한 이상은 가장 성공적이고 가장 상찬되는 작품들의 소재이니, 그것들은 사상의 깊이로 인해 불멸하고, 또한 참된 표현이 더해진다면, 심정의 지복을 향한 최상의 고양, 여하튼 예술가가 제공할 수 있는 최고도의 영혼성과 내면성을 형성한다.

이러한 종교적 권역에 뒤이어 우리는 또 다른 두 영역을 언급해야 한다. [60]

β) 종교적 권역에 대립하는 것은 그 자체로서는 내밀하지 않을뿐더러 신성하지도 않은 것, 즉 자연이자, 회화와 관련해서 좀 더 정확히 말하자면, 풍경으로서의 자연이다. 이미 언급되었던바, 종교적 대상들의 특징은 그 안에서 영혼의 실체적 내밀함, '절대자 안에 사랑이 자신과 함께 존재함 Beisichsein der Liebe im Absoluten'이 표명된다는 점이다. 그런데 내밀함에는 또 다른 의미내용도 있다. 그것은 자신에게 오롯이 외적인 것에서조차 심정을 향한 울림을 발견할 수 있고, 객관성 자체에서 정신적인 것과 동류의 특징들을 인식할 수 있다. 언덕, 산, 숲, 골짜기, 물줄기, 평지, 햇빛, 달, 별이 뜬 하늘 등은 직접성의 면에서는 단순히 산, 물줄기, 햇빛 등으로 지각됨이 사실이다. 그러나 첫째, 자연의 자유로운 생명성이 그것들 속에 현상하며, 또한 그 자체로 생명력 있는 주관과 화합하는 한, 이 대상들은 이미 독자적으로 흥미를 끈다. 둘째, 객관적인 것의 특수한 상황들은 자연의 정조情調와 호응하는 정조를 심정 속에 끌어들인다. 인간은 이러한 생명성, 영혼과 심정을 향

한 이러한 울림 속에 터를 잡을 수 있으며, 그리하여 자연에서도 자유자재할 수 있다. 아카디아인들이 목양신 판에 관해 그는 숲의 어둠침침함 속에서 전율과 공포로 변한다고 이야기했듯이, 풍경으로서의 자연의 여러 상태들은 —온화한 청명함, 향기로운 고요함, 봄날의 신선함, 겨울의 삭막함, 아침의 깨어남과 저녁의 안식 등은— 특정한 심정의 상태들에 상응한다. 격랑을 일으킬 무한한 위력을 지닌, 바다의 고요한 그 깊이가 영혼과 관계하며, 반대로 폭풍우가 몰아쳐 울부짖고 솟구치면서 거품을 내며 부서지는 파도에 영혼이 공명하는 분위기를 자아낸다. 회화는 이렇듯 내밀한 감응까지 대상으로 삼는다. 그런데 이런 까닭에 본연의 내용은 자연대상 자체의 단순한 외적 형식과 조합이 [61] 아니라 —이것은 회화를 단순한 모방으로 만든다— 오히려 온 자연에 밴 생명성을, 그리고 그려진 풍경에서 그 생명성의 특수한 상태가 영혼의 특정한 정조와 특징적으로 이루어 낸 그 공감을 부각하여 이를 더욱 생생하게 드러내 보이는 일이다. 이렇듯 내밀한 호응이 비로소 정신적, 심정적인 계기로 존재하며, 이를 통해 자연은 환경으로서뿐만 아니라 독자적으로도 회화의 내용이 될 수 있는 것이다.

γ) 마지막으로 세 번째 종류의 내밀함은 부분적으로는 풍경의 생명성이 찢겨 나간 매우 보잘것없는 객체들에서, 부분적으로는 우리에게 전적으로 우연적일 뿐 아니라 저급하고 천박한 것으로도 보일 수 있는 인간적 삶의 장면들에서 나타난다. 나는 이미 다른 기회에(제1권, 214쪽 이하, 222쪽 이하) 그런 대상들이 예술에 적합하다는 점을 정당화하고자 시도하였다. 나는 회화와 관련하여 종래의 고찰에 다만 다음의 언급을 추가하고자 한다.

회화는 내적 주관성뿐만 아니라 내적으로 특화된 내면과도 관계한다. 이제 이 내면은 특수성을 원칙으로 삼는 까닭에 종교의 절대적 대상에 머무르지 않고, 또한 마찬가지로 외물에서 자연생명성과 그 특정한 풍경으로서의 특성만을 내용으로 취하는 것도 아니며, 오히려 그것은 인간이 개체적 주관으로서 자신의 관심을 쏟는, 그리고 그 안에서 자신의 만족을 발견할 수 있는 일체의 모든 것을 향해 나아가야 한다. 이미 종교적 권역의 표현들에서도 예술은 높이 올라가면 갈수록 그만큼 더 자신의 내용을 차안의 현재적 요소로 끌어들여 그것에 세속적 현존재의 완전성을 부여하니, 그리하여 감각적 실존의 측면이 예술을 통해 주요 사안이 되고 경배의 관심은 그보다 사소한 것으로 된다. 왜냐하면 여기서도 예술의 과제는 이러한 이상을 완전히 현실성으로 [62] 만들어 내는 일, 감관에서 벗어난 것을 감각적으로 표현하는 일, 대상들을 과거의 먼 장면들에서 현재로 옮겨 인간화하는 일이기 때문이다.

이제 우리의 단계에서 내용이 되는 것은 직접적으로 현재하는 것 자체나 일상적 환경들 및 극히 평범한 잡사雜事들에 깃든 내밀함이다.

αα) 그런데 그러한 소재가 이와 달리 하찮거나 무차별적일 경우, 진정 예술에 합당한 의미내용을 제공하는 것이 무엇인가를 묻는다면, 독자적 현존재 일반의 ―이것이 매우 잡다한 고유의 목적과 관심을 갖지만― 생명성과 환희야말로 예술에서 견지되고 정당화되는 실체적 요소가 된다. 인간은 언제나 직접적으로 현재하는 것 속에서 살아간다. 그가 매 순간 행하는 것은 하나의 특수성이며, 그 정당성은 매사를, 그것이 아무리 사소할망정, 온 영혼을 다해 기어코 완수한다는 점에서 성립한다. 그러면 인간은 그러한 개체성과 하나가 되며, 그는 자기 개별성의 모든 역량을 그 안에 쏟음으로써 오로지 그것을 위해 존재하는 것처럼 보인다. 이제 이러한 결합이 그가 직면한 상황들 속에서 주관과 그 행동의 특수성의 조화를 산출하니, 이 조화 또한 일종의 내밀함이며, 또한 여기서는 그것이 자체로서 총체적, 완결적이며 완성된 현존재의 독자성의 매력을 형성한다. 그러니까 우리가 그러한 표현들에서 취할 수 있는 관심은 대상이 아니라 생명성의 이러한 영혼 속에 놓여 있는 것이다. 또한 이 영혼은 그 삶을 대상 속에서 영위하지만 이와

무관하게 이미 자체로도 모든 오염되지 않은 마음과 모든 자유로운 심정들에 적합하며, 또한 그 심정이 참여하여 기쁨을 얻는 대상으로 존재한다. 따라서 이런 종류의 예술작품들이 이른바 자연성과 자연의 기만적 묘사라는 관점에서 상찬될 만하다고 부추겨지더라도, 이를 통해 [영혼의] 향유가 위축되어서는 안 된다. 그러한 [63] 작품들의 경우 이러한 부추김은 자명한듯 보이지만 자체가 핵심을 호도하는 기만일 뿐이다. 왜냐하면 그 경우에는 상찬이 예술작품과 자연작품의 외적 비교에서 귀결할 뿐이며, 또한 보통은 이미 현전의 사태와 표현의 일치에 관계할 뿐인 반면, 여기서 이해, 제작되는 본연의 내용과 예술적 요소는 표현된 사태와 사태 자체의 일치, 영혼이 깃든 실제 자체이기 때문이다. 예컨대 데너[18]의 초상화들은 기만의 원칙이라는 면에서 찬양될 법한데, 그것들은 자연의 모방들이긴 해도 그 대부분은 여기서 주요시되는 생명성 자체에 전혀 적합하지 않으며, 죽은 추상체는 아니지만, 그렇다고 인간 용모의 생명성도 아닌, 터럭이나 주름 따위의 것을 표현하는 데 골몰한다.

나아가 우리의 향유는 그러한 주제를 한층 높은 사상들에 어울리지 않는 천박한 것으로 간주하며, 만일 우리가 향유를 그 잘난 오성적 반성을 통해 진부한 것으로 만든다면, 이 경우에도 우리는 예술이 진정 제공하는 바의 내용을 얻지 못한다. 즉 이 경우 우리와 함께하는 것은 욕구, 쾌락, 기타 교양과 그 밖의 목적들의 면에서 우리가 그러한 대상들과 맺는 관계일 뿐이다. 다시 말해 우리는 대상들의 외적 합목적성을 이해할 뿐이며, 이를 통해 이제 생생한 자기목적의 욕구들이 주요 사안으로 되는데, 이 경우에는 대상이 본질적으로 단순한 수단으로서 쓰이는 것으로 규정되거나 우리가 그

---

18 Balthasar Denner(1685~1749). 독일의 화가. 초상화가로서 주로 상반신을 그렸다.

것을 쓸 수 없다면 우리에게 완전히 무차별적인 것으로 규정되니, 그런 한에서 대상의 생명성은 말살된다. 예컨대 들어서려는 방의 열린 문틈으로 쏟아지는 햇살, 우리가 배회하는 지역, 바지런히 일하는 모습의 침모針母나 하녀는 우리에게 철저히 무차별적일 수 있으니, 까닭인즉 우리는 그로부터 멀리 떨어져 생각과 관심을 [64] 펼치고 그리하여 이 독백에서든 타인과의 대화에서든 목전의 상황이 우리의 생각과 언어에 반하여 표현되도록 두지 않기 때문이며, 혹은 그것에 그저 아주 순간적인 주의력만을 기울여 "좋아, 멋져, 추해" 등의 추상적인 판단을 내리기 때문이다. 그러므로 우리는 농부들의 춤을 피상적으로 함께 바라보며 그 익살을 즐거워할 수도 있고 혹 우리가 "일체의 조잡한 것의 적"일 경우에는 그로부터 거리를 두고 경멸할 수도 있다. 우리가 매일의 삶에서 지나치거나 우연히 만나는 얼굴들의 경우도 이와 비슷하다. 이 경우에는 우리의 주관적 입장과 상대적 관계가 언제나 함께 작용한다. 우리는 이 사람에게는 이렇게, 저 사람에게는 저렇게 말해야 하고, 업무를 처리해야 하고, 사정들을 고려해야 하며, 그에 관해 이렇게 혹은 저렇게 생각하고, 우리가 그에 관해 알고 있는 이러저러한 사정을 위주로 그를 바라보며, 대화 중에 그가 오해할지 몰라, 그래서 그것이 그에게 상처가 될지 몰라 언급은 고사하고 아예 침묵으로 길을 택하는바, 한마디로 우리는 언제나 그의 이력, 지위, 신분, 그에 대한 우리의 태도, 그와 함께하는 우리의 사업을 대상으로 삼고 철저히 실천적인 관계를 유지하거나 아니면 이에 아랑곳하지 않는, 신경 쓰지 않는 무관심한 상태를 유지한다.

그런데 그러한 살아 있는 현실이 예술에 의해 표현된다면, 그것은 현실에 대한 우리의 관점을 완전히 바꾸어 놓는다. 왜냐하면 예술은 보통 우리와 대상을 연결하는 일체의 실천적 곁가지들을 쳐내어 우리를 대상과 완전히 이론적으로 대면하게 만들 뿐 아니라, 무차별성을 지양하여 다른 쪽으로 기운 우리의 주의력을 표현된 상황으로 완전히 인도하기 때문이니, 우리는 이것을 향유하기 위해 자신을 내면에 모으고 또 응집시켜야 한다. 조각작품은 그것이 이러한 [65] 현실에 속하지 않는다는 점을 곧바로 보여 주며, 그런 한에서 특히 조각은 그 이상적 생산방식을 통해 대상에 대한 실천적 관계를 애초부터 제어한다. 반면 회화는 한편으로 우리를 인접한 일상적 세계의 현재 속으로 완전히 인도하지만, 다른 한편 그 속에서 그러한 현재에 끌리거나 그것을 거부하는 궁핍, 매력, 경향성 혹은 반감의 모든 실마리를 잘라 내고, 또한 우리에게 대상들이 갖는 특유의 생명성을 자기목적으로서 가져온다. 예컨대 「피그말리온」[19]에 대한 이야기에서 슐레겔 씨는 완성된 예술작품은 평범한 삶, 주관적 경향성과 실제적 향유의 관계를 향한 회귀라고 아주 산문적으로 언명하지만, 여기서는 그 역이 성립하는바, 예술작품은 대상들과 우리의 욕구 사이에 거리를 두며 바로 이로써 그것들 본연의 독자적 삶과 현상을 우리 앞에 제시하는데, 앞의 회귀는 이러한 거리두기와 반대되는 것이다.

ββ) 예술은 둘째, 현실에 그리 오래 머물지 않아 우리가 그 자체를 주목하는 데 익숙하지 않은 대상들을 고정할 수 있으니, 이제 그것은 이 권역에서 우리가 보통 자체로는 고유성을 인정하지 않는 내용에 압류당한 그 자주성을 반환한다. 자연의 유기체와 그 운동현상들이 고차적일수록, 그만큼 더 자연은 오직 순간에 봉사하는 배우를 닮아 간다. 이와 관련하여 나는 이미 앞에서 예술이 순간적인 것조차 고정할 줄 안다는 사실을 현실에 대한 예술의 승리로 칭송하였다. 이제 회화에서 순간성의 이러한 지속화는 한편으로 특정한 상황들 속에 응집된 순간적 생명력과 다시 관계하며 다른 한편으로 변화무쌍한 순간적 색채를 갖는 그 가상의 마법과 관계한다. 이를

---

19 역주: 슐레겔 형제 가운데 형 아우구스트 빌헬름이 쓴 시(詩)인 「피그말리온」(1797)을 가리킨다.

테면 기병대는 배치, 개개인의 상태 등에서 매 순간 변화할 수 있다. 우리가 만일 그 일원이었다면, 우리는 이러한 변화의 생명성에 주목하기보다는 완전히 다른 일을 했어야 한다. 그때 우리는 [66] 말을 타거나 내리고, 배낭을 꾸리고, 먹고, 마시고, 쉬고, 마구를 벗기고, 물과 사료를 먹이는 등의 일을 했어야 할 것이다. 혹은 우리가 평범한 실제적 삶을 사는 구경꾼이었다면, 우리는 완전히 다른 관심에서 그것을 보았을 것이다. 우리는 그들이 무엇을 하는지, 어느 지방 사람인지, 어떤 목적으로 출병하였는지 등의 많은 것을 알고자 했을 것이다. 반면 화가는 별안간의 운동, 찰나의 얼굴 표정, 이 운동 속에 있는 일순간의 색채현상을 추적하고, 그가 없다면 사라졌을 이 가상의 생명성에 대한 관심 속에서 그것들을 가시화한다. 특히 색채 그 자체가 아니라 색채가상[20]의 유희, 즉 색채의 밝음과 어두움, 대상의 돌출과 후퇴는 표현을 자연스럽게 하는 근거이자 또한 이 측면은 우리에게 예술을 처음 의식하게 만드는데도, 우리는 예술작품들의 이 측면에 응분의 주목을 기울이지 않곤 한다. 더욱이 예술가는 이러한 관계들의 면에서 자연으로부터 그 장점을 ―즉 극히 세세한 부분까지 구체적, 규정적, 개별적으로 존재한다는 장점을― 취하는바, 까닭인즉 그는 대상들에서 생생한 찰나적 현상의 그 같은 개별성을 보존하되, 단순한 지각에게 직접적이며 엄격하게 모방된 개체성을 제공하는 대신 판타지에게 보편성과 공조하는 규정성을 제공하기 때문이다.

YY) 이 단계의 회화가 내용으로 취하는 대상들이 종교적 소재들에 비해 사소하면 할수록, 여기서는 예술적 생산, 보고 이해하고 작업하는 방식, 극히 개별적 범위의 과제에 대한 예술가의 몰입, 제작을 향한 그의 혼과 생생

---

20 역주: 화가의 채색을 통해 비로소 생명력 있는 현상이 된. 채색하지 않았다면 사라졌을 색채.

한 사랑이 그만큼 더 관심의 주요 측면을 형성하며 또한 함께 내용에 속한다. 하지만 그의 손에서 대상으로 되는 것은 그 어떤 것도 실제로 있지 않거나 있을 수 없는 것이 없다. 우리는 현실에서 [67] 그러한 상황들과 그 색채현상들에 대해 세세하게 주의를 기울이지 않기 때문에 무언가 완전히 다른 새로운 것을 본다고 믿는 것이다. 하지만 역으로 이러한 일상적 대상들에는 무언가 새로운 것이 추가되기도 한다. 그것은 곧 예술가의 사랑, 의미와 정신, 영혼이니, 이를 통해 예술가는 대상들을 택하고, 체득하며 또한 그가 새로운 삶으로 창조하는 대상 속에 그의 고유한 생산의 영감을 불어넣는다.

지금까지 회화의 내용과 관련하여 고려되는 가장 본질적인 관점들을 논하였다.

b. 감각적 질료의 세부 규정들

앞서 거론한 내용이 감각적 질료 속에 수용되어야 하는 한, 우리가 다음으로 논해야 할 두 번째 측면은 여기에 통용 가능한 것으로 증명된 세부 규정들에 관한 것이다.

α) 이 면에서 중요한 첫 번째의 것은 선線 원근법이다. 회화가 평면만을 사용하는 까닭에 원근법의 개입은 필연적이다. 회화는 고대조각의 저부조와 달리 형상들을 더 이상 하나의 동일 평면 위에 병렬적으로 벌일 수 없으며, 대상들의 원근을 3차원적으로 가상화할 수밖에 없는 표현방식으로 나아가야 한다. 왜냐하면 회화는 선택된 내용을 펼치고, 그 복합적인 운동을 가시화하고, 조각이 부조에서 할 수 있는 것과는 비교도 되지 않을 정도로 인물들을 외적인 자연풍경, 건물, 방의 벽면 등과 다양하게 관련지어야 하기 때문이다. 이 점에서 이제 회화는 조각의 실제적 방식과 달리 내용의 현실적 거리로 제시할 수 없는 것을 실재의 가상으로 대신해야 한다. 이 면에

서 우선적인 것은 회화가 자신 앞에 두는 하나의 평면을 서로 떨어진 듯 보이는 여러 평면들로 분할하고, 이를 통해 가까운 전경과 [68] 먼 후경의 대립들을 유지하며, 이 대립들이 다시 중경을 통해 결합된다는 사실이다. 회화는 대상들을 이 여러 평면들 위에 세운다. 이제 대상들은 눈에서 멀수록 그만큼 비례하여 작아지는데, 이러한 축소가 자연 자체에서 이미 수학적으로 규정 가능한 광학법칙들에 준하는 관계로, 회화 역시 대상들을 하나의 평면으로 옮김을 통해 이 규칙들을 다시 특수하게 응용하는 이상 나름으로 그것들을 준수해야 한다. 이것이 소위 회화에서의 선적인, 혹은 수학적인 원근법의 필연성인데, 그 상세한 규칙들은 여기서는 설명하지 않겠다.

β) 그런데 둘째, 대립들은 단지 서로 간에 특정한 거리를 둘 뿐 아니라 상이한 형태를 갖기도 한다. 각 객체 특유의 형상이 가시화되는 이 특수한 공간의 경계설정은 소묘의 임무이다. 소묘가 비로소 대상들 서로 간의 거리뿐만 아니라 그 개별적 형상도 제공하는 것이다. 소묘법칙의 특장은 형태 및 거리와 관련한 정확성인데, 이것은 물론 일단 정신적 표현보다는 단지 외적 현상에 관계하며 따라서 순전히 외적인 밑바탕을 이룰 뿐으로, 특히 유기체의 형태와 그 다양한 운동들의 경우에는 운동을 통해 생기는 원근으로 인해 큰 어려움을 겪기도 한다. 이제 이 두 측면들이 순전히 형상과 그 공간적 총체성에 관계하는 이상, 그것들은 회화에서 조형적, 조각적 요소를 형성하며, 또한 회화 역시 가장 내적인 것을 외적 형상을 통해 표현하는 까닭에, 예술은 이러한 요소를 결해서는 안 되지만 다른 면에서는 못지않게 그에 머물러서도 안 된다. 왜냐하면 회화 본연의 과제는 채색Fäbung이며, 그리하여 진정 회화적인 것에서는 거리와 형상이 오로지 색차色差를 통해 본격적으로 표현되고 또한 그 속에서 떠오르기 때문이다. [69]

γ) 그러므로 화가를 화가답게 만드는 것은 색채, 채색Kolorit이다. 우리는 소묘 앞에, 특히 탁월한 천재적 선묘 앞에 머물기를 즐기지만, 내면의 정신

이 선묘에서 아무리 창의성과 판타지에 가득 차, 이를테면 투명하고 가벼운 형상의 덮개 밖으로 직접 드러날 수 있다고 해도, 그럼에도 회화는, 대상들의 생생한 개별성과 특유성이 감각적 측면에서 추상적으로 남게 하지 않으려면 칠해야 한다. 하지만 이와 더불어 소묘들에, 특히 라파엘로와 알브레히트 뒤러와 같은 거장들의 자재화自在畵[21]들의 중요한 가치가 거부되어서는 안 될 것이다. 오히려 정녕 자재화들은 어떤 면에서는 최고의 관심거리인바, 까닭인즉 우리는 전체 정신이 직접 손의 솜씨로 이행하고 이 손이 아주 수월하게, 더듬거림이 없이, 일순의 생산으로 예술가의 정신에 들어 있는 일체의 것을 드러내는 기적을 보기 때문이다. 예를 들어 뮌헨 도서관에 있는, 뒤러의 기도서 난외 삽화는 형언할 수 없는 정신성과 자유를 담고 있는데. 여기서는 착상과 제작이 하나가 되어 나타나는 반면, 회화의 경우에는 여러 번의 덧칠과 끊임없는 발전 및 개선을 거친 후에야 비로소 그 완성이 이루어졌다는 생각을 떨칠 수 없다.

그렇다고 하더라도 영혼적인 것은 회화가 색채를 사용함으로써 비로소 진정 생생하게 현상한다. 하지만 모든 화파가 같은 수준의 색채예술을 소유하는 것은 아니니, 오히려 거의 유일하게 베네치아인들이, 그리고 특히 네덜란드인들이 색채의 완벽한 거장이 되었다는 것은 하나의 특기할 만한 현상이다. 두 나라 사람들은 모두 바다에 접하여 있으며, 습지, 물, 수로들이 가로지르는 낮은 땅에서 산다. 네덜란드인들의 경우 이 점은 다음과 같이 설명될 수 있는바, 그들은 항상 안개 낀 지평선을 보면서 늘 잿빛 배경을 표상하였으며, [70] 이러한 흐림을 통해 명암, 반사, 빛의 가상 등과 같은 색채적인 것의 각종 효과와 다양성을 연구하고, 강조하며 그 속에서 바로 그

---

21   역주: 자, 컴퍼스 따위의 기구를 쓰지 않고 연필이나 붓만으로 그린 그림.

들 예술의 주요 과제를 발견하는 일에 그만큼 더 동기를 부여받았다. 베네치아인들 및 네덜란드인들과는 대조적으로, 코레조 및 다른 몇몇을 제외하면, 이탈리아 화가들의 기타 회화는 한층 메마르고, 꽉꽉하고, 차갑고 생기 없는 것으로 보인다.

좀 더 자세히 보면, 색채의 경우에는 다음의 점들이 가장 중요하게 강조된다.

αα) 첫째는 모든 색의 추상적 기초, 즉 밝음과 어두움이다. 이 대립과 매개들이 자체로서 그 밖의 색차를 배제하고 작용할 경우, 이를 통해 나타나는 것은 빛으로서의 흰색과 그림자로서의 검은색의 대립들 및 그 전이와 농담濃淡들뿐인데, 이것들은 형상 본연의 조형적 요소에 속하며, 또한 대상들의 부각, 침하沈下, 윤곽, 거리를 산출하는 관계로 선묘를 포괄한다. 이와 관련하여 여기서 우리는 오로지 명암 자체와 관계하는 에칭(부식동판화)을 부수적으로 언급할 수 있다. 이 예술은 높이 평가할 만하며, 그 정점에서 정신은 무한한 노력과 극히 조심스러운 수고로움 이외에 대량복제의 유용성과도 ―인쇄술 역시 이 유용성을 갖는다― 결부되어 있다. 하지만 에칭은 소묘 자체와는 달리 단순히 빛과 그림자에만 기대는 것이 아니라 오늘날의 발전에서는 특히 회화와 경쟁하려 들며, 또한 조명을 통해 작용하는 밝음과 어두움 이외에도 대상의 고유색Lokalfarbe에서 나타나는 상대적 밝음이나 어두움의 차이들도 표현하려고 애쓴다. 예를 들어 에칭에서는 같은 조도에서도 금발과 흑발의 차이를 볼 수 있다.

그런데 이미 [71] 말했듯이 회화에서는 밝음과 어두움이 단지 기초만을, 비록 이 기초가 지극히 중요한 것이긴 하지만, 제공할 뿐이다. 왜냐하면 그 기초가 유일하게 형상의 드러남과 물러감, 윤곽, 본연의 현상작용 일반을 감각적 형상으로서, 즉 우리가 입체감의 표현이라고 부르는 것으로서 규정하기 때문이다. 이 면에서 채색의 거장들은 그것을 가장 밝은 빛과 가장 깊은 그림자 사이의 극단적 대립으로까지 몰며, 이를 통해 위대한 효과를 야기한다. 하지만 이러한 대립은 오로지 그것이 경직되지 않은 한에서만, 즉 이행과 매개의 ―이것은 모든 것을 관계 맺고 흐르게 하여 극히 섬세한 뉘앙스의 산출로까지 나아간다― 풍성한 유희가 없지 않은 한에서만, 그들에게 허락된다. 그런데 그러한 대립들이 없다면, 전체는 밋밋해질 테니, 까닭인즉 상대적 밝음이나 상대적 어두움의 바로 그 차이만이 드러나는 부분과 물러가는 부분을 있게 하기 때문이다. 특히 묘사되는 대상들이 서로 간에 풍부하게 구성되고, 또 멀리 떨어진 경우에는 빛과 그림자를 재는 넓은 눈금을 갖기 위해 가장 깊은 어두움으로까지 들어가는 것이 필수적이다.

빛과 그림자의 좀 더 자세한 규정성은 주로 예술가에 의해 채택된 조명의 종류에 달려 있다. 한낮의 빛, 아침, 오후, 저녁의 빛, 햇살이나 달빛, 청명하거나 구름 낀 하늘, 폭풍우 속의 빛, 촛불, 갇힌 빛, 한 지점을 밝히는 빛, 아니면 골고루 퍼지는 빛 등 여기서는 수없는 조명방식들이 무수한 차이들을 낳는다. 복잡한 공공적 행위의 경우나 깨인 의식이 갖는 내적으로 명료한 상황의 경우에는 외광外光이 차라리 부수물이다. 그리고 극적인 생명성을 요구하고, 특정 인물과 집단들을 의도적으로 강조하며, 다른 인물과 집단들을 뒤로 물리는 것, 이러한 차이들을 위해서는 하나의 비일상적 조명방식이 더욱 적절하니, [72] 예술가가 일상적 일광을 가장 잘 사용하는 경우는 그것이 필연적이지 않을 때이다. 그러므로 이전 시대의 위대한 화가들은 대비를, 조명 따위가 빚는 극히 특수한 상황들 자체를, 그것도 정당하게, 거의 활용하지 않았으니, 까닭인즉 그들은 감각적 현상방식의 효과보다는 정신성 그 자체를 더욱 추구했기 때문이며, 의미내용의 압도적인 내면성과 중요성에 비추어 다소간은 언제나 외적인 이 측면을 경시할 수 있었기 때문이다. 이에 대해 풍경과 일상적 삶의 의미 없는 대상들에서는 조명이 전혀 다른 중요성을 지닌다. 여기서는 위대한 예술적 효과가 제대로 나타나지만, 종종 인위적, 마법적인 효과가 나타나기도 한다. 이를테면 풍경에서 강한 빛과 짙은 음영의 대담한 대비들은 최상의 효과를 낳기도 하지만 단순한 기법이 되기도 하는 것이다. 역으로 이 권역들에서 밝음과 어두움의 유달리 생생한 유희를 야기하고, 또한 예술가 및 관조자 모두에게 철저하고도 꾸준한 탐구를 요구하는 것이 있으니, 비침과 되비침이라는 빛의 반사, 이 놀라운 빛의 메아리가 특히 그것이다. 그런데 이 경우 화가가 자신의 구상 속에 외적 혹은 내적으로 포착한 조명 자체는 그저 신속하게 스치는 변화무쌍한 가상에 불과할 수 있다. 그러나 포착된 조명은 돌연하거나 비일상적일 수도 있지만, 그럴지언정 예술가 자신은 일필휘지를 함에 있어 전체가 이 잡다함 속에서 불안정하거나 동요하거나 혼돈되지 않고 오히려 명료하고 통합적으로 남도록 걱정해야만 한다.

ββ) 그런데 이미 말하였듯, 회화는 밝음과 어두움의 단순한 추상을 표현해서는 안 되며, 그것들을 색채 자체의 상이성을 통해 표현해야 한다. 빛과 그림자가 색을 지녀야 하는 것이다. 그러므로 둘째, 우리는 색채 자체에 관해 논해야 한다.

색채들은 [73] 그 교호적 관계 자체에서 빛과 어두움의 효과를 낳고 또한 서로를 돋우거나 서로를 누르고 방해한다. 그런 까닭에 여기서도 다시 첫 번째 점은 색채들의 대립에서 생기는 밝음과 어두움에 우선 관계한다. 예컨대 붉은색은, 그리고 더더욱 노란색은, 그 자체가 동일한 명도에서도 푸른색보다 밝다. 이는 색들의 본성 자체에서 연유하는 것인데, 근래에 괴테가 처음 그것을 제대로 조명했다. 즉 푸른색에서 주가 되는 것은 어두움이니, 어두움은 상대적으로 밝은, 하나 완전히 투명하지는 않은 매체를 통해 작용하는 한에서 비로소 푸르게 현상한다. 예를 들어 하늘은 어두운 것이다. 아주 높은 산에서는 하늘이 점점 짙어진다. 낮은 고도의 대기와 같이 투명하면서도 탁한 매체를 통해 볼 경우에만 하늘은 푸르게 보이고, 대기가 덜 투명할수록 더욱 밝게 보인다. 반대로 노란색은 즉자대자적 밝음이 반투명체를 투과함으로써 결과한다. 그러한 반투명체로서는 이를테면 연기가 있다. 연기는 그것을 투과하는 검은 것 앞에서는 푸르게 보이며, 밝은 것 앞에서는 노랗거나 붉게 보인다. 본연의 붉은색은 그 속에서 푸른색과 노란색이 —이것들은 자체가 다시 대립들이다— 서로 삼투작용을 하는 효과적이고 구체적인 제왕 색이다. 녹색 역시 그러한 통일로서 간주될 수 있으나, 하지만 그것은 구체적 통일이 아니라 단순히 수그러든 차별성으로, 포화상태의 움직임 없는 중성으로 간주된다. 이 색들이 [즉 붉은색, 푸른색, 노란색이] 가장 순수하고 가장 단순하며 근본적인 원색原色들이다. 그런 까닭에 우리는 전대前代의 거장들의 색을 사용하는 방식에서도 하나의 상징적 연관성을 찾을 수 있다. 특히 푸른색과 붉은색의 사용이 그렇다. 푸른색이 무저항의 어두움을 원칙으로 삼는 한, 그것은 비교적 온유한 것, 온당한 것, 비교적 고요한 것, 예민한 내면의 응시에 상응하며, 반면에 밝음은 차라리 저항적인 것, 생산적인 것, 활기찬 것, 명랑한 것이다. 붉은색은 남성적, 지배적, 제왕적이다. 녹색은 무차별적이며 중립적이다. 이러한 상징성에 따라 예컨대 마리아는 대관을 한 하늘의 여왕으로 표상되는 곳에서는 종종 붉은 망토를, 반면 어머니로 나타나는 곳에서는 푸른 망토를 걸치고 있다. [74]

지극히 다양한 그 밖의 모든 색채는 앞의 원색들의 한 뉘앙스가 인식될 수 있는 단순한 변양들로 간주되어야 한다. 이를테면 어떤 화가도 자주색을 원색이라고 부르지 않을 것이다. 이제 이 모든 색들 자체는 교호관계 속에서 서로에 대해 한층 밝거나 한층 어둡게 보이는 효과를 낳으니, 모든 지점에서 대상들의 입체감과 거리를 위해 올바른 색조를 필히 요구하는 화가는 이를 놓치지 않으려면 이러한 정황을 본질적으로 고찰해야 한다. 그런즉 여기서는 매우 독특한 어려움이 나타난다. 예컨대 얼굴에서 입술은 붉은색, 눈썹은 어두운 색, 검은색, 갈색 혹은 금색을 쓰는데, 설사 금색을 쓴다 한들 눈썹은 항상 입술보다 어둡다. 마찬가지로 뺨은 붉은빛으로 그리는 까닭에 노란색, 갈색, 녹색을 주 색깔로 삼는 코보다 색상이 한층 밝다. 한데 이 부분들의 고유색은 입체감의 표현을 위해 그것들에 배속되는 색보다 한층 밝고 강렬한 색채를 띨 수 있다.[22] 조각에서는, 심지어 소묘에서도, 그러한 부분들이 완전히 형상과 조명의 관계에 따라서만 밝음과 어두움을 갖는다. 이와 달리 화가는 그것들을 고유색으로 표현해야 하니, 이를 통해 이 관계는 흐트러진다. 서로 떨어진 대상들의 경우에는 더더욱 그러한 것이 발생한다. 일상적, 감각적 견지에서 보면 사물들의 거리, 형태 등과 관련한 판단을 내리는 것은 오성인데, 이 경우 오성은 현상의 색뿐만 아니라 전혀 다른 정황들에도 의거한다. 그러나 회화에서는 오로지 색채만이 현전할 뿐인데, 밝음과 어두움 자체를 요구할 경우, 단색으로서의 색채는 이것에 방해가 될 수 있다. 이제 여기서 화가의 예술은 그러한 모순을 해소하는 점에서, 그리고 색채들을 조합하여 그것들이 입체감 표현을 위한 부분별 배색에서든 기타 상호 관계에서든 서로를 방해하지 않도록 만드는 점에서 성립한다. 대상들의 실제 형상과 채색은 이 두 가지 점을 고려함으로써 비로소 완성을 기약할 수 있다. [75] 이 점에서는 예를 들어 네덜란드인들이 대단히 예술적이었다. 그들은 주름 등에서 나타나는 그림자의 다양한 반사 및 색차들을 사용하여 비단망토의 빛남, 은, 금, 구리, 유리그릇, 비단 등의 반짝임을 그렸다. 벌써 반에이크만 해도 보석, 금사金絲, 장신구의 광채를 그렸다. 예컨대 황금의 광채를 드러내는 색채들은 자체로서는 전혀 금속성이 아니다. 가까이서 보면 그것은 자체로서는 거의 빛나지 않

---

22 역주: 이 구절이 의미하는 바는 다음과 같다. 뺨은 붉은색이고 코는 예컨대 황록색이므로 본색의 면에서는 뺨이 코보다 한층 밝은 빛을 띠지만, 코를 드러내기 위해서는 뺨이 코보다 어두워야 하는 까닭에 회화에서는 뺨의 붉은색이 종종 코의 황록색보다 어둡게 표현된다.

는 단순한 노란색이다. 전체적 효과는 한편으로는 형태의 부각에, 다른 한편으로는 모든 개별적 색의 뉘앙스들이 이루는 이웃관계에 달려 있는 것이다.

둘째, 또 다른 측면은 색채들의 조화와 관계한다.

나는 이미 위에서 색채들이 사태 자체의 본성에 따라 분류되는 하나의 총체성을 이룬다고 언급한 바 있다. 그런즉 색채들은 이러한 완전성 속에서도 현상해야 한다. 어떠한 기본색도 완전히 결여되어서는 안 되니, 그렇지 않으면 총체성의 의의가 다소간 훼손되기 때문이다. 특히 예전의 이탈리아인들과 네덜란드인들은 이러한 색채체계의 면에서 십분 만족을 준다. 우리는 그들의 회화에서 푸른색, 노란색, 붉은색, 초록색을 발견하는 것이다. 그러한 완전성이 이제 조화의 기초를 이룬다. 그러나 나아가 색채들은 그 회화적 대립뿐만 아니라 대립의 매개와 해소 및 이를 통한 안정과 화해가 가시화되도록 배열되어야 한다. 때로는 배열의 방식이, 때로는 각 색채가 지닌 강렬함의 정도가 그러한 대립의 힘과 매개의 안정을 낳는다. 전대의 회화에서는 특히 네덜란드인들이 기본색의 순수함과 그 단순한 광채를 사용하였는데, 이를 통해 그들은 대립을 첨예화하고 이로써 조화를 어렵게 하였으되 일단 조화가 달성될 경우에는 보기 좋은 작품을 만들었다. 하지만 색채의 이러한 단호함과 강렬함이 있더라도 다음으로는 대상들의 특성과 표현력 자체도 한층 단호하고 [76] 단순해야 한다. 이것은 동시에 채색과 내용의 한층 고차적인 조화를 내포한다. 이를테면 주 인물들은 가장 현저한 색채도 가져야 하고 그들의 특성, 전체 자세, 그리고 표현방식의 면에서 그저 혼합된 색채만이 할당되는 부차적 인물보다 한층 대단하게 나타나야 한다. 풍경화에서는 순수한 기본색들의 그러한 대립들이 덜 드러나지만, 인물들이 주 대상인, 특히 의복이 전체 화폭의 대부분을 차지하는 장면에서는 보다 단순한 저 색채들이 제 몫을 한다. 여기서는 장면이 정신성의 세계에서 발원하는데, 이 세계에서 비유기적인 것이나 자연환경은 한층 추상화되어 현상해야 하지 그 자연적 완전성과 고립된 효과 속에서 현상해서는 안 된다. 또한 풍경의 잡다하고 복잡 미묘한 배색들도 여기에 그리 어울리지 않는다. 일반적으로 풍경은 방이나 기타 건축물만큼 인간적 장면의 환경으로 그리 적합한 것이 아니다. 왜냐하면 트인 공간에서 유희하는 상황들은, 전반적으로 볼 때, 충만한 내면이 본질적으로 발현되는 행위가 보통이 아니기 때문이다. 그러나 인간이 자연을 배경으로 삼을 경우, 자연은 단지 단순한 환경으로서의 타당성만을 지녀야 한다. 이미 말했듯이, 이제 그러한 표현들에서는 특히 단호한 색채들이 제격이다. 그런데 그 사용에는 대담성과 힘이 속한다. 감미롭고, 온유하고, 귀염을 떠는 얼굴들은 그러한 색채들에 맞지 않는다. 멩스 이래로 사람들은 이러한 얼굴들을 이상적인 것으로 간주하곤 했는데, 그러한 약한 표정과 희미함은, 단호한 색채들을 통해 표현될 경우, 완전히 엉망이 될 것이다. 최근 독일에서는 가식적인, 특히 우아한 체하거나 순박하면서도 대단한 체하는 태도들 따위를 취하는 맹한 여성적 얼굴들이 주로 유행한다. 내면의 정신적 성격 면에서의 이러한 무의미함은 더 나아가 색채와 [77] 색조의 무의미함으로 이어지니, 모든 색채들이 불명확하고 힘없이 허약하고 가라앉은 채로 있어 어떤 색도 제대로 부각되지 않는다. ― 즉 그것들은 다른 어떤 색도 억압하지 않지만 그렇다고 강조하지도 않는다. 이것은 어쩌면 색채들의 조화이기도 하고 종종 큰 달콤함과 살랑거리는 사랑스러움을 지니기도 하겠으나, 별 의미는 없는 것이다. 이와 비슷한 면에서 이미 괴테는 디드로의 『회화론』 번역에 부친 자신의 주석을 통해 다음과 같이 말한다. "강한 색보다 약한 색을 조화롭게 만드는 것이 더욱 쉬움을 사람들은 결코 시인하지 않는다. 그러나 채색이 강할 경우, 색채가 생생하게 나타날 경우, 분명 눈 역시 조화와 부조화를 훨씬 더 생생하게 감응한다. 그런데 우리가 색채를 약하게 만들 경우, 그림에서 몇몇의 색채는 밝게, 다른 것들은 혼합하여, 또 다른 것들은 흐리게 사용할 경우, 자신이 보는 그림이 조화인지 아니면 부조화인지를 아는 사람은 분명 아무도 없다. 그러나 하여간 그는 '그것은 효과 없는 것이다', '그것은 무의미한 것이다'라고 말할 수는 있다."

그런데 채색이 색채들의 조화로 완료되는 것은 결코 아니니, 일단의 완성을 기하려면 셋째, 또 다른 측면들이 추가되어야 한다. 이 면에서 나는 소위 대기원근법, 피부색Karnation, 그리고 마지막으로 색채가상의 마법에 관해 여기서 언급하고자 한다.

대상들의 선은 눈으로부터의 거리가 큰가 작은가에 따라 양적 차이들을 낳는데, 선원근법은 일차로 이러한 차이들에 관계할 뿐이다. 하지만 회화가 모방해야 하는 것은 형상의 이러한 변화와 축소만이 아니다. 왜냐하면 현실에서는 만물이 대상들 사이에, 심지어는 대상의 여러 부분들 사이에 스며 있는 대기의 분위기를 통해 여러 종류의 색채를 겪기 때문이다. 거리가 멀수록 옅어지는 이러한 색조가 대기원근법을 형성하며, 이를 통해 대상들은 윤곽의 표현방식, 명암의 가상,[78] 그리고 기타 색채의 면에서 변화를 겪는다. 통상 우리는 전경에 있는 눈에 가장 가까운 것은 언제나 가장 밝은 것이며 후경은 비교적 어두운 것이라고 생각하지만, 실상은 그렇지 않다. 전경은 가장 밝은 동시에 가장 어두운 것이니, 즉 가까이 있을 때 빛과 그림자의 대비는 가장 강하며 윤곽은 가장 확실하다. 반면 대상들이 눈에서 멀어질수록 그 형상은 그만큼 더 무색의 불확실한 것이 되는데, 까닭인즉 그때에는 빛과 그림자의 대립이 점차 없어지고 종국에는 그 전체가 대체로 밝은 회색 속으로 사라지기 때문이다. 그러나 이 면에서도 조명의 종류에 따라서 매우 상이한 편차들이 생긴다. ─ 넓은 공간을 묘사하는 다른 모든 회화들에서도 그렇지만, 특히 풍경화에서는 대기원근법이 매우 중요한데, 채색의 위대한 거장들은 이 점에서도 마법적 효과를 산출했었다.

그런데 둘째, 채색에서 가장 어려운 것은, 말하자면 채색의 이상이자 정점은 피부색Inkarnat, 즉 인간 피부의 색조인데, 이것은 다른 모든 색조를 놀라울 정도로 자신 속에 통합하니, 어떤 하나의 색조도 독자적으로 두드러지지 않는다. 소년기의 건강한 뺨의 홍조는 푸른색, 자주색, 혹은 노란색의 기미가 전혀 없는 순수 양홍洋紅, Karmin이지만, 이 붉은색은 그 자체로 하나의 반짝임, 혹은 차라리 내면에서 우러나 비치되 그 밖의 피부색 속으로 은연히 사라지는 하나의 미광일 뿐이다. 그러나 피부색은 모든 기본색들의 추상관념적인 내적 교호交互이다. 피부의 투명한 노란색을 통해 동맥의 붉은색, 정맥의 푸른색이 비치며, 또한 밝음과 어두움 및 기타 다양한 비침과 반사에 회색, 갈색, 심지어 녹색의 색조들도 추가되니, 이것들은 일별 지극히 부자연스러운 것으로 비칠 수 있지만 나름의 정확성과 참된 효과를 가질 수 있다. 그런데 이러한 내적 교호의 비침은 결코 반조返照가 아니다. 즉 그것은 자신에 비친 타자를 가리키지 않으며, 또한 그 영혼과 [79] 생명을 내면으로부터 부여받은 것이다. 특히 이렇듯 내면으로부터 비쳐 나오는 것의 표현은 대단히 어렵다. 석양의 호수가 이에 비견할 만한데, 여기에서 우리는 호수에 반사되는 형상만이 아니라 물이 갖는 특유의 명징한 깊이 또한 보게 된다. 이에 반해 금속의 광택은 빛나고 되비치며, 보석은 투명하고 반짝이긴 하지만 살결과 달리 색채들의 내적 교호를 투영하지 않는다. 공단이나 광택 있는 비단 등의 경우도 마찬가지이다. 동물의 피부, 털이나 깃털, 양모 등도 마찬가지이다. 그것들은 대단히 다양한 빛깔들을 갖지만 특정 부분들에서는 비교적 직접적이며 독립적인 색채를 띠는바, 그 다양성은 살결의 경우와 같은 내적 교호가 아니라 오히려 여러 빛깔들의 상이한 표피와 표면, 작은 점과 선들이 빚은 결과이다. 살결에 가장 근접한 것은 투명하게 비치는 포도의 색채유희와 경이롭고 미묘하고 투명한 장미의 색채뉘앙스들이다. 하지만 이러한 것도 살빛이 가져야 하는 내적 생기의 가상을 달성하지는 못하니, 그 무반조無返照의 영혼향靈魂香은 화가가 인지하는 최고의 난제에 속한다. 왜냐하면 이 내적, 주관적 생명성의 요소는 칠해진 것으로서, 질료적 색채로서, 획, 점 등으로서 화폭에 나타날 수 없으며, 스스로 살아 있는 전체로서 투명하고 깊이 있게 나타나야 하기 때문이다. 마치 하늘의 푸른색이 —만일 이 하늘이 우리를 거부하는 표면으로 보여서는 안 되며 오히려 우리가 그 안에 잠길 수 있으려면— 투명하고 깊이 있는 것처럼. 이 관점에서 이미 디드로는 괴테가 번역한 『회화론』에서 다음과 같이 말한다. "살결의 느낌을 달성한 자는 이미 멀리 나아간 자이며, 이에 비하면 그 밖의 것은 아무것도 아니다. 수천의 화가가 살결을 느끼지 못한 채 죽어 갔으며, 또 다른 수천은 그것을 느끼지 못하고 죽을 것이다."

살결의 이 무반조적 생명성을 산출할 수 있는 질료에 관해 간단히 보자면, 유화물감이야말로 이를 위한 최적의 것임이 밝혀졌다. 내적 교호를 [80] 낳기에 가장 부적합한 것은 모자이크의 처리법이니, 이것은 그 내구성 때문에 추천되었지만, 맞춰 놓은 여러 색의 유리 편片들이나 돌조각들로 색차들을 표현해야 하는 까닭에, 색채들의 추상관념적 내적 교호에서 비롯하는 유려한 융화를 결코 낳지 못한다. 프레스코와 템페라는 이미 한 걸음 더 나아간 것이다. 하지만 프레스코화의 경우에는 젖은 회벽에 칠한 색들이 너무 빨리 흡수되어 한편으로는 최상의 숙련성과 안정성을 갖춘 붓놀림이 필수적이고, 다른 한편으로는 빨리 건조되는 탓에 비교적 섬세한 농담濃淡을 허락하지 않는 큰 획들을 병렬적으로 사용하여 작업을 진행해야 한다. 템페라 염료들로 그리는 경우에도 비슷한 일이 생기니, 이 염료들이 큰 내적 명료성과 아름다운 조명을 표현할 수는 있지만, 건조가 빠른 탓에 융화와 농담에는 마찬가지로 거의 적합하지 않으며, 또한 선묘에 치우친 획의 취급을 불가피하게 만든다. 이에 반해 유화물감은 최고도의 섬세하고 유연한 혼합과 농담을 허락할 뿐 아니라 —이를 통해 색들의 이행은 그 시작과 끝

을 말할 수 없을 만큼 은연해진다— 바르게 섞고 바르게 칠한다면 보석 같
은 빛도 역시 간직하며, 또한 무광과 유광의 차이를 사용하여 템페라화보
다 훨씬 높은 정도로 여러 색층色層의 투광을 낳을 수 있다.

  마지막으로 우리가 언급해야 할 세 번째 점은 채색 효과의 마법인 스푸
마토[23]이다. 색채가상의 이 마술은 주로 대상들의 실체성과 정신성이 흩어
져 사라진 곳에서, 그리고 이제 이 정신성이 채색에 의해서 포착, 취급되는
곳에서 비로소 등장하게 된다. 일반적으로 말할 수 있을진대, 모든 색채들
은 다루기에 따라 객체 없는 독자적 가상유희를 야기하며 마법은 이 점에
서 성립한다. 이러한 유희가 채색의 최극단, [81] 색채들의 내적 교호, 또 다
른 가상들을 비추는 여러 반사의 비침을 형성하는바, 이러한 반사들은 매우
섬세하고, 유동적이고, 영혼적인 것이 되어 음악의 영역으로 건너가기 시
작한다. 입체감 표현의 면에서는 명암의 대가가 여기에 속하는바, 이탈리
아인들 중에서는 이미 레오나르도 다빈치가, 그리고 특히 코레조가 거장이
었다. 그들은 가장 깊은 그림자들로 나아갔으나, 그것들은 자체가 다시 [정
신성을] 투영하는 것으로 남으며, 또한 은연한 이행을 통해 가장 밝은 빛으로
까지 고양된다. 이를 통해 최고의 마무리가 나타나니, 경직이나 경계는 어
디에도 없으며 도처에 이행이 있을 뿐이다. 빛과 그림자는 직접적으로 빛
이나 그림자로서만 작용하는 대신, 마치 내면에서 비롯하는 하나의 힘이 외
물을 관통하여 작용하듯 그렇게 서로를 투영한다. 색채의 취급에도 비슷한
것이 적용되는데, 네덜란드인들은 여기서도 최고의 거장들이었다. 색채의
마법으로 이루어진, 그리고 이러한 마법사적인 예술가 특유의 정신에 의해
영혼이 깃들게 된 그 가상이 이러한 관념성, 이러한 내적 교호, 반사와 색채

---

23 역주: 색의 사용을 미묘하게 변화시켜 색깔 사이의 윤곽을 명확히 구분할 수 없도록 만드는 명암법.
    이탈리아어 'sfumare'는 '흐릿하게 되다'를 뜻한다.

가상들 사이의 이러한 왕래, 이행들의 이러한 변화와 유동을 통해 명료함, 반조, 깊이, 색채의 부드럽고 감미로운 빛깔과 함께 화폭 전체에 퍼진다.

γγ) 이 사실은 내가 간략히 언급하려는 마지막 사항으로 우리를 인도한다.

우리는 선원근법에서 출발하여 다음으로 선묘로 나아가고 마지막으로 색채를 고찰하였는데, 첫째는 입체감 표현의 관점에서 빛과 그림자를 고찰하였고, 둘째는 색채 자체로서, 그것도 색채들 서로 간의 상대적 밝음과 어두움의 관계로서 고찰하였으며, 나아가 조화, 대기원근법, 피부색과 색채의 마법으로서 고찰하였다. 이제 세 번째 측면은 채색의 산출에 담긴 예술가의 창조적 주관성과 관계한다.

이와 관련하여 사람들은 보통 회화가 완전히 정해진 규칙들을 따르리라 생각한다. 하지만 이것은 매우 기하학적인 학문으로서의 [82] 선원근법의 경우에만 —비록 여기서도 규칙은, 본연의 회화적 요소를 파괴하지 않으려면, 결코 추상적 규칙으로서 비쳐서는 안 되지만— 해당한다. 둘째, 이미 선묘가 원근법과 달리 일반적 법칙으로 전혀 환원되지 않지만, 가장 환원되지 않는 것은 채색이다. 색감은 예술적 고유성이자 현존하는 색조들에 관한 독특한 시각방식 및 구상방식이며, 재생산적 상상력과 창안의 본질적 측면임에 틀림없다. 색조의 이러한 주관성 속에서 예술가는 그의 세계를 관조하며, 또한 그 주관성은 동시에 생산적인 것으로 머문다. 그런 까닭에 채색의 커다란 상이성은 단순한 자의가 아니고, 자연물에서는 그런 식으로 현전하지 않는 색채의 임의적 조색造色도 아니며, 오히려 그것은 사태 자체의 본성에서 기인한다. 예컨대 괴테는 『시와 진리』²⁴에서 여기에 적절

---

24 그의 자서전 제2부, 제8책.

한 사례를 다음과 같이 설명한다. "내가 (드레스덴 화랑을 방문한 후) 점심을 즐기기 위해 제화공의 집에 다시 들어섰을 때" ―그는 즉흥적으로 거기에 숙소를 정했다― "나는 거의 눈을 믿을 수 없었다. 왜냐하면 화랑에 걸려야 맞을 정도로 완벽한 오스타데의 그림을 눈앞에서 본다고 믿었기 때문이다. 대상들의 배치, 빛, 그림자, 전체에 도는 갈색, 오스타데의 그림들에서 경탄하는 그 모든 것들을 나는 여기 현실에서 보았다. 내가 재능을 그토록 높이 감지했던 것은 처음이었으며, 또한 나는 그 후 그것을 점점 더 의식적으로, 즉 방금 각별히 주의를 기울였던 이런저런 예술가의 눈으로 자연을 보려고 연습했다. 이 능력은 나에게 많은 즐거움을 보장하였지만, 자연이 내게 허락하지 않은 것으로 보이는 한 재능의 수련에 때때로 열심히 매달리려는 욕심 역시 늘어 갔다." 채색의 이러한 상이성은 ―조명, 연령, 성별, 상황, 국적, 열정 등과 같이 외적으로 작용하는 일체의 변수들을 도외시하더라도― 한편으로 특히 인간의 피부색을 묘사하는 [83] 경우에 드러난다. 다른 한편 야외나 집, 여인숙, 교회 등에서 벌어지는 일상적 삶의 묘사 및 자연의 풍경도 그러한데, 그 풍부한 대상들과 색채들은 다소간 모든 예술가들로 하여금 여기에서 나타나는 이 다양한 가상의 유희를 포착, 재생하려는, 또한 그의 직관, 경험, 그리고 구상력에 따라 스스로 창안하려는 고유한 시도를 행하게 한다.

c. 예술적 구상, 구성 그리고 특성화

지금까지 우리는 회화에 통용되는 특수한 관점들과 관계하여 첫째, 내용을, 둘째, 이 내용을 그릴 수 있는 감각적 질료를 논하였다. 셋째, 마지막으로 우리에게 남은 것은 예술가가 그의 내용을 이러한 특정의 감각적 요소에 알맞게 회화적으로 구상, 제작해야 할 방식을 밝히는 일이다. 여기서도 다시 광범위한 고찰거리가 주어지는데, 이를 다음과 같이 분류할 수 있겠다.

첫째는 구상방식의 비교적 일반적인 차이들인데, 우리는 이것들을 분류하고 또한 점증하는 생명성을 향한 그 발전을 추적해야 한다.

둘째, 우리는 이러한 이해방식들의 틀 안에서 본격적인 회화적 구상, 선택된 상황과 인물 배치의 예술적 모티브들에 세부적으로 영향을 주는 보다 특정한 측면들을 다루어야 한다.

셋째, 우리는 대상들 및 구상의 상이성에서 드러나는 특성화의 방식에 시선을 두고자 한다.

α) 이제 첫째, 회화적 [84] 이해의 아주 일반적인 방식들에 관해 보자면, 이것들은 그 근원을 한편으로는 표현될 내용 자체에, 다른 한편으로는 예술의 전개 과정에 두는바, 예술은 대상에 들어 있는 모든 풍부함을 애초부터 즉각 드러내는 것이 아니라 충만한 생명성을 향한 다양한 단계와 이행들을 거친 후 비로소 그에 도달한다.

αα) 이와 관련하여 회화가 택할 수 있는 최초의 입장은 그것이 조각과 건축으로부터 유래하였음을 여실히 보여 준다. 왜냐하면 회화는 전체적 구상방식의 일반적 특징의 면에서 여전히 이러한 예술들에 잇닿아 있기 때문이다. 이 사실이 가장 들어맞을 수 있는 사례는 예술가가 개별 인물들만을 주제로 삼고, 또한 이들을 다양한 내적 상황의 생동적 규정성 대신 단순하고 독자적인 자기기인성 속에서 제시하는 경우이다. 내가 회화에 알맞은 것으로 적시했던 내용의 여러 권역 중에서는 특히 종교적 대상들, 그리스도, 모든 사도와 성인들이 이에 적합하다. 왜냐하면 그러한 인물들에게는 홀로 그 자체로서 충실히 의미를 갖는다는 것, 총체성으로서 존재한다는 것, 의

식에 대해 숭배와 사랑의 실체적 대상을 형성한다는 것이 틀림없이 가능하기 때문이다. 이리하여 우리는 특히 비교적 오래된 예술에서 그리스도나 성인들이 특정 상황과 자연환경 없이 단독으로 묘사되어 있음을 발견하는 바이다. 환경의 추가는 주로 건축양식상의, 특히 고딕 건축의 장식들에서 성립하는데, 우리는 예컨대 네덜란드와 남부 독일의 비교적 오래된 장식들에서 이것을 종종 본다. 기둥과 궁륭 사이에 이를테면 열두 제자 같은 다수의 인물들 또한 도열해 있는 건축이 제법 있는데, 회화가 건축에 대해 이러한 관계를 갖는다면, 회화는 아직 후기 예술의 생명성으로 나아가지 못하며, 게다가 형상들 자체도 여전히 한편으로는 경직되고 조상彫像과 같은 조각의 특성을 간직하며, 다른 한편으로는 대체로 예컨대 [85] 비잔틴 회화 자체의 조상적 유형에 정체되어 있다. 이 경우 개별 인물들 주변에 아무것도 없거나 아니면 건물 내벽이 있을 뿐인데, 이들에게는 또한 색채의 한층 엄격한 단순성과 한층 과감한 단호함이 적합하다. 그러므로 옛적의 화가들은 풍부한 자연환경 대신 단색의 금빛 배경을 고수하였다. 그 당시에는 의복 색들이 전면을 이루어 배경색을 무마했다 할 수 있으니, 그런 관계로 그것들은 가장 아름다운 회화 발전의 시대에서 발견되는 것보다 한층 단호하고 한층 과감하게 그려진다. 그런즉 안 그래도 대체로 빨강, 파랑 등의 단순하고 생동적인 색채들을 선호하는 야만인들은 말해 무엇하겠는가.

기적을 베푸는 장면의 그림들도 대부분 이 최초의 이해방식에 속한다. 사람들은 그 그림들을 대하면서 무언가 굉장한 것을 대하는 양하지만, 그것들은 인간적 생기와 미를 통해 의식에 친근하게 다가오는 것이 아니므로 이는 예술의 측면과 무관한 단조로운 관계일 뿐이다. 종교적으로 가장 숭앙받는 그림들이, 예술적 견지에서 보면, 바로 가장 저열한 그림인 것이다.

그런데 그런 개별화된 인물들이 전체 인격의 면에서 독자적으로 완성된 총체성이 아니어서 숭배와 관심의 대상을 제공할 수 없는 경우라면, 여전히 조각적 이해의 원칙에서 제작된 그 같은 표현은 하등 의미를 갖지 않는다. 예를 들어 초상화들은 지인들에게 인물과 그 전체적 개성으로 인해 흥미를 주는데, 그 인물들이 망각되었거나 무명이라면, 특정한 성격을 나타내는 행위나 상황 속에서 그들을 표현함으로써 활성화되는 흥미는 아주 단순한 저 구상방식에서 얻을 수 있는 흥미와 전혀 별개의 것이다. 위대한 초상들이 예술의 온갖 수단들을 통해 충만한 생명성으로 우리 앞에 서 있다면, 현존재 자체의 이 충만함으로 인해 그것들은 이미 액자를 벗어나 튀어나온다. 예를 들어 반다이크의 초상화들의 경우, 특히 [86] 인물의 위치가 정면을 향하지 않고 약간 틀어져 있을 경우, 액자는 인물이 거기에서 나에게 들어오는 세계의 문처럼 보인다. 그러므로 개인들이 성인이나 천사 등과는 달리 이미 무언가 내면 자체에서 완성되고 완결된 자가 아니라면, 그리고 그들이 상황의 규정성, 개별적 상태 혹은 특수한 행위를 통해 관심을 끌 뿐이라면, 그들을 독자적 형상으로 표현하는 것은 부적절하다. 예를 들어 드레스덴에 있는 퀴겔겐[25]의 최후 작품은 네 사람의, 즉 그리스도, 세례 요한, 사도 요한, 탕자의 반신半身 그림이다. 그들을 보면서 나는 그리스도와 사도 요한의 취급은 아주 적절하다고 생각했다. 그러나 세례 요한은, 그리고 더욱 탕자는 이 독자성을 전혀 갖지 않으며, 그리하여 나는 이런 식의 반신 그림으로는 그들을 알아볼 수 없었다. 여기서는 이 인물들을 행위 가운데 위치시키거나 적어도 상황 속으로 옮기는 것이 필연적이다. 이를 통해 비로소 그들은 외적 환경과의 생생한 관계 속에서 내면에서 완결된 한 전체의 특징적 개성을 얻을 수 있을 터이다. 퀴겔겐이 그린 탕자의 두부頭部는 고통, 깊은 회한과 가책을 매우 아름답게 표현하지만, 이것이 바로 탕자의

---

25 역주: Gerhard von Kügelgen(1772~1820), 독일의 고전주의 화가로서 페테르부르크, 드레스덴에서 활약했다. 괴테, 실러, 헤르더 등의 초상을 그렸다.

회한이리라는 사실은 배경에 있는 몇 안 되는 돼지 떼를 통해 암시될 뿐이다. 우리는 이러한 상징적 암시 대신 돼지 떼의 한가운데에 있는, 혹은 삶의 다른 장면에 처한 그를 보는 편이 좋았을 것이다. 왜냐하면 탕자는 그 이상의 완전한 보편적 인격을 갖지 않으며, 또한 그를 단순한 알레고리로 쓸 경우가 아니라면, 성서의 이야기가 묘사하는 일련의 잘 알려진 상황들 속에서만 우리에게 존재하기 때문이다. 그는 본가를 떠나 온갖 신고辛苦를 겪고, 다시 돌아오는 구체적 현실 속에서 보여야만 할 것이다. 그런데 배경을 이루는 앞의 돼지들은 그의 이름이 적힌 꼬리표보다 별 나을 것이 없다. [87]

ββ) 회화는 온갖 특수한 주관적 내밀함을 내용으로 삼아야 하는 까닭에, 대체로 조각과는 달리 무상황적 자기기인성 및 성격의 단순한 실체적 취급에 거의 머물 수 없으며, 오히려 이러한 독자성을 포기하고 그 내용을 특정 상황, 다양성, 차이가 나는 성격과 형상들 서로의 관계 및 외적 환경과의 관계 속에서 표현하고자 노력해야 한다. 단지 전통적일 뿐인 조상彫像적 전형, 인물들의 건축학적 배치 및 에워쌈, 조각적 구상방식을 이렇듯 포기하고, 고요하고 부동인 것으로부터 해방되고, 생생한 인간적 표현과 특성적 개성을 이렇듯 추구하고, 각 내용을 주관적 특수성과 그 다채로운 외면성 속으로 이렇듯 투입하는 가운데 회화의 발전이 이루어지며, 이를 통해 회화는 비로소 그 고유한 입장을 얻는다. 그러므로 극적 생명성으로의 발전은 다른 조형예술들보다 회화에 더욱 허용될 뿐 아니라 심지어 회화 자신에 의해 요구되어야 하는바, 그 결과 회화에서는 인물들의 집단적 표현이 특정 상황에서의 행동을 지시하게 되었다.

γγ) 그런즉 현존재의 완전한 생명성으로, 또 상황 및 성격들의 극적 운동으로 이렇듯 진입함으로써 셋째, 구상과 실행에 있어서 모든 대상들의 색채현상의 충만한 생명과 개성에 점점 큰 중요성이 부여된다. 왜냐하면 회화에서는 생명성의 화룡점정이 색채를 통해서만 표현 가능하기 때문이다.

하지만 가상의 이러한 마술 역시 종국에는 과도하게, 심지어 표현의 내용이 무시될 정도로 주장될 수 있으며, 또한 이를 통해 —조각이 한 걸음 나아간 부조의 발전 속에서 회화에 접근하기 시작하는 것과 마찬가지로— 회화는 색조들 및 서로를 비추고 서로 유희하는 그 조화와 대비의 단순한 향기와 마법 속에서 완전히 음악으로 건너가기 [88] 시작한다.

β) 이제 회화적 구상방식은 특정한 상황과 한층 자세한 그 모티브들이 여러 인물이나 자연대상의 조합과 배치를 통해 내적으로 완결된 전체가 되게끔 묘사해야 하는바, 우리가 이 시점에서 우선 다루어야 할 것은 이러한 구상방식이 그 생산 활동을 함에 있어 따라야 하는 특수한 규정들과 관계한다.

αα) 최우선적으로 요구되는 주요 조건은 회화에 어울리는 상황의 적절한 선택이다.

특히 여기서 화가의 고안능력이 걸쳐 있는 분야는 무진장하다. 그것은 무의미한 대상, 즉 꽃다발이나 주위에 접시, 빵, 몇 개의 과일이 놓인 포도주 잔이라는 극히 단순한 상황에서부터, 거창한 공식 행사들, 주요한 국가적 축전들, 대관식들, 전장들이라는 풍부한 내용의 구상들, 그리고 성부, 그리스도, 사도들, 성체聖體, 전 인류, 천국과 지상과 지옥이 함께 만나는 최후의 심판까지 모든 것을 포함한다.

좀 더 자세히 보자면, 이 면에서 본연의 회화적인 것은 한편으로는 조각적인 것으로부터, 다른 한편으로는 시인만이 완벽하게 표현할 수 있는 시적인 것으로부터 비교적 확실하게 구분된다.

회화적 상황과 조각적 상황의 본질적 상이성은, 이미 위에서 보았듯, 다음에서 성립한다. 무릇 조각에는 독자적 자기기인성과 무갈등성을 무해한 상태들 —여기서는 규정성이 결정적 요소가 아니다— 속에서 표현할 소명이 있으며, 또한 무엇보다 부조에서 비로소 형상들의 집단화와 서사적 확장으로, 충돌에 근거한 한층 활동적인 행위들의 묘사로 발전하기 [89] 시작하는 반면, 회화는 늘 외적 환경과 관계하는 인간적 상태, 열정, 갈등, 행위들의 생생한 운동 속으로 진입하기 위해, 그리고 심지어 자연풍경을 취급할 경우에도 특수한 상황과 극히 생생한 그 개별성의 그러한 규정성을 견지하기 위해, 그 인물들의 무관계적 독자성과 상황의 규정성의 결여에서 벗어나야 하며, 또한 그때야 비로소 본연의 과제를 수행하기 시작한다. 그러므로 우리는 서두에서 성격, 영혼, 내면이라는 이 내적 세계가 그 외적 형상에서 직접적으로 인식되도록 만드는 묘사 대신에 행위를 통해 그것이 무엇인지를 전개하고 표명하는 묘사를 제공해야 한다는 점을 회화에 요구하였다.

회화와 시를 한층 밀접하게 관계 짓는 것은 주로 이 마지막 사항이다. 이런 관계의 면에서 양자는 장점과 단점을 모두 갖는다. 회화는 시나 음악과 달리 상황, 사건, 행위의 발전을 변화의 연쇄 속에서 제공하지 않으며, 다만 한 순간만을 포착하고자 한다. 이로부터 상황이나 행위의 전체, 그 개화는 이 하나의 순간을 통해 묘사되어야 하며, 그리하여 전후 사정들이 한 점으로 집약되는 그 찰나가 탐색되어야 한다는 아주 단순한 반성이 결과한다. 예를 들어 전장의 경우 이것은 전투가 여전히 보이는, 그러나 동시에 승패가 이미 확실한 승리의 순간일 것이다. 그러므로 화가는 소멸되고 사라지는 속에서도 여전히 현재하는 지나간 것의 자취를 수용할 수 있으며, 또한 동시에 특정한 상황으로부터 직접적 결과로서 필히 발생하는 미래의 것을 암시할 수 있다. 하지만 나는 여기서 더 상세한 것은 논하지 않겠다.

그런데 [90] 화가는 시인에 비해서는 이러한 단점을 갖지만, 특정 장면을 그 현실적 실재의 가상 속에서 감각적으로 가시화하며, 그런 관계로 그것을 최고도로 완벽하게 조목조목 그려 낼 수 있다는 장점을 갖기도 한다. "시는 회화처럼Ut pictura poesis erit"은 실로 애용되는 잠언으로서, 이것은 특히 이론에서 누차 주장되며, 서경시敍景詩에 의해 계절, 하루의 시간들, 꽃, 풍경 등의 묘사에서 정확히 수용, 응용된다. 그런데 그러한 대상과 상황들을 말로 서술하는 것은 한편으로 대단히 무미건조하며, 그렇다고 세세한 것을 다룬들 결코 완전할 수도 없다. 다른 한편으로 회화로는 단번에 가시화될 것을, 서술로는 표상의 나열로 제공할 수밖에 없는 만큼 혼란스러움을 면치 못하여 앞서의 것이 표상에서 사라져 우리는 이를 늘상 잊지만, 그럼에도 이것은 후속하는 다른 것과 한 공간에 속하며 오직 이러한 결합 및 동시성 속에서만 가치를 갖는 까닭에 [양자는] 긴밀한 연관을 지녀야 한다. 반면 화가는 전후 사건들의 지속적 연쇄의 관점에서 그에게 부족한 것을 바로 개별 사항들의 동시적 표현 속에서 보충할 수 있는 것이다. 하지만 회화는 또 다른 관계에서, 즉 서정적인 것과 관련하여 시와 음악에 대해 다시 뒤처진다. 시 예술은 감응과 표상들을 단지 감응과 표상들 일반으로서뿐만 아니라 그 전환, 진행, 고양으로서도 전개할 수 있다. 내적 영혼의 운동과 관계 맺는 음악은 집중화된 내면성이라는 면에서 더욱 그러하다. 그런데 회화가 이를 위해 소유하는 것은 얼굴과 자세의 표현뿐이니, 만일 본연의 서정적인 것에만 몰두한다면 회화는 자신의 수단을 잘못 알고 있는 것이다. 왜냐하면 회화가 표정의 움직임과 신체의 운동 속에서 내면의 열정과 감응을 제아무리 표현한들, 이 표현이 관계하는 것은 감응 그 자체가 아니라 [91] 특정한 외화, 사건, 행위 속에 있는 감응이기 때문이다. 그러므로 회화가 외적인 것 속에서 묘사를 행한다는 사실이 인상과 자세를 통한 내면의 가시화라는 추상적 의미를 갖는 것은 아니며, 오히려 회화가 내면을 언표하는 형식인 외면성은 바로 행위의 개별적 상황, 특정 행동이 갖는 열정으로 존재하며, 감응은 이를 통해 비로소 상술되고 인식 가능해진다. 따라서 만일 우리가 회화의 시적 요소를 정립함에 있어 회화는 좀 더 자세한 모티브와 행위가 없이 직접 표정과 자세에서 내적 감응을 표현해야 한다고 말한다면, 이는 단지 회화를 정녕 기피되어야 할 추상으로 되돌리고 회화에 시의 고유성을 정복하라고 요구하는 것인데, 이러한 시도를 감행한다면 회화는 그저 무미건조한 것이 되고 만다.

내가 여기서 이 점을 강조하는 까닭은 작년(1828) 이곳[베를린]에서 열린 미술전시회에서 소위 뒤셀도르프 화파의 여러 점의 그림들이 대단한 명성을 얻었기 때문인데, 그 거장들은 사려 깊고 또한 기술적으로 숙련되었음에도 불구하고 오로지 시에서만 배타적으로 표현 가능한 단순한 내면성을 지향했다. 그 내용은 주로 사랑의 내면적 감응으로 이루어졌는데, 대개는 괴테의 시들이나 셰익스피어, 아리오스토, 그리고 타소에게서 빌려 온 것이었다. 가장 뛰어난 그림들은 보통 로미오와 줄리엣, 리날도와 아르미다 같은 한 쌍의 연인들을 각기 묘사하는데, 보다 상세한 상황이 결여되어 있는 관계로 그 쌍들의 행동이나 표현은 서로가 사랑에 빠져 있다는 것, 그러니까 서로에게 기울고 사랑에 푹 빠져 서로를 응시하며 서로의 내면을 들여다보는 것이 전부이다. 그러므로 여기서는 주된 표현은 자연스레 입과 눈에 집중되는데, 특히 리날도는 그림에서 나타나듯 그의 긴 다리들로 정말 어쩔 줄 모르는 어정쩡한 자세를 취하고 있다. 그런즉 다리는 아무 의미 없이 뻗어 있다. 이미 보았듯이, 조각은 [92] 눈과 영혼의 시선을 필요로 하지 않는 반면 회화는 이것을 표현의 풍요로운 계기로 포착하되 이 점에 집중해서는, 즉 눈의 불꽃이나 초점 없는 무기력함과 동경, 혹은 입의 달콤한 다정함을 일체의 모티브 없이 표현의 주안점으로 삼으려 해서는 안 된다. 휘브너의 〈어부〉[26]도 비슷하였는데, 그 소재는 물의 고요함, 시원함 그리고 순수함

---

26 역주: Rudolf Julius Benno Hübner(1806~1882), 독일 뒤셀도르프 화파의 화가. 괴테의 담시(Ballade) 「어부(Der Fischer)」(1778)를 모티브로 하여 〈어부 소년과 닉세(Der Fischerknabe und der Nixe)〉(1828)라는 작품을 그렸다.

을 향한 막연한 동경을 놀라운 깊이와 우미의 감응으로 그리는 괴테의 유명한 시에서 유래하였다. 그 그림에서 벌거벗은 채 물속으로 끌려들어 가는 어부 소년은, 다른 그림들의 남자들도 그렇듯, 매우 산문적인 얼굴을 하고 있는데, 만일 그의 인상이 평온하였더라면 우리는 그 얼굴에서 그가 한층 깊고 아름다운 감응들을 할 수 있다는 점을 보지 못했을 것이다. 전반적으로 우리는 이 모든 남녀의 모습들이 건강한 아름다움을 지녔다고 말할 수 없다. 그와는 반대로 그들이 보여 주는 것은 애절하고 고달프고 아픈, 우리가 재연되기를 바라지 않는, 오히려 삶에서든 예술에서든 그로부터 벗어나 있기를 바라는, 그러한 사랑의 감응 일반 이외에 도통 아무것도 없다. 이화파의 거장인 샤도프[27]가 괴테의 『미뇽』[28]을 표현했던 방식도 같은 범주에 속한다. 미뇽의 성격은 모름지기 시적이다. 그녀를 흥미롭게 만드는 요소는 그녀의 과거, 내적·외적 운명의 가혹함, 내면에서 격하게 흥분하는 이태리식 열정의 갈등인데, 이것들이 담긴 심정은 그 속에서 자신을 분명히 알지 못하며 여하한 목적과 결단도 소유하지 않으니, 이제 그것은 내면 자체가 하나의 불가사의이며 의도도 불분명하여 스스로를 돕지 못한다. 그녀의 의중을 그저 연관성 없는 감정폭발들에서 보여 줄 뿐인 이 완전히 종잡을 수 없는 내성적 자기표현은 관심을 갖는다는 것에 대한 두려움이니, 우리는 그녀의 관심을 두려움에서 찾아야만 한다. 그러한 완전히 꼬인 성격이 [93] 판타지의 대상으로 될 수는 있겠으나, 샤도프가 원했던 바와는 달리 회화는 상황과 행위의 규정성 없이 단순히 미뇽의 모습과 인상을 통해 그것을 표현할 수 없다. 그러므로 위에서 거명한 이 그림들은 전체적으로 상황,

---

27 역주: Friedrich Wilhelm von Schadow(1788~1862), 뒤셀도르프 화파의 창시자로서 앞서 언급한 휘브너의 스승이다.

28 역주: Mignon. 괴테의 『빌헬름 마이스터의 수업시대』에 등장하는 인물. 여기서 헤겔은 샤도프가 그린 〈미뇽(Minon)〉을 언급하고 있다.

샤도프의 〈미뇽〉(라이프치히 현대미술관)

모티브 그리고 표현을 위한 판타지 없이 제작되었다고 주장할 수 있다. 왜
냐하면 회화가 진정한 예술표현이려면, 전체 대상은 판타지를 통해 포착되
어야 하고, 일련의 감응과 행위를 통해 자신의 내면을 제시하는 자기 표현
적 인물들 속에서 가시화되어야 하기 때문이다. 또한 이 행위는 감응에 많
은 것을 지시해야 하며, 그리하여 이제 예술작품에 등장하는 일체의 것은
선택된 내용의 표현을 위해 판타지에 의해 남김없이 활용된 것으로 나타나
야 하기 때문이다. 특히 전대의 이탈리아 화가들도 이 현대의 화가들과 마

〈야곱과 라헬〉(드레스덴 알테 마이스터 회화관)

찬가지로 사랑의 장면을 표현하고 또한 그 소재를 시에서 일부 취하긴 하였으되, 그들은 그것을 판타지와 건강한 명랑성으로 형상화할 줄 알았다. 큐피드와 프시케, 비너스와 함께 있는 큐피드, 하데스의 프로세피나 겁탈, 사비니 여인들의 겁탈, 사자 가죽을 둘러쓴 옴팔레 여왕 옆에서 길쌈 도구들을 쥐고 있는 헤라클레스, ─ 전대의 거장들은 이 모든 대상들을 판타지 없이 단지 무無행위의 단순한 감응으로서 묘사하는 대신 생생하고 특정한 상황들, 모티브 있는 장면들 속에서 묘사한다. 그들은 『구약성서』에서도 사랑의 장면을 빌려 왔다. 예를 들어 드레스덴에는 조르조네의 그림[29]이 걸려 있다. 멀리서 온 야곱은 라헬에게 인사하고 악수하고 입 맞춘다. 배경에는 계곡에서 풀을 뜯는 수많은 가축 떼에게 물을 떠 주기에 분주한 한 쌍의 노예가 우물가에 서 있다. 또 다른 그림은 이삭과 레베카를 묘사한다. 레베카

---

29 역주: 여기서 헤겔이 팔마 베키오(Jacopo Palma Il Vecchio)의 작품을 설명하고 있는 것으로 보인다.

는 아브라함의 노예들에게 마실 것을 건네며, 이를 통해 그녀는 그들에게 인식된다. 마찬가지로 아리오스토에게서도 예컨대 안젤리카의 이름을 샘의 가장자리에 쓰는 메도르와 같은 몇 장면들이 유래한다.

요즈음은 회화 속의 시에 관해 이 정도가 이야기될 터인데, 이것은 이미 말했듯이 [94] 대상을 판타지와 더불어 포착하려는 의지, 감응들을 행위를 통해 표명하려는 의지, 추상적 감응을 견지하거나 그 자체로서 표현하지 않으려는 의지 이외의 다른 것을 뜻해서는 안 된다. 감응의 내면성을 언표할 수 있는 시조차도 표상, 직관 그리고 관찰들 속에서 확장된다. 만일 시가 사랑을 표현함에 있어 "나는 당신을 사랑한다"는 말에 머물러 "나는 당신을 사랑한다"는 말만 늘 반복한다면, 그것은 시 중의 시Poesie der Poesie[30]에 관해 수다스럽게 논했던 신사들에게는 즐거움이겠지만 극히 추상적인 산문일 것이다. 왜냐하면 예술은 무릇 감응과 관계하며, 또한 판타지를 통한 감응의 포착과 향유에서 성립하기 때문이다. 판타지는 시 안에서 열정을 표상으로 명료화하고, 또한 그 외화 속에서 ―이것은 서정적 혹은 서사적 사건들일 수도 있고 극적 행위들일 수도 있다― 우리를 만족시킨다. 그러나 회화에서는 입, 눈 그리고 자세가 그러한 내면 자체를 충분히 표현하지 못하니, 내면의 실존으로 간주될 수 있는 총체적이면서 구체적인 객관성이 반드시 있어야 한다.

그러므로 회화의 경우에는 하나의 상황, 한 행위 장면의 표현이 중시되어야 한다. 이 경우 첫 번째 법칙은 이해 가능성이다. 이 면에서 종교적 대상들은 일반적으로 잘 알려져 있다는 점에서 큰 장점을 갖는다. 지금은 순

---

30 역주: 프리드리히 폰 슐레겔을 비롯한 그의 학파의 인물들은 우리의 일상적 자아가 시를 성취할 수는 있되 그러나 오직 그의 초월적 자아(이 개념은 피히테의 철학에서 끌어온 것이다)만이 시 중의 시를 성취할 수 있을 것으로 생각했다.

교자의 이야기들이 아무리 먼 것이라고 해도, 수태고지, 목자와 동방박사의 경배, 이집트로의 도피 중의 휴식, 책형, 시신안치, 부활, 그리고 성자들의 전설은 대중에게 —어떤 그림은 이들을 위해 그려졌다— 낯선 것이 아니었다. 이를테면 어떤 교회에는 대개 도시의 수호신이나 수호성자 등의 이야기만이 묘사되어 있었다. 그런즉 화가 자신은 언제나 스스로 선택하여 그러한 대상들에 매달린 것이 아니며 오히려 제단, 예배당, 수도원 등이 필요에 따라 그것들을 요청하였으니, 이미 전시장소 자체가 그림의 이해 가능성을 돕고 있다. 이것은 한편으로 [95] 필연적이니, 까닭인즉 시는 자신의 여러 다른 표현 수단들 말고도 언어, 어휘 그리고 명칭들을 통해 도움을 얻을 수 있겠으나 회화에는 그런 것들이 없기 때문이다. 커다란 사건들, 이 국가, 도시, 집의 역사를 이루는 주요 순간들을 담은 장면들은 예컨대 왕성, 시청 본관, 국회 등이 그대로 있을 것이며, 또한 그림이 봉헌된 지역에서는 누구에게나 잘 알려져 있을 것이다. 우리는 예컨대 이곳의 왕성을 위해 영국 혹은 중국의 역사나 미트리다테스왕[31]의 생애에서 대상을 선택하기는 쉽지 않다. 매매 가능한 좋은 예술작품들이 모두 함께 걸린 화랑에서는, 분명 그림이 매매를 통해 한 특정 장소와의 개별적 공속성이나 지역을 통한 이해 가능성을 상실하는 까닭에, 사정이 다르다. 동일한 것이 개인 소장의 경우에도 통용된다. 사적 개인은 얻을 수 있는 대로 취하거나 화랑처럼 수집하며, 또한 그 밖에도 번잡하고 사치스러운 취미를 갖는다.

[회화에서] 소위 비유적 표현들은, 한때 대단히 유행했더라도, 이해 가능성과 관련하여 역사적 주제들에 비할 바가 아니며 또한 그 밖에도, 형태들의 내적 생명성과 특칭성이 그것들에서 사라질 수밖에 없는 까닭에, 불명료하

---

31 역주: 로마를 위협한 폰투스의 왕.

고 을씨년스럽고 차갑게 된다. 반면 자연풍경의 장면들과 일상의 인간적인 현실의 상황들은 의미하는 바가 분명할뿐더러, 현존재가 갖는 개별성, 극적 다양성, 운동 그리고 풍성함으로 인해 창안과 제작을 위한 최적의 유희공간을 보장한다.

ββ) 그런데 단지 외적일 뿐인 전시장소와 대상의 일반적 숙지로는 특정 상황이 충분히 인식되지 않으며, 그런 한에서 그것을 이해시키는 것은 화가의 임무일 수 있다. 왜냐하면 그러한 것은 전체적으로 예술작품 자체와 거의 상관없는 외적 [96] 관계들일 뿐이기 때문이다. 오히려 특정 상황에 내포된 여러 모티브들을 부각하고 창의적으로 형상화하려면 예술가는 감각과 정신을 넉넉하게 가져야 하는바, 정작 중요한 핵심은 이것이다. 내면을 객관성으로 표출하는 매 행위는 직접적 표현들, 감각적 결과들 그리고 관계들을 갖는바, 이것들은 그야말로 내면의 작용들이며, 그런 한에서 감응을 누설하고 반영하며, 이해 가능성과 개별화라는 모티브를 위해 최적으로 사용될 수 있다. 예컨대 라파엘로의 〈그리스도의 변용〉은 전혀 상관없는 두 가지의 행위로 분리된다는 주지의 비난을 흔히 받는데, 외적으로 보면 이것은 사실이니, 실제로 우리는 그림의 상반부에서는 언덕 위 그리스도의 변용을, 하반부에서는 광기 어린 사람들의 광경을 본다. 그러나 정신적으로 보면 그것은 최고의 연관성을 결하는 것이 아니다. 왜냐하면 한편으로 그리스도의 감각적 변용은 바로 그리스도가 실제로 이승을 떠나 고양됨이자 사도들로부터의 멀어짐인 까닭에 이 멀어짐 자체도 분리 및 멀어짐으로 가시화되어야 하기 때문이며, 다른 한편으로 이 실제의 개별 사례에서 사도들이 그리스도의 도움이 없이는 광기 어린 자들을 치유할 수 없다는 사실을 통해 그리스도의 숭고함이 가장 거룩해지기 때문이다. 그러므로 이 그림에서는 이 이중화된 행위의 동기가 철저히 드러나며, 또한 한 사제가 멀어진 그리스도를 분명히 가리킴으로써, 지상에도 임한다는 신의 아들

의 참된 규정을, 즉 "두 사람이 나의 이름 속에서 모이면 나는 그들 한가운데 있는 것이다"라는 말씀이 참일 것임을 암시함으로써, 이중화된 행위의 연관성이 내적으로든 외적으로든 산출된다. ― 또 하나의 예를 들자면, 괴테는 언젠가 율리시스[오디세우스]의 귀환과 여성복장을 한 아킬레우스의 묘사를 공모 주제로 낸 적이 있다. 그런데 한 그림에서 아킬레우스는 무장한 영웅의 투구를 보고, 그 모습에 그의 [97] 심장이 불타올라 이 내면의 동요로 인해 목에 찬 진주목걸이를 잡아 뜯는데, 한 소년이 그것을 찾아 모아 땅에서 집어 든다. 이것은 훌륭한 모티브들이다.

나아가 예술가는 많든 적든 큰 여백을 채워야 하며, 배경이 되는 풍경, 조

라파엘로의 〈그리스도의 변용〉(바티칸 미술관)

기를란다요의 〈동방박사의 경배〉
(오스페달레 델리 인노첸티 박물관)

베이던의 〈동방박사의 경배〉
(알테 피나코테크 미술관)

명, 주변 건물들, 부수 인물들, 가구들 등을 필요로 한다. 그는 상황에 내재
하는 모티브들의 묘사를 위해 필요하다면 감각적 소품들들을 모두 사용해
야 하며, 또한 외적인 것 자체를 상황과 연관 짓되, 그것이 더 이상 자체로
서 무의미하게 남지 않도록 연관 지을 줄 알아야 한다. 이를테면 두 사람의
제후나 족장이 손을 내밀었다고 하자. 이것이 평화의 표시, 맹약의 체결이
되려면, 전사들, 무기류, 서약을 위해 희생할 각오 등이 적합한 주변을 이루
어야 할 것이다. 반면 동일 인물들이 마주 오다가 한 여정에서 만나고 인사
와 작별을 위해 손을 내민다면, 전혀 다른 모티브들이 필요할 것이다. 이 점
에서 화가의 정신적 감각이 무엇보다 지향해야 하는 것은 과정의 중요성과
전체 묘사의 개별화가 부각되도록 모티브들을 고안하는 일이다. 그런즉슨
많은 예술가들은 심지어 환경과 행위의 상징적 관계들로까지 나아갔다. 예
를 들어 〈동방박사의 경배〉 그림에서 우리는 그리스도가 종종 허름한 지붕
아래의 요람에 누워 있고 주위에는 옛 건물의 무너진 오래된 벽이 있고 배
경에는 초기 교회가 있는 장면을 본다. 이 부서진 돌과 치솟는 성당은 기독

교 교회에 의한 이단 종교의 몰락을 상징한다. 마찬가지로 특히 반에이크 화파의 수태고지 그림들에서는 마리아 옆에 종종 꽃가루주머니가 없이 피는 백합들이 있는데, 그것들은 성모의 처녀성을 암시한다. [98]

γγ) 회화는 내적·외적 다양성의 원칙 속에서 상황, 사건, 갈등, 그리고 행위들의 규정성을 드러내야 한다. 즉 이제 셋째, 회화는 이 원칙을 통해 자연 대상이든 인물들이든 그 대상들의 복합적 차별성과 대립들로 나아가야 하며 동시에 이 다종의 상호 외재성을 분류하고 또한 내적으로 일치하는 총체성이 되도록 융합해야 하는 과제를 갖는 까닭에, 이를 통해 형상들을 예술에 적합하게 배치하고 군집화하는 것이 필연적이면서도 가장 중요한 요구사항들 중의 하나로 된다. 여기에 응용 가능한 개별 규정과 규칙들은 대단히 많지만, 이에 관해 이야기되는 가장 일반적인 것은 전적으로 형식적일 수밖에 없는데, 나는 몇몇 주요 사항들만을 간략하게 언급하고자 한다.

첫 번째의 배열방식은 전적으로 건축술적인 것이니, 인물들의 균일한 병치가, 혹은 형상들 자체 및 그 자세와 운동들의 규칙적 대립과 균제적 결합이 그것이다. 그런데 이 경우에는 특히 피라미드 형태의 인물군이 대단히 애호된다. 이를테면 책형 그림의 경우 그리스도는 상부의 십자가에 매여 있고 사제들, 마리아 혹은 성자들은 그 옆에 서 있음으로 해서 피라미드가 저절로 만들어진다. 마리아가 아이와 함께 높은 성좌에 앉아 아래쪽 옆으로 사도들, 순교자들 등을 경배자로서 두는 성모의 그림들에서도 같은 경우가 성립한다. 심지어 시스티나의 성모화[32]에서도 이러한 종류의 군집은 결정적인 것으로 고수된다. 피라미드는 여타의 경우에는 산재된 병치를 정점을 통해 통합하고 집단에 외적 통일성을 부여하는 까닭에, 대체로 피라

---

32 역주: 라파엘로(1483~1520)의 작품. 최고의 성모자상으로 평가된다.

미드 형상은 안정적으로 보인다.

그런데 일반적으로 보면 어느정도 추상적인 균제적 배열의 내부에서도 특수하고 개별적인 점에서 위치, 표현 그리고 운동의 커다란 생명성과 개별성이 나타날 수 있다. [99] 화가는 그의 예술에 내포된 수단들을 전부 사용함으로써 주요 인물을 다른 인물들보다 부각시키려는 여러 구상을 하고 있으며 그 밖에도 같은 목적에서 조명과 채색을 활용한다. 그러므로 이 점을 고려할 때 그가 그의 집단을 어떻게 배치할 것인가는 자명하다. 주 인물들이 구석에 자리해서는 안 될 것이며, 부 인물들이 최고의 관심을 끄는 자리에 있어서도 안 될 것이다. 마찬가지로 그는 주 내용을 형성하는 대상들이 어두움 속에 있지 않도록 그것들에게 가장 밝은 빛을 비추어야 할 것이며, 부 인물들을 가장 의미 있는 색을 써서 밝게 만들어서도 안 될 것이다.

그다지 균제적이지 않은, 이로써 한층 생동적인 인물군의 경우에는 인물들이 —여러 그림들에서 그러한 것이 때때로 보이지만— 총총히 붙어 있어 혼동되며, 그리하여 사람들은 우선 사지四肢를 찾아내고 어떤 다리가 이 신체에 속하는지, 혹은 여러 팔, 손, 옷자락, 무기 등이 어떻게 짝이 맞는지를 구분하는 수고를 들여야 하는데, 예술가는 이 점을 각별히 조심해야 한다. 비교적 큰 구성들의 경우에는 전체를 분명히 조감할 수 있는 부분들로 분할하되 이것들이 서로 완전히 고립되거나 분산되지 않도록 하는 것이 차라리 최선일 것이다. 이를테면 광야에서의 만나[33] 수집, 연례 박람회 등과 같이 장면이나 상황들이 본성상 이미 독자적으로 분산되어 혼재할 경우에는 특히 그러하다.

이번 기회에는 나는 여기서 이러한 형식적 지적에 그치고자 한다.

---

33 역주: 광야를 헤매는 이스라엘인들에게 신이 내려 준 음식 『구약성서』, 「출애굽기」 16:14~36.

γ) 이제 첫째, 회화적 이해의 일반적 종류들을 다루었고, 둘째, 상황의 선택, 모티브들의 발견 그리고 인물들의 군집과 관계하여 구성을 다루었다면, 셋째로 회화를 조각 및 그 이상적 조형성으로부터 구분하는 특성화 방식에 관해 몇 가지를 첨언해야 한다. [100]

αα) 앞서도 누차 언급되었듯이, 회화에서는 주관성의 내적·외적 특수성이 해방될 수 있으며, 그리하여 특수성은 이상 자체로 고양된 개별성Individualität의 미일 필요가 없고 오히려 특칭성Partikularität으로까지 발전할 수 있는바, 우리가 근대적 의미에서 특성적Charakteristisch이라고 부르는 것은 이를 통해 비로소 출현한다. 이 면에서 특성적인 것은 고대 일반과 근대를 가르는 표지標識가 되었다. 우리는 여기서 이 용어를 이런 의미로 쓰고자 하며, 또한 이 생각은 물론 정당한 것이다. 비록 우리는 제우스, 아폴로, 디아나 등을 영원하고, 높고, 조형적이고, 이상적인 개성들로 찬탄해 마지않으나, 오늘날의 잣대로 잰다면 그들은 정말이지 성격Charakter들이 아니다. 좀 더 자세히 보면, 이미 호메로스의 아킬레우스와 아가멤논, 아이스킬로스의 클리타임네스트라, 소포클레스 특수성Besonderheit이 등장하며, 또한 이 형상들은 이러한 특수성 및 그들의 본질에 속하는 무언가를 고수하는데, 이것도 성격이라고 한다면 우리는 물론 고대에도 성격들이 묘사되었음을 발견하는 바이다. 그러나 아가멤논, 아이아스, 오디세우스 등에서 특수성은 언제나 일반적 종류의 것으로, 즉 군왕의 성격, 광적 용기의 성격, 간계奸計의 성격으로 머무는데, 이런 것은 추상적 규정성에 불과하다. 이에 반해 특수성을 그러한 관념성 속에 붙들어 두지 않는 회화는 온갖 다양한 —심지어 우연적이기도 한— 특칭성을 제대로 전개하며, 우리는 신과 인간들의 예의 조형적 이상들 대신 특수자의 우연성에 따르는 특수한 인격Person들을 목도한다. 그리하여 이제는 영혼의 깊은 감응과 그 생동적 주관성이 중심점을 형성하며, 그런 까닭에 형상의 신체적 완벽성이, 즉 정신성과 그 건강하고

자유로운 현존재의 철저한 적합성이 ─한마디로 [101] 우리가 조각에서 이상적 미라고 불렀던 것이─ 회화에서는 [조각과] 똑같은 정도로 요구되지 않거니와 결코 주요 사안일 수도 없을 터, 이제 [회화에서는] 영혼의 내밀함 및 영혼의 생생한 주관성이 중심점을 형성하기 때문이다. [조각보다] 한층 추상관념적인 이 영역에서는 저 [신체적인] 자연 범위가 그다지 깊숙이 관여하지는 않는다. 추한 실레노스를 닮은 소크라테스의 얼굴 속에 도덕적 향념과 행위가 거주하듯, 단순히 겉으로만 보면 그지없이 추한 신체 속에도 가슴의 경건함, 심정의 종교가 거주할 수 있는 것이다. 그런데 예술가는 정신적 아름다움의 표현을 위해 그 자체로 추한 외적 형태들을 기피해야 하거나 그것을 돌파하는 영혼의 힘을 통해 추함을 억제하고 변형할 줄 알아야 하지만, 그럼에도 그가 추를 철저히 배제할 수는 없다. 왜냐하면 앞에서 장황하게 서술한 회화의 내용은 기형적이며 흉측한 인간의 모습과 인상들이 꼭 들어맞는 한 측면을 내포하기 때문이다. 이것은 저열과 사악의 권역으로서, 이는 종교적 주제에서는 그리스도의 수난사에 등장하는 전쟁광들에게서, 지옥과 악마들 속에 있는 죄인들에게서 주로 나타난다. 특히 미켈란젤로는 악마를, 즉 인간적 모습의 잣대로 잴 수는 없지만 그럼에도 동시에 인간적으로 머무는 악마를 판타지적 형상화를 통해 그리는 법을 이해하고 있었다.

회화가 제시하는 개인들은 스스로가 특수한 성격들의 완전한 총체성이어야 한다. 하지만 이를 빌미로 조형예술적 이상의 유비가 그들에게서 등장할 수 있다고 이야기해서는 안 된다. 종교적 주제에서는 순수한 사랑의 근본적인 특징이 요체이다. 특히 자신의 모든 본질을 사랑에 두는 마리아, 예수를 따르는 여인들, 그리고 사도들 가운데서 사랑의 사도인 요한의 경우가 그렇다. 그러나 예컨대 라파엘로의 경우처럼 형태의 감각적 아름다움 역시 이러한 표현과 [102] 결합될 수 있는데, 다만 그것은 단순한 형태상의 아름다움으로 간주되어서는 안 되고 오히려 표현의 가장 내밀한 영혼을 통해 정신성이 유지되고 변용되어야 한다. 또한 정신의 이러한 내밀함이 본연의 목적이자 내용이라는 점이 증명되어야 한다. 그리스도와 세례 요한의 어릴 적 모습에서도 아름다움은 나름의 유희공간을 갖는다. 그 밖의 인물들, 즉 사도, 성자, 제자, 고대의 현자 등의 경우에는 저렇듯 고양된 내밀함이 비교적 순간적인 특정 상황들에 더욱 의거해서 표현될 뿐이며, 만일 이 상황들이 제외된다면 그들은 세계 속에 현존하는 한층 독립적인 성격들로, 즉 용기, 믿음, 그리고 행위의 힘과 인내로 무장한 성격들로 현상할 것이니, 이때는 성격들의 대단한 차이에도 불구하고, 진지하고 근엄한 남자다움이 근본 특징을 이룰 것이다. 이것은 신적 이상들이 아니라 극히 개별적인 인간적 이상들이며, 당위로서의 인간들이 아니라 실존하는 인간적 이상들이니, 그러한 인간들은 성격의 특수성을 결하지 않으며 그들의 특칭성과 그들 개인을 채우는 보편성의 관계도 결하지 않는다. 미켈란젤로, 라파엘로, 그리고 유명한 〈최후의 만찬〉을 그린 레오나르도 다빈치는 다른 화가의 인물들에서와는 전혀 다른 존엄, 위대성 그리고 고매함이 숨 쉬는 형상들을 이런 방식으로 제공하였다. 이것이 바로 회화가 그 영역의 특성을 포기함 없이 고대인들과 같은 토대 위에서 만나는 지점이다.

ββ) 이제 회화는 조형예술들 가운데서 특수한 형상과 특칭적 성격에 자신을 대자적으로 부각하는 권리를 가장 많이 할애하며, 그런 까닭에 무엇보다 본격적인 초상화법으로 나아간다. 그러므로 초상화가 예술의 높은 목적에 부적합하다고 비난하는 것은 대단히 부당한 처사이다. 누가 과연 위대한 거장의 무수히 뛰어난 초상화들이 없어도 좋다 할 것인가? 그러한 작품들의 예술적 가치는 차치하더라도, 누가 과연 유명 인사들의 생각, 그들의 정신, 그들의 행동들을 궁금해하지 않을 것이며, 세부까지 완성된 그 그림을 관조하려고 [103] 탐하지 않겠는가? 왜냐하면 아무리 위대하고 높은 지위의 인간인들, 그 역시 예나 지금이나 한 명의 현실적 개인이며, 또한 우리

는 이 개성, 이 정신성을 극히 현실적인 특수성과 생동성 속에서 가시화할 것을 원하기 때문이다. 하지만 예술의 외부에 속하는 그러한 목적들을 논외로 하더라도, 어떤 의미에서는 회화가 그 불완전한 시도들에서부터 바로 초상화를 위해 헌신하였으며, 또한 회화의 발전은 바로 이 점에서 성립했다고 주장할 수 있다. 경건하고 독실한 감각이 있어 일차로 내적 생명력을 산출했으며, 보다 높은 예술이 있어 표현과 특수한 현존재의 진리로써 이 마음을 활성화했으며, 또한 외적 현상에 한층 깊숙이 들어감으로써 표현의 관건이었던 내적 생명력 역시 심오해졌다.

그렇더라도 이제 초상화 또한 진정 예술작품이려면, 이미 환기했듯이, 그 안에는 정신적 개성의 통일성이 각인되어 있어야 하며 정신적 성격이 주요 강조점이어야 한다. 얼굴의 모든 부분들이 여기에 특히 기여하니, 이는 그 특징과 부분들에서 정신적 고유성이 명명백백 생동적으로 표명되기 때문이다. 이제 인상에 대한 화가의 섬세한 감각은 바로 이것들을 포착, 강조하며 또한 개인의 고유성은 정녕 이를 통해 가시화된다. 이 면에서 어떤 초상화는 자연[본모습]에 매우 충실하고자 정성을 다해 그렸음에도 비정신적일 수 있고, 이에 반해 장인의 손으로 그은 획 몇 개로 이루어진 소묘가 무한히 더 생생하며 놀랄 만큼 진실할 수도 있다. 이러한 소묘는 본연의 의미를 나타내는 획을 통해 [개인의] 성격이 갖는, 단순하지만 온전한 근본 이미지를 표현했음에 틀림없는바, 자연에 충실한, 비정신적인 저 그리기로는 이러한 이미지가 가려져 보이지 않게 되는 것이다. [104] 이와 관련해서는 저 소묘, 그리고 자연에 충실한 모방, 그 사이에서 중심 잡기에 성공할 것을 권하는 바이다. 이런 종류로는 예컨대 티치아노[34]의 걸작 초상화들이 있

---

34 역주: Tiziano Vecellio(1485?~1576), 이탈리아 화가. 자유로운 표현을 통해 유화의 가능성을 탐구하였다. 초상화, 풍경화, 제단화, 신화화를 섬세한 색채를 사용하여 그렸다.

다. 이 그림들은 우리에게 대단히 개성적으로 다가오며, 또한 오늘날의 인상학이 주지 못하는 정신적 생명력의 개념을 제공한다. 진정 예술가다운 역사가가 전하는 위대한 행동과 사건들의 서술은 우리가 혹 직접 보고 얻을 수 있을 법한 이미지보다 훨씬 더 고차적이며 참된 이미지를 초안하는데, 앞의 초상화들도 사정이 이와 비슷하다. 현상하는 바 그대로서 현실은 부차적인 우연사로 가득한데, 그리하여 우리는 종종 나무들 앞에서 숲을 보지 못하고, 종종 매우 위대한 것을 마치 익숙하고 일상적인 사건인 양 간과한다. 사건들을 위대한 행동들로 처음 만드는 것은 거기에 내재하는 의미와 정신인데, 단순 외적인 것을 수용하지 않고 오로지 저 내적 정신을 생생하게 표명하는 진정한 역사적 서술만이 이것을 우리에게 제공한다. 화가도 이런 식으로 그의 예술을 통해 형상의 정신적 의미와 성격을 우리 앞에 제시한다. 이것을 완벽하게 달성할 경우, 초상화가 현실적 개인보다 그 개인에 더욱 적실하고 근사하다고 말할 수 있다. 알베르트 뒤러도 그러한 초상화들을 제작하였다. 몇 안 되는 수단들로써 특징들이 아주 단순하고 규정적이고 위대하게 부각되며, 그리하여 완전히 우리는 하나의 정신적 삶이 우리 앞에 현전하는 양 생각한다. 그러한 그림을 오래 볼수록, 그만큼 더 깊이 들여다보며 그것이 더욱 드러나 보인다. 그것은 특성적인 것을 완전하게 내포하며, 색채와 형태에 깃든 그 밖의 것을 더욱 명료하게, 선명하게, 완성도 있게 성취하되 자연과는 달리 단순히 결핍된 생명력에 세세하게 간여干與하지 않는다. 그러므로 예컨대 풍경에서도 자연은 각 잎사귀, 가지, 풀잎 등을 완전한 윤곽과 색채로 그려 내지만, [105] 풍경화는 이러한 상세함에서 자연을 따르려 해서는 안 되며, 다만 전체를 표현하는 분위기에 적합하도록 세부를 드러내되, 개별 항목들이 제아무리 본질상 특성적이며 개별적으로 남아야 할 경우라도 모든 결들과 삐죽한 모습 등에서 그것들을 자체로 자연에 충실하게 본떠서는 안 된다. — 인간의 얼굴에서 자연의 윤곽은 뼈대의 견고한 부분들이며, 그 주위를 연한 부분들이 감싸서 다양한 우연성들을 낳는다. 그러나 그러한 견고한 부분들이 아무리 중요할지언정, 초상의 특성화는 다른 정해진 특징들, 즉 정신을 통해 변용된 얼굴에 그 본질을 둔다. 이러한 의미에서 초상화는 자연의 단순한 우연에 속하는 것을 제거하여 개인 자신의 가장 고유하고 내밀한 본질의 특성화에 기여하는 것만을 수용하는 까닭에, 그것은 단지 아첨밖에 할 수 없는 것이 아니라 아첨을 해야만 하는 것이라고 말할 수 있다. 요즈음은 친절하게 보이도록 할 양으로 모든 얼굴들에 웃는 표정을 부여하는 것이 유행인데, 이것은 대단히 위험하며, 또한 절도를 지키기 어려운 일이다. 사교의 허울뿐인 친절함은 아무리 고상한들 성격의 주요 특징이 아닌데, 그것은 많은 화가들의 손에 의해 너무도 쉽게 최고의 상냥한 달콤함이 된다.

γγ) 하지만 회화가 그 모든 표현에서 제아무리 초상화적 방법을 취하더라도, 회화는 한 내용의 표현을 위해 그 인물과 자연대상들을 특정한 상황 속으로 옮겨야 하며, 개별적 얼굴 표정, 형태, 자세, 군집화 및 색채의 종류들을 이 상황에 맞추어야 한다. 왜냐하면 표현되어야 할 것은 바로 이 상황 속의 내용이기 때문이다.

여기서 고찰될 법한 무수히 잡다한 세부 항목들 중에서 나는 중요한 점 하나만을 다루고자 한다. 즉 상황은 본성상 일과적이며 [106] 그 속에서 표출되는 감응은 잠정적인 종류의 것이어서, 하나의 동일한 주관이 많은 유사한, 혹은 대립적인 감응들을 표현할 수도 있고, 또한 상황과 감응이 한 성격의 전체 영혼을 장악할 경우라면, 그 속에서 성격의 가장 내밀하고 충실한 본성이 알려지기도 한다. 성격을 위한 참된 절대적 계기들은 이 후자의 것이다. 즉 성모가 아무리 내적으로 총체적인 개인으로 이해될지언정, 내가 앞에서 기왕 언급했던 그녀에 관한 상황들에서는 신모神母에 그녀의 영혼과 성격의 전체 범위에 속하지 않는 어떠한 것도 발견되지 않는다. 여기서는 이제 그녀가 이 특정한 상황 속에서 표현할 수 있는 것 이외의 다른 어떤 것으로도 존재할 수 없다는 사실이 드러나도록 그녀 또한 특성화되어야 한다. 신적 경지의 대가들은 성모를 그렇듯 영원한 모성적母性的 상황 및 그 계기 속에서 그렸다. 다른 대가들은 그녀의 성격 속에 기타의 세속성과 그 밖의 실존의 표현을 들여놓았다. 후자의 표현은 대단히 아름답고 생동적일 수 있지만, 동일한 형상, 특징들, 비슷한 표정은 다른 관심과 관계들을 갖는 부부애 등에도 어울릴 것이며, 이를 통해 우리는 그 인물을 성모의 관점과는 또 다른 관점에서 보기 쉬운 반면, 최고의 작품들에서는 상황이 환기하는 사상 이외의 다른 어떤 사상들도 있을 여지가 없다. 이러한 이유로 드레스덴에 있는 코레조의 마리아 막달레나도 역시 나에게는 그지없이 경탄스러운 것으로 보이며 또한 영원히 경탄될 것이다. 그녀는 속죄하는 죄인이지만 우리가 그녀에게서 보는 것은 죄가 정녕 그녀의 것은 아니라는 사실, 그녀는 고귀하게 타고났으며 사악한 열정과 행동들은 본심으로 할 수 있는 것이 아니었다는 사실이다. 그녀의 깊으면서도 다소곳한 내적 성찰은 오로지 자기 자신만을 향하는 하나의 회귀로 머무는데, 이것은 순간의 상황이 아니라 고스란히 그녀의 본성인 것이다. 그러므로 예술가는 죄악과 범죄를 에둘러 가리킬 법한 정황들은 어느 하나라도 반성하지 않으며, 또한 회화의 전체 표현, 형상, 표정, 의상, 자세, 배경 등에 그러한 반성의 흔적을 [107] 남기지도 않는다. 그녀는 오로지 그녀의 현재 상태에 침잠하여 그 시간들을 의식하지 않으며, 또한 이 믿음, 이 사념, 침잠이 고스란히 그녀 본연의 성격인 것으로 보인다.

내면과 외면, 성격의 규정성과 상황의 그러한 어울림을 가장 아름답게 달성한 이는 특히 이탈리아인들이었다. 이에 반해 이미 앞서 인용했던 쾨겔겐의 반신 그림 〈탕자〉는 그의 회한과 고통의 가책을 생생하게 표현하지만, 예술가는 탕자가 이 상황의 바깥에서도 지녔을 법한 전체적 성격과 그가 표현된 상태를 통일하지 못했다. 우리가 이 특징들을 가만히 뜯어보면, 그것들은 드레스덴의 다리 등지에서 노상 만날 법한 장삼이사張三李四의 인상을 줄 뿐이다. 성격과 구체적 상황의 표현이 진정으로 화합할 경우라면, 그러한 인상은 결코 떠오르지 않을 것이다. 진정한 장르화의 경우가 그렇다. 여기서는 찰나의 순간에도 생동성이 대단하여, 인물들이 혹여 다른 자세, 다른 특징들, 달라진 표현을 취해도 무방할 것이라고 생각될 여지는 없다.

이상이 내용에 관한, 그리고 면과 채색이라는 회화의 감각적 요소 속에서 이루어지는 그 예술적 취급에 관한 주요 항목들이다.

3. 회화의 역사적 전개

그런데 셋째, 지금까지는 회화 특유의 내용, 그리고 그 원리에서 나타나는 형상화 방식을 다만 일반적으로 진술하고 고찰하였지만 우리는 여기에 머물 수 없으니 회화가 철저히 성격들 및 그 상황의 특수성, 형상과 [108] 그 자세, 색채 등에서 기인하는 한에서 특수한 회화작품들의 현실적 실재성을 염두에 두고 이를 언급해야 하기 때문이다. 회화의 연구는 앞서 언급한 관점들이 현실화된 그림들 자체를 우리가 알고, 즐기고, 판단할 수 있을 때 비로소 완성된다. 이것은 물론 모든 예술의 경우에 타당하지만, 지금까지 고찰한 예술들 중에서는 회화에 가장 들어맞는다. 건축과 조각에서는 내용의 권역이 비교적 제한적이며 표현 수단과 형식들이 다종다양하지는 않으며 그 특수한 규정들이 비교적 단순하고 결정적인 관계로, 이 경우에는 차라리 복제품들, 설명서들, 모형들로 변통이 가능하다. 회화가 요구하는 것은 개개의 예술작품들 자체의 가시적 모습이다. 특히 그 단순한 설명서로는, 아무리 우리가 종종 여기에 만족해야만 하더라도, 충분하지 못하다. 회화의 갈래는 지극히 다양하게 나뉘며 그 측면들이 특수한 예술작품들로 개별화된다. 하지만 이것들은 우선은 단지 고찰을 위해 정렬, 분류되지 않은 잡다한 무리로서 현상할 뿐으로, 여기서는 개개의 그림들의 독특함이 거의 보이지 않는다. 예를 들어 각 그림들에 대해 이미 그것이 속한 지역, 시대, 유파, 그리고 대가大家를 숙지하지 못한다면, 대부분의 화랑들은 하나의 무의미한, 갈피를 잡을 수 없는 잡화상으로 보인다. 그러므로 역사적 전시가 연구와 의미 있는 향유를 위해 가장 유용한 것이 될 것이다. 이곳에 건립된 왕립박물관의 화랑에서[35] 우리는 역사적으로 정리된, 그러한 종류로서는 단연 귀한 수장품들을 경탄할 기회를 곧 갖게 될 것인데, 여기서는 기술적 요소의 외적인 발전사뿐만 아니라 여러 화파들의 차이, 대상들 및 그 이해와 취급방식에 관한 내적 역사의 [109] 본질적 과정이 분명하게 인식될 것이다. 그렇듯 생생한 관람을 통해서만 전통적, 정태적 전형에서의 [회화의] 출발, 생동적 예술의 성립, 표현과 개별적 성격의 탐색, 비활동적이며 정지된 형상물로부터의 해방, 극적으로 활약하는 행위로의 발전, 집단화, 채색의 풍부한 마술, 상이한 화파들 —이들은 일면 동일한 대상들을 독특하게 취급함을 통해, 일면 자신들이 채택하는 내용의 차이를 통해 서로 구분된다— 등에 관한 표상이 주어진다.

회화의 역사적 발전은 연구를 위해서뿐 아니라 학적 고찰과 서술을 위해서도 대단히 중요하다. 여기서는 사실에 입각한 결론과 상이성이 중요하며, 또한 내가 거론했던 내용, 질료의 발전, 이해의 여러 주요 계기들, 이 모든 것은 그 속에서 비로소 구체적 현존재를 얻는다. 그러므로 나는 이 발전을 다시 한번 살펴보고 가장 주목받을 만한 것을 부각할 것이다.

---

35 [H. G. Hotho의 각주에 따르면] 이 표현은 1829년 2월 17일에 행해진 강의에서 가져온 것이다.

회화는 아직 전형적일 뿐인 이해와 건축적인 단순한 배치와 미숙한 채색을 갖는 종교적 대상들에서 출발하며, 또한 일반적으로 이 점에서 그 발전이 기인한다. 다음으로 현재성, 개별성, 형상들의 생동적 아름다움, 내밀한 감정의 깊이, 채색의 매력과 마법이 종교적 상황들 속으로 점차 도입된다. 이는 예술이 세속의 측면으로 돌아서고, 자연, 평상적 삶의 일상성 혹은 고금의 국가적 사건들의 역사적 중요성, 사소하고 무의미할 수도 있는 초상 등속의 것을 종교적, 이상적 의미내용에 바쳤던 사랑과 동일한 사랑으로 대하고, 이 권역에서 무엇보다 완성도 높은 그리기와 [110] 가장 생동적인 이해와 가장 개성적인 제작방식을 획득할 때까지 이어진다. 이 발전은 비잔틴, 이탈리아, 네덜란드 그리고 독일의 회화에서 가장 선명하게 추구되는 바, 우리는 그것을 간략하게 특징지은 후 마침내 음악으로 이행할 것이다.

a. 비잔틴 회화

이제 좀 더 자세히 들어가 첫째, 비잔틴 회화를 보자. 그리스[비잔틴]인들은[36] 언제나 어느 정도는 이 예술을 수행해 나갔으며, 또한 고대의 모범은 이 개선된 기술뿐만 아니라 자세, 복장 등의 묘사에도 도움을 주었다. 다른 한편 이 예술에서는 자연과 생동성이 완전히 제거되었다. 그것은 얼굴 형태들의 면에서는 전통적이었으며, 인물과 표현방식들의 면에서는 전형적, 경직적이었으며, 배치의 면에서는 다소 건축적이었다. 자연환경과 배경의 풍경은 빠져 있었고, 빛과 그림자, 밝음과 어두움을 통한 입체감 표현 및 그것들의 융합은 전혀 발전하지 않았거나 극미하게 발전하였을 뿐이며,

---

36 역주: 원문에서는 이 부분이 그리스인들로 되어 있으나, 이는 고대 그리스 문화의 영향권 내에 있던 지역에 살았던 이들을 가리키는 것으로 생각된다. 서구 가톨릭 교회와 대비되는, 비잔틴 제국을 본거지로 하는 동방의 정교회를 그리스 정교회라 부르는 것도 같은 맥락에 해당한다. 헤겔은 아래에서 비잔틴인을 가리켜 신(新)그리스인이라고 부르기도 한다.

이 점에서는 원근법 및 인물군의 생동적 표현도 마찬가지였다. 비잔틴 예술은 이미 일찍이 정해진 한 전형에 그같이 집착한 탓에 독자적인 예술생산을 위한 유희공간을 거의 갖지 못했고, 회화와 모자이크 예술은 종종 수공예로 내려앉았으며, 이를 통해 ―아무리 이 공예가 고대의 도예가들을 자세와 주름의 표현을 따를 수 있는 탁월한 본보기로 삼았다고 해도― 다소 생명력과 혼이 없는 것으로 되었다. 이 불쌍한 예술은 파괴된 서방에서도 만연하였는데, 특히 이탈리아에서 확산되어 비슷한 유형의 회화를 낳았다. 그러나 여기서는, 우선 그 출발에서는 미미하였더라도, 폐쇄적 형상과 표현방식들에 머물러 있지 않으려는, 오히려 일단은 아무리 거칠더라도 한층 높은 발전에 다가가려는 충동들이 이미 이전부터 나타났던 반면, 비잔틴 회화들에서는, 폰 루모어 씨가(『이탈리아 연구』 제1권, 279쪽)[37] [111] 그리스풍의 성모 그림들 및 그리스도 그림들에 관해 말하듯, "가장 훌륭한 사례들에서조차, 그것들은 즉시 미라가 되었다는 사실, 그리고 미래의 발전은 애당초 포기되었다는 사실을 볼 수 있다." 이탈리아인들은 그처럼 그들의 독자적 예술 발전기 이전에 이미 비잔틴인들과는 대조적으로 회화에서 기독교적 대상들을 한층 정신적으로 이해하고자 노력했다. 예를 들어 방금 언급한 루모어 씨는(제1권, 280쪽) 이 차이를 잘 보여 주는 전거로서 책형당한 그리스도의 신체에 관한 신新그리스인들과 이탈리아인들의 표현방식을 들고 있다. "즉 끔찍한 체벌 광경이 일상이었던 그리스인들은 온 체중으로 축 처진 십자가의 구세주를, 부은 하체를, 왼쪽으로 쏠려 늘어진 무릎을, 끔찍한 죽음의 고통과 싸우는 떨군 머리를 떠올렸다. 이것을 보면 그들에게는 신체적 고통 그 자체가 대상이었다. … 반면 이탈리아인들은 ―비교적 오래

37 역주: Karl Friedrich von Rumohr, *Italienische Forschungen*, Bd. I~III, Berlin und Stettin 1826~1831.

된 그들의 기념물들에서 아이를 안고 있는 성모와 책형당한 자의 표현이 극히 드물게 나타남은 분명하다— 십자가에 못 박힌 구세주의 모습을 일으켜 세우려는 듯, 그러니까 신체의 고난이 아니라 정신성의 승리라는 생각을 따르려는 듯 보인다. 말할 것도 없이 한층 고상한 이 이해방식은 일찍이 비교적 나은 여건의 유럽 지역들에서 나타났다."

나는 여기서 이 정도 언급으로 만족하고자 한다.

b. 이탈리아 회화

우리는 둘째, 한층 자유롭게 전개된 이탈리아 회화에서 예술의 또 다른 특징을 찾아내야 한다. 신약과 구약의 종교적 내용 및 순교자와 [112] 성자들의 인생 역정을 제외하면 이탈리아 회화는 그 대상을 주로 그리스 신화에서 취했으며, 반면 민족사의 사건들이나 —초상화들을 예외로 하면— 삶의 현재와 현실, 그리고 자연풍경으로부터는 거의 취하지 않았다. 자연풍경은 후일, 그것도 처음에는 개별적인 경우에만 회화의 대상이 되었다. 그러나 이탈리아 회화는 종교적 권역의 이해 및 그 예술적 제작을 위해 무엇보다 정신적, 신체적 현존재의 생동적 현실성을 도입하며, 또한 이제는 일체의 형상들이 이 현실성을 위해 감각화되고 영혼이 깃든다. 이 생동성의 기본 원칙은 정신의 측면에서는 예의 자연적 명랑성이며 신체의 측면에서는 정신에 상응하는 예의 감각적 형태의 아름다움이다. 그리고 이 아름다움은 이미 그 아름다운 형식만으로도 그 자체로서 순진무구함, 즐거움, 처녀성, 심정의 자연스러운 우아함, 고귀함, 판타지와 사랑스러운 영혼을 고지한다. 이제 그러한 자연적 품성에 심오한 경건함이라는 정신적 특징과 —이것은 애초부터 비교적 단호했던 현존재의 확신과 귀의를 이 구원의 영역 안에서 영적으로 활성화한다— 종교적 내밀함이 추가되어 내면이 고양되고 금빛으로 빛난다면, 이로써 우리에게는 형상과 그 표현의 근원적 조화가 앞에 놓이며, 또한 이 조화가 완성되는 곳, 이 낭만적, 기독교적인 영역에서는 예술의 순수한 이상이 생생하게 환기된다. 물론 이러한 새로운 조화의 테두리 안에서도 가슴속의 내밀함이 우세해야만 한다. 그러나 이 내면은 한층 행복하고 한층 순수한 영혼의 하늘이니, 감각성과 유한성에서 돌아서서 신에게로 회귀하는 길은 도중에 아무리 속죄와 죽음이란 한층 깊은 고통이 있을지라도 비교적 수월하고 덜 폭력적인 것으로 머문다. 왜냐하면 그 고통은 폭력적인 욕구, 고질적인 야만, 경직된 이기심과 죄악으로 전락하는 일도 없이, 지복을 방해하는 이들과 겨루겠다고 승산 없는 싸움을 하는 일도 없이 영혼, 표상, 그리고 믿음의 영역에 집중되기 때문이다. 그것은 [113] 이상적으로 머무는 하나의 이행이며, 겪으매 해롭기보다는 황홀할 따름인 고통이며, 한결 추상적이고 영혼에 가득 찬 내면의 고난이다. 이 고난은 신체의 아픔으로 나타나지 않으며 그렇다고 여기서 오만함, 거칠음, 조악함의 특징들이나 진부하고 속된 인물들의 특징들을 —이들이 신실함과 경건함을 표현할 수 있으려면, 사전에 우선 끈질긴 투쟁이 요구될 것이다— 신체형태와 인상의 특성에서 보이지도 않는다. 영혼이 저러한 번뇌에 휩싸이지 않을 만큼 내밀하여 이 내면에 형식들이 한층 근원적으로 합치함으로써 품위 있는 명료함과 순정한 향유가 있게 되는바, 진정 아름다운 이탈리아 회화작품들은 이 향유를 필히 보장한다. 기악 음악에 음색과 노래가 들어 있다고 이야기되듯, 여기서도 마찬가지로 전체 형상과 모든 그 형식들 위에는 영혼의 순수한 노래, 선율적 감동이 선회한다. 그리고 이탈리아인들의 음악, 청아하고 순수한 목소리들이 울리는 그들 노래의 음색, 소리와 선율의 각 특수한 부분과 전조轉調, 이 모든 것들에서 오로지 목소리 자체의 즐거움만이 울려 퍼지듯, 사랑하는 영혼의 그러한 자기 향유도 역시 그들 회화의 기본 음색인 것이다. 우리는 이와 동일한 내밀함, 명료함, 자유를 위대한 이탈리아 시인들에게서도 다시 발견한다. 이미 3운구

법韻句法,[38] 칸초네, 소네트, 스탠자에서 나타나는 각운의 능란한 반복적 울림이 ―이것은 균등한 각운의 필요성을 단지 한 번의 반복으로 충족시키는 대신 균등함을 세 번 반복하는 울림이다― 그 자신과 자신의 고유한 향유를 위해 울려 퍼지는 자유로운 고운 소리이다. 마찬가지의 자유가 정신적 의미내용에서도 나타난다. 페트라르카의 소네트, 세스티나, 칸초네[39]들을 보자. 가슴속의 동경은 그 대상을 구하려 투쟁하지만, 거기에 있는 것은 그 현실적 소유가 아니며, 또한 현실적 내용과 사태 자체가 문제시되는, 그리고 그 속에서 욕구하는 자신을 표명하는 고찰이나 감응이 아니다. 오히

---

38 역주: 가령, 단테의 『신곡』 시작부는 다음과 같다.

> Nel mezzo del cammin di nostra vita (a)
> mi ritrovai per una selva oscura (b)
> ché la diritta via era smarrita. (a)
>
> Ahi quanto a dir qual era è cosa dura (b)
> esta selva selvaggia e aspra e forte (c)
>
> che nel pensier rinova la paura! (b)
>
> Tant'è amara che poco è più morte; (c)
> ma per trattar del ben ch'i' vi trovai, (d)
> dirò de l'altre cose ch'i' v'ho scorte. (c)
>
> Io non so ben ridir com'i' v'intrai, (d)
> tant'era pien di sonno a quel punto (e)
> che la verace via abbandonai. (d)

제1연은 ta(a), ra(b), ta(a)로, 제2연은 ra(b), te(c), ra(b)로 끝난다. 전체적으로 볼 때, 첫째 연의 각운 (a)와 마지막 연의 각운 (e)를 제외한 나머지 각운 (b), (c), (d)는 여기서 모두 세 번씩 반복되어 삼운(三韻)을 이룬다.

39 역주: 소네트(Sonnet)는 14행(각 행 10음절)으로 구성된 시이다. 세스티나(Sestine)는 6행 6연과 3행의 결구(結句)를 갖는 시이다. 칸초네(Kanzone)는 근대 이탈리아에서 유행한 서정시이다.

려 만족을 이루는 것은 [114] 표명 자체이다. 그것은 사랑의 자기향유이니, 이 사랑은 자신의 슬픔, 비탄, 서술, 회상 그리고 착상들 속에서 자신의 행복을 찾는다. 그것은 동경으로서 만족하는 동경이자, 자신이 사랑하는 자들의 이미지, 그들의 정신과 더불어 자신이 하나 되기를 간원하는 영혼을 이미 충분히 소유하는 동경이다. 단테 역시 그의 선인先人 베르길리우스의 인도하에 지옥과 연옥을 통과하면서 지독히 끔찍하고 두려운 것을 보고 무서워하며, 종종 눈물범벅이 되지만, 그는 불안과 공포 없이, '이런 법은 없잖아'라는 찌푸림과 분개함 없이 침착하고 평온하게 앞으로 나아간다. 실로 지옥에서 그의 저주를 받은 자들마저도 영원성의 축복을 소유하며 ―지옥의 입구 위에는 "나는 영원히 지속한다lo eterno duro"라는 글귀가 있다― 그들은 회한과 갈망 없이 있는 그대로 존재하며, 그들의 고통에 ―이것은 우리와 상관하는 것이지 영원히 지속하는 그들에게는 전혀 상관없다시피 한 것이다― 관해 이야기하지 않으며, 오로지 자신들의 사념과 행위만을 곱씹으며, 불평이나 동경 없이 그러한 관심들 같은 것에 집착한다.

영혼의 축복받은 독립성과 자유라는 이러한 특징을 사랑 속에서 파악할 때, 우리는 이탈리아의 거장 화가들의 특성을 이해하게 된다. 이러한 자유 속에서 그들은 표현과 상황의 특수성을 지배하는 거장으로 존재하며, 이러한 내밀한 평화의 날개 위에서 그들은 형상, 아름다움, 색채를 장악한다. 그들은 완전히 대지 위에 머물며 또한 가끔일 뿐이지만 초상들을 그리거나, 혹은 그리는 듯 보이며, 그런 까닭에 현실과 성격을 매우 특정하게 묘사하지만, 그 속에서 창조되는 것은 또 다른 태양과 또 다른 봄날의 형상물들, 즉 동시에 천상에서도 피어나는 장미들이다. 그러므로 그들에게는 미 자체에서 형상의 미만 중요한 것이 아니다. 중요한 것은 감각적 육체 형식들 속에 주조된 영혼과 그 신체의 감각적 통일이 아니라 각각의 형상, 형식, 그리고 성격의 개별성 속에 있는 사랑과 화해의 이러한 특징이다. 그것은 그 천상의 태양빛 아래서는 [115] 심지어 시들은 꽃들 주위에도 감도는 영혼이자 나비이다. 오로지 이러한 풍부하고 자유롭고 내실 있는 아름다움을 통해 그들은 고대의 이상들을 새로운 이상들 아래서 표현할 수 있었던 것이다.

하지만 이탈리아 회화가 그러한 완성의 입장을 처음부터 곧바로 얻었던 것은 아니며, 거기에 도달하기 위해서는 우선 긴 여정을 거쳐야 했다. 그럼에도 종종 옛 이탈리아 거장들에게서는 기술적 발전의 불완전성에도 불구하고 정녕 순결무구한 경건함, 장엄한 의미의 전체 구상, 형식의 담백한 아름다움, 영혼의 내밀함이 매우 현저하게 드러난다. 그러나 이전 세기에는 비교적 오래된 이 거장들이 거의 평가받지 못했으며 오히려 미숙하고 무미건조하다고 하여 비난받았다. 최근에 비로소 그들은 학자와 예술가들에 의해 다시 망각을 벗어났지만, 이번에는 지나친 애착으로 경탄되고 모방되었으니, 이 애착은 이해방식과 표현의 계속적 발전이라는 진보를 거부하려 들었으며 그리하여 앞과는 반대되는 잘못으로 이끌릴 수밖에 없었다.

이제 이탈리아 회화의 발전을 그 완성 단계로 이끄는 자세한 역사적 주요 계기들을 고려함에 있어, 나는 회화와 그 표현방식의 본질적 측면들을 특징짓는 요점들만을 간략히 부각할 것이다.

α) 이전 시대의 조야와 야만이 지난 후 이탈리아인들은 비잔틴인들을 통해 이식된, 대체로 수공예에 가까운 전형에서 벗어나 다시 새롭게 도약하였다. 그러나 표현대상의 범위는 크지 않았으며, 주로 엄격한 존엄, 경건함, 그리고 종교적 권위에 머물러 있었다. 하지만 비교적 초기에 속하는 이 시기의 몇 안 되는 전문가인 폰 루모어 씨가 증언하듯이(『이탈리아 연구』 제2권, 4쪽), 이미 시에나의 두초[40]와 피렌체의 치마부에[41]는 원근법적이며 해부학

---

40 역주: Duccio di Buoninsegna(1255~1319), 이탈리아 시에나의 화가. 성모화를 잘 그렸다. 시에나 화파의 확립자.

적으로 [116] 정립된 ―특히 비잔틴 회화가 기독교적 고대의 예술작품들을 기계적으로 모방함으로써 유지되었던― 고대 소묘방식의 빈약한 유산들을 수용하고 또한 자신의 정신 속에 가능한 한 되살리려고 시도했다. 그들은 "이 소묘들의 가치를 … 감지했다. 하지만 우리는 그들의 성과들을 보면서 그들이 그 모호한 특징들을 삶과 비교함으로써 화석화된 조야함을 완화하려고 노력했다는 점을 추측, 가정할 수 있다." 그런데 이것은 전형성, 경직성에서 벗어나 생명성과 개성적 표현으로 향하는 예술적 약진의 첫 단계일 뿐이다.

β) 그런데 나아가 제2의 행보는 그리스[비잔틴]적 전형으로부터의 탈피, 구상과 제작의 모든 면에서 인간성과 개별성으로의 진입, 인간적 성격과 형식들 및 이것들이 표현해야 하는 종교적 의미내용의 한층 깊은 적합성에서 성립한다.

αα) 여기서 먼저 언급되어야 하는 것은 조토[42]와 그의 제자들의 위대한 영향이다. 조토는 종래의 색채 제조방식을 바꾸었을 뿐만 아니라 표현의 이해방식과 방향도 변화시켰다. 화학의 연구가 밝혀 주듯이, 신그리스인(비잔틴인)들은 아마도 색채들의 결합제나 유약으로 왁스를 사용했던 듯 보이며, 이를 통해 등잔불빛의 작용으로는 전부 설명되지 않는 "어두운 감을 자아내는 황녹黃綠의 색조"가 나타났다(『이탈리아 연구』 제1권, 312쪽). 그런데 조토는 그리스 화가들이 사용한 이 점성의 결합제를 완전히 포기했으며, 대신 말갛게 만든 어린 싹들의 수액, 덜 익은 무화과, 그리고 그 밖의 덜 끈적

---

41 역주: Cimabue, Bencivieni di Pepo(1240~1302), 이탈리아 화가. 조토의 스승. 중세의 전환기를 이루는 13세기 후반의 생활 감정과 취미의 변천, 새로운 동향을 재래의 비잔틴 전통 속에서 표현했다.

42 역주: Giotto di Bondone(1266~1337), 중세 고딕이 끝나고 르네상스가 시작하는 시대에 활동했던 이탈리아의 화가. 조토 이전의 이탈리아 회화는 비잔틴풍의 양식이 지배하였다. 그는 고딕과 비잔틴 양식을 벗어나려는 미술가들의 첨단에 서서 르네상스 미술을 개척한 혁신의 주역이다.

이는 아교와 ―초기 중세의 이탈리아 화가들은 다시 비잔틴인들의 엄격한 모방으로 돌아가기 전에 벌써 이것을 사용했던 듯하다― 색채들을 섞어 갈아 만든 것으로 옮겨 갔다(『이탈리아 연구』 제2권, 43쪽; 제1권, 312쪽). 이 결합제는 색채에 [117] 어두운 감을 자아내는 영향을 끼치는 대신 그것을 밝고 맑게 하였다. 하지만 더욱 중요한 것은 대상과 그 표현방식을 선택함에 있어 조토가 이탈리아 회화에 도입한 변화이다. 이미 기베르티[43]는 조토가 그리스의 거친 수법을 떠나고 또한 도를 넘음이 없이 자연성과 우아미를 도입하였다고 하여 그를 칭송했다(『이탈리아 연구』 제2권, 42쪽). 또한 보카치오 역시 그에 관해 말하기를, 자연은 조토가 모방하지 못하는 것은, 그것도 속을 정도로 모방하지 못하는 것은 어떤 것도 산출하지 않았다고 한다(『데카메론』, 제6일, 제5화). 비잔틴 회화에서는 자연관의 흔적이 거의 발견되지 않는다. 그런데 조토는 현재적이며 현실적인 것을 지향했던 인물이자, 그가 표현하려는 형상과 감정들을 그의 주변에서 벌어지는 삶 자체와 비교했던 인물이었다. 조토의 시대에는 무릇 도덕이 한층 자유롭게, 삶이 한층 즐겁게 되었고, 또한 화가 자신과 얼추 같은 시대를 살았던 많은 새로운 성자들이 숭배되었는데, 앞의 방향은 이러한 정황에 부응한다. 조토는 눈앞의 현재에 주안점을 두는 자신의 지향에 따라 특히 이들을 예술의 대상들로 선택했으며, 그리하여 내용 자체도 다시 신체적 현상의 자연성, 비교적 특정한 성격, 행위, 열정, 상황, 입장, 그리고 운동들의 묘사를 중시하여 작업할 것을 요구했다. 그런데 선행하는 예술 단계의 근거를 이루었던 예의 위대하고 성스러운 진지성은 이런 노력의 와중에서 상대적으로 상실되었다. 세속적인 것이 득세하고 확산되니, 조토 역시 시대의 의미에 맞추어 애상적인 것뿐

---

43 역주: Lorenzo Ghiberti(1378~1455), 이탈리아 피렌체의 조각가·금속 공예가·화가.

아니라 익살스러운 것에도 자리를 마련해 주었는데, 이를 두고 루모어 씨는 다음과 같은 합당한 언급을 한다(『이탈리아 연구』제2권, 73쪽). "이러한 사정을 감안할 때 몇몇 사람들이 어떤 뜻에서 조토의 방향과 업적을 근래 [118] 예술의 가장 숭고한 점으로서 극찬했는지 나로서는 모르겠다." 조토의 평가를 위한 올바른 입장을 재론하였던 점은 앞의 철저한 연구자의 위대한 공로로서, 그는 인간화와 자연성을 향한 조토 자신의 방향이 전체적으로 여전히 낮은 단계에 머물러 있음을 동시에 주목하게 만든다.

ββ) 이제 회화는 조토가 촉발한 이런 식의 자각과 더불어 더욱 발전하였다. 그리스도, 사도들, 복음이 전하는 비교적 의미 있는 사건들의 전형적 표현은 점점 뒷전으로 밀려났다. 그 대신 "모든 화가들이 당대 성인들의 삶의 경로들을, 즉 소싯적의 세속성, 성스러운 의식意識의 돈오頓悟, 경건하고 금욕적인 삶으로의 진입, 생전과 특히 사후의 기적 등을 그리는 일에 종사함으로써"(『이탈리아 연구』제2권, 213쪽) 대상들의 권역이 다른 면으로 확장되었으며, "그 묘사에서는 살아 있는 자의 정감의 표현이 비가시적인 기적의 힘의 암시보다 우세하였으며, 또한 이 점은 예술의 외적 조건들에 내포되어 있었다." 그러나 이와 병행하여 그리스도의 생애와 수난사의 사건들도 등한시되지 않았다. 특히 그리스도의 탄생과 성장, 아기 예수와 함께 있는 성모는 즐겨 찾는 대상으로 대두됨과 아울러 한층 생생한 가족애, 부드러움과 내밀함, 인간적, 정감적인 요소를 더욱 받아들였으며, "그런가 하면 수난사에서 취한 화제畵題들에서조차 더 이상 숭고함과 승리가 아닌, 차라리 감동적인 요소만이 강조되었다 ― 이것은 구세주가 지상에서 겪은 고난들을 공감하고 그에 열광적으로 몰입한 직접적인 결과로서, 성 프란시스코는 예증과 강론을 통해 여기에 전대미문의 새로운 에너지를 부여했다."

15세기 중반 즈음의 그 밖의 발전과 관계해서는 마사초[44]와 피에솔레[45]라는 두 이름을 특히 거론할 수 있다. 즉 이들은 인간적 특징들을 열정적으로 표현하는 인간형상의 생동적 형태 속에 종교적 의미내용을 발전적으로 편입시켰는데, 이 경우 [119] 본질적으로 문제시되었던 것은 한편으로는, 루모어 씨가 거론하듯(『이탈리아 연구』 제2권, 243쪽), 모든 형태들을 한층 더 완성도 있게 하는 것이고, 다른 한편으로는 "인간의 얼굴 모습들이 갖는 배치, 관계, 극히 다양한 층위의 매력과 의미를 한층 깊게 간취하는 것이다." 이러한 예술의 과제는 지난한 것이어서 당시 일개 예술가의 능력을 넘어섰다. 그리고 마사초와 안젤리코 다 피에졸레는 그 일차적 해결을 기함에 있어 방향을 달리하였다. "마사초는 명암, 배열된 형상들을 원만圓滿하게 하거나 소원疏遠하게 하는 일에 관한 연구를 맡았으며, 이에 반해 안젤리코[조반니] 다 피에솔레는 내면적 관계, 인간의 표정들에 내재하는 의미의 연구를 맡았는데, 그는 회화를 위해 그 보고寶庫를 처음 연 인물이기도 하다." 큰 이해를 갖는 마사초는 가령 우미 따위보다는 남성성을 추구하는 노력에서, 그리고 한층 단호한 통일성을 향한 욕구에서 그 일을 하였으며, 피에솔레는 세속에서 떨어진 종교적 사랑의 열정, 심성의 수도승적 순수함, 영혼의 고양과 신성화와 더불어 그 일을 하였다. 그런즉 바사리는 그에 관해 말하기를, 그는 사전에 내밀하게 기도하지 않고서는 결코 그리지 않았으며, 또한 오열하지 않고서는 결코 구세주의 고통을 표현하지 않았다고 한다(『이탈리아 연구』 제2권, 252쪽). 그리하여 회화의 이러한 발전에서는 일면 한층 고양된 생동성과 자연성이 중시되었으며, 일면 비록 경건한 심정의 깊이, 신앙 속에 있는 영혼의 순전한 내밀함이 배제되지는 않았지만 자유, 솜씨, 자연

---

44 역주: Masaccio(1401~1428), 이탈리아 화가. 조토의 전통을 계승하고, 도나텔로의 리얼리즘과 브루넬레스키의 공간구성을 배워 초기 르네상스에서의 회화양식을 확립함.

45 역주: Giovanni da Fiesole(1387~1455), 이탈리아 화가. 초기 르네상스의 전통적 고딕양식과 마사초의 자연주의 회화의 두 흐름을 흡수하여 독자적인 화풍을 확립하였다. 천사 같은 사제를 의미하는 '프라 안젤리코'라는 이름을 사후에 추증받았다.

의 진리, 구성의 아름다움, 자세, 복장과 채색이 우선시되었다. 후일의 발전은 정신적 내면성의 훨씬 더 알차고 높은 표현을 달성할 수 있었지만, 그 당시는 종교적 사념과 [120] 구상의 진지한 깊이의 순진무구함을 넘지 못하고 있다. 이 표현에서는 내면의 신앙심을 묘사하기 위해 사용되는 생동성의 형식이 아직 완전히 일반화되지 않았으며, 그런 관계로 이 시기의 많은 그림들이 우리에게는 색채, 인물들의 군집, 선묘의 면에서 무언가 어색한 점을 갖긴 한다. 하지만 그것들이 출현한 정신적 의미의 면에서 보면 핍박과 고통에 굴하지 않는 참된 종교적 의미내용의 지극한 내적 깊이, 신앙심 깃든 사랑의 확신이 ―나아가 때로는 무구無垢함과 지복의 우미마저도― 표현되었으며, 또한 이 점에서는 곡해될 소지가 없다. 이후의 시대들은 오히려 이 점에서 오해를 받을 소지가 있다. 즉 그 시대들은 비록 다른 면에서는 예술적 완성도를 제고했지만, 그럼에도 그러한 근원적 장점들이 일단 상실된 후에는 그것들을 다시 성취하지 못하였던 것이다.

γγ) 앞으로 진행될 서술에서는 방금 언급한 것에 제3의 점이 추가되는 바, 이것은 대상이 한층 크게 확장되었다는 사실, 이 대상들이 새로운 의미를 부여받고 표현되었다는 사실과 관계한다. 화가 자신의 생시와 비슷한 시대를 살았던 인물들이 성자로 존중되었다는 이유에서 이미 이탈리아 회화에서는 애초부터 신성함이 현실 가까이에 있었던바, 이제 예술은 기타의 현실과 현재도 그 영역 속으로 끌어들인다. 즉 앞 단계의 순수한 내밀함 및 경건함에서는 오로지 이러한 종교적 표현이 목표였다면, 이제 회화는 그로부터 떠나 외적인 속세의 삶을 종교적 대상들과 관련시키는 쪽으로 점차 기운다. 생업에 몰두하는, 자유로운, 남자다운 용기와 애국심을 지닌 시민들의 유쾌하고도 강력한 자기 신뢰, 발랄한 삶의 현재 속에서 누리는 복지, 덕과 위트 있는 명랑함에서 다시 깨어나는 이러한 인간의 만족, 내면의 정신과 겉모습 [121] 양면에서의 현실과의 이러한 화해는 예술적 제작과 표현

으로도 유입되었으며, 또 그 속에서 표명되었다. 이러한 의미에서 우리는 배후의 풍경들, 도시의 광경들, 교회와 왕궁의 환경에 대한 애착이 활성화됨을 본다. 위트와 명랑성을 통해 한 시대를 풍미한 유명 학자, 벗, 정치가, 예술가 및 기타 인물들의 실제 초상들이 종교적 상황들 속에 한 자리를 차지한다. 가정적, 시민적 삶의 특징들이 다소간 자유롭고 능란하게 이용된다. 그리고 아무리 종교적 의미내용의 정신성이 근거에 있었을지라도, 경건성의 표현은 더 이상 그 자체로 고립되지 않고 현실과 세속적 삶의 영역에서 벌어지는 한층 충만한 삶과 결부되었다(『이탈리아 연구』 제2권, 282쪽). 이러한 방향을 통해 종교적 집중과 내밀한 그 경건성의 표현은 물론 약화되었지만, 예술은 그 정점에 도달하려면 이 세속적 요소도 필요로 하였던 것이다.

γ) 이제 생생하고 한층 충실한 현실이 심정의 내적 신앙심과 이렇듯 융합됨으로써 하나의 새로운 정신적 과제가 생겨났으며, 그 해결은 16세기의 위대한 예술가들에게서 비로소 완전하게 달성되었다. 왜냐하면 신체적 형상이 그 자세, 운동, 색채의 면에서 단순히 하나의 외적인 틀에 머물지 않고 그 자체가 정신적, 생동적으로 되려면, 그리고 그 모든 부분의 일관적 표현에 의해 내면과 외면 모두에서 두루 아름답게 현상하려면, 이제는 내밀함이 가득한 영혼, 종교의 진지성과 심오함을 성격과 형태들의 생동적인 신체적, 정신적 현재라는 앞의 의미와 필히 조화시켜야 했기 때문이다.

이러한 목적에 다가간 대표적 거장으로서는 특히 레오나르도 다빈치를 들 수 있다. 즉 그는 지성과 감응을 철저하고 [122] 섬세하게 궁리함으로써 인간 신체의 형태들과 그 표현의 영혼을 앞선 누구보다도 깊이 있게 수용하고 또한 회화적 기교를 마찬가지로 깊이 있게 정초함으로써 그의 연구를 통해 얻은 수단들을 대단히 안정적으로 운용한 인물이었다. 그런데 그는 동시에 그의 종교적 과제의 구성을 위해 진지한 경외심도 간직할 줄 알았으니, 그의 인물들이 아무리 현실적 현존재의 한층 충실하고 다듬어진 가상을 지향하며, 미간과 우아한 몸짓들에서 감미롭고 미소 어린 환희의 표현을 보이더라도, 그럼에도 그들은 종교의 존엄과 진리에 대한 경외가 요하는 고결함을 잃지 않고 있다(『이탈리아 연구』 제2권, 308쪽).

그러나 이 국면의 가장 순수한 완성은 라파엘로에 의해 비로소 달성되었다. 폰 루모어 씨는 특히 움브리아 화파들이 15세기 중반 이후 모든 심정이 환영하는 하나의 은밀한 매력을 성취했다고 보며, 또한 이러한 끌림을 감정의 깊이와 섬세함으로부터, 그리고 그 화가들이 기독교적 고대의 예술적 노력들에 대한 어렴풋한 기억들과 근현대의 한층 완화된 표상들을 경이롭게 통합할 줄 알았다는 사실로부터 설명하려고 시도한다. 그는 또한 그들이 이 면에서 토스카나, 롬바르디아, 베네치아의 동시대 화가들을 능가했다고 생각한다(『이탈리아 연구』 제2권, 310쪽). 라파엘로의 스승인 피에트로 페루기노 역시 "티 없는 영혼의 순수함", "달콤 쌉쌀하고 황홀하고 섬세한 감정들에 대한 완전한 헌신"의 표현을 체득하고 또한 이것과 객관적이며 생동적인 외적 형상들, 현실적이며 개별적인 것에 대한 순응을 융합할 줄 알았다. 이 융합은 무엇보다 피렌체의 화가들에 의해 발전되었다. 라파엘로의 소년기 작업들은 아직 페루기노의 취미와 양식에 묶여 있는 것으로 보이지만, 그는 위에서 언급한 [123] 요구를 최고로 충족시키기 위해 이제 페루기노를 떠난다. 즉 그에게서는 종교적 예술과제를 위한 최고의 종교적 감정, 색채와 형상의 완전한 생동성을 갖는 자연적 현상들의 충분한 지식과 애정 어린 배려가 고대의 미에 대한 동일한 배려와 통일되어 있다. 하지만 고대의 이상적 미에서 느끼는 이 큰 경이는 그에게, 가령 그리스 조각이 그토록 완벽하게 발전시켰던 형태들을 모방하거나 수동적으로 적용하도록 종용하지 않았으며, 오히려 그는 그 자유로운 아름다움의 원칙을 다만 보편적으로 이해하였으니, 이제 그의 경우 이 아름다움은 회화의 개별적 생동성, 표현의 한층 깊은 영혼 및 당시까지는 이탈리아인들에게 아직 알려지지 않았던 표현의 개방적이고 명랑한 명징성과 철저함에 의해 완벽하게 관철되었다. 이러한 요소들을 발전시키고 고르게 융합하여 한데 묶는 가운데, 그는 완성점에 도달하였다. — 반면 코레조는 명암의 마술적 마법, 심정의 영혼에 찬 섬세함과 우아함, 형식, 운동, 인물들의 군집의 면에서, 그리고 티치아노는 풍부한 자연적 생동성, 빛의 농담, 채색의 선명도, 따뜻함, 강도의 면에서 일가를 이루었다. 코레조가 표현한 종교적, 정신적인 —자연적이 아닌— 우미의 소박함보다 더욱 사랑스러운 것은 없으며, 의식 없이 미소 짓는 그의 아름다움과 순진무구함보다 더욱 달콤한 것은 없다.

이 위대한 거장들이 이룩한 회화적 완성은 한 민족이 역사적 발전의 과정에서 한 번이나마 오를 수 있다면 다행인 예술의 정점인 것이다.

c. 네덜란드와 독일 회화

이제 셋째, 독일의 회화를 논하면서 우리는 독일 고유의 회화와 네덜란드 회화를 함께 묶어 볼 수 있다.

저러한 자유롭고 이상적인 형태와 표현방식들을 위해서는 변용된 정신적 아름다움으로의 이행이 있어야 하는데, 독일인들이나 네덜란드인들은 자력으로 이에 도달하려는 의지나 능력이 없었으며, [124] 또한 이 점에서 그들은 이탈리아인들과 일반적으로 차이가 난다. 대신 그들은 한편으로 감응의 깊이와 심정의 주관적 결연함의 표현을 발전시켰으며, 다른 한편으로 이렇듯 내밀한 신앙에 더해 개인적 성격의 특칭성을 한층 확대하였으니, 이 성격은 이제 신앙과 영혼의 구원이라는 관심에 내적으로 전념하는 모습만을 보여 주는 것이 아니라, 표현된 개인들이 또한 어떻게 세상사를 위해 노력했고, 삶의 근심거리들에 어떻게 휘말려 왔으며, 또한 이러한 어려운 노동 속에서 어떻게 덕, 성실성, 굳건함, 올곧음, 불굴의 기사도, 시민적 유능함을 얻었는가를 보여 주기도 한다. 이것은 차라리 제한성으로의 침잠이며, 이탈리아인들이 기질적으로 갖는 한층 순수한 형태 및 성격들과는 대조적인 것이다. 동시에 이러한 의미의 경우, 특히 독일인들에게서는, 고집센 인물들의 형식적 완고함에 대한 표현이 거지반 발견된다. 이들은 반항의 에너지와 야만적 독선에 의해 신과 대치하거나, 각고의 노동으로써 제한성과 조야함에서 벗어나 종교적 화해를 쟁취할 수 있기 위해, 피치 못하게 자신에게 폭력을 가하며, 그리하여 그들이 자신의 내면에 낼 수밖에 없었던 깊은 상처들이 이제 경건함의 표현에서도 나타나게 되었다.

보다 상세한 논의를 함에 있어 나는 남부 고지高地 독일 및 이후 17세기의 네덜란드 거장들과 구분되는, 비교적 오래된 네덜란드 화파와 관계하여 비중 있는 몇 가지 주요 대목만을 주목하고자 한다.

α) 비교적 오래된 네덜란드 화가들 가운데서는 이미 15세기 초엽에 활동했던 후베르트 반에이크와 얀 반에이크 형제가 발군인데, [125] 사람들은 최근에야 비로소 그들의 거장다움을 재평가하게 되었다. 주지하듯 그들은 유화의 창시자 혹은 적어도 최초의 본격적 완성자로 일컬어진다. 그들이 내디뎠던 발걸음에서 사람들은 이 비교적 초기의 출발부터 완벽함으로 나아가는 계단들이 제시되었다 여길지도 모르겠다. 그러나 역사적 예술기념비란 그렇듯 점진적인 발걸음에 의해 확보되는 것이 아니다. 우리가 볼 때는 출발과 동시에 완성이 일어났다. 왜냐하면 저 형제들보다 더욱 탁월하게 그린다는 것은 거의 불가능하기 때문이다. 그밖에도 현재 보존된 작품들은 —여기서는 전형적인 것이 이미 폐기, 극복되어 있다— 소묘, 자세, 군상, 내적 외적 성격, 온화함, 명료함, 조화롭고 섬세한 색채, 탁월하게 완결된 구성에서 위대한 거장다움을 증명할 뿐만 아니라, 회화가 갖는 온갖 풍부함, 즉 자연환경, 부수적 건물, 배경들, 지평선, 다채롭고 다양한 소재, 복색, 무기와 장신구 등의 종류 역시 굉장한 성실성, 회화적인 것의 풍부한 감

응, 대단한 대가적 솜씨와 더불어 취급되었으니, 심지어 이후의 세기들마저도 적어도 철저함과 진리의 면에서는 더욱 완성된 것을 보여 줄 필요가 없었다. 그럼에도 불구하고 이탈리아와 네덜란드의 걸작들을 비교한다면, 우리들은 전자에 더욱 매료된다. 왜냐하면 이탈리아인들은 내밀함으로 가득한 감정과 신앙심에도 불구하고 정신적 자유와 판타지의 아름다움에서 앞서기 때문이다. 네덜란드 화가들도 순진무구함, 경건함을 통해 즐거움을 주며, 나아가 심정의 깊이에서 부분적으로는 최고의 이탈리아 화가들을 능가하지만, 네덜란드의 거장들은 영혼의 형식과 자유가 고루 구비된 그 같은 아름다움으로 올라설 능력이 없었다. 그리고 특히 그들의 아기 예수 그림들은 잘못 형상화되었으며, 그 밖의 남녀 인물들은, 제아무리 세속적 관심에 대한 이들의 유능함이 깊은 신앙으로 신성화되고 또한 이것이 동시에 종교적 [126] 표현 속에서 반포된다 한들, 이러한 경건함을 벗어난 것으로, 혹은 차라리 그에 못 미치는 무의미한 것으로, 그리고 말하자면 내적으로 자유롭거나 판타지로 충만하거나 최고도로 창조적일 수 없는 것으로 현상한다.

β) 고려되어야 할 두 번째 측면은 보다 고요하고 경외에 찬 경건성에서 벗어나 순교자들의 표현 및 현실성 일반의 비미非美로 향하는 이행이다. 이 점에서는 특히 남부 독일의 대가들이 탁월하다. 그들은 수난사의 장면들에서 병사들의 야비함, 사악한 조롱, 고통과 죽음에 처한 그리스도에 대한 증오의 야만성을 온 정력을 기울여 추악함과 흉물스러움의 특성으로 드러내는데, 이것들은 바로 속이 타락한 심정에 상응하는 겉모습이다. 고요한 내적 경건성의 평온하고 아름다운 효과는 뒤로 물러나며, 앞서 언급한 상황들이 지시하는 소란에서는 잔인한 찌푸림, 광포하고 무절제한 열정의 몸짓이 앞장선다. 야단법석을 떠는 형상들과 야만스럽기 짝이 없는 성격들로 가득 찬 그림들은 구성과 채색의 내적 조화를 결하기 십상이며, 그리하여

특히 비교적 오래된 독일 회화에 대한 취미가 부흥하는 초기에는 전체적으로 덜 완성된 기교로 인해 사람들은 그 작품들의 제작 시기와 관계하여 많은 오류를 범하였다. 사람들은 그 그림들이 반에이크 시대의 한층 완성된 회화보다 더욱 오래된 것으로 간주하였으나, 실상 그 대부분은 이후의 시대에 속하는 것이다. 하지만 남부 독일의 거장들은 이러한 표현들 따위에만 배타적으로 머물렀던 것이 아니라 매우 다양한 종교적 대상들도 마찬가지로 취급하였으며 또한 수난사의 상황들에서조차, 이러한 과제들을 위해서도 내적 고귀함과 외적 완결성 및 자유를 간직함으로써, 예컨대 알브레히트 뒤러가 그랬듯 단순한 조야함을 [127] 성공적으로 멀리할 줄 알았다.

γ) 마지막의 것은 독일과 네덜란드 예술이 세속적, 일상적인 것 속에 완전히 스며든다는 점, 또한 이와 결부하여 회화가 내용과 그 취급의 면에서 서로 갈려 편향적으로 발전하며, 극히 다양한 표현방식들로 분화한다는 점이다.

이미 이탈리아 회화에서도 경배의 단순한 장엄함으로부터 점점 더 부각되는 세속성으로의 진행이 인지되지만, 여기서는 ―예컨대 라파엘로의 경우가 그렇듯이― 세속성이 일면 신앙심으로 관류되며 일면 고대의 미 원칙과 다르면서도 겹치고 있다. 반면 후일의 진행은 각종 방식의 대상표현이 채색을 필두로 삼아 분화되어 가는 과정이라기보다는 형태와 그리기 방식들의 피상적 산만함과 절충적 모방에 불과하다. 이에 반해 독일과 네덜란드의 예술은 내용과 표현방식들의 전체 범위를 ―즉 매우 전통적인 교회 그림들, 개별적 인물과 반신 그림들로부터, 감수성 있고 경건하고 독실한 표현들을 거쳐 그 생동적 모습과 한층 큰 구성과 화면들로의 확장에 이르기까지― 가장 분명하고 가장 괄목할 정도로 섭렵하였다. 그러나 이 화면들에서는 행렬, 시종들, 교구[신앙공동체]에 잠시 머무는 이들, 의복과 용기의 장식, 풍부한 초상들, 건축작품들, 자연환경, 교회의 경치들, 길거리, 도시,

강, 숲, 산형山形들을 통한 인물들의 자유로운 특성화와 제고된 생명력이 동시에 종교적 기반에 의해 여전히 포괄, 지탱된다. 이 중심점은 지금은 상실되었으며, 그리하여 여태 일이관지一以貫之되어 온 대상들의 범위는 제각기 갈라지며 또한 변화, 유전하는 [128] 특수성들 특유의 개체성과 우연성은 매우 다종적인 이해 및 회화적 제작에 일임되었다.

위에서 이미 말한 바 있지만, 이 마지막 국면의 가치를 재차 이 자리에서 완전하게 평가하려면, 우리는 다시 한번 그 근원이 되는 국가적 상태를 좀 더 자세히 들여다보아야 한다. 이 면에서 우리는 교회나 경건성의 가치관과 형상화로부터 벗어나 세속적인 것 그 자체에서 얻는 기쁨으로 ―즉 자연의 대상들과 자잘한 현상들, 가정생활의 품위, 평온함과 안빈낙도安貧樂道, 또한 국경일 행사, 축제와 행렬, 농무農舞, 놀이공원에서의 재미, 흥청거림 등에서 얻는 기쁨으로― 건너감을 아래와 같이 정당화해야만 한다. 종교개혁이 네덜란드에 파고들었다. 네덜란드인들은 자력으로 신교도가 되었으며 또한 스페인 교회와 왕의 전제를 극복했다. 게다가 여기서 우리가 정치적 관계의 면에서 발견하는 것은 군주와 폭군을 추방하는, 혹은 그에게 법률을 지정하는 고상한 귀족이 아니며, 또한 농경민족, 즉 스위스인처럼 봉기하는 억눌린 농부들도 아니다. 오히려 그들 대부분은 지상의 용사들과 극히 대담한 해상영웅들 말고도 거의 모두 도시민들, 산업에 전념하는 부유한 시민들로 구성되었는데, 자신들의 사업을 기꺼워하는 이들은 그리 자만하지는 않지만 자력으로 얻은 권리의 자유 및 지역, 도시, 협력체의 특권의 자유를 위해 싸워야 할 경우에는 신, 자신의 용기 그리고 지성에 대한 대단한 신뢰와 함께 일어섰으며, 절반의 세계를 통할하는 스페인의 거대한 의견을 두려워하지 않고 온갖 위험에 스스로 맞섰으며, 용감하게 자신들의 피를 흘렸으며, 이러한 올바른 대담성과 끈기를 통해 그들의 종교적, 시민적 독립성을 성공적으로 쟁취했다. 우리가 어떤 특정한 심정 성향을 게르만적deutsch[46]이라 불러야 한다면, 이러한 충직하고 평온하고 인정 있는 시민성이 바로 그것이다. 이 시민성은 자신감 속에서 자만하지 않으며, 경건성에 [129] 단순히 광적으로 귀의함이 없이 오히려 세속적인 것 속에서 구체적으로 경건하며, 그 부富에 오만함이 없이 만족하며, 가정과 주위에 대해 담백하고 기품 있고 순수하게 머물며, 또한 그들의 모든 상태들을 철저히 염려하고 즐기는 가운데 독립성 및 진취적 자유로써 자신을 지키며, 동시에 옛 관습에 충실하게 조상 대대의 건전성을 손상 없이 보존할 줄 아는 것이다.

감수성 있고 예술적 재능을 타고난 이 민족은 이제 회화에서도 강력하며 올바른, 만족하며 유쾌한 본성을 누리고자 하며, 그들의 그림들에서 모든 가능적 상황들을 통해 다시 한번 그들의 도시, 가정, 가재도구의 정갈함, 가정적 평화, 부, 부인과 아이들의 품위 있는 의복, 정치적 도시축제의 찬란함, 바다사나이들의 대담함, 무역과 전 세계의 대양을 항해하는 해운의 명성을 즐기고자 한다. 그리고 정당하고 쾌활한 현존을 위한 바로 이 감각을 네덜란드의 거장들은 자연대상들을 대할 때도 함께 지니며, 또한 그들의 모든 회화생산에서 최고로 자유로운 예술적 구성, 부수적인 것에까지 미치는 섬세한 감응, 그리고 제작의 완전한 면밀함을 자유롭고 충실한 이해, 언뜻 사소하고 순간적으로 보이는 것에 대한 애정, 안목의 개방된 신선함, 극히 폐쇄적이고 제한된 것에 대한 전체 영혼의 집중적 몰입과 결합한다. 이 회화가 타의 추종을 불허할 만큼 최대한의 예술적 진리로 발전시킨 것은 한편으로는 전장, 병사들의 삶에서 취한 장면들, 선술집의 광경들, 결혼식

---

46 역주: 독일을 뜻하는 deutsch와 네덜란드를 뜻하는 dutch는 같은 어원(duitisc)에서 파생되었다. 이 지역에는 모두 게르만족이 살았던 까닭에 여기서는 deutsch를 게르만적으로 옮겼다. T. M. Knox의 영역본도 이 단어를 Dutch or German으로 옮기고 있다.

및 기타 농부들의 잔치, 가정사의 묘사, 초상, 자연대상들, 풍경, 동물, 꽃 등 등에서 표현된 빛, 조명 그리고 채색 일반의 마법 및 색채마술이며, 다른 한 편으로는 철저히 생동적인 성격의 특성화이다. 그리고 이러한 성격화가 이제 무의미하고 [130] 우연적인 것으로부터 농촌적인 것으로, 거칠고 범속한 것으로 나아갈 경우, 이 장면들은 질박한 기쁨과 환희로 완전히 점철되니, 그 본연의 대상과 내용을 형성하는 것은 이 기쁨과 질박함이지 단지 조야함과 사악함에 머문 그런 범속凡俗이 아니다. 그러므로 우리가 목도하는 것은 범속한 감응과 열정들이 아니라, 즐겁고 장난기 많고 희극적인 하위계층들의 농촌적, 자연친화적 삶이다. 이러한 무애無碍의 떠들썩함 속에는 이상적 계기가 놓여 있다. 그것은 모든 것을 균등하게 만들고 일체의 나쁜 것을 제거하는 삶의 안식일이다. 그렇듯 온 마음으로 흡족한 사람들은 철저히 사악하거나 비열할 수 없는 것이다. 이와 관련하여 한 성격 안에 드러나는 사악함이 다만 순간적인가 아니면 기본 특징인가는 같은 것이 아니다. 네덜란드인들에게서는 희극적인 것이 상황 속의 악함을 지양하니, 성격들은 이 순간 우리 앞에 있는 바와는 다른 어떤 것일 수도 있다는 점이 즉각 분명해진다. 그러한 명랑성과 희극성은 이 그림들의 더없이 귀중한 가치에 속한다. 이에 반해 유사한 종류의 현대 그림들이 강한 맛을 주고자 할 때, 그것들은 보통 내적으로 범속하고 저열하고 사악한 어떤 것을 화해의 희극 없이 표현한다. 예를 들어 한 악처가 선술집에서 취한 남편을, 그것도 제대로 그악스럽게 다그친다. 이미 앞에서 한번 언급했듯이, 여기서 보이는 것은 그는 무절제한 자이고 그녀는 입에 거품을 무는 늙은 여편네라는 사실 밖에 없다.

우리가 이 안목에서 네덜란드의 거장들을 들여다본다면, 우리는 회화가 그런 대상들을 포기하고 오직 옛 신들, 신화와 우화들 혹은 성모 그림들, 책형 장면들, 순교자, 교황, 남녀 성인聖人들만을 그려야 마땅했으리라고 더 이상 생각하지 않을 것이다. 모든 예술작품에 속하는 것은 회화에도 속한다. 그것은 무엇이 대저 인간, 인간의 정신과 성격에 속하는가, 인간은 무엇인가, 그리고 [131] 이 인간은 무엇인가에 대한 직관이다. 여기서 인간의 내적 본성과 그의 생생한 외적 형태 및 현상방식의 이해, 이 질박한 기쁨과 예술적 자유, 신선하고 명랑한 판타지, 제작의 자신 있는 과단성은 이 권역에 속하는 대부분의 네덜란드 거장들에게 가닿은 시[시문학]적 근본 특징을 형성한다. 그들의 예술작품들에서 우리는 인간적 본성과 인간을 탐구하고 배워 알 수 있다. 그러나 오늘날 우리에게는 종종 지나치게 초상화와 역사화들만이 목도되는데, 여기서는 인간과 현실의 개인들이 대단히 그럴듯하게 보임에도 불구하고 우리가 이미 첫눈에 보는 것은 예술가가 무엇이 인간과 인간의 색채인지를, 인간이 인간임을 표현하는 형태가 무엇인지를 모른다는 사실이다. [131]

제2장
음악

　지금까지 추적한 특수한 예술들의 발전 과정을 돌아보자면, 시작은 건축이었다. 건축은 가장 불완전한 예술이었다. 왜냐하면 우리는 건축이 단지 무거울 뿐인 그 질료 속에 ─건축은 이것을 자신의 감각적 요소로 택하고 중력의 법칙에 따라 취급했다─ 정신적인 것이 적절히 현재하게끔 표현할 수 없음을 발견했기 때문이며, 또한 정신의 생동적이고 현실적인 현존재를 위해 정신으로부터 하나의 예술적, 외적 환경을 준비하는 것에 건축을 한정해야 했기 때문이다.

　둘째, 이에 반해 조각은 정신성 자체를 대상으로 삼았지만, 그것은 특칭적인 성격이나 심정의 주관적 내면성이 아닌 자유로운 개성으로서의 정신성이었다. 이 개성은 [132] 정신적인 것의 신체적 현상뿐만 아니라 실체적 의미내용으로부터도 분리되지 않은 것이며, 자체로서 본질적인 한 내용을 개별적 생명으로 제작하기 위해 필요한 한도에서 개인으로 표현될 뿐이며, 또한 정신과 그에 상응하는 자연형상의 불가분한 내적 합일이 허락하는 한도에서 정신적 내면으로서 신체형태들 속에 삼투될 뿐이다. 조각에 필수적인 정신은 자신에게 고유한 내면성의 요소 대신 오직 그 육체적 유기체 속에서만 대자적으로 존재한다. 정신의 이 동일성은 조각에 다음의 과제를 부여하는바, 조각은 무거운 질료를 여전히 재료로서 유지하되 건축과는 달리 그 형상을 하중과 지탱의 법칙에 따라 단지 비유기적일 뿐인 환경으로서 형태화해서는 안 되며 오히려 정신 및 정신의 이상적 조형에 적합한 고전적 미로 변환해야 하는 것이다.

이 면에서 고전적 예술형식의 의미내용과 표현방식이 예술작품들에서 생생하게 되도록 만듦에 있어 조각이 특히 적합한 것으로 나타났다면 —반면 건축은, 그것이 어떤 내용에 봉사하든 간에, 단지 상징적 암시라는 기본 전형을 넘지 않는다— 셋째, 우리는 회화와 더불어 낭만적 예술의 영역으로 발을 들인다. 왜냐하면 회화에서도 여전히 내면은 외적 형상을 수단으로 삼아 드러나지만, 이 내면은 추상관념적인 특수한 주관성, 육체적 현존재에서 내면으로 회귀한 심정, 더 이상 외적 형상으로 완전히 주조되지 않는 성격과 가슴의 주관적 열정 및 감응이기 때문이다. 이러한 열정과 감응의 형상은 바로 정신의 내면적인 대자존재를, 그리고 자신의 고유한 상태, 목적, 행위들의 영역에 전념하는 정신을 반영한다. 내용의 이러한 내면성으로 인해 회화는 한편으로 다만 중량적인 것으로 형상화되는 질료에, 다른 한편으로 형상의 면에서만 이해 가능한 특칭화되지 않은 질료에 만족할 수 없으며, 오히려 질료와 색채의 가상을 감각적 표현 수단으로 선택할 수 있을 뿐이다. 그림의 기술이 채색의 마법으로 발전하면, 이 속에서 객관적인 것은 말하자면 이미 가뭇없이 사라지기 시작하며, 또한 물질적인 것을 통해서는 효과가 더 이상 거의 일어나지 않는다. 하지만 이 경우에조차 색채는 오로지 [133] 살아 있는 현실 속에 현전하는 바의 공간적 형태와 형상들을 가시화하기 위해 존재한다. 그러므로 회화가 아무리 가상의 추상관념적 해방으로 발전하더라도, 그리고 이 가상이 더 이상 형상 자체에 속박되지 않고 오히려 그 자신의 고유한 요소, 즉 가상과 반영의 유희, 명암의 마술들 속에서 점차 자신을 독자적으로 드러내도록 허가받았더라도, 이러한 색채마법은 여전히 공간적 종류의 것이자, 상호 외재적인, 따라서 존립을 갖는 가상이다.

1. 그러나 이제는 내면이 실로 주관적인 내면성으로서 자신을 알려야 할 진대 ─이 점은 이미 회화의 원칙에도 들어 있다─ 이에 진정 상응하는 질료가 독자적 존립을 가질 수는 없다. 이를 통해 우리는 하나의 새로운 표현 및 전달 방식을 구하며 ─그 감각적 요소 속으로 진입하는 객관성은 공간적 형상을 갖지 않으며 따라서 존립을 갖지도 않는다─ 또한 자신의 대타존재Sein-für-Anderes 속에 머물 수 없는, 성립하고 현존하는 즉시 다시 사라지는 모종의 질료를 필요로 한다. 단지 하나의 공간 차원의 제거[47]가 아닌, 총체적 공간성 일반의 이러한 제거, 내면과 표현 양면에서 주관성 속으로의 이러한 완전한 철수는 제2의 낭만적 예술인 음악을 실현한다. 이 면에서 음악은 주관적인 것 자체를 내용과 형식으로 취하는 표현의 본격적 중심점을 형성한다. 왜냐하면 예술로서의 음악은 내면을 전달하되 그 객관성 자체가 주관적인 것으로 머물기 때문이다. 즉 음악은 조형예술과는 달리 자신이 결정한 표현이 그 자체로 자유롭게 되거나 내적으로 고요하게 존속하는 실존이 되도록 두는 대신, 그 객관성을 지양하며 또한 외적인 것이 우리에 대하여 견고한 현존재인 체할 수 없기 때문이다.

[134] 하지만 표현 수단으로서의 공간적 객관성의 지양이 그것의 포기인 한, 또 이 포기가 본래 조형예술들 자체의 감각적 공간성에서 비롯하는 한, 이 부정은 ─예컨대 회화가 자신의 분야에서 조각의 공간 차원들을 평면으로 축소하였듯─ 지금까지 고요히 독자적으로 존립해 온 질료성에서도 꼭 마찬가지로 나타나야 한다. 그러므로 여기서 공간적 요소의 지양은 특정한

---

47 역주: 이러한 제거는 이를테면 3차원을 2차원으로 만드는 결과를 낳는다.

감각적 질료가 그 정태적 상호 외재성을 포기하고, 운동에 이르고, 내적으로 진동하는 가운데서 오로지 성립하며, 또한 이러한 진동의 경우 응집된 물체의 각 부분은 그 위치를 변경할 뿐만 아니라 이전의 상태로 돌아가기 위해서도 노력한다. 이 흔들리는 진동의 결과가 음악의 질료인 음Ton[소리]이다.

음과 더불어 이제 음악은 외적 형상의 요소와 그 직관적 가시성을 떠나며 따라서 그 생산의 이해를 위해 또 다른 주관적 기관인 청각을 필요로 한다. 시각과 마찬가지로 청각은 실천적 감관이 아니라 이론적 감관에 속하며, 심지어 시각보다 더욱 추상관념적인 것이다. 왜냐하면 예술작품들의 평온하고 무욕적인 응시는 대상들을 파괴하려는 의지 없이 그것들이 독자적으로, 있는 바대로, 정태적으로 존속하도록 두지만, 그 응시가 이해하는 바의 본질은 내면 자체에서 추상관념적으로 정립된 것이 아니라 반대로 감각적 실존 속에 존속하는 그 어떤 것이기 때문이다. 반대로 귀는 실천적으로 객체와 마주함이 없이 물체의 내적 진동의 결과를 청취하는데, 이 진동을 통해서는 더 이상 정태적, 질료적 형상이 아닌, 최초의 한층 추상관념적인 영혼성이 나타난다. 더욱이 진동하는 질료는 여기서 부정성 속으로 들어서는데, 이것은 일면 공간적 상태의 지양이되 물체의 반작용에 의해 스스로가 다시 지양되는 지양이므로, 이 이중 부정의 표출인 음은 발생 속에서 그 현존재를 통해 자신을 다시 폐기하는, 그리고 자체적으로 사라지는 외면성이다. [135] 음의 원칙에 들어 있는 외면성의 이 이중 부정으로 인해 음은 내적 주관성에 상응한다. 왜냐하면 울림은 독자적으로 실제 존속하는 물체성보다 즉자대자적으로 이미 한층 추상관념적이지만, 이 한층 추상관념적인 실존마저도 포기하며 이를 통해 내면성에 적합한 표현방식이 되기 때문이다.

2. 이제 거꾸로 내면이 어떤 종류여야 제 나름대로 다시 소리의 울림에

적합한 것인지를 입증할 수 있는지 물어보자. 이미 살펴보았듯이, 실제적 객관성으로서의 음은 그 자체가 조형예술들의 질료에 비해 대단히 추상적이다. 석재와 색채는 광범위하고 각양각색인 대상세계의 형식들을 자신 안에 수용하며 또한 그 세계를 현실적 현존재에 따라 표현하지만, 음들은 이것을 할 수 없다. 그러므로 음악 표현에 적합한 것은 완전히 비대상적인 내면, 추상적 주관성 그 자체일 뿐이다. 이러한 주관성은 완전히 빈 자아Ich, 그 어떤 내용도 없는 자기Selbst이다. 그러므로 음악의 주 과제는 대상성 자체를 되울리게끔 만드는 것이 아니라 반대로 가장 내면적인 자기가 그 주관성과 추상관념적인 영혼의 면에서 내적으로 운동하는 방식을 되울리게끔 만드는 데서 성립할 것이다.

3. 동일한 것이 음악의 효과에도 적용된다. 음악을 통해 요구되는 것은 궁극의 주관적 내면성 자체이다. 음악은 심정 자체에 직접 호소하는 심정의 예술이다. 이미 살펴보았듯이, 예컨대 회화도 마찬가지로 내면의 삶과 충동들, 심중의 자극과 열정들, 상황들, 영혼의 갈등과 운명들을 얼굴과 형상들에서 표현할 수 있음이 사실이다. 그러나 우리가 그림들에서 보는 것은 객관적 현상들이며, 이것들은 내적 자기로서의 직관하는 자아와 여전히 구분된다. 우리는 한 조각상이나 그림의 대상, 상황, 성격, 형식들에 깊이 빠져 몰입할 수 있고, 예술작품에 경탄할 수 있고, 그것에 열광할 수 있고, [136] 그것으로 자신을 채울 수 있지만, 아무리 그런들 소용없을 것이니, 이 예술작품들은 그 자체로서 존속하는 객체들이자 또 그렇게 남을 것이며, 이 면에서 우리는 응시의 관계를 벗어날 수 없는 것이다. 그러나 음악에서는 이러한 구분이 제거된다. 음악의 내용은 그 자체가 주관적인 것이며, 표현도 마찬가지로 이것을 공간적으로 상존하는 객관성으로 만들지 않고, 오히려 머묾이 없는 자유로운 사라짐을 통해 음악이 하나의 전달이라는 사실을, 즉 독자적으로 존속하는 대신, 오직 내면적, 주관적인 것에 의해 수행되

며 또한 오직 주관적 내면에 대해서만 현존해야 한다는 사실을 보여 준다. 음은 하나의 외면성이자 외화, 그러나 외면성으로 존재함으로써 자신을 즉각 다시 사라지게 만드는 외화이다. 귀가 그것을 포착하기도 전에 그것은 침묵한다. 여기서 일어날 법한 인상은 즉시 내면화된다. 음은 추상관념적 주관성에 싸여 운동하는 가장 깊은 영혼에만 반향을 일으킨다.

내용과 표현방식 모두에서 비대상적인 이 내면성이 음악의 형식적 측면을 형성한다. 음악 역시 하나의 내용을 갖긴 하되, 이는 조형예술이나 시문학의 경우와 다르다. 왜냐하면 음악에는 정녕 객관적 자기형상화가 ―현실적, 외적 현상들의 형식으로든, 정신적 직관과 표상들의 객관성으로든 간에― 결여되어 있기 때문이다.

앞으로 이어 고찰할 과정을 보자면 우리는,

첫째, 음악과 그 효과의 일반적 특성을 다른 예술들과 구분하여, 그것도 질료의 면뿐만 아니라 정신적 내용이 취하는 형식의 면에서도, 좀 더 규정적으로 밝혀야 한다.

둘째, 음악의 음들과 그 형태들은 시간적 지속 및 실제 음향의 질적 차별성들의 면에서 특수한 차별성들로 파생, 확장되고 또 매개되는데, 우리는 이 차별성들을 설명해야 한다.

셋째, 마지막으로 음악은 자신이 표현하는 [137] 내용에 관계한다. 왜냐하면 음악은 독자적으로 이미 어휘를 통해 발설된 감응, 표상 그리고 고찰들을 반주를 통해 동반하거나, 그 자신의 고유 영역에서는 매임 없는 독자성을 자유로이 발휘하기 때문이다.

우리는 이제 음악의 원칙과 분류에 대한 이 일반적 언급에 이어 그 특수한 측면들의 분석으로 나아가려 한다. 그런데 이 경우에는 사태의 본성상 하나의 독특한 난관이 나타난다. 다시 말해 내용이 추구하는 내면성과 소리의 음악적 요소는 너무도 추상적이고 형식적이어서, 우리는 기교적 규정들, 즉 음들의 양적 관계, 악기들, 조성들, 화음들 등의 차별성을 훑어보지 않고서는 특수한 항목으로 이행할 수 없기 때문이다. 하지만 나는 이 영역을 답사한 경험이 거의 없으며, 그리하여 다소 일반적인 관점들과 단편적인 언급들에 그칠 뿐이더라도 이 점 미리 양해를 구하는 바이다.

1. 음악의 일반적 특성

음악과 관계하여 일반적으로 요구되는 본질적 관점들을 우리는 다음 순으로 고찰할 수 있다.

첫째, 우리는 음악을 한편 조형예술들과, 다른 한편 시와 비교해야 한다.
둘째, 이를 통해 내용을 포착하고 표현하는 음악의 방법이 좀 더 상세하게 밝혀질 것이다.
셋째, 이러한 취급방식으로부터 심정에 행사하는 음악의 고유한 —여타 예술들과 다른— 효과가 좀 더 규정적으로 설명될 것이다. [138]

a. 조형예술 및 시문학과의 비교

첫 번째 점과 관련하여 음악의 종별적 특수성을 분명히 밝히려면, 우리는 세 가지 면에서 음악을 다른 예술들과 비교해야 한다.

α) 첫째, 음악과 건축은 대립적이지만 그럼에도 불구하고 양자는 친족관계이다.

αα) 즉 건축에서는 건축학적 형식들 속에 각인되어야 할 내용이 조각 및 회화작품들에서와는 달리 완전히 형상 속으로 진입하지 않고 오히려 하나의 외적 환경으로서 형상과 구분되어 있다. 건축은 상징적 표현양식인 까

닭에 아직 그 통일성에 도달할 능력이 없었던 것이다. 낭만적 예술에 적격인 음악에서 역시, 비록 역방향이지만, 이와 비슷하게 내면과 그 외적 현존재의 고전적 동일성이 다시 해체된다. 왜냐하면 정신적 내면은 심정의 단순한 집중에서 벗어나 관조와 표상으로, 그리고 판타지를 통해 발전된 그 형식들로 진척되지만, 반면 음악은 그보다는 감응의 요소만을 표현하는 능력으로 머물며, 또한 건축이 자신의 영역에서 신상을 ─물론 경직된 방식이지만─ 오성적 형식의 열주들, 벽들, 그리고 들보들로 에워싸듯이, 그 자체로 언표된 정신의 표상들을 감응의 선율적 음향들로 감싸기 때문이다.

ββ) 이로써 음향과 그 형태는 회화와 조각에서 인간의 신체, 자세 및 용모가 처리되는 방식과는 전혀 다르게 처음으로 예술 및 순수 예술적 표현을 통해 만들어진 요소가 된다. 이 면에서도 음악은 건축과 한층 가까이 비교될 수 있다. 건축은 그 형식들을 [139] 중력법칙, 대칭과 균제의 규칙에 따라 형상화하며, 이를 위해 그것들을 현전하는 것에서 구하는 대신 정신의 고안에서 구한다. 음악도 자신의 영역에서 같은 것을 행한다. 음악은 한편 감응의 표현과는 별개로 양적 관계들에서 기인하는 음들의 화성법칙들을 준수하며 다른 한편 박자와 리듬의 반복, 음들 자체의 더 나아간 전개 등에서 규칙성과 대칭의 형식들에 여러모로 종속한다. 그럴진대 지극한 깊이의 내면성과 영혼뿐만 아니라 극히 엄격한 오성 역시 음악을 지배하며, 그리하여 음악은 서로에 대해 독립적으로 되기 쉬운 이 두 극단을 자신 속에서 통일한다. 특히 양자가 독립적일 경우, 즉 음악이 심정의 표현과 무관하게 음악법칙에 합당한 음의 건축물을 자체적으로 창안할 경우, 음악은 건축학적 특성을 지닌다.

γγ) 하지만 이러한 일체의 유사성에도 불구하고 음들의 예술은 건축과 정반대의 영역에서 운동한다. 이 두 예술에서 양적 관계들, 좀 더 자세히 말해 비례관계들이 기초를 제공하는 것은 맞지만, 이 관계들에 맞추어 형태

화되는 질료는 정반대의 것이다. 건축은 무거운 감각적 덩어리를 정태적인 병렬과 공간적, 외적인 형상 속에서 취하며, 반면 음악은 공간적 질료에서 벗어나려 애쓰는 음의 영혼을 음향의 양적 차별성들 및 끊임없이 흐르는 시간의 운동 속에서 취한다. 그러므로 두 예술의 작품들도 정신의 전혀 다른 두 국면에 속한다. 왜냐하면 건축은 내구성을 갖는 상징적 형식의 거대한 건물들을 외적 직관을 위해 세우지만, 소리 내며 스쳐가는 음들의 세계는 직접 귀를 통해 심정의 내면에 스미고 또한 영혼을 그에 동조하는 감응이 되게끔 조율하기 때문이다.

β) 이제 다른 두 조형예술들에 대한 [140] 음악의 관계를 좀 더 자세히 보자면, 여기서도 유사성과 상이성이 거론되는데, 이것들은 일정 부분 이미 위에서 지적한 것에 근거하고 있다.

αα) 음악은 질료와 그 형상방식의 면에서뿐만 아니라 내면과 외면의 완전한 혼융이라는 면에서도 —조각은 이러한 혼융으로 다가간다— 조각과 가장 멀리 떨어져 있다. 반면 음악은 표현의 압도적 내면성뿐만 아니라 질료의 취급의 면에서도 이미 회화와 한층 가까운 친족관계를 갖는다. 앞서 보았듯이 회화는 음악의 영역에 가까이 스칠 정도로 질료를 취급할 수 있다. 하지만 그럼에도 불구하고 회화는 조각과 공통적으로 항상 객관적, 공간적인 형상의 표현을 목표로 하며, 또한 예술 외부에 이미 실제로 현전하는 그 형태에 매어 있다. 화가든 조각가든 그들은 인간의 얼굴, 신체의 자세, 산맥의 선들, 나무의 가지와 잎맥 등과 같은 현상들을 자연 여기저기에서 직접 눈에 보이는 대로 수용하지 않으며 오히려 이 현전하는 것을 자신에 맞도록 배열하고 또 그것을 특정한 상황에, 그리고 그 상황의 내용에서 필히 귀결하는 표현에 알맞도록 만들어야 하는 과제를 갖는다. 고로 여기서는 한편 그 자체로서 완결된, 예술적으로 개별화되어야 할 내용이 있으며 마찬가지로 다른 한편 현전하는 자연의 형식들이 이미 독자적으로 있으

니, 예술가가 그의 소명에 따라 이 두 요소들의 내적 융합을 기할 경우 그는 양자를 거점으로 삼아 구상과 제작을 행한다. 그는 그러한 확고한 규정들에서 출발하는 관계로, 한편으로는 표상의 보편성을 한층 구체적으로 체현해야 하며, 또 한편으로는 그에게 낱낱이 본보기로 이용될 수 있는 인간의 형상이나 기타 자연형식들을 [141] 보편화 내지 정신화해야 한다. 반면 음악가도 전혀 내용을 사상하지 않는다는 것, 오히려 음악으로 옮기는 텍스트 속에서 그것을 발견한다는 것, 혹은 그와는 별개로 이미 모종의 정조情調에 음악적 테마의 형식을 입히고 또 그 테마를 더욱 발전시킨다는 것이 사실이긴 하다. 그러나 그의 작곡들의 본령은 한층 형식적인 내면성과 순수한 울림에 머물며 또한 내용으로의 침잠은 밖으로 보이는 이미지가 되기보다는 내면의 고유한 자유 속으로의 물러감, 자신 안에서의 거닒이 되며, 다수의 음악영역에서는 그가 예술가로서 내용으로부터 자유롭다는 확신으로까지 된다. 이제 예술 자체가 극히 폭압적인 비극적 운명들을 이론적 형상화를 통해 완화하고 또한 그것들을 향유하도록 만드는 까닭에, 일반적으로 미의 영역에서의 활동은 이미 영혼의 해방으로서, 핍박과 제한성으로부터의 탈출로서 간주될 수 있는바, 음악은 이 자유를 궁극의 정점으로 인도한다. 다시 말해 음악은 조형예술이 객관적, 조형적 미를 통해 —이것은 특수자와 보편자의 내적 조화를 상실함이 없이 개체의 특수성 속에서 인간의 총체성, 인간적 본성 그 자체, 보편자와 이상을 산출한다— 달성하는 것을 완전히 다른 방식으로 수행해야만 한다. 표현될 내용을 통해서 이미 총체성이 정신에 떠오르는 것이다. 조형예술가가 오로지 필요로 하는 것은 표상 속에 싸여 있는 것, 이미 애초부터 그 속에 있는 것을 끌어내어, 즉 산출하여, 모든 개별적인 것의 본질적 규정성이 다만 총체성의 한층 상세한 해명이 되게끔 하는 것이다. 예를 들어 조형예술에서의 인물은 이러저러한 상황에 따라 신체, 손, 발, 몸통, 머리 등을 이러저러한 표정 및 자세와 다른 인물들, 기타 관계들과 더불어 요구하며 또한 이 각 측면은 또 다른 측면들을 요구하는바, 그 목적은 그것들이 융합하여 내적으로 정초된 하나의 전체를 이루는 데 있다. 여기서 테마의 전개는 [142] 이미 그 속에 즉자적으로 포함된 것의 좀 더 자세한 분석일 따름이고, 이를 통해 우리 앞에 놓인 이미지가 다듬어질수록 그만큼 더 통일은 응집되며, 부분들의 규정된 관계는 한층 강화된다. 예술작품이 진정한 종류의 것이라면, 최고도로 완성된 개체의 표현은 동시에 최고의 통일을 산출해야 한다. 물론 음악작품에서도 한 부분이 다른 부분을 필수로 삼는 전체를 위한 내적 지절화肢節化[마디 나누기] 및 마무리가 빠질 수 없다. 그러나 여기서의 제작은 완전히 다른 종류의 것이며, 또한 우리는 통일을 한층 제한된 의미에서 받아들여야 한다.

ββ) 음악적 테마에는 그것이 표현해야 할 의미가 이미 모두 들어 있다. 그런데 그 테마가 반복되거나 그 밖의 대립들과 매개들로 진전된다면, 이러한 반복들, 예외들, 다른 조성을 작곡에 포함하는 일 등은 이해를 위해서는 군더더기인 것으로 쉬이 증명되며 또한 차라리 순전한 음악적 세공細工, 화성和聲적 차이들이 갖는 다양한 요소의 능숙한 사용에 속할 뿐이다. 화성의 차이들은 내용 자체를 통해 요구되는 것도, 내용에 의해 수행되는 것도 아닌 반면, 조형예술들에서는 개별적 부분 및 그 세부의 제작이 오로지 내용 자체를 점점 더 정확하게 부각하고 생생하게 분석하는 과정일 뿐이다. 하지만 물론 음악작품에서도 한 테마가 전개되는 방식을 통해 다른 테마가 추가되거나 이 두 가지가 교차와 착종 속에서 추동되고, 변형되고, 여기서는 가라앉았다가 저기서는 다시 떠오르며, 이때는 제압당하는 것으로 보이다가 저때는 다시 승리하는 것으로 등장한다는 사실, 한 내용이 한층 규정적인 관계, 대립, 갈등, 이행, 분규 그리고 해결들 속에서 해명된다는 사실은 부인될 수 없다. 그러나 이 경우에도 그러한 공든 작업을 통해 통일성이 조각이나 회화처럼 한층 깊고 집중적으로 되는 것은 아니며, 차라리 하나

의 확대, 확장, [143] 분산, 멀어짐과 되돌아옴으로 있으니, 표출되는 내용이 비교적 일반적으로 그 중심을 이루긴 하겠지만 전체가 조형예술들의 형상에서, 특히 인체에서, 가능한 것만큼 그렇게 견고하게 결속되지는 않는다.

γγ) 이 면에서 보면 음악은 기타 예술들과 달리 내면의 형식적 자유라는 요소에 너무도 가까이 있어서 현전하는 것, 즉 내용을 어쨌든 넘어서지 않을 수가 없다. [음악가의 경우] 채택된 테마의 상기Erinnerung는 말하자면 예술가의 내심화內深化, Er-Innerung이다. 이는 곧 그가 예술가임을, 또한 그가 마음 내키는 대로 종횡무진 활보할 수 있음을 자각하는 것이다. 하지만 이 면에서 판타지의 자유로운 유희는 내적으로 완결된 음악작품과 ―이것은 본질적으로 유기적으로 구성된 전체를 형성해야 한다― 명확히 구분된다. 자유로운 판타지의 유희에서는 비구속성 자체가 목적인바, 이제 예술가는 무엇보다 주지의 선율과 악절들을 그의 현재의 생산 속에 짜 넣는 자유, 그것들에서 새로운 측면을 자아내는 자유, 그것을 많은 뉘앙스들로 변형하고 다른 뉘앙스들로 옮기는 자유, 또한 이로부터 극히 이종적인 것으로까지 나아가는 자유를 보여 줄 수 있다.

그러나 전체적으로 음악작품 일반은 작품을 한층 엄격하게 제작하는 자유, 조형예술에 가까운 통일성을 준수하는 자유도 포함하고, 혹은 주관적 생명성 속에서 모든 점에서 자의적으로 크고 작은 일탈을 범하는 자유, 같은 식으로 이리저리 요동하고 변덕스럽게 멈추는 자유, 이러저러한 것을 틈입시키는 자유, 연후 다시 넘치는 흐름 속에서 의연하게 나아가는 자유도 포함한다. 그러므로 화가와 조각가에게는 자연형식들의 탐구를 추천해야 하지만, 음악은 그러한 권역을 자신이 준수해야 할 기존 형식들의 외부에 이미 소유하는 것이 아니다. 음악형식들의 법칙성과 필연성의 구역은 무엇보다 [144] 소리들 자체의 영역에 속하는데, 이것들은 그 속에 투입된 내용의 규정성과 그리 긴밀하게 관계하지 않으며 또한 그 밖에도 그 사용은 대개 연주의 주관적 자유를 위해 넓은 유희공간을 남겨 둔다.

이것이 한층 객관적인 형상화를 도모하는 예술들과 음악을 대비할 수 있는 주요 관점이다.

γ) 또 다른 측면에서 보면 셋째, 음악은 시와 가장 친화적이다. 왜냐하면 양자는 소리라는 같은 감각적 질료를 사용하기 때문이다. 하지만 이 예술들의 상이성 또한 대부분 소리의 취급방식 및 표현방식과 관계하여 발생한다.

αα) 이미 예술의 일반적 분류에서 살펴보았듯이, 시에서는 소리 자체가 예술에 의해 고안된 다양한 악기들에서 자아낸 것, 예술적으로 형상화된 것이 아니다. 오히려 인간의 발성기관에 의해 분절[조음調音]된 소리는 단순한 언어 기호로 격하되며, 따라서 그 자체로서는 무의미하고 다만 표상들의 기호라는 가치를 지닐 뿐이다. 이를 통해 소리 일반은 하나의 독립적인 감각적 현존재로 머물며, 이 현존재는 감응, 표상 그리고 사상들의 단순한 기호일 뿐이며, 또한 기호일 뿐이라는 바로 이 점에서 그것의 외면성과 객관성은 그 자신에 내재한다. 왜냐하면 내적인 것으로서의 내면 본연의 객관성은 소리와 단어들에서 성립하는 것이 아니라 내가 하나의 사상, 감응 등을 의식한다는 사실, 그것을 대상으로 삼고 또한 내 앞에 표상으로서 갖는다는 사실, 혹은 나아가 한 사상이나 표상 속에 포함된 것을 발전시키고, 내 사상의 내용이 갖는 내적, 외적 관계들을 분석하고, 특수한 규정들을 상호 연관시킨다는 사실 등에서 성립하기 때문이다. 우리는 늘 단어들을 통해 사유하지만, 그렇다고 이때 실제로 말할 필요가 있는 것은 아니다. 표상의 정신적 내용에 대한 [145] 감각적 음소들의 이 같은 무차별성을 통해 ―음소들은 표상들 등을 전달하기 위해 사용된다― 음은 여기서 다시 독립성을 얻는다. 회화에서의 색채 및 그 조합도 ―우리가 이것을 단순한 색채로서 간주한다면― 자체로는 의미가 없고 정신적인 것과는 별개인 감각적 요소

이다. 색채만으로 회화가 되는 것은 아니므로 형상과 표현이 추가되어야만 한다. 게다가 정신적 영혼이 깃든 형상에 대해 채색이 갖는 관계는 음소가, 그리고 단어를 이루기 위한 음소들의 조합이 표상들에 대해 갖는 관계보다 훨씬 긴밀하다.[48] — 이제 음의 시적 사용과 음악적 사용의 차이로 눈을 돌리자면, 음악은 울림을 음소로 격하시키는 대신 음 그 자체를 요소로 삼으며 그리하여, 음은 그것이 음인 한에서 목적으로 취급된다. 이로써 음의 영역이 단순한 표시를 위해 봉사해서는 안 되는 까닭에, 이 해방을 통해 그것은 하나의 형상화 방식이 될 터, 여기서는 예술적으로 풍요로운 음 구성이라는 그 고유형식이 본질적 목적으로 될 것이다. 특히 근래에는 음악이 그 자체로서 이미 명료한 의미내용에서 풀려나 자신의 고유한 요소로 되돌아갔다. 그렇긴 하되 그 대신 음악은 전체 내면을 지배하는 힘을 그만큼 더 상실하기도 했으니, 까닭인즉 음악이 제공할 수 있는 향유가 작곡의 순수 음악적 요소 및 그 솜씨에 대한 단순한 관심이라는 예술의 한 측면만을, 즉 오직 전문가의 사안일 뿐 보통 사람의 예술적 관심과는 거의 무관한 측면만을 지향하기 때문이다.

ββ) 어떻든 예술로 받아들여진 한에서 시문학은 그 감각적 요소를 제거할 수 있으며, 이로 인해 외적 객관성의 면에서는 잃는 바가 있지만, 그것을 시적 언어가 정신적 의식에 제시되는 직관 내지 표상이라는 내적 객관성의 면에서는 얻는 바가 있다. 왜냐하면 판타지는 이러한 직관, 감응, 사상들을 내적으로 완결된 — 사건, 행위, [146] 정조情調, 샘솟는 열정의 세계로 형상화해야 하고 또 이런 식으로 작품들을 형성하는바, 여기서는 전체 현실이, 즉

---

48 역주: 그림에 그려진 사과의 붉음이나 하늘의 푸름은 형상과 채색이 밀접하게 결부된 결과인데, 이 연관에 비해 'ㄱ', 'ㅏ', 'ㅇ'의 조합으로 이루어진 단어 '강'이 이에 대한 마음속 관념과 맺는 관계는 그 긴밀함 면에서 상대적으로 느슨하다.

외적 현상으로서의 현실뿐만 아니라 내적 의미내용으로서의 현실 역시, 우리의 정신적 감응에게 직관 및 표상되기 때문이다. 자신의 고유 영역에서 독립성을 유지하려면, 음악은 이러한 종류의 객관성을 단념해야 한다. 즉 음의 영역은 이미 언급했듯이 심정과 관계하며 또한 심정의 정신적 운동과 조화할 것이나, 그것은 늘 비규정적인 공감에 그칠 뿐 그 이상을 넘지 않는다. 비록 이 공감의 면에서 보면 한 음악작품이 심정 자체에서 발원하고 풍부한 영혼과 감응에 의해 관류되었을 경우 우리에게 다시 풍성한 내용을 되돌려주긴 해도 말이다. ― 더욱이 우리의 감응들은 그렇지 않아도 이미 한 의미내용에 대한, 그리고 그것과의 주관적 혼연일체에 대한 비규정적 내적 감정의 요소에서 이 내용의 한층 구체적인 가시화와 한층 보편적인 표상으로 건너간다. 이것은 또한 음악작품에서도 즉시 일어날 수 있는바, 이를 위해서는 우리에게 한 음악작품을 그 고유한 본성과 예술적으로 영혼이 깃든 면에서 떠오르게 만드는 감응들이 우리 안에서 한층 상세한 직관과 표상들로 발전되어야 하며, 이로써 심정적 인상들의 규정성을 한층 확고한 직관과 한층 보편적인 표상들로 의식해야 한다. 그런데 이 경우 이것은 우리의 표상이며 직관이다. 음악작품이 아마 이 직관을 위한 동인을 제공하긴 했겠으나, 소리의 음악적 취급을 통해 스스로 그것을 직접 산출한 것은 아니다. 반면 시문학은 감응, 직관, 그리고 표상들 자체를 언표하며, 또한 우리에게 외적 대상들의 이미지 역시 초안해 줄 수 있다. 비록 시가 그 나름으로는 조각과 회화의 명료한 조형성이나 음악의 깊은 영혼성을 달성할 수 없으며 그런 관계로 일상적인 감각적 직관과 심정의 말 없는 이해를 그 보완으로 호출해야 하지만 말이다.

γγ) 그러나 셋째, 음악은 시예술 및 의식의 [147] 정신적 의미내용에 대해 이렇듯 독립적으로만 머물지 않으며, 오히려 시문학을 통해 이미 완전히 전개된, 그리고 일련의 감응, 숙고, 사건, 행위들과 더불어 분명하게 언표된

내용과 연대한다. 하지만 그러한 예술작품에서 음악적 측면이 본질적이며 두드러지는 요소로 남아야 한다면, 시가, 드라마 등의 시문학이 독자적으로 고유의 타당성을 요구하며 대두해서는 안 될 것이다. 음악과 시의 이러한 결합에서는 대체 한 예술의 우위가 다른 예술에게는 불리함이다. 따라서 시적 예술작품으로서의 텍스트가 그 자체로서 철두철미 독자적인 가치를 갖는다면, 그것이 음악으로부터 기대할 수 있는 지원은 미미한 것에 그친다. 예컨대 고대인들의 극적劇的 합창들은 음악을 단지 부수적으로 동반할 뿐이다. 그러나 반대로 음악이 그 자체로서 한층 독립적인 고유성의 지위를 얻는다면, 이번에는 텍스트가 그 시적 제작 면에서 다소 피상적인 것에 그치며 또한 그 자체로서는 일반적 감응과 일반이 갖는 표상들에 머물 수밖에 없다. 외적 자연대상들의 묘사나 서술적 시 일반은 훌륭한 음악적 텍스트를 제공하지 않는데, 깊은 사상의 시적 조탁도 별반 다르지 않다. 따라서 보다 세밀한 시적 완성이라는 면에서 보면, 가곡들, 오페라의 아리아들, 오라토리오의 텍스트들 등은 별 내용이 없는 일종의 평범한 것일 수가 있다. 음악가가 자유로운 유희공간을 지키려면, 시인이 시인으로서 찬미되어서는 안 된다. 이 면에서는 특히 메타스타시오[49]를 비롯한 이탈리아인들이 큰 솜씨를 발휘하였던 반면, 결코 그러한 목적을 위해 만들어지지 않은 실러의 시들은 음악 작곡을 하기에는 대단히 어렵고도 쓸모없는 것으로 드러난다. 음악이 그 예술적 개념에 한층 합당하게 발전한 곳에서는 사람들은 어차피 텍스트에 관한 이해가 거의 혹은 전혀 없는데, 텍스트가 우리 독일어와 [148] 그 발음으로 된 경우에는 특히 그렇다. 그러므로 관심의 주요 비중을 텍스트에 두는 것도 비음악적인 방향이다. 예를 들어 이탈리아 관객

---

49 역주: P. A. D. R. Metastasio(1698~1782), 이탈리아의 오페라 대본 작가.

은 비교적 덜 중요한 오페라의 장면들이 나오는 동안에는 떠들고, 먹고, 카드놀이 등을 하지만, 어떤 괄목할 만한 아리아나 그 밖에 어떤 중요한 음악곡이 시작하면 최고도로 주의를 기울인다. 반면 우리 독일인들은 오페라의 남녀 주인공들의 운명에 대해, 그리고 하인, 종자從者, 지인, 시녀 등과 그들이 나누는 대화에 지대한 관심을 가지며, 또한 아마 지금도 그들 중 다수는 노래가 시작하자마자 이에 관심이 사라진 아쉬움을 달래고자 잡담하고 있을 테다. — 종교음악에서도 텍스트는 대부분 잘 알려진 신앙고백이나 아니면 시편의 여러 곳에서 취합한 것이어서, 가사들은 단지 음악적 주석을 위한 동인으로만 간주될 수 있다. 이 음악적 주석은 그 자체로서 하나의 고유한 해석이 되며 또한 텍스트를 부각하는 것 따위에 그치지 않고, 가령 회화가 그 소재를 신성한 역사에서 선택할 때 취하는 방식과 비슷하게, 텍스트로부터 오히려 내용의 보편성만을 취해 온다.

b. 내용의 음악적 이해

이제 둘째, 음악을 그 밖의 예술들과 차별화하는 이해방식에 관해, 그리고 특정 텍스트에 수반되든, 그로부터 독립적이든 간에 음악이 하나의 특수한 내용을 파악 및 표현할 수 있는 그 형식에 관해 질문해 보자. 음악이 모든 예술들 중 각종의 실제 텍스트뿐만 아니라 특정 내용의 표현으로부터도 해방될 수 있는 최대의 가능성을 내포한다는 점은 이미 위에서 언급되었다. 왜냐하면 음악은 내적으로 닫힌 흐름을 갖는 —즉 음들의 순수 음악적 영역 내부에 속하는— 구성, 변화, 대립, 매개[해결]에서만 만족을 구하려 애쓰기 때문이다. 그러나 이리되면 음악은 공허하고 무의미하게 남으며, 또한 모든 예술들의 주요 측면인 [149] 정신적 내용과 표현이 사라지는 관계로, 아직 본격적으로 예술에 산입될 수 없다. 음들과 그 다양한 대위선율의 감각적 요소 속에서 정신적인 것이 적절하게 표현될 때 음악 역시 비로소 참된 예술로 고양되는데, 여기서 내용은 특히 가사를 통해 독자적으로 비교적 상세하게 표시되기도 하고, 음들과 그 화성관계들 및 선율에 깃든 영혼에서 다소 비규정적으로 감응될 수밖에 없을 경우도 있다.

α) 이리 보면 음악은 각종의 내용을 정신을 위해 제작하되, 이 내용이 의식 속에 일반적 표상으로 있는 바대로, 혹은 특정한 외적 형상으로서 이미 가시적으로 현전하는 바대로, 혹은 예술을 통해 한층 적합하게 현상하는 바대로 제작하지 않고, 오히려 그것이 주관적 내면성의 국면에서 생동적이 되도록 제작하니, 음악의 고유한 과제는 이 점에서 성립한다. 자신 속에 감추어진 생명의 역동을 음들 속에서 대자적으로 되울리게 만드는 것, 혹은 그것을 언표된 어휘들과 표상들에 덧붙이고 또 이것들을 [음이라는] 저 요소 속에 침잠시켜 감응과 공감의 면에서 새로이 산출하는 것, 이것이 음악에 부과된 어려운 임무이다.

αα) 그러므로 내면성 자체는 음악이 자신의 내용을 포착할 수 있는 형식, 이로써 무릇 내면과 관계하며 또한 무엇보다 감응이라는 형태의 옷을 입을 수 있는 일체의 것을 자신 안에 수용할 수 있는 형식이다. 그러나 여기에는 동시에 하나의 규정이 게재되어 있으니, 즉 음악은 가시화를 위해 작업하려 해서는 안 되며 오히려 내면성을 내면에 포착하는 일에 한정될 수밖에 없다는 것이다. 이 경우 음악은 내용 자체의 실체적, 내적 심연이 심정의 심연으로 파고들도록 만들 수도 있고, 아니면 한 의미내용의 생명과 역동을 일개의 주관적 내면에서 묘사하는 것을 선호하여 이 주관적 내적 감정 자체를 그 본격적인 대상으로 삼을 수도 있다. [150]

ββ) 이제 추상적 내면성은, 음악과 관계해서 보면, 우선 감응으로, 자신을 확장하는 자아의 주관성으로 특수화되는데, 이것은 내용을 향해 나아가지만 그 내용을 여전히 자아에 직접 포함시켜 자아에 대해 외면성이 결여된 관계를 갖는 주관성이다. 이리되면 감응은 늘 내용의 겉싸개로서만 남

을 터, 음악에 의해 요청되는 것은 바로 이 국면이다.

γγ) 다음으로 여기에서 음악은 갖가지 특수한 감응들의 표현으로 펼쳐지며, 그리하여 기쁨, 명랑, 익살, 기분, 영혼의 환호와 환희의 온갖 뉘앙스들이, 그뿐만 아니라 여러 층위의 공포, 근심, 슬픔, 비탄, 걱정, 고통, 동경 등이, 끝으로 여러 층위의 경외, 기도, 사랑 등이 음악적 표현의 독특한 국면을 이룬다.

β) 이미 예술의 범위 밖에서도 감탄, 비명, 한숨, 웃음으로서의 소리는 영혼상태와 감응들의 생생하기 그지없는 직접적 표출이자, 심정의 '아!'와 '오!'이다. 거기에는 영혼의 자기생산이, 또 영혼의 영혼으로서의 객관성이 들어 있다. 그것은 즉 의식이 결여된 몰입과 내면적, 규정적 사상들을 향한 내적 회귀의 중간을 이루는 표현이며, 또한 실천적이 아니라 이론적인 생산이다. 새도 그 노래 속에서 이렇듯 자신을 향유하며 또 이렇듯 자신을 생산한다.

하지만 감탄이라는 단순 자연적인 표현은 아직 음악이 아니다. 왜냐하면 이 외침은 말소리처럼 자기의 의사를 표하는 분절적 기호가 아니므로 표상된 내용의 보편성을 표상으로서 진술하는 것도 아니며, 오히려 소리에서, 그것도 그 자체 속에서, 소리들 속에 직접 투입되는, 그리고 그 내뱉음을 통해 [151] 심정을 편안케 하는 하나의 분위기와 감응을 알리는 것이 사실이지만, 그럼에도 불구하고 이 해방은 아직 예술을 통한 해방이 아니기 때문이다. 이와 반대로 음악은 감응들을 특정한 음의 관계로 가져가야 하며, 또한 자연적 표현을 그 거칢 및 조야한 내뱉음에서 떼어 내어 완화해야 한다.

γ) 감탄사가 음악의 출발점이긴 하겠으나 음악 그 자체는 카덴차를 통해 종지로 나아가는 감탄사일 때 비로소 예술이 되며, 또한 이 점에서, 정신의 내용을 예술에 적합하도록 표현할 수 있으려면, 음악의 감각적 질료는 사전에 예술적인 면에서 회화나 시문학보다 한층 고도로 준비되어 있어야 한

다. 음의 영역이 그러한 적합성을 갖출 수 있는 상세한 방법은 뒤에 가서 고찰될 것이다. 나는 지금으로서는 음들이 자체적으로 매우 다양한 방식의 직접적 화합, 본질적 대립, 모순, 매개들로 분화 및 결합될 수 있는 차별성들의 총체라는 언급만을 반복하고자 한다. 이러한 대립과 통일은 음들의 운동과 이행, 그 출현, 발전, 투쟁, 자기 해체와 사라짐으로 이루어지는데, 여기에는 이러저러한 내용 및 감응의 —가슴과 심정은 감응의 형식 속에서 그 내용을 장악한다— 내적 본성이 상응하며, 그리하여 이제 이러한 상응 속에서 이해되고 형상화된 음의 관계들은 정신 속에 특정한 내용으로서 현전하는 것을 영혼이 깃든 표현으로 만든다.

그러나 내용의 내적인 단순한 본질성에는 음(소리)이라는 요소가 종래의 감각적 질료보다 더욱 친화적인 것으로 증명된다. 왜냐하면 음은 공간적 형상들로 고착되어 다양한 모습의 병렬성 및 상호 외재성으로 존속하는 대신 시간이라는 추상관념적 영역에 할당되며, 그리하여 단순한 내면과 구체적, 신체적 형상 및 현상을 구분하는 방향으로 나아가지 않기 때문이다. [152] 한 내용의 감응이 주로 음악에 의해 표현된다면, 그러한 감응의 형식에 대해서도 같은 것이 적용된다. 즉 시각과 표상에서는 자의식적 사유의 경우와 마찬가지로 이미 관조하고 표상하며 사유하는 자아, 그리고 관조되고 표상되며 사유되는 대상이 반드시 구분된다. 그러나 감응에서는 이러한 구분이 사라지며, 보다 정확히는 전혀 드러나지 않으며, 내용은 내면 자체와 구분할 수 없도록 함께 얽힌다. 그러므로 음악이 아무리 반주(伴奏)예술로서 시와 연계되더라도, 거꾸로 시가 아무리 명료화를 기하는 통역자로서 음악과 연계되더라도, 음악은 외적으로 가시화되려 하지도, 표상과 사상들을 —이것들이 자의식에 의해 표상과 사상들로 포착된 바대로— 재현하려 들지도 않는다. 이미 말했듯이, 음악은 한 내용의 단순한 본성을 이 내용의 내적 관계와 친화적인 음의 관계 속에서 감응케 하거나, 좀 더 자세히 말해,

시각의 내용이 공감하는 정신에, 표상의 내용이 표상하는 정신에 일으킬 수 있는 그러한 감응 자체를 시를 반주하고 또 내면화하는 음들을 통해 표현하고자 모색한다.

c. 음악의 효과

이 방향에서 이제 셋째, 음악을 특히 심정 자체에 작용하도록 만드는 힘이 도출되는데, 이 경우 심정은 오성적 고찰로 나아가거나 자의식을 개별화된 직관들로 분산시키지 않으며, 오히려 깊은 감정과 비밀스러운 깊이의 감응 속에서 익히 살아간다. 왜냐하면 음악은 추상적 자기 청취라는 바로 이 내적 감관의 국면에 전심하며 또 이를 통해 내적 변화들의 소재지를, 즉 전체 인간이 집약된 단순한 중심점으로서의 가슴과 심정을 감동시키기 때문이다. [153]

α) 특히 조각은 극히 독자적으로 존립하는 하나의 현존재를, 내용의 면에서나 외적 예술현상의 면에서나 자신 속에 닫힌 하나의 객관성을 그 작품들에 부여한다. 조각의 의미내용은 개체마다 영혼이 깃들어 있되 [각각] 독립적으로 자신에서 기인하는 정신의 실체성이며 또한 그 형식은 공간적으로 총체적인[즉 3차원적인] 형상이다. 그러므로 가시적 객체로서의 조각작품은 최대의 독립성도 또한 간직한다. 회화의 고찰에서 이미 살펴보았듯이 (제3권, 32쪽), 그림은 내적으로 한층 주관적인 내용을 묘사하며 또한 실제성의 단순한 가상을 제공한다. 이미 그런 관계로 그림은 감상자와 한층 밀접하게 연계하며, 이를 통해 그 자체로는 독립성을 갖지 않으며 반대로 본질적으로 오직 타자에 대해서만, 즉 감상하고 감응하는 주관에 대해서만 존재하도록 의도되었음을 증명한다. 하지만 그림의 경우 우리는 항상 외적으로 현전하는 객체와 관계할 뿐이며, 또한 이 객체는 오로지 가시적으로 우리에게 다가오고 또 이를 통해 비로소 감응과 표상에 작용할 뿐인 까닭에,

그림을 대할 때도 우리에게는 여전히 다소 독립적인 자유가 남는다. 그러므로 감상자는 예술작품 앞에서 왔다 갔다 하며, 거기에서 이것 혹은 저것을 인지하며, 또한 그것이 그의 앞에 정지해 있는 관계로 스스로 전체를 분석하고 그에 관해 다양하게 반성하며, 이로써 자신의 독자적 감상을 위한 충분한 자유를 유지한다.

αα) 이에 반해 음악작품은 실제로 울리는 그 소리 속에 내면과는 다른 감각적 현존재를 가지며 그런 관계로 예술작품 일반과 마찬가지로 처음에는 향유하는 주관과 객관적 작품을 구분하는 방향으로 나아가지만, 이 대립은 한편으로 조형예술에서와는 달리 공간 속에 지속하는 외적 존속 및 대자적으로 존재하는 객관성의 가시화로 고양되지 않고 역으로 자신의 실제적 실존을 휘발시켜 직접적, 순간적으로 소멸하게끔 만들며, ─ 다른 한편으로 음악은 시문학처럼 외적 질료와 정신적 내용을 분리하지 않는데, [154] 시문학에서는 표상의 측면이 말소리로부터 최대한 격리되고 정신적이며 판타지적인 형상들 자체의 고유한 과정 속에서 발전된다. 물론 여기서는, 내가 방금 거론했던 것과 반대로, 음악이 소리를 그 내용으로부터 다시 해방시키고 또한 이를 통해 독자적으로 될 수 있다는 점이 언급될 수도 있겠으나, 이 해방이 진정 예술에 적합한 것은 아니다. 이 적합성은 거꾸로 화성적, 선율적 운동을 일단 선택된 내용과 이 내용이 환기할 수 있는 감응들의 표현을 위해 전적으로 사용하는 점에서 성립한다. 이제 음악적 표현이 의미내용으로 삼는 것은 내면 자체, 사태와 그 감응을 대하는 내적 감관이며 또한 그것은 예술 속에서 적어도 공간형상들로 나아가지 않는, 그 감각적 현존재 속에서 덧없이 사라질 뿐인 음을 갖는 까닭에, 음악은 자신의 운동들과 더불어 영혼의 모든 운동들의 내적 중추로 직접 침투한다. 따라서 음악은 더 이상 객체에 맞서지 않는, 그리고 이 자유의 상실 속에서 음 자체의 계속적인 흐름에 덩달아 매료되는 의식을 사로잡는다. 그런데 음악은 여러 방

향들로 갈래를 이룰 수 있으며, 이에 의해 여기서도 다종의 효과가 가능하다. 즉 음악에 한층 깊은 내용이, 혹은 전반적으로 한층 영혼에 찬 표현이 결여되어 있다면, 한편으로는 여타의 내적 감동 없이 단순 감각적인 음향과 듣기 좋은 소리에 기뻐하는 경우가, 또 한편으로는 오성의 고찰을 동원하여 화성적, 선율적 경과를 추적하는 경우가 ―이에 의해서는 내면의 심정이 더 이상 감동받거나 멀리 인도되지 않는다― 발생할 수 있다. 특히 음악의 경우에는 실로 그러한 단순 오성적인 분석이 가능한데, 이것은 예술 작품에서 잔기술로 가득한 졸작의 솜씨만을 보여 줄 뿐이다. 그러나 우리가 이러한 오성적 성향을 사상하고 그에 구애됨 없이 나아간다면, [155] 음악 작품은 자신 안에 우리를 완전히 끌어들이며, 또한 예술이 예술로서 일반적으로 행사하는 힘과는 별도로, 우리를 음악에 감복시킨다. 음악의 특유한 힘은 하나의 기본적인 힘, 즉 음이라는 ―여기서는 예술이 음 안에서 운동한다― 기본 요소 속에 놓인 힘이다.

ββ) 주관은 이 요소에 의해 장악되지만, 단지 이런저런 특수성에 의해, 혹은 단순히 하나의 특정 내용을 통해 장악되는 것이 아니라 오히려 그 단순한 자아, 그 정신적 현존재의 중심이 작품 속으로 인입되고 또 활성화된다. 예컨대 귀에 쏙 들어오는 경쾌한 리듬들을 들을 경우 우리는 즉시 박자를 같이 두드리고 선율을 따라 부르는 흥을 느끼며, 또한 무곡舞曲에서는 그런 것이 사람에 따라 다리에까지 미친다. 주관이 무릇 이 한 사람의 개인으로서 상정되는 것이다. 역으로 하나의 단순 규칙적인 작용이 시간에 속하는 경우라면, 그것은 이 획일성 탓에 박자에는 맞을 것이나 그 밖의 다른 내용은 갖지 못한다. 이 경우 이 작용이 ―그것도 자체가 주관적인 방식을 통해― 주관적인 것으로 되려면, 한편 우리는 이 규칙성 자체의 표현을 요구하며 다른 한편 이 획일성을 좀 더 세부적인 내용으로 채울 것을 필요로 한다. 반주는 이 두 가지를 모두 제공한다. 음악은 그런 식으로 병사들의 행진

에 추가되어 내면을 행진의 규칙에 맞도록 고무하고, 주관을 해야 할 일로써 채워 그 일에 몰두케 하고 또 그것과 조화하도록 만든다. 단골 식탁에서 벌어지는 많은 사람들 사이의 무질서한 소란과 이를 통한 불만족스러운 여흥도 자못 비슷한 종류의 성가심이다. 이러한 좌충우돌, 부산스러움, 와자지껄함은 제어되어야 할 것이며, 또한 먹고 마신 다음에는 비는 시간이 문제시되는 까닭에, 공백이 채워져야 할 것이다. 이를 비롯한 다른 많은 기회에도 음악은 도움을 주며 또한 그 밖에도 외딴 생각, 산만함, 변덕들을 막아준다.

γγ) 이 점에서 동시에 [156] 주관적 내면과 음악의 보편적 요소를 이루는 시간 그 자체의 관계가 드러난다. 즉 주관적 통일성으로서의 내면성은 공간적, 무차별적 병렬의 능동적 부정이며, 또한 이로써 부정적 통일성이다. 그러나 이 자기동일성은 일차적으로 극히 추상적이고 공허하게 머문다. 또한 그것은 자신을 객관화하되 이 객관성을 ─이것은 자체가 추상관념적일 뿐이며 또한 주관의 본질과 같은 것이다─ 지양하는 점에서만 성립하며, 이를 통해 자신을 주관적 통일성으로서 제시한다. 동일한 추상관념적, 부정적 활동이 그 외면성의 영역에서는 시간으로 존재한다. 왜냐하면 첫째, 그 활동은 공간적 대상의 무차별적 병렬을 제거하여 그 연속성을 '지금'이라는 시점으로 집약하기 때문이다. 그러나 둘째, 시점은 즉시 자신의 부정인 것으로 밝혀지는바, 까닭인즉 이 '지금'은, 그것이 존재하는 즉시, 또 하나의 다른 '지금'으로 지양되며 이를 통해 자신의 부정적 활동을 드러내기 때문이다. 셋째, 시간 운동이 속하는 외면성의 요소로 인해 첫 번째 시점과 '지금'이 지양된 또 다른 시점의 참된 주관적 통일이 달성되지는 않지만, 그럼에도 '지금'은 그 변화 속에서 항상 동일한 것으로 남는다. 왜냐하면 각각의 시점은 하나의 '지금'이며 또한 단순한 시점으로서는 다른 시점과 구분되지 않기 때문이다. 이것은 추상적 자아가 자신이 지양된 객체와 구분되

지 않으며 또한, 이 객체가 빈 자아 자신일 뿐인 까닭에, 그 속에서 자신과 동행하는 것과 마찬가지이다.

좀 더 자세히 말해 현실적 자아는 스스로 시간에 속하며 또한 우리가 의식과 자의식의 구체적 내용을 사상할 경우, 그것은 자신을 타자로 정립하고 또 이 변화를 지양하는, 즉 변화 속에서 자기 자신을, 자아를, 그것도 자아 자체만을 간직하는 빈 운동일 뿐이며 그런 한도에서 그것은 시간과 일치한다. 자아는 시간 속에 있으며, 또한 시간은 주관 자신의 존재인 것이다. 이제 본질적 요소를 제공하는 것은 시간이지 공간성 자체가 아니다. 이 요소 속에서 소리는 음악적으로 타당한 실존을 얻으며 또한 [157] 소리의 시간은 동시에 주관의 시간으로도 존재하는바, 이미 이 원리에 따라 소리는 자아에 틈입하며, 자아의 가장 단순한 현존재를 장악하고 또 시간적 운동과 그 리듬을 통해 자아를 운동케 한다. 반면 감응의 표현으로서의 음들의 기타 형태는 이 외에도 한층 규정된 내용을 주관을 위해 들여오며, 주관은 이에 의해서도 마찬가지로 감동받고 이끌린다.

음악이 갖는 기본적 힘의 본질적 근거에 관해서는 이쯤 말해 두자.

β) 그런데 음악이 그 효력을 십분 발휘하려면, 시간적으로 운동하는, 단순 추상적인 음 이상의 것이 있어야 한다. 이어질 두 번째 측면은 내용, 심정에 의한 정신적 감응, 그리고 음들 속에서의 이 내용의 표현과 영혼이다.

그러므로 고대의 삼류작가들은 우리에게 음악 자체의 지극한 힘에 관해 수없이 많은, 때로는 성스럽고 때로는 세속적인, 전설적 이야기들을 말하지만, 우리는 그런 하릴없는 의견을 애호해서는 안 될 것이다. 이미 오르페우스의 문명 기적의 경우에도 음들과 그 운동이 그를 얌전히 둘러싼 야수들에게는 충분했겠으나, 한층 높은 내용의 이설을 요구했던 인간들에게는 충분치 않았다. 그러니 비록 원형 그대로는 아니더라도 오르페우스의 이름으로 우리에게 전해 오는 송가들이 기껏 신화적 표상들 정도를 담고 있는 것이 아니겠는가. 티르타이오스⁵⁰의 전쟁가 역시 이와 비슷한 식으로 유명한데, 이미 말했듯이 스파르타인들은 오랫동안 헛된 전쟁을 겪은 후 이 노래를 통해 불굴의 전의에 불타올라 결국 메세니아인들에게 승리했다. 여기서도 음악적 측면에 그 가치와 효력이 ―야만적 민족들의 경우와 깊이 들끓는 열정들의 시대에는 특히― 거절되는 것은 아니지만, 중요한 것은 이 비가悲歌, Elegie들이 자극하는 표상의 내용이었다. [158] 스코틀랜드 고지대 사람들의 백파이프는 본질적으로 용기의 점화에 일조하며, '마르세예즈'와 '사이라ça ira'⁵¹ 등이 프랑스 혁명에서 지녔던 힘이 부인될 수도 없다. 그러나 진정한 열광은 규정된 이념, 정신의 참된 관심에 근거하는바, 이 관심은 하나의 국민을 내실 있게 하며 또한 ―음, 리듬, 선율은 거기에 몰입하는 주관을 감동시키는 까닭에― 음악을 통해 일순간 한층 더 생생하게 감응될 수 있다. 그러나 오늘날 우리는 음악이 이미 그 자체를 통해 용기와 결사의 각오라는 그러한 분위기를 산출한다고 간주하지 않는다. 예를 들어 오늘날 거의 모든 군대에는 군심을 얻고, 후퇴를 명하고, 진군을 재촉하고, 공격을 독려하는 제대로 된 훌륭한 군가가 있지만, 우리는 이것이 적군을 부순다고 생각하지 않는다. 단순한 나팔소리와 북소리를 통해서는 아직 용기가 일지 않으며 여리고성城⁵²의 경우에도 소리치는 이들을 가로막은 요새를 함락하기 전에는 나팔을 잔뜩 모아두었다. 이것은 음악이 아니라, 열정적 생각, 대포, 지도자의 재능 등이 이룬 일이다. 음악은 이미 다른 식으로 심정을 채우

---

50 역주: B.C. 7세기 그리스의 시인. 무용(武勇)을 숭상하는 그의 시는 스파르타인의 전의를 고무하였다. 그의 작품은 모두 다섯 권이었으나 현전하는 것은 세 편의 시와 약간의 단편에 불과하다.

51 역주: 라 마르세예즈(La Marseillaise)는 프랑스 대혁명 당시 불린 진군가로서 후일 프랑스의 국가가 되었다. 사이라는 프랑스 혁명기의 노래로서 '해내리라(ça ira)!'라는 후렴을 갖는다.

52 역주: 『구약성서』「여호수아」에 나오는, 야훼의 예언에 따라 가나안 땅을 정복하기 위해 히브리인들이 벌인 전장.

고 붙잡아 둔 힘들의 조력자 정도일 따름이다.

γ) 음의 주관적 작용과 관련된 마지막 측면은 음악적 예술작품이 우리에게 다가오는 방식에 있다. 이것은 다른 예술작품들과는 다른 방식이다. 즉 음은 건축, 조각, 회화와는 달리 독자적으로 지속하는 객관적 존속을 갖지 않으며 오히려 덧없이 지나가는 소리와 더불어 이미 다시 사라지니, 한편으로 음악작품은 이미 이 순간적일 뿐인 실존으로 인해 끊임없이 반복되는 재생산을 필요로 한다. 하지만 그러한 거듭되는 생명부여의 필연성은 또 다른 한층 깊은 의의를 갖는다. 왜냐하면 음악은 자신을 외적 형상 및 객관적으로 존속하는 작품으로서가 아니라 주관적 [159] 내면성으로서 현상시키려는 그런 목적을 가지며 또한 이에 의해 주관적 내면 자체를 내용으로 취하는바, 그런 한에서 음악의 표현 역시 생동적인 주관을 직접 전달하는 것으로, 그리고 주관은 이 전달 속에 그 고유한 전체 내면성을 투입하는 것으로 밝혀져야 하기 때문이다. 이것은 인간 목소리에 의한 노래에서 가장 잘 드러나지만, 이미 연주자들을 통해서만, 그리고 기교적이면서도 정신적인, 생동하는 그들의 솜씨를 통해서만 공연될 수 있는 기악음악에서도 상대적으로 잘 드러난다.

음악작품의 실현과 관계된 이 주관성을 통해 비로소 음악에서 주관적인 것이 차지하는 의미가 완벽해진다. 그런데 이것은 이 방향으로 계속 가면 재현 자체의 주관적 기교가 향유의 유일한 중심점이자 내용으로 되는 일면적인 극단으로 고립될 수도 있다.

음악의 일반적 성격과 연관해서는 이 언급들이면 충분하다고 할 것이다.

2. 음악적 표현 수단들의 특수한 규정성

종래의 고찰은 음악이 음[소리]을 주관적 내면성의 울림으로 형상화하고 영혼을 불어넣어야 한다는 그 측면에 국한되어 있었다. 이제 차후 더욱 물어야 할 것은 음들이 어떻게 하면 감응의 단순한 자연외침이 아닌, 그 발전된 예술표현으로 있음이 가능한가, 또 그것이 필연적인가 하는 것이다. 왜냐하면 감응 자체는 하나의 내용을 갖지만 음은 단순한 소리로는 내용을 갖지 않기 때문이다. 그러므로 음은 예술적 취급을 통해 비로소 내면적 삶의 표현을 수용할 수 있을 것이다. 극히 일반적인 면에서는 이 점에 관해 다음의 것을 확언할 수 있다.

모든 음은 하나의 독자적인, 자체로서 완결된 실존이다. 하지만 이 실존은 동물이나 인간의 형상과는 달리 생동적 통일성으로 분류되거나 주관적으로 통합되지 않으며, 다른 한편 [160] 육체적 기관의 한 특수 지절 내지 정신적 혹은 동물적으로 살아 있는 신체의 그 어떤 개별적 특징과 달리 이 특수성이 오로지 다른 지절들 및 특징들 일반과 영혼이 깃든 상태에서만 비로소 존재하고 또 의의, 의미 그리고 표현을 얻을 수 있다는 점을 그 자신에 즉해 보여 주지도 않는다. 외적 질료의 면에서 보면 회화가 이미 그 자체로도 현존할 수 있는 개개의 획과 색채들에서 성립함은 사실이다. 반면 그러한 획과 색채들을 처음 예술작품으로 만드는 본격적 질료인 형상의 선, 면 등은 오로지 구체적 전체로서 비로소 의의를 지닌다. 이에 반해 개체로서의 음은 자체로 그보다 한층 더 독립적이며, 어느 정도까지는 감응을 통해서도 영혼이 깃들고 또 특정한 표현을 얻는다.

하지만 역으로 보면, 음은 단순 비규정적인 바스락거림이나 울림이 아니라 오히려 무릇 자신의 규정성과 그 순수성을 통해 비로소 음악적 타당성을 얻는 까닭에, 음은 직접 이 규정성을 통해 실제적 울림과 시간적 지속의 면에서 다른 음들과 연관한다. 그렇다. 이 관계가 비로소 음에 대해 본격적인 현실적 규정성을, 이와 더불어 다른 음들에 대한 차별성과 대립을, 혹은 그것들과의 통일성을 부여하는 것이다.

하지만 음들은 상대적으로 한층 독립적인 까닭에 이 연관성은 음들에 대해 무언가 외적인 것으로 머물며, 그리하여, 동물적, 인간적 기관의 지절들이나 자연경관의 형식들에는 관계가 개념적으로 속하지만, 음들이 맺는 관계는 그런 식으로 개별 음들 자체에 속하는 것이 아니다. 그러므로 여러 음들의 특정 관계로의 조합은, 비록 음의 본질을 거스르는 것은 아닐지언정, 무언가 제작된 것으로 비로소 존재하는 것이지, 자연에 이미 따로 현전하는 것이 아니다. 그런 한에서 그 관계는 제3의 것에서 출발하며 또한 오로지 제3자를 위해, 즉 그것을 이해하는 사람을 위해 있을 뿐이다.

관계의 이러한 외면성으로 인해 음들 및 그 조합의 [161] 규정성은 정량定量, 수적 관계들에 근거하는바, 이것들은 물론 음 자체의 본성에 정초하지만, 음악에서는 그 사용방식이 예술 자체에 의해 비로소 발견되며 또한 극히 다양한 뉘앙스를 낳는다.

이 면에서 보면 음악의 기초를 형성하는 것은 유기적 통일성으로서의 즉자대자적 생명성이 아니라, 오히려 상등성이나 비상등성과 같은, 한마디로 양적인 것을 지배하는 오성형식이다. 그러므로 음악적 음들을 규정적으로 논할 때는 오직 수적 관계들에 따라, 그리고 우리가 음들의 이러한 관계들을 통상 표시하는 자의적 문자들에 따라 언급이 이루어질 뿐이다.

단순한 정량들로의 그러한 소급 가능성 및 그 오성적, 외적 규정성에 비추어 음악은 건축과 각별히 친화적인바, 까닭인즉 음악은 건축과 마찬가지로 여러 비례관계들을 확고한 토대와 골조로 삼아 자신의 창안들을 건립하기 때문이다. 그러나 이 토대는 즉자대자적으로 하나의 규정성이 주어지면 즉시 그 밖의 규정성들이 따라 주어지는 자유롭고 유기적인 지절화로 확장되거나 생동적인 통일성으로 결합되는 것이 아니다. 오히려 음악은 예의 관계들에서 그 밖의 발전들이 나타나도록 만들며, 또한 그 발전들 속에서 비로소 자유로운 예술로 되기 시작한다. 그런데 건축이 이 해방 속에서 형식들의 조화, 은밀한 균제가 갖는 특징에 깃든 영혼을 넘지 않는다면, 음악은 이에 반해 영혼의 가장 내밀하며 주관적이며 자유로운 삶과 운동을 내용으로 삼는 까닭에 이 자유로운 내면성과 예의 양적 기본관계들의 가장 깊은 대립으로 쪼개진다. 하지만 음악은 이 대립에 머물러서는 안 되며 오히려 그것을 자신 속에 수용할 뿐 아니라 극복해야 하는 난제도 지닌다. 왜냐하면 음악은 예의 필연적 비례관계들을 통해 자신이 표현하는 심정의 자유로운 운동들에 하나의 보다 확실한 [162] 근거와 토대를 제공하기 때문이며, 또한 내면의 삶은 그 위에서 자유롭게 ―이 자유는 앞의 필연성을 통해 비로소 의미내용을 얻는다― 운동하고 발전하기 때문이다.

이렇게 보면 우리는 일단 음에서 그 예술적 사용을 가능케 하는 두 측면을 구분해야 한다. 하나는 추상적 근거이다. 이것은 보편적이되 아직 물리적으로 특화되지 않은 요소로서의 시간인데, 음은 이 영역에 속한다. 다른 하나는 음들의 실제적 차별성으로서의 울림 자체이다. 이 차별성은 소리를 내는 감각적 질료의 [예컨대 악기들의] 상이성에서도 생기고 음들 자체의 ―이것은 개별적 음들일 수도 여러 음들의 총화일 수도 있다― 상호 관계에서도 생긴다. 다음으로 셋째, 여기에 영혼이 추가되니, 이것은 음들에 생명을 부여하고 그것들을 자유로운 전체로 다듬고 또 그 시간적 운동과 실제적 울림에 정신적 표현을 부여한다. 이 측면들을 통해 좀 더 특정한 분류가 다음의 순서에 따라 정해진다.

첫째, 우리가 진력해서 고찰해야 할 것은 시간적 지속과 운동인데, 예술은 이것을 우연적인 것으로 방기해서는 안 되며, 오히려 확실한 척도에 따라 규정하고 차별성들을 통해 다양화하고, 또한 이런 차별성들 속에서 다시 통일성을 산출해야만 한다. 이 점이 템포, 박자, 그리고 리듬의 필연성을 제공한다.

그러나 둘째, 음악은 추상적 시간, 길고 짧은 지속의 관계들, 휴지休止,

Einschnitt, 강조 등과 연관할 뿐 아니라, 특정 음들의 울림이 갖는 구체적 시간과도 연관하는바, 그런 까닭에 음들은 단순히 지속의 면에서만 서로 구분되는 것이 아니다. 이 차이는 우선 진동을 통해 음을 만드는 감각적 질료 특유의 성질에 따라, 또한 소리 내는 물체들이 동일 시간 내에 떠는 진동수의 상이성에 따라 성립한다. 더 나아가 이 차이들은 음들의 조화, 대립 그리고 매개 관계에 있어서 본질적인 측면을 이룬다는 점이 밝혀진다. 우리는 [163] 이 부분을 일반적 명칭을 사용해서 화성학으로 표기할 수 있다.

마지막으로 셋째는 선율인데, 이를 통해 리듬을 통해 영혼이 깃든 박자, 조화를 이루는 차이들 및 운동들이라는 이 기초 위에서 음들의 영역은 정신적으로 자유로운 표현에 다가가며 또한 이로써 뒤따르는 마지막 장으로 이어지는바, 이 장은 음악을 박자, 화성 그리고 선율에 의해 표현되는 정신적 내용과의 구체적 합일 속에서 고찰할 것이다.

a. 템포, 박자, 리듬

우선 음악적 울림의 순수 시간적 측면에 관하여 우리가 언급해야 할 것은 첫째, 음악에서는 무릇 시간이 지배적 요소라는 점의 필연성이며, 둘째, 단순 오성적으로 규칙화된 템포[시간척도]로서의 박자이며, 셋째, 리듬은 특정 부분의 박자를 강조하고 다른 부분들을 뒤로 물리는 관계로, 이 추상적 규칙은 리듬에 의해 활성화되기 시작한다는 점이다.

α) 조각과 회화의 형상들은 공간 속에 병렬적으로 존재하며, 또한 이 실제적 확장을 현실적 총체성이나 가상적 총체성 속에서 표현한다. 그러나 음악은 공간 속에 있는 물체를 자체 내에서 떨게 만들고, 또 그것을 이 진동운동으로 옮기는 한에서만 음들을 산출할 수 있다. 이 진동들은 그것들이 순차적으로 뒤따른다는 오직 그 면에서만 예술에 속하며, 그리하여 감각적 질료 일반은 그 공간적 형식 대신 오직 그 운동의 시간적 지속과 더불

어 음악에 발을 디딘다. 그런데 물체의 모든 운동은 언제나 공간적으로도 현전하니, 회화와 조각의 형상들이 비록 현실적으로는 고요 속에 있더라도 그럼에도 그것들은 운동의 가상을 표현하는 권리를 갖는다. 하지만 음악은 운동을 이 공간성의 관점에서 수용하는 것이 아니며, 따라서 음악의 형상화에는 물체의 진동이 속하는 시간만이 남을 뿐이다. [164]

αα) 그러나 우리가 위에서 이미 보았던 바에 따르면, 시간은 공간과 달리 긍정적 병렬존재가 아니라 반대로 부정적 외면성이다. 그것은 점과 같이 외재성이 지양된 것이자, 이 하나의 시점을 다른 하나의 시점으로, 그리고 이 다른 하나의 시점도 마찬가지로 또 다른 하나의 시점으로 지양하는 등등의 부정적 활동이다. 이 시점들의 순차적 연속 속에서 각 음들은 일면 그 자체가 하나의 단일음으로 고정되고, 일면 다른 음들과 양적 관계를 갖는데, 이를 통해 시간은 산정 가능한 것이 된다. 그러나 역으로 시간은 일률적으로 흘러가는 것이자 내적으로 구분되지 않는 지속이기도 하니, 까닭인즉 시간은 그러한 시점들의 간단없는 생성과 소멸이며 또 이 시점들은, 단순한 시점으로서 보자면, 이러한 특칭화되지 않은 추상 속에서 서로에 대해 차이를 갖지 않기 때문이다.

ββ) 하지만 음악은 시간을 이러한 비규정성 속에 그냥 둘 수 없으며, 반대로 그것을 한층 자세히 규정하고 거기에 하나의 척도를 부여하고 또 그 흐름을 그러한 척도의 규칙에 따라 정렬해야 한다. 음들의 템포는 이러한 규칙적인 처리에 의해 도입된다. 여기서 즉시 음악은 대체 무엇 때문에 그러한 척도를 필요로 하는가 하는 물음이 성립한다. 외면성으로서의 시간이 내포하는 원리는 일체의 내면적, 정신적인 것의 추상적 기초로서 작동하는 자아의 원리와 같은 까닭에, 음들에서 자신의 내면을 감지하고 또 감지해야 하는 단순한 자기는 시간과 극히 밀접하게 연관하며, 또한 이 사실에서 특정 시간량의 필연성이 전개된다. 이제 단순한 자기가 음악 속에서 내적

인 것으로 객관화되어야 한다면, 이 객관성의 보편적 요소 역시 내면성의 원칙에 맞도록 취급되어야 한다. 그런데 자아는 비규정적으로 존속하거나 방점 없이 지속하는 것이 아니며, 오히려 내면으로 수렴하고 회귀함으로써 비로소 자기가 된다. 자아는 자신의 지양을 통해 객관화되며, [165] 그것을 대자존재로 반전시키고 또한 이러한 자기관계를 통해 비로소 자기감정, 자기의식 등으로 존재한다. 시점들의 생성과 몰락, 사라짐과 재생은 각 '지금' 을 넘어 또 다른 동종의 '지금'으로 향하는 극히 형식적인 건너감이자 이로써 간단없는 계속적 운동에 불과했던 관계로, 시간은 처음에는 단순 비규정적인 변화인 것으로 나타났다. 그러나 수렴 속에서는 이러한 변화가 본질적으로 중단된다. 자기는 저 공허한 계속적 운동과는 반대로 '자기 자신 곁에 존재하는 것das Beisichselbstseiende'이니, 그 내면으로의 수렴은 시점들의 무규정적 연속을 중단시키며, 추상적 연속성에 휴지를 만들며, 또한 이 자기 불연속성 속에서 자신을 상기하고 재발견하는 자아를 단순한 자기 외화 및 변화로부터 해방시킨다.

γγ) 이러한 원리에 준하면 한 음의 지속은 비규정적으로 진행하지 않고 오히려 그 시작과 끝을 통해 ―이를 통해 이것은 하나의 규정된 시작이자 그침이 된다― 자체로서는 구분되지 않는 시간계기들의 연속을 지양한다. 그런데 여러 음들이 순차적으로 연속하고 또 각각의 음이 자체적으로 다른 음과 상이한 지속을 갖는다면, 이번에는 반대로 앞의 첫 번째 공허한 비규정성 대신에 또다시 특수한 양정량들의 자의적인, 이로써 마찬가지로 비규정적인 다양성이 정립될 뿐이다. 이러한 무규칙적 난립도 역시 추상적 자기연속에 못지않게 자아의 통일성에 모순된다. 자아가 시간지속의 다종적 규정성 속에서 자신을 재발견하고 또 만족할 수 있으려면 개개의 정량들이 단일한 통일성으로 묶여야 하는데, 이것은 특수성들을 자신 아래에 포섭하는 까닭에 스스로가 하나의 규정된 통일성이어야 하지만, 일단은 외적인

것의 단순한 동일성으로서 규정된 종류의 것일 수밖에 없다.

β) 이 사실은 박자를 통해 구현되는 또 하나의 규제로 이어진다.

αα) 여기서 우선적으로 고찰해야 할 것은, [166] 이미 말했듯, 상이한 시간 부분들이 하나의 통일성으로 결합되고 자아는 그 속에서 자기동일성을 대자화한다는 사실이다. 자아는 여기서 우선은 단지 추상적 자기로서 기초를 제공하며, 그런 까닭에 이 자기동등성은 시간과 그 음들의 거듭된 진행과 관계해서도 그 자체가 단지 추상적인 동등성으로서, 즉 같은 시간단위의 동형적 반복으로서 유효할 뿐이다. 이 원리에 의거하면 단순한 규정의 박자가 성립한다. 즉 이것이 성립하려면 전에는 구분되지 않던 시간연속의 단절을 표시하기 위해, 그리고 못지않게 임의적인 개별 음들의 지속에 대처하기 위해 하나의 특정 시간단위가 척도와 규칙으로서 확언되어야 하고 또한 이러한 템포[시간척도]가 추상적 동형성을 지키면서 끊임없이 거듭 재생되어야 한다. 박자는 이 면에서 건축에서의 규칙성과 동일한 임무를 갖는다. 건축은 예컨대 같은 높이와 굵기의 열주들을 같은 간격으로 나열하거나 특정 크기를 갖는 일련의 창문들을 균등성의 원칙에 따라 규제하는데, 여기서도 하나의 확고한 규정성과 완전히 동일한 그 반복이 현전한다. 자의식이 한편으로 자신의 고유한 동일성을 임의적 다양성의 질서로서 인식하며 다른 한편으로 동일한 단위의 되풀이에서 이 단위가 이미 거기에 기존한다는 점, 그리고 바로 그 되풀이를 통해 자신을 지배적 규칙으로 보여 준다는 점을 상기하는 한, 자의식은 이 일률성 속에서 자신을 통일성으로서 재발견한다. 자아는 이렇듯 박자를 통해 자신을 재발견하며 또 그 속에서 만족을 얻는데, 이 만족은 단위와 동형성이 시간이나 음들 자체에 속하지 않고 오직 자아에만 속할 때, 그리고 자기만족을 찾는 자아에 의해 시간 속으로 전이된 그 어떤 것으로 있을 때 더욱 완전해진다. 왜냐하면 자연적인 것에서는 이러한 추상적 동일성이 발견되지 않기 때문이다. 천체들

조차도 그 운동 속에 [167] 동형적 박자를 지니는 대신 그 운행을 가속하거나 감속하니, 동일한 시간이 지난다고 해서 동일한 공간까지 지나는 것은 아니다. 낙하하는 물체, 투척운동 등의 경우도 이와 비슷하며 또한 동물의 주행, 도약, 포획 등은 더더욱 한 특정 템포의 정확한 되풀이로 환원되지 않는다. 이렇게 보면 건축의 규칙적, 양적 규정성들은 오히려 자연에서 그 유비가 발견되지만, 박자는 훨씬 더 오롯이 정신에서 출발한다.

ββ) 자아가 감지하는 동일성은 언제나 그 자신이며 또한 그에게서 유래하는 관계로, 자아는 박자를 통해야만 다수의 음들과 그 시간지속 속에서 자신에게로 회귀할 수 있다. 그런데 여기에는, 특정 단위를 규칙으로 느끼도록 만들기 위해, 무규칙적이며 비동형적인 것의 현전도 마찬가지로 속한다. 왜냐하면 척도의 규정성은 제멋대로의 불균등한 것을 제압하고 정렬할 때 비로소 우연적 다양성의 통일이자 규칙으로서 증명되기 때문이다. 그러므로 그것은 통일성과 규칙을 자신 속에 받아들여 비동형적인 것에서 동형성이 현상하게끔 해야 한다. 바로 이것이 비로소 박자에게 그 본연의 내적인, 이로써 박자에 맞게 반복될 수 있는 다른 템포들과 대립적이기도 한, 규정성을 부여한다.

γγ) 이에 따라 이제 하나의 박자로 결속된 다수의 음들은 그것들을 분류하고 정렬하는 특정한 규준을 갖는바, 이로부터 셋째, 여러 종류의 박자들이 성립한다. 이 면에서 처음 거론되는 것은 반복되는 동일 부분들이 짝수인가 홀수인가에 따르는 박자 내면의 분류이다. 첫 번째의 종류로는 예컨대 2/4박자와 4/4박자가 있다. 여기서는 짝수가 중요한 것으로 나타난다. 반면 또 하나의 종류는 3/4박자인데, 여기서는 물론 서로 동등한, 그러나 홀수로 이루어진 부분들이 한 단위를 이룬다. 이 두 규정들은 예컨대 6/8박자에서 통일되어 있는데, 이것은 산술적으로는 [168] 3/4박자와 같은 것으로 보이지만 실제로는 세 부분이 아니라 두 부분으로 나뉜다. 그러나 좀 더 자세

히 분류해 보면 그 첫 번째 부분이든 두 번째 부분이든 홀수로서의 3을 원칙으로 취한다.

이런 식의 세분화는 모든 특수한 종류의 박자들에서 끊임없이 반복되는 규칙이다. 그런데 특정 박자가 아무리 시간지속의 다양성과 그 길고 짧은 마디를 규제한다손 쳐도, 그 지배는 박자가 이 다양함을 완전히 추상적으로 예속시키는 데까지 확장되어서는 안 된다. 만일 그리되면 예컨대 4/4박자에서는 완전히 같은 4개의 4분음표만이, 3/4박자에서는 3개만이, 6/8박자에서는 6개만이 나타날 것이다. 오히려 규칙성은 예컨대 4/4박자에서 개별 음표들의 합이 4개의 같은 4분음표에 해당해야만 한다는 점에 한정된다. 그런데 이것들은 8분음표나 16분음표로 나뉘어도, 거꾸로 다시 합쳐져도 마찬가지로 무방하며, 또 그 밖에도 무궁무진하게 변화할 수 있다.

γ) 하지만 이 풍부한 변화가 진전될수록, 박자의 본질적 마디는 그만큼 더 그 속에 반드시 표명되어야 하며 또 실제로도 각별히 강조되는 규칙으로서 두드러져야 한다. 이것은 템포와 박자마다 특유의 영혼을 깃들게 하기 시작하는 리듬을 통해 나타나는바, 이러한 생명부여와 관계해서도 여러 측면들이 구분된다.

αα) 첫 번째의 것은 악센트이다. 악센트는 박자의 특정 부분들에 놓여 이 부분들이 다소 잘 들리게끔 만들며, 반면 다른 부분들은 악센트 없이 흘러간다. 이제 그러한 강박과 약박을 통해 ―이것들은 다시 그 자체가 여러 가지이다― 각 종류의 박자는 이 종류의 특정한 분할방식에 정확히 상응하는 특수한 리듬을 얻는다. 예컨대 짝수가 지배하는 4/4박자는 이중의 상박上拍을 갖는다. 하나는 첫 번째 4분음표에 놓이며 다른 하나는 그보다는 약하지만 [169] 세 번째 4분음표에 놓인다. 비교적 강하게 강조되는 이 부분들은 센박으로 불리는 반면, 다른 부분들은 여린박으로 불린다. 3/4박자에서는 악센트가 오로지 첫 번째 4분음표에만 놓이며, 반면 6/8박자에서는 다시 첫

번째와 네 번째 8분음표에 놓이는데, 여기서는 두 개의 악센트가 전반부와 후반부로 나뉘는 짝수분할을 나타낸다.

ββ) 이제 음악이 반주의 역할을 할 경우 그 리듬은 시와 본질적인 관계를 맺는다. 이에 관해 나는 극히 일반적으로 박자의 악센트들이 운율의 악센트를 정면으로 거슬러서는 안 된다는 점만을 언급하고자 한다. 예컨대 시행의 운율 면에서는 강조되지 않는 음절이 센박에, 강조음절이 여린박에 위치한다면, 이로부터는 시의 리듬과 음악의 리듬 사이의 바람직하지 않은 잘못된 모순이 결과한다. 심지어 휴지부休止部, Zäsur가 여린박에 위치할 때도 결과는 마찬가지이다. 긴 음절과 짧은 음절에도 같은 것이 적용된다. 일반적으로 보면 이것들 역시 긴 음절들은 긴 음표에, 짧은 음절들은 짧은 음표에 떨어지게끔 음들의 시간지속과 일치해야 한다. 그렇더라도 이러한 일치가 끝까지 정확하게 관철될 수는 없을 터, 까닭인즉 음악에는 종종 길이의 지속 및 지속의 보다 풍부한 분할을 위해 비교적 큰 유희공간이 허락되어도 좋기 때문이다.

γγ) 이제 셋째, 미리 말해 두자면, 규칙적으로 엄격하게 되풀이되는 박자리듬의 추상으로부터 영혼이 더욱 생생한 선율의 리듬이 구별된다. 음악은 이 점에서는 시와 비슷한, 오히려 그보다 큰 자유를 누린다. 주지하듯 시에서는 어휘들의 시종始終이 운각들의 시종과 맞아떨어질 필요는 없으며, 오히려 양자가 천편일률적으로 맞아떨어진다면 휴지부 없는 파행적 시행詩行이 나타날 것이다. 마찬가지로 문장이나 단락의 시작과 그침이 천편일률적으로 한 시행의 시작과 끝일 필요도 없다. 이와 반대로 어떤 단락은 시행의 시작에서 끝나는 편이 낫지만, 또 어떤 단락은 [170] 중간이나 다음 운각으로 다가가면서 끝나는 편이 더 나으며, 이리되면 그곳에서 첫째 시행을 다음 시행으로 이어 주는 새로운 단락이 시작한다. 음악도 박자와 리듬의 면에서 비슷한 관계를 갖는다. 선율과 그 상이한 악절들은 엄격하게 한 박자의

시작에 맞추어 시작할 필요도, 다른 박자의 끝에 맞추어 끝날 필요도 없다. 또한 보통의 리듬에서는 강조되지 않는 그 박자 부분에 선율의 주 상박이 속한다면, 선율과 그 상이한 악절들은 무릇 그만큼 해방될 수 있다. 반면 거꾸로 선율의 자연적 진행에서는 별반 강조되지 않을 법한 하나의 음이 상박을 요구하는 센박 부분에 위치할 수도 있는데, 그리되면 박자리듬과 관련된 그 음의 가치는 이 음이 독자적으로 선율 속에서 요청함 직한 가치와 다르게 작용한다. 그러나 박자리듬과 선율리듬 사이의 공방은 이른바 당김음에서 가장 날카롭게 나타난다.

다른 한편 선율의 리듬과 부분들이 정확히 박자리듬을 준수한다면, 선율은 단조롭고 메마르고 진부하게 들리기 십상이다. 이 면에서는, 간단히 말해, 지나치게 엄격한 박자라든가 세련되지 못한 단조로운 리듬으로부터의 자유가 요구된다. 왜냐하면 보다 자유로운 운동의 결여, 타성, 그리고 태만은 자칫 비애와 우울로 이끌리기 때문이다. 우리의 많은 민요선율들 역시 애처롭고 늘어지고 처지는 요소를 지니는데, 그 까닭은 영혼이 비교적 단조로운 진행만을 그 표현의 요소로 갖기 때문이며, 또한 그 수단을 통해 좌절한 마음의 애조 띤 감응들도 그 속에 깔도록 유도되기 때문이다. — 이에 반해 남국의 언어들, 특히 이탈리아어는 여러모로 한층 활발한 리듬과 선율의 분출을 위해 풍부한 분야를 열어 둔다. 이미 이 점에서 독일과 이탈리아의 음악은 본질적인 차이를 갖는다. 많은 독일의 노래들에서 되풀이되는 단장격短長格[약강격弱强格]의 단조롭고 메마른 [171] 율독법은 선율의 자유롭고 쾌활한 유유자적을 죽이며, 그 밖의 도약과 급변을 억제한다. 나에게는 근래 라이하르트[53]를 비롯한 여러 사람들이 가곡의 작곡에서 바로 이러한 단

---

53 역주: Johann Friedrich Reichardt(1752~1814), 독일의 음악가. J. A. 힐러, C. 슈뢰테와 함께 몇 편의 경가극(Singspiel)을 써 이름이 나기 시작하였다. 많은 이탈리아 오페라와 독일 오페라 및 반주음악, 경

장격의 단조로운 창법을 ―비록 이것이 그들의 몇몇 가곡에서는 여전히 변함없이 지배적이지만― 포기함으로써 새로운 리듬적 생명을 사용했던 것으로 보인다. 하지만 단장격 리듬의 영향은 가곡들에서뿐만 아니라 매우 위대한 우리의 많은 음악작품들에서도 발견된다. 헨델의 〈메시아〉에서조차 많은 아리아와 합창곡들의 작곡은 낭송조의 진리를 염두에 두고 어휘들의 의미를 준수함과 아울러 단장격 리듬의 사례 역시 준수하는바, 때로는 장음과 단음이 단순히 구분되기도 하고 때로는 단장격의 장음이 짧은 박자의 음보다 한층 높은 음을 갖기도 한다. 이러한 특징이 우리 독일인들로 하여금 헨델의 음악을 그 밖의 장점들, 즉 장엄한 운율, 힘차게 나아가는 운동, 목가적인 단순한 감응에 비해 한층 심오한 종교적 내용과 더불어 매우 편안하게 느끼도록 만드는 계기들 중 하나일 것이다. 선율의 이러한 리듬적 성분은 그 속에서 무언가 부자유스럽고 낯설고 그들의 귀에 이질적인 것을 발견할지도 모르는 이탈리아인들보다 우리들의 귀에 한층 가까운 것이다.

b. 화성

박자와 리듬의 추상적 근거가 처음 그 내실을 얻고 또 이를 통해 진정 구체적인 음악이 될 수 있는 다른 하나의 측면은 음들 자체의 영역이다. 이 한층 본질적인 음악영역은 화성의 법칙들을 포괄한다. 여기서는 하나의 새로운 요소가 등장한다. 왜냐하면 한 물체는 진동을 통해 공간적 예술형식의 표현 가능성에서 벗어나 말하자면 시간적 형상의 발전으로 넘어가며, 그뿐만 아니라 그 특수한 물리적 [172] 속성, 상이한 길이, 일정 시간 동안의 진동

가극 등을 작곡하였으며, 가곡, 교향곡, 협주곡, 실내악곡 등도 많이 썼다. 대표작으로는 독일 최초의 가곡극 《사랑과 성실(Lieb' und Treue)》(1800)이 있으며, 이 밖에도 많은 음악 관련 저술이 있다.

수에 따라 서로 다르게 울리기도 하니, 그런 까닭에 그것은 이 관점에서도 예술에 의해 포착되고 또 예술적으로 알맞게 형상화되어야 하기 때문이다.

이 두 번째 요소와 관련하여 우리는 세 가지 주요 측면을 보다 확실하게 부각해야 한다.

즉 우리는 첫째, 특수한 악기들의 차이를 고찰할 것인데, 그것들의 고안과 제작은 다양하기 이를 데 없는 고저음들의 상호 관계를 별도로 하더라도 이미 감각적 울림의 면에서 서로 다른 음들을 한데 아우르는 총체성을 산출하기 위해 음악에 필연적이었다.

하지만 둘째, 음악적 울림은 악기와 음성의 다양성과는 별도로 자체적으로, 상이한 음들과 음렬들, 조성들의 짜임새 있는 총체성인데, 이들은 우선 양적인 관계에 근거하는 음들이며, 이 관계의 규정성 안에서 각각의 악기와 음성은 자신들의 특수한 울림에 따라 이 음들을 어느 정도 완전하게 산출해야 하는 과제를 갖는다.

셋째, 음악은 개개의 음정들, 단순하고 추상적인 음렬들, 분산된 조성들에서 성립하지 않고, 오히려 하나의 구체적 협화음, 음들의 대립과 매개로서 존재하며, 또한 이를 통해 음들은 필히 서로의 내부로 향하고 또 이행한다. 이러한 병존과 변화는 단순한 우연성과 자의에서 기인하지 않고 오히려 모든 참된 음악적 요소들이 필연적으로 근거하는 특정한 법칙들에 종속한다.

이제 이 관점들에 대한 좀 더 규정적인 고찰로 넘어갈 것인데, 이미 위에서 말하였듯 나는 —특히 여기서는— 아주 일반적인 언급들에 그칠 수밖에 없다. [173]

α) 조각과 회화는 목재, 석재, 금속, 물감 등의 감각적 질료를 기왕에 어느 정도 갖고 있거나 조금만 손보면 이것을 예술적으로 활용할 수 있다.

αα) 그러나 음악은 무릇 예술을 통해 혹은 예술을 위해 처음 만들어진 요

소 속에서 운동하며, 그런 까닭에 음들을 산출하려면 사전에 상당히 어려운 예비 과정을 거쳐야 한다. 조각과 회화는 주조를 위해 금속들을 혼합하고, 물감들을 수액, 기름 등등과 섞어서 갈고, 새로운 뉘앙스를 위해 혼합하는 등의 작업 이외에는 별로 많은 고안을 필요로 하지 않는다. 이에 반해 음악의 경우에는 자연이 직접 주는 인간의 음성을 제외하면 현실적 울림을 위한 그 밖의 수단들이 실존하지 않으며, 따라서 음악은 대체 그것들의 실존마저도 완전히 자력으로 처음 마련해야 한다.

ββ) 이제 이러한 수단들 자체를 살펴보자. 우리는 이미 위에서 울림은 공간적 존속의 진동, 내면에 처음으로 영혼이 깃드는 일이라고 파악했던바, 이렇게 깃든 영혼은 [공간적 존속의] 단순 감각적인 상호 외재성과는 반대되는 그 방식으로 자신을 표명하며 또한 실제적 공간성을 부정함으로써 물체의 모든 물리적 속성들, 즉 특수한 중력이나 일종의 응집력과 같은 것들의 추상관념적 통일성으로서 나타난다. 나아가 여기서 울림을 일으키는 질료의 질적 특성을 살펴보자면, 그것은 그 물리적 본성뿐만 아니라 인위적 구조 면에서도 매우 다양하여, 때로는 단단한 목관이나 금관으로 싸인 곧거나 굽은 공기기둥의 형태를, 때로는 직선의 팽팽한 장막현腸膜絃이나 금속현, 팽팽한 양가죽 표면, 종鐘 모양의 유리 혹은 금속의 형태를 갖는다. ― 이것들의 주요 차이점으로는 다음의 것이 언급될 수 있다.

첫째, 음악적으로 제대로 쓸모 있는 악기들을 산출하는 결정적 요소는 [174] 선적線的 방향성인데, 그 주된 원리를 제공하는 것은 관악기처럼 응집력 없는 공기기둥일 수도 있고, 현악기처럼 팽팽하게 당겨진, 그러나 진동을 위해 충분히 탄력성을 유지해야 하는 금속현일 수도 있다.

이에 반해 둘째는 평면성인데, 이것은 케틀드럼[팀파니], 종, [유리종 등을 문질러 소리를 내는] 하모니카와 같은 부수적인 악기들을 제공할 뿐이다. 왜냐하면 자신을 청취하는 내면성과 선적인 [방향성을 지닌] 저 음들 사이에는 하나의 은밀한 공명이 성립하며, 이에 준해 내적으로 단순한 주관성이 요구하는 것도 넓거나 둥근 평면들의 음향 진동이 아니라 단순한 길이의 음향 진동이기 때문이다. 즉 주관으로서의 내면성은 이 정신적 점으로 존재하며, 또한 이 점은 자신의 외화인 울림 속에서 청취된다. 그런데 점의 일차적 자기지양과 외화는 평면이 아니라 단순한 선적 방향성이다. 이 면에서 넓거나 둥근 평면은 자기청취의 필요성과 가능성에 부응하지 못한다.

케틀드럼의 경우에는 반구형의 통 위에 팽팽한 가죽이 덮여 있고 또한 한 점을 두드림으로써 가죽은 전체 면을 진동시켜 둔중한 음향을 일으키는데, 이 음향은 조화를 낳긴 하겠지만, 악기의 전체 모습이 그렇듯, 자체 내에서 보다 날카롭게 규정될 수도 그렇다고 크게 다양할 수도 없다. 하모니카 및 여기에서 문질러지는 유리종들에서는 정반대의 것이 발견된다. 여기서는 집중적인, 밖으로 퍼지지 않는 강렬함이 발견되는데, 이것은 대단히

케틀드럼(팀파니)

공격적인 종류의 것이어서 많은 사람은 그것을 들으면 곧 신경성 두통을 감지한다. 그 밖에도 이 악기는 특수한 효용에도 불구하고 지속적인 만족을 줄 수가 없었으며 또한 다른 악기들과 거의 어울리지 않는 까닭에 그것들과 결합되기도 어려웠다. — 종의 경우는 다양한 음들이 결여되어 있으며 한 점을 두드린다는 면에서 케틀드럼의 경우와 비슷하다. 그러나 종은 [175] 케틀드럼만큼 둔중하지 않으며, 비록 그 굉음이 한 점을 두드림으로써 일어나는 울림의 반향일 뿐이지만, 자유롭게 울려 퍼진다.

셋째, 우리는 가장 자유로운, 그리고 가장 완벽하게 울리는 악기로서 인간의 목소리를 들 수 있는데, 이것은 관악기와 현악기의 특성을 자신 속에 통합하고 있다. 왜냐하면 여기에는 한편으로는 진동하는 공기기둥이 있고, 다른 한편으로는 근육을 통해 팽팽히 당겨진 현의 원리도 작동하기 때문이다. 우리는 인간의 피부색이 기타 색들의 추상관념적 통일성을 포함하며 또 이로써 내적으로 가장 완벽한 색임을 이미 보았는데, 인간의 목소리 역시 울림의 추상관념적 총체성을 —기타 악기들에서는 울림이 그 특수한 차별성들로 분리될 뿐이다— 포함하며 이로써 완벽한 울림이 되고 그 밖의 악기들과 가장 무리 없이 그리고 가장 아름답게 융화한다. 동시에 인간의 목소리는 영혼 자체의 울림으로 들린다. 내면은 본성상 자신을 표현하며 이를 위해 울림을 소유하니, 이 외화가 울림을 직접 다스린다. 이에 반해 기타 악기들에서는 영혼 및 영혼의 감응에 대해 무차별적인, 이와 전혀 다른 성질의 물체가 진동하지만, 노래에서는 영혼의 고유한 신체가 진동하니, 여기서는 영혼이 울려 나온다. 그러므로 인간의 목소리 역시 주관적 심정과 감응 자체만큼이나 매우 다양한 특칭성으로 전개되는데, 이것은 민족 등등의 자연관계들에 근거하여 비교적 일반적인 차이를 낳는다. 예컨대 이탈리아인들은 가장 아름다운 목소리를 지닌 인물이 가장 빈번히 나타나는 노래의 민족이다. 이 아름다움의 경우에는 첫째, 소리로서의 질료적 요소인 순수한 금속성이 하나의 주요 측면이다. 이 순수한 금속성은 [하모니카처럼] 단순 예리한 소리나 유리 같이 얇은 소리로 째져서도, [케틀드럼처럼] 뭉툭하고 우묵한 소리로 머물러서도 안 되며, 또한 동시에, [종처럼] 굉음으로 나아가는 일이 없이, 말하자면 [176] 치밀하고 집약적인 이 소리 속에서 울림의 내적 생명과 진동을 여전히 보존한다. 그런데 이 경우 목소리는 무엇보다 순수해야 한다. 즉 내적으로 완결된 음 이외에 하등의 다른 잡소리가 들려서는 안 되는 것이다.

γγ) 음악은 이러한 모든 악기들을 낱개로, 혹은 한꺼번에 사용할 수 있는데, 특히 후자의 경우는 최근에야 비로소 발전되었다. 그러한 예술적 조합은 지난한 일인바, 왜냐하면 각각의 악기는 다른 악기들의 특수성에 직접 부합하지 않는 특유의 성격을 갖기 때문이며, 그리하여 이제 다종의 악기들이 이루는 조화의 면에서뿐만 아니라, 예컨대 관악기나 현악기 같은 특수한 악기의 효과적인 등장을 위해, 트럼펫 취주의 갑작스러운 큰 소리를 위해, 전체 합주에서 두드러지는 음향들의 변화무쌍한 연속을 위해, 그리고 그러한 차이들, 변화들, 대립들, 진행과 매개들 속에서 내감으로서의 영혼과 감응이 상실되지 않기 위해, 많은 지식, 용의주도함, 경험, 그리고 창안의 재능이 필요시되기 때문이다. 나에게는 예컨대 모차르트의 —그는 관현악법 및 그 다양한, 즉 함축적이며 생동적이며 명료한, 사용의 대가였다— 교향곡들에서 특수한 악기들의 교차가 종종 연극적 연주처럼, 즉 일종의 대화처럼 보였는데, 이 대화에서는 한편으로 악기들 중 한 종류의 특성이 다른 종류의 특성을 지시하고 준비하는 점으로까지 나아가고 다른 한편으로 한 악기가 다른 악기에 응답하거나 앞선 악기의 울림을 부정하는 것이 적절하게 표현되며, 이로써 울림과 반향, 시작과 진행과 끝맺음 사이의 문답이 지극히 우아하게 성립한다. [177]

β) 또 언급될 수 있는 두 번째 요소는 더 이상 울림의 물리적 특질이 아

닌, 음 내면의 규정성 및 다른 음들에 대한 그 관계에 관한 것이다. 이 객관적 관계를 통해 울림은 비로소 내면적일 뿐 아니라 개별적이며 확고하게 규정되어 있기도 한, 상호 본질적으로 연관하는 음들의 권역으로 확장된다. 그리고 그 관계는 음악의 진정한 화성적 요소를 형성하며 또한 우선은 자체가 다시 물리적이라는 면에서 양적 차별성들과 수적 비례에 기반을 둔다. 좀 더 자세히 보면, 이 화성적 체계와 관계하여 현 단계에서는 다음의 점들이 중요하다.

첫째는 개별적 음들의 특정한 척도와 그것들이 다른 음들에 대해 갖는 관계, 즉 개별적 음정들에 관한 이론이다.
둘째는 조합된 일련의 음들의 가장 단순한 연계, 즉 음계인데, 여기서는 한 음이 다른 음과 직결되어 있다.
셋째는 음계들의 상이성이다. 각각의 음계가 서로 다른 음들을 으뜸음으로 삼아 출발하는 한, 음계들은 서로 구분되는 조성들 및 이것들의 총체적 체계가 된다.

αα) 개별 음정들은 진동하는 물체를 통해 울림을 얻을 뿐만 아니라 보다 세부적으로 확정된 그 규정성 역시 얻는다. 이 규정성에 이를 수 있으려면, 진동 자체가 우연하거나 자의적인 종류이어서는 안 되고 오히려 내적으로 확실하게 규정되어 있어야 한다. 즉 울림을 야기하는 공기기둥, 팽팽한 현, 면 등은 길이와 넓이를 갖는다. 예컨대 하나의 현을 두 점에 고정시키고 그 사이의 당겨진 부분을 진동시킨다면, 다음으로 문제시되는 것은 굵기와 긴장이다. 피타고라스가 처음 행했던 고찰에 따르면, 두 현의 긴장이 완전히 같을 경우에는 무엇보다 길이가 문제시되는데, 까닭인즉 그 현들은 상이한

길이에 따라 [178] 같은 시간 안에 상이한 진동수를 낳기 때문이다. 이 진동수가 다른 진동수에 대해 갖는 차이 및 관계는 고저와 관련된 특수한 음정들의 차이 및 관계를 형성하는 기초이다.

그런데 그러한 음정들을 듣는 청취의 감응은 그 같은 메마른 수적 관계와 전혀 다른 것이다. 우리는 수와 대수적 비례에 대해 아무것도 알 필요가 없으며, 심지어 현이 진동하는 것을 본다 한들, 한편으로 이 진동은 헤아릴 틈도 없이 사라지며, 다른 한편으로 울림의 인상을 얻기 위해 울리는 물체를 보아야 할 까닭도 전혀 없다. 그러므로 음정과 이 수적 관계들의 연관성은 우선 엄청 기이하게 보일 뿐만 아니라, 화성들의 듣기와 내적 이해가 단순 양적인 것으로의 환원을 통해 폄하되기라도 하는 양 곡해될 수도 있다. 그럼에도 불구하고 동일한 시간지속 내에서의 진동들의 수적 관계는 언제나 음정들을 규정하기 위한 기초이다. 듣기의 감응이 내적으로 단순하다는 사실은 이를 적절히 반박하는 근거가 되지 못한다. 단순한 인상을 주는 것 역시 즉자적으로는, 즉 그 개념과 실존의 면에서는, 무언가 내적으로 다양한 것, 다른 것과 본질적으로 관계하는 것일 수 있다. 우리가 예컨대 푸른색이나 노란색, 녹색이나 붉은색을 그 특수한 순수성 속에서 본다면, 이것들도 마찬가지로 철저히 단순하게 규정된 것으로 보이며, 이에 반해 보라색은 푸른색과 붉은색의 혼합으로 쉽사리 밝혀진다. 그렇지만 순수한 푸른색마저도 단순한 것이 아니며 오히려 밝음과 어두움의 특정한 내적 관계이다. 종교적 감응들, 이러저러한 사례들에서의 법 감정도 마찬가지로 단순한 것으로 보이지만, 일체의 종교적 요소들과 모든 법적 관계들은 [179] 특수한 규정들의 다양성을 포함하며, 이들의 통일성이 이 단순한 감응을 낳는 것이다. 이제 이와 비슷하게, 아무리 음정이 내적으로 마냥 단순한 것으로 청취, 감응되더라도, 음정 역시 시간적 진동의 규정성, 즉 특정 시간 동안의 특정 진동수에서 유래하는 다양성에 기반을 두는바, 까닭인즉 음정은 물체의 진동을 통해 발생하며 이로써 진동과 더불어 시간에 속하기 때문이다. 음정의 그러한 유래를 좀 더 자세히 설명하기 위해 나는 다만 다음의 것만을 주목하고자 한다.

직접 화합하는 음정들의 울림에서는 상이성이 대립으로 청취되지 않는다. 여기서는 그 진동들의 수적 관계가 극히 단순한 종류의 것임에 반해, 본래 화합하지 않는 음정들은 한층 복잡한 비례를 포함한다. 전자의 종류로는 예컨대 8도 음정들[54]이 있다. 즉 하나의 현을 그 특정한 진동들이 으뜸음을 낳게끔 조율하고 또 그것을 이등분한다면, 이 두 번째 1/2길이의 현은 첫 번째의 현과 비교할 때 같은 시간 내에 또다시 같은 진동수를 갖는다.[55] 5도 음정의 경우에는 으뜸음의 현과 짧은 현이 2:3의 비례로 진동하며, 3도 음정의 경우에는 4:5의 비례로 진동한다. 반면 2도 음정과 7도 음정은 다른 관계를 갖는바, 으뜸음의 현이 8번 진동할 때 전자의 경우에는 짧은 현이 9번, 후자의 경우에는 15번 진동한다.

ββ) 이미 살펴보았듯이, 이러한 관계들이 우연히 선택된 것이어서는 안 되며 오히려 그들의 특수한 측면들 및 그 총체성은 필연적이어야 하는 관계로, 그러한 시간관계에 따라 규정되는 개개의 음정들은 서로 무차별적으로 머물 수 없고 오히려 서로 합류하여 하나의 총체성을 이루어야 한다. 그런데 여기에서 성립하는 최초의 음정조합은 아직 여러 음들의 구체적 협화음이 아니며 오히려 한 체계의 극히 추상적인 연속, 즉 [180] 음들 서로 간의 —그리고 총체성 내에서의 그들의 위치에 대한— 극히 단순한 관계에 따르는 연속이다. 이것은 음들의 단순한 계열, 즉 음계를 제공한다. 음계의 기본

---

54 역주: 예컨대 한 옥타브(도, 레, 미, 파, 솔, 라, 시, 도)에서 두 번째 도는 첫 번째 도에 대해 8도 음정의 관계를 갖는다.

55 역주: 즉 이 경우에는 긴 현은 으뜸음 도를, 1/2길이의 현은 한 옥타브 위의 도를 낳는다.

규정은 으뜸음인데, 이것은 그 8도 음정에서 반복되며 또한 이 이중의 경계 속에서 ―이 경계는 으뜸음이 그 8도 음정에서 직접 자신과 화합함으로써 자신에게로 회귀한다― 그 밖의 여섯 음정들을 펼친다. 음계의 다른 음정들 중 일부는, 예컨대 3도 음정과 5도 음정은, 자체가 다시 으뜸음과 직접 화합하며 또 일부는, 예컨대 2도 음정과 7도 음정은, 으뜸음에 대해 비교적 본질적인 울림의 차이를 가지며, 또한 전체는 하나의 특수한 연속으로 정렬되는데, 여기서는 그 규정성을 더 이상 설명하지 않을 것이다.

γγ) 셋째, 이러한 음계로부터 조성들이 등장한다. 즉 음계의 모든 음들은 그 자체가 다시 첫 번째 음열의 법칙과 동일한 법칙에 따라 정렬되는 새로운 특수한 음열의 으뜸음이 될 수 있는 것이다. 그러므로 음계가 점점 풍부한 음들로 발전함에 따라 조성의 수효도 증가하는바, 우리는 현대의 음악이 고대인들의 음악보다 한층 다양한 조성들을 갖는다는 사실에서 이 사례를 볼 수 있다. 나아가 음계의 여러 음들은, 이미 보았듯이, 무릇 한층 직접적으로 상호 조화하는 관계를 갖거나 한층 본질적으로 상호 회피하고 구별되는 관계를 갖는 까닭에, 이 음들을 으뜸음으로 삼아 나타나는 음열들도 한층 가까운 친화관계를 나타내고 이에 따라 한 음열에서 다른 음열로의 직접적인 이행을 허용하거나 그들의 이질성으로 인해 그런 식의 매개되지 않은 진행을 거부한다. 그러나 그 밖에도 조성들은 장조와 단조로 갈라지며 또한 끝으로 그것들의 으뜸음을 통해 특정한 특성을 갖는데, 이 특성은 다시 나름대로 특정 방식의 감응, 즉 한탄, 기쁨, 슬픔, 고무적 선동 등에 상응한다. 이러한 의미에서 이미 고대인들은 [181] 조성들의 차이를 중시하였으며, 또한 그것이 여러모로 사용되도록 발전시켰다.

γ) 화성학에 관한 우리의 간략한 언급을 끝맺는 세 번째 주요 측면은 음들 자체의 조화로운 울림, 즉 화음의 체계에 관한 것이다.

αα) 지금까지 우리는 음정들이 하나의 전체를 형성한다는 사실을 보았

지만, 이 총체는 일단 음계와 조성들에서는 단순한 음열들로 전개되었을 뿐이며, 그 연속 속에서 각각의 음들은 독립적이며 개별적인 것으로 등장했었다. 여기서는 언제나 하나의 특수한 규정성만이 등장했으며, 이를 통해 울림은 여전히 추상적인 것으로 남아 있었다. 그러나 음들은 사실상 상호 관계를 통해서만 참되게 존재하며, 그런 한에서 울림 역시 자신의 실존을 이 구체적 울림 자체로서 구해야 할 것이다. 즉 여러 음들은 하나의 동일한 울림으로 결속되어야만 하는 것이다. 이러한 어울림-울림이 화음의 개념을 형성한다. 그런데 여기서는 서로 하나가 되는 음들의 수효가 본질적으로 중요한 것은 아니며, 이미 두 개의 음이면 그러한 통일이 이루어질 수 있다. 이미 개별적 음들의 규정성이 우연과 자의에 위임되어서는 안 되며 오히려 하나의 내적 법칙성을 통해 규제되고 또 합법칙적인 순서로 정돈되어야 하는데, 그와 같은 법칙성은 화음에서도 어떤 종류의 조합이 음악적으로 사용될 수 있는 반면, 어떤 종류가 배제되어야 할 것인가를 규정하기 위해 통용되어야 할 것이다. 이 법칙들이 비로소 본격적 의미에서의 화성학을 낳는바, 화음들 역시 이 화성학에 의해 다시 내적 필연성을 갖는 하나의 체계로 전개되어야 할 것이다.

ββ) 이제 화음을 이루는 것은 언제나 특정한 음들인 까닭에, 화음들은 이 체계 안에서 서로에 대한 특수성과 차별성으로 나아간다. 그러므로 우리는 곧바로 특수한 화음들의 총체성과 [182] 관계한다. 이 총체성을 가장 일반적으로 분류하자면, 여기서는 내가 이미 음정, 음계, 조성들에서 간략히 다루었던 규정들이 새삼, 그러나 좀 더 자세한 의미에서 유효하다.

즉 첫 번째 종류는 서로 직접적으로 조화하는 음정들이 이루는 화음들이다. 그러므로 이 울림에서는 대립과 모순이 하등 발생하지 않으며, 완벽한 화음이 온존한다. 소위 협화음들이 이 경우인데, 그 기본은 3화음이다. 주지하듯 3화음은 바탕음, 3도음 혹은 중음, 그리고 5도음 혹은 딸림음으로 구성된다. 여기에는 가장 단순한 형태의 화음 개념이, 아니 그 개념 일반의 본성이 표현되어 있다. 왜냐하면 우리가 목전에 두고 있는 것은 구분되는 —그러나 이 차별성에 못지않게 명징한 통일성도 보여 주는— 음들의 한 총체성이기 때문이다. 그것은 하나의 직접적인, 그러나 특수화와 매개를 결하지 않은 동일성이다. 반면 매개도 동시에 —구분되는 음들의 독자성에 머무르거나 어떤 상대적 관계의 단순한 건너옴과 건너감에 만족함이 없이 — 합일을 실제로 성사시키고 또 이를 통해 내면의 직접성으로 회귀한다.

그러나 둘째, 3화음은 여러 종류들이 있지만 —이것들을 나는 여기서 더 이상 자세히 설명할 수 없다— 여기서는 한층 깊은 대립이 현실적으로 출현하지 않는다. 그런데 우리는 이미 앞에서 음계는 대립 없이 서로 화합하는 예의 음들 이외에도 이 화합을 지양하는 다른 음들 역시 포함한다는 점을 보았다. 그러한 음이 단7도와 장7도이다. 이것들은 [직접적으로 조화하는 음들과] 마찬가지로 음들의 총체성에 속하며, 따라서 자신 역시 3화음을 구성하는 방편을 마련해야 할 것이다. 그러나 이리되면 본질적으로 다르게 울리는 음이 추가되며, 또 이 음을 통해 하나의 특정한 차별성, 그것도 대립으로서의 차별성이 진정 처음으로 [183] 출현하는바, 그런 한에서 예의 직접적 통일성과 협화음은 파괴된다. 이것이 소리의 진정한 깊이를 형성하니, 즉 소리는 본질적 대립들로도 발전하며, 그 날카로움과 분열상을 두려워하지 않는 것이다. 왜냐하면 참된 개념이 내적 통일성인 것은 맞지만, 그것은 그저 직접적인 통일성이 아니라 본질상 내적으로 갈라지고 대립들로 분열된 통일성이기 때문이다. 나는 예컨대 나의 『논리학』에서 개념을 주관성이라고 해명하였는데, 추상관념적이며 투명한 통일성으로서의 이 주관성은 자신과 대립적인 것, 즉 객관성으로 지양된다. 분명 주관성은 단순 추상관념적인 것으로서는 그 자체가 단지 일면성이자 특수성일 뿐이며, 이 특수성은 타자, 대립자, 객관성과의 대비 속에서 자신을 보존하며, 또한 이 대립 속으로 들어가 대립을 극복하고 해소할 경우에만 비로소 참된 주관성으로 존재한다. 내적 대립의 고통을 견디고 이겨 내는 힘이 주어진 고차적 자연들은 현실세계에도 있다. 이제 음악이 지극히 깊은 —예컨대 종교적, 그것도 고통의 심연이 주요 측면을 이루는 기독교적— 의미내용의 내적 의미와 그 주관적 감응을 예술적으로 표현해야 한다면, 음악의 소리영역 속에는 대립들 간의 투쟁을 묘사할 수 있는 수단이 있어야만 한다. 음악은 소위 7화음과 9화음에서 이 수단을 얻는데, 이에 관한 자세한 언급은 여기서 생략하겠다.

반면 셋째, 이 화음들의 일반적 본성을 볼 때, 이것들이 이러한 대립의 형식에서 자신에게 대립되는 것을 바로 하나의 그 통일성 안에 간직한다는 사실은 또 하나의 중요한 점이다. 그러나 대립적인 것이 대립적인 것으로서 통일되어 있다는 말은 모름지기 모순적이며 또 성립할 수 없다. 대립들 일반은 그 내적 개념에 따를 때 그 자체에서든 혹은 그 반대 대당에서든 확고한 거점을 갖지 못한다. 그렇기는커녕 그것들은 자신의 반대 대당으로 인해 스스로 파멸한다. 그러므로 화성은 그러한 화음들에 [184] 정체될 수 없으니, 까닭인즉 이것들은 귀에 모순을 제공할 뿐이며 또한 이 모순은 귀와 심정을 만족시키기 위해 그 해결을 요구하기 때문이다. 그런 한도에서 대립과 더불어 직접 불협화음의 필연적 해소와 3화음으로의 후퇴가 결과한다. 무릇 동일성의 자기회귀로서의 이 운동이 비로소 참된 것이다. 그러나 음악에서는 이 충만한 동일성 자체가 오직 그 계기들의 시간적 분산으로서만 가능하며 이에 따라 이 계기들은 연속적으로 나열되지만, 하나 그것들은 서로에 대해 내면 자체에 근거하는 한 진행의 필연적 운동으로서, 그리고 변화의 본질적 과정으로서 밝혀짐을 통해 그들의 공속共屬성을 증명한다.

γγ) 이와 더불어 우리는 여전히 주의를 기울여야 할 제3의 점에 도달하였다. 즉 이미 음계가 비록 일단은 추상적일지언정 내적으로 확고한 음들

의 계열이었다면, 이제는 화음들도 개별적이며 독자적으로 머물러 있는 대신 내적인 상호 연관성 및 변화와 발전의 필요성을 얻는다. 이 발전이 음계에서 가능한 것보다 더욱 의미 있는 변화의 폭을 지닐 수 있기는 하지만, 거기에 다시 단순한 자의가 섞여서는 안 되며, 오히려 화음에서 화음으로의 운동은 한편으로는 화음들 자체의 본성에서, 다른 한편으로는 화음들이 옮겨 가는 조성들의 본성에서 기인해야 한다. 이 점에서 음악이론은 많은 금기사항들을 제정했지만, 이것을 분석하고 근거 짓는 일은 우리를 지나치게 어렵고 장황한 설명으로 끌고 갈지도 모르는 탓에 나는 몇 안 되는 극히 일반적인 언급들에 만족하고자 한다.

c. 선율

일단 우리가 특수한 음악적 표현 수단들과 관련하여 관심을 두었던 바를 반추해 보자면, 우리는 첫째, 음들의 시간적 지속의 형상화 방식을 [185] 템포, 박자, 리듬의 면에서 고찰하였다. 여기에서 출발하여 우리는 현실적 음들로, 그것도 첫째, 악기와 인간 목소리의 울림, 둘째, 음정들의 확고한 척도 규정과 음계 및 여러 조성들에서 나타나는 음정들의 추상적 계열, 셋째, 특수한 화음들과 그들 서로 간의 연속운동으로 나아갔다. 마지막 영역은 선율 [멜로디]인데, 앞에 살펴본 영역들이 여기서 하나가 되며, 또한 이 동일성 속에서 처음 음정들을 진정 자유롭게 전개하고 통일하는 기초를 제공한다.

즉 화성은 음의 세계에서 필연성의 법칙을 형성하는 본질적 관계들을 포괄할 뿐, 박자나 리듬과 마찬가지로 그 자체가 이미 본격적 음악인 것은 아니며, 오히려 자유로운 영혼이 산책하는 실체적 토대이자 합법칙적 마당이며 터일 뿐이다. 음악의 시적 요소인 영혼의 언어는 내면의 열락과 심정의 고통을 음들로 분출하며 또한 이 분출 속에서 감응의 자연폭력을 완화하여 자신을 그 너머로 제고하니, 까닭인즉 그 언어는 현재적 감동에 휩싸인 내면의 상태를 내면 자체의 청취, 자신 곁의 자유로운 머무름으로 만들며 또한 바로 이를 통해 심정을 기쁨과 고통의 핍박으로부터 해방하기 때문이다 — 음악 분야에서의 영혼의 자유로운 울림이 비로소 선율인 것이다. 이 마지막 영역은 앞서 고찰된 요소들을 활용함으로써 음악의 한층 고차적인 시적 측면, 진정 예술적인 창안의 국면을 형성하며, 그런 한에서 그것은 각별히 언급되어야 할 것이다. 그럼에도 여기서는 기왕에 언급되었던 바로 그 난점들이 우리를 가로막는다. 즉 한편으로 대상을 광범위하고 논리정연하게 다루기 위해서는 작곡규칙의 정확한 지식, 매우 완벽한 음악작품들에 관한 전문가적 소양이 필요시되었는데, 나는 그러한 것을 소유하지도 않거니와 얻을 수도 없었다. 왜냐하면 전문가라고 하는 인사들과 음악을 업으로 삼는 사람들로부터는 이에 관해 [186] 확실하고 상세한 것을 거의 —종종 정신 빠진 사람들인 음악가들로부터는 정말이지 아무것도— 듣지 못하기 때문이다. 다른 한편, 다소 일반적으로 보자면, 음악에서는 규정된 특수사항이 기타 예술들에서보다 덜 준수되고 강조되고 또 그래야 한다는 점이 음악 자체의 본성에 내포되어 있다. 왜냐하면 음악이 아무리 정신적 내용을 수용하고 또 이 대상의 내면이나 감응의 내적 운동을 표현대상으로 삼는다 한들, 이 내용은 —내면성의 면에서 포착되거나 주관적 감응으로서 반향反響하는 관계로— 다소 비규정적이고 모호하게 남기 때문이며, 또한 음악적 변화들이 매번 감응이나 표상의 변화, 사상이나 개별적 형상의 변화이기도 한 것은 아니며 오히려 그것들은 자기 자신과 유희하는, 그리고 그 속에서 나름의 방법을 찾는 하나의 단순 음악적인 진행운동이기 때문이다. 그러므로 나는 다만 내게 흥미롭고 인상적인 것으로 보이는 다음의 언급들에 그치고자 한다.

α) 선율은 한편 음정들의 자유로운 전개 속에서 박자, 리듬, 화성 위를 독립적으로 떠돌지만, 다른 한편 그 실현을 위한 수단은 음정들의 본질적

인, 내적으로 필연적인 관계들이 이루는 리듬-박자의 운동들뿐이다. 그리하여 선율의 운동은 그 현존재의 이러한 수단들 속에 제한되어 있으며, 또한 그것들이 본래적으로 갖는 필연적 합법칙성에 반하여 실존을 얻으려 해서는 안 된다. 그러나 선율은 화성 자체와 이렇듯 긴밀하게 결합됨을 통해 자신의 자유 등을 상실하지 않으며, 오히려 변덕스럽게 흐르고 괴상망측하게 변하는 우연적 자의의 주관성으로부터 해방될 뿐이며, 또한 바로 이를 통해 비로소 자신의 참된 독자성을 얻는다. 왜냐하면 진정한 자유는 압박과 억압을 행하는 이질적 힘으로서의 필연적 요소에 대립하는 것이 아니라 [187] 오히려 이 실체적 요소를 그 자신에 내재하는, 자신과 하나인 본질로서 소유하는 것이다. 그리하여 자유는 이러한 본질의 요구들 속에서 오로지 자신의 고유한 법칙들에 따르고 또 그 자신의 본성을 충족시킬 뿐인바, 이로써 만일 자유가 이러한 규제들에서 벗어난다면 그때야말로 자유는 자신으로부터 등을 돌리게 되고 또한 자기 자신에게 불충실하게 될 것이기 때문이다. 그러나 역으로 박자, 리듬 그리고 화성이 그 자체로 보면 단지 추상들일 뿐이라는 점도 자명한바, 이 추상들은 고립적으로는 음악적 타당성을 갖지 못하고 오히려 선율을 통해 그리고 선율 내부에서만, 선율 자체의 계기들이자 측면들로서만 참된 음악적 실존을 얻을 수 있다. 위대한 작곡들의 주된 비밀은 화성과 선율의 차이를 그런 식으로 조화시키는 데에 있다.

β) 이와 연관하여 둘째, 선율의 특수한 특성을 살펴보자면, 나에게는 다음의 차이점들이 중요하게 보인다.

αα) 만일 선율이 무대립적으로 조화하는 음의 관계들 내부에서만 확장된다면, 또한 이 경우 이 관계들을 단순히 기초로 취급하고, 그 토대 속에서 앞으로의 형태와 운동을 위한 보다 일반적인 거점들만을 찾으려 한다면, 선율은 첫째, 화성적 진행의 면에서 매우 단순한 범위의 화음들 및 조성들에 제한될 수 있다. 예컨대 가곡의 선율들이 그 예이다. 이것들은 보통 매우

단순한 화성의 관계들 속에서 오락가락하지만, 이로 인해 피상적일 필요는 전혀 없으며 오히려 표현의 깊은 영혼을 지닐 수 있다. 이것들은 조화를 낳기 위해 날카로운 대립들로 추동되지 않는, 그리고 만족스러운 통일을 산출하기 위해 다양한 매개를 요구하지 않는 그러한 진행과 전조轉調들에 자족하며, 그런 한에서 화음들과 조성들의 비교적 난해한 합성을 문제로 삼지 않는다. 하지만 이탈리아와 프랑스의 많은 현대적 선율들이 그러하듯이, 이러한 취급방식은 천박함으로 이끌릴 수도 있다. 여기서는 화성 진행이 매우 피상적이며 [188] 작곡가는 이 면에서 그에게 아쉬운 것을 단지 짜릿한 자극의 리듬이나 기타 양념들을 통해 대체하려 들 뿐이다. 그러나 일반적으로 선율의 공허함이 그 화성적 토대의 단순함의 필연적 결과인 것은 아니다.

ββ) 이제 둘째, 또 하나의 차이점은 선율이 앞의 경우와는 달리 단순히 개별 음정들의 전개 속에서, 그리고 단순한 기초로서 비교적 독자적으로 진행되는 화성 진행 위에서 더 이상 발전하지 않고 오히려 구체적 전체로서의 선율의 각 개별 음정들이 하나의 화음을 이루며 또 이를 통해 음들이 풍부해진다는 점, 그것들이 화성의 진행과 매우 긴밀하게 엮임으로써 일면 독자적으로 펼쳐지는 선율과 일면 이에 수반하는 거점, 비교적 공고한 근거 및 토대만을 제공하는 화성이 그렇듯 확실하게 구분되지 않는다는 점에서 성립한다. 이 경우 화성과 선율은 하나의 꽉 짜인 전체로 머물며 또한 한 측면의 변화가 동시에 다른 측면의 필연적 변화가 된다. 이것은 예컨대 특히 4중창 같은 것에서 나타난다. 마찬가지로 하나의 같은 선율이 다성적으로 엮여 이러한 엮임이 하나의 화성 진행을 형성할 수도 있으며, 혹은 비슷한 식으로 심지어 여러 선율들이 조화롭게 서로에게 개입하여, 예컨대 [요한] 제바스티안 바흐의 곡들에서 종종 나타나듯이, 그 특정 음정들의 만남이 언제나 하나의 화성을 낳게 할 수도 있다. 이 경우 진행은 다양하게 서로

엇갈리는 과정들로 갈라지는데, 이것들은 독립적으로 병렬하거나 서로 뒤엉켜서 끌려가는 듯 보이지만, 그럼에도 본질적으로 화성적인 상호 관계를 유지하며, 이를 통해 다시 그들 사이의 필연적 공속共屬관계가 도입된다.

γγ) 비교적 심오한 음악은 그러한 취급방식 속에서 [189] 자신의 운동을 직접적 협화음의 경계들로까지 몰아가거나, 심지어 다시 그리로 돌아가기 위해 먼저 그것을 침범해도 좋지만, 하나 단지 여기에 그쳐서만은 안 되며 오히려 반대로 단순한 일차적 협화음을 필히 여러 불협화음들로 조각내야 한다. 왜냐하면 그 나름의 필연성을 갖는 화성의 한층 깊은 관계들과 비밀들은 그러한 대립들에서 비로소 정초되며, 또한 깊숙이 파고드는 선율의 운동들도 이 한층 깊은 화성의 관계들 속에 기초를 두기 때문이다. 그러므로 음악작곡의 대담성은 단순 화성적 진행으로부터 떠나 대립들로 나아가고, 지극히 강력한 일체의 모순과 불협화음들을 호출한다. 또한 화성이 지니는 모든 힘들을 뒤흔드는 가운데 자신의 고유한 힘을 증명하고, 마찬가지로 그 힘들의 투쟁을 진정시킬 줄 알아야 하며, 또한 선율적 평온의 만족스러운 승리를 축하하는 확신을 갖는 것이다. 이것은 자유와 필연성의 투쟁, 즉 비상飛翔에 자신을 맡기는 판타지의 자유와 화성적 관계들이 갖는 필연성의 투쟁인데, 판타지는 자신의 표출을 위해 이 관계들을 필요로 하며 또한 자신의 고유한 의미를 그 속에 둔다. 그런데 화성, 그 모든 수단들의 사용, 이 사용 속에서 벌어지는 투쟁 내지 이 수단들에 대립하는 투쟁의 대담성이 주를 이룬다면, 작곡에는 운동의 자유가 실제로 없거나 아니면 적어도 그 속에서 그러한 자유의 완벽한 승리가 등장하지 않으며, 그런 한에서 작곡은 자칫 어색하고 현학적인 것이 되기 쉽다.

γ) 셋째, 어떤 종류의 음악이든 간에 모든 선율에서는 노래될-수-있음das Sangbare이라는 선율 본연의 요소가 지배적, 독립적인 것으로, 즉 선율적 표현의 풍부함 속에서 망실忘失되지 않는 것으로 나타나야 한다. 이 측면에서

보면 선율은 음정들의 연속운동이 갖는 무한한 규정 가능성이되, 이 가능성은 우리의 감관 앞에 언제나 내적으로 총체적이며 완결된 하나의 전체로 머물게끔 조정되어야 한다. [190] 전체는 다양성을 포함하며 또한 자체 내에 하나의 진행을 갖는 것이 사실이지만, 그것은 총체성으로서 내적으로 확고하게 완결되어 있어야 하며, 그런 한에서 특정한 시작과 끝막음을 필요로 하니, 중간은 다만 저 시작과 이 끝의 매개일 뿐이다. 이 운동은 비규정적인 것으로 귀결하지 않으며, 내면 자체에서 분류되어 있으며, 또 자신에게로 회귀하는 것이다. 주관성의 표현이어야 하는 선율은 오로지 이러한 운동으로서만 주관성의 자유로운 자신-곁의-존재Beisichsein에 상응하며 또한 오로지 이럼으로써 음악은 직접 표현되는 내면성이자 직접 내면화되는 표현이라는 그 고유 요소 속에서 이상성Idealität과 자유를 행사하는바, 이 자유는 동시에 화성적 필연성에도 복종함으로써 영혼을 한층 높은 국면으로 이끈다.

3. 음악적 표현 수단들과 내용의 관계

우리는 음악의 일반적 특징을 언급하였으며, 이어 음들과 그 시간적 지속의 형상화가 필히 준수해야 하는 특수한 측면들을 고찰하였다. 그런데 우리는 선율과 더불어 자유로운 예술적 창안 및 현실적 음악 창조의 영역에 발을 들이며, 그런 관계로 이제는 어떤 내용이 리듬, 화성 그리고 선율을 통해 예술적으로 표현되는가 하는 문제가 곧바로 중요시된다. 이제 마지막 관점은 이러한 표현의 일반적 종류들을 발견함으로써 제공되는바, 우리는 앞으로 이 관점에서 음악의 여러 분야들을 살펴보아야 한다. ― 이와 관련해서 우선 다음의 차이점이 부각될 수 있다.

이미 위에서 살펴보았듯이, 음악의 정신적 내용이 주관적 감응으로서 포착되지 않을 경우, 그 의미가 추상적 내면성의 면에서만 포착되지 않고 오히려 표상에 의해 [191] 이미 형성되고 말로 옮겨진 그대로 음악적 운동 속에 도입될 경우, 음악은 한편으로 수반적일 수 있다. 다른 하나는 음악이 이미 그 자체로 완결되어 있는 그러한 내용으로부터 탈피하여 자신의 고유 분야 속에서 독자적으로 되는 경우이다. 이때 만일 음악이 모종의 규정된 의미 내용 일반과 여전히 관계한다면, 음악은 그것을 선율들 및 그 화성적 정교함 속에 직접 잠기게 만들 수도 있고 아니면 완전히 독자적인 조음調音 자체에, 그리고 화성적, 선율적인 그 형상화에 만족할 수도 있다. 이를 통해 건축 내부의 차이와 ─우리는 이것을 독자적 건축과 봉사적 건축의 차이로 보았다─ 비슷한 것이, 비록 완전히 다른 분야에서이긴 하지만, 다시 나타난다. 하지만 수반적 음악은 여느 건축에서 가능한 것보다 본질적으로 한층 자유로우며 또한 그 내용과 훨씬 밀접하게 결합한다.

실제 예술에서는 이 차이가 성악과 기악의 종차種差로서 나타난다. 하지만 우리는 이 종차를 혹여 외적으로 받아들여 마치 성악에서는 인간 목소리의 울림만이 사용되며, 반면 기악에서는 기타 악기들의 한층 다양한 울림이 사용되는 양 간주해서는 안 된다. 오히려 목소리는 노래를 통해 동시에 특정 내용의 표상을 진술하는 어휘들을 언표하며, 그리하여 이제 노래 불리는 어휘로서의 음악은, 음정과 어휘라는 양 측면이 무차별적이며 무관계적으로 갈라져서는 안 될진대, 음악적 표현을 이 내용에 ─이것은 내용인 까닭에 그 규정성에 따라 한층 자세하게 표상되며 또한 다소 비규정적인 감응에는 더 이상 속하지 않는다─ 가능한 한 알맞게 만들어야 한다는 과제를 가질 뿐이다. 그러나 이러한 통합에도 불구하고 텍스트로서의 내용 표상은 자체로서 이해 및 독해가 가능하며, 그리하여 우리의 표상은 그것을 음악적 표현과 구분한다. 이를 통해, [192] 조각과 회화에서는 표현된 내용이 그 예술적 형상을 벗어나 이미 그 자체로서는 표상되지 않는 반면, 텍스트에 추가된 음악은 수반적인 것이 된다. 하지만 다른 한편 그러한 수반

개념을 단순 봉사적 합목적성의 의미로 이해하는 것도 아니 되니, 까닭인 즉 사실관계는 정반대이기 때문이다. [즉 음악이 텍스트에 봉사하지 않고] 텍스트가 음악에 봉사하는 것이다. 그리고 텍스트는 예술가가 선정했던 작품의 특정 대상을 보다 자세하게 표상하고 의식하도록 해 주는 것 이외에는 다른 어떠한 효용도 갖지 않는다. 그러므로 음악은 가령 텍스트가 내용을 표상하도록 만들기보다는 주로 관조와 표상에 속하지 않는 모종의 요소를 장악하게 함으로써 이러한 자유를 보존한다. 이와 관련하여 나는 이미 음악의 일반적 특징을 논하면서 음악은 내면성 그 자체를 표현해야 한다는 사실을 지적했다. 하지만 내면성이란 중의적일 수 있다. 즉 대상을 내면성 속에서 취한다는 것은 한편으로 그것의 현상적, 외적 실제성보다는 그 추상관념적 의미를 파악함을 일컫지만, 다른 한편 감응의 주관성 속에 생생하게 존재하는 한 내용을 그대로 표현하는 것도 그런 뜻일 수 있다. 음악에서는 두 이해방식이 모두 가능하다. 나는 이 점을 좀 더 자세히 생각해 볼 것이다.

오래된 교회음악들에서는, 일례로 〈십자가의 예수〉에서 신의 고통, 죽음, 매장이라는 그리스도의 수난 개념에 포함된 깊은 규정들은 누차 다음과 같이, 즉 이 사건에 관해 감동, 동정 혹은 인간의 개별적 고통이라는 주관적 감응이 언표되는 것이 아니라 말하자면 사태 자체, 그 의미의 심연이 화성들과 그 선율적 과정의 전편에 흐르는 것으로 이해되었다. 이 경우에도 작품은 청자의 감응을 위해 제작되는 것이 사실이다. 청자는 책형의 고통, 매장을 [193] 관망해서는 안 되고, 단순히 그에 관한 일반적 표상만을 형성해서도 안 된다. 오히려 그는 가장 내밀한 자기 안에서 이 죽음과 이 신적고통들의 가장 내적인 의미를 체험해야 하며, 온 심정을 바쳐 그 안에 잠겨야 한다. 그리하여 이제 사태가 그의 내면에서 들리며 그 밖의 모든 것은 제거되고 또 주관이 오직 이 하나에 의해 채워지도록 해야 한다. 예술작품이 그러한 인상을 야기할 수 있는 힘을 유지하려면, 작곡가들의 심정도 마찬가지로 완전히 사태 속에, 단순히 그에 관한 주관적 감응이 아닌 오직 그 속에, 잠겨야 하며 또한 내적 감관을 위해 음들 속에서 오로지 사태만을 살리고자 의도해야 한다.

반대로 나는 예컨대 한 사건을 이야기하고 한 행위를 제시하고 느낌들을 말로 표현하는 하나의 책이나 텍스트를 읽을 수 있으며 또한 이를 통해 깊이 느끼고 매우 자극받고 눈물을 흘리는 등의 행동을 할 수 있다. 감응의 이러한 주관적 계기는 일체의 인간적 행동과 행위, 내적 삶의 모든 표현들을 수반하며 또한 개개의 사건을 듣거나 개개의 행위를 함께 바라보면서 환기될 수 있는데, 음악은 이것을 완전히 구성할 수 있을 뿐만 아니라 청자에게 주는 그 인상을 통해 그가 느끼게 된 공감을 유연하게 하고 진정시키고 이상화하기도 한다. 그러므로 이 두 경우 모두에서 내용은 내면의 자기에 대해 울린다. 즉 음악은 주관을 장악하여 가장 단순하게 집중하도록 만들 수 있다는 바로 그 이유에서 이 내면의 자기에게 사유, 표상, 직관의 분방한 자유뿐만 아니라 규정된 의미내용을 넘어서는 것을 제약할 수 있는바, 까닭인즉 음악은 심정을 하나의 특수한 내용 속에서 견지하고, 그 속에서 그것에 종사하며, 또한 이 범위 내에서 감응을 움직이고 채우기 때문이다.

이것이 여기서 우리가 수반적 음악을 논해야 하는 취지이다. 왜냐하면 수반적 음악은 위에서 거론했듯이 텍스트를 통해 이미 표상에 제시된 내용과는 다른 앞의 내면성의 측면을 형성하기 때문이다. 그런데 음악은 이러한 과제를 특히 성악에서 [194] 추구할 수 있으며 게다가 이 경우에는 인간의 목소리를 악기들과 결합하는 관계로, 통상 우리는 기악 자체를 즐겨 수반적이라고 부른다. 물론 기악은 목소리를 수반하며, 그러기에 절대적으로 독립적이어서는 안 되며, 또 스스로 주가 되려고 해서도 안 된다. 하지만 이 결합 속에서 성악은 위에서 약술했던 수반적 울림의 범주에 다소 직접적으로 종속하는바, 까닭인즉 기악 자체에서는 표상을 위한 발화發話가 생략되고 또 음악은 그 순수한 음악적 표현방식의 고유한 수단들에 한정되는 반면 목소리는 표상을 위해 분절화된 어휘들을 이야기하며 또 노래는 단지 이 어휘들이 갖는 내용의 새로운 발전된 변양, 즉 내적 심정의 감응을 위한 어휘들의 정교화일 뿐이기 때문이다.

성악과 기악의 이러한 차이들에 대해 이제 마지막으로 간과해서는 안 될 제3의 측면이 등장한다. 즉 나는 앞에서 이미 음악작품의 생생한 현실성은 늘 새롭게 재생산되어야 하는 것임을 지적했었다. 조각가와 화가는 자신의 작품을 구상하고 또 그것을 완벽하게 제작한다. 모든 예술 활동은 하나의 동일한 개인에게 집중되며, 이를 통해 창안과 현실적 제작은 대단히 내밀하게 서로 조응한다. 반면 건축가의 경우는 상황이 비교적 열악하다. 그는 다종다기多種多技한 기능의 많은 조력을 필요로 하지만 이것을 다른 사람의 손에 맡겨야만 한다. 작곡가도 마찬가지로 그의 작품을 다른 사람의 손과 성대에 맡겨야 하지만, 여기서는 기술적인 면에서든 내적, 능동적 정신의 면에서든 간에 연주 자체가 다시 단순히 기능적 활동이 아닌 하나의 예술적 활동을 요구한다는 차이가 있다. 특히 이러한 관점에서, 비교적 오래된 이탈리아 오페라의 시대에도 이미 그러했지만, 다른 [195] 예술에서는 새로운 발견들이 이루어지지 않은 반면, 음악에서는 오늘날 다시 두 가지의 기적이 열렸다. 하나는 구상에서, 다른 하나는 연주의 대가적 천재성에서 열렸는데, 후자와 관계해서는 음악이 어떤 것이며 또 무엇을 성취할 수 있는가에 대한 개념이 비교적 위대한 전문가들에게서조차 점점 더 확장되었다.

이에 따라 이 마지막 고찰들은 다음의 요점들을 통해 분류된다.

첫째, 우리는 수반적 음악을 탐구해야 하며 또한 그것이 일반적으로 어떠한 표현방식의 내용에서 가능한지를 물어야 한다.

둘째, 우리는 그 자체로 독립적인 음악의 보다 자세한 특징을 알기 위해 같은 질문을 던져야 하며 또한

셋째, 예술적 연주에 관한 몇 가지 언급과 더불어 끝맺음을 해야 한다.

a. 수반적 음악

나는 이미 위에서 텍스트와 음악의 상관적 입장을 논했는데, 이로부터 수반적 음악에서는 음악적 표현이 특정한 내용에 엄격하게, 즉 음악이 독자적으로 그 고유한 운동과 영감들을 따르는 곳에서보다 더욱 엄격하게, 접맥해야 한다는 요구가 곧바로 등장한다. 왜냐하면 텍스트는 애초부터 특정한 표상들을 제공하고 또 이를 통해 의식은 표상 없는 감응이라는 오히려 저 공상적인 요소에서 멀어지기 때문이며, 우리는 이 요소 속에서 아무 방해를 받음이 없이 이리로도 이끌리고 저리로도 이끌리며, 한 음악으로부터 이러저러한 것을 감응하는 자유, 음악에 의해 이렇게도 감동받고 저렇게도 감동받음을 느끼는 자유를 포기할 필요가 없기 때문이다. 그런데 이러한 접맥 속에서 음악은 자신을 종속상태로 낮추어서는 안 된다. 즉 음악은 텍스트 어휘들의 특징을 제대로 완벽하게 재현하기 위해 자신의 운동이 갖는 자유로운 흐름을 잃거나, 이로써 자기기인적 예술작품을 창조하는 대신 그저 이해를 돕는 작위성만을 발휘하거나, 음악적 [196] 표현 수단들을 음악 외부에 있는 그리고 음악 없이 이미 완결된 한 내용을 가급적 충실히 표시하기 위해 사용해서는 안 되는 것이다. 이런 관계로 자유로운 생산에 가해진 모든 현저한 강제와 방해는 음악이 주는 인상을 중단시킨다. 하지만 다른 한편, 현재 대부분의 새로운 이탈리아 작곡가들에게서 유행하듯이, 음

악이 텍스트의 내용으로부터 완전히 해방되다시피 하여 —이 경우에는 텍스트의 규정성이 하나의 족쇄로 간주된다— 철저히 독자적 음악의 특성에 다가가려 하는 것도 금물이다. 이와 반대로 예술은 언표된 어휘들, 상황, 행위 등이 갖는 의미로 자신을 채우고 다음으로 이러한 영혼이 깃든 내면에서 영혼에 찬 표현을 발견하고 또 그것을 음악적으로 형성함으로써 성립한다. 모든 위대한 작곡가들은 그런 식으로 작품을 만들었다. 그들은 어휘들에 이질적인 것은 어떠한 것도 제공하지 않지만 못지않게 음들의 자유로운 분출, 방해받지 않는 작곡의 진행과 흐름이 아쉽도록 만들지도 않는바, 이를 통해 작곡은 단순히 어휘들 때문이 아니라 그 자신 때문에 존재한다.

좀 더 자세히 보면, 이러한 순정한 자유는 내적으로 세 가지 상이한 종류의 표현들로 구분된다.

α) 나는 음악적 표현에서 본연의 선율적 요소로 부를 만한 것을 출발점으로 삼을 것이다. 여기서는 감응이, 즉 조음調音하는 영혼이 독자적인 것으로 되며 또한 자신의 외화 속에서 자신을 향유한다.

αα) 인간적 가슴, 심정의 정조는 일반적으로 작곡가가 활동해야 할 장場을 형성하며 또한 내면의 순수한 울림인 선율은 음악의 가장 고유한 영혼이다. 왜냐하면 소리는 하나의 감응이 그 속에 이입되고, 또한 거기에서 울려 퍼짐으로써 비로소 진정으로 영혼이 가득한 표현을 얻기 때문이다. 이면에서 보면 예컨대 놀람의 비명과 같은 감정의 자연외침, 고통의 흐느낌, 흥겨운 환희와 기쁨 등의 환호 및 떨리는 소리가 이미 대단히 표현적이며, 그리하여 나는 위에서 이미 이 표출방식을 음악의 출발점으로, [197] 그러나 동시에 그것이 자연성 자체에 머물러서는 안 된다는 단서와 함께 표시하기도 했다. 음악과 회화는 특히 이 점에서 다시 구분된다. 회화가 특정한 상황과 환경에 처한 한 인간의 현실적 형상, 색채 그리고 영혼표현에 완전히 몰입하고 또 그리하여 회화가 완전히 꿰뚫어 보고 내적으로 수용한 것을 이

제 이 생동성 속에서도 완전히 재현한다면, 회화는 종종 매우 아름답고 예술적인 효과를 야기할 수 있다. 여기서는 자연충실성이, 만일 그것이 예술진리와 합치한다면, 완전히 제자리를 차지한다. 이에 반해 음악은 감응들의 표현을 열정의 자연분출로서 반복해서는 안 되고, 오히려 특정한 음의 관계로 발전된 음향을 풍부한 감정을 통해 영혼을 깃들게 하며, 또 그런 한에서 표현을 예술을 통해 그리고 오로지 예술을 위해 비로소 제작된 요소 속에 인입해야 하는바, 이 속에서는 단순한 외침이 일련의 음들로, 그 변화와 흐름이 화성을 통해 유지되고 선율적으로 다듬어지는 하나의 운동으로 해체된다.

ββ) 이 선율적 요소는 인간정신의 전체와 연관하여 하나의 보다 상세한 의미와 규정을 얻는다. 예술로서의 조각과 회화는 정신적 내면을 외적 객관성으로 외화하며, 또 정신을 이 가시화된 외면성에서 다시 해방시킨다. 왜냐하면 정신은 한편으로 그 속에서 자기 자신, 내면, 정신적 생산을 재발견하며 다른 한편으로, 내용이 극히 세세한 개별성 속에서 제시되어 있는 관계로, 주관적 특수성, 자의적 표상, 사견과 반성의 여지가 전혀 남아 있지 않기 때문이다. 이에 반해 음악은, 누차 살펴보았듯이 그러한 객관성 대신 단지 주관적인 것 자체의 요소를 가질 뿐이며, 그러므로 내면은 이를 통해 오로지 자신과 동행할 뿐이다. 또한 그 외화 속에서 ―감응은 이 속에서 자신을 노래로 표현한다― 자신에게로 회귀한다. 음악은 정신이자 직접 독자적으로 울리는, 또 자신의 청취 속에서 스스로 만족을 [198] 느끼는 영혼이다. 그런데 음악은 예술인 까닭에 정신으로부터 즉시 격정 자체뿐만 아니라 그 표현도 제어하라는 권고를 받는바, 이는 열정의 취한 광란과 소용돌이치는 소란으로 찢기거나 심란한 실의失意에 머물러 있지 않기 위함이며, 기쁨의 환호와 지독한 고통 속에서도 여전히 자유롭기 위함이며, 자신의 분출에서 지복을 느끼기 위함이다. 진정 이상적인 음악은 이러한 종류

이니, 팔레스트리나(1525~1594), 두란테(1684~1755), 로티(1667~1740), 페르골레시(1710~1736), 글루크(1714~1787), 하이든(1732~1809), 모차르트(1756~1791)의 선율적 표현들이 그것이다. 이 대가들의 작곡에서는 영혼의 고요가 사라지지 않는다. 고통도 마찬가지로 표현되지만 그것은 언제나 해소되며, 분명한 조화는 어떠한 극단으로도 흐르지 않으며, 일체의 것은 제어된 형식 속에서 굳게 서로 결속하는바, 그리하여 환호는 결코 살풍경의 광란으로 변질되지 않고, 심지어 비탄마저도 끝없는 지복의 평온을 제공한다. 나는 이미 이탈리아 회화를 고찰하면서 가장 깊은 고통과 심정의 극단적 파열 속에서도 자신과의 화해가 빠져서는 안 된다는 사실을 언급했는데, 이 화해는 눈물과 고난 자체 속에서도 여전히 평온과 행복에 대한 확신의 특징을 간직한다. 어릿광대Harlekin에게도[56] 우아함과 고상함이 지배적 요소일진대, 깊은 영혼 속에서는 고통이 아름답게 머문다. 같은 식으로 자연은 이탈리아인들에게 특히 선율적 표현의 재능도 부여했으며, 또한 우리는 그들의 비교적 오래된 교회음악들에서 지고의 종교적 경배 이외에도 순수한 화해의 감정을 동시에 발견한다. 또한, 고통이 영혼을 아무리 깊숙이 엄습할 경우라도, 다양하게 펼쳐지는 그 음악들 자체의 향유 속에서 아름다움과 지복, 판타지의 단순한 위대함과 형상화를 발견한다. 이 아름다움은 감성처럼 보이는 것이어서 우리는 이러한 선율적 만족 역시 종종 단순 감성적 향유와 관계 짓지만, 그러나 예술은 바로 감성적인 것의 요소 속에서 운동해야 하는 것이자 또한 정신을 자신 속에서 만족함, 자신과 더불어 만족함이 기조를 이루는 하나의 국면으로 인도해야 하는 것이다. [199]

γγ) 따라서 선율적인 것에 감응의 특수성이 빠져서는 안 될 일이지만, 그

---

56 역주: 무언극이나 발레 따위에 나오는 어릿광대. 여기서는 이탈리아 희극에 등장하는 어릿광대를 가리킨다.

럼에도 음악은 음들 속에 열정과 판타지를 흐르게 하는 까닭에 이러한 감응에 잠긴 영혼을 동시에 그 감응 너머로도 제고해야 하며, 그 영혼이 자신의 내용 위에 떠돌게 해야 하며, 그리하여 잠긴 상태로부터의 영혼의 복귀, 영혼 자신의 순수한 감응이 아무런 방해 없이 일어날 수 있는 곳에서 영혼을 위해 하나의 영역을 형성해야 한다. 이것이야말로 노래될-수-있음의 본질을, 한 음악의 노래를 이루는 것이다. 이 경우 주가 되는 것은 단순히 사랑, 동경, 기쁨 등과 같은 특정한 감응 자체의 과정이 아니라 그 위에 서 있는, 그리고 자신의 고통과 기쁨 속에서 스스로를 확장하고 또 자기 자신을 향유하는 내면이다. 가지들 사이의 새, 하늘의 종달새가 순수한 자연사물로서 그 밖의 목적이나 특정한 내용 없이 노래를 목적으로 밝고 감동적으로 노래하듯이, 인간의 노래와 표현의 선율도 마찬가지이다. 그러므로 이 원칙을 특히 중시하는 이탈리아 음악 역시, 시가 그렇듯이, 종종 선율적 울림 그 자체로 이행하며 또한 감응과 그 특정한 표현을 쉽사리 떠나는 듯 보이거나 실제로 떠나는바, 까닭인즉 그 음악은 바로 예술로서의 예술의 향유, 자기만족하는 영혼의 선율적 소리를 지향하기 때문이다. 그러나 이것은 다소간 선율적인 것 본연의 일반적 특징이다. 비록 거기에도 표현의 단순한 규정성이 있지만, 이것은 동시에 지양된다. 왜냐하면 가슴은 어떤 제3의 규정된 것에 몰입하는 대신 자기 자신의 청취에 몰입하며 또한 오로지 그럼으로써, 마치 순수한 빛이 자기 자신을 보듯이, 지복의 내면성과 화해에 관한 최고의 표상을 제공하기 때문이다.

β) 조각은 이상적 미와 자기기인성das Beruhen-auf-sich을 주종主宗으로 삼으며, 회화는 이미 한 걸음 더 나아가 특수한 성격묘사로 발전하고, 또한 주과제를 특정한 것을 표현하는 에너지 속에서 완수하는바, 음악도 [200] 위에서 서술한 식의 선율적 요소에 만족할 수는 없는 일이다. 영혼의 단순한 자기감응, 그리고 스스로 청취하는 소리 유희, 이것들은 결국 단순한 정조인

한 지나치게 보편적이고 추상적이며, 또한 텍스트에서 언표된 내용을 보다 상세하게 표시하지 못할, 무릇 공허하고 진부하게 될, 위험에 처해 있다. 이제 고통, 기쁨, 동경 등이 선율 속에서 반향해야 할진대, 진지한 현실 속에 있는 현실적이고 구체적인 영혼은 그러한 정조들을 오로지 현실적 내용의 내부에서, 특정한 환경하에서, 특수한 상황들, 사건들, 행위들 등에서만 갖는다. 그러므로 노래가 우리에게 예컨대 슬픔, 상실의 비탄 등의 감응을 환기한다면, 즉시 '무엇이 상실되었는가?', '그것이 풍부한 관심들을 갖는 삶인가, 청춘, 행운, 아내, 연인인가, 아이들, 부모, 친구들 등인가?'라는 의문이 생긴다. 이를 통해 음악은 또 하나의 과제를 얻는바, 심정이 특정한 내용, 특수한 관계들 및 상황들에 녹아들어 그 속에서 자신의 내적 삶을 음들로 울리게끔 만드는 경우, 음악은 표현 자체에도 그와 마찬가지의 특수성을 부여해야 하는 것이다. 왜냐하면 음악이 관계하는 것은 내면 자체가 아니라 내용으로 채워진 내면이며, 또한 내면의 특수한 내용은 감응의 규정성과 매우 긴밀하게 결부되어 이제 상이한 의미내용의 척도에 따라 본질적으로 표현의 상이성 역시 나타날 수밖에 없기 때문이다. 이에 발맞춰 심정이 어떤 하나의 특수성에 자신의 모든 힘을 쏟을수록, 심정은 그 만큼 더 격정의 점증적 운동으로, ―자신의 내면에 대한 영혼의 지복에 찬 향유와는 대조적으로― 열정들 상호 간의 투쟁과 분열 및 갈등으로, 한마디로 종래 고찰된 표현으로는 더 이상 감당할 수 없는 특수화의 심연으로 내려간다. 그런데 이 세부적 내용은 바로 텍스트에 의해 진술된다. 이러한 규정된 내용과 거의 무관한 본연의 선율적 요소에서는 [201] 보다 세밀한 텍스트 연관성이 오히려 부차적인 것으로 머물 뿐이다. 예컨대 한 노래가 시와 텍스트로서는 여러 뉘앙스의 정조들, 직관들 그리고 표상들의 전체를 포괄할 수 있지만, 그럼에도 이 모든 것은 하나의 동일한 감응에 의해 관류되며, 노래는 대개 이 감응의 음향을 기저에 두며, 또한 이를 통해 무엇보다 하나의 심정적 분위기를 자아낸다. 이를 포착하여 음으로 재현하는 것이 그러한 노래선율의 주 효과를 이룬다. 그러므로 노래선율은 전편全篇의 시와 모든 시연들에 걸쳐 ―아무리 이 시연들의 내용이 다양하게 변화한다고 해도― 동일한 것으로 머물 수 있으며 또한 바로 이 반복을 통해 인상을 훼손하는 대신 그 강렬함을 제고할 수 있다. 풍경의 경우에도 이와 마찬가지이니, 여기서도 다종다양한 대상들이 우리의 눈앞에 펼쳐지지만 전체를 살리는 것은 오직 하나의 동일한 기본 정조와 자연상황이다. 아무리 그러한 음조가 몇몇 시연들에만 적합하고 다른 시연들에는 그렇지 않을 수 있다고 해도, 노래에서는 그것이 지배적이어야 하니, 까닭인즉 여기서는 어휘들의 특정한 의미가 우세해서는 안 되며 오히려 선율은 그러한 상이성 위를 단순하게 그리고 독자적으로 떠다니기 때문이다. 이에 반해 매번 새로운 시연마다 박자, 리듬 그리고 심지어 조성의 면에서까지 종종 앞의 선율들과 다른 새로운 선율로 시작하는 많은 작곡들이 있다. 그러나 그러한 본질적 변경들이 실제로 필수적이었다면, 시 자체도 각 시연마다 운율, 리듬, 압운 맞추기 등의 면에서 필히 바뀌어야 했을 텐데 왜 그럴 필요가 없었는지를 우리는 도통 알 수가 없게 된다.

αα) 그런데 영혼의 순수 선율적 음성으로서의 노래에 적합한 것이 모든 종류의 음악적 표현을 위해 충분한 것은 아니다. 그러므로 우리는 여전히 선율적인 것 자체와 대비하여 못지않게 중요한, 선율을 처음 진정 수반적 음악으로 만드는 제2의 측면을 강조해야 한다. 이 표현방식은 서창敍唱[57]에서 두드러진다. 즉 여기서는 내적으로 닫힌, 말하자면 한 내용의 [202] ―이 내용의 발전 속에서 영혼은 자신을 자신과 하나가 된 주관성으로서

---

57   역주: Rezitativ(레치타티보). 오페라, 오라토리오, 칸타타 등에 쓰이는 서술적 창법으로, 아리아가 선율과 주인공의 감정표현에 치중하는 반면, 서창은 주인공이 처한 상황과 이야기의 전개를 설명한다.

이해한다─ 으뜸음만을 결정하는 선율이 있는 것이 아니며, 오히려 어휘들의 내용은 그 모든 특수성의 면에서 음들에 각인되고 또한 음들의 흐름과 [음표가 지속되는] 길이를, 그것을 표시하는 것이 높은 음인지 낮은 음인지, 고조인지 하강인지를 고려하여 규정한다. 이를 통해 음악은 선율적 표현과는 달리 소리 나는 낭송이 된다. 이것은 의미뿐만 아니라 구문론적 결합의 면에서도 어휘들의 진행과 정확히 상통하며, 한층 고양된 감응의 측면만을 새로운 요소로서 추가하며, 그런 한에서 선율적인 것 자체와 시적 언어의 사이에 위치한다. 그러므로 이러한 위치에 맞추어 개별 어휘들의 특정한 의미를 온전히 간직하는 보다 자유로운 강세두기가 나타난다. 텍스트 자체는 확고하게 규정된 박자를 필요로 하지 않으며, 음악적 연주도 선율적인 것과는 달리 박자와 리듬에 꽉 매일 필요가 없으며, 오히려 이 측면은 아첼레란도[점점 빠르게]와 랄렌탄도[점점 느리게], 특정 음을 길게 끌기와 다른 음들로 빨리 넘어가기 등과 관계하여 전적으로 어휘들의 내용에 의해 감동된 감응의 자유재량에 맡겨진다. 마찬가지로 전조轉調도 선율적인 것에서처럼 그렇게 제한적이지 않다. 출발, 진행, 휴지, 중단, 재출발, 종결 등 이 모든 것에는 표현되는 텍스트의 필요에 따라 비교적 무제한적인 자유가 주어진다. 예측하지 못한 악센트들, 거의 무매개적인 이행들, 갑작스러운 변화와 결과들이 허용되며, 또한 선율들의 흐름과는 달리 단편적으로 중단되고 열정적으로 파열되는 표현방식도, 만일 내용이 이것을 요구한다면 문젯거리가 안 된다.

ββ) 이 면에서 서창적, 낭송적인 표현은 사건들의 조용한 고찰 및 담담한 보고를 위해서뿐만 아니라 격정 어린 심정묘사, 즉 한 상황에 휘말려 찢긴 내면을 보여 주며 생생한 영혼의 음들을 통해 가슴을 일깨워 그 상황 속에서 움직이는 [203] 일체의 것에 공감하도록 만드는 심정묘사를 위해서도 적합하다. 그러므로 서창은 오라토리오와 드라마의 노래[58]에 주로 적용된다.

오라토리오에서는 이야기를 낭송하는 역할을 하거나 현재의 사건 속으로 보다 실감나게 인도하는 역할을 하며, 드라마의 노래에서는 순간적 전달이 갖는 모든 뉘앙스들 및 각종의 열정이 ―이것들은 날카로운 변화 속에서, 짧막하게, 단편적으로, 경구처럼 격하게 표현되기도 하며, 표현의 빠른 번개와 맞선 번개의 대화에 의해 번쩍이기도 하며, 혹은 함께 어우러져 흐르기도 한다― 서창에 속한다. 더욱이 서사시와 극시라는 두 영역에는 기악음악도 추가될 수 있는데, 이는 아주 단순하게는 화성들을 위한 거점을 지정하기 위함이며, 혹은 상황의 또 다른 측면과 연속운동들을 비슷한 특징 속에서 그리는 간주곡들과 더불어 노래를 중단시키기 위함이다.

γγ) 하지만 이 서창식의 낭송에는 선율적인 것 자체가 갖는 바로 그 장점, 즉 특정한 지절화[마디 나누기]와 마무리, 영혼의 예의 내밀함과 통일성이 결여되어 있다. 그런데 선율적인 것의 이 통일성은 한 특수한 내용 속에 투입되지만, 그 속에서 곧 자신의 정체성을 천명하는바, 까닭인즉 그것은 내용의 개별 측면들을 통해 분산되거나 이리저리 찢기거나 파열되지 않고 그 속에서도 여전히 주관적 통합을 주장하기 때문이다. 따라서 음악은 텍스트를 통해 비교적 규정적으로 주어진 내용특징과 관계해서도 서창적인 낭독에 만족할 수 없으며 또한 무릇 어휘들의 특수성들 및 개별성들보다 상대적으로 높이 떠 있는 선율적인 것과 어휘들에 최대한 가깝게 맞닿고자 노력하는 서창적인 것 사이의 단순한 차이에 머물 수도 없다. 이와 반대로 음악은 이 요소들의 매개를 달성하고자 시도해야 한다. 우리는 이 새로운 일치를 이미 앞에서 화성과 [204] 선율의 차이와 관련해서 등장하는 것을 목격한 바로 그것과 비교할 수 있다. 선율은 화성적인 것을 비단 자신의 보편적

58　역주: 헤겔은 여기서 비단 오페라뿐 아니라 특히 그리스 드라마에서의 음악의 위치도 의중에 두고 있다.

근거로서뿐만 아니라 내적으로 규정되고 특수화된 근거로서도 받아들였다. 또한 이를 통해 인간의 견고한 골격이 부적절한 자세와 운동을 막을 뿐 적절한 자세와 운동에는 지지력과 안정성을 주듯이, 그 움직임의 자유를 상실하는 대신, 이와 비슷한 힘과 규정성을 자유를 위해 비로소 얻게 되었다. 이 점은 수반적 음악의 고찰을 위한 마지막 관점으로 우리를 인도한다.

γ) 한 텍스트를 수반하는 선율적 노래는 특수한 성격묘사 역시 지향한다. 그리하여 서창에서 중시되는 원칙을 단순히 자신과 무관한 것으로 두는 대신 그것을 자신의 것으로 만들어서 자신에는 자신이 갖지 못한 규정성을, 또 특성을 드러내는 낭송에는 유기적 지절화와 통일적 완결성을 부여하는데, 제3의 표현방식은 이 점에서 성립한다. 왜냐하면 위에서 고찰하였듯이 선율적인 것은 이미 그 자체가 마냥 내용 없이 비규정적으로 머물 수 없기 때문이다. 나는 서창적 낭송과 구분되는 순수 선율적인 것의 특수한 성격에 관해 앞에서는 오직 다음의 점만을 강조했다. 모든 의미내용에는 자신 및 자신의 깊은 감정에 몰두하는, 그리고 이 자기통일성 속에서 지복을 누리는 심정의 정조가 들어 있으며, 또한 이 정조의 자기표현은 선율적인 것 자체에 상응하는바, 까닭인즉 음악적으로 보자면, 선율적인 것은 심정의 정조와 동일한 통일성이자 자신 속으로의 완성된 회귀이기 때문이다. 그러나 선율이 처음에는 자신과 무관하게 운동하는 것으로 보았던 것을 자신의 소유로 만들기도 한다는 점, 이러한 보완을 통해 선율은 선율적일 뿐만 아니라 낭송적인 것이 되기도 하며, 또 그런 한도에서 비로소 진정 구체적인 표현에 도달한다는 점에서 선율적인 것의 발전된 과제가 성립한다고 단언할 수 있다. 다른 측면에서 보면 이를 통해 낭송적인 것도 더 이상 독자적으로 개별화되어 있지 않으며, [205] 또한 선율적 표현에 흡수됨으로써 자신의 일면성도 마찬가지로 보완한다. 이 점이 이 구체적 통일의 필연성을 이룬다.

이제 세부사항을 다루기 위해 우리는 여기서 다음의 측면들을 구분해야 한다.

첫째, 우리는 작곡에 적합한 텍스트의 성격을 살펴보아야 할 터, 까닭인 즉 오늘날 특정한 내용의 어휘들이 음악과 그 표현에 본질적으로 중요한 것으로 밝혀졌기 때문이다.

둘째, 작곡 자체와 관련해서도 특성을 드러내는 낭송이라는 새로운 요소가 부가된 이상, 우리는 이 요소를 선율적인 것에서 먼저 발견된 원칙과 연관하여 고찰해야 한다.

셋째, 우리는 이 종류의 음악적 표현방식이 가장 탁월하게 자리하는 장르들을 살펴볼 것이다.

αα) 현 단계에서 보면 음악은 내용을 단지 일반적으로 수반할 뿐만 아니라 이미 살펴보았듯, 오히려 그것을 보다 상세하게 특징지어야 한다. 그러므로 텍스트의 성격이 작곡과 무관하다고 생각하는 것은 해로운 편견이다. 이와는 반대로 위대한 음악작품들의 근거에는 탁월한 텍스트가 놓여 있으며, 작곡가들은 이것을 참으로 진지하게 선별하였거나 스스로 지었다. 왜냐하면 어떠한 예술가도 그가 다루는 소재를 무차별적으로 대해서는 안 되거니와, 더구나 시가 음악가에게 비교적 상세한 서사적, 서정적, 드라마적 형식의 내용을 이미 사전에 제작하여 분명히 밝힐수록, 그만큼 더 음악가는 그에 대해 무차별적일 수 없기 때문이다.

훌륭한 텍스트와 연관하여 제기될 수 있는 주된 요구사항은 텍스트가 그 자체로서 참으로 견실해야 한다는 점이다. 자체적으로 평범한 것, 진부한 것, 하찮은 것 그리고 부조리한 것으로는 음악적으로 쓸모 있고 깊이 있는 것이 꾸며질 수 없다. 작곡가가 아무리 양념을 치고 채워 넣고 한들, 고양이 구이에서 [206] 토끼 파이를 만들 수는 없는 노릇이다. 물론 단순 선율적인 음악작품들에서는 텍스트가 대체로 그리 결정적이지 않다. 그럼에도 그것들조차 내적으로 참된 어휘들의 의미내용을 갈망한다. 하지만 다른 한편 다시 이러한 내용은 지나치게 사유하기 어렵거나 철학적으로 깊은 것이어서도 안 된다. 그러한 것으로는 예컨대 그 장엄한 파토스가 서정적 감응들의 음악적 표현을 능가하는 실러의 서정시가 있다. 아이스킬로스와 소포클레스의 합창들도 이와 비슷한 경우이다. 이것들은 그 통찰이 깊거니와 동시에 세부에 이르기까지 풍부한 판타지로, 의미 있게, 그리고 철저하게 다듬어졌으며 또한 그 자체가 시적으로 이미 완결되어 있어서 음악에게는 덧붙일 만한 어떤 것도 남겨 놓지 않는다. 왜냐하면 내면에는 말하자면 이 내용과 더불어 유희하는, 또 그것을 새로운 운동들 속에서 공표하는 더 이상의 공간이 없기 때문이다. 비교적 새로운 소재들과 취급방식들을 갖는 소위 낭만적인 시는 이와 반대되는 것으로 밝혀진다. 그것들은 소박하고 민중적이어야 한다지만, 이것은 너무도 빈번히 가식적이고 인위적이고 왜곡된 소박함이다. 이 소박함이 이루는 것은 순수하고 참된 감응이 아니라 강요된, 반성을 통해 조작된 감정들, 나쁜 동경과 자기 겉치레일 뿐이며, 또한 그것은 진부함, 어리석음 그리고 야비함을 자랑할 뿐만 아니라 마찬가지로 전혀 내용 없는 열정들, 질투, 방탕, 악마의 사악함 등에도 현혹되며, 앞의 자기 치장과 뒤의 자기분열 및 비루함에서 자기만족적인 기쁨을 갖는다. 여기서는 근원적이고 단순하고 철저하고 일관된 감응이 완전히 결여되어 있으며, 또한 만일 음악이 자신의 영역에서 같은 짓을 한다면, 그보다 더 큰 자해는 없을 것이다. 그러니까 사유의 깊이든 자기만족적 감응 혹은 몰가치한 감응이든 간에 이것들은 진정한 내용을 제공하지 않는다. 이에 반해 음악에 가장 적합한 것은 일정한 중간 종류의 시인데, 우리 독일인들은 이러한 것을 거의 시로 여기지 않는 반면, 이탈리아인들과 프랑스인들은 이것을 다루는 [207] 감각과 솜씨가 풍부하였다. 그것은 서정시로 보자면 참된, 지극히 단순한, 그리고 몇 안 되는 어휘들로 상황과 감응을 지시하는 시이며, 극시로 보자면 지나치게 갈라진 갈등이 없는, 명료하고 생동적인, 개별적인 것을 세세히 다듬지 않는, 무릇 시적으로 완벽하게 조탁된 작품보다는 개관을 제공하는 일에 더욱 힘쓰는 시이다. 여기서 작곡가에게 제공되는 것은 필히 일반적인 바탕에 그쳐야 한다. 그리고 작곡가는 이 위에서 고유한 창안과 갖가지 모티브들의 남김 없는 활용에 의해 자신의 건물을 건립하며 또한 모든 면에 걸쳐 생동적으로 활동할 수 있는 것이다. 음악은 어휘들과 연결되어야 하지만, 어휘들이 내용을 너무 세부까지 그려서는 안 될 터, 그렇지 않다면 음악적 낭송은 자질구레하고 산만하게, 그리고 지나치게 여러 측면들로 이끌리게 되어 통일성이 사라지고 전체 효과가 약화되기 때문이다. 이 점을 참작하면 사람들은 한 텍스트의 탁월함이나 모자람을 판단함에 있어 너무도 종종 오류를 범한다. 우리는 예컨대 〈마술피리〉의 텍스트가 정녕 형편없다는 악평을 빈번히 듣지만, 그럼에도 이 졸작은 상찬될 만한 오페라 대본에 속하지 않는가. 시카네더[59]는 광적이고 환상적이고 평범한 많은 작품들을 생산했다는 면에서 여기에 적격이었다. 밤의 왕국, 여왕, 태양의 왕국, 신비한 일들, 봉헌, 지혜, 사랑, 시험들 및 그 보편성의 면에서는 탁월한 평균적인 도덕 방식 ― 이 모든 것은 음악의 깊이와 그 마법적 사랑스러움 및 영혼을 거치면서 판타지를 넓히고 채우며 또 가슴을 따뜻하게 만든다.

또 다른 사례를 들자면 종교음악이 있다. 종교음악을 위해서는 장엄미사

---

59   역주: E. Schikaneder(1748~1812). 그는 수많은 대중적 오페라의 대본을 썼는데, 오늘날에는 잊혔다.

등에 쓰이는 고대 라틴어 텍스트들을 능가할 것이 없는데, 까닭인즉 그것들은 때로는 극히 보편적인 신앙내용을, 때로는 이에 상응하는 실체적 단계들을 신앙심 깊은 교구[신앙공동체]의 감응과 의식 속에 비할 바 없이 단순하고 간략하게 제시하며 또한 음악가에게는 작품의 완성을 위해 더할 나위 없이 넓은 운신폭을 마련해 주기 때문이다. 위대한 레퀴엠과 시편들의 발췌 등도 [208] 같은 용도로 쓰인다. 이와 비슷하게 헨델은 부분적으로 종교적 교리들에서, 무엇보다 성서의 구절들, 이와 상징적으로 연관된 상황들 등에서 스스로 발췌한 텍스트들을 하나의 완성된 전체가 되도록 조합했다. — 서정시에 관해 보자면, 작곡에 가장 적격인 것은 감정이 충만한 비교적 짧은 시들, 특히 단순하고 몇 마디 되지 않고 깊은 느낌을 갖는 시들, 모종의 정조와 심정을 절실하게 정감적으로 언표하는 시들이거나 비교적 경쾌하고 즐거운 시들이다. 그러한 시들이 없는 민족은 거의 없다. 극시 분야에서 나는 다만 메타스타시오를, 나아가 마르몽텔을 언급하고자 하는데, 이 풍부한 감수성과 섬세한 교양의 사랑스러운 프랑스인은 피치니에게 프랑스어를 가르쳤으며, 또한 극시에서 행위의 전개와 흥미를 위한 솜씨에 우아함과 명랑함을 결합시킬 줄 알았다. 그러나 무엇보다 강조되어야 할 것은 비교적 유명한 글루크[60]의 오페라 텍스트들인데, 이것들은 단순한 모티브들 속에서 움직이며, 감동받기 매우 좋은 내용의 범위 내에 머무르며, 모성애, 부부애, 형제와 자매의 사랑, 우정, 명예 등을 묘사하며, 또한 이 단순한 모티브들과 실체적 충돌들이 평온하게 전개되도록 한다. 이를 통해 열정은 철저히 순수하고 위대하고 고상하게, 또한 조형적 단순성을 갖는 것으로 남는다.

---

60 역주: C. W. von Gluck(1714~1787), 독일의 작곡가. 그의 작품은 음악과 드라마를 밀접하게 결합하고 바로크 오페라의 불필요한 꾸밈을 제거하여 근대 오페라의 출발점을 이루었다.

ββ) 그 표현의 면에서 선율적일 뿐만 아니라 성격적이기도 한 음악은 그러한 내용에 자신을 맞추어야 한다. 이것이 가능하려면, 텍스트는 마음의 진지함, 희극성, 열정들의 비극적 위대함, 종교적 표상과 감응의 깊이, 인간적 가슴의 힘들과 운명들을 포함해야 하며, 이뿐만 아니라 작곡가도 나름대로 온 심정으로 그에 동참해야 하고, 또한 이 의미내용을 성심껏 절감하고 철저하게 체험했어야 한다.

나아가 여기서는 특성적인 것과 선율적인 것이라는 두 측면이 하나의 관계로 맺어져야 한다는 점도 마찬가지로 중요하다. [209] 이 관계에서는 성격적 특징들의 분열과 분산이 아닌, 포괄적 통일성으로서의 선율적인 것이 언제나 승리한다는 점이 주된 요구사항으로 보인다. 예컨대 오늘날의 드라마적 음악은 극적으로 투쟁하는 대립적 열정들을 하나의 동일한 음악진행 속에 억지로 몰아넣으며 그런 까닭에 그 효과를 종종 과격한 대비에서 찾는다. 그리하여 그것은 예컨대 경사, 혼사, 축제의 장려壯麗함을 표현하면서 그 속에 증오, 복수, 적개심 등도 마찬가지로 찔러 넣으니, 즐거움, 기쁨, 무곡 사이에는 동시에 격렬한 싸움과 매우 불쾌한 분열이 날뛴다. 어떠한 통일도 없이 한 측면에서 다른 측면으로 건너뛰는 분열의 그러한 대비들은, 그것들이 직접 결부시키는 대립적 특성들이 날카로울수록 그만큼 더 아름다움의 조화에 반하며, 또한 이 경우에는 음악에서 내면의 향유 및 자신에게로의 회귀를 더 이상 논할 수 없게 된다. 대체로 선율적인 것과 성격적인 것의 통일은 특정 장면을 묘사할 경우, 특히 폭력, 이기심, 사악함, 과격함 및 일면적 열정들 등의 극단들을 표현하는 것이 문제시될 경우, 섬세하게 그인 음악적 아름다움의 경계들을 넘을 위험이 다분하다. 만일 음악이 여기서 성격적 규정성의 추상에 몰두한다면, 그 즉시 음악은 거의 대부분이 불가피하게 잘못된 길로 끌리고, 날카롭고 경직된 것, 철저히 비선율적이며 비음악적인 것에 빠지고, 심지어 화성이 아닌 것까지도 남용한다.

성격을 묘사하는 특수한 부분들과 관련하여서도 비슷한 경우가 나타난다. 즉 이 부분들이 독자적으로 고수되고 강하게 언명된다면, 이것들은 서로 분리되고 또 말하자면 독립적이며 비운동적인 것이 되기 쉬우며, 다른 한편 음악적 전개에서는 ―이것이 본질적으로 전진운동이어야 하며 또한 이 진행의 부분들을 잇는 상시적 연관성이어야 함에도 불구하고― 고립이 즉시 흐름과 통일을 저해하는 화를 부른다. [210]

이 면에서 보면 순수 선율적인 것이 성격적인 것으로 발전되더라도 이 특수화의 내부에서는 선율적인 것이 주도적, 통일적 영혼으로 보존되며 또한 진정한 음악적 아름다움은 바로 이 점에서 기인한다. 이는 예컨대 라파엘로의 회화가 성격적인 것을 포함하더라도 그 속에는 미의 정조가 늘 보존되어 있는 것과 마찬가지이다. 이 경우 선율적인 것은 풍부한 의미를 띠면서도 여기에는 모든 규정성을 일이관지하는 영혼이 깃들어 있으며, 성격을 드러내는 특수한 면은 그저 특정 측면을 부각으로서만 나타내는바, 이 측면들은 내면에서 우러나 이런 영혼의 통일체로 환원된다. 하지만 음악은 이 대립적 표현방식들로 비교적 쉽게 쪼개지기 때문에, 이 점에서는 음악이 다른 예술들보다 올바른 척도를 찾기가 한층 어렵다. 그럴진대 음악 작품에 대한 판단도 거의 매 시대마다 나뉜다. 어떤 시대들은 순전히 선율 위주의 것에, 또 어떤 시대들은 오히려 성격적인 것에 우선순위를 부여한다. 예컨대 헨델은 종종 그의 오페라들에서조차 개개의 서정적 계기들에 대해 표현의 엄격함을 요구했으며, 이로 인해 이미 그의 생시에 이탈리아 가수들과 신물 나게 투쟁해야 했으며, 또한 대중마저도 이탈리아인들의 편을 들게 되었을 때, 종국적으로 오라토리오들의 작곡으로 완전히 돌아섰는데, 그의 생산적 재능은 여기서 제 영역을 발견하였다. 글루크의 시대에도 글루크 추종자들과 피치니 추종자들의 길고도 분분한 논쟁이 유명하였다. 루소는 선율을 등한시하는 이전의 프랑스인들과는 달리 나름대로 다시 풍부한 선율의 이탈리아 음악을 선호하였다. 마지막으로 오늘날에도 이와 유사하게 로시니와 최근의 이탈리아 학파에 대한 찬반논쟁이 벌어지고 있다. 반대론자들은 로시니의 음악을 콕 집어서 내용 없이 귀를 간질이는 것이라고 비방한다. 그러나 이와 반대로 그 선율들을 좀 더 자세히 들어본다면, 이 음악이 비록 독일의 [211] 엄격한 음악적 지성이 특히 애호하는 특성의 방식에는 간여하지 않지만, 그것은 지극히 정감적이고, 창조적이며 또한 심정과 가슴을 파고든다. 왜냐하면 분명 로시니는 너무도 종종 텍스트에 불충실하며 또한 그의 자유로운 선율들과 더불어 모든 산들을 넘어가매, 우리는 대상에 머물러 대상과 더 이상 화합하지 않는 음악에 불만을 가질 것인가 아니면 내용을 포기하고 작곡가들의 자유로운 영감들에 마음껏 환호하고 그들 속에 들어 있는 영혼을 영혼 가득히 향유할 것인가를 양자택일해야 하기 때문이다.

γγ) 마지막으로 나는 가장 뛰어난 수반적 음악의 장르들에 관해 간략하게 언급할 것이다.

첫 번째의 주요 장르로는 교회음악을 들 수 있다. 이것이 관계하는 것은 주관적, 개별적 감응이 아니라 모든 감응들의 실체적 의미내용 혹은 교구[신앙공동체] 전체가 갖는 보편적 감응이며, 그런 한에서 이것은, 비록 사건들을 사건들로서 보고하지는 않지만, 대개 서사적 견실성을 갖는다. 그러나 하나의 예술적 이해가 사건들을 이야기하지 않음에도 어떻게 서사적일 수 있는가는 차후 서사시의 좀 더 자세한 고찰을 통해 분석될 것이다. 이 철저한 종교음악은 무릇 예술이 산출할 수 있는 가장 심오하고 가장 효과적인 작품에 속한다. 이 음악이 교구를 위한 사제의 중보기도와 관련이 있는 한, 그것은 자신의 고유한 지위를 미사와 같은 가톨릭의 제의 내부에서 발견하며 또한 일반적으로 매우 다양한 교회의 행사들과 축제들에서 음악적 고양을 위해 쓰인다. 프로테스탄트들 역시 종교적 의미에서뿐만 아니라 음악적 견실성 및 창안과 연주의 풍부함의 면에서도 지극히 심오한 그러한 음악들을 제공했다. 이를테면 누구보다도 제바스티안 바흐와 같은 거장은 위대하고, 진정 프로테스탄트적이고, 강건하고, 그러면서도 말하자면 학식 있는 천재성을 가졌는데 사람들은 요즘에야 비로소 그것을 완전히 재평가할 줄 알게 되었다. 그러나 무엇보다도 여기서는 가톨릭의 방향과는 달리 먼저 수난절 예식에서 비롯되어 [212] 개신교주의에서 비로소 완성된 오라토리오 형식이 발전하게 된다. 물론 오늘날에는 개신교에서 음악이 더 이상 실제적 제의에 그렇게 밀접하게 결부되지 않고, 더 이상 예배 자체에 개입하지 않으며, 또한 심지어 때로는 활발한 생산의 사안이라기보다는 오히려 학습의 사안이 되었다.

둘째, 서정적 음악은 개별적 영혼의 정조를 선율적으로 표현하며 또한 단순 특성적, 낭송적인 것으로부터 최고도로 자유로워야 한다. 비록 서정적 음악 역시 종교적 종류의 내용이든 기타 종류의 내용이든 간에 어휘들의 특수한 내용을 표현 속에 함께 수용하는 방향으로 나아갈 수 있지만 말이다. 하지만 진정되거나 그치지 않는 폭풍우 같은 열정들, 가슴의 풀릴 길 없는 갈등, 단순한 내면의 분열은 독자적 서정시에 적합하기보다는 극적劇 的 음악에 편입되는 특수 부분으로서 자리하는 편이 한층 좋다.

즉 음악은 셋째, 마찬가지로 드라마적인 것으로도 발전한다. 고대의 비극이 이미 음악적이었지만 거기서 음악은 아직 우월한 것이 아니었다. 왜냐하면 진정한 시적 작품들에서는 표상과 감응들의 언어적 표현 및 시적 제작이 우선이어야 하며 또한 음악은 —고대인들에게서는 화성적, 선율적 발전이 아직 후일 기독교시대의 수준에 도달하지 못했다— 주로 리듬적 측면으로 인해 시적 어휘들의 음악적 음향을 생생하게 고양하고 한층 인상적으로 감응되도록 만드는 데 소용될 뿐이었기 때문이다. 이에 반해 드라마적 음악은 교회음악 분야에서 이미 내적으로 완성되고 또한 서정적 표현의 면에서도 크게 완전해졌으며, 이후 그것은 현대의 오페라와 오페레타 등에서 하나의 독자적 입장을 얻었다. 하지만 오페레타는 노래의 측면에서 보면 비교적 비중이 없는 중간 종류로서, 이것은 말하기와 노래하기, 음악적인 것과 비음악적인 것, 산문적인 대사와 선율적인 노래를 단지 [213] 외적으로 뒤섞을 뿐이다. 사람들은 이구동성으로 드라마에서의 노래는 대체로 자연스럽지 않다고들 말하지만, 이 비난은 만족스러운 것이 아니다. 그것은 차라리 모든 생각, 감응, 열정, 그리고 결단들이 시종일관 노래를 수반하며 또 노래를 통해 표현되는 오페라를 향해야 할 것이다. 이와 반대로 오페레타는 감응과 열정들이 생생하게 자극되거나 혹은 무릇 음악적으로 묘사될 수 있는 곳에서 음악을 등장시키며 또한 이 점에서는 정당화될 수 있다. 그러나 대화의 산문적 주절거림과 예술적으로 취급된 노래작품의 병렬은 언제나 잘못된 것이다. 즉 이 경우에는 예술을 통한 해방이 완전하지 못한 것이다. 이에 반해 전체 행위를 철저하게 음악적으로 상연하는 본격적 오페라는 단연코 산문에서 벗어나 한층 높은 예술의 세계로 자리를 옮기며 또한 ―음악이 감응의 내적 측면, 상이한 상황들에 처한 개별적 및 보편적 정조들, 열정들의 갈등과 투쟁들을 주요 내용으로 삼는다면, 그리고 이로 인한 격정들을 완벽하게 표현함으로써 그것들을 처음으로 완전하게 부각한다면― 전체 작품도 이 세계의 특징들을 간직한다. 이에 반해 보드빌 Vaudeville[프랑스의 경가극]에서는 ―여기서는 몇몇 점에서는 비교적 기발한 운을 갖지만 그 밖의 점에서는 잘 알려진 애창 선율들이 즉석에서 불린다― 노래가 말하자면 자기 자신에 대한 하나의 반어인 것이다. 노래되는 것은 명랑한 패러디 같은 색채를 띠어야 하며, 주가 되는 것은 텍스트와 그 농담의 이해이며, 또한 노래가 그치면 우리는 '도대체 뭐가 불린 거야?' 하며 웃음 짓게 된다.

b. 독자적 음악

우리는 선율적인 것을 내적으로 완결된 것, 자기 기인적인 것으로 보았으며, 이 점에서 그것을 조형적 조각에 비유할 수 있었다. 반면 음악적 낭송에서는 [214] 특수한 것까지 비교적 세밀하게 상술하는 회화의 전형이 다시 인식되었다. 이제 한층 더 규정된 그러한 특성을 통해 일단의 특징들이 분화되는데 인간 목소리의 작동은 그보다는 늘 단순하여 그 풍부함을 모두 감당할 수 없는 까닭에, 음악이 다양하고 생동적으로 전개될수록 악기반주 또한 그만큼 더 덧붙는다.

텍스트를 수반하는 선율, 특성을 드러내는 어휘들의 표현은 그 자체로 이미 특정한 표상들의 형태로 전달되는, 또한 음악적 소리들의 외부에 자리하는 내용을 갖는다. 이에 대해 우리는 둘째, 내용으로부터의 해방을 그 상대 측면으로서 설정해야 한다. 음악의 원리를 형성하는 것은 주관적 내면성이다. 구체적 자기의 가장 깊은 내면은 주관성 자체인데, 이것은 어떠한 고정된 의미내용을 통해서도 규정되지 않으며, 그런 까닭에 좌고우면할 필요가 없으며, 또한 거침없는 자유 속에서 오로지 자기기인적으로만 존재한다. 그런데 이 주관성이 음악에서도 마찬가지로 완전한 권리를 누리려면 음악은 주어진 텍스트로부터 풀려나야 하며, 자신의 내용, 표현의 과정과 방식, 그 작품의 통일성과 전개, 주된 사상의 진행과 에피소드의 삽입 및 또 다른 사상의 파생 등을 순전히 자기 자신으로부터 끌어내야 하며, 또한 여기서는 전체의 의미가 어휘들을 통해 언표되지 않는 까닭에, 자신을 순수 음악적 수단에 한정해야 한다. 내가 이미 앞에서 독자적 음악이라고 표시했던 국면이 이 경우이다. 수반적 음악은 자신이 표현해야 할 것을 자신의 외부에 두며, 그런 까닭에 표현의 면에서 음악으로서의 자신이 아니라 시라는 낯선 예술에 속하는 것과 관계한다. 그러나 음악이 순수 음악적이고자 한다면, 음악은 자신에게 고유하지 않은 이 요소를 자신으로부터 배제해야 하며, 또한 이제 비로소 완벽해진 자신의 자유 속에서 어휘의 규정성으로부터 철저히 풀려나야 한다. 우리는 이제 바로 이 점을 좀 더 자세히 언급할 것이다. [215]

그러한 해방의 움직임이 이미 수반적 음악 자체에서 시작한다는 것을 우리는 보았다. 왜냐하면 한편 시어가 음악을 규제하고 시중들게 했던 것은 맞지만, 다른 한편 음악은 지복의 고요 속에서 어휘들의 특수한 규정성 너머에 떠 있거나 자신의 임의대로 명랑함이나 슬픔에 젖기 위해 무릇 언표된 표상들의 의미로부터 자신을 떼어 놓았기 때문이다. 그런데 우리는 특히 드라마적 음악의 청중, 관객들에게서도 비슷한 현상을 다시 발견한다. 즉 오페라는 한편으로는 야외 등의 장소, 행위의 과정, 사건, 진행, 복장 등과 같은 다중적 구성요소를, 다른 한편으로는 열정과 그 표현을 갖는다. 여기서는 내용이 외부적 행위와 내면적 감응으로 이중화되어 있다. 행위 그 자체에 관해 보자면, 비록 행위가 모든 개별적 부분들의 지주支柱이긴 하지만 그럼에도 행위의 과정은 그리 음악적이지 않으며, 또한 대개 서창에서 다루어진다. 그런데 청중은 이러한 내용으로부터 쉽게 해방되며, 특히 서창의 대사에는 전혀 주의를 기울이지 않고, 본격적인 음악과 선율의 요소에 집중할 뿐이다. 이미 앞서 말했거니와, 이탈리아인들이 각별히 그렇다. 이들의 대부분의 최근 오페라들은 처음부터 사람들이 음악적 객설客說이나 그 밖의 잡사들에 귀를 기울이는 대신 차라리 자신들도 떠들거나 다른 식으로 즐기도록, 또한 순수하게 음악적으로 향유될 수 있는 본격적인 음악 부분에서만 가득 찬 기쁨으로 다시 주의를 기울이도록 재단되어 있다. 그러니까 여기서 작곡가와 관객은 바야흐로 어휘들의 내용으로부터 완전히 벗어나서 음악 그 자체를 독립적 예술로서 취급하고 즐기려는 것이다.

α) 그러나 이러한 독립성의 본격적 국면은 텍스트에 결부된 수반적 성악이 아니라 기악이다. 왜냐하면 이미 언급했듯이 목소리는 [216] 총체적 주관

성의 고유한 울림인데, 이 주관성은 표상과 어휘들로 되기도 하며, 내밀한 감응이 배인 표상들의 내적 세계를 표출, 청취하고 싶을 경우, 그 자신의 목소리와 노래를 적합한 기관으로 보기 때문이다. 그러나 악기들에서는 수반적 텍스트라는 이 근거가 배제되니, 자신의 고유 권역을 벗어나지 않는 음악의 지배는 기악에서 시작될 수 있는 것이다.

β) 개별 악기들이나 전체 오케스트라가 이루는 그러한 음악은 텍스트와 인간의 목소리 없이, 그리고 독자적으로 명료한 표상들의 과정에 의존함이 없이 4중주, 5중주, 6중주, 교향악 등등으로 진행된다. 또한 바로 이 때문에 그것은 대체로 다소 추상적인 감응에 ―이것은 그러한 음악에서 일반적인 방식으로 표현될 뿐이다― 의존한다. 그렇지만 주된 사안은 언제나 화성적, 선율적 운동들의 순수 음악적인 왕복, 오르내림, 때로는 순탄하고 흐르는 듯한, 때로는 보다 억제되고 한층 난해하고 통렬하고 에는 듯한 진행, 모든 음악적 수단들을 동원한 선율의 조탁, 악기들의 예술적 합주에 따른 협화음, 악기들의 연속, 바뀜, 그것들의 자기 탐색 및 자기 발견 등이다. 그러므로 호사가와 전문가의 본질적 구분은 주로 이 영역에서 시작된다. 비전문가는 음악에서 감응과 표상들의 이해 가능한 표현, 소재적 요소, 내용을 특히 사랑하며, 따라서 수반적 음악을 선호한다. 이에 반해 음과 악기들의 내적, 음악적 관계들에 정통한 전문가는 기악음악을, 그것도 화성들, 선율적 엮임들, 그리고 변화하는 형식들의 그 예술적 사용을 사랑한다. 그는 음악 자체를 통해 완전히 충족되며, 또한 음악의 성과를 완벽하게 판정하고 향유하기 위해, 들리는 것과 그가 능숙하게 알고 있는 규칙 내지 법칙들을 비교하려는 한층 자세한 관심을 갖는다. 비록 여기서 새로운 것을 [217] 창안하는 예술가의 천재성이 이러저러한 발전들, 이행들 등에 익숙하지 않은 전문가를 종종 당황시킬 수는 있지만 말이다. 단순한 애호가는 그러한 완전한 충족을 거의 누릴 수 없기에, 이내 소리들에 대해서 얼핏 공허하더라

도 충분하게 몰두하고자 하는 욕구, 진행을 위한 정신적 거점을 발견하려는 욕구, 한마디로 그의 영혼에 울려 퍼지는 것을 위해, 보다 특정한 표상들 및 보다 자세한 내용을 발견하려는 욕구가 그를 즉시 사로잡는다. 이런 관계로 그에게는 음악이 상징적인 것이 되는데, 그럼에도 그는 신속히 사라지는, 항상 해독되지는 않는, 무릇 극히 다양하게 해석될 수 있는 수수께끼의 과제들 앞에서 의미를 성급히 낚아채려고 시도한다.

이제 작곡가가 나름대로 스스로 표상과 감응들 및 그 정제되고 완결된 흐름의 특정한 의미와 내용을 작품 속에 주입할 수 있는 것은 맞지만, 역으로 그의 작업의 순수 음악적 구조와 그러한 건축물의 풍부한 정신적 요소도 역시, 그러한 의미내용에 구애됨이 없이, 그에게 중요할 수 있다. 그러나 후자의 측면에 의거한다면 음악적 산물은 사상과 감응이 매우 결여된 것, 여하튼 교양과 심정의 깊은 의식을 전혀 필요로 하지 않는 것이 되기 십상이다. 우리는 이러한 소재 결여 탓에 작곡의 재능이 이미 아주 어린 나이에 발전함을 종종 목도할 뿐만 아니라 풍부한 재능의 작곡가들이 극히 의식 없고 소재가 빈곤한 인간을 평생 벗어나지 못하는 것도 흔히 보는 바이다. 그러므로 한층 깊은 음악은 작곡가가 기악음악에서조차 내용의 —물론 이것은 비교적 비규정적이다— 표현과 음악적 구조라는 두 측면에 같은 주의를 기울일 때 성립한다. 이 경우에도 그는 다시 자유재량으로 때로는 선율적인 것에, 때로는 화성적 깊이와 난해함에, 때로는 특성적인 것에, 또 때로는 이 요소들을 서로 매개하는 일에 우선순위를 부여한다. [218]

γ) 그런데 처음부터 우리는 텍스트에 구애되지 않는 주관성의 음악적 창조를 독자적 음악의 일반적 원칙으로서 제시했다. 그러므로 그 자체로 이미 확정된 내용으로부터의 이러한 독립성은 언제나 다소 자의성을 띠기도 하며, 또한 엄격히 구획되지 않은 유희공간을 자의에 허락할 수밖에 없다. 왜냐하면 비록 이러한 작곡방식도 특정한 규칙들 및 형식들을 가지며 또한

단순한 자의적 기분이 이것들을 필히 따라야 하는 것은 맞지만, 그러한 법칙들은 비교적 일반적인 면들에만 해당한다. 또한 세부적인 것에 대해서는 주관성이, 음의 관계들 자체의 본성에서 기인하는 경계들을 넘지만 않는다면, 그 밖의 면에서는 자의적으로 좌지우지할 수 있는 무한한 권역이 열려 있기 때문이다. 그렇다. 이 장르들의 발전을 추구하는 가운데 주관적 자의는 자신의 착상, 변덕, 중단, 창의적 발칙함, 기만적 긴장, 갑작스러운 전환, 도약과 번뜩임, 기발함과 들어 보지 못한 효과 등을 사용하며 또한 고정된 진행의 선율적 표현 및 수반적 음악의 텍스트 내용과 대비하여 종국적으로 스스로 한계를 모르는 장인이 된다.

c. 예술적 연주

조각과 회화에서 우리가 보는 것은 예술적 행위의 결과로서 객관적, 독자적으로 현전하는 예술작품이지, 현실적, 생동적 생산으로서의 이 행위 자체가 아니다. 이에 반해, 이미 살펴보았듯이, 음악작품의 현재성에는 연주 예술가가 행위자로서 속하는바, 이는 극시에서 온전한 인간이 [즉 배우개] 충만한 생명력과 더불어 표현적으로 등장하여 자신 스스로가 영혼이 깃든 예술작품이 되는 것과 마찬가지이다.

음악은 특정한 내용에 적합하게 되고자 시도하거나 자신의 고유한 궤도를 자유롭게 독자적으로 제시하며, 그런 까닭에 우리는 음악을 두 측면에서 살펴보았다. 이와 마찬가지로 우리는 이제 예술적 연주도 [219] 두 가지의 상이한 종류로 대별할 수 있다. 하나는 주어진 음악작품에 완전히 침잠하여 이미 현전하는 작품에 포함된 것 이외에는 아무것도 재현하려 들지 않는 것이며, 이에 반해 다른 하나는 표현과 연주, 그리고 이에 깃들어 있는 특유의 영혼을 그저 현전하는 음악작품으로부터 긷는 단순 재생적인 것이 아니라, 그것들을 무엇보다도 자기 자신의 수단들로부터 충분히 길어 내는 것이다.

α) 서사시인은 사건과 행동방식들의 객관적 세계를 전개하고자 의도한다. 따라서 서사시를 읊는 음유시인은 그가 보고하는 행동들과 사건들을 위해 그의 개별적 주관성을 완전히 뒤로 물릴 도리밖에 없다. 그가 스스로를 덜 내세울수록 그만큼 더 좋은 것이다. 그렇다. 그는 심지어 무색무취하게 있을 수도 있는데, 그렇다고 하여 해가 되는 것이 아니다. 관건은 사태요 그것의 시적詩的으로 수행된 서사이지 [시인의] 실제 소리, 말, 구술 등이 아니다. 이로부터 우리는 첫 번째 종류의 음악 연주에도 적용되는 하나의 규칙을 추출할 수 있다. 즉 작곡이 말하자면 객관적인 견실성을 갖는 경우라면, 그리하여 작곡가 자신은 오로지 사태를, 혹은 사태로 완전히 채워진 감응을 음으로 옮겼을 뿐이라면, 그 재생 역시 그러한 사실적 종류이어야 하는 것이다. 연주예술가는 그 자신의 것을 전혀 추가할 필요가 없을 뿐만 아니라, 음악의 효과를 중단시키지 않으려면, 그런 짓을 해서도 안 된다. 그는 작품의 성격에 완전히 복종하는 순종적 도구임을 자임해야 한다. 하지만 다른 한편, 빈번히 나타나는 경우지만, 그는 이러한 순종 속에서 단순한 직인職人으로 격하되어서는 안 된다. 이것은 손풍금[61] 연주자들에게나 허용된 일이다. 이와 반대로 예술이 여전히 이야기되려면, 연주자는 하나의 단순한 장구章句를 독송하고 미리 쓰인 것을 기계적으로 반복하는 음악적 자동기계의 인상을 주어서는 안 되며 대신 작곡가의 의미와 정신 속에서 작품에 영적인 생명을 부여해야 하는 의무를 진다. 하지만 그렇게 영혼을 깃들게 함에 있어 대가적 솜씨Virtuosität는 [220] 작품의 난제들을 기술적 측면에서 올바르게 해결한다는 점, 하지만 그 과정에서 힘들게 극복되는 난제와

61　역주: Drehorgel. 배럴 오르간. 손잡이를 돌려 연주하는 악기.

씨름하는 모습을 보이기는커녕 오히려 이 요소 속에서 완전히 자유롭게 움직인다는 점에 한정된다. 이와 마찬가지로 정신적인 면에서 보면 천재성은 연주 속에서 작곡가의 정신적 수준을 현실적으로 달성하고, 또 그것을 살아 있는 것으로 만든다는 점에서만 성립할 수 있다.

β) 그런데 이미 작곡가부터가 주관적 자유와 자의에 큰 비중을 두는 예술작품들, 그리고 무릇 선율, 화성, 특성 등의 표현 및 기타 취급에서 일관된 견실성이 덜 요구되는 작품들의 경우에는 사정이 다르다. 여기서는 일면 대가적 숙련이 응분의 자리를 차지하며, 일면 천재성은 확장되어 주어진 것의 단순한 연주에 국한되지 않는다. 오히려 예술가는 연주 속에서 스스로 작곡하고, 결함을 보완하고, 밋밋한 것에 깊이를 더하고, 영혼이 없는 것에 영혼을 부여하고, 그리하여 모름지기 독자적이며 생산적으로 현상한다. 예를 들어 이탈리아 오페라는 가수에게 언제나 많은 것을 위임한다. 특히 그는 장식음들에서 보다 큰 자유재량을 누린다. 그리고 여기서는 낭송이 어휘들의 특수한 내용에 대한 엄격한 결속에서 오히려 멀어지며, 그런 점에서 이 비교적 독립적인 연기 역시 자유롭고 선율적인 영혼의 흐름으로 존재하는바, 이 영혼은 독자적으로 울리는 것을, 그리고 그 고유한 울림 위로 자신이 고양되는 것을 기뻐한다. 그러므로 누가 예컨대 로시니는 가수들을 편하게 해 준다고 말한다면, 그것은 부분적으로만 맞는 말이다. 그는 가수들의 독자적인 음악적 천재의 활약에 여러 가지로 의탁하며, 그런 관계로 그들을 어렵게 만들기도 한다. 그런데 이 천재가 실로 천재적이라면, 그로부터 성립하는 예술작품은 매우 독특한 매력을 지닌다. 즉 우리 앞에 있는 것은 단순히 하나의 예술작품이 아닌, 현실적이며 예술적인 생산 행위이다. 완전히 [221] 생동적인 이 현재 속에서 일체의 외적인 조건은 ―예배가 행해지는 지방과 기회와 특정 장소, 극적 상황의 내용과 의미 등은― 망각되며, 우리는 어떠한 텍스트도 더 이상 필요로 하거나 원하지 않으며, 감

응 일반의 보편적 음 이외에는 어떤 것도 남지 않는다. 그러므로 이제 예술가의 자기기인적 영혼은 이 감응의 요소 속에서 스스로 분출하며, 그 창안의 천재성, 심정의 깊은 감정, 수법의 대가다움을 증명하며 또한 심지어, 정신, 솜씨 그리고 사랑스러움이 나타나기만 한다면, 선율 자체를 익살, 변덕 그리고 인위성을 통해 중단하고 자신을 순간의 기분과 속삭임에 맡기기조차 하는 것이다.

γ) 셋째, 그러한 생동성은 그 기관이 인간의 목소리가 아니라 어떤 다른 악기들일 경우 한층 놀라운 것이 된다. 음악은 내면의 운동이자 활동인 반면, 악기들은 무릇 하나의 외적인 물건, 죽은 사물이며, 그 울림은 영혼의 표현과 거리가 멀다. 그런데 악기의 외면성이 철저히 사라지고 내면의 음악이 외적 실제성을 완전히 관통한다면, 이러한 완벽한 기교 속에서 이질적 악기는 예술적 영혼의 가장 고유한 기관으로서, 그것도 완벽히 다듬어진 기관으로서 현상한다. 예컨대 나는 소싯적에 만난 한 기타 연주의 거장을 기억하는데, 그는 이 하찮은 악기를 위해 몰취미하게도 거창한 전쟁음악을 작곡했다. 내가 알기로 그는 아마포 짜는 일을 생업으로 하였는데 그와 이야기해 본즉, 말수가 없는 무식한 사람이었다. 하지만 그가 연주에 빠질 때면 사람들은 곡의 몰취미함을 잊었으며, 그도 스스로를 잊고 놀라운 효과를 산출했으니, 까닭인즉 그는 말하자면 이 음들 속에서 영혼을 울리는 연주가 가장 가치 있는 연주임을 알았으며 또한 이 전체 영혼을 악기에 이입했기 때문이다.

그러한 거장의 솜씨는, 정점에 도달하면, 얼핏 해결할 수 없을 듯 보이는 어려움들을 유희하듯 넘어서며, 예술성을 위하여 일탈하며, 재치 넘치는 분위기 속에서 급작스러운 착상을 통해 놀라운 익살을 선사하며, 또한 독창적 창안 속에서 기괴함조차 즐기도록 만드는바, 이로써 그것은 [222] 외적인 악기에 대한 놀라운 장악력을 증명할 뿐만 아니라 내면의 구속받지 않는 자유를 드러내기도 한다. 왜냐하면 모자란 머리가 독창적 예술품들을 산출할 수는 없지만, 천재적 연주자들이 연주한다면 그 작품들은 악기의 모든 점에 대한 그들의 믿을 수 없는 대가다움Meisterschaft을 ─즉 거장의 솜씨는 악기의 한계를 극복할 수 있으며 또한 이러한 승리를 당당히 입증하기 위해 때로는 다른 악기들이 갖는 완전히 다른 방식의 울림을 거침없이 넘나들 수 있다는 점을─ 증명하기 때문이다. 이러한 종류의 연주 속에서 우리는 음악적 생동성의 최정점, 즉 외적 도구를 영혼이 완벽하게 깃든 기관이 되도록 만드는 놀라운 비결을 향유한다. 또한 동시에 천재적 판타지의 내적인 구상과 실행이 극히 순간적으로 삼투하고 또 극히 빨리 사라짐을 마치 번갯불처럼 목도한다.

이상의 것이 내가 음악에서 듣고 느낀 가장 본질적인 측면들이자, 내가 나름대로 추출하여 현재의 고찰을 위해 끌어모은 일반적인 관점들이다.

제3장
시문학

1. 고전적 건축의 사원은 그 안에 거주할 신을 요구한다. 조각은 조형적 아름다움의 신을 안치하고 또 이를 위해 사용되는 질료에 형식들을 부여하는데, 이 형식들은 본성상 정신적인 것에 외적으로 머물지 않으며 오히려 특정 내용 자체에 내재하는 형상으로 존재한다. 그러나 조각형상의 신체성과 감각성 및 이상적 보편성은 때로는 주관적 내면성과 또 때로는 특칭적 특수성과 대비되는바, [223] 이러한 요소들을 구비한 종교적 삶과 세속적 삶의 의미내용의 현실화는 필히 새로운 예술을 요구한다. 주관적이면서도 특칭적, 특성적인 이러한 표현방식은 조형예술들의 원리 자체 속에 회화를 끌어들이는데, 왜냐하면 회화는 형상의 실재적 외면성을 비교적 추상관념적인 색채현상으로 격하시키며 또한 내적 영혼의 표현을 묘사의 중심점으로 삼기 때문이다. 하지만 이 모든 예술들은 정신과 자연물들의 감각적 외형이라는 보편적 국면 속에서 운동한다. 비록 건축은 상징적 전형 속에서, 조각은 고전적 전형 속에서, 회화는 낭만적 전형 속에서 운동하지만 말이다.

그런데 정신적 내용은 본질적으로 의식의 내면에 속하지만, 외적 현상이라는 단순한 요소로 표현되며 또한 그 외형은 시각에 제공된다. 그런 까닭에 그것은 동시에 내면에 대해 이질적인 현존재를 갖는바, 질료와 표현방식의 면에서 그야말로 내적이며 추상관념적인 종류의 영역으로 옮기기 위해 예술은 다시 자신의 구상들을 저러한 현존재에서 벗어나게 하지 않을 수 없다. 이미 보았듯이, 이것은 음악이 취한 전진의 발걸음이었다. 왜냐하면 음악은 내면성 자체와 주관적 감응을 가시적으로 형상화하는 대신 내면에서 내면을 위해 울리는 음향의 형태로 만들었기 때문이다. 하지만 그 내용은 음들에서 고작 상징적 표현만을 다시 발견했으니, 이를 통해 음악 역시 불분명한 주관적 집중이라는 또 다른 하나의 극단으로 이행하였다. 왜냐하면 음은 그 자체로는 내용이 없고 자신의 규정성을 수數들의 관계 속에 두기 때문에 이제 정신적 의미내용의 질적 성격은 본질적 차별성들, 대립들, 그리고 매개를 향해 자신을 여는 이러한 양적 관계들에 대체로 대응하되 그 질적 규정이 음을 통해 완벽하게 부각될 수는 없기 때문이다. 그러므로 이 측면을 완전히 결여하지 않으려면 음악은 그 일면성 때문에 어휘라는 좀 더 적확한 표현에 [224] 도움을 호소해야 하며, 또한 내용의 특수성과 특징적 표현에 좀 더 견고하게 접맥하기 위해 하나의 텍스트를 요구하니, 이것이 비로소 음들로써 자신을 주조하는 주관성에 좀 더 상세한 내용을 부여한다. 이제 표상과 감응들의 이러한 진술을 통해 음악의 추상적 내면성이 좀 더 분명하고 확실하게 설명되는 것은 사실이다. 그러나 이러한 설명에 의해 전개되는 것은 표상의 측면이나 예술에 적합한 그 형식이 아니라 다만 표상에 수반된 내면성 그 자체일 뿐이니, 음악은 음이라는 자신의 고유 권역 속에서 거침없이 활보하기 위해 무릇 어휘와의 결합에서 벗어난다. 이를 통해 추상적 내면성 자체에 머물지 않고 오히려 자신의 세계를 구체적 현실성으로 형상화하는 표상의 영역도 그 나름으로는 [회화의 경우와] 마찬가지로 음악으로부터 분리되며, 또한 시예술에서 예술에 적합한 실존을 대자적으로 부여받는다.

이제 언어예술인 시문학은 제3의 것이다. 그것은 조형예술들과 음악이라는 양극단을 한층 높은 단계에서, 즉 정신적 내면성 자체의 영역에서 내적으로 통일하는 총체성이다. 왜냐하면 시예술은 음악과 마찬가지로 내면을 내면으로서 듣는 자기청취의 원칙을 —건축, 조각 그리고 회화에는 이것이 없다— 포함하기 때문이며, 내적 표상, 직관 그리고 감응 자체의 분야 속에서 스스로를 하나의 객관적 세계로 —이 세계는 조각과 회화의 규정성을 완전히 잃지 않으면서도 사건의 총체성, 자초지종, 심정운동과 열정과 표상들의 변화, 그리고 행위의 본말을 다른 어떤 예술보다도 더욱 완벽하게 전개할 능력이 있다— 펼치기 때문이다.

2. 그러나 좀 더 자세히 보면, 시문학은 낭만적 예술로서의 회화와 음악에 대해 제3의 측면을 형성한다.

a) 즉 한편으로 시문학의 원칙은 무릇 정신성의 원칙이다. 그리고 이 정신성은 건축과 달리 내면과 유비되는 [225] 환경을 조성하기 위해 질료를 상징적으로 형태화하지 않으며 또한 조각과 달리 정신에 속한 공간적 외면성으로서의 자연형상을 실제 질료에 새길 요량으로 무거운 질료 자체에 더 이상 기대지 않는다. 오히려 정신은 판타지와 예술의 갖가지 정신적 구상들을 동원하여, 이 구상들을 가시적이며 신체적으로 외적 직관에 대해 드러냄이 없이, 정신을 직접 정신에 대해 표출한다. 다른 한편 시문학은 주관적 내면뿐만 아니라 외적 현존재의 독특함과 특수함도 음악과 회화보다 한층 풍부하게 포괄할 수 있으며, 또한 그것들을 내면성의 형식 속에서 통합할 수도 있고 광범위한 개체적 특징들과 우연적 고유성들 속에서 별개로 그릴 수도 있다.

b) 시문학은 총체성으로서 특정 예술들의 [즉 건축, 조각, 회화, 음악의] 특성을 자신 안에서 결합한다. 하지만 시문학은 또 다른 면에서 그것들로부터 다시 본질적으로 구분되기도 한다.

α) 이 관점에서 보면, 내용을 외적 현상으로 가시화하는 것이 관건일 경우에는 회화가 독보적 장점을 지닌다. 왜냐하면 판타지 일반에는 관조를 위해 제작한다는 원칙이 들어 있는바, 시문학도 회화의 경우와 마찬가지로 다종의 수단들을 통해 가시화를 행할 능력이 있음이 사실이지만, 시문학은 주로 정신적 본성을 지니는 표상의 요소들 속에서 움직인다. 그런 한도에서 사유의 보편성이 시문학의 특장이며, 그런 까닭에 우리는 시문학을 감각적 가시화로 규정할 수 없기 때문이다. 다른 한편 시문학에서 내용의 구체적 형상을 가시화하기 위해 도입된 여러 특징은 회화에서처럼 동일한, 모든 개체성들이 완전히 동시에 현전하는 하나의 총체성으로서 부합하지 않고 서로 분리되는데, 다양함을 품은 표상이 그저 연쇄적인 것으로서만 제공될 수 있기 때문이다. 하지만 이것은 감각적 관점에서의 결함일 뿐이며, 정신은 이것을 다시 보완할 능력이 있다. 즉 언어는 구체적 직관의 환기를 위해 노력하는 경우에도 [226] 현전하는 외면성의 감각적 수용에 호소하기보다 언제나 내면에, 정신적 직관에 호소하며, 그런 관계로 개체적 특징들은, 그것들이 아무리 순차적으로 연속될 뿐이라고는 해도, 그 순차성을 제거하여 다채로운 일련의 사건들을 하나의 이미지로 수렴할 줄 아는, 그리고 이 이미지를 표상 속에서 견지하고 향유할 줄 아는, 내적으로 통일된 정신의 요소로 전이된다. 게다가 감각적 실제성과 외적 규정성의 이러한 결함은 회화와 대조적으로 시문학에서는 즉시 엄청난 기우로 밝혀진다. 왜냐하면 시예술은 특정 공간 및 나아가 한 상황이나 행위의 특정 순간에 대한 회화적 제한에서 벗어나며, 이로써 한 대상의 지극한 내적 깊이와 그 시간적 전개의 폭을 표현할 수 있는 가능성이 시문학에 제공되기 때문이다. 참된 것은 모름지기 본질적 규정들의 통일성을 내포한다는 의미에서 구체적이다. 그러나 본질적 규정들은 공간의 병렬성 속에서 현상으로 전개될 뿐만 아니라 시간적 연속 안에서 이야기로서도 전개되는데, 회화는 이

과정을 부적절하게 현재화할 수 있을 뿐이다. 이미 모든 풀줄기가, 모든 나무가 이러한 의미에서 이야기이며, 변화이고, 구분되는 상황들의 연쇄이자 완결된 총체성이다. 이것은 정신의 영역에서는 더욱 그러하니, 현실적이며 현상하는 것으로서의 정신은 오로지 우리에게 그러한 과정으로서 표상될 경우에만 남김없이 표현될 수 있는 것이다.

β) 이미 살펴보았듯이, 시문학과 음악은 외적 질료로서 소리를 공유한다. 전적으로 외적인 질료, 즉 저열한 의미에서의 객관적인 질료는 예술 장르들의 등급에서 보면 음향이라는 주관적 요소 속에서 최종적으로 사라지는바, 까닭인즉 음향은 가시성에서 벗어나며 또한 내면이 오직 스스로에 의해서만 인지되도록 만들기 때문이다. 그런데 음악의 본질적 목적은 이러한 소리를 소리로서 형상화하는 것이다. 왜냐하면 영혼이 [227] 선율과 그 화성적 기본관계들의 과정 및 흐름 속에서 대상들의 내면이나 자신의 고유한 내면을 감응하는 것은 사실이지만, 그 내면은 내면 자체가 아니라 소리와 매우 내밀하게 엮인 영혼이자 이러한 음악적 표현의 형상화이기 때문이다. 이것이 음악에 고유의 특성을 제공한다. 음악의 내면이 체현되는 영역은 정신성 자체라기보다는 음이며, 그런 만큼 음악이라는 예술은 독자성을 띤다. 그러나 또한 이로 인해 음악은 정신적 표상과 직관들의 다양성 및 내적으로 알찬 의식의 광범위한 확장을 다만 상대적으로 수용할 수 있을 뿐이며, 또한 그 표현은 음악이 내용으로 삼는 것의 다소 추상적인 보편성과 다소 불특정한 심정의 내감에 머문다. 이제 정신은 비교적 추상적인 보편성을 표상, 목적, 행위, 사건들의 구체적 총체성으로 변형하고, 그 형상화를 위해 자신에게 세부적인 관점도 보충하며, 또한 이를 위해 감응에 그치는 내면성을 떠나되 그것을 여전히 판타지 자체의 내면에서 전개된 객관적 현실성의 세계로 다듬는다. 그런즉 이를 통해 새로이 얻은 정신의 부(富)를 또다시 유일무이하게 음들의 관계들로써 표현하려는 시도는 바로 이러한 구

성으로 인해 포기되어야만 하는 것이다. 조각의 질료는 너무도 빈약하여 비교적 풍부한 현상들을 자신 속에 표현할 수 없으며, 그것들에 생명을 부여하는 것은 회화의 과제다. 이와 마찬가지로 이제는 음들의 관계 및 선율의 표현도 또한 더 이상 시적 판타지의 구상들을 완전히 실현할 수 없다. 왜냐하면 이것들은 한층 정확하고 한층 의식화된 표상들의 규정성을 지닐뿐더러 그 형상은 외적 현상이 내적 직관에 각인된 모습을 갖기 때문이다. 그러므로 정신은 자신의 내용을 음 자체에서 벗어나도록 하며 또한 [228] 음향의 요소를 완전히 떠나지는 않되 그것을 단순히 외적인 전달기호로 격하시키는 어휘들을 통해 자신을 알린다. 즉 이렇듯 정신적 표상들로 채워짐으로써, 소리는 텍스트적 표현이 되며, 또한 어휘는 다시금 자기목적이기를 그치고 그 자체로는 독립적이지 않은 정신적 표현의 수단이 된다. 이미 확언했듯이, 이것은 음악과 시문학의 본질적 차이를 야기한다. 언어예술의 내용은 풍부한 판타지에 의해 발전된 표상들이 종합된 세계이자 자신 곁에 존재하는 정신성이니, 이것은 이러한 정신적 요소 속에 머물뿐더러 또한, 외면성으로 표출되고자 운동할 경우에는, 외면성을 내용 자체와 구분되는 기호로서 이용할 뿐이다. 음악을 통해 예술은 정신적인 것이 현재하는, 감각적으로도 가시적인 형상 속으로 침몰함을 그친다. 그리고 적어도 울림이 내용의 적절한 외면성이자 유일한 표현으로 더 이상 변형되지 않는 한, 예술은 시문학에서 울림과 청취라는 대립적 요소 또한 떠난다. 그러므로 내면이 음이라는 비교적 추상관념적인 감각성에서 표출되기는 하지만, 아무리 그렇더라도 내면은 거기에서 자신의 현실적 현존재를 찾고자 하지 않는다. 정신의 의미내용은 판타지의 내면에서 판타지로 존재하는 바, 내면은 이것을 표명하기 위해 자신의 현존재를 오로지 자기 자신 속에서 찾을 뿐이다.

c) 마지막으로 셋째, 음악, 회화 및 기타 조형예술들과 구분되는 시문학

의 고유한 성격을 개관해 보자면, 간단히 말해 그것은 방금 시사했던 감각적 현상형식의 격하와 모든 시적 내용의 정교화에 있다. 즉 음악의 음[소리]은 회화의 색채와 마찬가지로 전체 내용을 더 이상 수용, 표현하지 못한다. 그러므로 여기서는 박자, 화성 그리고 음률에 따르는 내용의 음악적 취급이 필연적으로 소멸되고, 다만 일반적으로 음절, 단어, 운율, 쾌음조Wohlklang 등의 시간단위의 형상화가, 게다가 그것도 내용을 위한 본연의 요소로서가 아니라 [229] 다소 우연적인 외면성으로서 남을 뿐이다. 여기서 이 외면성이 하나의 예술형식을 취하는 까닭은, 예술은 어떠한 외적 측면도 순전히 우연하게 제멋대로 날뛰게 두어서는 안 되기 때문이다.

α) 이렇듯 정신적 내용이 감각적 질료에서 후퇴하는 즉시 하나의 의문이 생기니, 그렇다면 이제 시문학에서는 도대체 무엇이, 그것이 음이 아니라고 한다면, 본연의 외면성과 객관성을 형성한단 말인가. 그것은 내적 표상과 직관 자체라고 간단히 답할 수 있다. 과거에는 대리석, 청동, 색채, 음악적 소리들이 형상화의 질료를 제공했다면, 이제는 감각적인 것 대신 정신적 형식들이 그것을 제공한다. 표상과 직관들은 기실 시문학의 내용이라고 말할 수 있지만, 여기서는 이 내용이라는 말에 혹하면 안 된다. 차후 좀 더 자세히 드러나겠지만, 표상과 직관들이 시문학의 내용임은 물론 옳으나, 이에 못지않게 본질적으로 주장될 법한 것이 하나 더 있으니, 즉 표상, 직관, 감응 등은 시문학의 모든 내용이 포착, 표현되는 특수 형식들이며, 또한 전달의 감각적 측면이 부차적 역할에 머무는 까닭에 저 형식들은 고유한 질료를 제공하는바, 이를 시인이 예술적으로 취급해야만 한다는 점이다. 시문학에서도 사태와 내용이 정신에 대해 대상화되어야 함은 물론이다. 하지만 대상성은 종래의 외적 실제를 내적 실제로써 교체하며, 또한 오로지 의식 자체 내에서 하나의 현존재를, 그것도 순전히 정신적으로 표상, 직관된 것으로서의 현존재를 얻는다. 그리하여 정신은 자신의 고유한 토대 위에

서 스스로에게 대상이 되며 또한 언어적 요소를, 한편으로는 전달의 수단으로서, 다른 한편으로는 직접적 외면성의 수단으로서 가질 뿐이니, 정신은 애초부터 단순한 기호로서의 이러한 외면성에서 벗어나 자신 속으로 회귀해 있는 것이다. 또한 그런 까닭에 하나의 시작품이 읽히는가 아니면 청취되는가는 본연의 시적 요소와 무관하며, 그 가치에 대한 본질적인 걱정 없이 그것을 다른 언어로 번역할 수 있고, 운문에서 산문으로 옮길 수 있으며, [230] 이로써 전혀 다른 음의 관계로 될 수 있다.

β) 그렇다면 나아가 둘째, 질료와 형식으로서의 내적 표상이 시문학에서 대체 무엇을 위하여 사용되는가 하는 의문이 생긴다. 그것은 정신적 관심들 전반의 즉자대자적 진리를 위한 것, 즉 상징적 암시의 보편성이나 고전적 특수화의 보편성으로 나타나는 그 관심들의 실체를 위한 것일 뿐만 아니라, 이 실체적 요소에 내재하는 일체의 세분화된 특칭적 요소를 위한 것이기도 하며, 이로써 정신으로 하여금 어떤 식으로든 관심을 갖고 작업하게 만드는 거의 모든 것을 위한 것이다. 그러므로 언어예술은 내용의 관점에서뿐만 아니라 그 표출방식의 관점에서도 기타 예술들에 비해 무진장 넓은 분야를 갖는다. 모든 내용들이, 즉 일체의 정신적이고 자연적인 것들, 사건들, 이야기, 행동, 행위, 내적 외적 상태들이 시로 인입[引入]되고 또 시에 의해 형상화되는 것이다.

γ) 그런데 무릇 표상에 수용되었다는 사실만으로 이 지극히 상이한 소재들이 이미 시적인 것은 아닐 테다. 왜냐하면 일상적 의식도 완전히 같은 의미내용을 표상들로 발전시키고 다수의 직관들로 개별화할 수 있지만, 시적인 것을 성립시키지는 않기 때문이다. 이런 면에서 우리는 앞서 표상을 그저 질료 내지 요소라 불렀으니, 이는 시예술을 통해 새로운 형상을 취함으로써 비로소 시에 적합한 형식이 되는바, 색과 소리가 그저 색과 소리 자체가 아닌 한에서 회화적이고 음악적인 것과 마찬가지다. 이 차이는 일반적

으로 다음과 같이 파악된다. 한 내용을 시적으로 만드는 것은 표상 자체가 아니라 예술적 판타지인데, 이 경우 판타지는 내용이 건축적, 조각적, 조형적 그리고 회화적 형상으로 존재하거나 음악적 음률로 울리는 대신 언어와 어휘들로, 그리고 언어적으로 아름다운 어휘들의 조합으로 전달되게끔 내용을 포착한다. 이를 통해 우선 다음의 요청이, 즉 내용은 [231] 오성적 내지 사변적 사유의 관계로도, 비언어적 감응 내지 외적일 뿐인 감각적 명료성과 정확성의 형식으로도 파악되지 않아야 하며, 유한한 현실 일반의 우연성, 그 분열과 상대성 속에서 표상되지 말아야 한다는 요청이 필수 요건이 된다. 이 면에서 시적 판타지는 일면 사유의 추상적 보편성과 우리가 조형예술들의 표현에서 알아보았던 감각적, 구체적 신체성 사이의 중심을 지켜야 하며, 일면 대체 제1부에서 이미 각 예술형상물에 대해 제기되었던 요구들, 즉 판타지의 내용은 그 자체로서 목적이어야 하며, 또한 판타지가 취하는 일체의 것을 순수 이론적 관심과 더불어 내적으로 독자적이며 완결된 세계로서 형성해야 한다는 요구들을 충족시켜야 한다. 왜냐하면 오직 이 경우에만 내용은 그 표현방식을 통해 부분들에게 긴밀한 연관성과 결속의 외관을 부여하며, 상대적 의존성의 세계에 대해 자유로이 독자적으로, 오직 자기 자신을 목적으로 현존하며, 또한 이를 통해 예술이 요구하는 바의 유기적 전체가 되기 때문이다.

3. 시적 판타지는 형상물들과 표현의 외적 질료의 관계를 변화시키는데, 시문학와 기타 예술들의 차이에 관해 결론적으로 논하는 마지막 점도 이 변화된 관계에 관한 것이다. 종래에 고찰한 예술들은 높이 쌓은 무거운 덩어리, 청동, 대리석, 목재, 색채와 음들에 의해 수용, 표출될 수 있었던 형상만을 내용에 부여하였으며, 그런 한도에서 그것들은 그 운동의 장場인 감각적 요소를 매우 진지하게 취급하였다. 이제 어떤 의미에서는 분명 시문학 역시 유사한 의무를 충족해야 한다. 왜냐하면 시작詩作에 있어 시문학은 자

신의 형상화가 오로지 언어적 전달을 통해 정신에게 알려져야 한다는 점을 [232] 늘 유념해야 하기 때문이다. 그럼에도 불구하고 여기서는 전체적 관계가 변화한다.

α) 즉 조형예술들과 음악에서 감각적 측면이 지니는 중요성에도 불구하고 이러한 질료의 특수한 규정성으로 인해 제한된 범위의 표현들만이 돌, 색채, 소리 등 특정한 실제적 현존재에 완벽하게 상응할 뿐이며, 이로써 종래에 고찰된 예술들의 내용과 예술적 이해방식은 일정한 제한에 갇힌다. 이것이 바로 우리가 각각의 특정 예술들을 오로지 어떤 하나의 특수한 예술형식과, 즉 건축을 상징적 예술형식과, 조각을 고전적 예술형식과, 회화와 음악을 낭만적 예술형식과 긴밀하게 연관 짓고 또한 다름아닌 바로 이 예술이 그 예술형식을 가장 적합하게 표현할 수 있는 것으로 보인다고 말한 이유였다. 특수한 예술들이 그 본연의 영역의 이쪽저쪽에 있는 다른 예술형식들로도 번져 갔음이 사실이며, 이로 인해 우리는 마찬가지로 고전적 건축과 낭만적 건축, 상징적 조각과 기독교적 조각에 관해서도 논할 수 있었으며 또한 고전적 회화와 음악도 거론해야 했었다. 그러나 이러한 곁가지들은 본연의 정점에 도달하는 대신 종속적인 단초들을 준비하는 시도들에 머무르거나 한 예술의 초기적 이탈을 보여 줄 뿐이었으며, 이 이탈 속에서 예술은 일정한 내용과 일정한 질료의 취급방식을 포착하지만, 그 전형을 완벽하게 발전시키는 것은 다음의 예술에 비로소 허락되었다. ― 자신의 내용 일반을 가장 빈약하게 표현하는 것은 건축이며, 조각은 이미 조금 더 풍부하며, 그런가 하면 회화와 음악은 자신의 외연을 가장 넓게 확장할 수 있다. 왜냐하면 높아지는 관념성과 외적 질료의 한층 다면적인 특수화에 발맞추어 내용뿐 아니라 내용이 취하는 형식들의 다양성이 증대되기 때문이다. 이제 시문학은 질료 일반의 그러한 중요성으로부터 ―감각적 표현방식의 규정성이 [233] 더 이상 하나의 특수한 내용이나 제한된 범위의 이해

와 표현에 한정되어야 할 하등의 이유를 제공하지 않는다는 그 의미에서—
결별한다. 그러므로 또한 시는 특정 예술형식에 배타적으로 매인 것이 아
니며 오히려 판타지로 진입할 수 있는 각 내용을 모든 형식으로 형상화하
고 표명할 수 있는 보편적 예술이 되니, 까닭인즉 시 본연의 질료는 판타지
자체, 즉 모든 특수한 예술형식과 개별 예술들의 이 보편적 근거이기 때문
이다.

우리는 이미 다른 부분에서 [즉 제2부에서] 특수한 예술형식들을 결론지으
면서 유사한 점을 살펴보았던바, 그 최종 입장은 예술이 그 형식들 중 하나
에 속한 특수한 표현방식에 종속되지 않았다는 점, 이러한 모든 특수한 형
식들 너머에 서 있었다는 점에서 발견되었다. 특수한 예술들 중에서는 그
러한 전방위적 발전의 가능성이 애초부터 시의 본질에만 들어 있으며, 그
런 까닭에 그것은 시적 생산의 과정에서 때로는 각 특수한 형식들의 현실
적 형성을 통해, 때로는 이해와 내용의 상징적 특성이나 고전적, 낭만적 특
성의 독자적이며 폐쇄적인 전형의 구속에서 해방됨을 통해 활성화된다.

b) 이제 이로부터 [철학체계의] 학문적 전개의 면에서 시예술에 주어진 위
치도 동시에 정당화된다. 무릇 시문학은 예술작품을 생산하는 다른 그 어
떤 방식들보다도 예술 자체의 보편성과 깊은 연관이 있기 때문에 예술철학
적 설명은 시문학에서 출발해야 하며 연후 비로소 특수한 감각적 질료에
의해 기타의 예술들이 분화되는 특수화를 다룰 수 있는 듯 보일 수도 있다.
하지만 특수한 예술형식들을 다루면서 이미 살펴보았듯이, 철학적 전개 과
정은 일면 [234] 정신적 의미내용의 심화에 본질을 두며, 일면 예술이 자신
에게 합당한 내용을 처음에는 그저 탐색할 뿐이고, 다음으로는 그것을 발
견하며 마지막으로 그것을 초월한다는 증명에 본질을 둔다. 이제 미와 예
술의 이러한 개념은 예술들 자체에서도 마찬가지로 표명되어야 한다. 그
러므로 우리는 감각적 요소에서 정신적인 것을 완벽하게 표현하려고 노력

할 뿐인 건축에서 출발했던바, 예술은 조각을 통해 비로소 그 순정한 융합에 도달하고, 또한 구성과 감각적 제작의 면에서 성취된 그 합일을 회화와 음악에서 의미내용의 내면성과 주관성을 위해 다시 해체하기 시작한다. 시적 예술 체현이 본질적으로 현실적 감각성의 탈피 및 격하로서 파악될 수는 있되 외적인 것 속에서의 체현과 운동에 감히 관심을 기울이지 않는 생산으로서는 파악되지 않는 한, 시문학은 예의 해체의 특성을 가장 예리하게 노정한다. 그러나 이러한 해방을 학적으로 설명하려면, 예술이 무엇으로부터 벗어나고자 하는지가 사전에 이미 설명되어 있어야 한다. 시문학이 내용과 예술형식들의 총체를 자신 속에 수용할 능력이 있다는 정황도 이와 비슷하다. 우리는 이 정황 역시 하나의 총체성의 쟁취로서 간주해야 한다. 그런데 그것은 학적으로 오로지 특수자의 제한성을 지양하는 것으로 서술될 수 있되, 거기에는 또다시 일면성들에 대한 ―그들이 고작 갖는 타당성은 총체성에 의해 다시 부정된다― 선행 고찰이 속하는 것이다.

오직 이러한 고찰 과정을 거친 후에야 시문학 또한 특수한 예술인 것으로 밝혀지니, 예술 자체는 이에 즉해 동시에 자신을 해체하기 시작하며 또한 철학적 인식을 위해 종교적 표상 자체 및 학적 사유의 산문으로 향하는 이행 지점을 얻는다. 앞서 살펴보았듯이, 미의 세계의 경계영역들은 한쪽으로는 예술이 진리를 위해 벗어나고자 씨름하는 유한성과 일상적 의식의 산문이며 [235] 다른 한쪽으로는 종교와 철학이라는 한층 높은 국면들이니, 예술은 감각성이 더욱 배제된 절대자의 파악을 위해 이 국면들로 이행한다.

c) 그러므로 시문학이 아무리 미의 모든 총체성을 다시 한번 매우 정신적인 방식으로 생산한다고 해도, 그럼에도 불구하고 정신성은 그와 동시에 이 마지막 예술영역의 결함을 형성한다. 이러한 관점에서 보면 예술들의 체계 내에서는 시예술이 건축에 정면으로 배치된다. 즉 건축예술은 객

관적 질료를 정신적 의미내용에 아직 종속시키지 않는 관계로, 그것을 정신에 적합한 형상으로 형태화하지는 못한다. 반면 시문학은 감각적 요소를 매우 부정적으로 취급한다. 건축예술이 질료를 다루는 방식과는 달리 시문학은 무겁고 공간적인 질료의 대립물인 음향을 암시적 상징으로 형상화하는 대신 차라리 의미 없는 기호로 끌어내린다. 그러나 이를 통해 시문학은 예술의 근원적 개념에 더 이상 상응하지 않기 시작할 정도로 정신적 내면성과 외적 현존재의 융합을 해체하니, 이제 시문학은 대저 감각적인 것의 영역을 벗어나 완전히 정신적인 것 속으로 사라질 위험에 처한다. 조각, 회화 그리고 음악은 각각 정신적 의미내용을 전적으로 자연적 요소 속에 투입하여 감관과 정신에 고루 파악 가능하도록 만드는 관계로, 그것들은 건축예술과 시문학이라는 이 극단들 사이의 아름다운 중간을 점한다. 왜냐하면 비록 낭만적 예술로서의 회화와 음악이 벌써 비교적 추상관념적인 질료를 취한다고는 해도, 그럼에도 다른 한편 그것들은 이러한 한층 고양된 관념성 속에서 사라지기 시작하는 현존재의 직접성을 다시 특칭성과 한층 다양한 형상성의 충만을 통해 —색채와 음은 조각의 질료가 요구받는 것보다 한층 더 풍부하게 이러한 특칭성과 형상성을 제공할 수 있음이 증명되었다— 대체하기 때문이다. [236]

시문학은 객관적 세계를 적어도 단일작품으로는 회화도 달성할 수 없을 정도로 폭넓고도 다면적으로 가시화해야 하며, 그런 한도에서 시문학도 마찬가지로 나름대로 보완책을 찾아야 한다. 하지만 이것은 언제나 내적 의식의 실제성으로 머물 뿐이니, 시문학이 제아무리 예술적 체현을 이루려는 욕구에서 강화된 감각적 인상을 향해 매진한다고 해도, 그럼에도 시문학은 그러한 인상을 오직 음악과 회화에서 빌린, 그러나 시문학 자신에게는 이질적인 수단을 통해 성사시킬 수 있을 뿐이다. 자신을 진정한 시문학으로서 유지하기 위해서는 이러한 자매예술들을 언제나 봉사적인 것으로서 차용해야 하며, 또한 그 반면 정신적 표상을, 내면의 판타지에 말을 건네는 판타지를, 관건이 되는 본연의 주안점으로서 부각해야 한다.

시문학이 기타 예술들에 대해 갖는 개념상의 관계는 일반적으로 이 정도이다. 이제 시예술 자체를 좀 더 상세히 고찰하면, 우리는 다음의 관점들에 따라 시예술을 정리해야만 한다.

시문학에서는 내용과 질료를 제공하는 것이 내적 표상 자체임을 보았다. 하지만 이미 예술이 아니더라도 표상은 가장 흔히 사용되는 의식의 방식인 까닭에 우리는 우선 시적 표상과 산문적 표상을 가르는 과제를 수행해야 한다. 그러나 시예술은 이러한 내적인 시적 표상에만 머물러서는 안 되며, 그 형상화는 언어적 표현에 능통해야 한다. 이 면에서 시문학은 다시 이중의 의무를 위탁받는다. 즉 시문학은 한편 자신의 내적 이미지를 이미 정돈하여 언어적 전달에 완벽하게 들어맞도록 해야 하며, 다른 한편 이러한 언어적 요소 자체를 일상적 의식에서 사용되는 바대로 두어서는 안 되며, 오히려 어휘들의 선택과 위치뿐만 아니라 음향의 면에서도 산문적 표현방식과 구분될 수 있도록 그것을 시적으로 다루어야 한다. [237] 그런데 시문학은 언어적 표현에도 불구하고 질료의 특수성으로 인해 기타 예술들에 부과되는 제약과 한계들로부터 가장 자유롭다. 그런 관계로 예술작품이 특수한 예술의 일면성과 상관없이 수용할 수 있는 가장 넓은 가능성, 즉 모든 상이한 장르들을 완전하게 형성하는 가능성을 지니며, 또한 그런 까닭에 시문학에서는 여러 장르들의 완벽한 분류가 나타난다.

이에 준해 앞으로의 과정에서 우리는

첫째, 시적인 것 일반과 시적 예술작품에 관해 언급해야 하며,

둘째, 시적 표현에 관해,

> 셋째, 서사시, 서정시 그리고 극시로 나뉘는 시예술의 분류에 관해 언급 해야 한다.

A
산문적 예술작품과 구분되는 시적 예술작품

시적인 것 자체를 정의하는 일 혹은 시적인 것의 본질이 무엇인지를 서술하는 일은 시문학에 관해 무언가를 쓴 대부분의 사람들을 공포에 떨게 만든다. 사실 시예술로서의 시에 관해 논하려고 처음 입을 뗄 경우라면, 예술 일반의 내용과 표상방식이 무엇인지를 사전에 이미 다루지 않았을 경우라면, 시적인 것의 본질을 어디에서 찾아야 하는가를 정하는 일은 지극히 어려울 것이다. 그러나 특히 우리가 개개 산물들의 개별 성질에서 출발하고 연후 이 숙지에 바탕을 두고 매우 상이한 유와 종들에 대해서도 타당해야 할 어떤 보편적인 것을 언명해야 한다면, 이는 난감한 과제가 된다. 예컨대 극히 다종다양한 작품들이 시로서 간주되는데 우리가 이 가정을 전제하고서 그러한 산물들이 무슨 권리로 시로서 인정될 수 있는가를 물을 경우에는 방금 언급한 어려움들이 즉시 나타난다. 우리는 다행히도 [238] 이 자리에서는 그러한 어려움을 피할 수 있다. 즉 한편으로 대저 우리는 개별 현상들로부터 시작하여 사태의 보편적 개념에 도달한 것이 아니라 오히려 거꾸로 개념으로부터 그 개념의 실제를 전개하고자 시도했던바, 예컨대 우리의 현 영역에서는, 어떤 것이 실로 시적 산물인가 아닌가에 관한 결정이 개념 자체로부터 비로소 도출될 수 있는 한, 사람들이 통속적으로 시라고 부르는 것 일체가 이 개념에 포섭되어야 한다는 요구는 불가능하다. 다른 한편 여기서 우리는 시적인 것의 개념을 진술하라는 요구에 더 이상 부응할 필요가 없으니, 까닭인즉 이 과제는 이미 제1부에서 미와 이상 일반에 관해 전개되었던 일체의 것을 반복하는 것으로 충족될 것이기 때문이다. 왜냐하면 조형예술들과 음악의 판타지는 제작에 임해 표현에 사용되는 질료의 종류를 통해 다방면으로 제한당하며 또한 일면적인 방향들로 분산, 추동되지만, 시적 판타지는 이와 달리 오로지 예술에 적합한 이상적 표현 일반이라는 본질적 요구만을 따르는 관계로, 시적인 것의 본성은 전반적으로 예술작품 일반 및 예술미의 개념과 합치하기 때문이다. 그러므로 나는 여기서 적용될 다중의 관점들 중에서 가장 중요한 것만을 부각하고자 하니, 그것은

> 첫째, 시적 그리고 산문적 이해방식의 차이에 관한 것이며
> 둘째, 시적 그리고 산문적 예술작품과 관계하는 차이이며
> 이어 셋째, 우리는 창조적 주관성, 즉 시인에 관한 몇 가지 언급을 덧붙일 것이다. [239]

1. 시적 이해와 산문적 이해

a. 두 이해의 내용

우선 시적 구상에 적합한 내용과 관계하여 적어도 외물 자체로서의 자연물들은 상대적으로 즉시 배제될 수 있다. 시가 본연의 대상으로 삼는 것은

태양, 산, 숲, 풍경 혹은 외적인 인간형상, 혈액, 신경, 근육 등이 아니라 정신적 관심들이다. 왜냐하면 시가 제아무리 가시화 및 예시화의 요소를 포함한다고 해도, 시는 이 면에서조차 정신적 활동으로 머물며 또한 외부 사물의 구체적 감각적 현상보다 한층 정신성에 근접, 적합한 내적 직관을 위해서만 작업하기 때문이다. 그러므로 인간의 환경이나 그의 외부세계로서의 저 영역 전체는 의식의 내면과 연관될 경우에는 하나의 본질적 가치를 갖지만, 그 자체로서는 시의 배타적 대상이 되는 존엄을 요구할 수 없으며, 다만 정신이 그 속에서 자극받거나 자신의 활동의 질료를 발견하는 한에서 시에 등장할 뿐이다. 반면 정신의 무한한 왕국은 시에 상응하는 대상이다. 왜냐하면 정신의 관심과 운동들의 내적 생명성을 표현하기 위해서는 ―다른 예술들에서는 돌, 색채, 음이 사용된다면― 그 표현에 최적인 것으로 증명된 질료, 즉 직접 정신에 속하며 그러한 생명성을 가장 잘 포착하는 고도의 이미지적 질료인 어휘가 사용되어야만 하기 때문이다. 이 면에서 시의 주요 과제가 되는 것은 정신적 삶의 힘들, 무릇 인간의 열정과 감응 속에서 부침하는 것, 눈앞에서 고요히 스치는 것, 인간의 표상, 행동, 행위, 운명들 모두를 포괄하는 영역, 속세의 소란과 신적 세계 지배 등의 의식화이다. 그리하여 시는 인류의 가장 보편적이고 [240] 가장 광범위한 교사였으며 또한 현재도 그러하다. 왜냐하면 가르친다는 것과 배운다는 것은 현존하는 것이 무엇인지를 아는 것이자 경험하는 것이기 때문이다. 별, 동물, 식물들은 그들의 법칙을 알지 못하고 경험하지 못한다. 그러나 인간은 자신과 그의 환경의 본질을 인지하며, 또한 그 경우 비로소 자신의 현존재의 법칙에 적합하게 실존한다. 그는 그를 추동하고 조종하는 힘들을 알아야 하며, 또한 시는 그 최초의 실체적 형식 속에서 그러한 앎을 제공한다.

b. 시적 표상과 산문적 표상의 차이

그러나 산문적 의식 역시 동일한 내용을 파악하며, 보편적 법칙을 가르칠 뿐만 아니라 다채로운 개체적 현상들의 세계를 구분, 정돈, 해석할 줄도 안다. 그러므로 이미 언급했듯이 가능성의 면에서 내용이 그렇듯 동등할진대, 우리는 산문적 표상방식과 시적 표상방식의 일반적 차이가 무엇인지를 물어야 한다.

α) 시는 정교하게 다듬어진 산문적 언변보다 오래된 것이다. 시는 참된 것의 근원적 표상이며, 보편적인 것과 그 생생한 개체적 실존을 아직 분리하지 않는 앎이며, 법칙과 현상, 목적과 수단 양자를 대립시키거나 또는 연후 다시 추론적으로 연관 맺지 않는 앎이며, 오히려 그 하나를 다른 하나 속에서 그리고 다른 하나를 통해서만 파악하는 앎이다. 그러므로 시는 가령 그 자체로서 자신의 보편성 속에서 이미 인식된 의미내용 같은 것을 단지 이미지를 통해 발설하는 것이 아니다. 그와는 반대로 시는 그 직접적 개념에 합당하게 그러한 분리와 단순한 연관 맺음이 아직 일어나지 않은 실체적 통일성 속에 거주한다.

αα) 이러한 직관방식 속에서 시는 이제 자신이 파악하는 모든 것을 내적으로 통합된, 이로써 독자적인 총체성으로 제시하니, 이러한 총체성은 내용이 풍부하고 광범위한 관계, 개인, 행위, 사건, 감응 그리고 표상방식들을 갖되 이 광범위한 복합체를 내적으로 [241] 완결된 것으로서, 일자에 의해 ─이러저러한 개체성은 이 일자의 특수한 외화이다─ 야기되고 움직이는 것으로서 보여 주어야만 한다. 그러므로 시에서는 보편적, 이성적인 것이 추상적 보편성과 철학적으로 증명된 연관성 혹은 그 측면들의 오성적 관계 속에서 표명되지 않고 오히려 살아 있고 현상하고 영혼이 깃들어 있으며 모든 것을 규정하는 것으로서, 하지만 동시에 만물을 포괄하는 통일성과 생기의 진정한 영혼을 오직 비밀스럽게 내부로부터 작용하게끔 만드는 방

식으로 표명된다.

ββ) 시에서는 이러한 이해, 형상화 그리고 언표가 순수 이론적인 것으로 머문다. 시의 목적은 사태 및 그 실제적 실존이 아니라 이미지 만들기와 말하기이다. 시는 인간이 스스로를 언표하려고 했을 때 출발하였다. 시에서는 발화된 것이 오직 그러한 언표로 있기 위해 현존한다. 실천적 행동과 궁핍의 한가운데 있는 인간이 일단 그것들을 이론적으로 집약하고 또 이를 통해 소통한다면, 그 즉시 시의 풍취를 갖는 교양 있는 표현이 나타난다. 이에 관한 사례를 하나만 들어 보자. 테르모필레의 전투에서 산화한 그리스인들에 관해 보고하는 한 2행시가 헤로도토스에 의해 우리에게 전해 온다. 내용은 지극히 단순한, 즉 사천의 그리스인들이 여기서 삼백만에 저항하여 싸움을 벌였다는 무미건조한 보고이다. 그러나 관심은 순전히 이를 말하기 위해 당대와 후대에게 그 거사를 언표하는 비명碑銘을 완성하는 것이니, 이로써 표현은 시적이 된다. 즉 그것은 내용의 단순성은 그대로 두되 언표는 의도적으로 꾸미는 하나의 제작ποιειν으로서 자신을 증명하고자 한다. 표상을 포착하는 어휘는 스스로 높은 존엄을 지니는 것이어서, 그것은 자신을 기타의 이야기방식과 구분하고자 시도하며 그리하여 2행시가 되는 것이다.

γγ) 이로써 이제 시는 언어적 측면에서도 하나의 독자적 영역으로 규정되며 또한 그 표현의 구성은 일상적 어법과의 차별화를 위해 단순한 언표보다 한층 높은 가치를 [242] 지닌다. 하지만 우리는, 일반적 견해도 그렇지만, 이 점에서 일상적, 기교적 산문의 발전 이전에 있는 근원적 시와 완벽하게 다듬어진 산문적 삶의 상태 및 표현의 한가운데서 발전된 시적 이해 및 언어를 본질적으로 구분해야 한다. 전자는 표상과 언어의 면에서 무의도적이며 시적이다. 반면 후자는, 자유로운 예술의 토대에 서려면, 자신이 어떤 영역에서 벗어나야 하는지 알고 있으며 그리하여 산문적인 것과의 구분에

대한 의식 속에서 형성된다.

β) 둘째, 시가 자신으로부터 솎아 내야 하는 산문적 의식은 완전히 다른 종류의 표상과 말하기를 필요로 한다.

αα) 즉 한편으로 산문적 의식은 현실의 광범위한 소재를 원인과 결과, 목적과 수단 그리고 제한적 사유의 기타 범주들의 오성적 연관성에 따라서, 무릇 외면성과 유한성의 관계들에 따라서 고찰한다. 이를 통해 각각의 특수자는 그릇되게도 일면 독자적인 것으로서 등장하며 일면 다른 특수자에 대해 단순히 관계하고 이로써 그 상대성과 의존성 속에서 파악될 뿐, 예의 자유로운 통일성을 ─즉 일체의 분기分岐와 상호 외재성들 속에서도 총체적이며 자유로운 전체로서 자신 속에 머무는 통일성을─ 실현하지 못한다. 왜냐하면 특수한 측면들은 유일한 내용의 고유한 전개이자 현상에 불과하기 때문이다. 그리고 이 유일한 내용이 그것들의 중심점이자 그것들을 결속하는 영혼을 형성하며, 이러한 일관적 생명기운으로서 현실적으로도 드러나는 것이다. 그러므로 이러한 종류의 오성적 표상은 기껏해야 현상들의 특수한 법칙들이 될 뿐이니, 이제 그것은 특칭적 실존과 보편적 법칙의 분리 및 단순한 관계에 머물 뿐만 아니라 법칙들 자체도 경직된 특수성들로 갈라져 그들의 관계도 [243] 마찬가지로 그저 외면성과 유한성의 형식하에서 표상될 뿐이다.

ββ) 다른 한편 일상적 의식은 내적 연관성, 사물의 본질성, 근거, 원인, 목적 등에 전혀 관여하지 않고 일상에 널린, 무의미한 우연성에 따르는 단순 개체로서의 사물을 수용하는 데 만족한다. 시적 직관은 생동적 통일성 속에서 사태의 내적 이성과 그 외화 및 현존재를 결합하는데, 이 통일성은 오성적 분리를 통해서도 지양되지 않지만, 일상적 의식의 경우에는 막상 사물들의 이러한 이성원리와 의미를 꿰뚫는 시선이 결여되어 있으니, 이로써 사물들은 의식이 보기에 본질이 없는 것, 이성의 관심을 더 이상 요청해

서는 안 되는 것이 된다. 이때 오성적으로 연관하는 세계와 그 관계들의 이해는 단지 무차별적인 것의 병렬성 및 혼재성만을 통찰하는 시선으로 잘못 바뀌니, 이것은 광범위한 외적 생명성을 바라볼 수는 있겠으나 한층 깊은 요구를 전혀 만족시키지 못한 채 머문다. 왜냐하면 순정한 직관과 견실한 심정은 현상들에서 본질적이고 참된 것 자체에 상응하는 실재성을 간파, 감지하는 오직 그곳에서만 만족을 발견하기 때문이다. 한층 깊은 의미에서 보면 외적으로 살아 있는 것은, 내면적인 것과 내적으로 의미 가득한 것이 본연의 영혼으로서 내비치지 않는다면, 죽은 것이다.

γγ) 그런데 셋째, 오성적 생각과 일상적 통찰의 이러한 결함들은 사변적 사유를 근절하며 또한 이로써 어떤 면에서는 시적 판타지와 친근한 점을 갖는다. 즉 이성적으로 인식한다는 것은 우연적 개체성과 관계하지 않는 것이고, 현상적인 것에서 그 본질을 간과하지 않는 것이며, 또한 오성적 표상과 반성의 분리 및 단순한 연관성들에 만족하지 않는 것이다. 오히려 그것은 유한한 고찰의 입장에서는 한편으로 독자적으로 상호 분리되는 것, [244] 다른 한편으로 비통일적 관계로 정립되는 것을 자유로운 총체성으로 결합한다. 그러나 사유는 사상만을 결과로서 가질 뿐이다. 그것이 실제의 형식을 순수 개념의 형식으로 증발시키며, 또한 현실의 사물들을 아무리 그 본질적 특수성 및 현실적 현존재 속에서 포착, 인식한다고 해도, 이러한 특수성마저도 보편적 추상관념적 요소로 제고한다. 왜냐하면 사유는 이 요소 속에서 유일하게 자신 곁에 존재하기 때문이다. 이를 통해 현상계에 대비되는 하나의 새로운 영역이 성립하는바, 이것은 현실적인 것의 진리이긴 하되 이 진리는 다시 현실적인 것 자체 속에서 그 형상적 힘이자 고유한 영혼으로서 드러나는 것이 아니다. 사유는 참된 것과 실제를 사유 속에서 [즉 개념 속에서] 화해시킬 뿐이다. 그러나 시적 창조와 이미지화는 그것들을 ―비록 정신적으로 표상된 것이기는 하지만― 실제적 현상 자체의 형식 속

에서 화해시킨다.

γ) 이를 통해 우리는 시와 산문이라는 두 가지 구분되는 국면을 의식한다. 종교적 신앙과 기타 인식의 면에서 특정한 세계관이 오성적으로 정렬된 표상과 인식으로 발전되지도 않고 인간적 상태의 현실이 그러한 인식에 따라 규제되지도 않았던 이전의 시대들에서 시는 한층 손쉬운 놀이를 하였다. 그 경우 산문은 그 자체로서 시가 우선 극복해야 할 독립적인 내적, 외적 현존재의 분야로서 시에 대립하지 않으며, 차라리 산문의 과제는 다만 평범한 의식의 의미들의 심화와 그 형상들의 해명에 국한된다. 반면 산문이 이미 정신의 모든 내용을 자신의 이해방식 속으로 끌어들여 모두에 그 인장을 찍었다면, 시는 그것을 철저히 다시 녹여 개조하는 임무를 떠안으며, 또한 산문적인 것의 경직성으로 인해 모든 면에 걸쳐 첩첩한 어려움 속으로 얽혀 든다. 왜냐하면 시는 무차별적, 우연적인 것에 고착된 일상적 관점을 벗어나야 하고, 사물의 오성적 연관성의 고찰을 [245] 이성원리로 제고해야 하고, 사변적 사유를 정신 자체 속에서 다시 판타지로 구체화해야 하기 때문이다. 또한 이것들을 고려하면서도 마찬가지로 산문적 의식의 습관화된 표현방식을 시적 표현방식으로 변형해야 하고, 또한 그러한 대립이 필연적으로 환기하는 일체의 의도성에도 불구하고 예술이 필요로 하는 무의도성과 근원적 자유의 가상을 완벽하게 간직해야 하기 때문이다.

c. 시적 직관의 특수화

이제 우리는 아주 일반적으로나마 시적인 것의 내용을 언급하였고, 또한 시적 형식을 산문적 형식과 구분했다고 하겠다. 시는 그보다 덜 풍부하게 발전된 기타 예술들에 비해 한층 더 특수화와 관련되는바, 마지막으로 언급해야 할 제3의 점은 이에 관한 것이다. 건축은 극히 다양한 민족들에게서 오랜 세월 동안 변함없이 축조되지만, 이미 조각은 고대세계에서 그리스와 로마인들을 통해 그 정상에 도달했으며, 회화와 음악은 비교적 최근 기독교적 민족들을 통해 정점에 도달한다. 그러나 시는 모든 민족들에게서 축제를 벌이며, 또한 대저 예술적으로 생산적인 거의 모든 시대에서 찬란함과 개화의 신기원을 누린다. 왜냐하면 시는 전체 인간정신을 포괄하며 또한 인간성은 다양하게 특수화되어 있기 때문이다.

α) 그런데 시는 학적으로 추상화된 보편성을 대상으로 삼는 대신 개별화된 이성적 요소를 표현하며, 그런 까닭에 자신이 출현한 민족적 특성의 규정성을 —이 특성의 의미내용과 직관방식도 시의 내용과 표현방식을 형성한다— 철저히 필요로 하며 따라서 특수화와 고유성의 충만을 지향한다. 동방, 이탈리아, 스페인, 영국, 로마, 그리스, 독일의 시, 이 모두는 [246] 정신, 감응, 세계관, 표현 등의 면에서 철저히 상이하다.

그 같은 다양한 차별성은 시 쓰기가 행해진 역사적 시기들과 관련해서도 적용된다. 예컨대 금일 독일시의 정수가 중세나 삼십년 전쟁의 시대에도 그 모습대로 있을 수는 없는 일이다. 현재 우리에게 최고의 관심을 일으키는 규정들은 오늘날 전체적인 시대 발전에 속하는 것이며 또한 각 시대는 다소 광범위하거나 국한된, 다소 고차적이며 자유롭거나 저급한 감응방식을, 요컨대 나름의 특수한 세계관을 갖는바, 언어가 전체 인간정신을 표출할 능력이 있는 한, 이 세계관은 바로 시를 통해 가장 완벽, 명료하게 예술적으로 의식화되는 것이다.

β) 그런데 다시 이러한 민족적 특성들, 시대성향들, 세계관들 중에는 더 시적인 것과 덜 시적인 것이 있다. 예컨대 동방의 의식형식은 그리스를 예외로 하면 전반적으로 서방西方의 형식보다 더욱 시적이다. 동방에서는 불가분하고 견실하고 실체적인 일자가 언제나 주요사안이자, 비록 그러한 관점이 이상의 자유까지 꿰지는 못하더라도, 애초부터 비할 바 없이 견고한 것이다. 이에 반해 서방은, 특히 최근의 시대는, 무한자의 무한 분열과 특

수화에서 출발하여 만물을 점點으로 만드니 이를 통해 유한자도 역시 표상에 대해 독립성을 획득하나, 그것은 다시 상대성으로 선회해야 한다. 반면 동방인들에게는 어떤 것도 본래 독립적으로 머물지 않으며 오히려 만물은 오로지 부속되어 있는 것으로서, 그것들이 귀의하는 일자와 절대자 안에서 영원한 결집과 최후의 구원을 발견하는 것으로서 현상한다.

γ) 그런데 그 같은 다양한 민족적 차별성과 수백 년의 발전 과정을 두루 관통하는 공통적인 것, 그리하여 다른 [247] 민족들과 다른 시대성향의 입장에서도 이해 및 향유 가능한 것이 있으니, 그 일단은 보편적 인간성이며 다른 일단은 예술성이다. 매우 다양한 민족들이 특히 이 두 가지 점에서 그리스 시를 늘 새롭게 거듭 찬미하고 모범으로 삼았다. 왜냐하면 거기서는 순수 인간적 요소가 내용 및 예술적 형식의 면에서 극히 아름답게 전개되어 있기 때문이다. 하지만 예컨대 인도의 시마저도 세계관과 표현방식의 엄청난 간극에도 불구하고 우리에게 완전히 이방의 것은 아니며, 또한 그 속에서 예술과 인간정신 일반의 갖가지 풍요로움을 위한 감관이 점차 열리기 시작했으니, 이 점은 현시대의 큰 특전으로 기릴 만한 것이다.

앞서 거론한 면들에 비추어 보면 시는 철저히 개별화의 충동을 따르는 것이다. 그럼에도 불구하고 이제 여기서 우리는 시예술을 일반적으로 다루어야 할 터, 이 일반적 성격은 혹여 그 자체로서 단정될 수 있다손 쳐도 대단히 추상적이고 깊이 없는 것이다. 그런 까닭에 우리는 본연의 시에 관해 논하고자 할 경우 표상하는 정신의 형상화를 언제나 민족적, 기질적 고유성 가운데서 포착해야 하고, 또한 심지어 시를 짓는 주관의 개성도 도외시해서는 안 될 것이다. ― 이것이 내가 시적 이해 일반과 관계하여 미리 말해 두고자 했던 관점들이다.

2. 시적 예술작품과 산문적 예술작품

그러나 시는 내적 표상 자체에 머물러서는 안 되며, 예술작품으로 표출되고 다듬어져야 한다.

이 새로운 대상이 요구하는 다면적 고찰들은 다음과 같이 요약, 정리될 수 있다.

첫째, 시적 예술작품 일반과 관련된 가장 중요한 점을 부각하고, 다음으로 [248]

둘째, 이것을 산문적 표현의 —이 표현이 예술적으로 취급될 수 있는 한— 주요 장르들로부터 갈라내야 한다. 이로부터 비로소

셋째, 자유로운 예술작품의 개념이 완벽하게 밝혀질 것이다.

a. 시적 예술작품 일반

자유로운 판타지의 모든 산물들은 유기적 총체성으로 다듬어지고 마무리되어야 하는바, 이러한 요구는 시적 예술작품 일반에 대해서도 되풀이되어야 하며 또한 오로지 다음의 방식으로만 충족될 수 있다.

α) 첫째, 주된 내용을 이루는 것은, 그것이 행위와 사건의 특정 목적이든 혹은 특정한 감응과 열정이든 간에, 무엇보다 통일성을 자신 속에 지녀야 한다.

αα) 이때 기타 모든 것은 이 일자와 연관해야 하며 아울러 구체적이고 자유로운 관계를 맺어야 한다. 이것이 가능하려면 선택된 내용은 추상적 보편자로서 파악되어서는 안 되며 오히려 특정 개인들의 정신, 심정, 의지에 속하는, 그리고 이 개별적 본성 자체의 고유한 토대로부터 발생하는 인간

적 행위와 감응, 목적과 열정으로서 파악되어야 한다.

ββ) 따라서 표현되어야 할 보편자와 자신의 성격, 사건, 행위들 속에서 시적 현상으로 발현하는 개인들은 서로 분리되어서는 안 되고, 개인들이 추상적일 뿐인 보편성들에 봉사적으로 되어서도 안 되며, 오히려 양 측면은 내면에서 서로가 생동적으로 엮여야 한다. 예컨대『일리아드』가 그러하니, 여기서는 그리스인들과 트로이인들의 전쟁 및 그리스인들의 승리가 아킬레스의 분노와 결부되며, 따라서 이 분노가 전체를 결집하는 중심점을 제공한다. 물론 기본 내용이 대체로 비교적 보편적인 부류에 속하거나 자체로서 비교적 의미심장한 보편성 속에서 상술되는 시적 작품들도 발견된다. 예컨대 [249] 단테의 위대한 서사시[『신곡』]가 그러하니, 이 서사시는 전체 신계神界를 섭렵하여 이제 매우 다양한 개인들을 지옥의 형벌, 연옥, 천당의 축복들과의 관계 속에서 묘사한다. 그러나 단테의 서사시에서도 그 측면들의 추상적 상호 분리 및 개별 주관들의 단순한 봉사는 보이지 않는다. 왜냐하면 기독교 세계에서는 주관이 신성의 부수적 속성에 불과하다기보다는 내면 자체의 무한한 목적으로 이해되며, 그리하여 여기서는 보편적 목적, 저주와 축복 가운데 있는 신적 정의가 동시에 [주관에] 내재하는 사안으로서, 개별자 자신의 영원한 관심이자 존재로서 현상할 수 있기 때문이다. 이러한 신적 세계에서는 모름지기 개인이 중요시된다. 국가에서는 개인이 보편자인 국가를 구하기 위해 희생될 수도 있지만, 신이나 신의 왕국과 관련해서는 즉자대자적으로 자기목적으로서 존재한다.

γγ) 하지만 이제 셋째, 인간의 감응과 행위에 내용을 제공하는 보편자 역시 독자적인 것으로, 내적으로 완결된 것으로 존재해야 하며, 또한 자체로서 닫힌 세계를 형성해야 한다. 예를 들어 오늘날 우리가 장교, 장군, 관리, 교수 등에 관해 전해 듣고 그러한 인물과 성격들이 그들의 상태와 환경들 속에서 무엇을 원하고 무엇을 실행할 수 있는가를 생각해 본다면, 우리가

목도하는 것은 한편으로는 그 자체로 전혀 완성되지도 독자적이지도 않은, 오히려 무한히 다양한 외적 인연들, 관계와 의존성들 가운데 있는 관심과 행동의 내용이며, 다른 한편으로는 다시 추상적 전체로서 간주되는, 통상적인 모든 성격의 개별성을 제거한 보편자의 —예컨대 의무의— 형식을 취할 수 있는 내용일 뿐이다. — 반대로 내적으로 닫힌 전체를 형성하되 여타의 발전과 운동이 없어도 이미 하나의 명제로 완벽하게 완성된 짜임새 있는 종류의 내용도 얼마든지 [250] 있다. 그러한 의미내용에 관해서는 막상 그것이 시나 산문 중 어디에 산입될 것인가를 말할 수 없다. 예컨대 "빛이 있으리라고 신이 말하니 빛이 있었다"[창세기 1장 3절]는 『구약성서』의 위대한 말씀은 짜임새 있고 인상적으로 절제된 면에서 그 자체가 최고의 시이자 산문이기도 하다. "나는 주이자 신이니, 너는 나 이외에 어떤 다른 신도 섬겨서는 안 될 것이다"라든가 "너는 아버지와 어머니를 공경해야 한다"[출애굽기 20장 2~3, 12절]는 계명들도 마찬가지이다. 피타고라스의 『금언집』[62]이나 솔로몬의 잠언들과 지혜도 여기에 속한다. 이것은 말하자면 아직 산문적인 것과 시적인 것이 구분되지 않은 시대의 명언들이다. 그러나 그러한 것은 비교적 큰 모음집이라고 해도 시적 작품으로 불리기 어려우니, 까닭인즉 시에서는 끝마무리가 동시에 전개이자 지절화인 것으로, 그리하여 하나의 통일성으로 —이 통일성은 본질적으로 자신에서 기인하여 상이한 측면 및 부분들의 현실적 특수성으로 나아간다— 간주되어야 하기 때문이다. 이 요구는 조형예술에서는 —적어도 그 형상의 면에서는— 자명하며, 시적 예술작품에 대해서도 최고의 중요성을 띤다.

β) 이로써 우리는 유기체적 지절화에 속하는 두 번째 점, 즉 예술작품은

---

62 역주: *Golden Verses*. 격언 모음집으로서 피타고라스 자신이 아니라 피타고라스학파가 수집하거나 쓴 것이다.

자체 내에서 개별 부분들로 특수화된다는 점으로 인도되는데, 이 부분들은, 유기체적 통일성을 이룰 수 있으려면, 독자적 형상물로서 현상해야만 한다.

αα) 여기서 나타나는 일차적 규정은 예술이 대체로 특수자에 머물기를 선호한다는 점에 근거한다. 오성은 잡다한 것을 지체 없이 일반적 관점에서 이론적으로 총괄하여 그것을 반성과 범주들로 증발시키거나 실천적으로 특정 목적들에 예속시키려고 서두르며, 또한 특수자와 개별자는 자신의 완전한 권리를 유지하지 못한다. 그러므로 이 입장에 준한다면 고작 상대적 가치를 유지할 뿐인 것에 체류함은 오성에 무용하고 [251] 지루한 것으로 나타난다. 그러나 시적 이해와 형상화에는 각 부분, 각 계기들이 그 자체로서 흥미롭고, 그 자체로서 생생해야 하며, 따라서 그것은 즐겨 개별자에 머무르며 그것을 사랑으로써 그리고 또한 그 자체를 총체성으로 대한다. 고로 시적 예술작품의 중심이 되는 관심과 의미내용이 아무리 크더라도, 시는 ─이미 인간 유기체에서 매 지절, 매 손가락마다 아주 미소한 부분에 이르기까지 하나의 전체로 마무리되어 있듯이, 무릇 현실에서 각 특수한 존재가 내면에서 하나의 세계로 완결되어 있듯이─ 세세한 부분들에서마저도 마찬가지로 유기체화된다. 그러므로 시의 진행은 오성의 판단과 추론들보다 더디다. 오성에는 이론적 고찰의 경우든 실천적 목적과 의도의 경우든 간에 무엇보다 최종 결과가 중요하며 이에 반해 그가 걸어가는 길은 덜 중요하다. ─ 시는 개별자에 체류하려는 묘사의 성향에 부응한다. 그러나 그 부응의 정도와 관련하여 시의 소명은 외적인 것 자체를 감각적 현상의 형식으로 장황하게 서술하는 것이 아니라는 점을 우리는 이미 보았다. 그러므로 시가 정신적 연관성과 관심들이 반영되지 않는 그러한 자잘한 묘사를 주 과제로 삼는다면, 시는 답답하고 지루해진다. 시는 특히 자세한 세부 묘사와 관련하여 실제 현존재의 특칭적 완전성과 각축하려는 것을 삼가야

한다. 이미 회화도 이 점에서는 조심하고 삼갈 줄 알아야 한다.

시의 경우에는 이에 더하여 두 가지 점, 즉 시는 한편으로 오로지 내적 직관에 영향을 줄 뿐이라는 점, 현실에서는 한눈에 조감, 파악되는 것을 시는 개체적 특징들의 나열로만 표상할 수 있지만, 이를 이유로 총체적 직관이 불가피하게 흐려지고, 혼돈을 겪거나 상실될 정도로 개체적인 것의 상술을 확장해서는 안 된다는 점이 고려되어야 한다. [252] 현실에서는 매우 다양한 행위나 사건들이 동시에 수행되고 또 본질적으로 이 동시성과 밀접하게 연관하더라도, 시는 이러한 것들을 하여간 차례차례 제시할 수밖에 없다. 그리고 특히 이러한 것들을 가시화해야 할 경우, 시는 특별한 어려움들을 이겨 내야 한다. ─ 그 밖에도 이 점과 관계하여, 그리고 진행과 체류 등의 방식과 관계하여 시의 여러 특수 장르들로부터 다종의 요구들이 결과한다. 예를 들어 서사시는 빠른 진행으로 전진하는 극시나 단지 내적인 것과 관계할 뿐인 서정시와 전혀 달리 개체적, 외적인 것에 체류한다.

ββ) 이제 그러한 발전을 통해 둘째, 예술작품의 특수한 부분들이 독자성을 띤다. 이것은 우리가 첫 번째 조건으로서 제시했던 통일성에 사뭇 모순되는 양 보이지만, 사실 이 모순은 거짓된 외양에 불과하다. 왜냐하면 독자성은 각 특수 부분들이 다른 부분들과 절대적으로 분리되는 방식으로 고착되어서는 안 되며 오히려 그것을 통해 상이한 측면과 지절들이 나타나고 그것들이 자신으로 인하여 고유한 생명성 속에서 표현되고 또한 자신의 발로 자유롭게 서 있는 한에서만 타당하기 때문이다. 이에 반해 만일 개개의 부분들에 개별적 생명성이 결여되어 있다면, 예술작품은 삭막하고 죽은 것이 되니, 까닭인즉 예술작품은, 예술 전반이 그렇듯, 보편자에게 현실적 특수성의 형식으로만 현존재를 부여할 따름이기 때문이다.

γγ) 하지만 이러한 독자성에도 불구하고, 그러한 개별 부분들에서 드러나고 표현되는 하나의 근본규정이 특수자의 총체성을 결집하고 또 그것을

내면으로 회수하는 철저한 통일성으로서 고지되어야 하는 한, 그것들은 연관성 속에 머무르기도 해야 한다. 모자란 [253] 시는 특히 이러한 요구에 쉽사리 좌초하며, 또한 예술작품을 자유로운 판타지의 요소에서 끌어내어 산문의 영역으로 되돌린다. 즉 부분들을 묶는 연관성이 단순한 합목적성이어서는 안 되는 것이다. 왜냐하면 목적론적 관계에서 보면 목적은 독자적인 것으로 표상되는 의도적 보편성인바, 이 보편성은 특수한 측면들을 통해 그리고 그 속에서 실존을 얻으며, 자신을 그것들과 맞출 줄 안다. 그러하되 그것들을 오직 수단으로서만 사용하며, 또한 그런 한도에서 그것들에서 일체의 자유로운 독자적 존립을, 이로써 모든 종류의 생명성을 앗아 가기 때문이다. 이 경우 부분들은 의도적으로 단지 하나의 목적에, 즉 자신만을 타당한 것으로 들이대며 또 기타의 것을 그에게 추상적으로 봉사하게 하고 예속시키는 목적에 연관될 뿐이다. 예술의 자유로운 미는 이러한 부자유스러운 오성적 관계를 거스른다.

γ) 그러므로 예술작품의 특수한 부분들에서 재생되어야 할 통일성은 다른 종류여야 한다. 이 통일성에 들어 있는 이중의 규정은 다음과 같이 이해될 수 있다.

αα) 첫째, 위에서 요구된 독자적 생명성은 각 부분들 속에서 보존될 수 있어야 한다. 그런데 특수한 부분들이 어떠한 권리로 예술작품에 도입되는가를 살펴볼 경우, 우리는 무릇 예술작품이 하나의 근본이념을 표현하고자 한다는 점에서 출발하였다. 그러므로 일체의 규정된 개별자의 고유한 원천 역시 근본이념에서 유래할 수밖에 없다. 즉 시적 작품의 내용은 즉자 자체에서 추상적 본성의 것이어서는 안 되고 구체적 본성의 것이어야만 하며, 이로써 그 자체를 통해 상이한 측면들이 풍부하게 전개되어야 한다. 이 측면들이 그 실현 과정에서 아무리 직접적 대립들로 서로 분열하는 듯 보일지라도, 이러한 차별성이 실로 예의 내적으로 통일된 의미내용에 근거를

둔다면, 이는 내용 자체가 그 개념과 본질에 맞게 내적으로 완결되고 조화하는 특수성들의 총체성을 [254] 포함하는 경우에 유일하게 가능하니, 이 특수성들은 내용의 특수성들이며 또한 고유한 의미에 따르는 내용 자체의 본질은 그것들이 분리되는 가운데 비로소 참되게 드러난다. 그러므로 예술작품에서는 내용에 원천적으로 속하는 이러한 특수한 부분들만이 현실적인, 그 자체로서 타당하고 생동하는 실존의 형식으로 확장될 수 있으며 또한 이런 면에서 그것들은, 그 특수한 고유성을 실현하는 가운데 아무리 서로 대치하는 듯 보일지라도, 애초부터 고유한 본성에 근거하는 은밀한 조화를 갖는다.

ββ) 이제 둘째, 예술작품은 실제적 현상의 형식으로 표현되는 까닭에, 통일성은 현실적인 것의 생생한 반조返照를 해치지 않기 위해 그 자체로 다만 내적인 유대에 ―즉 부분들을 얼핏 무의도적으로 결속하여 하나의 유기적 총체성으로 완결하는 듯 보이는 유대에― 그쳐야 한다. 이 영혼에 찬 유기적 통일성은 산문적 합목적성과 대조되며 또한 본연의 시적 작품에 의해서만 야기될 수 있다. 즉 특수자가 특정 목적을 위한 수단으로서만 현상한다면, 그것은 자체적으로 고유의 타당성과 생명을 갖지 않으며 또 가져서도 안 된다. 오히려 반대로 그것은 자신의 전체 실존 속에서 자신이 단지 어떤 다른, 즉 어떤 규정된 목적을 위해서만 현존한다는 점을 명백히 해야 한다. 합목적성이 객관성에 대한 지배를 공공연히 공표하며 또한 목적은 이 안에서 실현된다. 그러나 예술작품은 중심점으로 선택된 기본 내용을 특수성들의 전개를 통해 펼친다. 그러므로 예술작품은 특수성들에 독자적 자유의 가상을 할애하며 또 당연히 그래야 하는바, 까닭인즉 이 특수자는 기본 내용 그 자체와 ―비록 이것이 자신과 상응하는 현실적 실제성의 형식 속에서 나타나기는 해도― 전적으로 같은 것이기 때문이다. 이를 보면서 우리는 사변적 사유의 임무를 상기할 수 있다. 즉 보편성은 우선 비규정적으로

있지만, 이 사유는 특수자를 이러한 비규정적 보편성에서 끌어내어 독자성이 되게끔 전개해야 하되, 이 총체성 안에서 명시되는 것은 보편자 안에 무언가 즉자적인 것이 있다는 사실뿐인바, 바로 이로 인해 이 사유는 특수자의 이 총체성 내부에서 어떻게 [255] 통일성이 재산출되었는가를, 그리고 어떻게 이제 비로소 그것이 자신의 고유한 차별성들과 그들의 매개를 통해 증명된, 실로 구체적인 통일성으로 존재하는가를 보여 주어야만 한다. 사변철학도 마찬가지로 이러한 고찰방식에 따라 내용 자체를 통해 내적으로 완결된 동일성 및 지절화된 전개를 갖는 작품들을 —이것들은 이 점에서 시적 작품들과 유사하다— 이룩한다. 그러나 우리는 두 가지 활동을 비교하면서 사상의 순수한 전개와 [즉 사변철학과] 표현적 예술의 차이 이외에도 또 다른 본질적 상이성을 부각해야 한다. 즉 철학적 연역은 특수자의 필연성과 실제성을 제시하되 그것을 변증법적으로 지양하며, 또한 이를 통해 특수자는 구체적 통일성 안에서만 비로소 자신의 진리와 존립을 발견한다는 사실을 특수자 자체에 근거해 다시 명시적으로 증명한다. 이에 반해 시는 그러한 의도적 개진으로 나아가지 않는다. 화합적 통일성이 각각의 시적 작품들에 완벽하게 현전하며 또한 전체에 영혼을 부여하는 요소가 모든 개별 부분들에서도 작동해야 함이 사실이지만, 이러한 현전은 예술을 통해 분명하게 부각되지 않는, 내적 즉자에 머무니, 이는 마치 영혼이 지절들에서 독자적 현존재의 가상을 빼앗음이 없이 모든 지절들 속에 직접적으로 살아 있는 것과 같다. 음과 색채의 경우도 그렇다. 노랑, 파랑, 초록, 빨강은 완전한 대립들로 치달을 수 있는 상이한 색채들이다. 하지만 그것들은 총체로서 색채 자체의 본질에 내재하며 그런 까닭에, 그것들에서 통일성 자체가 분명하게 드러나지 않아도, 조화를 이룰 수 있는 것이다. 마찬가지로 기본음, 3도음, 5도음은 특수한 음들이되 세 음향의 조화를 제공한다. 각 음들이 자체로서 자유롭고 고유한 음향을 유지할 경우에만, 그것들은 이러한 조화를 이루는 것이다.

γγ) 그런데 예술작품이 근원하는 특수한 예술형식뿐만 아니라 [256] 예술작품의 형상화에 특유의 성격을 부여하는 시의 특정 장르 역시 예술작품의 유기적 통일성 및 분류의 면에서 본질적 차이들을 낳는다. 예를 들어 상징적 예술의 시가 진정한 유기적 완성을 달성하더라도, 비교적 추상적이며 비규정적인 의미가 근본내용을 제공하는 까닭에, 그 순수성의 정도는 고전적 예술형식의 작품들에서 가능한 바와 같을 수 없다. 우리가 제1부에서 보았듯이, 일반적으로 상징적 예술에서는 예술이 내용을 구체화하는 현실적 현상과 보편적 의미의 연관성이 치밀하지 못하여 여기서는 특수성들이 때로는 비교적 큰 독자성을 간직하기도 하며, 때로는 숭고성의 예에서 보듯 유일무이한 권능과 실체를 포착하기 위해 단순히 지양[부정]되기도 한다. 또 때로는 자연적 현존재와 정신적 현존재의 특수한, 즉자적으로 보면 이종異種적이면서도 친족적인 특징과 측면들이 수수께끼 같이 결합되기도 한다. 반대로 낭만적 예술형식에서는 내면이 자신 속으로 회귀하여 오직 심정에만 드러난다. 낭만적 예술형식은 [상징적 예술형식과] 마찬가지로 특수한 외적 실제에 한층 광범위한 독자적 전개의 유희공간을 부여하니, 여기서도 모든 부분들의 연관성과 통일성이 필히 현전하기는 해도, 그것이 고전적 예술형식의 산물들에서처럼 그렇게 명쾌하고 확고하게 형성될 수는 없다.

이와 유사하게 서사시에서는 외적 사실에 대한 광범위한 서술이나 에피소드 같은 사건 및 행동들에 대한 상세한 묘사가 이루어지는데, 이를 통해 부분들의 독자성은 증가되고 전체의 통일성은 덜 결정적인 것으로 현상한다. 이에 반해 드라마는 한층 엄격한 결속을 요구한다. 비록 낭만적 시 역시 극적 장면에서 내면과 외면의 성격 규정을 위해 다양하고 풍부한 에피소드와 특칭적인 세부묘사를 허용하지만 말이다. 서정시도 그 종류별 기준에 따라서는 다른 시에 못지않게 다면적인 서술방식을 수용한다. 왜냐하면 서정시는 진술 위주이기도 하고, 감응과 관조들을 단순히 [257] 언표하기도 하며, 비교적 조용한 진행 속에서 한층 긴밀하게 결합된 통일성을 고찰하기도 하고, 고삐 풀린 격정으로 일견 통일성 없이 표상과 감응 속을 날뛸 수도 있기 때문이다. ― 여기까지가 시적 예술작품에 대한 일반적인 관점이다.

b. 역사서술 및 웅변술과의 차이

이제 둘째, 이런 식으로 구성된 시와 산문적 서술의 차이를 좀 더 확실히 부각하기 위해, 우리는 자신의 경계 내에 있으면서도 예술에서 한몫을 차지할 가능성이 농후한 산문의 장르를 다루고자 한다. 특히 역사서술과 웅변의 예술이 이 경우이다.

α) 이 면에서 보자면, 역사서술은 분명 예술적 활동의 한 측면을 위해 충분한 여지를 둔다.

αα) 종교와 국가에서 일어나는 인간 현존재의 발전, 탁월한 개인과 민족들이 겪는 사건과 운명, 그들이 이 영역들에서 생동적으로 활동하여 위대한 목적의 실현을 보거나 그 시도의 좌절을 보는 것, ― 역사서술의 이러한 대상과 내용이 그 자체로서 중요하고 신빙성 있고 흥미로울 수 있으며 또한 역사가는 실제로 일어난 일을 그대로 보여 주려고 많은 노력을 기울일 수밖에 없겠지만, 그럼에도 그는 이러한 각종 내용의 사건과 특성들을 표상 속에 수용해야 하고 또한 정신의 관점에서 표상을 위해 재산출하고 서술해야만 한다. 게다가 그는 그러한 재생산을 함에 있어서 개별 사항들의 단순한 정확성에 만족해서는 안 되며 오히려 동시에 이해된 것을 배열, 구성하고 개별 특징, 사건, 행동들을 규합, 분류하여 그것들로부터 한편으로는 민족, 시대, 외적 환경, 행위하는 개인들의 내면적 위대성이나 약점에 관한 분명한 이미지가 우리에게 [258] 특징적이고 생동적으로 다가오게끔 만들며 다른 한편으로는 한 민족이나 사건 등의 내적, 역사적 의미와 관계하는

연관성이 모든 부분들에서 현저하게 두드러지게끔 만든다. 이러한 의미에서 우리는 오늘날에도 여전히 헤로도토스, 투키디데스, 크세노폰, 타키투스를 비롯한 몇 안 되는 인물들의 예술을 논하며 또한 그들의 이야기들을 항상 이야기체 예술의 고전적 작품으로서 경탄할 것이다.

ββ) 그럼에도 불구하고 이 극히 아름다운 역사서술의 산물들 역시 자유로운 예술에 속하는 것은 아니며, 또한 용어와 운율 등을 외형상 시적으로 처리하여 아무리 덧씌워 본들, 그로부터 시가 성립하는 것은 아닐 터이다. 왜냐하면 그것들이 산문적으로 되는 까닭은 단지 역사서술의 방식 탓이 아니라 그 내용의 본성 탓이기 때문이다. 이 점을 좀 더 자세하게 고찰해 보자.

대상과 사태의 면에서 진정 역사적인 것은 본래 시와 예술에 반환되어야 할 영웅시대가 끝나는 곳에서, 그러니까 삶의 산문과 규정성이 현실적 상황들뿐만 아니라 그 이해와 서술에도 현전하는 곳에서 비로소 출발한다. 예를 들어 헤로도토스가 서술한 것은 트로이를 향한 그리스인들의 출정이 아니라 페르시아전쟁이며, 그는 말하고자 하는 것을 자세히 알기 위해 누차에 걸쳐 힘든 탐사와 사려 깊은 관찰을 행하였다. 반면 인도인들은, 아니 중국인들을 거의 유일한 예외로 친다면 동방인들 일반은, 현전하는 것을 순전히 종교적 혹은 판타지적으로 해석하고 개조하는 방향으로 벗어났으므로 현실적 역사서술을 제공하기 위한 산문적 감각을 충분히 구비하지 못하였다. ― 아래에서는 한 민족의 역사시대가 갖는 산문성이 약술될 것이다.

역사에는 첫째, 종교적인 면에서든 국가라는 현세적인 면에서든 간에 공동체가 속하며, 이 공동체가 구비하는 법과 제도 등은 그 자체가 확정되어 [259] 있으며, 또한 보편적 법으로서 이미 유효하거나 유효하게 될 테다.

그러한 공동체에서 이제 둘째, 그 유지와 변화를 위해 특정한 행위들이 출현한다. 이 행위들은 보편적 본성의 것일 수 있으며 또한 관건이 되는 핵심 사안을 이루니, 이 사안의 결정과 실행을 위해서는 필연적으로 그에 상응하는 개인들이 요구된다. 이들의 개성이 현전하는 상황들의 내적 개념에 내재하는 공동의 목적에 적합한 것으로 증명된다면 이들은 위대하고 탁월하고, 그것을 관철할 만큼 성장하지 못하였다면 이들은 왜소하며, 시대의 문제를 퇴치하는 대신 단지 그로부터 분리되어 우연적인 개별성만이 득세하도록 둔다면 이들은 사악하다. 그런데 이 같은 경우들 중 하나 혹은 다른 하나가 나타날 수는 있겠지만, 우리가 이미 제1부에서 순정한 시적 내용 및 세계상태를 위해 요구했던 바는 결코 현전하지 않는다. 즉 위대한 개인들의 경우조차도 그들이 헌신하는 실체적 목적은 하여간 주어지고 지시되고 강요된 것이니, 그런 한에서 온전한 개성과 보편성이 모름지기 동일한 것으로 있는, 그것들이 자기목적 자체이자 완성된 전체로 있는 개인의 통일성은 성립하지 않는다. 왜냐하면 개인들이 아무리 그들의 목표를 스스로 정하고 세웠더라도, 역사의 대상을 이루는 것은 그들 정신과 심정의 자유나 부자유, 이 개인적인 생동적 상태가 아니라 실행된 목적과 눈앞의 현실에 대한 ─이 현실은 자체가 개인과는 무관하다─ 영향이기 때문이다. ─ 다른 면에서 보면 역사적 상황들에서는 내적 실체성과 상대성의 균열에서 빚어진 우연성의 유희가 횡행한다. 이 상대성은 개별 사건 및 사고에, 그리고 특유의 열정, 의도, 운명을 갖는 특수한 주관성에 따른 것으로서 역사적 산문에서는 시에 비해 훨씬 더 진기하고 유별난 상대성을 갖는바, [260] 놀랍게도 시는 보편적 타당성을 항상 견지하고 있음에 틀림없으니 말이다.

마지막으로 셋째, 역사적 행위의 실행은 본연의 시적인 것과 구분되니, 한편으로는 여기서도 공적 사안에 필수적인 법, 기본 명제, 격률 등의 의식과 주관적 고유성 사이에 산문적 균열이 다시 틈입하며, 다른 한편으로는 미리 설정된 목적 자체의 실현은 많은 행사行事와 준비들을 필요로 하는바,

그 외적 수단들은 광범위하며 의존성과 관계를 가지며, 또한 지성, 지혜 그리고 산문적 개관을 동원하여 의도하는 사업에 준해 합목적적으로 정비, 운용되어야 한다. 역사적 행위는 곧바로 작업에 착수하지 않고 대개는 복잡다단한 준비를 거치니, 하나의 목적을 위해 행해지는 그 개별적 실행들은 종종 내용의 면에서 매우 우연적이며 내적 통일성 없이 머물거나 실용성의 형식에 준해 목적 지향적으로 관계하는 지성에서 기인할 뿐, 직접 자유롭고도 독자적인 생명성에서 기인하지는 않는다.

γγ) 역사서술자에게는 그의 내용의 이러한 산문적 특질들을 말소하는 권리도, 혹은 그것을 또 다른, 시적인 특질들로 변질시키는 권리도 없다. 그는 현재하는 것이 무엇이며 또한 그것이 어떻게 현재하는가를 설명해야 하되, 그것을 재해석하거나 시적으로 다듬어서는 안 된다. 그러므로 그는 자신이 서술하는 시대, 민족, 특정 사건의 내적 의미와 정신을 그의 설명의 내적 중심점으로, 개별적인 것을 묶는 유대로 삼으려는 노력을 기울일 수 있겠지만, 아무리 그리한다고 해도, 그리고 그가 아무리 그 자체로 우연적이고 무의미한 것을 도외시한다고 해도, 그럼에도 그는 현전하는 상황들, 특징들 그리고 사건들을 이 목적에 종속시키는 자유를 갖지 못하며 오히려 그는 그것들의 외적 우연성, 종속성 그리고 부득이한 자의를 온전하게 두어야 한다. 전기傳記에서는 개인, 그에게서 발단하는 것, 그리고 이 인물에게 되돌아오는 영향이 서술의 중심인 관계로, [261] 여기서는 한 개인의 생동성과 독자적 통일성이 가능한 듯 보이지만, 역사적 성격은 실제로는 상이한 두 극단의 하나일 뿐이다. 왜냐하면 그러한 성격이 주관적 통일성을 제공하기는 해도, 그럼에도 불구하고 다른 한편으로는 극히 잡다한 —때로는 내적 연관성 없이 그 자체로서 있는, 때로는 개인이 자발적으로 관여하지 않아도 그를 건드려 이 외면성 속으로 끌어들이는— 사건과 상황 등이 대두하기 때문이다. 예를 들어 알렉산더는 그의 시대의 정점에 서서 국제적

상황들과 조화하는 자신의 개성에 따라 페르시아 왕국의 원정을 결정하는 유일한 개인이다. 그러나 그가 정복한 아시아는 제각각의 개별적 민족들이 이루는 우연한 전체일 뿐이며, 게다가 발생하는 사건은 직접적이고 외적인 현상 방식에 따라 진행된다. ― 이제 드디어 역사가는 그의 주관적 인식에 따라 역사적 사실의 절대적 근거들로, 그리고 우연성들이 사라지고 한층 고차적인 필연성이 드러나는 신적 본질로 파고들지만, 아무리 그렇더라도 사건들의 실상을 고려할 때 그는 이러한 실체성을 요체로 삼는 시예술의 특권을 자신에게 허용해서는 안 될 터, 까닭인즉 현전하는 소재를 거리낌 없이 다루어서 그것이 외적인 면에서조차 내적 진리에 합당하도록 만드는 자유는 시에만 귀속하기 때문이다.

β) 둘째, 웅변은 이미 자유로운 예술에 한층 가까이 있는 듯 보인다.

αα) 왜냐하면 연사도 마찬가지로 눈앞의 현실, 특정한 실제의 상황과 의도들에서 그의 작품을 위한 기회와 내용을 얻지만, 그럼에도 첫째, 그가 언표하는 것은 그의 자유로운 판단, 고유한 사념, 그가 전력투구하여 생동적으로 지탱할 수 있는 주관적, 내재적 목적이다. 마찬가지로 둘째, [262] 이 내용의 전개, 취급방식은 대저 그에게 완전히 일임되니, 우리는 연설을 들으면서 마치 하나의 철저히 독자적인 정신의 산물이 우리 앞에 있기라도 한양 여긴다. 마지막으로 셋째, 그는 학적인, 혹은 기타 오성적인 사유에 호소해야 할 뿐 아니라 우리를 모종의 확신으로 움직여야 할 것이니, 이 목적의 달성을 위해서라면 그는 전체로서의 인간, 감응, 직관 등에도 영향을 주어야 한다. 즉 그의 내용은 사태의 단순한 개념과 목적이라는 추상적 측면을 취급할 뿐만 아니라 ―그는 우리의 관심을 이 사태로 돌려 그 목적의 실행을 촉구하고자 의도한다― 그 대부분을 특정한 실제와 현실에 할애하니, 그런 까닭에 연사의 표현은 한편으로는 실체적인 것을 그 속에 포착해야하되, 이 보편자를 마찬가지로 현상의 형식 속에서 파악하여 우리를 구체

적으로 의식화시켜야 한다. 그러므로 그는 엄격한 논리적 전개를 통해 지성을 만족시켜야 할 뿐만 아니라 마찬가지로 우리의 심정에 호소하고, 열정을 북돋우고, 마음을 사로잡고, 견해의 내용을 채움으로써 청중을 흔들어 모든 면에서 정신에 확신을 줄 수 있어야 한다.

ββ) 하지만 제대로 보면 막상 웅변술에서는 이러한 외견상의 자유가 대개는 실천적 합목적성에 종속된다.

첫째로 연설에 고유한 감동의 힘을 부여하는 것은 그 특수한 목적에 있는 것이 아니라, 오히려 개별 사례가 소급되는 그리고 그 자체가 이미 보편성의 형식으로 현전하는 보편자, 법칙, 규칙, 기본 명제들에 있다. 이것들은 때로는 현실적인 국법들로, 때로는 도덕적, 사법적, 종교적인 격률, 감정, 교설들 등으로 현전한다. 그러므로 여기서 출발점을 제공하는 특정 상황 및 목적은 이 보편자와 태생적으로 분리되어 있으며, 또한 이 괴리는 상존적 관계로서 존속한다. 연사는 [263] 물론 이 두 측면을 하나로 묶으려는 의도를 갖는다. 그러나 시적인 것에서는, 그것이 대저 시적이라면, 이미 근원적으로 완성되어 있는 것으로 나타나는 것이 웅변술에서는 단지 연사의 주관적인 목표로서 현존하며, 그 달성은 연설 자체의 영역을 벗어나 있다. 그런 한에서 여기서는 포섭적 방식을 취하는 것밖에 달리 도리가 없으니, 특정한 실제 현상은 ―이 경우에는 구체적 사례나 목적은― 보편자와 직접적 통일 속에서 자유롭게 자신으로부터 전개되지 않고, 오히려 근본명제를 가정하며, 나름대로는 그에 못지않게 독자적인 법칙성, 관례, 관습들 등에 관계함으로써만 타당성을 부여받는다. 여기서 기본 전형을 제공하는 것은 구체적으로 현상하는 사태의 자유로운 삶이 아니라 개념과 실재의 산문적 분리, 양자의 단순한 관계 및 그들의 통일성의 요구이다. ― 예를 들어 종교적 설교자는 종종 이런 식으로 작품에 다가갈 수밖에 없다. 왜냐하면 그의 입장에서는 각양각색의 사례들이 보편적 교리들과 그로부터 결과하는 도덕적, 정치적 등등의 기본 명제 및 계율들로 환원되어야 하기 때문에, 종교적 의식에서는 이 교리들 또한 본질적으로 독자적이며 모든 개체들의 실체로서 경험되고, 신봉되고, 인식되어야 하는 것이다. 물론 이 경우 설교자는 우리의 가슴에 호소할 수 있고, 심정의 원천에서 신적 법칙들이 전개되도록 할 수 있고, 청자를 이끌어 그것들을 이 원천에서 발견하도록 만들 수 있음이 사실이다. 그러나 신적 법칙들은 그저 개별적인 형태로 서술, 부각되는 것이 아니며 정작 그 결정적 보편성은 계명, 계율, 신앙규칙들 등으로서 의식되어야 한다. — 이것은 변론의 경우에 더욱 심하니, 여기서는 일단 문제시되는 특정 사례가 한편에 있고 반대편에는 보편적 관점과 법에 의한 그 사례의 포섭이 있다는 이중성이 추가로 나타난다. 첫 번째 점에 관해 보자면, [264] 실제 사건의 필수적 확인, 모든 개별적 정황 및 우연성들의 총괄적 수집과 능숙한 조합에는 이미 산문적 요소가 개재하는바, 대체 이로부터는 자유롭게 창조된 시와는 대조적으로 실제 사건의 인지에 관한 불충분성과 그 지식을 획득하고 전달하는 수고로움이 즉시 나타난다. 나아가 구체적 사실이 분석되어야 하되 그 개별적 측면에 따라 단순히 분석될 뿐만 아니라 이 측면들의 각각은, 사건 전체도 그래야 하지만, 이미 사전에 자체로서 확립된 법률로의 소급을 필요로 한다. — 하지만 이러한 일에서조차 심정의 감동과 감응의 자극을 위한 유희공간은 여전히 남는다. 왜냐하면 해명된 사건의 옳고 그름은 더 이상 단순한 통찰과 보편적 확신으로 끝나는 것이 아니며, 반대로 전체는 표현하기에 따라 각각의 청자들에게 아주 고유하고 주관적인 것이 될 수도 있어, 말하자면 아무도 더 이상 수수방관할 수 없는 것으로, 모든 사람들이 거기에서 그들 고유의 이해와 고유의 사안을 발견하는 것으로 생각될 수 있기 때문이다.

둘째, 웅변술에서는 일반적으로 예술적 표현과 완성이 연사의 최종, 최고의 관심을 이루는 것이 아니며 오히려 그는 예술을 넘어 다른 방향의 목적에 열중하니, 연설의 전체 형식과 전개는 차라리 예술 외적인 관심을 관철하는 효과적 수단으로 사용될 뿐이다. 이 측면에서 보면 청자 역시 자기자신을 위해 행동해서는 안 되고 그들의 행동과 확신도 마찬가지로 연사가 실행을 자임하는 의도의 달성을 위한 수단으로서 사용될 뿐이어서, 표현은 청자에 대해서도 자기목적으로서 있지 않고 다만 그를 이러저러한 확신으로 몰고 가거나 특정한 결단, 행동들 등으로 유인하는 수단으로서 나타날 뿐이다. [265]

이로써 이 측면에서도 웅변술은 자유로운 모습을 상실하고 하나의 의도성, 하나의 당위가 되며, 셋째로 이 당위의 성공 여부마저도 연설 자체와 그 예술적 취급 속에서 결정되는 것이 아니다. 시적 예술작품은 오로지 미의 산출과 향유를 목표로 삼는다. 이로써 여기서는 작품이 자립적으로 자체 내에서 완성되며, 그 속에는 목적과 완수가 직접 게재되며, 예술적 활동은 그 외부에 속하는 결과를 위한 수단이 아니라 그 실행 속에서 직접 자신과 합치하는 목적으로 존재한다. 그러나 웅변술에서는 예술이 조력자로 부름 받고 부수물의 지위를 가질 뿐이다. 반면 그 본래의 목적은 예술 자체와 무관하며, 교육, 교화, 사법적, 국가적 사안들의 결정 등과 같은 실천적 종류이며, 이로써 의당 발생해야 할 실태와 내려져야 할 결단을 위한 의도이되, 그것은 아직 앞서 말한 웅변술의 효용을 통해 종결되거나 완수되는 것이 아니고 여러 다른 행동들에게 비로소 위탁되어야 하는 것이다. 왜냐하면 연설은 종종 [목적과 실태의] 불협화음으로 끝날 수 있는데, 이것을 심판자로서 비로소 해결하고 이에 따라 행동해야 할 자는 청중이기 때문이다. 예컨대 설교가 종종 불화하는 심정을 발단으로 삼으며 또한 청자를 궁극적으로 그 자신과 내면의 성향에 대한 심판자로 만들듯이 말이다. 여기서는 종교적 개선이 연사의 목적이다. 그러나 그가 연설한 경고들의 교화적 가치와 탁월성이 아무리 뛰어나더라도, 개선이 이루어졌는가, 연사의 목적이 달성되었는가 여부는 더 이상 연설 자체에 속하지 않는, 그리고 또 다른 사정들에 위임되어야 할 하나의 측면이다.

γγ) 이 모든 면을 볼 때, 웅변은 그 개념을 예술작품의 자유로운 시적 구성보다는 오히려 단순한 합목적성에서 찾아야 한다. 즉 연사가 주안점으로 삼아야 하는 것은 [266] 전체와 개별적 부분들 모두를 그의 작품의 발단인 주관적 의도에 종속시키는 일이며, 이를 통해 표현의 독립적 자유는 지양되고, 그 대신 특정한, 더 이상 예술적이지 않은 목적에 대한 봉사가 자리를 차지한다. 그러나 무엇보다 그것은 생생한 실천적 효과를 목표로 삼는 까닭에, 그는 바로 이 시간, 이 사람들 그리고 이 장소에 적합한 어조에 실패하여 바람직한 실제적 성과를 놓치는 일이 없도록 연설하는 장소, 청중의 교양 정도, 이해수준, 특성을 철저히 고려해야 한다. 이렇듯 외적인 관계와 조건들에 구속될 경우에는 전체가 예술적으로 자유로운 심정으로부터 나타나서는 안 되며, 또한 개별적 부분들도 그로부터 나타날 수 없으니, 이 모두에서는 원인과 효과, 근거와 결과 및 그 밖의 오성범주들의 지배하에 있는 단순한 합목적적 관계가 부각될 것이다.

c. 자유로운 시적 예술작품

역사서술 및 웅변의 산물들과 본연의 시적인 것 사이의 이러한 차이에 근거하여 우리는 셋째, 시적 예술작품 자체에 대해 다음의 관점들을 설정할 수 있다.

α) 역사서술의 의미내용은 내적으로 실체적이며, 또한 견실한 효용성을 지닐 수 있었다. 그러나 아무리 그렇다고 해도 그 현실적 모습은 상대적 사정들을 잡다하게 수반하고, 우연성들에 의해 점철되고, 여러 가지 자의에 의해 물든 것으로 현상할 수밖에 없었으며, 또한 역사가에게는 순전히 직접적 현실에 속하는 실제의 이러한 형식을 변형시킬 권리가 없었다. 그리

고 무엇보다 이 점에서 역사서술에는 산문적 요소가 포함되어 있었다.

αα) 시예술이 그 소재를 위해 역사서술의 지반을 답사할 경우에는 이러한 변형의 업무가 시예술의 주요 소명이다. 이 경우 시예술은 한 사건, 행위, 민족적 특성, 뛰어난 역사적 개성 등의 정수를 밝혀야 하되 [267] 사건의 주변적 우연성들과 무차별적 부수물들, 그저 상대적일 뿐인 사정과 특색들을 제거하고 대신 그 자리를 사태의 내적 실체를 명료하게 드러낼 수 있는 것으로 대체하여 이러한 변형된 외적 형상 속에서 실체에 알맞은 현존재가 발견되도록 만들어야 하는바, 즉자대자적으로 이성적인 것은 이때에야 비로소 자신에게 즉자대자적으로 상응하는 현실성 속에서 전개되고 또 분명하게 나타난다. 동시에 시는 오직 이럼으로써 특정한 작품의 산출을 위해 자신의 내용을 비교적 확고한 내적 중심점으로 지정할 수 있으며, 또한 그제야 이 중심점은 다듬어진 전체로 전개될 수 있는 것이다. 왜냐하면 그것은 일면 특수한 부분들을 한층 강력하게 결집하며 일면 전체의 통일성을 해함이 없이 각 개별 부분들에 독자적 표출을 위해 적합한 권리를 베풀기 때문이다.

ββ) 시는 이 점에서 심지어 한 걸음 더 나아갈 수도 있다. 즉 시가 실제 역사적 사건의 의미와 내용이 아닌, 그와 가깝거나 먼 친족관계의 기본 사상들, 인간적 충돌 일반을 주된 내용으로 삼고, 또한 역사적 사실과 인물들, 지역 등을 오히려 개별화를 위한 외피로만 사용하는 경우가 그것이다. 그러나 이렇게 되면 여기서는 이중의 어려움이 나타나니, 즉 역사적으로 주지된 자료들이 표현 속에 함께 수용될 경우, 그것들은 예의 기본 사상과 완전하게 어울리지 않을 수도 있고, 혹은 거꾸로 시인이 이러한 주지의 것을 한편으로는 보존하되, 다른 한편으로는 중요한 점에서 자신의 목적을 위해 변형함으로써 우리의 생각 속에 보통은 이미 확정되어 있는 것과 시를 통해 새로이 발현된 것 사이에 모순이 발생하기도 한다. 이러한 불일치와 모

순을 해결하여 흠 없고 올바른 조화를 이룩하는 것은 어렵긴 해도 필수적인 일인바, 까닭인즉 현실도 결국은 그 본질적 현상들의 면에서 왈가왈부할 수 없는 권리를 갖기 때문이다. [268]

γγ) 이제 한층 확장된 범위의 시에 대해서도 비슷한 것이 요구될 수 있다. 즉 시예술이 외적인 장소, 성격, 열정, 상황, 갈등, 사건, 행위, 운명 등을 통해 표현하는 것, 이 모든 것은 안 그래도 이미 사람들이 보통 믿는 것보다 훨씬 더 삶의 현실 속에 깊이 현전한다. 그러니까 여기서도 역시 시는 역사적 지반을 답사하는 셈이니, 시의 일탈과 변형은 이 분야에서도 마찬가지로 사태의 이성에서, 그리고 이 내면을 위해 최적의 생생한 현상을 발견하려는 욕구에서 나타나야 하는 것이지, 현실의 투철한 삶과 철저한 인지의 결여나 기분, 자의, 그리고 비뚤어진 독창성에 매달리는 기괴한 고유성 중독에서 나타나서는 아니 된다.

β) 둘째, 웅변술은 자신이 실천하려는 심중의 궁극목적으로 인하여 산문에 속하며, 그 목적의 실천적 수행을 위해 합목적성에 철저히 따라야 하는 의무를 갖는다.

αα) 이 점에서 시예술은, 자신도 산문적인 것에 속하지 않으려면, 예술과 순수한 예술향유의 외부에 놓인 각종 목적들을 경계해야 한다. 왜냐하면 웅변술에서는 전체 구상과 표현방식에서 의도들이 비쳐 나는데, 만일 그러한 의도들이 시예술에서 본질적으로 중요시된다면, 시적 작품은 즉시 자유로운 고지에서 ―이 구역에서는 시적 작품이 오로지 자신을 위해 현존하는 것으로 나타난다― 상대적인 것의 영역으로 추락하며, 또한 예술의 요구와 여타 의도들의 요구 사이에 하나의 단절이 생기거나 예술이 그 개념에 역행하여 그저 하나의 수단으로서만 사용되고 이로써 목적 봉사용으로 격하되기 때문이다. 예컨대 많은 찬송가들의 가르침이 이러한 종류이니, 여기서는 특정 표상들이 오직 종교적 효과 때문에 자리를 차지하며, 또한 시적

아름다움에 대조되는 방식으로 가시화된다. 무릇 시는 [269] 시인 까닭에 종교적으로, 그것도 오로지 종교적으로, 교화하려 들어서도, 그리고 이를 통해 시와 예술에 대해 친족적이지만 그와 구분되는 어떤 영역으로 우리를 인도하려 들어서도 안 된다. 마찬가지의 것이 가르침, 도덕적 개선, 정치적 선동, 혹은 순전한 소일거리에도 적용된다. 왜냐하면 이 모든 것은 목적들이며, 모든 예술들 중에서는 시가 물론 그 달성에 가장 도움이 될 수 있지만 그러나 시가 오로지 자신의 고유한 권역 속에서 자유로이 운동해야 한다면, 그리고 시의 세력권을 다스리는 것은 오로지 시적인 것일 뿐 시 외적인 것이 아닌 한 —여기서는 시적인 것이 규정을 정하는 목적이자 실행된 목적으로서 존재한다—, 또한 예의 기타 목적들은 사실상 시 외적인 수단들을 통해 더욱 완벽하게 목표에 도달할 수 있는 한, 시는 이 도움을 행하려고 기도해서는 안 되기 때문이다.

ββ) 하지만 그럼에도 시예술은 역으로 구체적 현실에서 절대적으로 고립된 지위를 주장하려 해서는 안 되며 오히려 그것은 자체가 살아 있는 것으로서 삶의 한복판으로 들어가야 한다. 예술이 기타 현존재와 대단히 많은 연관성들을 갖고 있으며, 또한 그 의미내용과 현상방식 역시 자신의 내용과 형식으로 삼는다는 점을 우리는 이미 제1부에서 살펴보았다. 그런데 시에서는 목하의 현존재와 그 개별적 사건들, 사적, 공적 사안들에 대한 생생한 연관성이 소위 기회시Gelegenheitsgedicht들에서 가장 풍성하게 나타난다. 광의로 보면 대부분의 시적 작품들이 이 이름으로 불릴 수 있지만, 본래의 협의로 보면 우리는 이 이름을 모종의 사건에서 시의적으로 기원하는 산물들, 그러한 사건의 찬양, 미화, 기념행사 등에 명시적으로 헌정되는 산물들에 한정해야 할 터이다. 하지만 그러한 생생한 연고를 통해 시는 다시 의존성에 빠지는 듯 보이며, 이에 따라 우리는 종종 이 전체 권역에, 비록 부분적으로는 특히 [270] 매우 유명한 서정시 작품들이 여기에 속하였지만, 단지

종속된 가치만을 할애하고자 하였다.

γγ) 그러므로 시는 이러한 갈등 속에서도 무엇을 통해 자신의 독자성을 보존할 수 있는가 하는 물음이 생긴다. 답은 간단하다. 시는 현전하는 외적 기회를 본질적 목적으로서, 다만 자신을 단지 수단으로서 간주하거나 제시하는 것이 아니라 거꾸로 그러한 현실의 소재를 자신 속에 끌어들여 그것을 판타지의 권리와 자유에 의해 형상화하고 다듬음으로써 독자성을 보존한다. 즉 이 경우 시는 기회적, 부수적인 것이 아니며 외적 기회는 예의 소재이니, 그러한 기회의 자극 위에서 시인은 한층 깊은 통찰과 한층 순수한 형상화를 자임하며, 또한 이를 통해 그가 없었더라면 직접적, 현실적 사례에서 이렇게까지 의식화되지는 않았을 법한 것을 처음 자신으로부터 창출한다.

γ) 그럴진대 진정 시적인 모든 예술작품들은 내적으로 무한한 유기체이다. 그것은 의미내용이 알차며, 이 내용을 상응하는 현상으로 전개한다. 그것은 통일적이되 특수자를 추상적으로 예속시키는 형식과 합목적성의 통일이 아니라 생생한 독자성을 갖는 개체의 통일이니, 이 독자성 속에서 개체는 겉으로 드러나는 의도의 개입 없이도 전체가 완벽하게 마무리가 되게끔 내적으로 결속한다. 그것은 현실성의 소재로 채워지지만, 이러한 내용과 그 현존재에 대해서, 혹은 삶의 영역에 대해 의존적으로 관계하지 않고, 사물의 개념을 순정한 현상으로 형상화해 내며, 외적으로 실존하는 것을 가장 내밀한 본질과 화해하고 조화를 이루기 위해, 자유롭게 자기 자신으로부터 창조를 행한다.

3. 시를 짓는 주관성

나는 이미 제1부에서 예술적 재능과 천재, 영감과 독창성 등에 관해 광범위하게 언급하였으므로 여기서는 다만 시와 [271] 관련하여 조형예술 및 음악의 권역에 속하는 주관적 활동과 대조되는 몇몇 중요한 점만을 약술하고자 한다.

a) 건축가, 조각가, 화가, 음악가는 매우 구체적, 감각적 질료에 의존하며, 자신의 내용이 이 질료에 완전히 투입되도록 작업한다. 그런데 이러한 질료의 제한성은 전체적 구상방식과 예술적 취급을 특정한 형식으로 제약한다. 그러므로 예술가가 집중해야 하는 [질료의] 규정성이 특수할수록, 다른 것이 아닌 바로 이 표현방식만을 요구하는 재능 및 이와 평행하는 기술적 제작의 솜씨도 그만큼 더 특수해진다. 예술은 전적으로 그 산물을 특수한 질료 속에서 구현하지만 시예술은 이를 면제받았으며, 그런 이상 시예술의 재능은 그러한 규정된 조건들에 거의 의존하지 않으며 이로써 비교적 보편적이며 독립적이다. 그것은 판타지적 형상화 일반의 소질만을 필요로 하니, 그 한계는 감각적 완전성 속에서 자신의 내용을 외적 형상으로 포착해야 하는 조형예술가와 달리 시는 언어로 표현되는 관계로 그러한 완전성을 기하려 해서는 안 된다는 점, 또한 비언어적으로 내밀한 영혼의 정서가 형성하는 음악의 영역과 달리 시는 비언어적 내밀함에 머물 수 없다는 점을 통해 그어질 뿐이다. 이 면에서 시인의 과제는 기타 예술가들과 비교하여 한층 쉽고 또 한층 어려운 것으로 간주된다. 한층 쉽다고 함은, 비록 언어의 시적 취급이 훈련된 솜씨를 요구한다지만, 시인은 그보다 더욱 다단한 기술적 난관을 극복할 필요가 상대적으로 없기 때문이며, 한층 어렵다고 함은, 시가 외적 구현을 할 능력이 없을수록 그만큼 더 이러한 감각적 결여의 대체물을 예술 본연의 내적 핵심에서, 판타지와 순수 예술적 이해 자체의 심연에서 찾아야 하기 때문이다.

b) 이를 통해 시인은 둘째, 정신적 의미내용의 [272] 가장 깊은 곳으로 틈입하여 그 속에 숨겨진 것을 의식의 빛으로 인도하는 능력을 지닌다. 왜냐하

면 아무리 다른 예술들에서 내면이 그 신체적 형식 밖으로 비쳐야 하며 또한 실제로 비친다고 해도, 그럼에도 언어는 의식의 높은 곳, 깊은 곳을 두루 섭렵하여 내면에 현재하는 일체의 것을 포착하고 알릴 수 있는 최고, 최적의 지성적, 정신적 전달 수단이기 때문이다. 하지만 이로써 그에게는 다른 예술들로서는 극복하거나 충족시켜야 할 필요가 별로 없는 과제들이 제시되니, 그는 난제에 얽힌 자신을 목도한다. 즉 시는 순전히 내면적 표상의 영역에 머물며, 그 형상물들에게 이 내면성과 무관한 외적 실존을 제공하려 기도해서는 안 되며, 그런 까닭에 종교적, 학문적, 그리고 기타 산문적 의식들도 함께 활동하는 요소 속에 머문다. 그리하여 시는 그러한 영역 및 그 파악방식에 접하거나 그것들과 혼합되지 않도록 조심해야 한다. 모든 예술적 산물들이 자의식적 삶의 전 국면을 내포하는 하나의 같은 정신에서 발현하는 까닭에, 이와 유사한 접경은 모든 예술들에서 나타난다. 그러나 기타 예술들에서는 전체 구상방식이 이미 내면적 창조를 함에 있어서 특정한 감각적 질료를 통한 그 형상물의 제작에 항상 연관되는 까닭에, 애초부터 그것은 종교적 표상의 형식뿐만 아니라 학문적 사유와 산문적 지성의 형식으로부터도 구분된다. 반면 시는 외적 전달의 면에서도 이 기타 영역들과 같은 수단, 즉 언어를 사용하니, 그리하여 시는 조형예술들 및 음악의 경우와 달리 언어라는 점에서 그들과 다른 표상과 표현의 토대 위에 있는 것이 아니다.

c) 마지막으로 셋째, 시는 [273] 정신적 의미내용의 전체 자원을 가장 깊이 있게 길어 올릴 수 있는 까닭에, 시인에게는 표현하는 소재의 가장 깊고 풍부한 내적 체득 역시 요구된다. 조형예술의 형식들 및 음악의 선율도 마찬가지로 내용의 가장 내적인 의미와 실체로 채워져야 하지만, 조형예술가는 정신적 표현을 이를테면 건축적, 조형적, 회화적 형식의 외형 속에서 체득하는 일에, 음악가는 집중화된 감응과 열정의 내적 영혼 및 그것을 선율로

주조하는 일에 특히 전념해야 한다. 시인은 심정과 자의식적 표상의 내면 세계를 육성해야 할 뿐만 아니라 이 내면을 위해 하나의 상응하는 외적 현상도 발견해야 하는 까닭에, 그가 내면에서 섭렵해야 할 권역은 한층 더 광범위하게 벋으며 또한 이를 통해 예의 추상관념적 총체성은 기타 예술들의 경우와 비교하여 한층 철저한 완전성 속에서 간취된다. 그는 인간 현존재를 내적, 외적으로 알아야 하니, 세계와 그 현상들의 폭을 내면에 인입引 入하고, 내면에서 절감하고, 꿰뚫고, 심화하고, 이상화해 두어야 한다. — 외부에 의해 결정되어 현상하지 않는 자유로운 전체를 주관성에서 —설령 이것이 극히 협소한 특수 권역에 한정되어 있다고 해도— 비롯하여 창조하려면, 그는 그러한 소재에 있는 실천적인 혹은 그 밖의 편향성에서 힘써 벗어나 있어야 하며 또한 내적, 외적 현존재를 개관하는 자유로운 시선과 함께 그 위에 서야만 한다. 이와 관련하여 우리는 특히 이슬람교를 신봉하는 동방 시인들을 그 마음가짐의 면에서 칭송할 수 있다. 애초부터 그들은 열정 자체 속에서 열정에 독립적으로 머무는, 온갖 잡다한 관심 속에서 오로지 하나의 실체를 본연의 핵심으로 견지하는 이 자유에 발을 들이니, 이에 대비하면 기타의 관심은 사소하고 일과적인 것으로 나타나며 또한 열정과 욕구는 전혀 궁극적인 것으로 머물지 않는다. 이것은 이론적 [274] 세계관이며 현세의 사물에 대한 정신의 관계이며 청년보다는 노년에 근사한 관계이다. 왜냐하면 노년에는 삶의 관심들이 여전히 현전하되 청년의 열정처럼 강력하게 들이치지는 않고 한층 은연隱然한 모습으로 있어, 예술이 요구하는 이론적 관계들에 한결 수월하게 어울리도록 전개되기 때문이다. 그러므로 이 면에서 보면 열혈과 불꽃의 청년이 시적 생산을 위한 가장 아름다운 연령이라는 일상적 의견에 대해 정반대의 것이 주장될 법하며 또한 황혼기는, 직관과 감응의 역량을 아직 간직할 수만 있다면, 완숙기로서 제시될 법하다. 호메로스라는 이름하에 전해 오는 경이로운 시들은 눈먼 노부老父 호메로스에게 비로소 속하며, 또한 괴테에 관해서도 그는 한계를 짓는 일체의 특수성으로부터 성공적으로 자유로워진 후 노년에 비로소 걸작을 얻었다고 말할 수 있다.

B
시적 표현

첫 번째 권역은 시적인 것 일반, 시적 예술작품으로 되는 그 내용 및 이해와 구성에 관한 것이었는데, 우리는 이 권역의 범위가 무한함에도 불구하고 소수의 일반적 규정들로 만족할 수밖에 없었다. 이에 반하여 이제 두 번째 측면을 형성하는 것은 시적 표현, 표상의 기호인 어휘를 통해 그 자체가 내면적 객관성을 갖는 표상, 그리고 어휘의 음악이다.

이제 시적 표현이 기타 예술들의 표현방식에 대해 일반적으로 갖는 관계는 이미 위에서 시적인 것 일반에 관해 상술했던 바로부터 추출될 수 있다. 어휘와 그 운율들은 정신적 표상의 상징도, 조각과 회화의 신체형식들처럼 공간적으로 적절한 내면의 외면성도, [275] 전체 영혼의 음악적 소리도 아니며 하나의 단순한 기호이다. 그러나 이러한 기호 역시, 시적 표현을 전달할 경우에는, 산문적 표현방식과 달리 이론적인 면에서 목적이 되고 형태화되어 나타나야 한다.

좀 더 규정하자면, 이와 관련하여 세 가지의 주요 항목들이 구분된다. 즉 첫째, 시적 표현은 철저히 어휘들 속에 있는 것이며, 따라서 순전히 언어적 요소와 관계하는 것으로 보이지만, 어휘들 자체는 단지 표상을 위한 기호일 뿐이니, 그런 한도에서 시적 언어의 본원本源은 표상의 종류와 방식이지 개별 어휘들의 선택, 그것들을 문장과 세련된 연으로 조합하는 방식, 음운, 리듬, 운율 등이 아니다. 이에 따라 우리는 격조 있는 표현의 출발점을 격조 있는 표상에서 찾아야 하니, 첫 번째의 물음은 표상이 시적 표현에 도달하기 위해 취해야 하는 형식에 맞춰져야 한다.

그러나 둘째, 내면 자체로서 시적인 표상은 오로지 어휘들로 객관화되며, 그런 까닭에 우리는 언어적 표현을 순수 언어적 측면에서도, 즉 시적 어휘들을 산문적 어휘들과 구분하고 시구詩句들을 일상적 삶과 산문적 사유의 구절들로부터 ―일단 그 구절들의 청각적 호불호는 제쳐 둔다고 해도― 구분하는 측면에서 역시 고찰해야 한다.

마지막으로 셋째, 시는 실제 말하기, 소리 나는 어휘 등으로 존재하는데, 이것은 시간적 지속뿐 아니라 실제 소리의 면에서도 형상을 갖추어야 하니 박자, 리듬, 유려한 청음, 운율 등을 요구한다.

1. 시적 표상

조형예술에서 돌과 색채를 통해 표현되고 감각적으로 가시화되는 형상이라는 것, 음악에서 [276] 영혼이 깃든 하모니와 선율이라는 것, 즉 한 내용을 예술적으로 현상시키는 외적 방식이라는 것, 이것이 시적 표현에서는 표상 자체일 수밖에 없으니, 우리는 언제나 이 점을 유념해야 한다. 그러므로 시적 이미지화의 힘은 시가 실제적 외형이나 선율[멜로디]의 진행으로 나아감이 없이 한 내용을 내적으로 형상화하고 이로써 기타 예술들의 외적 객관성을 내적 객관성으로 만든다는 점에서 성립한다. 그리고 정신은 정신 안에 존재하고 또 그렇게 머물러야 하는 바의 이 내적 객관성을 표상 자체에 대해 표출한다. 그런데 우리는 이미 시적인 것을 논하면서 근원적으로 시적인 것과 산문적인 것에서 차후 시로 재구성된 것의 차이를 규명해야 했는데, 여기서도 같은 부류의 차이가 나타난다.

a. 근원적으로 시적인 표상

일상적 의식은 한편으로 만물을 직접적인, 이로써 우연적인 개별성의 형식 속에서 바라보며, 다른 한편으로 구체적 현존재를 때로는 그 차별성들로 분석하여 추상적 보편성의 형식으로 제고하거나 때로는 이 추상체들의 오성적 관계와 종합으로 나아가지만, 만물 내면의 본질성과 그 현상방식을 이해하지는 못한다. 그런데 표상에 의해 성립하는 근원적 시는 아직 이러한 일상적 의식의 극단들로 분열된 것이 아니며, 오히려 표상은 이 극단들을 여전히 미분未分의 매개 속에서 견지하고 이를 통해 일상적 직관과 사유 사이의 견고한 중심에 머물 수 있음으로써만 시적일 수 있다.

우리는 일반적으로 시적 표상을 이미지적인 것으로 표시할 수 있다. 왜냐하면 시적 표상이 가시화하는 것은 추상적 본질이 아니라 그 구체적 현실이며, 우연적 실존이 아니라 불가분 외형 자체와 그 개별성을 통해 직접적으로 실체적인 것이 인식되는 현상이고, [277] 이로써 우리는 사태의 개념과 그 현존재를 하나의 동일한 총체성으로서 표상 내면에 갖기 때문이다. 이렇게 보면 이미지적 표상을 제공하는 것과 기타의 표현방식들을 통해 명료하게 되는 것 사이에는 큰 차이가 발생한다. 독서도 이와 유사한 경우이다. 발음을 위한 기호인 철자들을 볼 때 우리는 음을 들을 필요 없이 그것들을 들여다봄으로써 읽은 것을 즉각 이해하며, 오직 서툰 독자만이 단어들을 이해하기 위해 개별 음들을 일차 음독해야 하는 것이다. 그러나 독서의 경우에는 미숙한 것이, 시에서는 더없이 아름다운 것이 되는데, 까닭인즉 시는 추상적 이해에 만족하지 않고, 대상들을 우리 안에서 환기할 때 그것들이 이미지와 무관한 보편적 사유 일반의 형식으로 기억되는 바에만 따르지 않고, 오히려 개념이 현존에 깃든 채, 유類가 특정 개체에 깃든 채 [즉 보편적 사유가 시적 표상과 더불에 우리에게 다가오도록 하기 때문이다. 듣기와 읽기의 경우 나는 표상에 이미지를 전치前置하지 않은 채 일상적, 오성적 의식에 따라 단어와 더불어 의미를 직접 이해한다. 이를테면 '태양' 혹은 '아침에'라고 말할 경우, 이와 더불어 무엇이 의미되는가는 분명하지만 이른 시간과 태양 자체는 우리에게 가시화되지 않는다. 이에 반해 그것이 시인에게서 "이제 여명의 에오스가 장미 손가락들과 함께 떠올랐을 때"[63]라고 일컬어진다면, 이는 실상 같은 것을 발설하지만, 그러나 시적 표현은 [추상적] 이해에 이해된 대상의 상像 역시 추가하는 까닭에, 혹은 여차하면 단순한 추상적 이해를 제거하고 그 자리에 실제적 규정성을 대체하는 까닭에, 우리에게 더욱 많은 것을 제공한다. 마찬가지로 "알렉산더가 페르시아 제국을 정복했다"고 이야기할 경우, 이것은 물론 내용의 면에서는 하나의 구체적 표상이지만 그 다양한 규정성이 "정복"으로 표현된다면, 그것은 하나의 단순한 추상으로, 비이미지적인 것으로 축소되어 알렉산더 대왕이 이룩한 업적의 현상과 실제를 [278] 전혀 보이지 못한다. 그리고 비슷한 식으로 표현되는 일체의 것이 그렇다. 그것은 이해 못할 바는 아니지만, 성기고, 잿빛이고 또한 개별적 현존재의 면에서는 비규정적, 추상적인 것으로 머문다. 그런 까닭에 시적 표상은 실제 현상의 풍부함을 자신 속에 수용하여 이것과 사태의 내면적, 본질적 요소가 직접 근원적 전체가 되도록, 하나로 있도록 제작할 줄 알아야 한다.

여기에서 최우선적으로 귀결하는 것은, 외적인 것이 사태의 현실성을 표현하는 한, 그것에 거류하는, 또한 그것을 자체로서 고찰할 만한 것으로 존중, 중시하는 시적 표상의 관심이다. 그러므로 무릇 시란 바꿔 쓰는

---

63 역주: 이것은 새벽에 대해 호메로스가 자주 사용하는 표현이다.

umschreibend 표현이라고 이야기되지만, 바꿔 쓴다는 말은 적절치 않다. 우리의 오성에는 한 내용이 보통 추상적 규정성들로 통용되며, 우리는 이와 비교하여 시인으로서는 바꿔 쓰기로 여기지 않는 많은 것들을 바꿔 쓰기로 보곤 하니, 산문적 입장에서는 시적 표상이 우회이자 불필요한 과잉으로 보일 수 있겠다. 그러나 시인에게는 묘사를 행하는 광범한 실제 현상들을 표상을 통해 애호하는 것이 중시되어야 한다. 이러한 의미에서 예컨대 호메로스는 각 영웅들마다 별호를 붙여 "걸음이 날랜 아킬레우스, 정강이갑주 아케아 병사들, 광채투구 헥토르, 민족들의 군주 아가멤논" 등을 이야기한다. 이름은 개인을 표시하지만, 단순한 이름은 그 밖의 내용을 전혀 떠오르게 만들지 않으니, 특정의 가시화를 위해서는 또 다른 언명들이 여전히 요구되는 것이다. 바다, 배, 검 등과 같이 즉자대자적으로 이미 모습이 떠오르는 또 다른 대상들의 경우에도 특정 대상의 어떤 본질적 특질을 포착, 제시하는 비슷한 별칭이 특정의 이미지를 제공하며 이를 통해 우리로 하여금 필히 사태를 구체적 현상 속에서 떠올리게 만든다. [279]

  그런데 둘째, 그런 식의 본래적 이미지화는 비본래적 이미지화와 구분되는바, 후자는 이미 또 다른 차이를 야기한다. 왜냐하면 본래적 이미지가 사태에 속하는 실재만을 묘사하는 반면, 비본래적 표현은 대상에 직접 거류하지 않고 또 다른 제2의, 우리에게 첫 번째 대상의 의미를 명료하게 가시화해 주는, 대상의 묘사로 옮겨 가기 때문이다. 은유, 이미지, 비유 등등이 이런 방식의 시적 표상에 속한다. 여기서는 문제시되는 내용에 그와 상이한 하나의 외피가 추가되는데, 이것은 일면 장식에 소용될 뿐이며, 특정한 면에서만 일차적 내용에 속하는 까닭에, 좀 더 자세한 설명에 그다지 유용하지도 않으니, 호메로스가 예컨대 도망가려 하지 않는 아이아스를 고집불통 당나귀에 비유하는 경우가 그렇다. 그러나 동방의 시는 특히 이러한 이미지와 비유로 화려하게 가득 차 있는데, 까닭인즉 그 상징적 입장이 한편으로는 가까운 관계의 것을 필히 섭렵하여 의미의 보편성에 광범위한 구체적 유사현상들을 제공하기 때문이며, 다른 한편으로는 직관의 숭고성 탓으로 의식이 찬양할 유일한 것으로 있는 일자—者의 장식에만 매우 다채롭고 다양한, 찬란하기 그지없는 것이 사용되도록 유도하기 때문이다. 그런데 동시에 우리로서는 표상의 이러한 형상물들이 주관의 활동이자 비유일 뿐 그 자체가 실재적이며 현전하는 것이 아니라는 사실을 알고 있지만, 그것들은 그런 것으로 간주되지 않는다. 오히려 그 반대이다. 일체의 현존재는 판타지에 의해 포착되고 형상화된 이념의 현존재로 변신하며, 이 변신은 달리는 전혀 자체로 현전하지 않는 것으로, 그리고 독자적 실재성의 권리를 가질 수 있는 것으로 간주된다. 우리가 산문적 안목에서 오성적으로 고찰하는 바의 세계에 대한 믿음이 판타지에 대한 믿음으로 되어, 여기서는 시적 의식이 스스로에게 창조한 그 세계만이 오로지 현존한다. 자신을 즐겨 은유적으로 표현하는 낭만적 판타지는 [280] 이와 반대이니, 까닭인즉 여기서는 외물이 자신 안으로 물러간 주관성에 대해 단지 하나의 부수물로 간주될 뿐 그에 적합한 현실성 자체로서 간주되지 않기 때문이다. 이를 통해 말하자면 비본래적인 것으로 된 이 외물을 깊이 있는 감응, 특이성으로 가득 찬 직관 혹은 결합의 유머를 동원하여 꾸미는 것은 낭만적 시에게 늘 새로운 고안을 가능케 하는, 그리고 그것을 매력 있게 만드는 하나의 추진력이다. 그러므로 낭만적 시에서 중요한 것은 단순히 사태를 규정적, 가시적으로 표상하는 일이 아니다. 그와 반대로 멀리 떨어진 이 현상들의 은유적 사용은 자체가 목적이 된다. 감응은 중심점이 되고, 그 풍부한 환경을 빛나게 하며, 그것을 자신에게 끌어들여 재기 넘치게 자신의 장식으로 사용하고, 그것에 생명을 부여한다. 또한 자신의 표현에서 그것을 받아들이고 드러내는 이 종횡무진 가운데서 스스로 즐긴다.

b. 산문적 표상

둘째, 시적 표상방식은 산문적 표상방식에 대립한다. 후자의 경우 중요한 것은 이미지적인 것이 아니라 내용으로 취해지는 의미 자체이다. 이를 통해 표상은 내용을 의식화하는 단순한 수단이 된다. 따라서 그것은 우리에게 객체의 좀 더 자세한 실제를 가시화하려는 욕구나 —비본래적 표현의 경우와는 달리— 표현되어야 할 것을 넘는 또 다른 표상을 우리 안에 야기하려는 욕구를 갖지 않는다. 산문에서 역시 대상들의 외형을 확실하고 날카롭게 표기하는 것이 필수적일 수 있는데, 이때 이것은 이미지성 때문이 아니라 모종의 특수한 실천적 목적으로 인해 발생한다. 그러므로 일반적으로 우리는 한편으로는 정확성을, 다른 한편으로는 판명한 규정성과 명석한 오성원리를 산문적 표상의 법칙으로서 상정할 수 있으며, 반면 은유적이고 이미지적인 것 일반은 상대적으로 늘 불분명하고 부정확한 [281] 것으로 있다. 왜냐하면 시에 의해 이미지적으로 주어지는 본래적 표현에서는 단순한 사태가 직접적 오성원리에서 벗어나 실제적 현상 속으로 자리를 옮기고, 이로부터 인식되어야 하기 때문이다. 또한 비본래적 표현에서는 심지어 의미와 소원한, 단지 친족적일 뿐인 현상이 가시화에 사용되어 이제 시인들의 산문적 논평자들이 오성적 분석을 통해 이미지와 의미를 구분하고, 살아 있는 형상에서 추상적 내용을 추출하고, 이를 통해 산문적 의식에 시적 표상방식의 이해를 여는 일에 성공하려면 사전에 많은 작업을 해야 하기 때문이다. 산문과 달리 시에서는 단순한 내용과 직접 합치하는 적합성과 정확성만이 본질적 법칙이 아니다. 그와는 반대이니, 산문의 표상들이 그 내용과 같은 영역에 머물러야 하며,   또한 추상적 정확성을 지켜야 한다면, 시는 다른 요소 속으로, 의미내용 자체의 현상이나 또 다른 친족적 현상들로 인도되어야 한다. 왜냐하면 바로 이 실제성이야말로 그 자체로서 등장하는 것이자, 또한 한편으로는 내용을 표현하되 다른 한편으로는 단순한 내용에서 해방되기도 하는 것이기 때문이다. 이 경우 주의력은 현상하는 현존재로 곧바로 인도되며, 또한 이론적 관심은 생동하는 형상을 본질적 목적으로 삼는다.

c. 산문에서 산출되는 시적 표상

이제 산문적 표상의 단순한 정확성이 이미 일상의 규준으로 된 시대에 이러한 시적 요구들이 대두한다면, 시는 그 이미지성과의 관계에서조차 다소간 어려운 입장에 처한다. 즉 그런 시대에는 감응과 직관을 오성적 사유로부터 분리하는 것이 의식 일반의 지배적 방식이며, 또한 이 사유는 감응과 직관의 내적, 외적 소재를 [282] 지식과 의지를 위한 단순한 자극제로 만들거나 관찰과 행위에 봉사하는 재료로 만든다. 여기서 시는 표상의 일상화된 추상에서 벗어나 구체적 생명성으로 진입하기 위해 한층 의도적인 에너지를 요구한다. 그런데 이 목적이 달성된다면, 시는 보편자를 지향하는 사유와 개체를 포착하는 직관 및 감응의 분리에서 풀려날 뿐만 아니라 동시에 후자의 형식들 및 그 소재와 내용을 단순한 봉사용도에서 해방시켜 득의양양하게 그것들을 내적 보편자와의 화해로 이끈다. 그런데 여기서는 시적 그리고 산문적 표상방식과 세계관이 하나의 동일한 의식 속에 함께 얽혀 있는 관계로 양자의 불화와 반목이, 심지어 투쟁이 가능한데, 이것을 진정시킬 수 있는 것은, 예를 들어 오늘날의 시가 증명하듯, 최고의 천재성뿐이다. 그 밖에 또 다른 어려움들도 여전히 나타나는바, 나는 그중 몇 가지를 이미지성과 관련된 한에서만 다소 분명하게 강조하고자 한다. 즉 근원적인 시적 표상이 이미 산문적 오성에 의해 대체되었을 경우, 시적인 것의 부흥은 본래적 표현뿐만 아니라 은유성의 면에서도 찾던 바를 쉽게 구하지만, 그럼에도, 설사 이것이 현실적 의도성으로 현상하지는 않더라도, 그 결과가 시를 진리의 정곡을 찌르는 직접적 방식의 표현으로 되돌릴 가능성은 거의 없는 것이다. 왜냐하면 전대前代에는 아직 신선하였던 많은 것들이 거듭된 사용과 그로부터 생긴 익숙함으로 인해 점차 그 자체가 일상화되어 산문으로 이행하기 때문이다. 그런즉 시는 새로운 고안들로써 돋보이려고 하지만, 이 경우 시는 종종 의지와는 반대로 그 수식적 곁말들, 바꿔 쓰기들 등에서 비록 과장되고 과도한 것은 아닐지라도 인위적이고 치장적인 것으로, 짐짓 신랄하고 까다로운 체하는 것으로 빠지는데, 이것은 단순하고 건강한 직관과 감응에서 출현하는 것이 아니며, [283] 또한 효과를 염두에 두고 계산된, 작위적인 빛으로 대상들을 바라보며, 이로써 그것들에 자연스러운 색채와 조명을 허락하지 않는다. 본래적 표상방식 일반이 은유적 표상방식을 대체하는 경우에는 사정이 더욱 그러하니, 그런즉슨 은유적 표상방식은 산문보다 나아야 하는 것이 필수적이라고 보고 일상적이지 않기 위해 구태의연하지 않은 효과들을 노리는 잔기교와 조바심에 성급하게 빠진다.

2. 언어적 표현

그런데 시적 판타지는 그 형상물들을 단어들로 입히고 언어를 통해 전달할 수밖에 없는 점에서 다른 모든 예술가들의 고안방식과 구분되며, 그런 까닭에 그것은 자신의 모든 표상들을 애초부터 그에 맞게, 즉 언어가 장악하는 수단들을 통해서도 완전히 알려지게끔 구성해야 하는 의무를 지닌다. 시적인 것은 무릇 단어들로 실현되고 다듬어질 때 비로소 좁은 의미에서 시적이다.

시예술의 이 언어적 측면은 이제 우리에게 광대무변한 복합적 설명거리를 제시할 수 있겠으나, 나는 눈앞의 좀 더 중요한 대상들을 위한 공간을 마련할 요량으로 이 설명을 건너뛰며 그래서 아주 본질적인 관점들만을 소략하게 다룰 것이다.

a. 시적 언어 일반

예술은 일상적 삶과 종교적 표상, 행위, 그리고 학문적 사변들의 토대와는 모든 점에서 다른 토대 위에 우리를 위치시켜야 할 것이다. 언어적 표현과 관련하여 보면, 예술은 보통 예의 국면들에서 이미 상용화된 것과는 다른 언어를 구사하는 경우에 한해 이를 행할 수 있다. 그러므로 예술은 한편으로 자신의 표현방식에서 우리를 산문의 단순한 일상성과 진부성으로 끌어내릴 법한 것을 [284] 피해야 할 뿐만 아니라 다른 한편으로 종교적 훈도나 학문적 사변의 어조와 어법에 빠져서도 안 된다. 무엇보다 예술은 오성의 날카로운 분류와 관계들, 일체의 가시성에서 벗어난 사유 범주들, 판단과 추론 등의 철학적 형식들을 멀리해야 하는바, 왜냐하면 이 형식들은 우리를 판타지의 영역에서 끌어내어 다른 분야로 지체 없이 옮기기 때문이다. 하지만 이 모든 점들로 인해 시가 그치고 산문적인 것이 시작하는 경계선을 긋기란 어려울 따름이며, 또한 그것을 무릇 확실하고 정확하게 일반적으로 거론하는 것은 불가능하다.

b. 시적 언어의 수단들

따라서 우리는 시적 언어가 그 과제의 충족을 위해 사용할 수 있는 특수한 수단들을 곧바로 다룰 것인데, 이 경우에는 다음의 점들이 강조된다.

α) 첫째, 고상해진 표현뿐만 아니라 익살스러운 비하와 과장 표현에 있어서도 시에 특유한 개별 단어들 및 구절들이란 것이 있다. 여러 단어들의 조합이나 특정한 어미 변화들 등에서는 그러한 것이 더욱 많이 나타난다. 여기서 시는 때로는 고대의 언어에, 더불어 일상생활에서는 비교적 사용되지 않는 언어에 집착하며, 또 때로는 자신을 무엇보다 진취적 언어창조자로서 증명하며 또한, 언어의 수호신을 거스르지만 않는다면, 이 점에서 무척 대담한 고안을 할 수 있다.

β) 둘째, 또 하나는 어순에 관한 것이다. 언어적 맵시 자체와 관계하는 한에서의 이른바 문채文彩, Redefigur들이 이 분야에 속한다. 하지만 문채의 사용은 자칫 나쁜 의미에서의 수사적, 연설적인 것으로 인도되며 [285] 또한, 이 형식들이 감응과 열정의 고유한 주조를 규칙에 따라 제정된 일반적 표현방식으로 대체하고 또 이를 통해 특히 예의 속이 깊고 간결하고 단편적인 표현과 —이 표현의 심정적 깊이는 구구한 말을 할 줄 모르며 이로써 특히 낭만적 시가 내면으로 파고든 영혼상태를 표현함에 있어 대단히 효과적이다— 반대될 경우, 개별적 생명성을 파괴한다. 하나 일반적으로 어순은 시의 풍부한 외적 수단들 중 하나로 남는다.

γ) 마지막으로 셋째, 문단구성을 언급해야 할 것이다. 이것은 앞의 두 측면들을 수용하고 또한 단순하거나 비교적 복잡한 진행방식을 통해, 불안정한 단절과 분열, 혹은 고요한 흐름, 격랑 그리고 폭풍과 같은 진행방식을 통해 당면한 상황, 감응 양태 그리고 열정의 표현에 크게 기여할 수 있다. 왜냐하면 내면은 필히 이 모든 면에 따라 외적, 언어적 표현에 비쳐 들어 그 표현의 특성을 규정하기 때문이다.

c. 수단들의 적용상의 차이들

셋째, 우리는 방금 거론한 수단들을 적용함에 있어 시적 표상과 연관해서 이미 유념하였던 것과 비슷한 국면들을 구분할 수 있다.

α) 즉 시적 어투Dikiton는 한편으로 한 민족의 역정에서 언어가 아직 미발전된, 그리고 시 자체를 통해 비로소 본격적인 발전을 기하는 시대에 활성화될 수 있다. 이 경우 내면 일반의 언표인 시인의 말은 종래에는 잠복해 있던 것을 언어를 통해 현시하는 까닭에 이미 그 자체가 경탄을 일으키는 일종의 새로움이다. 이 새로운 창조는 재능과 능력의 경이로서 나타난다. 이것들은 아직 일상화되지 않았지만, 범인凡人에게는 놀랍게도 가슴 깊이 은

폐되어 있는 것을 처음으로 자유롭게 개진한다. ― [286] 그러나 이 경우에는 언어의 다면적 육성과 발전 대신 표시능력, 언어 만들기가 주요 사안이며 또한 어투는 나름대로 아주 단순한 것으로 머문다. 왜냐하면 그러한 초창기에는 표상의 능란함이나 자유자재한 다층적 표현이 아직 현전할 수 없으며 오히려 묘사의 대상이 서술의 비예술적 직접성 속에서 고지되기 때문이다. 시인은 여기서 민족의 입을 열어 주고 표상을 언어화하고 또한 언어를 통해 표상들을 갖는 데 도움을 주는 사실상 최초의 인물인 까닭에, 이 직접성은 아직 표현의 뉘앙스, 전이, 매개 및 기타 이후의 예술적 기교의 장점들에 접근하지 못한다. 그때에는 말하기가 아직 소위 평범한 삶의 언어가 아니며 또한 시는 후일에는 평범한 삶의 언어로서 갈수록 예술에서 배제되는 일체의 것을 여전히 신선한 효과를 위해 사용할 수 있다. 이 점에서 이를테면 호메로스의 표현방식은 우리에게 매우 일상적인 것으로 보일 수 있다. 각개의 표상에는 대응하는 어휘가 있으며, 대응하지 않는 표현들은 거의 발견되지 않는다. 또한 표현이 대단히 상세할 경우라고 해도 언어 자체는 지극히 단순한 것에 머문다. 비슷한 식으로 단테도 마찬가지로 그의 민족을 위해 살아 있는 시어를 창안할 줄 알았으며, 또한 이 면에서도 그의 창조적 천재의 대담한 에너지를 널리 알렸다.

β) 그런데 둘째, 반성이 들어옴으로써 표상의 권역이 확장되고, 결합방식들이 다양화되고, 그러한 표상과정 속에서 전진하는 숙련성이 증대하고, 또한 언어적 표현이 충분히 유려할 정도로 육성된다면, 시는 어투 면에서 완전히 변화된 지위를 얻는다. 즉 그 경우 민족은 이미 일상적 삶의 명료한 산문적 언어를 소유하므로, 이제 시적 표현은 관심을 유발하기 위해 필히 그러한 일상의 언어로부터 벗어나고 [287] 새로운 차원으로 올라가 독창적인 것이 된다. 일상적 현존에서는 순간의 우연성이 말하기의 근거이다. 그러나 예술작품이 발현하려면, 순간적 감응 대신 사색이 일어야 하며 또한 영

감의 열광조차 멋대로 행동해서는 안 되니, 정신의 산물은 예술적 고요함에서 발전하고 또 명철하게 조감하는 명상의 분위기 속에서 형상화되어야 하는 것이다. 시의 초창기에는 이러한 고요함과 정신집중이 이미 표기법과 말하기 자체를 통해 고지되며, 반면 후일에는 산문적 표현에 견주어 시적 표현이 획득하는 차이 속에서 시의 형성과 제작이 제시되어야 한다. 이 점에서 산문적으로도 이미 발전한 시대의 시들은 시적 초창기 민족들의 시들과 본질적으로 구분된다.

그런데 이 국면에서는 시의 생산이 이러한 표현 만들기를 주요 사안으로 삼으며, 또한 그 눈길은 내면의 진리보다는 언어적 측면의 육성, 유려함, 고상함, 효과에 주목한다. 하지만 이것은 방금 언급되었던 수사학적이며 연설적인 것이 시의 내적 생명성을 파괴하는 방식으로 발전하는 지점인바, 까닭인즉 여기서는 형상화를 위한 숙고가 의도성으로서 고지되며, 또한 무구하고 무의도적이며 또 그렇게 나타나야 하는 참된 효과가 자의식적으로 규제된 예술에 의해 위축되기 때문이다. 거의 모든 민족들은 그러한 수사학적 시작품 이외의 다른 시작품들을 산출할 줄 몰랐다. 예를 들어 라틴어는 키케로의 경우만 해도 아직 충분히 순박하게 들린다. 그러나 예컨대 베르길리우스, 호라티우스 같은 로마 시인들의 경우 우리는 이내 예술을 무언가 단지 인위적인 것, 의도적으로 형성된 것으로서 느낀다. 우리가 인식하는 것은 단순히 외적 장식이 가해진 산문적 내용이자 근원적 천재가 결여된 시인이니, [288] 그에게는 창안과 성취의 진정한 능력과 활동이 없기 때문에 그는 대안을 언어적 기교와 수사적 효과에서 찾으려고 시도한다. 프랑스인들 역시 소위 그들 문학의 고전기에는 유사한 시를 가졌는데, 교훈시와 풍자시들이 여기에 특히 부합하는 것으로 증명되었다. 여기서는 많은 수사적 표현들이 매우 탁월하게 자리하지만, 그런 것들에도 불구하고 낭송은 전체적으로 산문적으로 머물며 또한 언어는 가령 헤르더나 실러의 시적 어투에서와 같이 극도로 이미지적이며 비교적 장식적인 것이 된다. 그러나 헤르더와 실러는 그러한 표현방식을 주로 산문적 서술을 목적으로 사용하였으며, 또한 그것을 사상의 무게와 표현의 행운을 통해 허용 가능한 범위에서 행할 줄 알았다. 스페인인들도 어투의 의도적 기법 면에서 화려함으로부터 완전히 자유롭지는 못하다. 대체로 남국의 민족들은, 예컨대 스페인인과 이탈리아인들은, 그리고 그들 이전에 이미 이슬람교도인 아랍인과 페르시아인들은 이미지와 비유를 방대하고 장황하게 사용하였다. 고대인들, 특히 호메로스의 경우에는 표현이 항상 잔잔하고 조용하게 진행되는 반면 이 민족들의 경우에는 용솟는 직관이 있으니, 보통은 그들의 심정이 고요함에도 불구하고 이제 그 직관의 충족은 자신의 확장을 위해 힘쓰는데, 이론적 작업을 할 때에도 엄격하게 구분하고 세세하게 분별하다가도 재기발랄하게, 유희 삼아 결합하는 그런 오성에 기댄다.

γ) 진정한 시적 표현은 단지 연설적인 수사학뿐만 아니라 시적 어투의 이러한 허식과 재기발랄한 유희로부터도 ─비록 이 속에서 제작의 자유로운 즐거움이 아름답게 천명될 수 있다고 해도, 이를 통해 내적 본성의 진리가 위해를 입고 또한 말하기와 표현하기의 육성 속에서 내용의 권리가 망각되는 한─ 거리를 둔다. 왜냐하면 시적 표현은 그 자체가 독립하려 해서도, 또한 유일무이하게 중요한 시의 부분이 [289] 되려고 해서도 안 되기 때문이다. 언어적 관점에서도 무릇 사려 깊은 형상물은 천연함의 인상을 결코 상실해서는 안 되며 오히려 사태의 내적 맹아로부터 스스로 자란 듯한 모습을 항상 띠어야 하는 것이다.

3. 운문화

마지막으로 시적 표현방식의 세 번째 측면이 필연적인 까닭은 시적 표상이 단지 어휘들로 표현되는 것만은 아니며 오히려 실제적 말하기로 진행되고 이로써 성음과 단어들의 울림이라는 감각적 요소로 이행하기 때문이다. 이 점은 우리를 운문화의 영역으로 인도한다. 다른 것은 산문적으로 취급하면서 표현만 시적이라면, 이로부터는 시적 산문이 성립할 뿐이며, 또한 운문화된 산문이 제공하는 것은 시가 아니라 운문에 불과하다. 그럼에도 불구하고 운율이나 압운은 시 짓기를 위해 모름지기 요구되는, 심지어 이미지가 풍부한 소위 아름다운 어투보다도 더욱 필연적인, 둘도 없는 제일의 감각적 향기로서 존재한다.

즉 이러한 감각적 요소의 예술적 육성은 즉각 하나의 다른 영역, 다른 토대를 고지하며, 시도 그것을 요구하는바, 이 영역을 답사하려면 우리는 의식의 실천적, 이론적 산문과 평범한 삶을 떠나야 하며, 또한 시인에게 일상적 말하기의 경계 밖에서 움직일 것을, 오직 예술의 법칙과 요구들에 따라 표출할 것을 강요해야 한다. 그러므로 자연성에 대한 저촉을 근거로 운문화를 금지시키려는 이론은 완전히 피상적일 뿐이다. 레싱은 프랑스의 알렉산더격格 시행詩行[64]의 잘못된 파토스에 반대하여 산문적 어법을 보다 적합한 것으로 보고 이를 특히 비극에 도입하려고 시도하였으며, 실러와 괴테는 그들의 격한 초기작들에서 ─이것들은 다분히 소재중심적 작시를 지향하는 자연충동에 의해 쓰였다─ [290] 레싱의 이 원칙을 뒤따른다. 그러나 레싱은 스스로 그의 『현자 나탄』에서 결국 단장격短長格으로 다시 돌아가며, 실러도 마찬가지로 이미 『돈 카를로스』에서 지금까지 밟아 온 길을 떠났으며, 예전에 산문적으로 처리했던 자신의 『이피게니아』와 『타소』에 거의 만족하지 못한 괴테도 이를 예술 왕국 자체에서 표현의 면에서나 운율의 면

---

64 역주: 열두 개의 음절로 이루어진 운문의 행. 이 용어는 중세 프랑스의 궁정문학 『알렉상드르 이야기 (Roman d'Alexandre)』에서 비롯한다.

에서나 더없이 순수해진 형식으로 다시 주조했으며, 이를 통해 이 작품들은 늘 새로이 열광적인 경탄을 야기하고 있다.

그런데 회화의 경우에도 색깔들의 억지스러운 결합이란 것이 있지만, 운율이나 운 맞추기의 작위성은 내면의 표상들과 감각적 요소의 더욱 억지스러운 결합인 듯 보인다. 왜냐하면 외물들과 인간의 형상은 본성상 색채를 지니며 또한 무색의 것은 강요된 추상이지만, 표상은 단순히 자의적 전달 기호로 사용되는 성음과 아주 먼, 혹은 전혀 내적이지 않은 관계를 가질 뿐이어서, 운율법칙들을 완고하게 요구한다면 자칫 이 요구들은 시인으로 하여금 그의 내면에 어른대는 표상들을 더 이상 고스란히 전달할 수 없게 만드는 판타지의 족쇄로 보일 수 있기 때문이다. 그런즉 압운의 리듬적 흐름과 운율적 음향이 아무리 반박의 여지가 없는 마술을 시연한다고 해도, 이러한 감각적 매력을 빌미로 최선의 시적 감응과 표상들이 빈번히 희생되어야 한다면, 이는 지나친 요구인 것으로 이야기될 법하다. 그런데 이러한 이견도 역시 설득력이 없다. 즉 한편으로 운문화가 자유로운 주조에 장애가 될 뿐이라는 점은 이미 참이 아닌 것으로 증명되었다. 순정한 예술재능은 무릇 그의 감각적 질료 및 그에게 가장 본래적이며 친숙한, 그를 저해하거나 짓누르지 않으면서, 반대로 그를 상승시키고 지탱하는 요소 속에서 움직인다. 실제로도 우리는 모든 위대한 시인들이 스스로 창안한 템포, 리듬, 그리고 압운 속에서 자유롭고 확신에 차 움직이는 것을 보는바, 번역의 경우에만 [291] [원작과] 동일한 음보, 유운類韻을 따르는 것이 종종 제약과 기술적 고민거리가 되는 것이다. 그러나 그 밖에도 자유로운 시에서는 표상들의 표현을 다각화 내지 압축, 확장해야 하는 필요성이 그러한 유인誘因이 없었더라면 도달하지 못했을 새로운 사상, 착상, 그리고 창의를 시인에게 마찬가지로 제공한다. 하지만 이러한 상대적 장점을 차치하더라도 한편으로 감각적 현존재는 ―시의 경우 어휘들의 음향은― 본래 예술에 속하는 것이다. 그러한 감각적 현존재가 말하기의 직접적 우연성에서는 몰형식적 혹은 비규정적으로 현전하지만 시에서는 그렇게 머물러서 안 되며, 생동적으로 형성된 것으로 현상해야 한다. 또한 그것이 아무리 외적 수단으로서의 추임새에 불과하다 해도, 시에서는 목적으로 취급되고 이를 통해 내적으로 조화롭게 통제된 하나의 형상이 되어야 한다. 모든 예술의 경우가 그렇지만, 감각적인 것에 희사嶪捨되는 이러한 주의력은 내용의 진지성에 하나의 다른 측면을, 즉 이 진지성을 감소시키는 동시에 시인과 청자를 그로부터 해방시켜 그 너머에 있는 명랑한 우미의 국면으로 끌어올리는 측면을 추가한다. 그런데 회화나 조각에서는 예술가에게 인간의 지체肢體, 바위, 나무, 구름, 꽃들 등의 소묘와 채색을 위해 형태가 감각적, 공간적 경계로서 주어져 있다. 그리고 건축에서도 건물의 필요성과 목적, 담, 벽, 지붕들 등이 하여간 특정한 기준을 규정하고 있다. 음악은 절대적으로 필연적인 화성의 기본 법칙들의 면에서 그와 유사한 확정된 규정들을 갖는다. 그러나 시예술에서는 조합된 어휘들의 감각적 음향을 일단 법칙으로 구속할 수 없으니, 시인은 스스로 이러한 무규칙성에 감각적 경계의 질서를 부여하며, 이로써 그의 구상들 및 그 구조와 감각적 아름다움을 위해 일종의 보다 확고한 윤곽과 음향적 틀을 그려 내야 하는 과제를 지닌다. [292]

이제 음악적 낭송에서 리듬과 선율이 내용의 성격을 적절하게 수용해야만 하듯이, 운문화도 하나의 음악이니, 이미 그것은 표상 과정과 성격의 모호하면서도 동시에 규정된 방향이 서름하나마 내면에서 반향토록 해야 한다. 이 면에서 운율은 전체 시의 보편적 분위기와 정신적 숨결을 고지해야 한다. 그런즉슨 우리는 이를테면 단장격Jambus[약강격], 장단격Trochäus[강약격], 스탠자, 알카이오스 시구 혹은 그 밖의 시구들을 외적 형식으로 취함에 있어 분별을 두어야 한다.

좀 더 자세히 분류하자면 운문화에는 크게 두 가지의 체계가 있는바, 그 차이를 조명해 보자.

첫째는 운율적 운문화로서, 이것은 특정 장단의 음절, 다양하게 형태화된 그 조합 및 시간적 진행에서 기인한다.

반면 둘째 측면은 소리 자체를 낱낱의 철자, 자음이나 모음의 면에서뿐만 아니라 전체 음절과 어휘들의 면에서도 강조하는데, 이것들의 형태화는 일면 같거나 비슷한 소리의 균일한 반복법칙에 따라, 일면 대칭적 교차의 규칙에 따라 정렬된다. 여기에 속하는 것으로는 두운Alliteration, 유운Assonanz, 압운Reim[각운]이 있다.

양 체계는 언어의 운율학과 밀접하게 관계한다. 이 관계는 애초부터 주로 음절의 자연적 장단에 근거하거나 음절들의 의미성을 산출하는 오성적 악센트에서 기인한다.

마지막으로 셋째, 운율적 진행과 독자적으로 형상화된 소리는 자체적으로 결합한다. 하지만 집중적으로 강조된 압운의 메아리는 귓전을 강하게 울리며, 이를 통해 지속과 진행의 단순 시간적인 계기보다 우세하게 들리니, [293] 그런 까닭에 그러한 결합에서는 운율적 측면이 뒤로 물러가 자체로서 주의력을 덜 점할 수밖에 없다.

a. 운율적 운문화

무운無韻의 운율적 체계와 관련해서는 다음의 점들이 가장 중요하다.

첫째는 길고 짧음의 단순한 차이를 갖는 음절들의 정해진 템포 및 그것들을 결합하여 특정한 관계들과 운율들로 만드는 다양한 방법이며,

둘째는 악센트, 휴지부休止部, Zäsur, 단어의 악센트와 행의 악센트의 충돌을 통한 운율의 활성화이며,

셋째는 이러한 운동 내부에서 단어들의 울림을 통해 드러날 수 있는, 그러나 압운으로 집약되지 않은 쾌음조Wohlklang의 측면이다.

α) 운율적인 것의 주요소는 낱개로 뽑아낸 소리 그 자체가 아니라 시간적 지속과 운동이다. 운율적인 것을 위해 단순한 출발점을 이루는 것은

αα) 음절들의 자연스러운 길고 짧음인데, 이 단순한 차이를 제공하는 요소는 말소리 자체, 언표되는 철자들, 모음과 자음들이다.

자연적으로 긴 것은 무엇보다 ai, oi, ae 등과 같은 이중모음이다. 왜냐하면 그것들은, 요즘 교사들은 뭐라고 말하는지 모르겠지만, 내적으로는 구체적, 이중적이면서도 하나로 통합되는 성음이기 때문이다. 색채들 중에서는 초록색이 그렇다. 장모음들도 마찬가지이다. 이것들에 대해서는 이미 산스크리트어에, 그리고 그리스어와 라틴어에 있는 독특한 위치법칙을[65] 제3의 법칙으로 부언할 수 있다. 즉 두 모음 사이에 둘 이상의 자음이 있다면, 이 자음들은 분명 연달아 발음하기가 비교적 어렵다. 그것들을 죄다 소리내려면 발음기관은 분명한 발음을 하기 위해 비교적 긴 시간을 요하며 또한 단모음임에도 불구하고 음절을 —이것이 비록 길지 않더라도— 운율적으로 길게 [294] 늘인다. 예를 들어 내가 mentem nec secus[66]라고 말할 경우, mentem nec에서는 한 모음에서 다른 모음으로의 진행이 secus에서처럼 그렇게 간단하고 쉽지 않다. 근대의 언어들은 이 후자의 차이를 지키지 않으며, 장단의 결정을 위해 다른 기준들을 통용시킨다. 하지만 이를 통해 위치법칙에도 불구하고 짧게 사용되는 음절들은 아무래도 경음화될 경우가 허다하다. 왜냐하면 그것들은 요구되는 한층 빠른 운동을 저해하기 때문이다.

이중모음, 장모음 그리고 위치를 통한 앞의 장음들과 달리, 음절들이 단모음으로 형성되었다면, 그리고 하나의 단모음과 다음의 단모음 사이에 둘 이상의 자음이 위치하지 않는다면, 그것들은 본성상 짧은 것으로 밝혀진다.

---

65 역주: 시의 낭독에서는 단모음 뒤에 둘 이상의 자음이 올 경우 그 모음은 길게 발음된다.
66 역주: 호라티우스 송가의 구절로서(II, iii, 2) 마음을 한결같게라는 뜻이다.

ββ) 그런데 한편 어휘들은 다음절多音節일 경우 이미 자체가 장단의 다양성이며, 다른 한편 단음절이더라도 다른 어휘들과 결합되는 까닭에, 이를 통해 우선 다종의 음절들과 단어들의 우연한, 어떠한 정해진 척도를 통해서도 규정되지 않는 [장단의] 변환이 성립한다. 개개 음들의 무질서한 지속을 박자의 통일을 통해 정확하게 규정하는 것이 음악의 과제였다면, 그와 꼭 마찬가지로 이러한 우연성을 규제하는 것은 시의 의무이다. 그러므로 시는 특수한 조합의 장단을 자신에게 법칙으로 정하는바, 음절들의 나열은 시간 지속의 면에서 이를 준수해야 한다. 이를 통해 우리가 우선적으로 얻는 것은 여러 가지 시간관계들이다. 여기서 가장 간단한 것은 예컨대 장단단격 Daktylus과 단단장격Anapäst에 있는 서로 동일한 것 사이의 관계인데, 이 경우 단음절들은 일정한 법칙들에 따라 다시 장음절로 합해져 장장격Spondeus이 되기도 한다.[67] 다음으로 둘째, 장음절이 단음절 옆에 놓일 수 있으며, 그러면 단장격Jambus과 장단격Trochäus에서처럼 비록 가장 단순한 형태이기는 하지만 이미 시간지속의 한층 깊은 차이가 나타난다. [295] 장단장격Kretikus처럼 두 장음절 사이에 하나의 단음절이 끼이거나 단장장격Bacchius처럼 하나의 단음절이 두 장음절에 선행하면 그 조합은 한층 복잡해진다.

γγ) 그러나 그러한 개개의 시간관계들이 어수선하게 자의적으로 연속된다면, 그것들은 다시 규칙 없는 우연에 노출될 것이다. 왜냐하면 이를 통해 한편으로는 이 관계들의 합법칙성의 전체 목적이, 즉 장음절과 단음절의 규칙적인 연쇄가 사실상 파괴될 것이고 다른 한편으로는 시작, 끝, 그리고 중간 부분을 위한 규정성도 전무할 것이며, 이로써 새로이 발생하는 자의는 우리가 위에서 음악의 템포와 박자를 고찰하면서 이미 확언했던 관

---

67 역주: 장단단(- . .)격과 단단장(. . -)격에서는 두 개의 단음절(. .)이 하나의 장음절(-)이 되는 관계로, 양자는 모두 장장(- -)격이 된다.

계, 즉 청자인 내가 음들의 시간지속에 대해 갖는 관계를 완전히 거스를 것이기 때문이다. 나는 항진하는 시간으로부터의 회귀와 내적 축적을 요구하며, 또한 이것을 특정 시간단위들 및 그 뚜렷한 시작, 합법칙적 연속, 그리고 끝마침을 통해 청취한다. 시 역시 이러한 근거에서 셋째, 개개의 시간관계들을 시행詩行들로 정렬하니, 시행들은 운각韻脚의 종류와 수효, 그리고 시작, 진행, 끝마침의 면에서 나름의 규칙을 갖는다. 예를 들어 단장 삼보격三步格, der jambische Trimeter[68] 시행은 단장격의 여섯 운각으로 구성되며, 이 중 매 행의 두 운각은 다시 하나의 단장격 이중운각Dipodie을 이룬다. 육보격 시행은 여섯의 장단단격으로 구성되며, 이것은 다시 특정 자리에서 장장격으로 합체되며…. 그런데 그러한 시행들은 같거나 비슷한 방식으로 늘 다시 새롭게 반복될 수 있는 까닭에, 이러한 연속의 면에서 한편으로는 확실한 끝마침의 모호성이, 다른 한편으로는 단조로움 및 이로써 내적으로 다양한 구조를 가진 상당한 결함이 다시금 등장한다. 이 난점을 없애기 위해 시는 마지막으로, 특히 서정적 표현에 있어서, 연聯들과 그 여러 구성방식을 고안하게 되었다. 여기에는 이미 그리스인들의 2행 연구聯句 엘레지가 [296] 속하며, 나아가 알카이오스풍이나 사포풍의 시연이 속하며, 또한 핀다로스와 유명 극작가들이 합창들을 서정적으로 토로하거나 다른 식으로 고찰하면서 예술성이 풍부한 것으로 발전시켰던 시연이 속한다.

그런데 템포와 관련해서 음악과 시가 아무리 유사한 요구들을 만족시키더라도, 우리는 양자의 차이점을 언급하지 않고 지나쳐서는 안 된다. 여기서 가장 중요한 상위相違를 야기하는 것은 박자Takt이다. 그러므로 사람들은

---

68 역주: 이것은 단장(. -) 단장(. -) / 단장 단장 / 단장 단장의 형식을 갖는다. 여기서는 각각의 단장(. -)이 하나의 운각이며, 또한 이중운각 단장(. -) 단장(. -)은 하나의 보격(Meter)이며, 따라서 전체는 여섯 운각의 단장 삼보격을 이룬다.

고대인들의 박자에 대해 동일한 시간간격을 갖는 진정한 박자의 반복이 가정될 수 있는가 아닌가를 두고 도처에서 누차 다투었다. 일반적으로 주장되는 것은 다음의 사실이니, 즉 음악의 박자는 절대적으로 확정된 척도에 추상적으로 예속되지만 어휘를 단순한 전달매체로 삼는 시는 이 전달의 시간과 관계하여 절대적으로 확정된 진행의 척도에 그처럼 추상적으로 예속되어서는 안 된다는 것이다. 음악에서 톤은 스러져 머무름이 없는 것이니, 이것은 박자에 의해 도입되는 것의 고정성을 필요로 한다. 그러나 언어는 이러한 고정을 필요로 하지 않으니, 까닭인즉 언어는 한편 표상 자체 속에 정주하며 다른 한편 무릇 울림과 스러짐의 외면성 속으로 완전히 이주하는 대신 정확히 내적 표상을 그 본질적 예술요소로서 보존하기 때문이다. 그러므로 하물며 음악도 서창(레치타티보)에서는 이미 박자의 무운동적 균일성에서 벗어나기 시작할진대, 시는 실로 어휘로 분명히 발설되는 표상과 감응들에서 직접 정지, 가속, 지체, 지연 등의 척도를 위한 한층 실체적인 규정을 발견한다. 그리하여 운율이 완전히 박자의 법칙을 따르려 했다면, 적어도 이 국면에서는 음악과 시의 차이가 완전히 소멸되었을 것이며, 또한 시간의 요소는 시가 그 본성상 허락할 수 있는 것보다 한층 중용되었을지도 모른다. 이 사실은 다음의 요구를 위한 근거로서 제시된다. [297] 즉 시에서는 혹 템포가 지배적일 수 있으나 박자는 그렇지 않으며, 이 측면을 관장하는, 상대적으로 한층 강력한 힘은 어휘의 뜻과 의미에 있어야 한다. 이 면에서 고대인들의 특수한 템포를 좀 더 자세히 고찰하자면, 분명 육보격이 박자에 맞는 엄격한 진행에 가장 잘 어울리는 듯 보인다. 일례로 아버지 포스[69]는 특히 이러한 진행을 요구하였다. 하지만 육보격에서는 그러한 가정

---

69   역주: J. H. Voss(1751~1826)는 『루이제』의 저자이며 자타가 인정하는 운율학의 권위자이다. 호메로스를 육보격의 독일어로 옮긴 그의 번역은 『루이제』보다 훨씬 중요하게 평가된다. 그의 아들 H.

이 이미 마지막 운각의 불완전성Katalexis[70]을 통해 침해되고 있다. 그런데도 포스가 알카이오스풍의 시연과 사포풍의 시연마저도 그토록 추상적인 단조로운 시간간격으로 읽히는 것으로 인식하고자 했다면, 이것은 제멋대로의 의도에 불과하며, 운율들에 폭력을 가하는 것을 의미한다. 포스의 전체 요구는 대체로 우리 독일의 단장격이 항상 같은 음절 억양과 템포 속에서 취급되는 것을 관습적으로 보아 온 탓일지도 모른다. 하지만 고대의 단장 삼보격이 이미 아름다움을 얻는 까닭은 그것이 시간적으로 동일한 여섯의 단장 운각들로 구성되기 때문이 아니라 역으로 무엇보다 각 이중운각의 매 첫 번째 자리에 장장격들을 허락하거나 끝부분에 장단단격들 내지 단단장격들을 허락하며 이로써 같은 템포의 균일한 반복과 박자 등을 지양하기 때문이다. 서정적인 연들은 어차피 그보다 훨씬 변화무쌍하니, 박자가 즉 자대자적으로 필수적이라는 사실이 혹 선험적으로 드러난다면 몰라도 우리는 그것을 후험적으로 볼 수는 없다.

β) 그런데 운율적 템포의 본격적인 활성화를 처음 야기하는 것은 악센트와 휴지부로서, 이것들은 음악의 박자-리듬에 해당한다.

αα) 즉 시에서도 각 특정의 시간관계는 우선 그 특수한 악센트를 지닌다. 다시 말해 법칙에 따라 특정한 지점들이 강조된다. 다음으로 이것들은 다른 지점들을 끌어당기며 그리하여 비로소 하나의 전체로 다듬어진다. 이제 이를 통해 바야흐로 음절가의 다중성多重性을 위해 하나의 커다란 유희공간이 열린다. 왜냐하면 한편으로 장음절들은 [298] 단음절들과 비교해서 일반적으로 이미 눈에 띄며, 그것들에 악센트가 놓일 경우, 이제 단음절들에 대해 중요성이 배가되어 나타나고, 또한 악센트가 없는 장음절들에 비해 강

Voss(1779~1822)는 문학과 관련된 많은 번역서, 편집서, 저서를 남겼다.
70   역주: 즉 마지막 운각은 장장격 대신 단단격으로 축약될 수 있다.

조되기 때문이다. 그러나 다른 한편 단음절들이 악센트를 얻어서 이제 비슷한 관계가 반대방식으로 나타나는 것도 또한 가능하다.

그러나 무엇보다, 기왕에 언급하였듯이, 개별 운각들의 시작과 끝이 개별 어휘들의 처음 및 마지막과 추상적으로 맞아떨어질 필요는 없다. 왜냐하면 첫째, 내적으로 완결된 어휘가 운각의 끝을 지나쳐서 넘어간다면 다른 경우에는 서로 분리되었을 운율들이 결합되는 효과가 나타나기 때문이며, 둘째, 이제 심지어 시행의 악센트가 그런 식으로 넘어가는 단어의 끝음절에 놓인다면 이를 통해 나아가 —어휘의 마지막이 대관절 어디선가는 필히 그친다는 이미 그 이유로— 두드러진 휴지休止가 발생하며, 그리하여 이제 악센트와 통합되는 이 그침이 보통은 중단 없이 흘러가는 시간 속에 의도적으로 삽입된 휴지인 것으로서 느껴지기 때문이다. 모든 시행에는 그러한 휴지부들이 불가결하다. 왜냐하면 비록 일정한 악센트가 개별 운각들을 이미 한층 자세하게 내적으로 구분하고 또한 이를 통해 그것들을 어느 정도 다양하게 만들긴 해도, 그럼에도 다시 이러한 종류의 활성화는 —특히 예컨대 독일의 단장격처럼 같은 운각들이 비교적 균일하게 반복되는 시행의 경우— 한편으로 극히 추상적이며 단조롭게 머물 것이며 다른 한편으로 개별 운각들을 서로 무관하게 흩을 것이기 때문이다. 휴지부는 이러한 삭막한 단조로움을 제어하며 또한 그 획일적인 규칙성으로 인해 다시 마비를 겪는 흐름 속에 하나의 연관성과 한층 높은 생명을 들여놓으니, 이 생명은 휴지부가 상이한 장소들에서 나타나는 탓에 다양화될 뿐만 아니라 그 규제된 규정성으로 인해 무법칙적인 자의로 후퇴하지도 않는다.

마지막으로 시행의 악센트와 휴지부에 더하여 [299] 제3의 악센트가 추가된다. 안 그래도 어휘들은 그 운율적 사용과는 별도로 이것을 이미 즉자대자적으로 갖지만, 이제 이를 통해 개별 음절들의 강약이 가진 종류와 정도의 면에서 갑절의 다양성을 얻게 된다. 왜냐하면 이러한 어휘악센트가 일면 시행의 악센트 및 휴지부와 결부되어 나타나고 또 그러한 결합 속에서 양자를 강화함이 사실이지만, 달리 보면 이것들과 무관하게 음절들 위에 놓이기도 하는데, 이 음절들이 다른 어떤 강조의 덕택이 아님에도 불구하고 이제 그 고유한 음절가로 인해 강세 억양을 요구하는 한, 그것들은 말하자면 시행의 운율을 거스르는 하나의 저촉을 야기하며 이 저촉이 전체에 독특한 새 생명을 부여하기 때문이다.

운율의 아름다움을 위의 모든 면에 준해 가려듣는 것은 오늘날 우리의 귀에는 지난한 일이니, 까닭인즉 우리의 언어들에서는 이러한 종류의 운율적 미덕들을 위해 결합되어야 할 요소들 중 일부가 고대에 있었던 정확성과 확실성을 더 이상 유지하지 못하며 대신 그 자리를 다른 예술적 욕구의 만족을 위해 다른 수단들로써 대체하기 때문이다.

ββ) 나아가 둘째, 음절과 단어들이 운율적 위치의 내부에서 효력을 갖긴 하지만, 그 일체의 효력들 상공에는 그것들이 시적 표상의 면에서 의미하는 바의 가치가 떠 있다. 그러므로 자신들에 내재하는 이러한 의의를 통해 그것들도 마찬가지로 상대적으로 강조되거나 무의미한 것으로 물러서야만 하며, 이로써 운문에는 바야흐로 생명성의 최후의 정신적 정점이 깃든다. 하지만 이 점에서 시는 마땅히 운율의 리듬적 규칙들에 정면으로 대치할 정도로 멀리 나아가서는 안 될 것이다.

γγ) 그런데 특히 리듬운동의 면에서 볼 때 운율의 전체적 성격에는 내용의 한 특정한 방식이, 무엇보다 특수한 종류의 감응들의 운동이 상응한다. 그런즉 [300] 예컨대 고요히 굽이치는 파동을 갖는 육보격은 비교적 일정한 흐름의 서사적 담론에 적합하며, 반면 오보격 및 균제적으로 고정된 그 휴지와 결합하는 육보격은 이미 연聯의 성격을 갖지만, 단순한 규칙성으로 인해 만가輓歌적인 표현에 적합한 것으로 나타난다. 그런가 하면 급격하게 진행하는 단장격은 특히 극적인 대화에 적절하다. 단단장격은 박자에 맞춰

용감하게 환호하는 돌진을 표현하며 또한 그 밖의 운율들에서도 이와 유사한 성격의 특징들이 쉽사리 인지된다.

γ) 그러나 셋째, 운율적 운문화의 이 첫 번째 영역도 시간지속의 단순한 형상 및 활성화에 그치지 않고 다시 음절과 어휘들의 실제적 음향으로 나아간다. 하지만 이러한 음향과 관계하여 고대의 언어들은 그 밖의 근대 언어들에 대해 본질적인 차이를 보인다. 왜냐하면 전자는 이미 언급했듯 리듬을 주요 측면으로 견지하는 반면, 후자는 각별히 압운을 선호하기 때문이다.

αα) 예컨대 그리스어와 라틴어에서는 격변화와 동사변화를 통해 어간이 여러 음향의 풍부한 음절들로 발전되는데, 이것들은 자체로서 하나의 의미를 갖기도 하지만, 그것은 어간의 변용에 불과하며, 그런즉 어간은 다양하게 확장된 예의 성음들의 실체적 기본 의미로서 자신을 내세운다. 그러나 어간은 성음들의 울림과 관계하여 대표적 지배자나 유일의 지배자로 등장하지 않는다. 왜냐하면 예컨대 'amaverunt'⁷¹라는 어휘를 들을 경우, 어간 'am'에는 세 음절이 추가되며, 또한 설령 이 음절들 중에 자연적 장음이 없더라도 이미 그 수효와 확장을 통해 악센트가 즉각 어간음절로부터 실질적으로 분리되며, 이로써 주 의미와 강조의 악센트가 서로 분리되기 때문이다. 그러므로 강조가 주 음절에 놓이지 않고 부차적 규정을 표현할 뿐인 어떤 다른 음절에 놓이는 한, 이미 이로 인해 귀는 [301] 상이한 음절들의 음향을 듣게 되며 또 그들의 운동에 보조를 맞출 수 있다. 왜냐하면 귀는 자연적 운율을 듣는 완전한 자유를 간직하는 동시에 이 자연적 장단음들을 리드미컬하게 형성하도록 고무되었기 때문이다.

---

71   역주: amaverunt는 they have loved라는 의미로서 amare의 3인칭 복수 완료형이다.

ββ) 반면 가령 현대 독일어에서는 사정이 완전히 다르다. 방금 언급하였 듯 그리스어와 라틴어에서 접두사, 접미사 및 그 밖의 음운 변화들을 통해 표현되는 것이 근대 언어들, 특히 동사들에서는, 어간으로부터 분리되며, 그리하여 이제 종래에는 다중의 부수적 의미를 갖는 하나의 단어에서 전개 된 어형 변화들이 독립적 어휘들로 쪼개져 낱말이 된다. 여기에 속하는 것 으로는 예컨대 많은 시제조동사들의 상용, 고유한 동사들 등을 통한 기원 법祈願法의 독립적 표시, 대명사들의 분리 등이 있다. 고대의 언어들에서는 어휘가 다음절의 —다음절에서는 주 의미를 이루는 어근의 악센트가 사라 진다— 다양한 울림으로 확장되었다면, 이제 그것은 한편 성음들의 연속으 로 현상함이 없이 단순한 전체로서 자신 안에 응집되어 있을 뿐이다. 이 성 음들은 말하자면 단순한 음운 변화들인 까닭에 이미 그 자체가 의미에 그 렇게 간여干與하지 않으며, 그리하여 귀는 그것들의 자유로운 울림과 그 울 림의 시간적 운동을 경청하지 못할 수도 있다. 나아가 다른 한편 이러한 응 집을 통해 주 의미는 대단한 비중을 지니게 되어 악센트의 강조를 철저히 자기 쪽으로 끌어온다. 그리고 이제는 강조가 주 의미에 결속된 관계로, 이 러한 양자의 일치는 그 밖의 음절들의 자연적 장단이 더 이상 부상하도록 두지 않고 오히려 그것을 가라앉힌다. 대부분 어휘들의 어간은 의심할 바 없이 일반적으로 짧고, 압축적이고, 단음절 혹은 2음절로 되어 있다. 만일 이러한 어근이, 예컨대 오늘날 우리 모국어가 전적으로 그렇듯, 악센트를 거의 배타적으로 자신을 위해 요구한다면, 이것은 [302] 의의와 의미를 철저 히 우선시하는 악센트일 뿐, 질료, 즉 울림이 자유로울 법한, 그리고 음절 들의 장단과 그 강세 두기의 관계가 어휘들의 표상내용과 무관하게 주어질 법한 규정은 아니다. 그러므로 여기서는 시간운동과 강조의 리듬적 형태가 더 이상 어간과 그 의미로부터 분리된 모습으로 나타나지 않으며 또한 풍 부한 음향과 다채롭게 조합된 장단의 지속을 경청하는 대신 의미 중심적으

로 강조되고 주 음절에 매달리는 일반적 듣기만이 남을 뿐이다. 왜냐하면 그 밖에도 어간의 음운 변화에서 결과하는 음절분지分枝가 이미 보았듯이 특수한 어휘들로 독립되기도 하며 ―이를 통해 이것들은 그 자체로 중요시된다― 또한, 우리는 방금 이 어휘들이 파생된 기본 어휘에서 의의와 악센트가 합치함을 보았는데, 이제 이것들이 고유한 의미를 얻는 까닭에 여기서도 마찬가지로 그와 동일한 합치가 들리기 때문이다. 이 점은 말하자면 각 어휘의 의의에 묶여 있을 것을, 그리고 자연적 장단과 그 시간적 운동 및 감각적 강세 두기에 힘쓰는 대신 오로지 기본 의미가 야기하는 악센트만 들을 것을 우리에게 강요한다.

γγ) 이제 그러한 언어들에서는 운율적인 것의 여지가 거의 없거나 영혼이 그 속에 잠기는 자유를 더 이상 거의 갖지 못한다. 왜냐하면 시간은, 그리고 시간운동을 통해 고루 흘러 퍼지는 음절들의 음향은 어휘들의 의의와 의미라는 한층 추상관념적인 관계에 의해 압도되며 또한 이를 통해 보다 독자적인 운율적 형상화의 힘이 억압되기 때문이다.

이 면에서 운율적 운문화의 원칙은 조형예술의 원칙과 비견될 만하다. 왜냐하면 여기서는 아직 정신적 의미가 독자적으로 부각되어 길이와 악센트를 규정하는 것이 아니라 오히려 어휘들의 의의가 [303] 자연적 시간지속의 감각적 요소 및 음향에 ―한층 명랑한 즐거움 속에서 이 외면성에 충분한 권리를 허여하고 또한 그 이상적 형상과 운동만을 염려할 목적으로― 완전히 용해되기 때문이다. 그런데 이 원칙이 포기될지라도, 단순한 정신화에 대응하는 균형추가 감각적인 것에 여전히 할애되어야 한다는 것은 예술의 필수조건이다. 이를 위해 예술은 귀추가 주목되도록 만들어야 하는데, 앞의 첫 번째 조형적 계기가 ―즉 자연적 길고 짧음의 계기 및 운율적인 것에서 분리되지 않고 독자적으로 강조되지 않는 울림의 계기가― 파괴된 이상 예술이 질료로서 채택할 수 있는 것은 분명하게, 그리고 고립적으로 확립되고 형태화된 성음들 자체의 음향뿐이다.

이 점은 우리를 운문화의 두 번째 주요 유형인 압운Reim으로 인도한다.

b. 압운

언어의 감각적 측면에 대한 새로운 취급의 필요성을 우리는 외적으로, 즉 이민족들에 의한 고대 언어들의 쇠퇴에 근거하여 설명하려 들 수도 있지만, 이 과정은 사태 자체의 본성에서 비롯한 것이다. 시의 외적 측면을 내면에 적합하도록 만드는 첫째 요소는 음절들의 의미와는 별개인 장단長短이며, 예술은 그 조합과 휴지休止 등을 위해 스스로 법칙들을 발전시킨다. 이 법칙들은 일반적으로 그때그때 표현되는 내용의 특성과 조화를 이루어야 하겠으나, 특수하고 개별적인 경우에는 장단 및 강세 두기가 오로지 정신적 의미에 의해 규정되도록 두지 않고 또한 이 측면이 정신적 의미에 추상적으로 종속되도록 두지도 않는다. 그러나 표상이 내면적이고 정신적일수록, 시는 더 이상 조형적 방식으로 이상화될 수 없는 이 자연적 측면에서 그만큼 더 벗어나 내면으로 집중하며, 그리하여 한편으로 언어의 신체적 요소로 불릴 직한 것을 [304] 단연코 제거하고 다른 한편으로 그 나머지에서 정신적 의미가 투입되고 전달되는 것만을 부각하며, 그 밖의 것은 무의미한 것으로 방치한다. 이 점에서 낭만적 예술과 낭만적 시는 서로 닮았다. 낭만적 예술은 각종 이해 및 표현의 면에서 내적으로 집중된 정신적인 것의 집대성으로 이행하며 또한 이 주관적 요소에 가장 상응하는 질료를 음향에서 찾는다. 낭만적 시도 이와 비슷하다. 그것은 감응하는 영혼적 정서를 한층 강하게 퉁기며, 그런 까닭에 그 자체로서 독립적인 ─문자, 음절, 그리고 어휘들이 갖는─ 성음들 및 음향들과의 유희로 침잠하며, 그 울림들을 때로는 내면의 깊은 감정에 의해, 때로는 건축학적으로 이해되는 음악의 예리한 감수성에 의해 가려내고 서로 관계 짓고 직조하는 법을 습득하며, 또한 그 울림들 속에서 이러한 자기만족을 구해 간다. 이 면에서 보면 압운이 유독 낭만적 시에서 발전된 것은 우연이 아니며 오히려 그것에 필연적이었다. 스스로를 청취하려는 영혼의 욕구가 한층 충일하게 부각되며 또한 동일하게 울리는 압운에서 그 만족을 찾는다. 왜냐하면 압운은 확고하게 규제된 템포와 무관하며 또한 비슷한 음향들의 반복을 통해 우리를 우리 자신으로 되돌리는 것만을 목표로 삼기 때문이다. 이를 통해 운문화는 음악적인 것 그 자체에, 다시 말해 내면의 울림에 한층 가까이 다가서며 또한 말하자면 언어의 질료적 요소로부터, 즉 앞서 말한 장단의 자연적 척도로부터 해방된다.

나는 이 범위에서 중요성을 갖는, 보다 특정한 사항들에 관해 몇몇 일반적인 언급들만을 간략히 덧붙이고자 한다.

첫째, 압운의 근원에 관해.
둘째, 이 영역과 운율적 운문화의 좀 더 상세한 차이들에 관해.
셋째, 이 영역을 나누는 종류들에 관해. [305]

α) 압운이 낭만적 시의 형식에 속하며 이 형식은 독자적으로 형상화된 음향을 보다 강하게 발음할 것을 요구한다는 점을 우리는 이미 살펴보았다. 왜냐하면 여기서는 내적 주관성이 음[소리]의 질료성에서 자신을 청취하기를 원하기 때문이다. 따라서 이러한 요구가 등장할 경우, 그 형식은 때로는 처음부터 하나의 언어를, 즉 내가 위에서 압운의 필연성과 관계하여 언급하였던 언어를 염두에 두며, 때로는 예컨대 라틴어와 같은 —다른 구성을 갖고 또한 운율적 운문화를 요구하되 그럼에도 새로운 원칙의 특성에

적응하는― 현전의 고전어를 사용하며, 혹은 그것을 하나의 새로운 언어로 개조하여 리듬적인 요소가 그로부터 사라지고 이제, 예컨대 이탈리아어와 프랑스어에서처럼, 압운이 주요 요소를 이루도록 한다.

αα) 이와 관련하여 우리는 이미 기독교를 통해 압운이 매우 일찍부터 라틴어 운문에 ―비록 이것이 다른 원칙들에서 기인하기는 했지만― 강압적으로 도입되었음을 알고 있다. 이미 이 원칙들은 거지반 그리스어에서 라틴어로 접목된 것이지만, 낭만적 예술에 근접하는 경향은 본래 거기에서 출현한 것으로 보이지 않으며 반대로 그 원칙들이 겪은 일종의 변양 속에서 드러난다. 즉 한편으로 로마의 작시법은 초창기에는 그 기초를 자연적 장단에 두지 않았으며 또한 음절들의 가치를 악센트에 따라 측정하였던바, 그런즉 그리스 시의 운율학적 원칙은 보다 정확한 그 인식과 모방을 통해 비로소 수용 및 준수되었던 것이다. 다른 한편으로 로마인들은 특히 육보격 시행뿐만 아니라 알카이오스 및 사포풍의 시연 등의 운율에도 좀 더 고정된 휴지부를 삽입함으로써 그리스 운각의 유동적이고 명랑한 감성을 한층 날카로운 발음 구조와 한층 강한 규칙성으로 규격화했다. 그뿐만 아니라 심지어 로마 문학 개화기의 가장 세련된 시인들에게서조차 [306] 압운은 이미 십분 나타난다. 예를 들어 호라티우스의 『시작술Ars poetica』(II. 99~100)에는 다음의 구절이 있다.

> Non satis est, pulchra esse poemata: dulcia *sunto*,
>
> Et quocunque volent, animum auditoris *agunto*.[72]

---

72 "시들은 아름다운 것으로 충분치 않다: 그것들은 감미로워야 하며, / 또한 청자의 정신을 자신들이 원하는 곳으로 유혹해야 한다."

이것이 아무리 시인의 입장에서는 완전히 무의도적으로 나타난 것이라고 해도, 호라티우스가 감미로운 시들dulcia poemata을 요구하는 바로 이 자리 (sunto와 agunto)에서 압운이 보인다는 점은 진기한 우연으로 간주될 수 있다. 나아가 오비디우스는 유사한 압운들을 한층 거침없이 사용한다. 이미 말했듯이 이것이 아무리 우연이라고 해도 잘 발달된 로마인들의 귀에는 압운들이 불쾌하지 않았던 것으로 보이며, 그리하여 그것들은 비록 개별적이고 예외적이긴 해도 슬그머니 들어올 수 있었던 것이다. 하지만 이러한 음향들의 유희에는 낭만적 압운의 보다 깊은 의미성이 빠져 있다. 낭만적 압운이 그러한 유희에서 부각하는 것은 음향 그 자체가 아니라 내면성과 의미이며, 바로 이 점에서 고색창연한 인도의 압운과 현대의 압운은 특징적으로 구분된다.

야만 민족들의 침입 이후 고대 언어들과 관계된 강세 두기가 쇠퇴하고 기독교를 통해 감응의 주관적 계기가 득세하였으며, 이와 더불어 이전에 있었던 운문의 리듬적 체계가 압운의 체계로 이행하였다. 이미 성 암브로시우스의 송가에서는 운율이 완전히 발음의 악센트를 따르며 또한 압운이 현저하게 나타난다. 마찬가지로 도나투스파에 반대하는 성 아우구스티누스의 첫 번째 작품도 압운을 갖춘 노래이며, 또한 분명하게 압운이 맞는 육보격과 오보격 시행인 소위 레오 시체詩體라는 것도 방금 언급된 개별적 압운들과 확연히 구분된다. 이러한 현상들은 압운이 운율적 체계 자체에서 출현한 것임을 보여 준다. [307]

ββ) 다른 한편 사람들은 운문의 새로운 원칙의 근원을 아라비아인들에게서 찾기도 하였다. 하지만 첫째 이슬람교 이전의 예술권은 서방과 영향을 주고받을 정도로 접촉하지 않았으며, 또한 그들의 위대한 시인들의 문화는 기독교적 서양에서 압운이 출현한 것보다 늦은 시기에 나타났다. 둘째, 아라비아 시에도 애초부터 이미 낭만적 원칙의 조짐이 들어 있으며, 십자군

시대의 서양 기사들은 그 속에서 일찍이 자신들과 같은 정조情調를 발견하였지만, 이슬람교의 동방과 기독교의 서방에서 시가 발흥하는 정신적 토대의 인척관계가 외적으로 서로 독립적이었음을 볼 때 새로운 종류의 운문의 첫 출현도 각각 독립적이었던 것으로 생각된다.

γγ) 고전어들과 아라비아어의 영향을 배제하더라도 압운 및 압운과 결부된 것의 기원은 다시 제3의 요소인 게르만 언어들에서 발견 가능한데, 우리는 그 초창기의 발전을 스칸디나비아 언어들에서 찾을 수 있다. 이에 관한 사례로서는 예컨대 구舊 에다[73]의 노래들이 있는데, 이것들은 후일 비로소 수합되고 하나로 묶였다고는 하나 일찍부터 기원하였음을 부정할 수 없다. 앞으로 살펴보겠지만, 여기에는 완전하게 발전된 본격적 압운은 아니더라도 개개의 성음들의 본질적인 강조와 그것들의 특정한 반복을 규제하는 법칙과 규칙성이 있다.

β) 둘째, 근원보다 더욱 중요한 것은 신구新舊체계의 특징적 차이이다. 나는 그 중요한 대강을 위에서 이미 다루었으므로, 여기서는 그것을 좀 더 상술하면 될 것이다.

운율적 운문화는 그리스 시에서 가장 아름답고 풍성한 발전 단계에 도달하였는바, [308] 여기에서 이 전체 분야의 특징이 가장 현저하게 추출될 수 있다. 약술하자면 다음의 것들이다.

첫째, 이 운문화가 질료로 삼는 것은 문자, 음절 혹은 단어들의 음향 자체가 아니라 시간지속과 연관된 음절음향인바, 그런 까닭에 개개의 음절 내지 문자, 그 음향의 단순 질적인 유사성 내지 동일성만이 배타적으로 주목받아서는 안 될 일이다. 이와 반대로 음향은 특정한 지속을 갖는 고정된 템

---

73 역주: 고대 아이슬란드어로 기록된 옛 문서. '구(舊) 에다'는 북유럽의 신화와 영웅 전설을 읊은 고시의 집대성이다. 반면 '신(新) 에다'는 산문으로 쓰인 것으로서, 오딘 신화와 시법에 관한 해설이다.

포와 여전히 미분未分의 통일성 속에 머물고 있으며, 또한 귀는 양자의 진행 속에서 각 개별 음절들의 가치뿐만 아니라 모든 음절의 운율적 진행을 규제하는 법칙을 고루 추적해야 한다. 둘째, 장단음의 척도, 운율적 높낮이의 척도, 한층 예리한 휴지부와 정지를 통한 다양한 활성화의 척도는 언어의 자연적 요소에서 기인하는 것이지, 한 음절이나 단어에 정신적 의미를 날인하는 강조에 의해 인도되는 것이 아니다. 운문화는 운각들의 조합, 운율 악센트, 휴지부 등의 면에서 의미와 별개의 것이다. 이 점에서는 언어 자체도 마찬가지이다. 즉 비단 시뿐만 아니라 언어도 마찬가지로 강세 두기를 이미 자연적 장단음 및 이것들의 연속에서 구하는 것이지 어간의 의미성에서 구하는 것이 아니다. 이로써 이제 셋째, 특정 음절들의 생생한 강조를 위해 한편으로는 운율악센트와 리듬이, 다른 한편으로는 기타의 강세 두기가 있는바, 양자는 서로를 저해하거나 억누름이 없이 함께 어우러져 전체의 다양성을 배가하며 또한 같은 식으로 시적 표상에도 하나의 권리를 ─즉 낱말을 배열하고 옮김으로써 정신적 의미의 면에서 다른 어휘들보다 중요한 어휘들에서 응당한 강조를 앗아 가지 못하게 막는 권리를─ 용인한다.

[309]

αα) 이제 압운을 중시하는 시문은 이 체계에서 자연적 양의 불가침적 타당성을 우선적으로 바꾼다. 그러므로 무릇 템포[시간척도]와 같은 것이 여전히 존속해야 한다면, 그것은 양적 완급의 근거를 더 이상 자연적 장단에서 찾으려 하지 말고 다른 영역에서 찾아야만 한다. 그런데 이미 보았듯이 이 영역은 정신적인 요소, 음절과 어휘들의 의미일 수밖에 없다. 무릇 음절의 양적 척도가 여전히 본질적인 것으로 존중되어야 한다면, 최후의 심급의 자격으로 그것을 규정하는 것은, 이와 더불어 기준을 외적 현존재와 그 자연적 특성에서 내면적인 것으로 옮기는 것은 바로 의미성이다.

ββ) 그런데 여기에는 또 하나의 더욱 중요한 귀결이 결부되어 있다. 이미

위에서 언급하였듯이, 의미를 갖는 어간음절의 집중적 강조는 다양한 격변화 형식들의 독립적 확장을 무산시킨다. 리듬적 체계는 장단의 척도와 강조되는 악센트를 정신적 의미에서 구하지 않으며, 따라서 격변화형식들을 어간에 종속시킬 필요가 아직 없다. 그런데 음절들의 확정된 양에 따르는 그러한 전개가, 그리고 운각들로 이것이 자연스럽게 조정되는 일이 종식된 다면, 이와 함께 템포와 그 규칙에서 기인하는 전체 체계도 필연적으로 사라진다. 이러한 종류로는 예컨대 프랑스와 이탈리아의 운문들이 있는데, 여기에는 고대인들과 같은 의미에서의 운율과 리듬이 없으며 따라서 음절의 특정한 수효가 다만 문제시될 뿐이다.

γγ) 이제 여기서 이러한 상실을 보정하는 유일한 가능성으로서 압운이 제시된다. 즉 한편 시간지속이 더 이상 형상화되지 않는다면, 음절들의 울림이 시간지속 내내 균일하고 자연적인 힘으로 분출하지 않는다면, 반면 다른 한편 정신적 의미가 어간음절들을 지배하고 또한 격변화를 통한 여타의 유기적 확장 없이 어간음절들과 [310] 긴밀하게 통일된다면, 시간지속뿐만 아니라 어간음절들의 이러한 강세 두기로부터 자신을 자유롭게 지킬 수 있는 최후의 감각적 질료로서 유일하게 남는 것은 음절들의 울림이다.

그러나 이러한 울림은 분절된 템포를 대체해야 할 뿐만 아니라 강세를 결정하는, 그리고 그 밖의 모든 것을 압도하는 의미의 저러한 지배와는 달리 감각적 요소의 부각이라는 과제 역시 갖는 관계로, 그것은 첫째, 고대의 운율에서 발견되는 바의 상이한 성음들의 교번交番보다 훨씬 강력한 종류의 것일 때, 또한 보통의 담화에서 요구되는 음절들의 어조보다 훨씬 압도적인 힘으로 등장할 때, 자체로서 주의를 자극할 수 있다. 왜냐하면 표상이 일단 내면성과 정신의 내적 심화에 도달하여 말하기의 감각적 측면이 중요하지 않게 된다면, 울림은 —무릇 주의를 끄는 것만이 목적이라면— 한층 질료적으로 이러한 내면성에서 솟구쳐야 하며, 또한 한층 거칠 수밖에 없기 때문이다. 그러므로 압운은 리듬적 쾌음조의 부드러운 운동과는 대조적으로 하나의 둔중한 울림인바, 이것은 그리스의 운문이 필수로 삼는 섬세하게 발달된 귀를 필요로 하지 않는다.

둘째, 압운은 여기서 어간음절 자체 및 표상들 일반의 정신적 의미성으로부터 분리되지는 않지만, 동시에 감각적 울림이 응분의 독립적 효력을 갖도록 돕는다. 이 목표는 특정 어휘들의 음향이 그 자체로 다른 어휘들의 울림으로부터 분리되고, 또한 이 고립화 속에서 하나의 독립적 현존재를 얻어야만 달성 가능하며, 이로써 감각적인 것은 그 같은 강력한 질료적 울림들에 의해 자신의 권리를 되찾는다. 그런 한에서 압운은 보통의 운율적 쾌음Wohllaut과는 대조적으로 개별적으로 강조된 배타적 울림이다.

셋째, 추상관념적으로 집약된 주관적 내면성은 이러한 울림들 속에서 [311] 자신을 부연하고 흡족해함을 우리는 보았다. 그런데 종래에 살펴본 운문의 수단들과 그 풍부한 다양성이 제거된다면, 감각적인 면에서 볼 때 이러한 자기청취를 위해 남는 것은 완전히 같거나 비슷한 음향들의 반복이라는 한층 형식적인 원칙뿐이며, 이 경우 정신의 면에서 보면 동종의 의미들을 갖는 어휘들의 압운을 통해 그 의미들을 강조하고 관계 맺는 일이 다시 이 원칙과 결합할 수 있다. 리듬적 운문화의 운율이 다양하게 배열된 여러 장단음들의 관계였다면, 이에 반해 압운은 한편으로는 한층 질료적이지만 다른 한편으로는 그 자체로 한층 추상적이다. 그것은 같거나 동종적인 성음 및 의미들의 되풀이에 대한 정신과 귀의 단순한 기억인바, 주관은 이 되풀이 속에서 자기 자신을 의식하며, 그 속에서 자신을 정립과 청취의 활동으로서 인식하고 또 흡족해한다.

γ) 특히 낭만적 시에서는 이 새로운 체계가 여러 특수한 종류들로 분화된다. 나는 마지막으로 이에 관해 두운, 유운 그리고 본격적 압운[각운]의 관점에서 가장 중요한 것만을 아주 간략하게 다루고자 한다.

αα) 첫째, 두운은 비교적 오래된 스칸디나비아 시에서 가장 보편적으로 발달하였다. 여기서는 두운이 주된 바탕을 제공하며 반면 유운과 각운 Endreim은, 비록 그 역할이 작지 않다고 해도, 일정한 종류의 운문에서만 나타난다. 두운, 철자압운Buchstabenreim의 원칙은 완전한 음절의 되풀이를 요구하지 않고 다만 하나의 같은 철자의, 그것도 첫 철자의 반복만을 촉구하는 까닭에 가장 불완전한 종류의 운의 원칙이다. 그러므로 이 동일음향이 갖는 약점으로 인해 한편으로는 이미 즉자대자적으로 그 첫음절에 강조 악센트를 갖는 낱말들만 이 목적을 위해 사용되는 것이 필연적이며 다른 한편으로 이 낱말들은, [312] 그 첫 음의 동일성이 본질적으로 귀에 인지되려면, 서로 멀리 떨어진 것이어서는 안 된다. 그 밖에도 두운을 이루는 철자가 겹자음 혹은 단자음일 수도 있고 모음일 수도 있지만, 두운이 중시되는 언어의 본성에 맞추자면 주가 되는 것은 자음들이다. 이러한 조건들에서 비롯하여 아이슬란드 시의(라스무스 크리스티안 라스크, 『아이슬란드인들의 운문론』, 모니케 독역, 베를린 1830, 14~17쪽) 주요 규칙으로 천명된 것이 있으니, 모든 운자韻字는 강조된 음절들을 요구하며, 같은 시행에서 그 음절들의 첫 철자가 첫 음절이 강조되는 다른 주요 어휘들에도 나타나서는 안 되며, 반면 첫 철자가 압운을 이루는 세 낱말들 중에서 둘은 첫 행에 있어야 하고 세 번째 낱말은 압운을 통제하는 주요 철자를 제공하며 또 제2행의 선두에 있어야 한다는 것이다. 그뿐만 아니라 단순한 첫 철자들의 이러한 동일음향의 추상성으로 인해 비교적 중요한 의미를 갖는 어휘들이 주로 두운으로 사용되므로 여기서도 어휘들의 울림과 의미의 관계가 완전히 없지는 않다. 하지만 좀 더 자세한 것은 생략할 것이다.

ββ) 둘째, 유운은 상이한 낱말들의 중간이나 끝에서 같은 철자들이 동일음향으로 반복됨으로써 성립하며, 그런 한에서 첫 철자들과는 무관하고 오히려 이미 압운에 접근한다. 유운을 낳는 이 낱말들이 꼭 시행의 마지막을

이룰 필요는 없고 다른 곳들에서도 나타날 수 있지만, 그것들은 주요 철자를 시행의 첫 부분에 위치시키는 두운과는 달리 주로 시행들의 마지막 음절에서 개별 철자들의 상등성相等性을 통해 서로 유운의 관계를 맺는다. 라틴 민족들, 무엇보다 스페인인들이 이 유운을 가장 풍성하게 발전시켰는데, 이들의 낭랑한 언어는 특히 동일한 모음의 되풀이에 적합한 것으로 보인다. 일반적으로 유운은 [313] 모음에 한정된다. 그러나 그것은 때로는 동일한 모음들, 때로는 동일한 자음들, 또 때로는 하나의 모음과 결합된 자음들을 반복할 수도 있다.

γγ) 그런데 이런 식으로 두운과 유운에서는 고작 불완전하게 드러났던 것이 [본격적] 압운 [즉 각운에서] 에서 드디어 최대한 원숙하게 현상한다. 왜냐하면 압운에서는 주지하듯 앞 글자들을 예외로 하면 전체 어간들이 완전히 동일한 음향으로 나타나며, 이 상등성으로 인해 어간들은 음향상의 분명한 관계를 맺기 때문이다. 이 경우 음절들의 수효는 중요하지 않다. 단음절, 2음절, 또는 3음절의 낱말들이 운을 이룰 수 있고 또 그리해도 좋으며, 이를 통해 첫째로 단음절 낱말에 한정되어 강음으로 끝나기도 하고, 둘째로 2음절로 발전하여 약음으로 끝나기도 하며, 셋째로 3음절 내지 다음절로 뻗어나가 장단단격으로 이동하기도 한다.[74] 특히 북유럽의 언어는 남성운에, 이탈리아어, 스페인어 같은 남유럽의 언어는 여성운에 기울며, 독일어와 프랑스어는 대강 중간을 유지하고 있다. 다음절의 운 중에서 3음절을 넘는 운은 거의 찾아볼 수 없다.

압운은 그 위치를 시행들의 끝에 두며, 이 끝에서 운자는 ―그것이 의미의 정신적 강조를 이를테면 매번 자신에게 집중시킬 필요는 없다고 해도―

---

74 역주: 원문에 순서대로 "남성적(männlich)", "여성적(weiblich)", "미끄러지는[滑](gleitend)" 각운이라고 각각 표기된 것들을 풀어서 번역하였다.

음향상 주의를 끈다. 또한 그것은 개별 시행들을 같은 압운을 완전히 추상적으로 동일하게 되풀이하는 법칙에 따라 정렬시키거나 그것들을 상이한 압운들의 규칙적 교차 및 다양한 대칭적 교직交織이라는 한층 더 예술적인 형식을 통해 때로는 가깝고 때로는 먼 극히 다중적 관계들로 통일, 분리, 연관시킨다. 이때 개별적 압운들은 그러한 관계 속에서 말하자면 직접 발견되기도 하고 혹은 서로를 피하는 듯 찾기도 하니, 이제 그것들은 [314] 때로는 경청하는 귀의 기대를 곧바로 충족시키기도 하고, 또 때로는 비교적 오랫동안 보이지 않는 탓에 그 기대를 희롱하고 속이고 긴장시키기도 하지만, 규칙적 순서와 되풀이를 통해 언젠가는 그것을 만족시킨다.

시예술의 특수한 장르들 중에서는 무엇보다 서정시가 그 내면성과 주관적 표현방식으로 인해 압운을 가장 즐겨 사용하며 또한 이를 통해 말하기 자체를 이미 감응과 선율적 조화의 음악으로, 즉 박자와 리듬 운동의 음악이 아닌 음향의 음악으로 만드는바, 내면은 이에 부응하여 조율되고 스스로를 청취한다. 그러므로 압운의 이러한 사용방식도 더욱 단순하거나 더욱 복잡한 분정의 시연들로 ―이것들 각각은 자체로도 하나의 닫힌 전체로 완성된다― 발전한다. 예를 들어 소네트와 칸초네, 마드리갈과 트리올레트[75]는 매듭짓지 않고 차라리 그 속에서 한결같이 전진하는 모습을 고수한다. 단테 『신곡』의 3운구법terza rima은, 그의 서정적 칸초네 및 소네트들과는 달리, 이를 위한 사례가 될 수 있다. 하지만 더 이상의 개별 사항들을 다루지는 않을 것이다.

---

75 역주: 소네트는 13세기경 이탈리아에서 발생한 10음절 14행의 단시이며, 칸초네는 이탈리아 민요풍 가곡이며, 마드리갈은 자유로운 형식의 짤막한 서정적 가요이며, 트리올레는 8행의 시이다.

c. 리듬적 운문화와 압운의 통일

그런데 앞서 말한 식으로 리듬적 운문화와 압운이 분리되어 양자가 서로 대립하였다면, 이제 셋째, 양자의 통일 역시 생각될 수는 없는 것인지, 실제로 그것이 나타나지는 않았는지에 관해 의문이 제기된다. 이와 관련해서는 몇몇 근대의 언어들이 특히 중시된다. 즉 이 언어들이 리듬적 체계를 다시 수용한다는 점, 일정한 면에서 그것을 압운과 결합한다는 점은 [315] 결코 부인될 수 없는 것이다. 예를 들어 우리의 모국어[독일어]를 보자면, 전자의 관점에서는 클롭슈토크를 환기하면 충분할 터, 그는 압운에 대해 별로 알고자 하지 않았던 반면 서사시와 서정시에서 대단한 진지함과 지칠 줄 모르는 노력으로 고대인들을 모방하였다. 포스를 비롯한 몇몇 사람들이 그를 추종했으며 또한 우리말을 리듬적으로 다루기 위해 확고한 법칙들을 더욱더 추구했다. 반면 괴테는 클롭슈토크의 고대적 음절운율을 마뜩잖게 여겨 다음의 물음을 정당하게 던졌다.

Stehn uns diese weiten Falten   우리에게 이 넓은 주름들이
Zu Gesichte wie den Alten?   어울리는가, 고대인들에게서처럼?[76]

α) 이와 관련하여 나는 고대 언어들과 근대 언어들이 갖는 차이에 관한 기왕의 언급만을 되풀이할 것이다. 리듬적 운문화는 음절의 자연적 길고 짧음에서 기인하며 또한 애초부터 여기에 확고한 ─즉 정신적 강조에 의해 규정, 변화, 혹은 동요되지 않는─ 척도를 두고 있다. 반면 근대 언어들에서는 그러한 자연적 척도가 결여되어 있는바, 까닭인즉 여기서는 의미에 의

---

76 역주: 이 제사(題詞)는 「고대의 형식에 다가가며(Antiker Form sich nähernd)」라는 괴테 시의 앞에 덧붙은 것이다. 여기서 '넓은 주름들'은 고대의 음절운율들을 가리키는 듯하다.

한 어휘악센트가 하나의 음절을 이 의미성을 갖지 않는 다른 음절들과 대비하여 길게 만들 수 있기 때문이다. 그런데 이러한 강세 두기의 원칙은 장단음들 자체를 다시 불확실하게 만드는 까닭에 자연적 길고 짧음을 대신하는 적절한 보완책이 되지 않는다. 왜냐하면 한 낱말의 의미성에 대한 보다 큰 강조는 다른 낱말을 ―비록 이것이 자체로는 어휘악센트를 갖는다고 해도― 다시 단음으로 격하시킬 수 있으며 이리되면 기왕의 척도가 무릇 상대화되기 때문이다. 예를 들어 "너는 사랑한다"라는 말은 의미에 따라 강조가 두 낱말 모두에, 또는 그중 하나에 할당되어야 할 것이며 또한 이 상이성에 의해 강강격, 약강격[단장격], 혹은 강약격[장단격]이 될 수 있는 것이다. 우리의 언어에서도 음절들의 자연적 양量으로 되돌아가려는, 그리고 이것을 위해 규칙들을 확립하려는 시도가 있었지만, 그러한 규정들은 [316] 정신적 의미와 이를 드러내는 악센트가 우위를 점함으로써 관철되지 못하였다. 그리고 사실상 이 점은 사태 자체의 본성에도 들어 있다. 왜냐하면 자연적 척도가 기저를 이룬다면, 언어가 오늘날 당연시되는 그런 방식으로 정신화되지는 않았을 것이기 때문이다. 그러나 언어가 이미 그 발전 속에서 감각적 질료에 대한 정신적 의미의 그러한 지배로 고양되었다면, 음절의 가치에 대한 규정근거는 감각적 양 자체에서가 아니라 낱말들을 자신을 위한 표시 수단으로 삼는 것에서 도출되어야 한다. 감응과 관련된 정신의 자유는 언어의 시간적 계기가 독립적이며 대자적으로 객관적 실제로 확립되고 형상화되는 것을 거부한다.

β) 하지만 이와 더불어 우리말에서 음절척도의 무운無韻적, 리듬적 취급이 혹여 완전히 추방되어야 한다는 점이 이야기되어서는 안 되겠지만, 현대적 언어 발전의 본성에 비추어 운율의 조형적 요소를 고대인들처럼 꽉 죄인 방식으로 달성할 수 없다는 점은 본질적으로 지적되어야 한다. 그러므로 그 보완으로서 음절들의 확정된 자연적 양보다 즉자대자적으로 이미

한층 정신적인 하나의 또 다른 요소가 추가되고 육성되어야 한다. 이 요소가 시행詩行과 휴지부의 악센트이다. 오늘날 이것들은 어휘악센트와 별개로 진행되는 대신 그것과 합치하며 또한, 이 상호 만남을 통해 고대의 운율에서 발견되던 예의 다양한 삼중의 강세 두기가 필연적으로 상실되는 까닭에, 이것들은 비록 비교적 추상적이긴 하나 한층 의미연관적인 강조를 얻는다. 그러나 같은 이유에서, 즉 한층 섬세한 차이 및 한층 복합적인 결합을 위한 확실한 양적 기초가 결여되어 있으며 또한 이를 대신하여 규정적 요소로서 나타나는 이른바 둔중한 강세 두기 따위는 보완 수단을 내포하지 않는다는 이유에서, 그나마 성공적으로 모방될 수 있는 것은 날카롭게 귀에 들어오는 고대인들의 리듬이 고작일 것이다. [317]

γ) 마지막으로 운율적 요소와 압운의 결합에 관해 보자면, 비록 고대의 운율이 근대의 작시법에 도입된 것에 비하면 그 정도가 한층 제한적이긴 하지만, 이것도 현재 허락된다.

αα) 왜냐하면 어휘악센트에 의해 주도되는 장단음의 구분은 결코 충분한 질료적 원칙이 아니며, 또한 귀를 감각적으로 항상 사로잡지는 않는다. 따라서 음절과 어휘들의 울림과 되울림의 도입이 정신적 측면이 지배하는 시를 보완하기 위해 긴요하기 때문이다.

ββ) 그러나 동시에 이 경우에는, 운율적 요소를 고려할 때, 압운의 울림과 그 강도에 대치하여 동일한 강도의 균형추 역시 있어야 한다. 그런데 이 균형추가 음절들의 양적, 자연적 차이 및 그 다양성이 ―이것은 제각각 분리되어 지배를 행한다― 아닌 한, 그것은 이 시간관계와 관련하여 다만 같은 템포의 동일한 반복만을 중시할 뿐이며 이를 통해 박자는 여기서 운율적 체계에서 허용 가능한 것보다 훨씬 강력하게 주장되기 시작한다. 예컨대 독일의 압운화된 약강격[단장격]과 강약격[장단격]들이 이러한 종류인데, 우리는 이를 압운이 없는 고대의 약강격보다 한층 박자에 맞추어 낭송하곤

한다. 그럼에도 휴지부에서 정지하기, 주로 의미를 통해 강조되는 개별 어휘들을 부각하기, 그리고 그것들에 멈춰 서기는 다시 추상적 상등성에 대한 반발과 그를 통해 활성화되는 하나의 다양성을 야기할 수 있다. 그러므로 대개의 경우 음악은 박자의 엄격한 고수를 요구하지만 시에서는 대체 그것이 그 정도로 엄격하게 시행될 수는 없다.

YY) 운율은 장단음의 단순한 교차 및 동종 운각들의 변함없는 반복에 의존한다. 그런 탓에 [318] 자체로 보면 그것은 리듬적으로 취급되는 근대의 언어들에서 감각적 요소를 충분히 강하게 발달시키지 못한다. 그런데 만일 압운이 일반적으로 단지 그러한 운율들과 결합되어야 한다면, 고대인들을 모방하는 보다 풍성한 음절척도에 ―즉 하나만 거론하자면 예컨대 알카이오스풍의 시연과 사포풍의 시연에― 압운을 적용하는 것은 불필요할 뿐만 아니라 심지어 해결 불가능한 모순으로도 나타날 것이다. 왜냐하면 양 체계는 대립적 원리들에서 기인하며 또한 앞서 말한 방식으로 통일되려면 그것들은, 오로지 이 대립 자체 속에서 결합되어야 할 터인데, 이는 지양되지 않는, 그런 까닭에 성립될 수 없는 모순을 야기할 것이기 때문이다. 이렇게 보면 압운의 사용은 아득한 여운들만 남아 있는 고대 운문의 원리가 압운의 체계가 가져온 본질적 변화에 준해서도 여전히 통용될 경우에만 인정될 수 있다.

이것이 시적 표현의 관점에서 산문과 구분지어 일반적으로 단언할 수 있는 본질적인 항목들이다.

C
시의 장르별 차이들

1. 지금까지 우리는 시예술을 시적인 것 일반과 시적 표현이라는 두 가지 주요 계기를 통해 고찰해 왔다. 전자는 대체로 시작품의 관조방식, 구성 그리고 시를 짓는 주관적 활동과 연관된 것이며 후자는 어휘로 포착되어야 할 표상, 언어적 표현 자체 그리고 운문과 관계하는 것이다.

이 관점에서는 무엇보다 다음의 점이 주장되었다. 시는 정신적인 것을 내용으로 견지해야 하되 그것을 예술적으로 조탁함에 있어 기타의 조형예술들과 달리 감각적 직관을 위한 형상화 가능성에 머물러서는 안 되고, 또한 심정에 대해서만 울리는 단순한 내면성이나 [319] 반성적 사유의 사상과 관계들을 형식으로 삼아서도 안 되며, 오히려 직접적, 감각적 가시성이라는 한 극단과 감응하고 사유하는 주관성이라는 다른 극단의 중간을 유지해야 한다. 그러므로 비교적 중간자적인 이 표상의 요소는 두 가지를 모두 토대로 삼는다. 그것은 사유로부터는 (직접 지각된 개체성을 한층 단순한 규정성으로 집약하는) 정신적 보편성의 측면을 취하며, 조형예술로부터는 공간적, 무차별적인 병렬성을 답습한다. 왜냐하면 사유가 규정들 상호 간의 의존성, 교차적 관계, 판단과 추론들의 정합성 등을 요구하고 끌어들이는 반면, 표상은 감각적 직관에서 출발하고 특수한 표상들을 감각적 직관의 방식에 따라 무관계적으로 나열하며, 또한 이 점에서 나름대로 사유와 본질적으로 구분되기 때문이다. 그러므로 시적 표상은 그 예술적 산물들에서 모든 특수자들의 내적 통일성을 필히 요구하지만, 그럼에도 이 통합은 표상의 요소가 결코 벗어날 수 없는 무관계성으로 인해 은폐되는바, 이로써 바로 시는 개별적 측면들과 부분들을 일이관지一以貫之하는 유기적인, 살아 있는 어떤 내용을 그것들의 외견상의 독립성과 더불어 표현할 수 있게 된다. 이 경우 시에는 선별된 내용을, 때로는 사상의 측면에 더욱 기대어, 때로는 외적 현상의 측면에 더욱 기대어 추적하는 것이, 그리하여 숭고하기 그지없는 철학의 사변적 사상들과 외적 자연존재 중 어느 것도 ―이때 전자는 필히 오성적 추론이나 학문적 연역의 방식으로 제시되지 말아야 하며, 또한 후자는 필히 무의미한 현존재 속에서 우리에게 다가오지 말아야 한다― 배척하지 않는 것이 가능해진다. 왜냐하면 시도 우리에게 하나의 완전한 세계를 제공해야 하지만, 그 실체적 본질은 인간적 [320] 행위, 사건, 그리고 감응들의 분출이라는 외적 현실로 무궁무진 갈라지며, 또한 바로 이 외적 현실 속에서 예술에 적합하게 되기 때문이다.

2. 그런데 이미 보았듯이 이 전개는 목재, 석재, 색채가 아니라 오로지 언어 속에서 감각적으로 실존하는바, 언어의 운문화, 강조 등은 말하자면 정신적 의미내용에 외적 현존재를 부여하는 말의 자태들이다. 이제 이 표현방식의 질료적 존속이라고 부름 직한 것을 어디서 찾아야 할지를 물어보자. 말하기는 조형예술작품과는 달리 예술적 주관으로부터 독립하여 독자적으로 현존하지 않으며, 시적 산물의 감각적 현재와 그 현실성은 오로지 살아 있는 인간 자신, 말하는 개인에 의해서만 운반된다. 시작품은 음악작품이 그렇듯 이야기되고, 노래되고, 낭송되고, 살아 있는 주관 자신을 통해 표현되어야 한다. 우리는 서사시와 서정시는 읽는 데 익숙하지만 유독 극시만은 대사로 전달되는 것을 듣고 동반된 몸짓을 관람하는 데 익숙하다. 그러나 시는 개념상 본질적으로 조음調音이며 또한 유일하게 이 울림을 통해서만 외적 실존과 실제로 관계하는 만큼, 시가 완전하게 예술로서 나타나려면 울림은 시에 더더욱 결여되어서는 안 된다. 인쇄되거나 글로 쓰인 문자들도 물론 외적으로 현전하지만, 그것들은 단지 성음과 어휘들을 위

한 무차별적 기호들일 뿐이다. 이미 앞에서는 어휘들도 마찬가지로 표상들의 단순한 표시 수단들인 것으로 간주되었다. 하지만 시는 적어도 이 기호들의 시간적 요소와 울림을 형상화하며 대상의 정신적 생동성을 표시한다. 또한 이를 통해 그 기호들을 정신적 생명성이 스민 질료로 고양하는 반면, 독서를 위한 인쇄는 이에 깃든 영혼마저도 그 자체로는 완전히 무차별적인, 정신적 의미내용과 더 이상 연관하지 않는 가시성으로 옮기며, 또한 조음調音하는 어휘와 그 시간적 현존재를 우리에게 현실적으로 제공하는 대신 [321] 사건을 시간적 지속과 울림으로 바꾸는 일을 우리의 습관에 위탁한다. 그러므로 우리가 단순한 독서에 만족한다면, 이는 일면 읽은 것을 이야기된 것으로 생각하는 능숙함 때문이며, 일면 시는 모든 예술 중에서 유일하게 이미 정신의 요소 속에서 본질적으로 완결된 것이며 또한 그 주요 내용을 감각적 보기나 듣기를 통해 의식화하지 않는다는 이유 때문이다. 하지만 이러한 정신성을 빌미로 예술로서의 시가 현실적 표현의 측면을 완전히 배제하는 것은 안 될 터, 예를 들어 단순한 소묘가 색채 거장들의 그림을 완전히 대신할 수 없듯이, 이 경우에는 시도 유사한 불완전성에 빠지기 때문이다.

3. 이제 시예술은 예술의 총체성이며, 그런 까닭에 질료의 일면성에서 비롯하는 어떤 특수한 제작방식에 더 이상 전적으로 기대지 않는다. 시예술은 예술생산 일반의 여러 방식을 자신의 특정한 형식들로 삼으며, 그리하여 시 장르들의 분류를 위한 구분 근거를 오로지 예술적 표현의 일반적 개념에서 끌어내야 한다.

A. 이 면에서 보면 첫째, 한편으로 시는 외적 실제성의 형식 속에서 정신적 세계의 발전된 총체성을 내적 표상 앞에 제시하며, 또한 이를 통해 대상적 사태 자체를 가시화하는 조형예술의 원칙을 자신 속에서 반복한다. 다른 한편 시는 표상의 이러한 조각이미지가 인간과 신들의 행위를 통해 규

정되도록 전개하니, 이 속에서 일어나는 모든 일들은 때로는 도덕적으로 독립적인 신적 혹은 인간적 권능들에 의해 야기되며 때로는 외부의 장애를 통한 반작용을 겪는다. 그리고 외적 현상방식의 면에서 보면 그것들은 시인이 뒤로 물러서고 사태가 자유롭게 독자적으로 진행하는 하나의 사건으로 표현된다. 그러한 사건들을 다듬는 것은 서사시의 과제이니, 까닭인즉 서사시는 내면의 총체성에서 비롯하는 행위와 이 행위가 ―이것은 실체적 존엄을 띠기도 하고 [322] 외적 우연들과 모험적으로 얽히기도 한다― 연원하는 성격들을 광범위한 자기발생의 형식 속에서 시적으로 보고하며, 이로써 객관적인 것 자체를 그 객관성 속에서 드러내기 때문이다. ― 이제 가수는 정신적 직관과 감응에 대해 대상화된 이 세계를 노래함에 있어 그것이 혹 자신의 고유한 표상이자 생동적 열정으로 전달될지도 모르는 방식을 취하지 않는다. 가인歌人, 음유시인은 그것을 기계적으로, 음절척도에 맞추어 외워서 말하는데, 이마저도 오히려 단조롭고 기계적인 것에 가깝게, 그 자체로서 담담하게 읊는다. 왜냐하면 그가 이야기하는 것은 내용과 표현의 면에서 주관으로서의 그에게서 멀리 떨어진, 그리고 자체로서 완결된 현실성으로 나타나야 하기 때문이며, 또한 그는 사태 자체와 관계해서든 노래부르기와 관계해서든 이 현실성과 완전히 주관적인 합일을 이루어서는 안되기 때문이다.

B. 둘째, 서사시에 반대되는 다른 하나의 측면을 이루는 것은 서정시이다. 그 내용은 주관적인 것, 내면의 세계, 고찰하고 감응하는 심정인데, 이 심정은 행위로 발전하는 대신 오히려 내면으로서의 자신 곁에 머물며 그리하여 또한 주관의 자기언표를 유일의 형식이자 마지막 목표로서 취해야 한다. 그러므로 여기서는 실체적 총체성이 외적 사건으로서 전개되지 않으며, 오히려 내면으로 향하는 주관성의 개체화된 직관, 감응 그리고 고찰이 극히 실체적이며 사실적인 것 자체까지도 그 자신의 것으로서, 그 자신의

열정, 정조 혹은 반성으로서, 그리고 그 자신의 현재적 산출로서 전달한다. 서사적 낭송에서는 기계적 말하기면 필요·충분하지만, 이러한 속마음과 내면적 운동의 외적 실연實演은 그럴 수 없다. 가수는 이와 반대로 서정적 예술작품의 표상과 고찰들을 그 자신의 주관적 속마음인 것으로서, 무언가 그에게 고유하게 감응된 것으로서 전달해야 한다. 또한 실연에 영혼이 깃들게 하는 것은 내면성인 까닭에, 그 표현은 특히 [323] 음악적 측면을 지향할 것이며 또 음성, 노래, 악기 반주 및 그 밖의 것들의 다양한 변양이 이를 위해 허락될 뿐만 아니라 필수적인 것으로 되어야 할 터이다.

C. 마지막으로 제3의 표현방식은 앞의 두 가지를 하나의 새로운 총체성으로 결합하는바, 우리는 이 총체성 속에서 객관적 전개뿐 아니라 개인들의 내면에 있는 그 근원도 목도한다. 이로써 객관적인 것은 주관에 속하는 것으로 묘사되며, 역으로 주관적인 것은 때로는 그 실제적 표출로의 이행 속에서, 때로는 열정이 자신의 행동의 필연적 결과로서 초래하는 운명 속에서 가시화된다. 그런고로 여기서는 서사시에서와 같이 행위의 투쟁과 결말이 우리 앞에 벌어지며, 정신적 힘들이 자신을 표출하고 서로 싸우며, 우연들이 뒤엉켜 나타나며, 인간의 작용이 일체의 것을 규정하는 운명의 작용이나 세계를 관장하는 주도적 예언의 작용과 관계하지만, 행위는 그 실제적 발생이라는 단순 외적인 형식 속에서, 그리고 단순한 이야기를 통해 되살아난 과거의 사건으로서 우리의 심안心眼을 지나는 것이 아니다. 오히려 우리는 특수한 의지로부터, 개인적 성격들의 도덕성 혹은 비도덕성으로부터 현재적으로 출현하는 행위의 모습을 보매, 이를 통해 이 성격들은 서정적 원칙의 중심점이 된다. 그러나 동시에 개인들은 단순히 내면 그 자체로서 자신을 드러내는 것이 아니라 목적을 향해 내딛는 열정의 실행 속에서 현상하며, 이를 통해 실체적인 것의 결정체를 부각하는 서사시의 방식에 따라 그러한 열정과 목적의 가치를 구체적 현실의 객관적 관계 및 이성

적 법칙들에 준해 측량하니, 이는 그들이 이 가치의 척도에 따라, 그리고 개인이 자신을 관철하기 위해 단호히 대처해야 하는 환경들의 척도에 따라 자신들의 운명을 이끌어 가기 위함이다. 주관으로부터 유래하는 이 객관성, 그리고 그 실현 [324] 및 객관적 타당성 속에서 서술되는 이 주관적인 것이 총체성으로서의 정신이자 또한 극시의 형식과 내용을 행위로서 제공하는 것이다. ― 이제 이 구체적 전체는 그 자체로서 주관적일뿐더러 실제로 외적으로 현상하기도 한다. 이 점에서는 현실적 표현과 관련하여 술집 등등을 회화적으로 가시화하는 작업 이외에도 본연의 시적 요소를 위해 전인全人으로서의 연기자가 요구되니, 살아 있는 인간 자신이 표현의 질료로서 존재한다. 왜냐하면 드라마에서는 인간 내면의 성격이 한편으로는 서정시에서처럼 그 자신의 것으로 언표되지만 다른 한편으로는 현실적 현존재 속에서 자신을 타자에 대립하는 전체적 주관으로서 효과적으로 알리며 또 이점에서 성격은 대외적으로도 행동하는바, 이를 통해 [극시에는] 몸짓이 ―이것은 말하기와 진배없는 내면의 언어이며 또한 예술적 취급을 요구한다― 직접 결부되기 때문이다. 이와 비슷하게 이미 서정시에서도 다양한 감응들을 다양한 가수들에게 할당하여 여러 장면으로 나누어 펼치는 것이 보인다. 하지만 극시의 경우 주관적 감응은 동시에 행위로 표출되며, 그런 까닭에 몸짓연기의 감각적 가시화를 필수로 삼는다. 몸짓연기는 대사의 일반성을 표현되는 인물로 한층 가까이 끌어오며, 또한 자세, 표정, 열연 등을 통해 그것을 한층 규정적이며 완전하게 개별화한다. 이제 몸짓이 예술적으로 더욱 발전하여 언어 표현이 불필요할 정도가 되면 팬터마임이 성립하는데, 이것은 시의 리듬적 운동이 지절肢節의 리듬적, 회화적 운동이 되게 하며, 또한 몸의 자세와 운동이 빚은 이 조형적 음악 속에서 차갑고 정지된 조각 작품을 영혼이 가득 찬 춤으로 살리니, 이리하여 팬터마임은 음악과 조형 예술을 자신 안에서 통합한다. [325]

Ⅰ. 서사시

독일어 'Wort'[보르트]에 해당하는 그리스어 'ἔπος'[에포스], 스칸디나비아어 'saga'[사가]는 전반적으로 어휘, 그것도 사태의 본질을 담은 어휘를 말하며 그리하여 내적으로 독립적인 하나의 내용을 요구하지만, 그 목적은 그것이 존재한다는 사실, 그리고 그것이 존재하는 방식을 언표하기 위함이다. 대상이 관계들과 사건들, 광범위한 주위 사정들 및 그 전개 속에서, 즉 전체적 현존재 속에서 인식되어야 하는 것이다.

> 이 면에서 우리는 첫째, 서사적인 것의 일반적 성격을 보여 줄 것이며,
> 둘째, 본격적 서사시Epos에 각별히 중요한 몇몇 특수한 점들을 거론할 것이며,
> 또한 셋째, 이 장르의 역사적 발전 속에서 개별적인 서사적 작품들을 통해 몇 가지의 특수한 취급방식들이 실현되었는데, 우리는 이 점을 거론할 것이다.

1. 서사시의 일반적 성격

a. 경구, 격언, 교훈시

가장 단순한, 그럼에도 추상적으로 압축되고 여전히 일면적이며 불완전한 서사적 표현방식은 구체적 세계와 풍부한 가변적 현상들에서 내적인 근거와 필연성을 갖는 것을 부각하고 또 그것을 서사적 어휘로 집약하여 그 자체로서 언표한다.

α) 열주, 가구, 기념비, 봉헌물 등에 새긴 글귀인 경구가 실제로 남아 있

어서 말하자면 정신적 손과 같은 것으로서 무언가를 암시하는 까닭에, 이런 종류의 고찰은 경구를 최초의 출발점으로 삼을 수 있다. 경구는 대상들 위에 쓰인 어휘들과 더불어 보통은 조형성, 장소성 등 말로 담을 수 없는 현존물을 설명한다. 여기서 경구는 '이것'이 무엇인지를 단순하게 말해 준다. 인간은 아직 그의 구체적 자기를 언표하지 않으며, 오히려 그 주위를 둘러보고 [326] 그의 앞에 감각적으로 존재하여 그의 관심을 촉구하는 대상과 장소에 사태 자체의 정곡과 관련된 하나의 간결한 설명을 추가한다.

β) 시는 대상의 감각적 현재가 없어도 자신의 표상을 언표하며, 그런 한에서 다음의 행보는 외적 실제와 비명으로 나뉘는 객체의 이중화가 제거된다는 점에서 발견된다. 여기에는 이를테면 고대의 격언들, 잠언들 등이 속한다. 이것들이 압축적으로 요약하고 있는 것은 감각적 사물보다 강렬하며 특정 행동을 기리는 기념비보다 지속적, 보편적이며 봉헌물, 열주, 사원보다 장구한 것, 즉 인간 현존재가 지니는 의무들, 삶의 지혜, 인간의 행위와 인식의 공고한 기초와 영속적 유대를 형성하는 정신적 요소에 관한 직관이다. 이러한 이해방식의 서사적 성격은 그러한 격언들이 주관적 감응이나 단순 개인적인 반성으로서 전달되지 않는다는 점, 그 인상의 면에서도 감동을 목적으로 혹은 가슴[심정]의 관심에 따라 감응에 호소하지 않는다는 점, 오히려 충만한 의미내용을 인간에게 당위, 명예, 예절로서 의식시켜 준다는 점에 있다. 고대 그리스의 비가悲歌는 부분적으로 이러한 서사적 어조를 갖는다. 우리에게는 예컨대 솔론에 의해 이러한 종류의 몇 가지가 ㅡ국가의 공동생활, 법률, 인륜성 등과 관계된 훈계와 경고들이ㅡ 전해 오는데, 이것은 권유의 어조와 문체를 갖기 십상이다. 피타고라스의 이름으로 된 금언들도 여기에 속한다. 하지만 이 모든 것들은 사이 장르들이다. 이것들은 일반적으로는 특정 장르의 어조를 견지하지만 대상의 불완전성으로 인해 그것을 완전히 발전시키지 못하고 다른 장르의, 여기서는 예컨대 서정시의,

어조도 함께 받아들이는 위험을 감수한다. [327]

γ) 그러한 경구들은 방금 거론하였듯이 단편적이며 특수하며 각각 독립적이지만, 셋째, 그것들은 비교적 큰 전체를 이루도록 나열되고 또 하나의 총체성으로 다듬어질 수 있다. 이 총체성은 순전히 서사적 종류에 속하는 바, 까닭인즉 그것들을 결속, 통일하는 본격적 중심점이 단순 서정적인 정조나 극적인 행위가 아니라, 그 본질적 본성이 대략적으로도, 또한 특수한 방향, 측면, 사건, 의무 등과 관련해서도 의식화되어야 하는 특정한 현실적 삶의 권역에 의해 제공되기 때문이다. 서사적인 이 전체 단계는 그 상존적, 보편적 요소 자체를 대개 인류적 목적과 더불어, 즉 도덕적으로 견실한 내적 삶에 부치는 경고, 교훈, 요청과 더불어 설정하는데, 이 특성에 따라 앞의 산물들은 교훈적인 어조를 갖는다. 하지만 이 산물들은 경구들의 새로움, 신선한 인생관, 고찰의 순수함으로 인해 후일 교훈시의 단조로움과는 거리가 멀며 또한, 서술적 요소에도 필요한 유희공간을 할애하는 관계로, 교훈 및 서술의 전체가 실체적 현실 자체의 체험과 파악으로부터 직접 길어 온 것임을 충분히 증명한다. 이에 근사한 실례로서는 헤시오도스의 『일과 나날』을 들면 충분할 터인데, 그 독창적 방식의 가르침과 서술은 시적 측면에서 볼 때 베르길리우스의 농경시들에서 나타나는 다소 차가운 우아함, 교훈성, 그리고 체계적 정합성과는 전혀 다른 기쁨을 준다.

b. 철학적 교훈시, 우주창조론, 신통기

지금까지 그려 본 경구, 격언 그리고 교훈시의 장르들은 그 소재를 자연이나 인간 현존재의 특수한 영역들에서 취했으며, 그 목적은 압축된 어휘들을 통해 이런저런 대상, [328] 상태 혹은 분야들의 영구한 의미내용과 참된 존재자를 —부분적으로든 포괄적으로든— 상기시키고 시예술을 도구로 삼아 시와 현실을 긴밀하게 엮음으로써 실천적인 효과도 역시 야기하는 것이었다. 반면, 제2의 권역은 한편으로는 한층 심오한 국면으로 파고들며 다른 한편으로는 교훈과 개선이라는 목적을 비교적 덜 갖는다. 우리는 이러한 입장을 우주창조론과 신통기神統記, 그리고 시적 형식으로부터 완전히 해방될 수 없었던 초기 철학적 산물들에 부여할 수 있다.

α) 예를 들어 엘레아 철학의 논조는 크세노파네스와 파르메니데스의 시문들에서, 특히 파르메니데스의 경우에는 그의 철학적 저술의 도입부에서, 여전히 시적인 성격을 갖는다.[77] 여기서의 내용은 영원불변의 일자一者로서, 이것은 형성되어 가는 것, 이미 형성된 것, 특수하고 개체적인 현상들과 대비된다. 진리를 향해 노력하고 일단은 진리를 극히 추상적인 통일성과 불변성 속에서 사유적으로 의식하는 정신에는 특수자도 더 이상 만족스러운 것일 수 없다. 영혼은 이 대상의 위대함에 의해 확장되고 그 강력함과 씨름하면서 동시에 서정적 요소를 향해 도약한다. 비록 진리가 철학적 사유에 의해 파악될 경우, 그 전체 설명이 자체적으로는 순수 사실적인, 이로써 서사적인 성격을 지니지만 말이다.

β) 둘째, 우주창조론의 내용을 제공하는 것은 사물들의, 무엇보다 자연의 형성, 자연에 주재하는 활동들 서로 간의 핍박과 투쟁이다. 그리고 이것은 시적 판타지로 하여금 하나의 발생을 행동과 사건들의 형태로 한층 구체적이며 한층 풍부하게 표현하도록 유도한다. 왜냐하면 다수의 권역들과 형상들로 드러나는 자연력들은 상상력에 의해 ─다소 모호하든 확실하든 간에─ 인격화되어 인간적 사건과 행위들의 형식이라는 옷을 상징적으로 입

---

77 역주: 현재 알려진 바에 따르면, 파르메니데스는 그의 철학을 완전히 육보격 시문으로 설명한다. 헤겔은 밤에서 낮으로 향한 여행과 여신의 가르침을 묘사하는 도입부에서는 시적 정신이 더더욱 발견된다고 생각한다. 그는 『철학사』에서 파르메니데스를 다루면서 다음과 같이 말한다. "이 알레고리적인 도입부는 장엄하다. [⋯] 여기서는 모든 곳에서 존재를 파악하고 표현하기 위해 존재와 씨름하는 힘차고 맹렬한 영혼이 나타난다."

기 때문이다. 이러한 종류의 서사적 내용과 표현은 무엇보다 동방의 자연 종교에 속하는데, [329] 세계의 성립 및 세계 속에서 끊임없이 작용하는 힘들에 관한 ―종종 조야하고 터무니없는― 표상방식을 창안하고 그리는 점에서는 특히 인도의 시가 압권이다.

γ) 셋째, 신통기들에도 비슷한 요소가 있다. 이에 특히 제격인 신통기들에서는 한편 여러 개별적 신들의 권능과 생산의 세부적 내용이 자연생명에만 국한되지 않으며, 거꾸로 다른 한편 유일신이 사상과 정신으로부터 세계를 창조하는 일도, 열렬한 유일신관에 의해 자신 곁에 다른 신들을 불허하는 일도 없다. 이 아름다운 중간적 입장을 취하는 것은 그리스의 종교관이 유일하다. 이것은 최초의 무절제한 자연위력들에서 벗어나려는 제우스 신족의 노력 및 이 자연신성에 대한 투쟁에서 ―이러한 형성과 투쟁은 기실 시 자체의 영원한 신들의 사실적 기원사이다― 신통기들의 영원한 소재를 발견한다. 헤시오도스의 이름으로 전해 오는 『신통기』는 그러한 서사적 표상방식의 유명 사례이다. 여기서는 이미 모든 일들이 철저하게 인간적 사건의 형식을 취하며, 또한 정신적 지배의 사명을 띤 신들이 그들의 본질에 상응하는 정신적 개별성의 형상으로 해방될수록, 그리하여 인간들처럼 행동하고 묘사됨이 정당해질수록, 그것들은 그만큼 단순 상징적인 것에서 멀어진다.

그런데 이런 종류의 서사적 작품에 한편으로는 진정 시적인 마무리가 결여되어 있다. 왜냐하면 그러한 시들이 묘사할 수 있는 행동과 사건들이 여러 행태들의 내적, 필연적 연쇄일 수는 있겠으나, 그렇다고 그것들이 하나의 중심점에서 야기되며 또 그 속에서 통일성과 완결성을 구하는 개별적 행위는 아니기 때문이다. 다른 한편 여기서 내용은 그 본성상 내적으로 완벽한 총체성의 직관을 제공하지 못한다. 왜냐하면 신적 권능들의 지배를 표현하는 소재, 그것도 참으로 구체적인 소재는 인간 본연의 현실에 의해 비로소 제공되어야 하는데, 그러한 내용에는 본질적으로 이 현실이 결여되어 있기 때문이다. [330] 그러므로 서사시가 완전한 형상에 도달하려면, 이러한 결함들도 여전히 제거되어야 한다.

c. 본격적 서사시

이것은 상고기上古紀의 근원적인 본격적 서사시Epopöe라는 이름으로 표기될 수 있는 영역에서 행해진다. 물론 보통은 도외시되는 종래의 장르들 속에도 서사적 어조가 현전하지만, 그 내용은 아직 구체적으로 시적이지 못하다. 왜냐하면 [그러한 장르들에 속하는] 특수한 잠언과 경구들은 그 특정 소재의 면에서 보편적인 것에 그치지만, 순수 시적인 것은 개별적 형상을 갖는 구체적 정신성이기 때문이다. 또한 서사시는 존재하는 것을 대상으로 삼는 관계로 한 행위의 발생을 객관적으로 그린다. 즉 이 행위는 모든 범위의 조건과 관계들 속에서, 그리고 한 민족과 시대의 내적, 총체적 세계와 연계된 풍부한 사건으로서 가시화되어야 하는 것이다. 따라서 본격적 서사시의 형식과 내용을 형성하는 것은 한 민족정신의 전체적 세계관과 그 객관성이며, 이것들은 자신을 객관화하는 형상 속에서 현실적 사건으로 제시된다. 이러한 총체성에 속하는 것으로는 한편으로 지극한 깊이의 인간정신인 종교적 의식이 있고, 다른 한편으로 구체적 현존재, 정치적 및 가정적 삶이 있으며, 그 아래로는 외적 실존의 양태와 그 욕구 및 만족 수단이 있다. 그리고 서사시는 개인들과 긴밀하게 연계됨으로써 이 모든 것에 생명을 부여하는바, 까닭인즉 시에서는 보편적, 실체적인 것이 정신의 생동적 현재 속에서만 현전하기 때문이다. 총체적이면서도 완전히 개인적으로 집약된 세계는 평온하게 점진적으로 실현될 뿐, 목표 및 목적들의 결과를 실천적이며 극적으로 서두르는 일이 없다. 그 결과 우리는 진행되는 일을 차분하게 살필 수 있고, 과정의 개별적 그림들에 침잠하고, 그 세부를 음미할 수 [331] 있다. 이를 통해 서술의 전 과정은 그 실제적 객관성의 면에서 사건들의 외적 나열이라는 형상을 지니지만, 그 나열의 근거와 경계는 특정한 서사적 소재의 내적, 본질적 요소 속에 —분명하게 부각되지 않을 뿐— 포함되어 있어야만 한다. 그러므로 아무리 서사시가 다소 장황해지더라도, 그리고 부분들의 상대적으로 큰 독자성으로 인해 그 연관성이 다소 느슨해지더라도, 우리는 서사시가 줄곧 그런 식으로 노래되어도 좋을 것으로 믿어서는 안 되며 오히려 서사시는 다른 모든 예술작품들과 마찬가지로 시적인 면에서 하나의 내적, 유기적 전체로 완성되어야 한다. 하지만 이 전체는 객관적 평온함 속에서 진행되며, 이로써 우리는 개체적인 것 자체와 생생한 현실의 이미지들에 대해 관심을 갖게 된다.

α) 그러한 근원적 총체성으로서의 서사적 작품은 한 민족의 전설, 경전, 성서로 존재하며 또한 위대하고 의미 있는 민족들은 모두 그들의 근원적 정신이 무엇임을 그들에게 언표하는 절대 최초의 경전들을 갖는다. 그런한에서 이 기념비들은 민족의식의 고유한 기반과 다름없는 것이니, 그러한 서사적 경전들의 수집과 전시는 흥미로울 것이다. 왜냐하면 일련의 [상고기] 서사시들은, 후기 작품들이 아니라면, 민족정신들의 갤러리를 우리에게 보여 줄 것이기 때문이다. 하지만 모든 성서들이 서사시의 시적 형식을 갖는 것은 아니며, 또한 종교 및 세속적 삶과 관계된 그들의 신성神聖적 존재를 포괄적, 서사적 예술작품의 형상으로 감쌌던 민족들이 모두 종교적 기본 경전을 소유하는 것도 아니다. 예컨대 『구약성서』는 다수의 전설들, 실제 역사들 및 산발적인 시편들을 포함하지만, 그 전체는 예술작품이 아니다. 그 외에도 『코란』과 우리의 『신약성서』도 마찬가지로 주로 종교적 측면에 한정되어 있으며, 민족들의 그 밖의 세계는 이로부터 나타난 후일의 결과이다. 반대로 호메로스의 시들이 시적 경전의 역할을 하는 그리스인들에게는 인도인이나 페르시아인들에게서 발견되는 바의 종교적 기본 경전

들이 없다. 그러나 우리는 근원적 [332] 서사시들을 만나는 곳에서 시적 기본 경전들과 한 민족의 후일의 고전적 예술작품들을 본질적으로 구분해야 하는바, 이 작품들은 더 이상 전체 민족정신의 총체적 관점을 제공하지 않으며 다만 그것을 특정 방향에서 보다 추상적으로 반영할 뿐이다. 예컨대 인도인들의 극시나 소포클레스의 비극들은 『라마야나』[78]와 『마하바라타』[79] 혹은 『일리아드』와 『오디세이』가 제공하는 그러한 전체 이미지를 제공하지 않는다.

β) 한 민족의 소박한 의식은 이제 본격적 서사시에서 처음으로 자신을 시적으로 언표하며, 그런 까닭에 순정한 서사시는 본질적으로 하나의 중간 시기에 속하는데, 이때에는 한 민족이 무지에서 깨어나 있으며 또 정신이 자신의 고유한 세계를 산출할 정도로, 그리고 그 속에서 고향의 편안함을 느낄 정도로 이미 내적으로 강화되어 있기는 하다. 그러면서 역으로 후일 고착화된 종교적 도그마나 시민적, 도덕적 법칙으로 되는 일체의 것이 아직 개체적 개인 자체와 분리되지 않은, 극히 생동적인 성향에 머물고 있으며, 의지와 감정도 아직 미분화된 상태에 있다.

αα) 왜냐하면 개개의 자기自己가 민족 및 그 상태, 성향, 행동과 운명의 실체적 전체와 분리된다면, 인간이 감정과 의지로 나뉜다면, 그때 최고도로 성숙하는 것은 서사시가 아니라 전자의 경우에는 극시이며, 후자의 경우에는 서정시이기 때문이다. 이것은 한 민족적 삶의 비교적 후기에 완벽하게 나타나는데, 이때는 인간을 행위의 면에서 인도해야 하는 보편적 규정들이 더 이상 내적, 총체적 심정과 성향에 속하지 않고 오히려 그 자체로서 확정된, 정당하고 합법적인 상태로서, 사물들의 산문적 질서로서, 정치적 헌

---

78 역주: '라마왕의 일대기'라는 뜻의 대서사시로서 산스크리트어로 기록되어 있다.
79 역주: 바라타족(族)의 전쟁을 읊은 시로서 4세기경 현재의 형태를 갖춘 것으로 생각된다.

법으로서, 도덕적 등등의 규제들로서 이미 독립적으로 현상한다. 그리하여 이제 실체적 의무들은 외적인, 더 이상 내재적이지 않은, 어쩔 수 없이 받아들여야 하는 필연성으로서 인간에게 다가온다. [333] 이 경우 심정은 자체로서 완결된 종류의 현실성에 대응하여 한편으로는 그 또한 독자적으로 존재하는 주관적 관점, 반성 그리고 감정의 세계가 되는데, 이 세계는 행위로 나아가지 않으며 또한 그 자신 안의 머무름, 개인적 내면에 대한 몰두를 서정적으로 언표한다. 다른 한편 실천적 열정이 외적 환경들, 발생과 사건들에서 서사적 독립성의 권리를 빼앗는다면, 그것은 자신을 주인공으로 올리며 행위를 통해 자신의 독자화를 시도한다. 성격들과 목적들이 행위와 관련하여 이렇듯 내적으로 강화되고 개별적으로 확고하다면, 이것은 역으로 극시劇詩로 인도된다. 그러나 서사시는 아직 감정과 행위, 정합적으로 자신을 관철하는 내면의 목적들과 외적 우연 및 사건들의 직접적 통일을 요구하는 바, 이 통일의 훼손되지 않은 근원성은 오로지 민족적 삶과 시의 초창기에만 현전한다.

ββ) 하지만 우리는 이를 두고 가령 한 민족이 서사시의 본향인 영웅시대 당대에 이미 자신을 시적으로 묘사할 수 있는 예술을 소유하는 것으로 생각할 필요는 없다. 왜냐하면 민족의 현실적 현존재에 즉자적으로 시적 민족성이 내재한다는 것과 시가 시적 소재를 표상하는 의식으로서, 그리고 그러한 세계의 예술적 표현으로서 존재한다는 것은 다르기 때문이다. 그 세계를 표상과 더불어 산책하려는 욕구 및 예술의 발전은 자신의 직접적인 시적 현존재에 소박하게 안주하는 정신 자체 및 삶보다 필연적으로 후일 등장한다. 호메로스와 그의 이름을 지닌 시들은 트로이 전쟁이 끝나고 ―호메로스는 나에게 역사의 인물이며 이에 못지않게 트로이 전쟁도 실제 사실로 여겨진다― 수백 년이 흐른 후에 나타난다. 이와 비슷하게 오시안은 ―그의 작품으로 이야기되는 시들이 그에게서 유래한 것이라면― 영웅

들의 과거를 노래하는데, 이미 지고 없는 그 찬란함이 시적 환기와 작품화의 욕구를 부르는 것이다. [334]

γγ) 이러한 분리에도 불구하고 동시에 시인과 그의 소재 사이에는 긴밀한 연관성이 항존해야 한다. 시인은 전적으로 이러한 관계, 이러한 관조방식, 이러한 믿음 속에 있어야 하며, 또한 표현의 예술을 대상과 ―이 대상은 여전히 그의 실체적 현실을 이루는 것이기도 하다― 결부시키는 시적 의식을 필히 지녀야만 한다. 이에 반해 만일 시인의 고유한 현재가 그에게 강요하는 현실적 믿음, 삶, 통상적인 표상과 그가 서사적으로 묘사하는 사건들 사이에 친화관계가 없다면, 그의 시는 불가피하게 내적으로 분열되고 일관적이지 않게 될 것이다. 왜냐하면 내용, 즉 표현되어야 할 서사적 세계와 이와는 독립적인, 시인의 의식과 표상을 이루는 그 밖의 세계, ― 이 양 측면은 모두 정신적인 종류의 것이며 또한 각각 자신들에게 특수한 성격 특징들을 부여하는 특정한 원칙을 내포하기 때문이다. 묘사된 민족현실 및 행동에 현존재를 부여하는 정신과 예술적 정신이 서로 다르다면, 이를 통해 하나의 분리가 성립하는데, 이것은 우리에게 즉각 부적절하고 온당치 않은 것으로 다가온다. 왜냐하면 우리는 한편으로 지나간 세계상태의 장면들을, 다른 한편으로 이와 상이한 오늘날의 형식, 성향, 고찰방식들을 보는바, 이를 통해 과거 신앙의 형상화는 후자의 진일보한 반성 속에서 차디찬 사태, 미신, 공허한 장식으로, 근원적 영혼의 고유한 생명력이 일절 제거된 단순한 시적 기계의 작품으로 되기 때문이다.

γ) 이 사실은 시인의 주관이 본격적 서사시에서 대체 어떤 입장을 하는가의 문제로 이어진다.

αα) 서사시가 아무리 사실적이어야 하더라도, 즉 내면 자체에서 정초된, 그리고 자신의 필연성으로 인해 실현된 세계의 ―시인은 자신의 고유한 표상방식을 동원하여 이 세계에 가까이 다가가 있으며 또 자신을 그 세계와

동일시할 줄 안다— 객관적 서술이어야 하더라도, 그러한 세계를 표현하는 예술작품은 [335] 개인의 자유로운 산물로 존재하며 또 그런 것으로 머문다. 이 면에서 우리는 호메로스와 헤시오도스가 그리스인들에게 신들을 만들어 주었다는 헤로도토스의 명언을 재차 상기할 수 있다. 헤로도토스는 서사시인 호메로스와 헤시오도스에게 창조의 이 자유로운 대담성을 부여했는데, 이미 이것은 서사시들이, 한 민족에게 오래된 것임에는 틀림없으나 그렇다고 반드시 태고太古의 상태를 묘사하지는 않음을 가리키는 하나의 모범 사례이다. 즉 거의 모든 민족은 태고의 초창기에 모종의 외래문화와 이방의 종교예식을 다소간 목도하였으며 또한 이를 통해 감화되었다. 왜냐하면 지고의 존재가 본방本邦의 것이 아니라 이방異邦의 것임을, 고유한 민족적, 개인적 의식으로부터 출현하지 않은 것임을 인식하는 바로 그때 정신은 자신이 속박되고 미신적이고 야만적임을 의식하기 때문이다. 예컨대 인도인들이 위대한 서사시들의 시대 이전에 그들의 종교적 표상과 기타 상태들을 누차 위대하게 혁명적으로 바꾸어야 했음은 분명하다. 이미 살펴보았듯, 그리스인들도 이집트, 프리기아, 소아시아의 요소들을 개조해야 했다. 로마인들은 그리스적 요소들을, 민족이동기의 야만인들은 로마적, 기독교적 요소들 등을 앞에 두고 있었다. 본격적 서사시의 시대는 시인이 자유로운 정신으로써 그러한 굴레를 던져 버리고, 그의 고유한 힘을 들여다보며, 그의 고유한 정신을 가치 있는 것으로서 존경하고 또 이에 의해 의식의 몽롱함이 사라질 때 비로소 동틀 수 있다. 다른 한편 추상화된 제의, 정교하게 다듬어진 도그마들, 확고한 정치적, 도덕적 명제들이 지배하는 시대들은 이미 다시 구체적인 본향本鄕성을 넘어서 있다. 이에 반해 순정한 서사시인은 창조의 독자성에도 불구하고 개인들의 내면에 작용하는 것으로 증명된 보편적 권능, 열정 그리고 목적들의 관점에서뿐만 아니라 일체의 외적 측면들과 관련해서도 그 자신의 세계 속에, 완전히 자신의 본향에 머물러 있다. 예를 들어 호메로스는 그의 세계에 관해 본향인 듯 [살갑게] 이야기했다. 또한 다른 이에게 본향인 곳에서도 [336] 우리는 본향에 있는 듯 [살갑게] 느끼니, 까닭인즉 거기서 우리는 진리를, 자신의 세계 속에 살면서 그 속에서 자신을 갖는 정신을 목도하기 때문이며, 시인 자신이 그의 모든 감각 및 정신과 더불어 거기에 함께하여 우리에게 편안하고 명랑한 기분을 주기 때문이다. 그러한 세계는 발전과 형성의 비교적 낮은 단계일 수 있지만, 시와 직접적 아름다움의 단계에 머무르는 것이니, 우리는 한층 높은 인간 본연의 욕구가 요구하는 일체의 것을 —명예, 신조, 감응, 신중, 모든 영웅들의 행동을— 의미내용의 면에서 인정하고 이해하며 또한 상세하게 묘사된 이 형상들을 숭고하고 생명에 찬 것으로서 향유할 수 있는 것이다.

ββ) 그런데 주관으로서의 시인은 전체의 객관성을 위해 그 대상과 대면하여 뒤로 물러서야 하며 대상 속에서 사라져야 한다. 현상하는 것은 시인이 아니라 단지 산물이지만, 그럼에도 시 속에서 언표되는 것은 그의 것이다. 그는 그것을 자신의 직관 속에서 발전시켰으며, 그의 영혼, 그의 충만한 정신을 주입하였다. 하지만 그가 이것을 행했다는 사실은 명시적으로 나타나지 않는다. 그러므로 우리는 예컨대 『일리아드』에서 때로는 칼카스라는 인물이, 때로는 네스토르라는 인물이 사건들을 해석하는 것을 보지만, 이것은 시인이 주는 설명들이다. 아니 시인은 심지어 영웅들의 내면에서 일어나는 일조차 객관적으로 신들의 개입이라 —분노하는 아킬레우스에게 신중함을 경각시키기 위해 아테네가 나타나듯이— 설명한다. 이것은 시인이 한 일이다. 그러나 서사시가 제시하는 것은 시인의 주관적, 내적 세계가 아니라 사태인 까닭에, 생산의 주관적 요소는, 시인 자신이 그가 우리의 눈앞에 전개하는 세계 속에서 완전히 수면 아래 있는 것과 꼭 마찬가지로, 배후에 놓여야만 한다. — 이러한 까닭에 위대한 서사적 양식이 되려면 작품은 스스로 노래하는 듯 보여야 하고 또한 저자를 정점에 두지 않고 독자적으

로 등장해야 한다.

γγ) 그럼에도 불구하고 현실적 예술작품으로서의 서사시는 한 개인에게서 유래할 수밖에 없다. 즉 어떤 서사시가 아무리 전체 민족의 사안을 언표한다고 해도, [337] 한 민족은 전체로서가 아니라 다만 개체로서 시를 쓰는 것이다. 한 시대, 한 민족의 정신이 실체적, 효과적인 원인이긴 하겠으나, 이 원인이 예술작품으로 실현되려면, 그것은 한 시인의 개인적 정령으로 통합되고, 이후 시인이 이 보편적 정신과 그 의미내용을 자신의 고유한 관점이자 고유한 작품으로서 의식화하고 상술해야만 한다. 왜냐하면 시 짓기는 정신적 산출이며, 또 정신은 개별적 현실적 의식과 자의식으로만 실존하기 때문이다. 한 작품이 하나의 특정한 어조 속에서 이미 현존한다면, 이것은 주어져 있는 것이 된다. 그러므로 다른 사람들도 비슷한 혹은 동일한 어조를 띨 수 있으니, 우리는 오늘날에도 여전히 수백 수천의 시들이 괴테풍으로 노래하는 것을 듣는 바이다. 하지만 많은 노래들이 동일한 어조를 띤 책 불린다고 해도, 그것들이 아직 오로지 하나의 정신에서 생성될 수 있는 통일적 작품을 만드는 것은 아니다. 이 점은 특히 호메로스의 시들 및 니벨룽엔의 노래와 관련하여 중요한데, 까닭인즉 후자에 대해서는 특정의 작가가 역사적으로 확실하게 증명될 수 없다고 보기 때문이다. 또한 『일리아드』와 『오디세이』와 관련해서는 주지하듯 전체를 쓴 이 한 사람의 시인으로서의 호메로스가 결코 실존인물이 아니며 오히려 개개의 인물들이 개별적 노래들을 생산하고 이후 이것들이 앞의 보다 큰 두 작품으로서 짜 맞추어졌다는 의견이 표명되기 때문이다. 이 주장의 경우에는 그러한 시들 각각이 그 자체로서 유기적, 서사적 전체인가, 아니면 현재 널리 유포되듯이, 필연적인 시작과 끝을 갖지 않는 것이며 그리하여 무한히 계속되었을지도 모르는 것인가의 문제가 무엇보다 제기된다. 물론 호메로스의 노래들은 본성상 극시예술작품들의 압축된 연관성 대신 느슨한 통일성을 갖는 것이어서 각 부

분들이 독자적으로 있거나 그렇게 보일 수도 있으며 또 그런 까닭에 많은 삽입과 기타 변화들에 열려 있었지만, 그럼에도 그것들은 철저히 [338] 내적으로 유기적이며 서사적인 하나의 참된 총체성을 형성하니, 그런 식의 전체는 오로지 단일 인물에 의해서만 만들어질 수 있는 것이다. [호메로스의 시들에 대해] 통일성이 없다거나 유사한 어조로 지은 여러 영웅서사시들의 단순한 모음이라고 생각하는 것은 반예술적이며 야만적이다. 하지만 만일 이러한 견해가 시인이 주관으로서 자신의 작품과 대면하여 사라진다는 사실을 의미할 뿐이라면, 그것은 최고의 찬사이다. 이때 이 견해는 우리가 표상과 감응의 어떠한 주관적 수법도 인식할 수 없음을 의미할 뿐이다. 호메로스의 노래들이 이를 뒷받침한다. 오로지 표현되는 것은 민족의 객관적 직관방식과 사태이지만, 민요조차도 그것을 민족감정에 찬 내면으로부터 부르는 하나의 입을 필요로 하는데, 내적으로 하나인 예술작품이 한 개인의 내적으로 하나인 정신을 필수로 삼는 것이야 말해 무엇 하겠는가.

2. 본격적 서사시의 특수한 규정들

지금까지 우리는 서사시의 일반적 특징을 다루면서 먼저 불완전한 장르들을 간략히 언급하였던바, 이것들은 서사적 어조를 지님에도 민족의 상태나 그 전체 세계 내부에서 벌어지는 구체적 사건을 서술하지 않기 때문에 아직 완전한 [상고기]의 서사시는 아니다. 그런데 이 구체적 사건이야말로 완벽한 서사시에 —나는 그 기본 특징들과 조건들을 방금 적시했다— 적절한 내용을 처음 제공하는 것이다.

우리는 이제 이러한 반추에 이어 서사적 예술작품 자체의 본성에서 유래하는 특수 요건들을 살펴보아야 한다. 하지만 우리는 여기서 일반적으로 이러한 세부사항에 관해서는 거의 이야기된 바가 없다. 그래서 우리는 곧

바로 역사의 장으로 들어가 여러 민족의 서사적 작품들을 낱낱이 고찰해야 할지도 모른다는 어려움, 이 작품들은 시대와 민족이 너무 다른 까닭에 일치하는 결과들을 기대하기가 힘들다는 어려움과 즉시 조우한다. 하지만 우리가 [339] 많은 서사적 경전들에서 하나의 경전을 끄집어내고, 거기에서 본격적 서사시의 참된 기본 특성으로 천명될 만한 것을 증빙할 수 있다면, 이 어려움은 해결된다. 호메로스의 노래들이 이것이다. 그러므로 나는 특히 이 노래들에서 본성상 서사시의 주요 규정들을 형성하는 것으로 보이는 특징들을 이끌어 낼 것이다. 우리는 이 규정들을 다음의 관점들로 요약할 수 있다.

첫째, 서사적 사건이 적절하게 서술될 수 있는 토대인 보편적 세계상태는 어떠한 성향을 가져야 할 것인가 하는 물음이 성립한다.

둘째, 우리가 고찰해야 하는 것은 이 개별적 사건 자체의 종류와 그 속성이다.

셋째, 우리는 마지막으로 이 두 측면을 한 예술작품의 통일성으로 엮고 또 서사적으로 다듬는 형식을 일별해야 한다.

a. 서사적, 보편적 세계상태

진정 서사적인 사건에서는 개별적, 자의적 행동이 수행되지 않는다는 점, 이로써 단순 우연적인 사건이 아니라 시대와 민족적 상태의 총체성으로 벋어 나간 행위가 이야기된다는 점, 아울러 이 행위는 오직 확대된 세계의 내부에서만 가시화될 수 있으며 또 이 전체적 현실의 묘사를 요구한다는 점을 우리는 도입부에서 보았다. ─ 나는 이미 제1부에서(제1권, 245~267쪽) 이상적 행위를 위한 보편적 세계상태를 논하는 기회에 이 보편적 토대의 참된 시적 형상을 요점적으로 다루었으므로 이에 관해 길게 언급하지는 않겠다. 여기서는 서사시에서 중요한 것만을 언급할 것이다.

α) 서사시의 배경은 전체적 삶의 상태이다. 이를 위해 가장 적합한 것은 이 상태가 개인들에 대해 이미 현전하는 현실이라는 형식을 갖되 [340] 그들과 근원적 생명성으로서 매우 밀접하게 연관되어 있을 경우 성립한다. 왜냐하면 만일 정점에 놓이는 영웅들이 전체적 상태를 처음 정초해야 한다면, 현전하는 것 혹은 실존에 이르러야 할 것의 규정은 서사시에 어울리기보다는 오히려 주관적 성격에 속하며 또 객관적 실재로는 나타날 수 없기 때문이다.

αα) 인륜적 삶의 관계들, 가족의 결속, 온전한 국가로서의 민족의 결속은 전쟁과 평화 속에서 나타나고 만들어지고 또 발전되었지만, 달리 보면 이것들은 아직 보편성의 형식에는 이르지 못했다. 즉 개인의 생생한 주관적 특수성과는 무관하게 그 자체만이 관례, 의무, 법칙 등으로 여겨질 따름이기에 개별 의지에 반해서도 그 효력이 발휘되는 것이다. 반대로 그들의 유일한 근원이자 버팀목으로서 현상하는 것은 공정무사公正無私의 느낌, 풍습, 심정, 성격일 수밖에 없으며, 그리하여 어떠한 지성도 그들을 산문적 현실의 형식 속에 붙들어 둘 수도, 또는 심사, 개인적 성향, 열정에 대치시킬 수도 없다. 이미 조직화된 헌법으로 발전된 국가상태, 정교하게 다듬어진 법률들, 위엄 있는 재판관, 잘 정비된 행정부, 관청들, 공무원, 경찰 등을 진정한 서사적 행위의 토대로 보는 것은 단연 거부되어야 한다. 객관적 인륜성의 관계들은 어쩌면 이미 의지되고 또 실현되어야 하는 것일 테지만, 그것은 오직 행위하는 개인들 자신과 그들의 성격을 통해 현존할 수 있을 뿐, 기타 이미 일반적으로 유효하고 또 그 자체로 정당시되는 형식으로 현존할 수는 없다. 그러므로 우리는 서사시에서 객관적 삶과 행위의 실체적 공통성을 발견하지만, 이 행위와 삶이 완전히 개인들의 주관적 의지에서 출현

하는 것으로 보이는 이상, 우리는 이 속에서 자유도 마찬가지로 발견한다.

ββ) 환경적 자연에 대한 인간의 관계 및 인간이 자연에서 [341] 그의 욕구들을 만족시키는 수단들을 얻을 것인데, 이 만족의 방식에 대해서도 같은 것이 적용된다. — 이 면에서도 나는 앞에서(제1권, 347~356쪽) 이미 이상의 외적 규정성을 다루면서 길게 상술했던 바를 재론해야겠다. 인간은 외적인 삶을 위해 집과 농원, 천막, 안락의자, 침대, 칼과 창, 바다를 건너기 위한 선박, 전장에 타고 나가는 전차, 끓는 물과 구워진 고기, 도살장, 음식과 음료 등을 필요로 한다. 그에게는 이 모든 것들이 그저 죽은 수단이어서는 안 되며, 오히려 그는 그 속에서 온 몸과 마음으로 살아 있음을 느껴야 한다. 또한, 이를 통해 그 자체로는 외적인 것이 인간 개인과 긴밀하게 관계를 맺게 되는 이상, 그는 그것에 실로 인간의 영혼이 깃든 개인을 각인해야 한다. 우리의 현대적 기계와 공장 및 거기에서 생산되는 물건들은, 한마디로 외적인 삶의 욕구를 만족시키는 방식은, 이 면에서 보면 현대적 국가기구와 완전히 마찬가지로 근원적 서사시가 요구하는 삶의 배경으로서 부적절할 것이다. 왜냐하면 지성이 그 보편성들로 인해, 그리고 개인적 성향과 무관하게 관철되는 보편성들의 지배로 인해 본격적인 서사적 세계관의 상태에서는 아직 자신을 주창할 수 없었던 것과 마찬가지로, 여기서도 인간을 아직 자연과의 생동적인 관계로부터, 힘차고 신선한, 때로는 친화적이고 때로는 투쟁적인 자연과의 공생으로부터 분리된 것으로 현상해서는 안 되기 때문이다.

γγ) 이 세계상태를 나는 이미 다른 곳에서 목가적 세계상태와 구분하여 영웅적 세계상태라고 칭했다. 우리는 호메로스에게서 그러한 세계상태가 진정 인간적인 성격 특징들을 풍부하게 담은 매우 아름다운 시로 서술되어 있음을 발견한다. 여기서 우리가 가정생활과 공공적 삶에서 목도하는 것은 야만적 현실도, 그렇다고 질서 잡힌 생활의 단순한 오성적 산문도 아니

다. 그것은 오히려, 내가 위에서 적시했듯이, 양자의 [342] 중간이자 근원적으로 시적인 것이다. 그러나 이렇게 보면 여기서의 요체는 모든 인물의 자유로운 개성이다. 예를 들어 『일리아드』에서 아가멤논은 왕들의 왕이며 그 밖의 군주들은 그의 왕권하에 있지만, 그의 대군주로서의 입장은 명령과 복종, 주인과 시종의 메마른 관계가 아니다. 이와 반대로 아가멤논은 많은 것을 참작해야 하고 또 영리하게 포기할 줄 알아야 하니, 까닭인즉 개개의 지도자들은 그의 명에 의해 소환된 부관이나 장군들이 아니라 그와 다름없이 독립적인 존재들이기 때문이다. 그들은 자유롭게 그의 주위에 모였거나 갖가지 수단들을 통해 원정에 참여하도록 회유받았으며, 그는 그들과 의논해야 하고, 또한 마음에 들지 않을 경우 그들은 아킬레우스처럼 전쟁과 거리를 두기도 한다. 자유로운 참여 및 이에 못지않은 외고집의 이탈 속에서 개성의 독립성은 훼손 없이 보존되는바, 이것이 전체 관계에 시적 형상을 부여한다. 우리는 오시안의 시들에서도, 그리고 민족적, 낭만적 기사도의 시적 영웅인 시드가 제후들에 대해 갖는 관계에서도 비슷한 것을 발견한다. 아리오스토와 타소의 경우에도 이 자유로운 관계는 훼손되지 않으며, 특히 아리오스토의 경우에는 개개의 영웅들이 거의 구애됨이 없이 독자적으로 자신의 모험을 펼친다. 군주들에 대한 국민의 관계도 아가멤논에 대한 제후들의 관계와 비슷하다. 국민은 자유의지로 군주들을 따른다. 거기에는 아직 국민을 구속하는 강제적 법률 같은 것이 없다. 명예, 존경, 늘 권력을 사용할 법한 보다 힘센 자들 앞에서의 왜소함, 영웅적 성격에 대한 외경 등이 복종의 근거를 형성한다. 가정 내에서도 역시 질서가 지배하지만, 확정된 고용법으로서가 아니라 품성과 관행으로서 지배한다. 모든 것이 마치 순리에 따라 그리되었던 것처럼 나타난다. 호메로스는 예컨대 그리스인들 역시 트로이 전쟁을 치르면서 수많은 강건한 전사들을 잃었지만 그들은 언제나 서로 어려운 난처함을 없애고자 생각했기 때문에 트로이인들보다 적게 잃었다고 이야기한다.[80] 그러니까 그들은 서로에게 도움이 되었던 것이다. 오늘날 [343] 잘 훈련된 군대와 문명화되지 않은 군대의 차이를 설정할 경우, 우리는 다른 사람들과의 통합을 필히 요구하는 이러한 결속의식 속에서 발전된 군대의 본질적 요소를 찾아야 할 것이다. 야만인들은 누구도 다른 사람을 믿을 수 없는 오합지졸들일 뿐이다. 그러나 우리에게 엄격하고 힘든 군사훈련의 결과로서, 확고한 규율의 습득으로서 또 그에 따른 지휘와 지배로서 보이는 것, 그것이 호메로스에서는 여전히 자율적으로 만들어지는, 그리고 개인으로서의 개인들에게 살아 내재하는 관행으로 존재한다.

　외적인 사물들 및 상태들에 관한 호메로스의 다양한 서술들도 같은 근거를 갖는다. 그는 우리의 소설들이 선호하는 자연경관들에는 그리 머물지 않지만, 반면 지휘봉, 홀笏, 침대, 무기, 예복, 현관 등은 대단히 상세하게 묘사하며, 심지어 문을 회전시키는 돌쩌귀에 관한 언급도 잊지 않는다.[81] 우리에게는 그것이 아주 외적이고 하찮은 것으로 보일 것이며, 심지어 우리는 문화적인 면에서 일군의 대상들, 물건들, 표현들에 대해 매우 완고하게 잘난 체하며 또한 여러 층의 의복, 집기들 등에 광범위한 등급을 매긴다. 게다가 오늘날 욕구의 만족 수단을 산출하고 준비하는 일은 그 각각이 공장과 수공업 활동의 다양한 업무들로 분산되며 그리하여 이 광범위한 분화의 모든 특수한 측면들은 우리가 알 수도, 헤아릴 수도 없는 어떤 하위의 것으로 격하되었다. 그러나 영웅들이 사는 세계는 이와 다르다. 그들의 대상들과 고안물들은 비할 바 없이 근원적인 단순성을 가지며, 또한 이 모든 것들은 같은 등급이다. 인간의 전체적 삶이 여기에서 벗어나 단순 지성적인 국면

80　역주: 『일리아드』, xvii. 360~365.
81　역주: 예를 들면 『오디세이』의 vii. 88, xvii. 221, xxi. 42에 이러한 언급이 있다.

으로 끌리지 않는 한, 인간의 기술, 그의 부, [344] 그리고 그의 적극적 관심은 하나의 명예가 되며, 그런 까닭에 그 서술에는 많은 지면이 할애된다. 소들을 도살하고, 준비하고, 포도주를 따르는 등의 행동은 영웅들 자신의 일이며, 또한 그들은 이것을 목적과 즐거움으로 여기고 추진하지만, 반면 우리의 경우 오찬은, 그것이 일상적인 것이 아니라면, 드문 진미를 내놔야 할 뿐 아니라 더하여 탁월한 담론도 요구한다. 그러므로 이러한 일군의 대상을 두루 살피는 호메로스의 서술들을 우리는 황량한 사태에 대한 하나의 시적 꾸밈으로 보아서는 안 되며, 오히려 이 세밀한 유념은 묘사되는 인간들과 대상들 자체의 정신인 것이다. 우리의 경우에는 예컨대 농부들이 외적인 물건들에 대해 대단히 상세하게 이야기하며, 기병들이 마구간, 말, 장화, 박차, 바지 등에 관해 비슷한 폭으로 이야기할 수 있지만, 이것은 물론 보다 가치 있는 지성적 삶과 대비하여 하찮은 것으로 나타난다.

『일리아드』의 이야기를 그려 넣은 흑회식 세 발 함(릴 미술관. © RAMA)

그런데 이 영웅적 세계는 그런 식으로 전제된 토대 위에서 벌어지는 제한적 보편성과 특수한 사건만을 포함해서는 안 되며 오히려 민족관의 총체성으로 확대되어야 한다. 우리는 이에 관한 가장 아름다운 사례를 『오디세이』에서 발견하는데, 이 작품은 그리스의 군주들, 그들의 하인들 및 신하들의 가정생활을 우리에게 소개할 뿐만 아니라 이민족들, 바다의 위험들, 유명을 달리한 자들의 주거 등에 대한 여러 생각들도 매우 풍부하게 우리 앞에 펼친다. 하지만 행동들의 무대가 대상의 본성상 한층 제한될 수밖에 없는, 그리고 전쟁이 벌어지는 전장 한가운데서 평화의 장면이 거의 자리를 차지할 수 없는 『일리아드』에서도 호메로스는 아킬레우스의 방패를 묘사하면서 놀랄 만한 관찰과 더불어 예컨대 대지, 인간의 삶, 혼인, 법정의 행위들, 경작, 가축무리들 등과 도시들 간의 사사로운 전쟁들의 전체 국면을 정교하게 언급하였으니,[82] 그런 한에서 우리는 이 방패의 서술을 외적 부수물로 간주해서는 안 될 것이다. 이에 반해 오시안의 이름이 붙은 시들에서는 [345] 세계가 전체적으로 지나치게 제한적이고 비규정적이며 또한 이미 그런 까닭에 서정적 성격을 갖는다. 그런가 하면 단테의 천사와 악마들 역시 그 자체로서는 우리와 비교적 가까이 상관할 법한 세계가 아니며, 오히려 그들은 다만 인간에게 보상을 내리거나 처벌을 행하는 데 소용될 뿐이다. 그러나 분명한 현실성을 갖는 직관적 근거와 토양을 결하고 있는 것은 무엇보다 『니벨룽엔의 노래』이니, 이 면에서 이미 이야기는 시정市井의 어조에 접근한다. 왜냐하면 그것은 장황하기 그지없되, 마치 수공업도제들이 멀리서 그에 관해 듣고, 또한 사태를 그들 식으로 이야기하려는 듯한 방식을 갖기 때문이다. 우리가 보게 되는 것은 사태가 아니며, 우리가 인지하는 것은

---

82 역주: 『일리아드』, xviii.

시인의 무능과 헛수고일 뿐이다. 이러한 지루하고 광범위한 약점은 물론 중세의 영웅서[83]에서는 더욱 심하였으며, 실제 수공업도제들이었던 명가수들이 최종적으로 이를 넘어설 때까지 계속되었다.

β) 하지만 서사시는 모든 특수한 측면들이 세부적으로 규정된 세계를 예술적으로 형상화해야 한다. 따라서 서사시는 자체로서 개별적이어야 하니, 그 안에서 반영되는 것은 한 특정 민족의 세계이다.

αα) 이 점에서 진정으로 근원적인 서사시들은 예외 없이 인륜적 가정생활, 전쟁과 평화라는 공적 상태, 욕구, 예술, 관습, 관심들 속에 스민 민족정신의 관점을, 한마디로 모든 의식의 단계와 의식의 방식에 관한 그림을 제공한다. 따라서 이미 위에서 살펴보았듯이, 서사시들을 평가하고, 세심히 고찰하고, 해석한다는 것은 바로 민족들의 개별적 정신이 우리의 정신적 눈앞을 지나도록 만듦을 가리킨다. 그 정신들은 함께 모여 자체가 세계사를, ― 그것도 지극히 아름답고 자유롭고 규정된 세계사의 생동성, 업적 그리고 행동을 표현한다. 우리는 이를테면 그리스 정신과 그리스 역사를, 적어도 그 민족이 출발점에서는 무엇이었으며, 고유한 역사의 투쟁을 견디기 위해 무엇을 성취했는가를 [346] 호메로스 이외의 어떠한 다른 출처에서도 그토록 생생하고, 그토록 간명하게 배울 수 없다.

ββ) 그런데 민족의 현실에는 두 종류가 있다. 첫째는 바로 이 개별 민족이 이 특정한 시대에, 이 지리적, 기후적 상황에서, 이 강, 산, 숲, 자연환경 일반에서 갖는 극히 특수한 관습이라는 매우 실증적인 세계이며, 둘째는 종교, 가족, 공동체 등과 관계된 정신적 의식의 민족적 실체이다. 근원적 서

---

83 역주: 영웅서(Heldenbuch)는 15~16세기의 원고들과 인쇄물들을 모은 책들을 통칭하는 말이다. 각각의 영웅서는 초기 독일 서사시들을 수록하고 있다. 그런 까닭에 영웅서의 텍스트들은 중세 독일 문학에 근거하지만, 르네상스의 취향에 따라 채택되었다. 영웅서들은 19세기 독일에서 Friedrich Heinrich von der Hagen, Müllenhoff, Simrock, 그리고 A. von Keller에 의해 편집되었다.

사시는, 우리가 요구하였듯이, 지속적으로 타당한 경전이자 민족서여야 하며 또 그렇게 머무를 터, 과거 현실의 실증적 요소가 살아 있는 관심을 요구할 수 있으려면 그 실증적 특징들은 민족적 현존재의 진정한 실체적 측면 및 방향들과 내적으로 연계되어 있어야 한다. 왜냐하면 그런 연계가 없다면 실증적인 것은 극히 우연하고 무차별적인 것이 되기 때문이다. 예컨대 민족성에는 고국의 지리가 속한다. 하지만 그것이 민족에게 특수한 성격을 부여하지 않는다면, 민족적 고유성에 모순되지 않는 한에서의 멀리 있는 다른 곳의 자연환경도 한편으로는 무해할뿐더러 다른 한편으로는 상상력을 위한 매력적 요소가 되기조차 하는 것이다. 청소년들의 감각적 기억이 고향의 산과 강들의 직접적 현실에 결부되어 있는 것은 맞지만, 그러나 전체적 직관방식과 사유방식의 한층 깊은 유대가 빠져 있다면, 이 관계는 다소간 모종의 외적인 것으로 내려앉는다. 그 밖에도 예컨대 『일리아드』에서처럼 출정의 경우에는 고국의 지역에 머무르는 것이 불가능하다. 그렇다. 여기서는 심지어 이국의 자연환경이 매력적이며 유혹적인 요소를 지닌다. ― 그러나 수 세기의 흐름 속에서 정신적 의식과 삶이 너무도 변화하여 이 후일의 과거와 예의 출발점 사이의 유대가 완전히 파열되었다면, 서사시의 지속적 생명성은 한층 열악해진다. 예컨대 클롭슈토크는 다른 분야의 시[84] 속에서 [347] 민족적 다신관을 제시하였으며 또한 헤르만과 투스넬다[85]를 그 호위자로 반포하였다. 『니벨룽엔의 노래』에 관해서도 같은 말을

---

84 역주: 클롭슈토크(1724~1803)는 '바르데 시'라는 분야를 개척했는데, 이것은 음유시인의 노래들과 합창들이 산재해 있는 희곡이다. 대표적인 것으로는 게르마니아의 케루스키족 우두머리이자 게르만의 영웅인 헤르만을 주제로 한 『헤르만의 전투』(1769), 『헤르만과 군주들』(1784), 『헤르만의 죽음』(1787)이 있다.
85 역주: 헤르만은 A.D. 9년 토이토부르크 전투에서 바루스를 분쇄하여 '독일의 해방자'가 되었다. 투스넬다는 그의 부인이었다.

할 수 있다. 부르군트 왕국의 사람들, 크림힐트의 복수, 지그프리트의 행동들, 전체적 생활상, 몰락해 가는 전체 종족의 운명, 북쪽 지방의 기질, 에첼 왕 등 ― 이 모든 것은 더 이상 우리의 가정적, 시민적, 법적 삶, 우리의 제도 및 헌법들과 전혀 생생하게 관계하지 않는다. 우리에게는 그리스도의 이야기들, 예루살렘, 베들레헴, 로마법이, 심지어 트로이 전쟁조차도, 니벨룽엔의 사건들보다 더욱 현재적이다. 후자는 우리의 민족의식에 대해 빗자루로 깨끗이 쓸어 버린 것 같은 과거의 이야기로 있을 뿐이다. 그러한 것을 아직도 여전히 민족적인 것으로, 심지어 하나의 민족서로 만들고자 하는 것은 대단히 진부하고 평범한 착상이 되었다. 당대에는 얼핏 청춘의 열광이 새롭게 타오르는 듯 보였지만, 그것은 소멸된 것에서 삶을 구했던, 그리고 다른 사람들에게도 그 속에서 이를 느끼라고, 이를 현재로 받아들이라고 강하게 요구하였던 그야말로 죽음에 다가가면서 다시 아이처럼 되는 시간인 노령의 표시였다.

γγ) 그런데 한 민족적 서사시가 낯선 민족들이나 시대들에서도 지속적인 관심을 얻으려면, 그것이 묘사하는 세계는 특수한 민족성만을 가져서는 안 되며, 오히려 특정 민족과 그들의 영웅 및 행동 속에는 동시에 인류 보편의 것이 강렬하게 각인되어야 한다. 호메로스의 시들에서는 예컨대 그 자체가 직접 신적이며 인류적인 소재, 성격들과 모든 현존재의 탁월성, 가시적 현실 ―시인은 이 현실 속에서 극히 고귀한 것과 극히 사소한 것을 그릴 줄 안다― 등이 불멸의 영원한 현재성을 갖는다. 민족들 간에는 이 면에서 큰 차이가 지배한다. 예를 들어 『라마야나』가 주로 종교적 측면에서 인도의 민족정신을 대단히 생생하게 내포한다는 점은 부정할 수 없지만, [348] 인도 전체의 삶의 성격은 더할 나위 없이 독특한 종류의 것이어서 참으로 진정한 인간적 요소가 이 특수성의 제한을 돌파하기란 불가능하다. 기독교 세계는 이와 정반대이다. 『구약성서』 특히 가부장적 상태들을 그리면서 서사적 표

현들을 사용하듯이, 전체 기독교 세계는 일찍부터 서사적 표현들에 낯설지 않으며 또한 대단히 강렬하게 가시화된 이 사건들을 늘 새롭게 음미하였다. 예를 들어 괴테도 이미 자신의 유년기에 '그의 삶이 산만하고 배움이 단편적임에도 불구하고 그의 정신, 그의 감정들이 고요히 작용하도록 이 하나의 점에 [즉『구약성서』] 집중하였으며'[86] 또한 심지어 말년에도 그가 동방을 두루 유람하였지만 언제나 다시 이 글들로, 즉 "비록 곳곳이 불투명하고 땅속에 묻혀 있기는 해도 다시 순수하고 상쾌하게 솟아나는 매우 청량한 샘물들로"[87] 돌아왔다고 여전히 말한다.

γ) 한 특수한 민족의 보편적 상태는 그 개별성이 고요한 보편성 속에 머물고 있는 상태로서, 이것은 서사시의 본격적 대상을 제공하거나 독자적으로 서술될 필요는 없으며 다만 근거로서 나타날 수 있을 뿐이다. 그런데 마지막으로 셋째, 이 토대 위에서 민족적 현실의 모든 측면들을 건드리고 또 그것들을 자신 속에 끌어들여 지속적으로 전개되는 하나의 사건이 발생한다. 그러한 사건은 단순 외적인 사고일 수 없으며, 오히려 의지를 통해 실행되는 실체적, 정신적인 목적이어야 한다. 그러나 보편적 민족상태와 개별적 행동이라는 양 측면이 상호 외재적이어서는 안 되는데, 특정한 사건의 동인은 그것이 움직이는 근거와 토대 자체에서 발견되어야 한다. 이는 곧 제시된 서사적 세계가 구체적, 개별적 상황 속에서 포착되어야 함을, 그리하여 이로부터 [349] 특정한 목적들이 필연적으로 출현함을 뜻하는바, 서사시의 소임은 이 목적들의 실현을 이야기하는 것이다. 우리는 이미 제1부에서 이상적 행위 일반을 다루는 기회에(제1권, 277~293쪽) 이 행위는 갈등들로, 침해적 작용들로, 이를 통해 필히 반작용들로 이어지는 상황들 내지 환경

---

86 『시와 진실(*Dichtung und Wahrheit*)』, 제1부 제4책.
87 『서동시집』의 부록인 구약성경론(Alt-Testamentliches)의 주석과 논문에서 발췌.

들을 전제한다는 점을 보았다. 그러므로 한 민족의 서사적 세계상태를 우리 앞에 개진하는 특정한 상황은 자체적으로 충돌을 일으키는 종류의 것이어야 한다. 이 점에서는 서사시와 극시가 완전히 동일한 까닭에, 우리는 이 자리에서 처음부터 서사적 충돌과 극적 충돌의 차이를 확실히 해 두어야 한다.

αα) 서사시에 최적인 상황으로 가장 흔히 이야기되는 것은 전쟁상태의 갈등이다. 왜냐하면 전쟁에서는 민족 전체가 스스로를 책임져야 하는 동기를 지니며, 그런 한도에서 바로 전체 민족이 가동되고 또 그 총체적 상황 속에서 새로운 자극과 행동을 경험하기 때문이다. 이 기본 명제가 아무리 대부분의 위대한 서사시들을 통해 확인된다고 해도, 호메로스의 『오디세이』 뿐만 아니라 정신적, 서사적 시들의 많은 소재들도 이 명제에 모순되는 듯 보이는 것이 사실이다. 그러나 『오디세이』가 우리에게 알려 주는 사건들은 트로이 원정에 근거를 둔 충돌들에 관한 것인데, 『오디세이』에 그리스와 트로이 사이의 전투가 실제 등장하지는 않지만 이타카섬에 있는 가족들이 겪는, 또한 귀향하려는 오디세우스가 겪는 그 충돌들[88]이 전쟁의 직접적 귀결임은 분명하다. 그렇다. 그것은 자체가 일종의 전쟁이다. 왜냐하면 많은 주요 영웅들은 10년의 부재 후 다시 발견한 고향의 변화된 상태를 말하자면 새로이 정복해야 하기 때문이다. — 종교적 서사시들과 관련해서는 특히 단테의 『신곡』이 주목된다. 하지만 여기서도 기본 충돌은 신에서 멀어지는 악마의 근원적 이반에서 유래하는바, 이 이반은 [350] 신에 역행하여 싸우는 행위와 신에게 기쁨을 주는 행위 사이의 상존하는 내적, 외적 전쟁을 인간

---

88 역주: 호메로스의 『오디세이』는 이타카의 왕 오디세우스가 트로이 전쟁을 마친 후 귀향하는 과정에서 겪는 온갖 역경을 그리고 있으며, 작품의 전반부에는 그가 부재한 동안 그의 아내 페넬로페에게 구혼하려는 자들이 그의 저택에 난입한 상황을 묘사하고 있다.

의 현실 내부에 유발하며 또한 지옥, 연옥, 천국 속에서 저주, 정화, 지복의 약속으로 영구화된다. 클롭슈토크의 『메시아』에서도 하느님의 아들에 대한 직접적 전쟁이 그 유일한 중심점을 이룬다. 하지만 서사시를 위해 가장 생생하면서도 최적인 것은 언제나 실제적 전쟁 그 자체의 서술일 것이니, 우리는 그러한 전쟁을 이미 『라마야나』에서, 가장 풍부하게는 『일리아드』에서, 다음으로는 오시안에게서, 그리고 타소, 아리오스토, 카몽스[89]의 시들에서 발견한다. 즉 전쟁에서는 주요 관심사가 용감성인데, 이것은 서정적 표현이나 극적 행위보다는 주로 서사적 서술에 적합한 행동이자 영혼상태이다. 왜냐하면 극시에서는 내면의 정신적 강함이나 약함, 인륜적으로 정당하거나 비난받을 만한 파토스가 주요 사안인 반면, 서사시에서는 성격의 자연 측면이 주요 사안이기 때문이다. 그러므로 용감성은 민족의 전쟁 행위에 본령을 두는바, 까닭인즉 용감성은 인륜성이 아니라 ―자신을 인륜성으로 규정하는 의지는 정신적 의식으로서의 의지이다― 자연 측면에서 기인하며 또한 실천적 목적들의 실행을 위해 ―이러한 목적들은 서정적 감응과 반성들 속에 포착되기보다는 서사적으로 서술되는 편이 더욱 적절하다― 정신적 측면과 직접적 균형을 이루도록 융합하는 것이기 때문이다. 전쟁에서는 용감성뿐만 아니라 행동 자체와 그 성공 여부 또한 중요하다. 이와 마찬가지로 의지의 작품들과 외적 사건의 우연들도 서로 평형을 이룬다. 이에 반해 드라마에서는 단순 외적인 장애들에 의해 나타나는 단순한 사건은 배제되는바, 까닭인즉 여기서는 외적인 것이 독자적 권리를 지니는 대신 개인들의 목적과 내적 의도들에서 유래해야 하며, 또한 간혹 우연성들이 개입하여 결과를 규정하는 듯 보일지라도, 그럼에도 그것들은 자신의

---

89 역주: Luis de Camões(1525~1580), 포르투갈의 시인으로서 바스코 다 가마의 항행을 다룬 대서사시 『루시아다스』(1572)를 남겼다.

참된 근거와 정당성을 성격들과 목적들, 충돌들과 그 필연적 해결의 [351] 내적 본성에서 찾아야 하기 때문이다.

ββ) 서사적 행위의 토대로서의 그러한 전쟁상태들과 더불어 다수의 흥미로운 행동들과 사건들이 ―여기서는 용감성이 주역을 담당하며 또한 상황과 사건들을 일으키는 외부의 힘에도 마찬가지로 온전한 권리가 유지된다― 생각되며, 그런 까닭에 이제 서사시에는 폭넓고 다양한 소재가 열리는 것으로 보인다. 그럼에도 불구하고 여기서도 서사시에 대한 본질적 제한이 간과되어서는 안 된다. 즉 진정으로 서사적인 것은 이민족들 간의 전쟁에 국한되며, 이에 반해 왕좌를 위한 투쟁들, 내전들, 시민사회의 소요들은 극시적 표현에 더욱 어울린다. 이를테면 이미 아리스토텔레스는(『시학』, c. 14) 비극작가들에게 형제들 간의 전쟁을 내용으로 삼는 소재를 추천했었다. 이러한 종류로는 『테베에 대항하는 7용사의 전쟁』[90]이 있다. 테베의 아들[폴리니세스]이 테베를 공격하며, 도시를 방어하는 그의 적은 그 자신의 형제[에테오클레스]이다. 여기서는 적개심이 즉자대자적인 것이 아니다. 오히려 그것은 서로 싸우는 형제들의 특수한 개성에서 기인한다. 평화와 화합만이 그들의 실체적 관계였을 터, 이 필연적 통일성을 갈라놓는 것은 자신이 정당하다고 생각하는 개인적 심정에 불과하다. 특히 셰익스피어의 역사적 비극들에서는 비슷한 사례들이 다수 열거될 수 있을 것인데, 여기서는 언제나 개인들의 화합이 본래 정당한 것일 텐데도 오로지 자신만을 위하고 고려하는 열정과 성격들의 내적 동기가 충돌을 부른다. 이와 유사한, 따라서 불완전한 서사적 행위를 갖는 것으로서 나는 다만 루칸의 『파르살리아』를 환기하고자 한다. 이 시에서 목적들의 반목이 아무리 크게 보일지라도, 대

---

90 역주: 이것은 아이스킬로스의 작품이다.

치하는 자들은 서로 너무 가까우며 같은 조국의 강토에서 인척으로 관계하는 까닭에, 그들의 투쟁은 [352] 민족적 총체성들의 전쟁이 아니라 파당들 간의 싸움이 될 것인데, 이 싸움은 언제나 민족의 실체적 통일성을 분열시키는 까닭에 주관적으로는 비극적 과오와 타락으로 이끌리며 또한 동시에 객관적 사건들을 간명하기보다는 혼잡하게 얽힌 모습으로 드러낸다. 볼테르의 『앙리아드』[91]도 이와 유사하다. ─ 이에 반해 이민족들 간의 적대는 무언가 실체적인 것이다. 각 민족은 다른 민족과 상이한 대립적 총체성을 독자적으로 형성한다. 이제 이들이 적대적이 된다고 해도, 이를 통해 인륜적 유대가 훼손된다거나 즉자대자적으로 타당한 것이 침해받는다거나 필연적전체가 파열되는 것은 아니다. 반대로 그것은 그러한 총체성 및 그 실존의권리를 온전하게 유지하기 위한 투쟁이다. 그러므로 그러한 적대의 존재는모름지기 서사시의 실체적 특성에 적합한 것이다.

γγ) 그러나 동시에, 다른 면에서 보면, 서로 적대시하는 민족들 간의 여느 전쟁들이 모두 [전쟁이라는] 바로 그 이유에서 이미 각별히 서사적인 것으로 간주되어서는 안 된다. 이를 위해서는 여전히 제3의 측면이, 즉 한 민족으로 하여금 다른 민족을 침략하게 만드는 보편사적 정당성이 추가되어야한다. 이 경우 비로소 우리 앞에는 한층 고차적인 새로운 과업의 그림이 펼쳐지는바, 이것은 결코 주관적인 것으로서, 즉 정복의 자의로서 현상할 수없으며 오히려 한층 높은 필연성에 근거를 둠으로써 내면 자체에서 절대적인 것으로 존재한다 ─ 비록 가장 가까운 외적 동인이 일면 개별적 침해의성격을, 또 일면 복수의 성격을 취할 수 있긴 하지만 말이다. 이런 유의 관계를 우리는 이미 『라마야나』에서 발견한다. 그러나 그것은 특히 『일리아

---

91 역주: *Henriade*(1728), 종교전쟁을 종식시킨 앙리 4세를 찬양하는 서사시.

드』에서 나타나는바, 여기서 그리스인들은 아시아인들에 대항하여 출병하고, 이로써 거대한 대립의 최초의 전설적 전투들의 승부를 가리니, 그 전쟁은 그리스 역사의 세계사적 전기를 이룬다. 비슷한 식으로 시드는 무어인들에 대항하며, 타소와 아리오스트의 경우에는 기독교인들이 사라센인들에, 카몽이스의 경우에는 포르투갈인들이 [353] 인도인들에 대항한다. 거의 모든 위대한 서사시들에서 우리는 관습, 종교, 언어가 다른, 한마디로 내적, 외적으로 상이한 여러 민족이 적대적으로 등장하는 것을 보며, 또한 하위 원칙에 대한 상위 원칙의 승리가 ―이 승리를 쟁취한 용감성은 패배자들에게 아무것도 남겨 두지 않는다― 세계사적으로 정당화되는 것을 보면서 완벽하게 위안을 얻는다. 과거의 서사시들은 이러한 의미에서 동방에 대한 서방의 승리, 유럽적 기준의 승리, 개별적 미의 승리, 아시아적 광휘 및 완전한 분화에 이르지 못한 가부장적 통일성이나 상호 분열적인 추상적 결합의 화려함에 대한 자율적 이성의 승리를 서술한다. 이에 대비해서 우리가 이제 미래에 있을 법한 서사시들도 생각해 본다면, 이것들은 모름지기 끝없이 진행되는 계량화와 특수화의 감옥에 대한, 언젠가 있을 아메리카의 생동적 이성원리의 승리를 표현해야 할 것이다. 왜냐하면 유럽에서는 오늘날 각 민족이 다른 민족을 견제하거나, 스스로가 다른 유럽 민족과의 전쟁을 시작해서는 안 되며, 또한 지금 유럽 너머로 눈을 돌린다면 눈길은 아메리카를 향할 수밖에 없기 때문이다.[92]

---

92 역주: 헤겔이 그의 『역사철학』에서 아메리카라고 부를 때는 북아메리카와 남아메리카 모두를 의미한다. 그리고 그는 비교적 합리적인 미국의 질서와 남아메리카의 무질서, 지리멸렬한 혼돈을 비교하며 또한 양자 간의 전쟁이 가능할지도 모른다고 예견했다.

b. 개별적인 서사적 행위

그러한 토대는 자체적으로 전체 민족들 간의 갈등에 열려 있다. 이 토대 위에서 이제 둘째, 서사적 사건이 진행되는바, 이 시점에서 우리가 해야 할 바는 이를 위한 보편적 규정들의 탐색이다. 우리는 이에 관한 고찰을 다음 의 관점들에 따라 나눌 것이다.

첫 번째로 밝힐 것은 서사적 행위의 목적이 아무리 보편적 근거에서 기 인하더라도, 그것은 개별적, 생동적이며 또한 특정한 것이어야 한다는 점 이다.

그러나 둘째, 행위가 오직 개인들에서만 출발할 수 있다면, 서사적 성격 들의 보편적 본성은 무엇인가 하는 물음이 나타난다. [354]

셋째, 서사적 사건에서는 객관성이 외적으로 현상한다는 의미에서뿐만 아니라 내면 자체로서 필연적인 것 내지 실체적인 것이라는 의미에서도 묘 사된다. 그러므로 우리는 사건의 이 실체성을 때로는 내면의 숨겨진 필연 성으로서, 또 때로는 영원한 힘들과 섭리의 공공연한 인도로서 작용케 하 는 형식이 어떤 것인지를 구명해야 한다.

α) 위에서 우리는 한 민족정신의 총체성이 그 최초의 신선한 영웅적 상 태들 속에서 명시될 법한 민족적 과업을 서사적 세계의 근거로서 요구했 다. 그런데 이제 이 토대 자체로부터 한 특수한 목적이 일어야 하며 또한 그 실현은 전체 현실과 매우 밀접하게 엮이는 관계로, 그 속에서는 민족적 특 성, 신앙 그리고 행위라는 온갖 측면들도 나타난다.

αα) 서사시에서는 목적이 개성을 통해 활성화되며 전체는 그 특수성을 위주로 전진한다. 따라서 그것은 이미 주지하듯, 사건의 형태를 취해야 하 며, 그런 만큼 우리는 이 자리에서 무엇보다 의지와 행위 일반을 사건으로 만드는 보다 자세한 형식에 주의를 돌려야 한다. 행위와 사건은 모두 정신 의 내면에서 출발하며, 또한 정신의 의미내용을 감응, 반성, 사상 등의 이론

적 표출 속에서 알릴 뿐만 아니라 실천적으로 수행하기도 한다. 그런데 이러한 실현은 두 측면을 갖는다. 첫째는 계획되고 의도된 목적의 내적 측면으로서, 개인은 마땅히 그 보편적 본성과 결과를 알고, 원하고, 책임지고, 또 받아들여야 한다. 둘째는 주위를 둘러싼 정신적, 자연적 세계의 외적 실제로서, 인간은 오로지 그 안에서만 행위할 수 있으며, 그 우연들은 인간에게 때로는 방해물로서 때로는 촉진제로서 다가오며, 그리하여 그는 우연들의 후원을 통해 다행스럽게 목적으로 인도되든가, 혹은 그가 그러한 우연들에 직접 종속되는 것을 원치 않을 경우라면, 그것들을 그의 개성의 에너지를 통해 극복해야 한다. [355] 그런데 의지의 세계가 이 이중적 측면들의 불가분한 통일로서 이해되어 양 측면이 균등한 정당성을 갖는다면, 내면의 의지는 더 이상 그 의도들, 주관적 모티브의 열정들, 근본 명제들 및 목적들과 더불어 행위의 주된 요소로서 나타날 수 없으며, 그런 한에서는 가장 내면적인 것조차도 곧바로 외적 발생의 형식을 지니며, 또 이 형식은 일체의 행위에 사건의 형상을 부여한다. 행위의 경우에는 모든 것이 내면의 성격, 의무, 성향, 결의 등으로 소급되는 반면, 사건들의 경우에는 외적 측면도 불가분의 권리를 갖는바, 까닭인즉 여기서는 객관적 현실이 일면 전체를 위한 형식을, 일면 내용 자체의 한 주요 부분을 형성하기 때문이다. 이런 의미에서 나는 앞에서도 이미 서사시의 과제를 다음과 같이 말했다. 서사시는 한 행위의 외적 발생을 서술하고, 그런 까닭에 목적들의 관철을 위한 외적 측면을 견지하며, 행위 자체에서는 내면이 배타적으로 홀로 권리를 주장하지만, 그와 동일한 권리를 외적 환경들, 자연의 사건들 그리고 기타 우연들에도 할당한다.

ββ) 이제 특수한 목적의 본성에 관해 좀 더 자세히 살펴보자. 서사시는 목적의 수행을 사건형식으로 이야기하며 또한, 이미 검토한 바를 종합해 볼 때, 그 목적은 추상체가 아니라 반대로 매우 구체적인 규정성을 가져야

하지만, 그럼에도 그것은 실체적, 민족적 총화 속에서 실현되어야 하며, 또한 그런 까닭에 단순한 자의에 속하는 것이 아니다. 예컨대 국가 자체, 조국 혹은 한 국가와 나라의 역사는 국가와 나라로서는 무언가 보편적인 것이며, 또한 이 보편성의 관점에서 보면 주관적, 개인적 실존으로서 현상하지 않는 것, 즉 살아 있는 특정 개인과의 불가분한 융합 속에서 현상하지 않는 것이다. 한 나라의 역사, 그 정치적 삶과 국가 체제와 운명의 전개가 사건으로서도 이야기되긴 하지만, [356] 사건의 발생이 특정 주인공들의 구체적 행동, 내적 목적, 열정, 역경과 실행으로서 제시되지 않는다면, 또한 그들의 개성이 이 전체 현실에 대해 형식과 내용을 부여하지 않는다면, 주어진 사건은 단지 그 의미내용의 경직된 독자적 발전 속에서 한 민족, 한 국가 등의 역사로서 있을 뿐이다. 이 면에서는 정신의 최고의 행위가 세계사 자체일 것이며, 우리는 이 보편적 행동을 보편적 정신의 전장 위에서 절대적 서사시로 가공하려 할 수도 있을 것이며, 그 주인공은 의식의 몽매함을 벗어나 세계사를 겨냥하고 또 세계사로 제고되는 인간정신, 인성[후마누스][93]이 될 것이다. 하지만 이 소재는 바로 그 보편성으로 인해 예술을 위해 개별화되기에는 빈약하다고 할 것이다. 왜냐하면 우선 이 서사시에는 외적 지역 및 도덕, 관습 등의 면에서 확고히 규정된 배경과 세계상태가 애초에 결여되어 있기 때문이다. 즉 유일하게 전제될 수 있는 기초는 특수한 상태로서 가시화될 수 없는, 그리고 지구 전체를 자신의 지역으로 삼는 보편적 세계정신일 뿐이다. 마찬가지로 이 서사시에서 실행되는 유일한 목적도 세계정신의 목적일 것이다. 이 세계정신의 참된 의미는 오직 사유에 의해 파악되고 규정적으로 설명될 뿐이지만, 만일 그것이 시적 형상으로 등장해야 한다면,

---

93 역주: Humanus. '인간적인'이란 뜻의 라틴어 humanus를 의인화한 표현이다. 이에 대해서는 제2권 257쪽 역주 참조.

그것은 전체에 그 적절한 의미와 관계를 부여해야 하며, 또 이를 위해 어쨌든 독자적이며 자기기인적인 행위자로서 부각되어야 할 것이다. 이것이 시적으로 성공하려면, 역사의 내적 감독자, 즉 인성 속에서 실현되는 영원하고 절대적인 이념이 지도적, 활동적이며, 실행력 있는 개인으로서 현상하든가, 혹은 배후에서 끊임없이 작용하는 필연성 정도로만 여겨져야 할 것이다. 그러나 첫 번째 경우에는 이 의미내용의 무한성이 특정 개성의 늘 한정된 예술그릇을 산산조각 내야 할 것이며, 아니면 이 결함에 대처하기 위해 [357] 인류와 인류의 교육이라는 사명, 인간성 및 도덕적 완전성의 목표에 ─혹은 세계사의 목적이 달리 어떻게 정해질 수 있든 간에─ 관한 일반적 반성들의 빈약한 알레고리로 격하되어야 할 것이다. 두 번째 경우에는 다시 여러 민족정신들이 ─역사는 그들의 투쟁적 현존재를 위해 펼쳐지고 또 전진적 발전 속에서 계속된다─ 특수한 주인공들로서 묘사되어야 할 것이다. 하지만 민족정신의 현실이 시적으로 현상하려면, 이는 실제 세계사적 인물들의 행동이 우리 앞에 제시되어야 가능할 것이다. 그러나 이 경우에는 고작 단순 외적인 순서에 따라 부침하는 특수한 인물들의 나열만이 있을 것이며, 이리되면 내면적 즉자와 운명으로서 세계를 주재±主하는 정신인 세계정신이 자체적으로 행위하는 개인으로서 그들의 정점에 설 수 없을 것이고, 또한 그런 까닭에 그들에게는 연계와 개별적 통일성이 결여될 것이다. 그리고 설혹 우리가 민족정신들을 그 보편성 속에서 파악하고 또 그것들이 이 실체성 속에서 활약할 것을 원한다 한들, 이것 역시 비슷한 일련의 개인들만을 제공할 것이니, 그들은 인도의 신적 현신들과 비슷하게 현존재의 가상을 지닐 뿐이며, 그 허구는 현실 역사에서 실현된 세계정신의 진리 앞에서 빛을 잃을 수밖에 없을 것이다.

YY) 특수한 서사적 사건은 한 개인과 극히 긴밀하게 융합될 경우에만 시적 생명성을 얻을 수 있다는 하나의 일반 규칙이 여기에서 추출된다. 한 시인이 전체를 고안하고 상술하듯, 마찬가지로 한 개인이 정점에 서야 하니, 사건은 그에게 결부되고 또 이 사건에 즉해 하나의 형상이 진행되고 완결된다. 하지만 이 면에서도 다소 세부적인 요구들이 본질적으로 추가된다. 왜냐하면 방금 전에는 세계사의 시적 취급이 그러하였지만, 이제는 거꾸로 특정한 인생역정의 전기적, 시적 취급이 혹여 가장 완벽한, 그리고 진정 서사적인 소재로 보일 수도 있기 때문이다. 하지만 이는 사실이 아니다. 즉 전기 속에서 [358] 개인은 하나의 동일한 인물로 머물겠지만, 그가 얽혀 드는 사건들은 모름지기 독립적으로 분산될 수 있으며, 또한 주관은 그것들의 완전한 외적, 우연적인 연결점으로서만 유지될 수 있는 것이다. 그러나 서사시는 내적으로 하나이어야 하므로 그 내용이 서술되는 형식인 사건도 역시 자체 내에 통일성을 가져야만 한다. 양자, 즉 주관의 통일성과 객관적 사건의 내적 통일성은 서로 합치하고 결합되어야 한다. 시드의 삶과 행동들이 조국을 토대로 삼는다는 것, 또한 여기서는 오직 하나의 위대한 개인, 즉 그의 발전, 영웅적 기질, 죽음을 통틀어 언제나 자신에게 충실한 개인이 흥미를 끄는 것은 사실이다. 그의 행동들은 그의 앞을 거쳐 가며 또한 마침내 모든 것 자체가 우리와 그 자신의 앞을 거쳐 갔다. 그러나 시드의 시가 운문으로 쓰인 연대기는 될지라도 본연의 서사시는 아니다. 그것은 훗날의 기사담騎士談[94]과 같은 것인데, 이 장르는 이 민족 영웅의 개별적 상황들을 각각 나눠 볼 것을 요구할 뿐 이것들을 하나의 특수한 사건의 통일성으로 합할 것을 요구하지 않는다. 이에 반해 우리는 방금 제기한 요구가 아킬레우스와 오디세우스를 주인공으로 부각하는 『일리아드』와 『오디세이』에서 가장 아름답게 충족되고 있음을 발견한다. 『라마야나』도 이와 비슷한 경우이다.

---

94 역주: Romanze. 로망스. 기사의 영웅적 이야기 내지 감상적 사랑을 다룬 민요조의 설화시.

그러나 이 면에서는 단테의『신곡』이 단연 압권이다. 즉 여기서는 서사시인 자신이 그 한 사람의 개인이며, 매사가 지옥, 연옥 그리고 천당을 차례로 방문하는 그의 역정과 결부되며, 그리하여 그는 판타지의 형상물들을 고유한 체험들로서 이야기할 수 있으며, 따라서 그의 고유한 감응과 반성들을 다른 서사시인들에게 허락된 것보다 더 많이 객관적 작품 속에 함께 엮어 넣는 권리도 갖는다.

β) 그런 이유로 서사시 일반이 아무리 있는 것 내지 일어나는 것을 보여주며 또 이로써 객관적인 것을 그 내용과 형식으로 삼는다고 해도, 다른 한편으로는, 우리 앞에 펼쳐지는 것은 한 행위의 발생인 까닭에, [359] 바로 개인들 및 그들의 행동거지가 본격적으로 부각된다. 왜냐하면 인간들이든 신들이든 간에 실제로 행동하는 존재는 오직 개인들일 뿐이며 또한 그들이 벌어지는 사건과 생동적으로 엮이고 또 그럴 수밖에 없을수록, 그만큼 더 그들은 주 관심을 정당하게 자신에게로 끌어오기 때문이다. 이 면에서는 서사시가 서정시 및 극시와 동일한 토대 위에 있는바, 그런즉슨 개인들을 묘사함에 있어 어디에서 각별히 서사적인 요소가 성립하는가를 보다 특정하게 명시하는 일은 우리에게 중요할 수밖에 없다.

αα) 서사적 성격, 특히 주인공들의 성격의 객관성에는 이들이 자체로서 전인적 인간이자 여러 특성들의 총체성이라는 점, 그런 까닭에 이들에게서는 심정 일반의 모든 측면들이, 좀 더 자세히 말해 민족적 기질과 행위방식의 모든 측면이 전개되어 나타난다는 점이 우선적으로 속한다. 이와 관련하여 나는 이미 제1부에서(제1권, 321~322쪽) 호메로스의 영웅적 인물들에, 특히 그들의 순수 인간적 속성과 민족적 속성의 다양성에 주목하였는데, 아킬레우스가 이 속성들을 자신 속에서 생동적으로 통합한다면,『오디세이』의 영웅은 그와 반대되는 이미지를 가장 풍부하게 제공한다. 시드 역시 성격 특징들과 상황들의 유사한 다면성 속에서 ―아들, 영웅, 연인, 남편,

집주인, 아버지로서, 또한 자신의 왕, 절친한 친구들, 적들에 대한 관계 속에서— 묘사된다. 이에 반해 중세의 다른 서사시들은 이런 종류의 성격규정의 면에서 훨씬 더 추상적이다. 특히 그 영웅들이 기사도 자체의 관심사만을 옹호할 뿐, 진정 실체적인 민족적 의미내용의 권역에서 멀리 있을 경우에는 더욱 그렇다.

　매우 다종적인 처지와 상황들 속에서 자신을 이러한 총체성으로서 전개하는 것, 이것은 서사적 성격묘사의 한 주요 측면이다. 극시의 비극적, 희극적 인물들도 내적으로 동일하게 충실할 수 있음이 사실이다. 그러나 이들에게서는 [360] 항상 일면적인 하나의 파토스와 그와 대립하는 또 하나의 파토스의 —이 파토스들은 극히 특정한 영역과 목적의 테두리 안에 머문다— 날선 갈등이 주요 측면을 이루는 까닭에, 그러한 다면성은 부분적으로 설령 불필요하지는 않더라도 오히려 부수적일 뿐인 풍부함이며 또 부분적으로 이 풍부함은 대체로 하나의 열정과 그 근거들, 인륜적 관점들 등에 의해 압도되며 또한 묘사에서 뒷전으로 밀려난다. 하지만 서사시의 총체성에서는 모든 측면이 한층 독자적이며 폭넓게 자신을 전개할 권한을 갖는다. 왜냐하면 한편 이것은 서사적 형식 일반의 원칙에 들어 있기 때문이며, 다른 한편 서사적 개인은 바로 이 존재, 이 직접적 개별성이 속하는 시대를 살아가며 그런 까닭에 그는 이미 전체적 세계상태의 면에서 그가 있는 바대로 있을 권리, 그가 어떠어떠한 존재임을 역설할 권리를 갖기 때문이다. 물론 우리는 예컨대 아킬레우스의 분노와 관련하여 이 분노가 어떤 종류의 재앙을 가져오고 폐해를 끼쳤는가에 관해 도덕적으로 현명한 고찰을 할 수도 있을 것이며, 또한 이로부터 아킬레우스 자신의 탁월함과 위대함에 반하는 결론, 즉 그는 분노의 조절력과 자기억제력을 한 번도 충분히 갖지 못했으며, 또 그런 까닭에 완성된 영웅이자 인간일 수 없다는 결론을 끌어낼 수도 있을 것이다. 그러나 아킬레우스는 비난받을 수 없으며, 우리는 단지 그 밖의 위대한 속성들을 감안하여 그의 분노와 같은 것을 접어 줄 필요도 없으며, 오히려 아킬레우스는 있는 그대로의 그로 있는바, 서사적 관점에서는 이것이면 충분하다. 그의 야심과 명예욕도 마찬가지이다. 왜냐하면 이 위대한 성격들은 그 특수성 속에서도 보편성을 지니며, 그런 관계로 그들의 주된 권리는 그들의 자기 관철의 에너지에서 성립하기 때문이다. 반면 진부한 도덕성은 역으로 고유한 인격을 경시하고 또 모든 에너지를 이러한 경시에 쏟음으로써 성립한다. 알렉산더를 그의 벗들과 수천 사람의 삶 위로 끌어올린 것도 그의 엄청난 자기감정이 아니었던가! — 자기복수, 심지어 잔인함의 특징마저도 이와 비슷한 영웅시대의 에너지이니, 이 면에서도 [361] 서사적 성격으로서의 아킬레우스에게 학교식의 훈계는 가당찮은 일이 아니겠는가!

ββ) 이 주인공들은 보통은 민족의 특성 속에 산재하는 것을 자신 속에 찬란하게 통합하는 총체적 개인들이며, 또한 이 점에서 위대하고 자유롭고 인간적으로 아름다운 성격들로 머문다. 그리고 그들은 바로 이 사실을 통해 정점에 위치할 권리, 주요 사건을 그들의 개성에 결부된 것으로 간주할 권리를 갖는다. 그들 속에서 민족은 생동적이고 개별적인 주관으로 응집되며, 그런즉슨 그들은 주요 과업을 위해 끝까지 싸우고 또 사건들의 운명을 감내한다. 이 점을 참작하면, 예컨대 타소의 『해방된 예루살렘』의 고드프루아 드 부용[95]은 모든 십자군들 중 가장 사려 깊고 용감하고 정의로운 자로서 전군의 지휘관으로 선출되지만, 그럼에도 그는 전체 그리스 정신의 꽃봉오리 그 자체인 아킬레우스나 오디세우스만큼 월등한 인물이 아니다. 아킬레우스가 전쟁과 거리를 두면, 아카이아인들은 승리할 수 없다. 헥토르를 무

---

95 역주: 제1차 십자군 원정(1096~1099)에 4만의 군사를 거느리고 참가했던 프랑스의 귀족으로서, 예루살렘을 선봉에서 공략하여 이스라엘 왕국의 기초를 쌓았으며, '성묘(聖墓)의 수호자'라는 칭호를 받았다.

찌른 오직 그만이 트로이도 정복한다. 오디세우스의 개별적 귀향은 모든 그리스인들의 트로이 회군을 반영하는데, 다만 차이가 있다면, 이 소재에 들어 있는 고난, 인생관 그리고 상태들의 총체성이 그가 견뎌야 할 바로 그 부담 속에서 고스란히 서술된다는 점이다. 이에 반해 극시의 성격들은 그들 앞에서 객관화되는 한 전체의 내적, 총체적 정점으로서 등장하지 않으며, 그보다는 오히려 그들의 목적 속에서 ―그들은 이 목적을 자신들의 성격에서 끌어내거나 비교적 고독한 그들의 개성과 유착된 특정 명제들 등에서 끌어낸다― 독자적으로 존재한다.

YY) 서사시가 서술하는 것은 행위 자체가 아니라 사건인바, 서사적 개인들과 연관된 제3의 측면은 이 점에서 도출된다. 극시에서는 개인이 그의 목적을 위해 진력하는 모습을 보인다는 점, 그리고 바로 이 활동과 그 결과 속에서 표현된다는 점이 중요하다. 서사시에서는 하나의 목적의 실현을 위한 이러한 전심專心이 [362] 나타나지 않는다. 여기서는 영웅들이 소망과 목적들을 갖기도 하지만, 주 사안은 목적에 전념하는 활동이 아니라 이 기회에 그들이 겪게 되는 모든 것이다. 주위 사정들도 마찬가지로 ―그것도 종종 그들보다 더욱― 영향을 준다. 예컨대 오디세우스의 현실적 계획은 이타카로의 귀향이다. 『오디세이』는 오디세우스의 성격을 단순히 특정한 목적을 향한 그의 적극적 수행 속에서 보여 주는 것이 아니다. 그것은 그가 방랑에서 만나고 견뎌 내는 일체의 것을, 어떤 장애물들이 그를 가로막는지, 그가 어떤 위험을 극복해야 하는지, 또 무엇에 분기하는지를 광범위하게 전개하면서 이야기한다. 이 모든 체험들은 그의 행위에서 발원한 것이 아니다. ―극시에서는 이것이 필연적일 것이다― 항해 중에는 모든 체험이 대개 주인공의 개입이 완전히 배제된 채 일어난다. 예컨대 신성한 키르케는 로터스 먹는 사람들,[96] 폴리페모스, 라이스트리곤으로 인해 모험을 겪은 그를 일 년 동안 곁에 붙들어 둔다. 다음으로 그는 난파당하여 지하세계를 방문한 후

칼립소 곁에 머물지만, 끝내 향수의 시름에서 더 이상 이 요정을 마음에 두지 않으며 또 눈물 어린 시선으로 거친 바다를 건너다본다. 칼립소는 끝내 그가 건조하는 뗏목의 자재들을 스스로 제공하며, 음식물, 포도주, 그리고 의복들을 갖추어 주고, 진정으로 걱정 어린 다정한 이별을 고한다. 마지막으로 그는 파이아케스인들에게서 머문 후 의식 없이 잠든 채 그의 섬의 해안으로 보내진다. 이런 식의 목적 실행은 극적인 것이 아닐 것이다. ― 다시 『일리아드』에서는 아킬레우스의 분노라는 동기에서 유발된 그 밖의 모든 것이 이야기[서사]의 각별한 대상을 이루는데, 처음에는 이 분노가 결코 목적이 아니라 하나의 상태이다. 모욕당한 아킬레우스는 끓어오른다. 그리고 그 후에도 그는 극적인 개입 따위를 하지 않는다. 반대로 그는 아무 행동 없이 뒤로 물러나며, 그리스인들의 군주가 그를 전혀 존중하지 않음을 불평하고, 파트로클로스와 함께 해변의 배들 곁에 머문다. [363] 이후 아킬레우스가 손을 뗀 결과들이 나타난다. 또한 그의 친구가 헥토르에 의해 살해되었을 때 비로소 아킬레우스는 적극적으로 행위에 엮여 든다. 아이네이아스에게는 그가 성취해야 할 목적이 또 다른 방식으로 지정되며 또한 베르길리우스는 그 실현을 그토록 다양하게 지연시킨 갖가지 사건들을 이야기한다.[97]

γ) 이제 우리는 서사시에서 나타나는 사건의 형식과 관계하여 제3의 주요 측면을 하나 더 언급해야 한다. 나는 이미 앞에서 드라마에서는 내면

---

96 역주: Lotophagen(독), lotus-eater(영). 로터스(연꽃) 열매를 먹고 속세의 시름을 잊는 그리스 신화의 등장인물.

97 역주: 아이네이아스는 트로이 왕족 안키세스와 아프로디테 사이의 아들로서, 『일리아드』에 따르면 트로이 전쟁에서 헥토르에 버금가는 용맹을 떨친다. 베르길리우스는 아이네이아스의 노래라는 뜻의 『아이네이스』를 지었다. 이에 따르면 그는 트로이를 떠나 7년 동안 유랑한 끝에 이탈리아의 라티움에 상륙하고 그곳의 왕 라티누스의 딸과 결혼하여 새로운 도시 라비니움을 건설한다. 그는 이후 로마 제국의 건국 시조로 묘사되었다.

의 의지, 의지의 요구와 당위가 진행 중인 모든 사건을 본질적으로 규정하며 또 그 상존적 근거를 형성한다고 말하였다. 발생하는 행동들은 모름지기 성격과 그 목적을 통해 정립된 것으로 나타나며, 이에 따라 주요 관심사는 전제된 상황들 및 그에 의해 초래된 갈등들의 내부에서 벌어지는 행위의 정당성 내지 부당성을 위주로 진행된다. 그러므로 드라마에서도 외부의 여건들이 영향을 주긴 하지만, 그것들은 심정과 의지가 그로부터 무엇을 이루는가, 성격이 그에 대해 어떻게 반응하는가를 통해서만 가치를 갖는다. 그러나 서사시에서는 환경과 외적 우연들이 주관적 의지와 똑같이 유효하다. 인간이 실행하는 것과 외부로부터 발생하는 것은 똑같이 우리 앞에서 벌어지며, 그런 관계로 인간의 행동은 실로 환경들과의 얽힘을 통해서도 제약받고 성사되는 것으로 나타나야 한다. 왜냐하면 서사적으로 행위하는 개인은 아무 거리낌 없이 단지 자신 때문에, 그리고 자신을 위해서만 행위하지 않는다. 오히려 그는 한 전체의 중심에 서 있으며, 또한 각 특수한 개인에게는 이 전체의 목적과 현존재가 ―이것은 자체로서 총체적인 내적, 외적 세계와 광범위하게 관계한다― 움직일 수 없는 현실적 근거이기 때문이다. 서사시의 모든 열정, 결단 그리고 실행에서는 이런 유형의 개인이 보존되어 있어야 한다. 그런데 외적 환경들의 독립적 사건성에 균등한 가치가 인정됨으로써 [364] 우연의 모든 변덕들에는 하나의 확고부동한 유희공간이 주어지는 것처럼 보이지만, 그럼에도 서사시는 역으로 정녕 진정한 객관성, 자체로서 실체적인 현존재를 표현해야만 한다. 우리는 무릇 사건들과 그 발생에 필연성이 도입되는 즉시 이러한 모순과 만난다.

αα) 이런 의미에서 주장할 수 있을진대, 운명이 지배하는 곳은 서사시이지, 보통 생각되듯, 드라마가 아니다. 극적인 성격은 기존의 의식된 환경들 하에서 목적의 관철을 위해 충돌을 불사하며 또한 목적의 종류에 준해 자신의 운명을 스스로 만든다. 반대로 서사적 성격에는 운명이 만들어지는

바, 운명을 본격적으로 다스리는 환경의 이러한 힘이 행동의 개별적 형상을 결정하며, 인간에게 그의 숙명을 지정하며, 그의 행위들의 결말을 규정한다. 사건이 일어난다는 것은 그것이 현재한다는 점, 그리고 그것이 필연적으로 일어난다는 점을 본위로 삼는다. 우리는 서정시에서 감응, 반성, 고유한 관심, 동경을 들을 수 있다. 극시는 행위의 내적 정당성을 객관적으로 드러낸다. 그러나 서사시는 내적으로 필연적인 총체적 현존재의 요소 속에서 서술되며 또한 개인에게 남는 것은 현존하는 이 실체적 상태를 —그에게 적합하든 그렇지 않든 간에— 따르는 일, 또한 그가 할 수 있든지 해야만 하든지 간에, 그것을 겪는 일 이외에는 아무것도 없다. 운명은 일어나야 할 것 내지 일어나는 것을 규정하며, 또한 개인들 자신이 운명에 의해 조형되듯 성공과 실패, 삶과 죽음이라는 결과들도 역시 그러하다. 왜냐하면 우리 앞에 참으로 제시되는 것은 하나의 위대한 보편적 상태인데, 이 속에서는 인간의 행위와 운명들이 무언가 개체적이며 덧없는 것으로 나타나기 때문이다. 이러한 숙명은 위대한 정의이며, 개인이 인격으로 나타나는 극시적 의미에서가 아니라 인간이 그가 처한 사태[실태]를 따르는 것으로 나타나는 서사시적 의미에서 비극적인바, 비극적 응보는 사태의 크기가 개인들에게는 지나치게 크다는 점에서 기인한다. 슬픔의 기운은 이런 식으로 전체를 감돈다. 우리는 찬란한 존재가 일찍이 스러짐을 본다. [365] 아킬레우스는 이미 생시에 자신의 죽음을 한탄하며, 아킬레우스 자신과 아가멤논이 사라진 존재로 있음을, 자신이 그림자임을 자각한 그림자임을 우리는 볼 수 있다. 트로이도 몰락하고, 나이 든 프리아모스는 그의 집의 제단에서 살해되며, 여인들과 소녀들은 노예가 된다. 아이네이아스[98]는 라티움에서 새로

---

98 역주: 그는 아이네아스로 불리기도 한다.

운 왕국을 세우라는 신의 명령에 따라 트로이를 떠나며, 또한 승리한 영웅들은 행복하게 혹은 쓰디쓰게 끝나는 다양한 고난을 겪은 후 비로소 귀향한다.

ββ) 그러나 사건들의 이러한 필연성을 묘사하는 방식은 매우 상이할 수 있다.

가장 미발전된 일차적 방식은 사건들의 단순한 제시이다. 여기서 시인은 신계神界의 인도를 끌어들이지 않으며, 또한 개개의 사건들과 그 보편적 결과들에 내재하는 필연성을 영원한 힘들의 결정, 개입, 협조에 근거하여 보다 자세하게 설명하지 않는다. 그런데 이 경우 이야기되는 사건들 및 각 개인들과 전체 혈족들의 위대한 필생의 운명들 속에서 문제시되는 것은 인간 현존재의 단순 가변적, 우연적 요소가 아니라 그 자체로 존재이유를 갖는 숙명들이라는 느낌이 이야기의 전체 기조에서 강하게 떠오른다. 하지만 이 숙명들의 필연성은 한 권능의 감추어진 작용으로서 머무는바, 이것은 자체가 그 신적 지배 속에서 이러한 권능으로서 보다 분명하게 개별화되지도 않고, 또한 그 활동이 시적으로 표상되지도 않는다. 이러한 기조를 견지하는 것으로는 예컨대 모든 행동들이 최후에 유혈적 결말로 유도되는 —이러한 유도는 기독교적 예언이나 이교도적 신계에 속하지 않는다— 『니벨룽엔의 노래』가 있다. 왜냐하면 기독교와 연관해서 언급되는 것은 예배드리러 교회 가는 일 정도에 그칠 뿐이며 또한 영웅들이 에첼왕의 나라로 옮겨 가려고 할 때 스파이어의 주교 역시 아름다운 우테에게 "신이 그들을 그곳에서 보호하리라"고 이야기하기 때문이다. 그 밖에도 위험을 알리는 꿈들, 하겐 근방 도나우강변 여인들의 예언 등등이 나오지만, [366] 정작 주도적으로 개입하는 신들은 나오지 않는다. 이 사실은 서술에 경직적, 폐쇄적인 점을, 말하자면 객관적인, 이로써 서사적인 슬픔을 부여한다. 오시안의 시들은 정반대인데, 여기서도 신들이 등장하지 않는 것은 마찬가지이지만, 전체 영웅종족의 죽음과 몰락에 관한 비탄은 백발 가수[오시안]의 주관적 고통과 슬픈 회상의 환희로서 알려진다.

이러한 방식의 이해는 일체의 인간적 운명들과 자연사건들, 신계의 신의神意, 의지, 행위를 완벽하게 엮은 작품들과 —이에 해당하는 것으로는 예컨대 위대한 인도의 서사시들, 호메로스, 베르길리우스 등의 작품들이 있다— 본질적으로 구분된다. 나는 이미 앞에서(제2권, 85쪽 이하) 얼핏 우연적으로 보이는 사건들을 시인의 입장에서 신들의 개입과 현현을 통해 다양하게 시적으로 해석하는 경우를 언급하였으며, 또한 이를 『일리아드』와 『오디세이』에서 발췌한 사례들을 통해 보여 주려고 시도했다. 그런데 특히 여기서는 신들과 인간들의 행위에서 상호 독립적인 시적 관계가 보존되어야 한다는 요구, 그리하여 신들이 생명 없는 추상들로, 인간 개인들이 단순 복종적인 하인들로 격하되어서는 안 된다는 요구가 나타난다. 이러한 위험에서 어떻게 벗어날 것인가에 관해서도 나는 다른 곳에서 이미(제1권, 303쪽 이하) 길게 언급했다. 인도의 서사시는 이 면에서 신들과 인간들의 진정한 이상적 관계로까지 뚫고 들어가지 못하였다. 왜냐하면 이 단계의 상징적 판타지에서는 인간적 측면의 자유롭고 아름다운 현실성이 유예된 상태에 있으며, 인간의 개별적 행동은 때로는 신들의 화신으로 현상하기도 하고, 때로는 그저 부차적인 것으로서 사라지거나 신들의 상태와 권능을 지향하는 금욕적 고양으로서 묘사되기도 하기 때문이다. 반대로 다시 기독교에서도 인격화된 특수한 권능들, 열정들, 인간의 천재들, 천사들 등이 [367] 대개 개별적 독자성을 극히 적게 소유하며, 이로써 차갑고 추상적인 것이 되기 십상이다. 이슬람교의 경우도 이와 비슷하다. 이 세계관이 특히 동화적인 것으로 이행할 경우, 신성은 자연과 인간세계에서 멀어지며 또한 의식은 사물들의 산문적 질서로 채워진다. 이로 인해 이 세계관 안에서는 인간적 행위를 위한 기회, 개별적 성격의 보장과 발전을 위한 기회로서 현존할 뿐인 외적 환경들 및 즉자대자적으로 우연적, 무차별적인 그 요소들에 경이로 운 해석이 황당무계하게 주어지는 위험을 피하기 어렵다. 이와 더불어 인 과관계의 무한한 진행이 중단되며, 또한 환경들의 —이것들이 모두 판명하 게 인식될 수는 없다— 산문적 연쇄에 속한 많은 지절들이 일순 하나로 통 합되지만, 이것은 필연성과 내적 이성원리가 없이 발생한다. 예컨대 『천일 야화』가 종종 그렇듯이, 이러한 방식의 이야기는 그 같은 허구들을 통해 보 통은 그럴싸하지 않은 것을 가능적, 현실적인 것으로 나타나도록 유도하는 판타지의 단순한 유희로 판명된다.

이에 반해 이 면에서도 그리스의 시는 전체적 기본 관점의 면에서 신들 뿐만 아니라 영웅들과 인간들에게도 서로 간에 방해하지 않는 독자적 개별 성의 힘과 자유를 부여할 수 있으며, 이로 인해 최상의 아름다운 중심을 지 킬 줄 알았다.

γγ) 하지만 특히 서사시에서는 전체 신계神界와 관련해서 근원적인 서사 시들과 후대의 인위적으로 제작된 서사시들 간의 대립이 눈에 띄는데, 나 는 이미 위에서 이 점을 다른 관계에서 약술했다. 이 차별성은 호메로스와 베르길리우스 사이에서 가장 극명하게 보인다. 호메로스의 시들을 출현 시켰던 문화의 단계는 소재 자체와 여전히 아름답게 조화하고 있다. 이에 반해 베르길리우스의 경우 각각의 육보격은 [368] 시인이 사물을 보는 방식 과 그가 우리에게 표현하려는 세계가 철저하게 상이하다는 점을 환기시키 며, 무엇보다 신들이 고유한 생명성의 신선함을 갖지 못한다. 신들은 자생 적이지도 않고, 그들의 현존재에 대한 믿음을 산출하지도 않으며, 또한 시 인에게나 청자에게나 진지한 것일 수 없는 단순한 허구들이자 외적 수단 들인 것으로 —이것들이 실로 매우 진지한 것인 양 보이도록 만드는 가상 이 도입되기는 했어도— 드러난다. 베르길리우스의 모든 서사시에서는 무 릇 일상이 비치며 또한 고대의 전통, 전설, 시의 동화적 요소는 산문적 명

석성과 더불어 특정한 오성의 틀 속에서 다루어진다. 『아이네이스』[99]의 진행은 리비우스의 『로마사』의 진행과 비슷한데, 여기서는 고대의 왕들과 집정관들이 마치 리비우스 당대의 웅변가가 로마의 광장이나 수사학 학교에서 연설하듯 연설한다. 이에 반해 전통적으로 전래된 고대의 웅변술은, 예를 들면 메네니우스 아그리파의 위장胃腸에 관한 우화에서[100] 보듯이, 이와 현격한 대조를 이룬다. 호메로스의 경우에는 신들이 마법의 빛 속에서 허구와 현실 사이를 부유한다. 그들은 우리의 표상에 그렇게 가까이 있는 것이 아니어서 그들의 현신이 일상적 완전성의 모습으로 우리와 마주칠 법하지는 않지만, 그렇다고 하여 그들이 우리의 직관에 대해 생생한 실제성을 전혀 갖지 못할 만큼 그렇게 모호하게 머무는 것도 아니다. 그들의 행동은 행위하는 인간의 내면으로부터도 마찬가지로 잘 설명될 법하며, 또한 그들의 근거에는 실체성과 의미내용이 있는 까닭에 그들은 우리에게 자신들에 대한 믿음을 재촉한다. 이러한 측면에 준해 시인 역시 신들을 진지하게 대하되, 그들의 형상과 외적 현실을 스스로 반어적으로 취급한다. 그런즉슨 고대인들도 현상의 이러한 외적 형식을 예술작품을 ―이것은 시인을 통해 보증되고 의미를 얻는다― 믿듯이 믿었던 것으로 보인다. 한층 밝고 인간적인 이러한 가시화의 신선함은 호메로스 시들의 주요 공로이다. 또한 이를 통해 신들마저도 인간적이며 자연적으로 현상하는 반면, 베르길리우스

---

99 역주: 로마의 시인 베르길리우스의 작품으로 그는 B.C. 30년에서 11년간 로마 건국의 기초를 다진 영웅 아이네아스의 이야기를 전 2권, 약 1만여 행의 시로 노래했다. 앞에서 언급한 바와 같이 아이네이스란 아이네아스의 노래란 뜻이다.

100 역주: 메네니우스 아그리파(?~B.C. 493)는 고대 로마의 귀족이다. 그는 로마의 평민들이 반기를 들었을 때 교묘한 우화로써 그 분노를 누그러뜨리는 데 성공했다. 다음은 그가 사용한 우화의 줄거리이다. 언젠가 손, 발 등은 위장이 음식을 즐기기만 할 뿐 자신들처럼 일을 하지 않는다고 생각하여 파업을 일으켰다. 손은 음식을 들기를 거부하고 입은 삼키기를 거부하고 치아는 씹기를 거부하였는데 그 결과 그들 스스로도 곤란에 처하게 되었다. 그래서 위장은 그들과 함께 모여 회의를 하고, 서로 돕고, 또한 맡은 바 임무에 충실할 것을 결의했다.

의 신성神性들은 [369] 사물들의 현실적 과정 속에서 냉정하게 허구화된 기적으로 상승하거나 인공적 기계장치로 하강한다. 베르길리우스는 그의 진지성에도 불구하고, 아니 바로 이 진지한 태도로 인해 트라베스티Travestie[희화적 모방]를 면치 못했으며, 그러므로 블루마우어[101]가 머큐리[헤르메스]를[102] 박차 달린 장화를 신고 채찍을 든 파발꾼의 모습으로 표현한 것도 나름대로 훌륭한 정당성을 갖는다. 호메로스는 그의 서술을 통해 그의 신들을 충분히 웃음거리로 만들고 있으며, 그런 까닭에 어떤 다른 누구도 따로 그들을 희화화할 필요가 없다. 왜냐하면 하여간 그의 작품에서는 절름발이 헤파이스토스,[103] 마르스와 비너스가 함께 누운 교묘한 그물,[104] 그 밖에도 비너스가 뺨을 얻어맞고 마르스가 비명 지르고 넘어지는, 신들조차 망가지는 모습을 두고 웃을 수밖에 없기 때문이다. 저절로 웃음을 자아내는 이러한 명랑성을 통해 시인은 그가 내세운 외적 형상으로부터 우리를 해방시키지만, 이에 못지않게 그는 이 인간적 현존재를 다시금 지양할 따름이다. 즉 그는 인간적 현존재를 포기하지만, 반면 자체로서 필연적이며 실체적인 힘과 이 힘에 대한 믿음은 존속시킨다. 비교적 가까운 사례들을 몇 가지 들어 보자.

---

101 역주: Aloys Blumauer(1755~1798), 오스트리아의 시인. 그는 *Vergils Aeneis travestiert von A. Blumauer*(1783)에서 베르길리우스의 『아이네이스』를 희화화했다.

102 역주: 그는 블루마우어가 베르길리우스의 『아이네이스』를 희화화한 작품에 등장한다.

103 역주: 헤파이스토스는 그리스 신화에 나오는 기술·대장장이·장인·공예가·조각가·금속·야금·불의 신이다. 로마의 신 불카누스(불칸)가 이에 해당한다. 제우스와 헤라 사이에서 태어난 그는 적장자이며 절름발이이다. 그의 아내는 사랑과 미의 여신 아프로디테(비너스)와 전쟁의 여신 아테나이다. 제우스와 헤라 사이에서는 헤파이스토스와 아레스(마르스)가 태어났는데, 헤파이스토스는 뛰어난 손재주를 갖고 있으나 불구에 못생겼고, 동생 아레스는 미남이지만 신이라 하기엔 그 자질이 모자랐다.

104 역주: 호메로스의 『오디세이』와 오비디우스의 『변신담』에는 비너스와 마르스가 정사를 나누다가 비너스의 남편 헤파이스토스에게 현장을 들키는 이야기가 나온다. 못생기고 다리가 불편한 헤파이스토스의 아버지 제우스는 못생긴 아들과 가장 아름다운 여신 비너스를 결혼시킨다. 제우스의 농간으로 결혼한 비너스는 남편을 속이고 헤파이스토스의 동생인 전쟁의 신 마르스와 외도를 즐긴다. 태양으로부터 비너스와 마르스의 정사를 전해 들은 헤파이스토스는 아내의 불륜 현장을 덮치기로 작정하고 두 신의 침대에 청동 그물을 설치한다. 이 우스꽝스러운 장면은 화가들의 좋은 소재가 되었다.

[베르길리우스에 의해 전해 오는] 디도의 비극적 에피소드[105]는 타소에게 모방의 욕구, 때로는 자자구구 번역하려는 욕구에 불을 지폈을 정도로 대단히 현대적인 색채를 지니며, 또한 그것은 오늘날에도 여전히 프랑스인들을 거의 황홀경으로 몰고 간다.[106] 그런가 하면 키르케와 칼립소[107]의 모든 이야기들은 이와는 전혀 달리 대단히 인간적으로 순수하며, 인위적이지 않고 진실하다. 오디세우스가 하데스로 내려가는 장면에 대한 호메로스의 서술도 이와 비슷하다. 이 어둡고 컴컴한 그림자[혼령]들의 체류지는 판타지와 현실이 뒤섞인 흐릿한 안개 속에서 나타나는데, 이러한 혼합은 놀라운 마법으로 우리를 사로잡는다. 호메로스는 오디세우스를 실제의 지하세계로 내려보내지 않으며, 대신 오디세우스는 스스로 구덩이를 파서 그 속에 그가 잡은 염소의 피를 붓고, 그에게 다가오려 애쓰는 그림자 혼령들을 소환한다. 그리고 그들 중 몇몇을 불러 그에게 이야기하고 정보를 건넬 수 있도록 생

---

105 역주: Episode. 삽화. 특히 비극 합창 사이에 삽입된 대화를 뜻한다.

106 역주: 베르길리우스의 『아이네이스』, iv와 타소의 『해방된 예루살렘(Jerusalem Delivered)』 제16편 참조. 고대 그리스와 로마의 자료에 따르면, 디도는 카르타고의 건립자이자 최초의 여왕으로서, 주로 베르길리우스가 그의 서사시 『아이네이스』에서 제공한 설명을 통해 알려졌다. 몇몇 자료에 따르면 그녀는 엘리사로 불리기도 한다. 『해방된 예루살렘』은 16세기 이탈리아의 시인 타소(Tasso, 1544~1595)가 쓴 대서사시이다. 혹자는 타소를 호메로스에 비유하며 『해방된 예루살렘』을 현대판 『일리아드』라고 평가하기도 한다. 이 시는 기독교적 주제를 지니지만, 호메로스와 베르길리우스의 문체를 따르고 있다. 특히 공성 장면과 전투 장면은 『일리아드』와 흡사한 점이 많다.

107 역주: 키르케는 그리스 신화에 등장하는 마녀로서 전설의 섬 '아이아이에'에서 산다. 그녀는 각종 마술에 능하여 섬을 찾는 모든 이들을 짐승으로 만들었다. 트로이 전쟁이 끝나고 귀향하던 오디세우스가 이 섬에 들렀는데, 그녀는 그의 부하들을 모두 동물로 만들었다. 오디세우스는 헤르메스의 도움을 받아 키르케를 제압하고 부하들을 원래 모습으로 돌아오게 했다. 그런 과정에서 키르케는 오디세우스를 사랑하게 되었고, 그와 일행들을 1년간 섬에 붙들어 두었다. 마침내 오디세우스가 떠나게 되자 무사히 귀향할 수 있는 방법을 일러 주었다고 한다. 또한 칼립소는 그리스 신화에 나오는 님프이다. 전설의 섬 오기기아에 살았는데, 귀향하던 오디세우스는 강풍을 만나 홀로 이 섬에 표류하였다. 칼립소는 오디세우스를 사랑하여 7년 동안이나 놓아 주지 않았다. 오디세우스의 수호신 아테나는 올림포스산의 신들에게 오디세우스의 불행한 처지를 하소연하였고, 제우스는 헤르메스를 통해 칼립소에게 그를 놓아 줄 것을 명하였다. 칼립소는 이 말에 따라 오디세우스에게 돌아갈 뗏목을 만들어 주었다.

명의 피를 마시게 하며, [370] 삶에 목말라 그의 주위로 몰려드는 다른 혼령들을 칼로 내쫓는다. 여기서는 영웅이 아이네아스나 단테와는 달리 겸손하게 처신하지 않으니, 일체의 것은 그 자신에 의해 생생하게 발생한다. 이에 반해 베르길리우스의 경우에는 아이네아스가 정식으로 지하로 내려가며, 또한 층계, 케르베로스, 탄탈로스[108] 및 그 밖에 것들도 규격에 맞게 정돈된 살림살이와 같은 모습을 갖는바, 이는 마치 딱딱한 신화학 개요를 보는 듯하다. 서술되는 이야기가 기왕에 우리에게 잘 알려져 있어서 고유의 형식적 신선함도 없고 그 역사적 현실도 새롭지 않을 경우라면, 시인의 이러한 인위성은 그만큼 더 사태 자체에서 긷지 않은, 인공적으로 조작된 범작凡作으로서 우리 앞에 나타난다. 이러한 종류로는 예컨대 밀턴의 『실낙원』, 보트머의 『노아의 자손』, 클롭슈토크의 『메시아』, 볼테르의 『앙리아드』 등 다수가 있다. 이 모든 시들에서는 사건들, 인물들, 상태들을 서술하는 출발점인 시인의 반성과 내용 사이의 괴리가 부인될 수 없다. 예컨대 밀턴에게서는 현대적 판타지와 그의 시대의 도덕적 표상들에 근거하는 감정과 고찰들이 언제나 발견된다. 마찬가지로 클롭슈토크의 경우에도 우리는 한편에서는 하나님 아버지, 그리스도의 생애, 이스라엘 민족의 족장들, 천사들 등을, 다른 한편에서는 18세기 독일의 교양과 볼프 형이상학의 개념들을 발견하며, 또한 이러한 이중성은 모든 행들에서 인식된다. 물론 여기서는 내

---

108 역주: 케르베로스는 하데스의 개로도 불리며 머리가 셋에 뱀의 꼬리를 하고 있다. 저승 입구에 상주하면서 산 사람이 저승으로 들어오지 못하도록 철저히 지킨다. 탄탈로스는 그리스 신화의 인물로서 신들을 시험한 죄로 타르타로스에 떨어져 영원한 형벌을 받게 되었다. 타르타로스는 지하세계의 가장 밑에 있는 나락의 세계를 의미한다. 제우스의 노여움을 산 티탄이나, 대죄를 저지른 탄탈로스, 시시포스, 익시온 등과 같이 신을 모독하거나 반역한 인간들도 이곳에 떨어졌다고 한다. 이들 중 탄탈로스는 타르타로스의 연못에 서 있게 되었다. 물은 가슴까지 차오르고 머리 위에는 과일이 가득 열린 가지가 늘어졌는데, 물을 마시려 고개를 숙이면 물이 마르고, 과일을 따려고 손을 뻗으면 나뭇가지가 높이 올라가서 영원한 갈증과 배고픔에 시달리게 되었다.

용이 많은 어려움들을 지니는 것이 사실이다. 왜냐하면 하나님 아버지, 천국, 천사의 무리들은 호메로스의 신들과 달리 자유로운 판타지의 개별화에 그다지 적합하지 않기 때문이다. 반면 호메로스의 신들은 인간적 행위의 계기들이 아니라 독립적으로 서로 맞서는 개인들로서 등장할 경우가 있는데, 이때 그들은 —환상적인 아리오스토의 허구들이 일부 그렇듯이— 자신들의 외적 현상 속에서 동시에 이 현상을 웃어넘길 수 있는 것으로 만든다. 클롭슈토크는 종교관과 관련하여 근거 없는 세계 속으로 빠져드는바, 그는 이 세계를 밑도 끝도 없는 판타지의 찬란함으로 [371] 장식하며, 또한 이 경우 자신이 진지하게 생각하는 것이라면 우리 역시 진지하게 수용할 것을 요구한다. 특히 그의 천사들과 악마들의 경우가 최악이다. 이들의 행위의 소재가, 호메로스의 신들이 그렇듯이, 인간적 심정이나 그 밖의 현실에 근거한다면, 또한 그들이 예컨대 특정 인간의 고유한 수호신이나 수호천사로서, 한 도시의 수호성인으로서 가치를 갖는다면, 그러한 허구들은 여전히 약간의 의미내용을, 또한 개별적으로는 토착성을 가질 것이다. 그러나 그러한 구체적 의미를 벗어나 그들에게 진지한 실존이 할애된다면, 그럴수록 그들은 공허한 허구인 것으로 나타난다. 예컨대 참회하는 악마 아바도나는(『메시아』, 제2송가, 627~850행) 고정된 추상으로서의 악마인데, 이 추상 속에는 악덕이 덕으로 바뀌는 그런 불합리가 결코 없는 까닭에 그는 올바른 비유적 의의를 하등 갖지 못하며, 그의 형상이 내적으로 현실적, 구체적인 것도 아니다. 만일 아바도나가 인간이었더라면, 신에게로의 귀의가 정당화되었을 것이나, 개인적, 인간적 악이 아닌 사악함 그 자체에게는 [즉 아바도나에게는] 그러한 귀의란 것이 감정적, 도덕적 하찮음에 그칠 뿐이다. 클롭슈토크는 무엇보다 인물, 상태 그리고 사건들의 그러한 비현실적 허구들, 즉 현존하는 세계와 그 시적 의미내용에서 끌어낸 것이 아무것도 없는 허구들에 자족한다. 왜냐하면 궁정의 탐욕 등을 다루는 그의 도덕적 세계재판권으로는 그것이 최선이기 때문인바, 이는 완전히 다른 현실의 관점에서 그의 시대의 저명인사들을 지옥으로 보내는 단테와 현격하게 대조를 이룬다. 반면 클롭슈토크의 경우에는(『메시아』, 제11송가) 아담, 노아, 셈, 야벳 등과 같이 이미 신의 품에 안긴 영혼들이 가브리엘의 명령에 따라 자신들의 무덤을 다시 찾는데, 이러한 부활의 기쁨 역시 그 같은 시적 비현실성을 갖는다. 그것은 전혀 이성적인 것도, 자체로서 지지될 수 있는 것도 아니다. 영혼들은 신의 보살핌 속에 살았으며, 이제는 이승을 보고 있지만, 그들은 이승과 새로운 관계를 전혀 맺지 않는다. 고작 인간에 대한 [372] 그들의 헌신이 다가갈 법한 최선일 터이나, 이마저도 전혀 일어나지 않는다. 이 작품에 기실 아름다운 감응들, 사랑스러운 상황들이 없는 것이 아니며, 특히 영혼이 다시 신체를 얻는 순간은 매력적으로 서술되지만, 내용은 우리로서는 믿을 수 없는 허구에 머문다. 그러한 추상적 표상들과 대조적으로 오히려 호메로스에게서는 염소의 피를 마시는 그림자 유령들의 행동, 기억하고 말할 수 있는 존재로의 부활이 내면적, 시적 진리와 실제성을 갖는다. ─ 이러한 그림들은 클롭슈토크의 경우 판타지의 측면에서는 풍부하게 치장되어 있지만, 그럼에도 가장 본질적인 것은 항상 천사들 ─이들은 단순한 수단이자 봉사자로서 나타날 뿐이다─ 내지 이스라엘의 족장들, 그리고 기타 성서 인물들의 서정적 수사에 그치며, 게다가 그들의 말과 열변들은 우리가 기왕에 알고 있는 역사적 형태와 더할 나위 없이 불일치한다. 마르스, 아폴로, 전쟁, 지식 등의 힘들은 의미내용의 면에서 상존하는 위력들이다. 그들은 천사들과 같이 단순 허구적인 존재나 이스라엘 족장들과 같이 역사적 배경을 갖는 단순 역사적 인물들이 아니며, 또한 그 형태와 현상은 오직 시적으로만 제작될 수 있다. 『메시아』가 순수한 심정과 빛나는 상상력이라는 탁월한 요소를 다량 포함하는 것은 사실이다. 그러나 아무리 그렇다고 해도, 바로 이런 종류의 판타지를 통해 그 속에는 추상적으로 이해되는 무수히 많은 허점이 틈입하는데, 이것은 모종의 목적을 위해 의도적으로 끌어들인 것이어서 내용과 그 표상방식 사이의 단절을 야기했으며, 이에 따라 전체 시를 너무도 빨리 과거의 것으로 만들었을 뿐이다. 왜냐하면 서사시는 근원적인 삶과 작용을 내적인 단절 없이 근원적 방식으로 서술할 경우에만 생명을 가지며 또 자신을 유지하기 때문이다. 그러므로 우리가 민족들의 근원적 세계관, 이 위대한 정신적 자연사를 [373] 즐기고 탐구하고자 한다면, 우리는 근원적 서사시들을 지켜야 하며, 또한 현실적으로 통용되는 실상에 역행하는 관점들뿐만 아니라 무엇보다 잘못된 미학 이론과 요구들로부터도 벗어나야 한다. 우리는 최근의 독일 민족에게 그들이 이 목적의 달성을 위해 오성의 구습을 타파했음을, 그리고 제한된 견해들로부터의 해방을 통해 정신을 그러한 관점들에 민감하도록 만들었음을 소망할 수 있으며, 이는 하나의 행운이다. 이 관점들은 우리가 개인들로서 취해야만 하는 것이며, 과거에도 그랬지만 지금도 정당한 민족정신들로서의 자격을 갖춘 것이며, 그 의미와 행동은 서사시들을 통해 우리에게 노정되는 것이다.

c. 통일성이 충만한 총체성으로서의 서사시

지금까지 우리는 본격적 서사시에 부치는 특수한 요구사항들과 관련하여 보편적 세계 배경에 관해, 이 토대 위에서 진행되는 개별적 사건들, 신들과 운명의 인도하에 있는 행위하는 개인들에 관해 언급하였다. 그런데 이 두 가지 주요 계기는 하나의 동일한 서사적 전체로 결합해야 하는바, 이와 관련하여 나는 다만 아래의 사항들만을 비교적 자세히 다루고자 한다.

첫째는 객체의 총체성으로서, 이것은 특수한 행위와 그 실체적 토대의 연관성 때문에 서술되어야 한다.

둘째는 서정시 및 극시와는 다른 서사적 전개방식의 특징이다.

셋째는 구체적 통일성인데, 서사시는 그 내용이 광범위하게 분화됨에도 불구하고 내적으로 이러한 통일성으로 가다듬어져야 한다.

α) 이미 살펴보았듯이, 서사시의 내용은 개별적 행위가 발생하는 한 세계의 전체이다. 그런 까닭에 [첫째로] 여기에는 매우 다양한 대상들이 포함되며, 이에 속하는 것으로는 그 세계의 관점들, 행동들 그리고 상태들 등이 있다.

αα) 서정시도 특정한 상황들을 중시하며, 또한 이 상황들은 서정적 주관의 감응과 [374] 반성에 엄청나게 다양한 내용이 유입되는 것을 허용한다. 하지만 이 장르에서 기본 전형을 제공하는 것은 언제나 내면의 형식이며, 이미 이로써 이 형식은 외적 현실의 광범위한 가시화를 배제한다. 반대로 극시예술작품은 성격들과 행위 자체의 발생을 현실적으로 생생하게 상연하며, 따라서 여기서는 장소의 서술, 행위하는 인물들의 외형의 서술, 그리고 사건 자체의 서술이 애초에 배제되며, 또한 무릇 세계와 개인들의 실제적 상황 사이의 폭넓은 관계보다는 내적 동기와 목적들이 더욱 언급되어야 한다. 그러나 서사시에서는 행위의 근거가 되는 민족의 포괄적 현실 이외에도 내면적 요소와 외부적 요소가 공히 한 자리를 차지하며, 그리하여 여기서는 인간 현존재의 시에 산정될 수 있는 일체의 것이 총체적으로 분화된다. 인간 현존재의 시에 속하는 것으로는 자연환경이 —그것도 가령 행위가 벌어지는 임시의 특정 장소 따위뿐만 아니라 자연의 전체에 대한 관점 역시 포함하는 자연환경이— 있다. 예컨대 우리는, 이미 언급되었거니와, 『오디세이』로부터 호메로스시대의 그리스인들이 지구, 사방을 둘러싼 바다 등의 형태를 어떻게 생각했는지 알 수 있는 것이다. 그러나 이러한 자

연의 계기들은 주된 대상이 아니라 단순한 바탕이다. 왜냐하면 전체 신계의 현존재, 작용, 행위에 관한 표상이 한층 본질적인 것으로서 전개되기 때문이며 또한 그 사이에 인간적 요소 자체가 가정적이거나 공적인 상황들, 평시와 전시의 상황들, 도덕, 관습, 인물들, 사건들의 총체성 속에서 —그것도 항상 두 방향에서, 즉 개인적 사건이라는 방향과 민족의 현실 내에서 벌어지는 것과 같은 보편적 상태라는 방향에서— 끼어들기 때문이다. 이러한 정신적 내용과의 연관 속에서 드디어 외적 사건과 같은 것이 서술될 뿐만 아니라, 이에 발맞추어 [375] 내면의 감응들, 목적과 의도들, 정당하거나 부당한 개인적 행위도 우리에게 해명된다. 그런고로 여기서도 마찬가지로 서정시와 극시의 고유 소재가 배제되지는 않지만, 이것들은 서사시에서 전체 서술의 기본 형식을 제공하는 대신 단지 계기로서 유효해야 하며 또한 서사시의 고유한 특성을 탈색시켜서는 안 된다. 그러므로 예컨대 오시안의 경우처럼 만일 서정적 표현들이 작품의 기본 색채를 규정한다면, 혹은 그것들이 —이미 타소의 경우가 부분적으로 그렇고 또한 밀턴과 클롭슈토크의 경우가 특히 그렇지만— 시인이 제공할 수 있는 최상의 성과를 담은 부분으로 부각된다면, 이는 진정으로 서사적인 것이 아니다. 오히려 감응과 반성들도 외적 사건과 마찬가지로 기왕에 발생한 것, 이야기된 것, 사유된 것으로서 보고되어야 하며, 또한 담담하게 진행하는 서사적 어조를 해치지 말아야 한다. 그러므로 감응의 절규, 무릇 자신을 표현할 목적으로만 분출하는 내적 영혼의 자기 읊조림은 서사시에서 하등의 유희공간을 갖지 못한다. 못지않게 서사시는 극적 대화의 생동성도 거부한다. 왜냐하면 극적 대화에서는 개인들이 그들의 직접적 현재에 준해 대화를 이어 가며, 또한 주된 관점은 언제나 각자 확신을 갖고 서로에 대해 명하고 또 존중받으려 하는, 혹은 자신의 근거들을 열정적으로 내세움으로써 말하자면 서로를 누르려고 하는 인물들의 성격적 갑론을박에 머물기 때문이다.

ββ) 그런데 둘째, 서사시는 방금 언급한 다면적 내용을 순전히 독자적으로 현존하는 객관성 속에서 가시화하지 않는다. 오히려 서사시를 본연의 서사시로 만드는 형식은, 이미 누차 언급되었듯이, 개별적 사건이다. 내적으로 제한된 이 행위가 그 밖의 부수적 소재와 결합하려면, 이 한층 광범위한 권역은 [376] 개인적 사건의 발생으로부터 독자적으로 이탈해서는 안 되며 오히려 그것과 끊임없는 관계 속에 있어야 한다. 『오디세이』는 그러한 상호 엮임의 가장 아름다운 전형을 제공한다. 예컨대 그리스인들의 평화로운 가정, 야만적인 이민족들과 그 나라들에 관한 표상, 그림자의 영역에 관한 표상 등은 귀향하는 오디세우스의 개인적 방랑 및 아버지를 찾아 길을 나서는 텔레마코스의 개인적 원정과 매우 밀접하게 엮여 있으며, 그런 관계로 이 측면들 중 어느 하나도 본격적인 사건과 추상적으로 분리되거나 단독으로 이해되지 않는다. 또한 행위 없이 오직 보편적인 것만을 보여 주는 비극에서의 합창처럼 태만하게 자신 안에 물러나 있을 수도 없으며, 오히려 그것들은 사건들의 진척에 함께 관여한다. 이와 비슷하게 자연과 신계 역시 그 자체 때문이 아니라 특수한 행위에 대한 ―이 행위를 인도하는 것이 신들의 본분이다― 관계 속에서 비로소 개별적이며 생동성이 풍부한 표현을 얻는다. 오직 이 경우에만 이야기는 시인이 전체를 통일하는 소재로서 선택한 사건의 연속적 발생을 수미일관하게 보고하며, 또 그리하여 독립적 대상들의 단순한 묘사로서 나타남을 피할 수 있다. 그러나 이야기가 민족의 실체적 근거와 총체성 위에서 진행되기는 해도, 반대로 특수한 사건은 나름대로 거기에 지나치게 매이지 않아도 된다. 만일 그렇게 되면 그것은 일체의 독자적 실존을 상실하고 단지 봉사적인 것으로 나타날 수밖에 없을 것이기 때문이다. 이 관점에서 보면, 예컨대 알렉산더의 동방 원정은 참된 서사시에는 좋은 소재가 못 될 것이다. 왜냐하면 이 영웅의 활약은 이 하나의 개인으로서의 그에게 지나치게 의존하는 결단과 실행에서 기인

하는데, 그 활약은 오직 그의 개인적 정신과 성격을 통해 나타남으로써, 그리하여 민족적 기초, 군대 그리고 그 지휘관들에게는 앞에서 필연적인 것으로서 지적되었던 독립적 실존과 지위가 완전히 결여되어 있기 때문이다. 알렉산더의 군대는 오로지 그와 그의 명령에 결속된, 자유의지로 그를 따르는 대신 그에게 오로지 [377] 복종할 뿐인 그의 민족이다. 그러나 본연의 서사적 생동성이 야기되려면, 양 주요 측면들이, 즉 특수한 행위가 개인들 및 보편적 세계상태와 항상 매개되어 있어야 하되, 동시에 이 교호적 관계 속에서 개인은 자신이 독립적으로 현존재를 취하고 또 지니는 하나의 실존임을 주장해야 하며, 또 이를 위해 필수적인 독자성을 유지해야 한다.

γγ) 우리는 서사적, 실체적 토대로부터 개별적 행위가 성립하려면 무릇 그것은 충돌로 가득 차 있어야 한다는 점을 이미 요구하였으며, 또한 둘째로 이 보편적 기반이 오직 특정한 사건의 형식으로, 그리고 그 사건과 연관하여 나타나야 하는 것이지 독자적으로 나타나서는 안 됨을 보았다. 그러므로 우리는 전체 서사시의 출발점 역시 이러한 개별적 사건 속에서 찾을 수 있을 것이다. 이 점은 각별히 시의 출발상황들을 설정함에 있어 중요하다. 이 점에서도 우리는 『일리아드』[109]와 『오디세이』[110]를 전범으로 둘 수 있다. 전자에서는 트로이 전쟁이 일반적이면서도 생동적으로 함께 등장하는 배경이다. 그러나 우리에게는 이것이 오로지 아킬레우스의 분노와 결부된 특정 사건의 내부에서만 가시화되며, 그리하여 시는 매우 아름다운 명료성 속에서 주인공 영웅을 아가멤논에 대항하는 열정으로 자극하는 상황들과 더불어 시작한다. 『오디세이』에서는 두 가지의 상태, 즉 오디세우스의 방

---

109 역주: 『일리아드』는 트로이의 별칭인 일리오스(Ilios)에서 유래하였으며, '일리오스 이야기'라는 뜻이다. 10년간에 걸친 그리스군의 트로이 공격 중 마지막 해에 일어난 사건들을 노래한 서사시이다.
110 역주: '오디세우스의 노래'라는 뜻이다. 지리적 지식, 생활상태 등에 관한 묘사로 미루어 보아 이 작품은 『일리아드』보다 약간 뒤늦게 나온 것으로 추측된다.

랑과 이타카섬에서 발생한 가족 내부의 사건들이 출발의 소재를 제공한다. 호메로스는 먼저 귀향하는 영웅에 관해 칼립소가 그를 붙들었다는 점을 간략하게 보고하고 다음으로 즉시 페넬로페의 고난과 텔레마코스의 항해로 넘어감으로써 이 두 가지를 밀접하게 연결한다. 순탄치 못한 귀향을 가능하게 만들었던 것, 그리고 집에 남은 사람들에게 이 귀향을 필연적으로 만들었던 것, 우리는 이 두 가지를 한눈에 개관한다.

β) 그러한 출발에서 기인하여 이제 둘째, 서사시는 서정시 및 극시와 완전히 다른 방식으로 전개된다. [378]

αα) 이와 관련하여 살펴보아야 할 첫 번째 사항은 서사시의 갈래가 나누어지는 범위와 관련된 것인데, 그 근거는 서사시의 내용과 형식 모두에서 발견될 수 있다. 만개한 서사적 세계에는 다양한 대상들이 속한다는 사실을 우리는 방금 살펴보았다. 이것들은 그 세계의 내면적 힘들, 충동들일 수도 있고, 정신의 요구일 수도 있으며, 또한 외부의 상황 및 환경일 수도 있다. 이 모든 측면들은 객관성 내지 실제적 현상의 형식을 취하는 까닭에 그 각각은 자체로서 독자적인 내적, 외적 형상을 형성한다. 그리고 서사시인은 서술과 표현을 함에 있어서 이 형상에 머물며, 또한 그것이 외면성 속에서 전개되는 것을 허용한다. 반면 서정시는 자신이 포착한 일체의 것을 내면의 깊은 감정과 감응으로 응축하거나 반성의 총괄적 보편성으로 휘발시킨다. 객관성과 함께 다채롭고 풍부한 다양한 특징들이 직접적으로 분리된다. 이미 이로 인해 다른 장르에서는 그렇지 않지만 유독 서사시에서는 에피소드적인 것이 속박 없는 독자성의 가상으로까지 해방되다시피 한다. 하지만, 이미 언급했듯이, 현존하는 것 내지 현실적 실제성의 형식에서 얻는 즐거움이 특수한 행위 및 그 기반과 전혀 무관한 상태와 현상들을 함께 시에 수용할 정도로 과도하게 확장되어서는 안 되며, 심지어 에피소드들마저도 사건 진행과 연관하여 영향력 있는 것으로서 —설사 장애로서의 영향이

나 진행을 지연시키는 중간사건으로서의 영향일지라도— 증명되어야 한다. 그럼에도 불구하고 객관성의 형식으로 인해 서사시에서는 개별 부분들의 결합이 아주 느슨할 수 있다. 왜냐하면 객관적인 것 속에서는 매개가 내면의 즉자로 머물며, 반면 외부로 표출되는 것은 특수한 측면들의 독립적 실존이기 때문이다. 서사시가 개별 마디들의 엄격한 통일성 및 분명한 관계의 면에서 결함을 갖는다는 사실, 더구나 근원적 형상의 면에서 이른 시기에 [379] 생성되었다는 사실은 한편으로 서사시가 서정시 및 극시보다 한층 수월하게 후일의 첨삭을 허용하는 근거가 되며, 다른 한편 이미 일정한 예술적 수준으로 형태화된 개별적 영웅 전설들을 새로운 포괄적 전체 속에 특수한 측면들로서 편입시키는 근거가 된다.

ββ) 이제 둘째, 서사시에는 사건들의 전개와 흐름을 동기화하는 권한이 부여될 수 있는데, 그 방식이 어떤 것인지 살펴보자. 서사시는 발생하는 사건의 근거를 단지 주관적 기분이나 성격의 단순한 개별성으로부터 취해서도, 또 이로써 서정시와 극시의 고유 권역에 발을 들여서도 안 되며 오히려 이 점에서 역시 서사시의 기본 전형을 이루는 객관성의 형식을 지켜야 한다. 우리는 한편으로 서사시의 서술에서는 외적 환경들이 성격 내면에서 비롯하는 규정들보다 덜 중요한 것이 아님을 이미 누차 살펴보았다. 왜냐하면 서사시에서는 외적 요인의 필연성과 성격이 똑같은 강도로 병립하기 때문이다. 그러므로 서사적 개인은 그의 시적 개성이 손상을 입지 않을 경우에도 외적 환경들에 굴복하는 것으로 비칠 수 있다. 그리고 그의 행위는 제반 관계들의 결과일 수 있으며 또한 드라마에서는 배타적으로 행동하는 성격이 주도적으로 작용하지만, 서사시에서는 이 관계들이 그 자리를 대신한다. 특히 『오디세이』에서는 사건들의 진행이 거의 예외 없이 이런 식으로 유발된다. 중세적 소재를 노래하는 아리오스토의 작품 및 기타 서사시들의 모험담들도 마찬가지이다. 아이네아스를 로마의 시조로 규정하는 신

들의 명령과 그 명령의 이행을 광범위하게 펼치는 잡다한 사건들 역시 전혀 드라마적이지 않은 동기 유발의 방식이라고 할 것이다. 타소의 『해방된 예루살렘』도 비슷한 경우로서, 여기서는 사라센인들의 용감한 저항 이외에도 자연의 사건들이 여러 형태로 기독교 군대의 목적을 훼방한다. [380] 그와 같은 사례들은 대부분의 유명한 서사시들에서 적잖이 인용될 수 있다. 왜냐하면 바로 그러한 소재들에서는 이 서술방식이 가능할 뿐만 아니라 필연적이며, 그리하여 서사시인은 그것들을 선택할 수밖에 없기 때문이다.

결과가 개인들의 현실적 결단에서 비롯할 경우에도 동일한 것이 성립한다. 즉 드라마적 의미의 성격은 다른 개인들과 외물에 대해 자신을 주장하기 위해, 그의 목적 및 그를 일면적으로 영혼을 깃들게 하는 개인적 열정에 따라 제반 환경과 관계들을 이용하지만, 서사시는 이 점을 꼭 집어 언표해서는 안 된다. 서사적 개인은 그의 주관적 성격에 따르는 이 단순한 행위, 단순 주관적인 기분의 분출, 우연적 감정들의 분출을 배척하며, 오히려 역으로 한편으로는 제반 환경들과 그 현실을 준수하며, 다른 한편으로는 그를 움직이는 것, 즉자대자적으로 보편타당한 것, 인륜적인 것 등으로 존재해야 한다. 특히 호메로스는 이와 관련하여 수많은 고찰거리를 제공한다. 예컨대 헥토르의 죽음에 대한 헤쿠바[111]의 슬픔, 파트로클로스의 죽음에 대한 아킬레우스의 슬픔은 내용상 매우 서정적으로 취급됨 직도 하지만 서사적 어조를 벗어나지 않는다. 또한 예컨대 군주들의 회의석상에서 있었던 아가멤논과 아킬레우스의 언쟁, 헥토르와 안드로마케[112]의 이별 등은 드라마적 묘사에 어울릴 법하지만 호메로스는 이 상황들에서 드라마적 문체에 빠지지

111 역주: 트로이의 마지막 왕인 프리아모스의 왕비이자 헥토르의 어머니이다.
112 역주: 헥토르의 아내. 헥토르가 아킬레우스에 의해 죽고 트로이가 함락당한 후에는 아킬레우스의 아들 네오프톨레모스의 첩이 되었다.

않는다. 더군다나 예컨대 후자의 장면은 서사시가 제공할 수 있는 가장 아름다운 대목에 속한다. [실러의]『도둑 떼』에 나오는 아말리에와 카를의 대창對唱은 동일한 대상을 매우 서정적으로 취급하는데, 심지어 여기서도 여전히 『일리아드』의 서사적 어조가 들린다. 그러나 호메로스는 『일리아드』 제6권에서 헥토르가 집에서 안드로마케를 헛되이 찾는 장면, 그녀를 도중에 스케안 문(트로이의 주 성문) 앞에서 발견하는 장면, 그녀가 그에게로 급히 다가오는 장면, [381] 보모의 팔에 안긴 어린 아들을 조용히 미소 지으며 응시하는 그에게 다음과 같이 말하는 장면을 놀라운 서사적 효과와 더불어 서술한다.

비범한 자여, 당신의 용기는 당신을 해할 것이오, 그런데 당신은 어린 아이와 나를, 아케아인들이 몰려와 곧 당신을 죽일 것이기에 미구에 당신의 미망인이 될 불행한 여인을 가여워하지 않는군요. 그러나 나는 당신을 잃는다면 땅에 묻히는 편이 더 나을 것입니다. 당신이 운명에 쓰러진다면, 내게는 고통 말고는 어떠한 위로도 없습니다! 내게는 아버지도 고결한 어머니도 더 이상 없습니다.

그녀는 아킬레우스가 살해한 아버지와 일곱 형제들의 죽음, 어머니의 감금, 석방, 죽음에 관해 그 과정을 구구절절 이야기한다. 그리고서 그녀는 비로소 다시 헥토르를 쳐다보며 성탑 위에 머물 것을 간절히 청원하고, 또한 아이를 고아로 만들지 말고 부인인 그녀를 미망인으로 만들지 말아 달라고 읍소한다. 헥토르는 그녀에게 아주 비슷한 식으로 대답한다.

오 아내여, 나 역시 그 모든 것이 걱정이라오. 그러나 내가 여기서 겁쟁이처럼 전장을 피하기에는 트로이 사람들의 악평이 너무도 두렵다오.

나를 가게 만드는 것은 순간의 흥분이 아니오. 왜냐하면 나는 항상 용감하며, 아버지의 높은 명성과 나의 명성을 동시에 지키면서 선두의 트로이인들 사이에서 싸워 왔기 때문이오. 나 또한 성스러운 일리온,[113] 프리아모스, 그리고 창술에 정통한 왕의 민족이 멸망할 날이 올 것임을 마음으로 알고 있다오. 그러나 청동 내피를 두른 한 아케아인이 울고 있는 그대를 끌고 가서 그대에게서 자유의 날을 빼앗는다면, 그대가 아르고스에서 억지로 다른 사람의 물레를 돌리거나 힘들게 물을 나른다면, 그리고 강력한 필연성이 그대 위에 드리운다면, 그때 어떤 사람이 울고 있는 그대를 보고 이 자가 일리온이 멸망할 당시 트로이의 가장 용감한 전사인 헥토르의 아내라고 말한다면, 나는 트로이인들의 고통이나 헤쿠바 자신, 프리아모스, 그리고 적들 사이에서 전장의 먼지에 묻힐 친형제들의 고통을 걱정하기보다는 그대를 더욱 걱정할 것이오. 아마도 누군가는 그대에게는 그대의 노예 신세를 막아 줄 남편이 없다고 말할 것이며, [382] 그러면 비통함이 그대를 엄습할 것이오. 그러나 내가 그대의 외침과 그대의 압송에 관해 듣기 전에 대지는 나를 매장할지도 모른다오.

헥토르의 이 말은 감성이 풍부하고 감동적이되, 단순 서정적이거나 드라마적이지 않으며 오히려 서사적이다. 왜냐하면 그가 초안하는, 그리고 그 자신에게도 아픔으로 다가오는 고통의 그림은 한편으로 순수 객관적인 정황들을 표현하며 다른 한편 그를 추동하여 움직이게 만드는 것은 개인의 의지, 주관적 결단으로서 현상하는 대신 말하자면 그 자신의 목적과 의지가 아닌 하나의 필연성으로서 현상하기 때문이다. 피정복자들은 여러 정

---

113 역주: 트로이가 있던 지방.

황적 언급과 이유를 들어 승리한 영웅들에게 자신들의 목숨을 탄원하는데, 이것 역시 비슷한 서사적 감동을 지닌다. 왜냐하면 오직 정황들에서 유래하는, 오직 객관적 관계와 상황들이라는 모티브를 통해 감동을 주려고 시도하는 심정의 움직임은 드라마적인 것이 아니기 때문이다. 최근의 비극작가들도 이러한 효과방식을 종종 이용하기는 했다. 예컨대 영국 기사 몽고메리와 잔 다르크가 벌이는 전투 장면은(실러, 「오를레앙의 처녀」, 2막 6장) 세인들이 기왕에 올바르게 언급했듯이 서사적이 아니라 드라마적이다. 절체절명의 순간 기사의 모든 용기는 그를 떠나지만, 그럼에도 그는 비겁을 죽음으로써 벌하는 격노한 탈보트와 용감무쌍한 자들조차 물리친 잔 다르크에게 몰려 퇴로를 찾을 수가 없다. 그는 절규한다.

> 오, 바다 건너 이리로 오지 말았어야 했는데,
> 나는 불행한 자! 헛된 망상이 나를 우롱하는구나,
> 프랑켄 전쟁에서 싸구려 명예를 구하려는 망상이,
> 그리고 이제 죽음의 운명이 나를
> 이 피비린내 나는 살육의 전투로 이끄네. ─ 이곳에서 먼
> 꽃피는 세번강변의 고향
> 안전한 아버지의 집에 있었더라면, 비탄에 잠긴 어머니와
> 부드럽고 달콤한 신부가 그곳에서 나를 전송하였네. [383]

이것은 사내답지 못한 표현들이다. 이를 통해 드러나는 기사의 전체 모습은 본격적 서사시나 비극에 적합하지 않으며 오히려 희극에 어울린다. 잔 다르크가 "너는 죽을 것이다. 영국인 어머니가 너를 낳았다니!"라고 외치며 그를 향해 다가갈 때, 그는 칼과 방패를 내던지고 그녀의 발에 엎드려 목숨을 애걸한다. 이때 그는 그녀를 감동시키기 위해 그 이유를 장황하게

늘어놓는다. 그의 무방비상태, 그를 황금으로 석방시킬 아버지의 부, 잔 다르크가 처녀로서 갖는 여성의 온화함, 고향에서 눈물 흘리며 연인의 귀향을 고대하는 어여쁜 신부의 사랑, 집에 두고 온, 비탄에 잠긴 부모, 낯선 곳에서 슬퍼할 사람 없이 죽어야 하는 가혹한 운명 — 이 모든 모티브들은 이미 그 자체로 가치와 타당성을 갖는 객관적 관계들에 해당하며 또한 그 담담한 설명도 서사적 성격을 갖는다. 잔 다르크는 모든 영국인들의 무자비한 적으로 등장하며, 이 죽음을 부르는 증오를 위대한 수사로써 발설하며, 이로써 "전쟁의 신이 숙명적으로 내게 보낸 모든 살아 있는 자들을 이 칼로 죽이리라"는 결연한 맹세를 통해 신계를 지킬 의무를 정당화해야 한다. 그런 까닭에 드라마의 입장에서 보면 그녀는 그를 보는 즉시 주저 없이 죽였어야 했을 것이나, 시인은 그녀가 그의 말을 들어줄 수밖에 없는 정황을 서사적으로, 즉 목숨을 구걸하는 자의 무방비상태를 통해 외적으로 동기화한다. 만일 몽고메리가 비무장의 상태로 죽지는 않을 것이라는 점만을 그녀가 중시했다면, 그녀는 그의 말을 끝까지 들어주는 터라, 그는 목숨을 부지하기 위한 최상의 수단을 수중에 갖고 있었던 셈이다. 즉 그가 무기를 다시 잡지 않았더라면 그는 살았을 것이다. 하지만 그녀가 스스로도 죽임을 당할 수 있다며 목숨이라는 달콤한 전리품을 걸고 자신과 싸우자고 충동질했을 때, 그는 이에 응하여 다시 칼을 잡으며 그녀의 손에 죽임을 당한다. 이러한 장면의 진행은, 만일 광범위한 서사적 설명이 없었더라면, 드라마에 한층 적합했을 것이다. [384]

γγ) 셋째, 서사적 사건들은 보다 자세한 시적 가시화를 위해 외적으로 광범위해야 하며 또한 행위의 궁극적 결과로 이어져야 하는데, 우리는 그 시적 진행방식을 일반적으로, 특히 극시와 대비하여 다음과 같이 특징지을 수 있다. 서사적 표현은 객관적 현실과 내면의 상태들을 그릴 뿐만 아니라 이에 더해 대단원으로 향하는 길목에 여러 장애물을 설치할 수 있다. 특

히 이를 통해 서사시는 주된 목적의 실행에서 벗어나 여러 길로 들어서며
―반면 극시인은 주된 목적의 필연적 전개와 투쟁에서 눈을 떼어서는 안
된다― 또한 실로 이로써 다른 식으로는 언표될 수 없을 법한 세계상태의
총체성을 가시화하는 기회를 얻는다. 예컨대 『일리아드』는 무릇 그러한 장
애와 더불어 시작한다. 까닭인즉 호메로스는 곧바로 아폴로가 그리스군 진
영에 퍼뜨린 죽음의 병에 관해 이야기하며, 또한 아킬레우스와 아가멤논의
불화를 여기에 결부시키기 때문이다. 이 분노는 두 번째의 장애이다. 『오디
세이』에서는 더욱 그러하니, 율리시스는 매번 모험들을 넘겨야만 하며 또
한 이것들이 귀향을 지연시킨다. 그러나 직접적 진행을 ―그것도 대개는
장애가 되는 방식으로― 중단시키는 것은 주로 에피소드들이다. 예컨대 베
르길리우스의 경우에는 아이네아스의 난파와 디도를 향한 그의 사랑, 타소
의 경우에는 아르미다의 등장, 낭만적 서사시 전반에서는 개별 주인공들의
많은 독자적 사랑의 모험들이 그것이며, 급기야 아리오스토의 경우에는 그
모험들이 기독교인들과 사라센인들의 싸움을 완전히 무색하게 만들 정도
로 매우 다채롭고 다양하게 쌓이고 엮인다. 단테의 『신곡』에서는 진행을 방
해하는 장애들이 분명히 드러나지 않지만, 여기서는 일면 [지옥, 연옥 그리고
천국이라는] 각 단계들에서, 일면 많은 에피소드적인 작은 이야기들, 시인이
비교적 자세하게 보고하는 여러 저주받은 개인들과의 대화 [385] 등에서 서
술은 서사시처럼 천천히 진전한다.

이 면에서 무엇보다 필수적인 것은 목표를 향한 성급한 진행을 가로막
는 그러한 장애들이 외적 목적들에 적용되는 단순한 수단들로 보여서는 안
된다는 점이다. 서사적 세계는 보편적 상태를 기반으로 삼아 운동하며 또
한 이 상태는 자생적으로 만들어진 것으로 보일 경우에만 시에 적합하다.
보편적 상태가 이미 그럴진대, 전체 진행 역시 시인의 주관적 의도들을 드
러냄이 없이 제반 조건들과 근원적인 운명을 통해 자체적으로 성립해야 한

다. 게다가 객관성의 형식은 실제적 현상의 면에서뿐만 아니라 의미내용의 실체성과 관계해서도 전체 및 개별 부분들이 자신을 통해 독자적으로 현존할 것을 요구하는바, 이러한 요구가 고조될수록 그만큼 더 서사시의 전체 과정은 자체적으로 성립해야 한다. 그러나 만일 어떤 주도적 신계가 정점에 위치하여 그 손이 사건들을 조종한다면, 특히 이 경우 그러한 장애들은 대개 신들에 의해 야기되는 까닭에 시인 자신에게는 다시 신들에 대한 신선하고 선명한 믿음이 필수적이며, 그런고로 이러한 권능들이 단순히 생명 없는 기계장치로서 취급되는 곳에서는 신들에게서 출발하는 장애도 시인의 단순한 의도적 작위로 격하될 수밖에 없다.

γ) 서사시는 특수한 사건과 보편적, 민족적 세계상태를 서로 엮음으로써 대상들의 총체성을 전개한다. 우리는 이미 이러한 총체성을 간략하게 다루었으며, 다음으로 사건들의 흐름과 관련된 전개방식을 살펴보았던바, 이제[α), β)에 이어] 셋째로 서사적 작품의 통일성과 마무리를 문제시해야 할 것이다.

αα) 이것은 중요한 점이다. 기왕에 언급했듯이, 근래 사람들은 내킨다면 서사시를 임의로 끝낼 수도, 혹은 계속할 수도 있다고 생각하는데, 그럴수록 더더욱 중요한 점이다. 비록 [386] 이 견해가 예컨대 볼프[114]와 같은 총명하고 학식 있는 인물들에 의해 고쳐되었다고 해도, 그것은 적잖이 조야하고 야만적인 것으로 머무니, 까닭인즉 그것은 실상 아름답기 그지없는 서사시들에서 예술작품 본연의 특징을 박탈하는 것에 불과하기 때문이다. 왜냐하면 서사시는 완전히 내적으로 완결된, 그리고 이로써 비로소 독자적으로 존재하는 세계를 묘사하기 때문이며, 또한 오로지 이를 통해 무릇 자유로

---

114 역주: F. A. Wolf(1759~1824), 호메로스의 연구자. 그는 *Prolegomena ad Homerum*(1795)과 『일리아드』의 주석서를 발간했다.

운 예술의 작품으로 ―이 작품은 일면 산만한 현실 속에서, 일면 의존성, 원인, 효과 그리고 결과들의 끊임없는 점철 속에서 진행하는 현실과 구분된다― 존재하기 때문이다. 물론 본연의 근원적 서사시에서는 부분들의 초안과 구성, 에피소드들의 위치와 충실성, 비유방식 등에 대한 미적 판정이 주요 사안이 아니라는 점 정도는 시인될 수 있다. 왜냐하면 여기서는 세계관, 신들에 대한 믿음, 한마디로 그러한 민족경전들의 의미내용이 후일의 서정시나 예술적, 극시적 발전에서보다 더욱 중요하게 언급되어야 하기 때문이다. 그럼에도 불구하고 『라마야나』, 『일리아드』, 『오디세이』와 같은 민족의 지침서들도, 심지어 『니벨룽엔의 노래』마저도, 행위의 전체를 잘 마무리된 형태로 가시화하며, 또한 미와 예술의 관점에서 보면 오직 이것만이 그 작품들에게 예술작품으로서의 존엄과 자유를 부여한다. 따라서 본질적인 면에서 유일하게 문제시되는 것은 예술의 개념에 합당한 이러한 완결성을 발견하는 일이다.

ββ) 아주 일반적으로 보면 "통일성"은 비극에서조차 진부해진 용어로서, 오용의 소지가 다분하다. 왜냐하면 각각의 사건들은 동기와 결과의 면에서 무한히 연속하며, 그 특수한 환경들과 행동들의 연쇄는 과거와 미래 양편으로 가뭇없이 연장되며, 그 사건 속으로 진입하는 [387] 일체의 상태들과 기타 개별 사항들 및 이와 결부된 것으로 간주되는 모든 것이 특정되지 않기 때문이다. 오직 이러한 연쇄만을 염두에 둔다면, 서사시는 분명 앞뒤 양편으로 계속 노래될 것이며 또한 그 밖에도 에피소드들의 삽입을 위해 상시 개방된 기회를 제공할 것이다. 그러나 그러한 연쇄는 그야말로 산문적인 것을 형성한다. 그 실례로서는 그리스의 연작시인들이 있다. 이들은 트로이 전쟁의 전체 과정을 읊었으며, 그런 관계로 호메로스가 끝을 맺는 곳에서 계속 진행하였으며, 또한 레다의 알[115]에서 다시 시작하였다. 하지만 바로 그렇기 때문에 그들은 호메로스의 시들에 비하여 한층 산문적이 되었

다. 그뿐만 아니라, 기왕에 언급된 바이지만, 어떤 한 개인이 그 자체로서 유일한 중심점을 제공해서도 안 된다. 왜냐하면 서로 간에 사건들로서의 연관성이 없는 극히 다양한 사건들이 그에게서 시작될 수도, 또 그에게 닥칠 수도 있기 때문이다. 그러므로 우리는 다른 종류의 통일성을 둘러보아야 한다. 이 면에서 우리는 단순한 발생과 서사시에서 사건의 형식으로 이야기되는 특정한 행위의 차이를 확실히 해 두어야 한다. 모든 인간적 행동의 외적 측면과 현실이 이미 단순한 발생인바, 거기에는 특수한 목적의 실행이 들어 있을 필요가 없다. 그러한 발생은 무릇 현존재의 형상과 외관의 모든 외적 변화를 가리킨다. 한 사람에게 번개가 친다면, 이것은 단순한 발생이며 외적인 사고이다. 그러나 적대적 도시의 정복에는 그 이상의 것이, 즉 의도된 목적의 충족이란 것이 들어 있다. 내적으로 규정된 그러한 목적의 실례로는 사라센인과 이교도들의 굴레로부터의 성지의 해방, 혹은 좀더 좋은 실례로는 아킬레우스의 분노와 같은 특수한 충동의 만족이 있다. 시인이 오로지 [388] 이러한 자의식적 목적이나 특정한 충동에 적절하게 부합하는 것만을, 그리하여 그것과 내적으로 완결된 통일성을 이룰 수 있는 것만을 이야기할 때, 그러한 목적은 비로소 서사적 사건의 형상 속에서 서사시를 일이관지하는 통일성이 된다. 그런데 행위한다는 것, 그것을 관철한다는 것은 오로지 인간의 능력이며, 따라서 이 면에서 정점에 있는 자는 목적 및 충동과 하나가 된 개인이다. 이제 나아가 영웅적 성격이 목적과 충동을 유발하며, 그의 행위와 만족이 극히 특정한 상황들 및 동인들 아래서만 발현된다. 또한 이것들이 넓은 의미에서 연관될 뿐 이면에서는 서로 갈

---

115 역주: 레다는 스파르타의 왕 틴다레오스의 아내이다. 그녀는 백조로 변신한 제우스의 유혹을 받아 알을 낳았는데, 여기에서 헬레네가 태어났다. 헬레네는 후일 그리스 최고의 미녀로 자라나 메넬라오스의 아내가 되었는데, 파리스와 함께 트로이로 도주함으로써 트로이 전쟁의 실마리를 제공하였다.

라진다면, 그리고 목적의 실행이 앞으로의 진행 속에서 다시 잡다하게 결과들을 낳는다면, 물론 이로부터 특정 행위에 대해 한편으로는 다양한 전제들이 밝혀지고, 다른 한편으로는 다중적 후과들이 나타나지만, 그러나 이러한 것들은 바로 이 서술된 목적의 규정성과 하등 긴밀한 시적 관계를 맺지 않는다. 예컨대 아킬레우스의 분노는 이런 의미에서 헬레나의 탈취나 파리스의 분노와도 트로이의 현실적 정복과도 —비록 전자가 후자에 대해 전제로서 선행하였지만— 무관하다. 그러므로 만일 『일리아드』가 필연적 출발이나 적절한 결말을 갖지 않는다는 주장이 제기된다면, 이는 『일리아드』에서 노래되는 것, 따라서 통일점을 제공하는 것이 아킬레우스의 분노라는 점을 분명하게 통찰하지 못한 소치일 뿐이다. 이에 반해 만일 우리가 아킬레우스의 형상을 확고하게 안중에 두고, 또한 아가멤논을 통해 촉발된 그 분노를, 전편全篇을 관통하는 중심점으로서 내세운다면, 출발과 결말의 창안이 이보다 더 아름다울 수는 없다. 왜냐하면 출발을 이루는 것은, 이미 언급했듯이, 이 분노의 직접적 동인이며 또한 그 결과들은 앞으로의 진행 속에 포함되어 있기 때문이다. 이에 반대하여 하나의 의견이, 즉 그렇게 되면 마지막 부분의 노래들은 불필요할 뿐 아니라 생략되어도 괜찮았을 것이라고 주장하는 의견이 대두하였지만, 이 견해는 시에 대해 전혀 들어맞지 않는 것으로 증명되었다. 왜냐하면 아킬레우스가 스스로 [389] 배에 머물고 전투에 불참하는 것은 그의 언짢은 분노의 결과일 뿐인데, 이 무위無爲에 그리스군에 대한 트로이인들의 —이내 빼앗기고 마는— 우세 및 파트로클로스의 전투와 죽음이 결부되듯이, 그의 용감무쌍한 친구의 이 사례에도 고결한 아킬레우스의 분노와 복수, 그리고 헥토르에 대한 그의 승리와 밀접하게 결부되기 때문이다. 그러나 만일 우리가 헥토르의 죽음과 더불어 이미 모든 것이 끝나서 이제 사람들이 귀향할 수 있으리라고 믿는다면, 이는 그저 생각이 얼마나 조잡한지를 증명할 뿐이다. 죽음과 더불어 끝난 것은 자연으로서의 헥토르일 뿐, 인간으로서의 헥토르가 아니며, 죽은 영웅을 위해 장례의 명예를 요구하는 도덕과 인륜이 아니다. 그러므로 지금까지의 모든 이야기들에는 아름답기 그지없는 대단원을 위해 파트로클로스 무덤 앞에서의 경기, 마음을 흔드는 프리아모스의 간청, 헥토르에게도 죽은 자의 명예가 결여되지 않도록 아버지에게 아들의 시신을 돌려주는 아킬레우스의 화해가 만족스럽게 추가된다.

γγ) 전편의 서사시는 연관[문맥]과 마무리를 위한 거점을 필요로 한다. 그런데 앞서 거론한 방식에 따르면 그 거점은 의식된 목적들 및 영웅적 충동들에서 기인하는 개인의 특정한 행위가 될 것이나, 이리되면 서사적 통일성이 극시의 통일성에 지나치게 가까이 떠밀리는 것으로 비칠 수 있다. 왜냐하면 드라마의 중심점을 형성하는 것도 자의식적 목적과 성격에서 기인하는 특수한 행위 및 그 갈등이기 때문이다. 그러므로 서사시와 극시의 두 장르는 외관상 혼동되지만, 이마저 피하려면 우리는 행위와 사건의 차이에 관한 기왕의 언급을 재차 명심해야 할 것이다. 그뿐만 아니라 서사시가 특수한 행위의 경과를 설명할 경우에도, 서사적 관심은 특수한 행위 자체의 근거가 되는 성격들, 목적들 그리고 상황들에만 국한되지 않는다. 오히려 이 행위는 충돌과 해결 및 그 전체 진행을 위한 그 이상의 동기를 민족의 총화와 [390] 그 실체적 총체성의 내부에서 찾아야 하는바, 까닭인즉 이 총체성도 나름대로는 다양한 성격들, 상태들 및 사건들을 서술 속에 함께 끌어들이는 충분한 권리를 갖기 때문이다. 이 면에서 서사시의 마무리와 전체 구성은 특정 행위의 특수한 내용뿐만 아니라 세계관의 총체성에서도 기인하며, 또한 후자의 객관적 현실을 묘사하고자 기도한다. 그리고 서사적 통일성이 진정으로 완성되려면, 특수한 행위가 독립적으로 종결되어야 하며, 이 행위가 세계의 전체 권역에서 벌어지는 까닭에 행위의 진행 속에서 내적, 전체적 세계가 충실하게 총체적으로 가시화되어야 하며, 또한 그럼에도 이

두 주요 국면들이 생동적으로 매개되고 혼란 없이 통일되어야 한다.

　이것이 본격적 서사시와 관계하여 간략하게 제시될 수 있는 가장 본질적인 규정들이다. 그런데 이와 동일한 객관성의 형식은 또 다른, 즉 그 의미 내용이 순수한 객관성의 참된 의미를 내포하지 않는 대상들에도 적용되었다. 그러한 방계의 장르들은, 일체의 시들이 ―그리고 이 반쪽 장르들에 속하는 것도 모두 시이다― 빠짐없이 들어맞을 법한 분류를 이론가에게 요구할 경우, 그를 당혹에 빠뜨릴 수 있다. 하지만 참된 분류에서는 개념규정에 합당한 것에만 자리가 배당될 수 있다. 반면 내용이나 형식, 혹은 양자 모두에서 불완전하다고 판명된 것은, 그것이 있어야 할 바와 있는 바가 다른 까닭에, 개념화하기가 매우 어렵다. 즉 그러한 것은 사태의 본질이 무엇인지를, 진리의 면에서 현실이 어떠한지를 거의 규정하기 어렵다. 그러므로 나는 끝으로 본격적 서사시의 그러한 하위 곁가지들에 관해 다만 부록 삼아서 몇 가지를 첨언하고자 한다.

　이에 속하는 것으로는 무엇보다 근대적 의미의 전원시[목가시]가 있는데, 여기서 시는 정신적, 인륜적 삶의 보다 깊은 보편적 관심을 일절 도외시하며, 또한 [391] 인간을 천진난만하게 표현한다. 그러나 여기서 때묻지 않은 삶이라는 것은 먹고 마시기 이외에는, 그것도 아주 단순한 음식과 음료들, 예컨대 염소젖, 양젖 그리고 기껏해야 소젖, 약초, 뿌리채소, 도토리, 과일, 치즈 이외에는 어떤 것에 관해서도 알지 못함을 뜻한다. 빵은 이미 더 이상 완전히 전원적인 것이 아니라고 생각된다. 하지만 전원의 양치기 남정네와 여인네들은 그들의 가축이 신들에게 바쳐지는 것을 전혀 원치 않았을 것이기 때문에, 육류는 오히려 전원적인 것으로 허락될 수밖에 없었다. 그들의 일거리는 이 사랑스러운 가축들을 충견들과 더불어 온종일 지키며, 먹고 마실 것을 걱정하며, 여기에 더해 최대한의 감수성을 동원하여 이 고요하고 만족스러우면서 제 딴에는 경건하고 고즈넉한 감응들을 돋우고 소중히 여기며, 풀피리와 갈대피리 등을 불거나 무언가를 선창 내지 후창하며, 또한 특히 서로를 매우 다정하고 순진하게 사랑하는 것이다. — 이에 반해 그리스인들은 그들의 조형적 표현들 속에 한층 유쾌한 세계를 지니고 있었다. 바쿠스를 수행하는 사티로스[116]들과 파운들은 신의 환심을 사기 위해 악의 없이 노력하며, 또한 앞서 말한 가식적 무구함, 경건함 그리고 공허함과는 완전히 다른 생동성과 진리 속에서 동물적 본성을 인간적 희열로 고양한다. 생동적 직관의 그 같은 중핵은 —그것이 민족적 상태의 청신한 전형들에 적용될 경우— 그리스의 전원시인들에게서도 인식된다. 예컨대 그 일원인 테오크리투스는 어부와 양치기의 삶이라는 현실의 상황들에 머물기도 하고, 그런 유의 권역들에 대한 표현방식을 그 밖의 대상들로 전이시키기도 하며, 그러한 삶의 이미지들을 서사적으로 서술하거나 서정적 형식 내지 피상적 드라마 형식으로 다루기도 하는데, 그러한 중핵은 이 모든 경우에 인식되는 것이다. 베르길리우스의 전원시들만 해도 이미 삭막한 편이다. 그러나 가장 지루한 것은 오늘날 누구도 더 이상 읽지 않는 게스너인데, 프랑스인들이 한때 그에게서 대단한 취미를 발견하고 또 그를 최고의 독일 시인으로 [392] 간주했다는 사실은 불가사의이다. 그런데 이러한 편애에는 한편으로 삶의 소란과 착종들을 기피하면서도 뭔가 감동을 요구했던 그들의 감수성이, 다른 한편으로 우리 문화의 혼란스러운 기타 관계들의 진입을 막기 위해 참된 관심들마저도 완전히 비우려는 그들의 태도가 한몫했을 것이다.

다른 면에서 보면 이러한 방계 장르에는 반쯤은 서사적이고 반쯤은 서정적인 시들이 속하는바, 그것들은 영국인들에게 애호되었으며, 또한 주로 자

---

116 역주: Satyr. 그리스 신화에 나오는 반인반수인 목축의 신(사티로스)이다.

연, 계절 등을 대상으로 삼는다. 이 영역에 속하는 것으로는 겉모습은 시적으로 미화되었지만 내용은 산문적인 다양한 교훈시들, 물리학, 천문학, 의학, 체스, 낚시, 사냥, 연애기술의 개론서들도 있는바, 이것들은 이미 후기 그리스 시에서, 다음으로는 로마인들에게서 그리고 최근에는 특히 프랑스인들에게서 대단히 교묘하게 완성되었다. 이것들도 마찬가지로 어조는 서사적이며 보편적이지만 서정적으로 다루어지는 것이 다반사이다.

중세와 근대의 산물인 기사담騎士談, Romanze들과 담시譚詩, Ballade들은 분명 더욱 시적이지만 확실히 구분된 장르가 없는바, 그것들은 내용상 약간은 서사적이지만 반면 취급의 면에서는 대개 서정적이어서 때로는 이 장르에, 때로는 저 장르에 속하기도 한다.

근대적, 시민적 서사시인 소설의 경우는 사정이 완전히 다르다. 여기서는 한편으로 부, 다방면의 관심들, 상태들, 성격들, 삶의 제반 관계들, 세계라는 광범위한 배경 및 사건들의 서사적 서술이 완벽하게 재등장한다. 하지만 진정한 서사시가 출현하는 세계상태는 근원적으로 시적인데, 여기서는 이것이 결여되어 있다. 근대적 의미의 소설은 이미 산문적 질서의 현실을 전제하며, 다음으로 그 기반 위에서 자신의 권역 속에서 [393] ―사건들의 생동성과 관련해서뿐만 아니라 개인들 및 그들의 운명과 관련해서도― 시에게 그 잃어버린 권리를 이 전제에서 가능한 한 최대로 다시 얻어 준다. 그러므로 극히 일상적이며 소설에 최적인 충돌들 중 하나는 가슴의 시와 이에 대립적인 산문, 즉 제반 관계들과 외적 환경들의 우연이란 산문 사이에서 벌어지는 분쟁이다. 이러한 알력은 비극적 혹은 희극적으로 해결되거나, 아니면 처음에는 일상의 세계질서를 거스르는 성격들이 그 속에서 진정한 실체를 인정하는 법을 배우고, 그 제반 관계들과 화해하며, 그 속에 효과적으로 편입됨으로써, 그들의 작용과 실행에서 산문적 형상을 지우고 또한 이를 통해 미 내지 예술과 친밀한 혈연관계의 현실로 하여금 현금의 산문을 대신하게 함으로써 그 해결책을 발견한다. ─ 표현에 관해 보자면, 본격적 소설 역시 서사시와 마찬가지로 세계관과 인생관의 총체성을 요구하며, 그 다면적 소재와 의미내용은 개별적 사건의 내부에서 현상하는바, 바로 이 사건이 전체를 위한 중심점을 제공한다. 그런데 여기서는 이해와 제작의 세부사항과 관련하여 시인에게 큰 유희공간이 허락되어 있어야 하며, 그가 자신의 묘사들 속에 현실적 삶의 산문을 불가피하게 함께 끌어들일수록, 그에게는 그만큼 더 큰 유희공간이 허락되지만, 이를 통해 그 스스로가 산문적이며 일상적인 것에 머무는 것은 아니다.

3. 서사시의 발전사

우리가 기타 예술들을 고찰했던 방식을 반추해 볼 때, 건축에서는 예술정신의 여러 단계들이 처음부터 상징적, 고전적, 낭만적 건축이라는 역사적 발전 속에서 이해되었다. 이에 반하여 조각에 대해서는 이 고전적 예술의 개념과 [394] 딱 합치하는 그리스 조각이 본격적 중심점으로서 제시되었고, 이로부터 특수한 규정들이 전개되었으며, 또한 이로 인해 보다 세세한 역사적 고찰에는 적은 지면만이 할애되었을 뿐이다. 낭만적 예술의 특성과 관계해서는 회화가 비슷한 경우이지만, 회화는 내용의 개념과 그 개념을 표현하는 형식의 면에서 너나없이 중요한 여러 민족과 유파로 갈려 발전하였으므로 여기서는 보다 내실 있는 역사적 언급들이 필수적이었다. 음악의 경우에도 그와 같은 것이 요구될 수 있었겠으나, 나는 이 예술의 역사를 위해 타인의 쓸모 있는 사전작업들을 알지 못했을뿐더러 비교적 정확한 나름대로의 숙지도 부족했던 관계로, 나로서는 때때로 개별적, 역사적 암시들을 끼워 넣는 것 이외에는 다른 방도가 없었다. 이제 우리의 현재 대상인 서사시를 두고 보자면, 그것이 처한 사정은 얼추 조각의 경우와 비슷하다. 이 예술의 표현방식은 갖가지 종류들 및 인접종류들로 가지를 치며 또한 많은 시대와 민족들 너머로 확장되고 있다. 하지만 우리는 근원적 서사시가 그 완전한 형상임을 알게 되었으며 또한 이 장르의 최고의 예술적 실현을 그리스인들에게서 발견하였다. 왜냐하면 서사시는 실체적 의미내용의 면에서, 그리고 그 표현이 실제적 현상의 형식을 갖는다는 면에서 무릇 조각의 조형성 및 객관성과 더할 나위 없는 내적 친화성을 갖기 때문이며, 그리하여 조각뿐만 아니라 서사시 역시 그리스인들에게서 바로 이 능가할 수 없는 근원적 완성을 보았다는 사실을 우리는 우연으로 간주할 수 없기 때문이다. 그런데 시의 권역에는 모든 민족들이 포함되며, 또한 서사시는 정녕 민족적 의미내용의 실체적 핵심을 가시화하는 관계로, 여기서는 세계사적 발전이 [395] 조각에서보다 더욱 큰 중요성을 갖는다. 그런 까닭에 예의 정점의 앞뒤에 놓인 여러 발전 단계들은 이를테면 부수적이거나 하찮은 것이 아니며 오히려 서사시를 위해 필연적인 것이다.

그러므로 우리는 서사적 시예술의, 좀 더 자세히 말해 서사시의 전체를 본질적으로 다음의 세 단계로 나눌 수 있는데, 이것들은 전반적으로 예술의 발전과정을 구성한다.

첫째는 상징적 유형을 중심으로 삼는 동방의 서사시이다.

둘째는 그리스인들의 고전적 서사시와 로마인들에게서 보이는 그 모방이다.

마지막으로 셋째는 기독교 민족들의 내부에서 나타난 서사적, 낭만적 시의 풍성한 다면적 전개이다. 그런데 이 민족들은 처음에는 게르만적 이단으로 등장하며, 또 다른 면에서는 본래의 중세기사시를 제외한 다른 권역에서 다시 고대가 때로는 취미와 표현의 정화를 위한 도야의 보편

이제 우리는 개별적 서사시들에 관한 언급으로 넘어갈 텐데, 나는 여기
서 가장 중요한 것만을 강조할 것이며, 또한 이 전체 고찰에 부여되는 공간
과 가치는 무릇 간략한 개략적 조망을 넘지 않을 것이다.

a. 동방의 서사시

이미 살펴보았듯이, 동방인들은 실체적 직관방식, 즉 개별적 의식을 유
일의 전체 속으로 흡수시키는 방식에 보다 가까이 있으며, 그런 까닭에 그
들에게는 시예술이 한층 본원적이다. 그 결과 시의 세부적 장르의 면에서
보면 극시의 진정한 발전에는 모름지기 개인적 성격, 목적들, 충돌들의 독
자성이 요구되지만 동방의 서사시에서는 주관이 이런 독자성으로 나타날
수 없다. 그러므로 우리가 여기서 마주치는 가장 본질적인 시들은 [396] ―사
랑스럽고 향기롭고 우아한, 혹은 언표할 수 없는 유일의 신을 염원하는 서
정시를 예외로 하면― 그 범위가 필히 서사시의 장르에 국한되지만, 그럼
에도 본격적 서사시들은 단지 인도인과 페르시아인들에게서 발견될 뿐이
며, 그마저 이들의 경우에도 거대한 규모의 것만이 발견될 뿐이다.

α) 이에 반해 중국인들에게는 민족적 서사시라는 것이 없다. 왜냐하면
그들의 직관은 최초의 역사적 출발점들에서조차 산문적으로 규제된 역사
적 현실이라는 사실본위의 형식을 낳기 때문이며, 이러한 산문적 기본 특
징과 본격적 예술형상화의 접근을 불허하는 종교적 표상들이 애초부터 극
복할 수 없는 장애로서 최고의 서사적 장르들을 가로막기 때문이다. 그러
나 우리는 그 대신 후일의 작은 이야기들과 광범위한 줄거리의 소설들이

풍성하게 발전되었음을 발견하는바, 이것들은 갖가지 상황들의 명료한 가시화, 공사公私관계들의 정확한 설명, 다양성, 섬세함, 때로는 특히 여성적 성격의 매력적 상냥함, 내적으로 완성된 이 작품들의 전체적 예술성 등으로 인해 놀람을 금치 못하게 만든다.

β) 인도의 서사시들에서는 완전히 상반된 세계가 우리에게 열린다. 현재로서는 베다가 출처인 것으로 알려진 몇 안 되는 서사시들에 준거하여 판단하자면, 이미 매우 이른 시기의 종교적 직관들이 서사적으로 풍부하게 서술될 수 있는 신화의 싹을 포함하며, 또한 이것은 벌써 기원전 수 세기에 ―자세한 연대는 여전히 매우 불확실하다― 인간의 영웅적 행동들로 가지를 쳐서 실제 서사시들로 발전된다. 그러나 이 서사시들은 반쯤은 여전히 순수 종교적 입장 위에, 그리고 겨우 반쯤만 자유로운 시와 예술의 입장 위에 서 있다. 이 시들 중에서 가장 유명한 것은 『라마야나』와 『마하바라타』인데, 특히 이 두 가지는 인도인들의 세계관을 한편으로는 대단한 찬란함과 장엄함, 혼돈, 환상적 비현실성, [397] 혼미 속에서 제시하며, 다른 한편으로는 이 정신적, 식물적 본성들의 탐닉적 사랑스러움, 그들의 감응과 심정의 개별적이며 섬세한 특징들 속에서 제시한다. 전설적, 인간적 행동들은 신의 화신들의 행위들로 확장되며, 이들의 행동은 신적 본성과 인간적 본성 사이에서 모호하게 부유하고 개별적 인물들과 행동들의 제한성은 무궁무진하게 갈래 진다. 작품 전체의 실체적 기초는 서구적 세계관이 ―만일 이것이 자유와 인륜성이라는 한층 높은 요구들을 단호히 지킨다면― 그 속에서 정당화될 수도 없고 그것과 동조할 수도 없는 종류의 것이다. 시의 개별 부분들의 통일성은 대단히 느슨하며, 또한 매우 광범위한 층위의 에피소드들은 신들의 역사, 금욕적 고행과 이를 통해 얻은 능력에 관한 이야기들, 철학적 교설과 체계에 관해 지어낸 설명들, 그 밖의 기타 다양한 내용들과 더불어 전체 맥락을 대단히 벗어나는 관계로, 그것들은 훗날 보내어진 것으

로 이따금 이야기될 정도이다. 그러나 이 위대한 시들을 창출한 정신은 시종일관 하나의 판타지를 증언한다. 그것은 산문적 발전에 선행하며, 무릇 산문적으로 사색하는 오성에는 결단코 불가능하고, 인도적 의식의 기본 방향들을 근원적 서사시 속에서 즉자적인 총체적 세계종합으로서 형상화할 수 있었던 판타지이다. 이에 반해 엄격한 의미에서 푸라나스[117]로 불리는 후일의 서사시들은 오히려 우리가 호메로스 이후의 역사시인들에게서 발견하는 바와 비슷한 방식으로, 즉 한 특정한 신의 신화 권역에 속하는 모든 것을 비교적 산문적으로 건조하게 나열하며, 또한 세계와 신들의 생성에서 시작하여 긴 과정을 거쳐 인간적 영웅들과 군주들의 계보로 하강하는 방식으로 나타난다. 이리하여 마지막에는 한편 고대 신화들의 서사적 핵심은 [398] 끝내 아지랑이처럼 흩어져서 외적인 시적 형식 및 시적 어투의 작위적 우아함으로 변하며, 다른 한편 경이로움 속을 꿈처럼 활보하는 판타지는 도덕과 삶의 요령의 습득을 최우선 과제로 삼는 우화적 지혜로 변한다.

γ) 동방 서사시의 세 번째 권역에는 히브리인, 아랍인, 그리고 페르시아인들이 도열해 있다.

αα) 유대의 판타지는 그 창조의 표상, 부족장들의 이야기, 사막 유랑의 이야기, 가나안 정복의 이야기, 기타 민족적 사건들의 진행 속에서 숭고성을 보여 준다. 이러한 숭고성은 간결하게 가시화되고, 자연에 충실한 이해를 보여 주며, 또한 이와 더불어 근원적 서사시의 요소들을 다분히 갖지만, 여기서는 종교적 관심이 너무도 우세하여 본격적 서사시 대신 종교적, 시적 전설들 내지 이야기들, 교훈적, 종교적 이야기들이 나타날 뿐이다.

ββ) 그러나 아랍인들은 애당초 시적 본성을 타고났으며, 또한 진즉부터

---

117 역주: Purana. 인도의 신화 성시집(聖詩集)을 의미한다. 이 성시집들은 출현 시기가 앞의 두 서사시들보다 수 세기 늦으며, A.D. 800년경에 나타난 것으로 추정된다.

진정한 시인으로 있어 왔다. 서정적으로 노래하는, 그리고 부분적으로 예언자[모하메드]보다 앞선 세기에 출현한 영웅가곡집 『무알라카트』[118]는 이미 때로는 무시로 돌출하는 대담성과 과시적 광포함으로, 또 때로는 사려 깊은 평온함과 은근한 부드러움으로 아직 이교도였던 아랍인들의 본원적 상태들, 즉 일가의 명예, 복수의 백열, 손님 환대, 사랑, 모험의 희열, 선행, 슬픔, 동경 따위를 사그라지지 않는 힘과 스페인 기사도의 낭만적 특성을 생각나게 하는 특징들 속에서 묘사한다. 동방에서는 이것이 진정한 시의 효시이다. 여기에는 공상과 산문이 없으며, 신화가 없으며, 신들, 악령들, 마신들, 요정들 그리고 기타 동방의 귀신들이 없다. 오히려 여기에는 견실하고 자의식적인 인물들이 등장하는데, 이들은, 비록 드물긴 하지만, 이미지와 비유의 면에서 경이롭고 유희적이며, 그러하되 인간적, 현실적이며 또한 내적으로 단호하다. [399] 후일 수집된 하마사Hamasa의 시들과 아직 편집되지 않은 후다일리트Hudailit의 디반들Diwans[119]은 영웅세계에 관한 비슷한 관점을 우리에게 제공하고 있다. 하지만 계속적으로 확장된 아랍 이슬람교도들의 성공적 정복 이후 이러한 근원적 영웅성은 점차 소실되고 또한 수 세기가 경과하면서 서사시의 분야에는 부분적으로 교훈적 우화들과 흥미로운 금언집들이, 부분적으로 『천일야화』에서 보이는 바와 같은 동화적 이야기들 내지 여러 모험담들이 자리를 잡는다. 그리고 뤼케르트는 단어의 음향과 압운, 느낌과 의미의 면에서 재치 있으면서도 기교적으로 유희하는 하리리의 『무알라카트』를 번역함으로써 이 모험담들에 관한 고맙기 그지없는

---

118 역주: *Muallakat*. 이 책은 이슬람교 이전에 나타난 시들의 모음집으로서, 유목아랍인들(베두인)의 사막생활을 묘사하고 있다. 8세기에 하마드 알 라위아가 편찬하였다.

119 역주: 하마사는 용맹이란 뜻으로 여기서는 이 제목의 시집을 가리키며, 디반은 단일 시인의 선집 혹은 그의 전체 작품집을 의미하며, 후다일리트는 아랍의 한 종족으로서 6~7세기에 뛰어난 시인들을 많이 배출했다.

관점을 우리에게 마련해 주었다.

YY) 이와 반대로 페르시아 시의 전성기는 그들의 언어와 민족성이 이슬람교를 통해 이미 새로운 문화로 변형되었던 시기에 속한다. 그런데 우리는 즉각 매우 아름다운 이 전성기의 출발점에서 적어도 소재의 면에서 아주 먼 과거의 고대 페르시아 전설과 신화들을 다시 이용하는, 그리고 영웅시대를 관통하여 사산왕조 최후의 날들에 이르는 모든 이야기를 섭렵하는 하나의 서사시를 만난다. 이 광범위한 작품이 바로 『샤나마*Shahnama*』[열왕기]인데, 이것은 투스 출신의 정원사 아들 피르다우시[120]가 『바스타나마*Bastanama*』에 의거하여 쓴 작품이다.[121] 하지만 이 시도 본격적 서사시로 불릴 수는 없을 터, 까닭인즉 그 중심에는 개별적으로 완결된 행위가 없기 때문이다. 여러 세기가 바뀌는 까닭에 의관은 시대적으로나 지역적으로나 정해진 것이 없으며, 특히 상고의 신화적 인물들과 혼연하고 불투명한 전통들은 판타지의 세계 속에서 부유하며, 또한 우리는 비교적 모호한 그 서술에서 문제시되는 것이 무엇인지를, 인물들인지 아니면 전체 종족들인지를 종종 알지 못하며, 그런가 하면 다른 한편에서는 다시 현실적, 역사적 인물들이 등장한다. 시인은 이슬람교도로서 그의 소재들을 다룸에 있어 비교적 자유로웠을 것이나, 바로 [400] 이 자유 속에서 그에게는 아랍인들의 근원적 영웅찬가들을 뛰어난 것으로 만들었던 개인적 구상의 확고함이 결여되어 있으며, 또한 동시에 오래전에 몰락한 전설세계로부터 멀리 떨어짐으로써 그에게는 민족적 서사시에 모름지기 필수적인 직접적 생명력의 신선한 숨결이 사라지고 없다. ― 페르시아인들의 서사시는 추후의 발전 속에서 때

---

120 역주: Firdausi. Abul Karim Mansur(940~1020)를 가리킴

121 역주: A. J. Arberry에 의하면(*Classical Persian Literature*, London, 1958, 43쪽 참조) 그는 정원사가 아니라 지주였다. Arberry는 피르다우시가 아부 만수르의 산문 『샤나마』를 주로 참작했다고 첨언하며 따라서 『바스타나마』는 잘못된 언급일 수 있다.

로는 매우 부드럽고 대단히 달콤한 사랑의 서사시들로 확장되는데, 이 점에서는 니사미Nisami[1141~1202]가 특히 유명하며, 때로는 풍부한 삶의 경험과 더불어 교훈적인 것으로 전향하는데, 이 점에서는 먼 곳을 여행한 사디Saadi[1184~1291]가 대가였으며, 또한 종국에는 범신론적 신비주의로 빠지는데, 잘랄 알 딘 알 루미Jalāl al-Dīn al-Rūmi[1207~1273]는 이야기와 전설적 서술들 등을 통해 이것을 가르치고 또 추천했다.

나는 여기서는 이러한 간략한 언급들로써 만족할 것이다.

b. 그리스와 로마의 고전적 서사시

이제 둘째, 우리를 진정한 서사적 예술세계로 처음 인도하는 것은 그리스와 로마인들의 시이다.

α) 그러한 서사시에 속하는 [상고기의] 것으로는 무엇보다 호메로스의 서사시들이 있는데, 나는 위에서 이미 이것들을 압권으로 간주하였다.

αα) 사람들이 무슨 말을 하든 간에, 이 시들은 하나하나가 내적으로 대단히 완성된 것이자 매우 분명하고 섬세한 전체이다. 그런 까닭에 그것들은 개별 음유시인들에 의해 끊임없이 불리고 계승되어 온 것에 불과하다는 의견이 있지만, 내가 볼 때는 이 의견마저도 그것들에게 묘사의 전체 기조가 민족적, 사실적인 것은 물론이거니와 심지어 그 개별 부분들 역시 각각 자체로서 하나의 전체로 보일 정도로 대단히 잘 가다듬어져 있다는 마땅한 찬사를 부여할 뿐이다. — 동방에서는 실체성과 보편성에 치중하는 견해가 여전히 성격들의 개별성, 그 목적들 및 사건들의 개별성을 상징적 혹은 교훈적으로 왜곡하고, 또 이를 통해 전체의 분류와 통일성 [401] 역시 다소 모호하고 느슨하게 만든다면, 우리는 이 시들의 세계가 처음으로 인륜성이라는 삶의 보편적 근거들과 —여기에는 가족, 국가 그리고 종교적 신앙이 속한다— 성격의 개별적 특수성 사이에서 아름답게 부유하며, 정신과 자연, 목

적적 행위와 외적 사건들, 과업들의 민족적 기반과 개인적 의도들 내지 행동들 사이에서 아름답게 균형을 이루고 있다는 것을 발견한다. 그리고 개별 영웅들이 아무리 자신들의 자유롭고 생동적인 활동을 주도하는 것처럼 보일지라도, 이것은 다시 목적들의 규정성과 운명의 진지함을 통해 비중이 경감되며, 그런 관계로 전체 서술은 우리에게도 여전히 서사시의 권역에서 향유, 애호될 수 있는 최고봉으로서 간주되어야 한다. 왜냐하면 본래 인간인 이 영웅들은 용맹하고 정당하고 고결하며, 또한 신들과 대립하거나 그들에게서 도움을 받기도 하는데, 우리는 그러한 신들을 의미의 면에서 인정해야 하며, 또한 신들 고유의 인간적 이미지를 다시 밝게 즐기도록 만드는 소박하기 그지없는 예술을 통해 그들이 현상하는 모습에서 필히 만족을 얻기 때문이다.

ββ) 하지만 트로이 전쟁을 읊은 호메로스 이후의 서사시인들[122]은 이러한 순수 서사시적 표현에서 점점 멀어진다. 왜냐하면 그들은 한편으로는 민족적 세계관의 총체성을 오히려 특수한 국면들과 방향들로 분할하며, 다른 한편으로는 개별적 행위의 시적 통일성과 완결성을 고수하는 대신 발단에서 종결에 이르는 사건의 완전성이나 인물의 통일성에 집착하며, 또한 급기야 서사시를 역사적인 경향으로, 즉 편년체의 역사 서술로 끌고 가기 때문이다.

γγ) 마지막으로 알렉산더 시대 이후의 후기 서사시는 때로는 비교적 협소한 목가적 권역을 지향하며, 때로는 본연의 시적 서사시보다는 오히려 현학적이며 인위적인 서사시 내지 교훈시들을 양산할 뿐인바, 이러한 교훈

---

122 역주: 이들은 통칭 Zyklische Dichter(Cyclic Poets)라고 불린다. 이들에 대해서 알려진 바는 거의 없지만 『일리아드』가 50일에 걸친 트로이 전쟁의 특정 기간을 대상으로 삼는 반면, 이들의 시는 전체 전쟁의 순환(cycle)을 서술한다. Cyclic Poets라는 명칭도 여기에서 유래하였다. 오늘날 학자들에 따르면 호메로스는 B.C. 8세기경에 살았으며 이들은 대략 B.C. 7세기에서 5세기에 걸쳐 살았다고 한다.

시들은 이 전체 권역이 그렇듯 [402] 근원적이며 선입견 없는 신선함에서 점점 더 멀어진다.

β) 둘째, 그리스 서사시의 경우에는 이러한 특색이 종반에 나타나지만, 로마인들의 경우에는 처음부터 지배적이었다. 그러므로 사람들이 최근 제아무리 로마의 상고사를 민족적 서사시들을 통해 풀어 보려는 노력을 기울이더라도, 여기서 호메로스의 시들과 같은 서사시의 경전을 찾는 것은 헛된 일이다. 이에 반해 본격적 예술서사시의 —『아이네아스』는 가장 아름다운 그 산물로 간주된다— 곁에서 역사적 서사시와 교훈시가 아주 일찍부터 발전하였다. 이 점은 특히 로마인들은 반쯤은 산문적인 시 영역의 발전에 소질을 보였다는 증거로 통용되며, 그러한즉 그들은 특히 풍자를 본향의 장르로 삼고 그 완성을 기하였다.

c. 낭만적 서사시

그런즉 새로운 숨결과 정신은 오직 새로운 민족들의 세계관과 종교적 신념, 그들의 행동과 운명들을 통해서만 서사시에 도입될 수 있었다. 게르만 민족들과 —이 경우에는 그들이 이교도로 있었던 초기와 기독교로 개종한 이후의 시기가 모두 포함된다— 라틴 민족들이 이에 해당하는데, 이 민족집단들이 분화되어 갈수록, 그리고 기독교적 세계관과 현실의 원리가 점점 더 다양한 단계들로 전개될수록 그러한 서사시는 점점 더 풍성하게 되었다. 하지만 이러한 확장은 복잡하게 얽혀 있어 그 간략한 개관이 대단히 어려운 까닭에 나는 여기서 주요 경향들만을 다음의 순서에 따라 언급할 것이다.

α) 우리는 새로운 민족들이 기독교로 개종하기 이전에 지은, 대부분 구전되어 온 까닭에 원형대로 보존되었다고 할 수 없는 일체의 시적 유물들을 첫 번째 그룹에 포함시킬 수 있다.

여기에는 특히 오시안의 작품으로 치부되는 시들이 속한다. [403] 몽매한 인사들이 이 작품들을 맥퍼슨[123]의 작업으로 본 적도 있었으니, 예컨대 존슨[124]이나 쇼[125]와 같은 영국의 유명 비평가들이 그들이다. 그렇지만 여기에는 필경 근원적 시들이 기저에 깔려 있으며, 따라서 아무리 그것들에서 언표되는 전체 어조, 표상, 그리고 감응방식이 현대로 향하는 수백 년의 흐름 속에서 많이 바뀌었다고는 하나, 오늘날의 시인이 그러한 고대의 민족상태들과 사건들을 자신으로부터 긷는 것은 결단코 불가능하다.[126] 왜냐하면 그 시들의 시대는 확증되지 않았지만, 그것들은 족히 천 년 내지 천오백 년 동안 민족의 입에 회자되었기 때문이다. 그 시들의 전체 자세는 얼핏 서정성에 지배되는 듯 보인다. 늙고 눈먼 가인歌人이자 영웅인 오시안은 쓰라린 회상 속에서 영광의 날들을 자신 앞에 떠올린다. 하지만 그의 노래들이 회한과 슬픔에서 출발하기는 해도, 그것들은 못지않게 의미내용의 면에서 다시 서사적으로 머문다. 왜냐하면 이러한 한탄들은 지나간 것을 문제시하기 때문이며, 비록 서정시가 중간에 끼어들기는 하지만, 이제 막 과거가 된 세계, 그 영웅들, 정사情事, 활동들, 육지와 바다를 건너는 원정들, 사랑, 전쟁의 행운, 운명과 몰락을 마치 아킬레우스, 오디세우스 혹은 디오메데스와 같은 호메로스의 영웅들이 그들의 활동들, 사건들 그리고 운명들을 이야기하듯 서사적, 사실적으로 묘사하기 때문이다. 그러나 비록 가슴과 심정이 비교적 깊은 역할을 맡기는 해도, 감응과 민족의 전체 현실은 호메로스의 경우

---

123 역주: James Macpherson(1736~1796), 스코틀랜드의 시인. 그는 예부터 구전되어 온 게일어 자료들을 수집하고 번역하여 1760년부터 출간하였다. 오시안은 그가 수집한 일군의 서사시들의 가인(歌人)이며 동시에 그 저자인 것으로도 이야기된다.

124 Samuel Johnson(1709~1784), 영국의 저술가.

125 William Shaw(1749~1831), 영국의 학자. 게일어-영어 사전(1780)의 저자.

126 역주: 참조 D. S. Thomson, *The Gaelic Sources of Macpherson's 'Ossian'*(1952).

처럼 그렇게 광범위하게 정신적으로 전개되지 않는다. 특히 결여되어 있는 것은 인물들의 확고한 조형성과 대낮같이 명료한 가시화이다. 왜냐하면 우리는 이미 지역적으로 북쪽의 폭풍우 잦은 안개의 땅으로, 칙칙한 하늘과 짙은 구름의 땅으로 내쫓겼기 때문이며, 또한 정령들은 이 구름들을 타고 다니거나 [404] 혹은 외진 황야에서 구름형태의 옷을 입고 영웅들에게 현신하기 때문이다. — 그 밖에도 고대 게일어[127]로 된 또 다른 방랑시인의 노래들이 최근 발견되었다. 이 노래들은 스코틀랜드나 아일랜드가 아니라 잉글랜드의 웨일스에서 불렸는데, 여기서는 켈트족 음유시인의 노래가 부단히 계승되었으며 또한 일찍이 많은 것이 글로 수록되었다. 이 시들에서는 무엇보다 아메리카로의 이주가 이야기되고 있다. 그리고 시저의 원정도 언급되고 있는데, 그 근거에는 그가 갈리아 지방에서 보았던, 그러나 그 후 잉글랜드로 귀국한 한 왕녀에 대한 사랑이 깔려 있다. 특기할 만한 형식으로는 삼제가三題歌[128]를 들 수 있는데, 이것은 발생 시기가 서로 다른 세 가지의 비슷한 사건들을 언제나 세 지절들로 묶는 고유의 구성을 갖는다.

끝으로 이 시들보다 더욱 유명한 것으로는 옛 에다[129]에 수록된 영웅의

---

127 역주: 게일어(켈트어)는 한때 유럽 전역에서 쓰였으나 현재는 거의 사멸되었으며 아일랜드, 스코틀랜드 그리고 웨일스에서 일부 쓰이고 있다. 웨일스의 전통적 이야기, 시 그리고 구전을 담은 중세 웨일스어 문서들이 오늘날 남아 있다.

128 역주: Triade. 이것은 웨일스 중세문학의 독특한 형식이다.

129 역주: 원래 『에다』는 12세기 아이슬란드 시인이며 역사가인 스노리 스툴루손(1179~1241)이 고시의 감상법과 작시법의 지도를 위해 쓴 책을 가리켰다. 그런데 1643년 아이슬란드의 교회에서 옛 서정시를 모은 사본이 발견되었다. 이 사본은 스노리의 『에다』의 원본으로 간주되며, 세문드가 그 편자로 지목되었으므로, '세문드의 에다' 또는 '시(詩)의 에다', '옛 에다' 등으로 불린다. 이에 반해 종전의 『에다』는 '신에다', '스노리의 에다', '산문 에다' 등으로 불린다. 이로써 에다에는 두 종류가 있는데, 현재는 에다 또는 에다 시편이라고 하면 후자를 뜻하는 경우가 많다. 고대 서사시는 그 후에도 발견되어 현재는 장단(長短) 40편 정도가 있는데, 이들을 총칭하여 『에다 시』라고 한다. 이 시들은 8, 9세기부터 12세기 무렵까지의 작품으로, 게르만족의 고시로는 가장 고체(古體)이며, 그 수도 많고 내용도 풍부하여 세계 문학의 보배로 여겨진다. 소재의 면에서 이것들은 3종으로 나뉜다. 첫째는 신화시(神話詩)로서 북유럽신화에 나오는 신들의 여러 업적들을 노래

노래들과 신화들이 있는데, 우리는 이 신화들과 더불어 처음으로 이 [낭만적 서사시의] 권역에서 인간 운명의 이야기 이외에도 다양한 기원사들, 신들의 행동과 몰락의 역사들을 만난다. 그러나 황당무계하고 지루한 이야기들, 특칭적, 인간적 형상과 용모로 묘사되는 자연적, 상징적 근거들, 해머를 들고 있는 토르신, 늑대인간, 끔찍한 꿀술 술고래, 한마디로 이 신화의 야만성과 혼탁한 복잡성에서 나는 어떠한 흥취도 찾을 수가 없었다. 전적으로 북구적인 이러한 본성이 예컨대 페르시아나 이슬람교 일반의 시보다 민족성의 면에서 우리와 한층 가까운 것은 사실이지만, 우리의 현재 문화에서 이것이 지금도 여전히 우리들의 한층 깊은 토착적 공감을 요청할 수 있음을, 그리고 우리에게는 무언가 민족적인 것이어야만 함을 자처하려 든다면, 여러 가지로 무리한 이 시도는 부분적으로 형편없고 야만적인 예의 표상들의 가치를 과대평가하는 것이며, 또한 우리들 자신의 현재가 갖는 감각과 정신을 완전히 곡해하는 것이다.

β) 이제 둘째, 기독교적 중세의 [405] 서사시를 살펴봄에 있어, 우리는 우선 고대 문학과 문화로부터 직접적, 결정적 영향을 받지 않은 작품들, 즉 중세 및 정착된 가톨릭의 신선한 정신으로부터 산출된 작품들을 각별히 주목해야 한다. 이와 관련해서 우리는 매우 다양한 요소들이 서사시들에게 내용과 동인을 제공하고 있음을 발견한다.

αα) 나는 첫째, 순수 서사적 의미내용을 갖는 소재들, 즉 아직은 단순 민족적인 중세적 관심, 행동 그리고 성격들을 포괄하는 소재들을 간략히 다룰 것이다. 여기서는 무엇보다 시드가 거론된다. 스페인인들은 이 민족적,

---

한 것이다. 둘째는 잠언시(箴言詩), 수수께끼 시 등의 부류인데 오딘 신의 작품이라고 한다. 셋째는 영웅시인데 이것은 민족 이동 시대의 영웅들을 다루었다. 이 작품들은 모두 게르만 고시 특유의 두운(頭韻)을 사용하였는데, 거칠기는 하나 간결하고 힘이 있으며, 그리스도교의 영향을 받지 않고 이교도적 정신을 표현하는 것이 특징이다.

중세적 영웅정신의 정수가 그들에게 의미했던 바를 시드라는 시문 속에서 서사적으로, 그리고 후일에는 일련의 서사적인 기사담들 속에서 다소간 매력적이고 탁월하게 보여 주었는데, 헤르더는 이 이야기들을 독일에 소개하였다. 그것은 진주들을 꿰는 끈으로서, 진주들 각각은 그 자체로서 확실하게 완성된 그림이면서도 그 모두는 서로 어울려 하나의 전체로 연결되며, 또한 기사도의 의의와 정신을 철저히 지니면서도 동시에 스페인의 민족적 특성을 갖는다. 그것은 의미내용이 풍부하며 또한 사랑, 결혼, 가족의 자부심, 명예, 무어인에 대항하는 기독교인의 전쟁, 그 전쟁에 임한 국왕의 통치라는 다방면의 흥밋거리들로 가득 차 있다. 이 모든 것은 극히 서사적, 조형적이어서 사태 자체는 순수하고 고결한 내용으로 우리 앞에 나타나지만, 대단히 고상하고 풍부한 인간적 장면들과 더불어 ―이것들은 매우 훌륭한 행동들을 개진하는 동시에 매력적이고 아름답기 그지없는 하나의 화환을 이룬다― 나타나며, 그런 까닭에 우리 현대인들은 그것을 고대의 가장 뛰어난 아름다움에 비견해도 무방할 것이다.

이 기사담騎士談의 세계는 단편들로 쪼개져 있지만 기본 전형의 면에서는 서사적인 세계이다. 그리고 『니벨룽엔의 노래』는 『일리아드』나 『오디세이』와 비교될 수 없음은 물론이거니와 이 세계와도 비교될 바가 못 된다. 왜냐하면 이 소중하고 순수 게르만적인 독일 작품에서 비록 가족, 부부애, 신하된 도리, 주군에 대한 충성, 영웅적 기질, 그리고 내면의 힘 등과 연관된 민족적, 실체적 의미내용이 없는 것은 아니로되, [406] 이 모든 서사적 외연에도 불구하고 전체적 충돌은 완벽히 서사적이라기보다는 오히려 비극적이기 때문이며, 또한 서술은 상세하기는 해도 개인적 풍부함이나 진정 생동적인 가시성으로 나아가지 않거나 종종 가혹, 야만 그리고 잔혹 속을 헤매기 때문이며, 이에 반해 성격들은 강하고 그 행위가 힘찬 것으로 현상하지만 그렇더라도 그들의 추상적 거칢은 무엇보다 호메로스의 영웅들과 여인들이 갖는 인간적으로 잘 가다듬어진 정신적 개인에 비교되기보다는 오히려 거친 목각에 더욱 가까운 것으로 보이기 때문이다.

ββ) 두 번째 주요 요소를 이루는 것으로는 예수, 마리아, 사도들과 성자들, 순교자들, 최후의 심판 등의 이야기를 내용으로 삼는 중세의 종교적 시들이 있다. 이 영역에서는 단연 단테의 『신곡』이 내적으로 가장 견실하고 풍부한 작품이자 가톨릭적 중세의 본격적 서사시이며, 가장 위대한 소재이자 시이다. 그런데 이 시는 가히 체계적이라 할 정도로 엄격하게 규제되어 있지만 우리는 이것 역시 일상적 의미에서의 [상고기의] 서사시로 부를 수는 없을 터, 까닭인즉 여기에는 전체의 폭넓은 기반 위에서 진행하는, 개별적으로 완결된 행위가 결여되어 있기 때문이다. 하지만 그럼에도 불구하고 바로 이 서사시는 대단히 확고한 지절화와 마무리를 거의 완전하게 구비하고 있다. 그것은 특수한 사건 대신에 영원한 행위, 절대적 궁극목적, 불멸의 사건과 불변의 국면 속에 있는 신의 사랑을 대상으로 삼으며, 지옥, 연옥, 그리고 천국을 그 현장으로 삼는다. 또한 그것은 이제 인간적 행위와 고난의 생생한 세계, 좀 더 자세히 말해, 개인의 행동과 운명들의 세계를 이 불변의 현존재 속에 침잠시킨다. 여기서는 개체적이며 특수한 일체의 인간적 관심과 목적들이 궁극목적과 만물의 목표의 절대적 위대함 앞에서 스러진다. 그러나 동시에 보통은 극히 일과적, 순간적인 현실세계의 요소들이 [407] 가장 깊은 내면에서 객관적으로 구명究明되고, 가장 높은 개념인 신을 통해 가치와 무가치가 판별되며, 또 이를 통해 완벽히 서사적으로 존재한다. 왜냐하면 개인들은 충동과 고난, 의도와 실행 속에 있었지만, 여기서는 그들이 영원히 있는 그대로, 청동상들처럼 변함없는 모습으로 제시되기 때문이다. 이런 식으로 이 시는 가장 객관적인 삶의 총체성, 즉 지옥, 연옥 그리고 천국의 영원한 상태를 포괄한다. 그리고 현실세계의 인물들은 이 파괴될 수 없는 근거 위에서 그들의 특수한 성격에 따라 움직인다. 혹은 더 정확히

말해 그들은 그 위에서 움직였으며 또한 이제는 자신의 행위 및 존재와 더불어 영원한 정의의 심판 속에서 응고되고 또 영원히 그렇게 존재한다. 호메로스의 영웅들은 뮤즈를 통해 우리의 기억 속에 영속한다. 여기서는 시인의 므네모시네[130]를 통한 영속화가 객관적인 것으로, 신의 고유한 판단으로 간주되며, 또한 당대의 가장 용감한 정신은 신의 이름으로 전체 현재와 과거를 저주 내지 축복한다. 반면 앞의 성격들은 그들의 상태를 자신들의 개성을 통해 독자적으로 산출했으며, 또한 우리의 표상에 영원한 것이 아니라 즉자 자체로서 영원한 것이다. 그리고 이 성격들이 독자적으로 이미 완결된 대상일진대, 표현도 이에 준해야 한다. 표현은 다만 영원히 고정된 영역들[즉 지옥, 연옥 그리고 천국]을 이동할 뿐이니, 비록 이 영역들이 헤시오도스와 호메로스가 그들의 신들을 그릴 때 사용했던 바로 그 판타지의 자유에 의해 고안, 설치되고 또 거주자들로 채워졌다고는 하나, 그럼에도 표현은 그것들 자체의 본모습에 관한 그림과 보고를 제공해야 한다. 그 그림은 격하게 움직이되 고통으로 조형된 모습, 경직되고 끔찍하게 비춰지되 단테 자신의 측은지심과 더불어 완화된 모습을 지옥에서 보여 주며, 그보다는 완화되어 있지만 여전히 그런 모습을 연옥에서 충분히 잘 드러내며, 마지막으로 천국에서는 빛처럼 환하며 언제나 형상 없는 영원한 사상을 보여 준다. 가톨릭 시인의 이 세계 속에서 고대가 간취되는 것은 사실이지만, 교설과 교리가 문제시될 경우에는 오직 스콜라주의의 기독교신학과 사랑만이 발언권을 갖는 까닭에 그것은 인간적 지혜와 문화를 인도하는 별이자 동반자의 자격에 그칠 뿐이다. [408]

---

130 역주: 여기서 므네모시네(Mnemosyne)는 기억을 의미한다. 원래 기억을 주관하는 티탄족 여신인 그녀는 제우스와의 사이에서 칼리오페를 비롯한 9명의 뮤즈를 낳았다. 뮤즈는 올림포스산의 축제에서 기억력에 의존하여 음악을 연주했다.

γγ) 중세의 서사시가 활동하는 제3의 주요 영역으로서는 기사도를 들 수 있다. 이것은 사랑의 모험과 명예를 건 투쟁이라는 세속의 낭만적 내용을 갖기도 하며 또한 종교적 목적들과 더불어 기독기사도의 신비로 파생되기도 한다. 여기서 벌어지는 행위와 사건들은 민족적 관심들과 무관하다. 그것들은 개인의 행동들이며, 또한 이 행동들은, 내가 위에서 이미 낭만적 기사도를 다루면서 서술하였듯이, 주관 그 자체를 내용으로 삼을 뿐이다. 물론 이를 통해 개인들은 충분한 독립성을 누리며 자유롭게 존재하고 또한 아직 산문적 질서로 고착되지 않은 세계환경의 내부에서 새로운 영웅성을 형성하는 것이 사실이지만, 이 영웅성은 한편 그 종교적, 판타지적 관심과 다른 한편 세속적 측면에서의 순수 주관적, 상상적 관심에도 불구하고 실체적 실제성을 ―그리스 영웅들은 이 토대 위에서 집단적 혹은 개별적으로 싸우며, 또한 승리 혹은 몰락한다― 결여하고 있다. 그러므로 이 내용이 제아무리 다양한 서사적 표현을 위해 동인을 제공하였을지라도, 그러한 소재로부터 출현할 수 있는 상황들, 갈등들 그리고 분규들의 모험성은 기사담의 일종으로 취급되어 이야기의 많은 개별 장절들이 보다 엄밀한 통일성으로 엮이지 않거나 소설풍의 ―그러나 아직은 확립된 시민적 질서와 산문적 세상사의 기초 위에서 움직이지 않는― 작품으로 이끌린다. 그럼에도 불구하고 판타지는 기타의 현실에서 완전히 벗어난 기사도적 영웅상과 모험을 고안하지 않으며, 그것에 만족하지도 않으며, 그들의 행동들을 탁월한 역사적 인물들이나 시대의 결정적 전투들과 같은 위대한 전설적 중심점들에 결부시키며, 이로써 최소한 아주 일반적인 면에서는 서사시에 불가결한 기본을 유지한다. 그러나 이러한 기본들마저도 대개는 다시 판타지적인 것으로 옮겨 가며 또한 [409] 명료하게 상술된, 호메로스의 서사시를 압권의 작품으로 만드는 객관적 가시성을 얻지 못한다. 그 밖에도 프랑스인, 영국인, 독일인들, 그리고 부분적으로 스페인인들 역시, 동일한 소재를 비슷한 식으로

다루는데, 여기서는 이러한 유사성으로 인해 인도인, 페르시아인, 그리스인, 켈트인들에게서 내용과 표현의 확고한 서사적 핵심을 형성했던 고유의 민족적 요소가 적어도 상대적으로 제거된다. ― 하지만 나는 여기서 개별 작품들을 좀 더 자세하게 성격 짓고 판정하는 일에 관여할 처지가 못 되며, 그런 관계로 이 기사 서사시들의 백미가 소재의 면에서 섭렵하는 영역들을 다소 광범위하게 거론하는 일에 그칠 것이다.

첫 번째의 주요 형상은 사라센인들 및 이교도들에 대해 전투를 치른 카를 대제와 그의 12용사[131]들에 의해 제공된다. 봉건적 기사도의 주요 기반은 이 프랑크족의 전설의 영역에서 형성되며 또한 다양한 시들로 분기分岐되는 데, 예가령 12용사에 속하는 롤랑의, 혹은 돌린 폰 마인츠[132]를 비롯한 12용사의 행적들이 그 가장 빼어난 소재를 이루고 있다. 특히 프랑스에서는 필립 아우구스투스의 통치기에 이러한 서사시가 많이 지어졌다. ― 두 번째 전설의 영역은 영국에서 발원하며 아서왕과 원탁의 기사들의 행적들을 대상으로 한다. 여기서는 전설적 이야기들, 앵글로-노르만의 기사도, 여성을 위한 헌신, 신하로서의 충정이 알레고리적인 기독교 신비와 모호하면서도 환상적으로 혼합된다. 왜냐하면 모든 기사 행적들의 주요 목적은 그리스도의 성스러운 피를 담은 용기인 성배의 수색에 있으며, 이를 둘러싸고 여러 모험들이 기기묘묘하게 직조되며, 또 마지막에는 모든 동지가 요한 신부를 찾아 아비시니아로 달아나기 때문이다. 이 두 가지 소재는 특히 북프랑스, 영국 그리고 독일에서 가장 풍성하게 전개되었다. ― 마지막으로 기사시의 제3의 권역은 별반 의미내용이 없이 기사의 영웅성을 한껏 과장한다. 이 시

---

131 역주: 프랑크 왕국의 카를(혹은 샤를마뉴) 대제를 따르는, 롤랑(오를란도)를 비롯한 기사(Paladin)에 관한 전설 속 주인공들을 뜻한다.
132 역주: 이 인물을 제목으로 한 알힝어(B. v. Alxinger)의 작품(*Doolin von Mainz*, 1787)이 있다.

들은 비교적 자의적으로 요정의 세계와 동방의 환상적 표상들 속을 거니는데, [410] 포르투갈과 스페인에서 처음 성립한 것으로 생각되며 또한 아마디스[133]의 많은 친척을 주요 영웅들로 삼는다.

[기사도의 형상으로] 둘째, 한층 산문적, 추상적인 것으로는 특히 13세기의 북프랑스에서 애호되었던 알레고리적인 장시長詩들이 있는데, 나는 그 사례로서 유명한 『장미설화』[134] 정도를 들 것이다. 우리는 이 시들과 나란히 많은 에피소드들, 파블리오와 콩트[135]라고 불리는 비교적 긴 이야기들을 대립물로서 들 수 있는데, 이것들은 그 소재를 오히려 목하의 현실에서 취했으며 또한 기사, 성직자, 도시의 시민들, 무엇보다 사랑과 명예의 실패담들을 희극적이거나 비극적인 어조로, 산문적이거나 운문적으로 개진한다. 보카치오의 세련된 정신은 이 장르를 가장 순수한 방식으로 완성하였다.

끝으로 마지막 [세 번째] 부류는 호메로스와 베르길리우스의 서사시 및 고대의 전설과 이야기들에 대한 엉성한 지식과 더불어 고대인들로 향하며, 또한 기사 서사시의 방식을 고수하면서 트로이 전쟁의 영웅들의 활약들, 아이네아스에 의한 로마의 건국, 알렉산더 대제의 모험 등도 노래한다.

중세의 서사시와 관련해서는 이 정도면 충분할 것이다.

γ) 나는 이제 세 번째 주요 장르를 논할 것인데, 내용이 풍부하고 영향이 지속적인 고전문학연구는 이 속에서 신문화의 한층 순수한 예술취미가 출

---

133 역주: 『아마디스 데 가울라』. 스페인 혹은 포르투갈의 기사 이야기로서, 아마디스의 아들, 조카들, 그리고 손자가 겪은 모험담들을 연작형식으로 엮고 있다. 가르시 로드리게스 데 몬탈보(Garci Rodriguez de Montalvo)의 작품이며 1504년부터 1580년대 중반까지 30회가 넘는 재판(再版)을 기록하였다.

134 역주: 『장미설화(Roman de la Rose)』는 사랑하는 여인의 상징인 장미에 관한 꿈 이야기이다. 이것은 일종의 사상의 교사, 교양의 보고이며, 르네상스시대까지 널리 읽히고, 또 개작, 번역되었다. 특히 영국 시인 G. 초서의 번역이 유명하다.

135 역주: 파블리오(fabliaux)는 중세 프랑스의 우스꽝스럽고 점잖지 못한 우화시를, 콩트(conte)는 중세의 설화를 뜻한다.

발함을 보여 준다. 하지만 우리는 인도인, 아랍인, 호메로스 그리고 중세에 대해서는 근원적 창조를 감탄해 마지않으나, 이것들을 학습, 체득하고 녹여 내는 새로운 문화의 작업에 대해서는 종종 그러한 창조를 아쉬워한다. 이 시기는 과학이 부활하고 그 영향이 민족문학에 미치던 시기이며, 이때부터 현실은 종교, 국가형태, 도덕, 사회적 관계 등에서 다방면의 발전을 통해 전 진한다. [411] 이러한 발전을 맞이하여 이제 서사시도 무수한 종류의 내용과 매우 다양한 형식들을 취하는데, 우리는 그 역사적 과정을 몇몇 본질적인 특징들로 간략하게 소급할 수 있다. 이와 관련해서는 다음의 차이점들이 주요하게 부각된다.

αα) 첫째, 서사시의 소재들은, 비록 새로운 —그러나 고대인들을 향념(向 ⑩)하는 문화에 매료된— 정신 속에서 이해, 표현되기는 해도, 그 출처를 종 래와 다름없이 여전히 중세에 둔다. 여기서 서사시는 주로 두 방향으로 움 직인다.

즉 한편으로 시대를 앞서가는 의식은 이미 현실은 민족의 상태와 관심들 을 한층 풍부하게 열어 주고 있다는 생각, 그런 까닭에 이 현실의 내부에서 는 중세적 모험들의 자의적 요소, 기사도의 환상적, 과장적 요소, 영웅들의 독립성과 주관적 개체성이라는 형식적 요소가 웃음거리로 된다는 생각, 따 라서 이 전체 세계는 —그 속에서 [중세의] 여운이 아무리 편애되고 진지하 게 부각되더라도— 희극적으로 가시화된다는 생각으로 필히 이끌린다. 나 는 이미 앞에서(제2권, 232쪽 이하) 전체 기사도에 대한 이러한 명민한 이해의 정점으로서 아리오스토와 세르반테스를 내세웠으므로, 이제는 그들의 빛 나는 솜씨, 매력과 기지, 사랑스러움과 힘찬 순수성만을 주목하고자 한다. 아리오스토의 시는 여전히 중세시의 목적들 한가운데서 움직이지만, 그는 사랑스러움 및 순수성과 더불어 어리석고 황당한 사건들을 통해 [중세의] 판 타지적 요소를 속에서부터 은밀하고 익살맞게 해체했으며, 반면 세르반테스의 한층 깊이 있는 소설은 기사도를 이미 하나의 지나간 과거사로서, 그렇기 때문에 삶의 현재와 현실적 산문 속으로 들어온다면 고립적인 허구와 환상적 광기가 될 수밖에 없는 것으로서 본다. 그러나 이에 못지않게 그 허구와 광기는 위대하고 고결한 측면들을 가지며 또 이 면에서 그것들은 때로는 현금의 산문적 현실의 졸렬함과 어리석음을, 때로는 그 무분별과 [412] 하찮음을 넘어서서 그 결함들을 생생하게 가시화하기도 한다.

두 번째 방향의 대변자로서 나는 그들만큼이나 유명해진 타소를 드는 데에 그칠 것이다. 우리는 그의 『해방된 예루살렘』에서 성묘聖廟의 해방, 십자군 원정의 정복과 순례라는 기독기사단 공동의 위대한 목적이 아리오스토의 작품과는 달리 전혀 희극적 분위기가 첨가되지 않고 중심점으로 선택되었음을, 그리고 호메로스와 베르길리우스의 모범에 따라 영감, 노력 그리고 연구와 더불어 그 모범들 자체와 비견되는 하나의 예술적 서사시가 성립되었음을 본다. 또한 우리는 여기서 물론 하나의 현실적인 ―부분적으로는 민족적이며 성스러운― 관심 이외에도, 이미 앞에서 요구된 바와 같이, 일종의 전체적 통일성, 전개, 마무리를, 그리고 마찬가지로 지금도 민족의 입속에 살아 있는 운율적 어휘들로 된 연聯들의 기분 좋은 울림을 발견하지만, 그럼에도 정작 이 시에는 무엇보다 그것을 전체 민족의 기본서로 만들 법한 근원성이 결여되어 있다. 즉 본격적 서사시로서의 작품은, 호메로스의 경우가 그러한데, 민족적 행동들의 모든 본질에 대해 어휘를 발견하며, 또한 이 어휘는 직접적 단순성 속에서 단호히 언표된다. 그러나 타소의 서사시는 그와 달리 하나의 운문으로서, 다시 말해 시적으로 제작된 사건으로서 나타나며 또한 무엇보다 유려한 ―때로는 서정적인 또 때로는 서사적으로 서술하는― 언어와 형식 일반의 예술적 모양내기에 희희낙락한다. 그러므로 타소가 서사적 소재의 가다듬기와 관계하여 호메로스를 모범으로 삼았다고는 하지만, 그는 구상과 표현의 전체적 정신의 면에서 주로 베르길리우스의 영향을 받고 있는데, 대개의 경우 이것이 곧 시의 장점으로 인식되지는 않는다.

이제 셋째, 고전적 소양을 근거로 삼는 앞의 위대한 서사시들은 카몽이스의 『루시아다스』와 더불어 마감된다. [413] 포르투갈인들의 용맹한 해상 활동을 노래하는 이 작품은 소재의 면에서 완전히 민족적이며, 이와 더불어 우리는 이미 본격적 중세를 벗어나 새로운 시대를 선포하는 관심들로 인도된다. 하지만 대개 자신의 직관과 삶의 체험으로부터 길어 올린, 서사적으로 완성된 서술의 생동적 통일성 및 불타는 애국심에도 불구하고 여기에서 역시 한편으로는 민족적 대상과 다른 한편으로는 고대인들 내지 이탈리아인들에게서 차용한 예술적 육성 사이의 괴리가 감지되며, 또한 이로 인해 카몽스의 시는 서사적 근원성의 인상을 상실한다.

ββ) 그러나 근대적 삶의 현실과 신앙에는 종교개혁의 원리에서 근원하는 근본적으로 새로운 현상들이 들어 있다. 비록 완전히 바뀐 이러한 인생관에서 야기되는 전체적 방향이 본격적 서사시보다는 서정시와 극시에 더욱 이롭긴 하지만 말이다. 하지만 종교적 서사시들 역시 특히 밀턴의 『실낙원』과 클롭슈토크의 『메시아』를 통해 이 권역에서 뒤늦은 개화를 즐긴다. 밀턴을 두고 보자면, 그가 고대의 연구를 통해 얻은 교양과 정확한 표현의 우아함의 면에서 그의 세대에 소중한 모범이 되는 것은 사실이지만, 그러나 그역시 의미내용의 깊이, 에너지, 근원적 창안과 제작, 그리고 특히 서사적 객관성의 면에서는 단테에 한참 뒤처진다. 왜냐하면 『실낙원』의 갈등과 재앙은 극시적 성격으로 전환되기 때문이며, 그 고유의 기본 특징은 서정적 비약과 도덕적, 교훈적 경향에 의해 형성되는데, 이러한 특징은, 이미 위에서 부수적으로 언급되었듯이, 대상 본래의 형태에서 매우 멀리 떨어진 것이기 때문이다. — 나는 이미 클롭슈토크와 관련해서도 소재와 이 소재를 서사적으로 반영하는 시대문화 사이의 유사한 괴리에 관해 언급했다. 게다가

그는 스스로 영감 어린 존엄과 성스러움을 높이 깨달았다고 생각하며, 또한 [414] 숭고성의 억지스러운 미사여구를 통해 독자 역시 그러한 것을 인정하게 만들려는 부단한 노력을 내비친다. ― 완전히 다른 측면이긴 하지만 어떤 점에서는 볼테르의 『앙리아드』도 근본적으로 다르지 않다. 여기서 역시 시는 적어도 ―그리고 이미 언급했듯이 소재가 근원적 서사시에 적합하지 않는 것으로 나타날수록 더더욱― 인위적인 것에 그친다.

γγ) 진정한 서사적 표현들을 최근의 시대에서 찾으려면, 우리는 본격적 서사시의 권역이 아닌 다른 권역을 살펴보아야 한다. 왜냐하면 오늘날의 전체적 세계상태가 취하는 형상은 그 산문적 질서로 인해 우리가 진정한 서사시에 불가결한 것으로서 발견했던 주문들에 단도직입적으로 대립하기 때문이며, 또한 국가와 민족의 현실적 관계를 지배해 온 혁명들이 기억 속에 현실적 체험으로서 너무도 굳게 자리하여 서사적 예술형식이 용인될 수 없기 때문이다. 그러므로 서사시는 위대한 민족적 사건들을 떠났으며, 또한 서사적 표현에 적합할 법한 소재들을 찾기 위해 시골과 소도시의 사적, 가정적 상태들이 갖는 제한성 속으로 피신했다. 이를 통해 특히 우리 독일인들에게서는 ―본연의 목가성이 달콤한 감상感傷과 유약함 속에서 망가진 이래로― 서사시가 목가적으로 되었다. 목가적 서사시의 가까운 예로서 나는 포스Voss의 『루이제』 및 무엇보다 괴테의 걸작인 『헤르만과 도로테아』 정도를 환기하고자 한다. 후자에서는 우선 우리 시대의 가장 큰 세계사건의 배경이 조망되고, 다음으로 여기에 술집 주인 및 그의 가족, 목사, 약사의 상태들이 직접적으로 결부되는 까닭에, 우리는 ―시골 소도시가 정치적 관계들 속에서 현상하지 않는 관계로― 정당화되지 않은 하나의 비약을 발견하고 [415] 또 관계의 매개를 아쉬워할 수도 있겠지만, 전체 작품은 바로 이 중간항의 배제를 통해 그 독특한 특성을 보존한다. 왜냐하면 괴테는 시의 전개를 위해 아주 기꺼이 프랑스 혁명을 이용할 수 있었을 텐데도 대가답

게 그것을 멀리 뒤로 물렸으며, 또한 예의 가정적, 소도시적 관계들 및 상황들과 연결되는, 그것도 단순한 인간성 속에서 하등 강요 없이 연결되는 혁명의 상태들만을 행위 속에 엮어 넣었기 때문이다. 하지만 중요한 것은 괴테가 이 작품을 위해 현금의 현실 한가운데서 특징들, 서술들, 상태들, 분규들을 발견해 내고 서술할 줄 알았다는 사실이다. 그리고 이것들은 『오디세이』의 근원적, 인간적 관계들 및 『구약성서』의 가부장적 장면들이 갖는 불후의 매력을 자신들의 영역에서 되살리고 있다.

마지막으로 서사시의 분야에서는 현재의 민족적, 사회적 삶의 기타 권역들과 관계하여 '로만', '에어첼룽', '노벨레'¹³⁶를 위한 무제한의 공간이 열렸지만, 여기서 나는 그 근원에서 오늘날에 이르는 폭넓은 발전사를 극히 일반적인 얼개로나마 더 이상 추적할 능력이 없다.

II. 서정시

시인의 활동으로서의 시적 판타지는 조형예술과 달리 사태 자체를 외적 실제성으로 ―이것 역시 예술에 의해 산출된 것이긴 하지만― 보여 주지 않으며, 다만 하나의 내적 직관과 그 감응을 제공할 뿐이다. 이미 이러한 일반적 생산방식의 면에서 볼 때, 최고도로 직관화된 표현에서는 [즉 시에서는] 정신적 창조와 형성을 행하는 주관성이 조형예술들과 대비하여 두드러진 요소로서 드러난다. 서사시가 그 대상을 실체적 [416] 보편성 속에서든 조각

---

136 역주: 모두 서사문학으로서 소설의 하위 장르들을 지칭한다. 특히 괴테 시대의 독일에서 Roman은 장편소설을, 이야기(서사)를 뜻하는 Erzählung은 단편소설을, Novelle는 전대미문의 사건을 소재로 한 특수 양식의 단편소설을 뜻한다.

적, 회화적 방식으로든 생동하는 현상으로서 직관에 표상케 할진대, 적어도 이 예술의 정점에서는 표상하고 감응하는 주관이 자신의 시적 활동 속에서, 그리고 자신이 스스로 산출한 내용의 객관성 앞에서 소실된다. 예의 주관성의 요소가 이러한 자기 외화에서 완전히 벗어나려면 한편으로는 주관이 대상과 관계들의 전체 세계를 자신 속으로 끌어들여 개별적 의식의 내면이 그것을 관류하도록 만들어야 하고, 다른 한편으로는 내면에 집중되었던 심정이 개방되고 귀와 눈이 열리고 단순하고 둔탁한 감응이 직관과 표상으로 제고되어야 하고, 또한 자신을 내면성으로서 표현하기 위해, 이 충족된 내면에 어휘와 언어를 부여해야 한다. 이제 이런 전달방식이 서사적 예술의 사실성을 배척할수록, 시의 주관적 형식은 바로 이 배척으로 인해 그만큼 더 서사시와는 별도로 자신의 고유한 권역 속에서 독자적인 모습을 갖추어야 한다. 정신은 대상의 객관성에서 벗어나 자신의 내면으로 침잠하며 자신의 의식을 들여다보며 또한 사태의 외적 실제성을 표현하는 대신 그 현재성과 현실성을 주관적 심정, 가슴의 경험과 표상의 반성 속에서 표현하려는, 이로써 내면적 삶 자체의 의미내용과 활동을 표현하려는 욕구를 충족시킨다. 그런데 이 표명이 직접적 감응 및 표상에 따르는 주관 자체의 우연적 표현으로 머물지 않으려면, 그것은 시적 내면의 언어가 되어야 하며, 이런 관계로 직관과 감응들이 아무리 개별 개인으로서의 시인에게 고유하게 속하고 시인이 그것들을 자신만의 것으로서 그린다고 해도, 그것들은 보편타당성을 포함해야 한다. 즉 그것들은 자체적으로 참된 감응이자 고찰들이어야 하며, 시인은 이에 대한 적절한 표현도 역시 생생하게 창안하고 짚어 내야 한다. 그러므로 다른 경우에도 [417] 이미 고통과 즐거움이 말로 포착되고 서술되고 발설되면 마음이 가벼워질진대, 시적 분출이 같은 기능을 함은 물론이지만 그것은 이러한 가정상비약의 용도에 한정되는 것이 아니다. 그렇다. 그것은 반대로 한층 고차적인 소명, 즉 정신을 감응으로

부터 해방하지 않고 감응 속에서 해방하는 과제를 갖는다. 열정의 맹목적
지배는 자신을 자기기인적으로 표상하거나 표출하지 못하는 전체적 심정
이 열정과 둔탁하게, 무의식적으로 통일됨으로써 나타난다. 시가 마음으로
하여금 자신을 대상화하도록 만들며 그런 한에서 마음을 이러한 편집偏執으
로부터 구출하지만, 시는 내용과 주관의 직접적 합일로부터 내용을 단순히
유리시키는 데 머물지 않고 이로부터 각종의 우연적 분위기를 정화한 객
체를 만들어 내는데, 해방된 내면은 이 속에서 동시에 만족스러운 자의식
을 갖고 자유롭게 자기에게로 회귀하여 자신 곁에 머문다. 하지만 역으로
이 일차적인 객관화가 심정과 열정의 주관성을 실천적 행동과 행위 속에서
―즉 주관의 현실적 행동을 통한 자기로의 회귀 속에서― 묘사하는 데까
지 진척되어서는 안 된다. 왜냐하면 내면의 일차적 실제성은 여전히 그 자
체로 내면성이며, 이리하여 예의 자기객관화는 직접적인, 말없고 표상 없
는 심정의 집중으로부터의 해방이라는 의미만을 갖기 때문이다. 이 심정은
이제 자신의 표출을 위해 스스로를 개방하며 그리하여 전에는 고작 감응
될 뿐이었던 것을 자의식적 직관과 표상들의 형식으로 포착하고 표현한다.
― 이와 더불어 서사시 및 극시와 구분되는 서정시의 국면과 과제가 근본
적으로 확립된다.

우리는 곧 이 새로운 영역을 좀 더 세부적으로 고찰할 것이며, 또한 여기
서 이를 분류하기 위해 앞서 서사시에서 따랐던 것과 같은 과정을 밟게 될
것이다. [418]

그러니까 첫째, 문제시되는 것은 서정시Lyrik의 일반적 특성이다.
둘째, 우리는 서정시인, 서정적 예술작품 및 그 종류들과 관계하여 고찰
되는 특수한 규정들을 둘러볼 것이며, 또한

하지만 전체적으로 나는 여기서 두 가지 이유에서 짤막한 서술에 그치고
자 한다. 극시 분야의 설명을 위해 필요한 공간을 확보해야 하는 것이 그 하
나의 이유이며, 서사시에서보다 더욱 특칭적으로, 지극히 다양하게 상론하
여 논의를 보다 더 광범위하고 완벽하게 하면서, 특히 역사적 진행과정에
따라 다루어야 하겠지만, 이 자리에서 우리가 할 일은 이것이 아니므로 일
반적 관점에 국한할 수밖에 없는 것이 또 다른 이유이다.

1. 서정시의 일반적 특성

하나의 사태가 자체 내에 완결된 객관적 총체성으로서 주관에 대해 독자
적으로 전개될 경우, 이 사태를 듣고자 하는 욕구는 서사시로 이끌린다. 반
면 자신을 언표하고 또 자신의 표명 속에서 심정을 청취하려는 반대의 욕
구는 서정시에서 만족을 구한다. 이러한 토로와 연관해서 주요 현안이 되
는 것은 다음의 점들이다.

첫째는 내면으로 하여금 스스로를 감응하고 표상하게 만드는 내용이며,
둘째는 이 내용의 표현을 서정시로 만드는 형식이며,
셋째는 서정적 주관이 자신의 표상과 감응을 공표할 수 있는 의식과 문
화의 단계이다. [419]

a. 서정적 예술작품의 내용

서정적 예술작품의 내용은 객관적인 —다른 것과의 관계를 통해 세계의 풍부함으로 자신을 확장하는— 행위의 전개일 수 없다. 그것은 개체적 주관이며, 또한 바로 이로써 상황 및 대상들의 개체성이자 그러한 의미내용 속에서 심정이 자신의 주관적 판단, 기쁨, 경탄, 자신의 고통과 감각 일반을 의식화하는 방식의 개체성이기도 하다. 서정시에 들어 있는 이 특수화의 원칙, 특칭성과 개체성의 원칙으로 인해 내용은 매우 다양할 수 있으며 또한 [서사시와 마찬가지로] 각 방면의 민족적 삶에 관계할 수 있지만, 여기에는 본질적 차이가 있으니, 서사시가 하나의 동일한 작품에서 민족정신의 총체성을 현실적 행동과 상황적 조건 속에서 펼친다면 서정시의 한층 규정된 의미내용은 어떤 하나의 특수한 측면에 한정되거나 적어도 서사시가 자신의 과제를 완수하기 위해 지녀야 하는 분명한 완전성과 전개에는 도달할 수 없다. 그러므로 한 민족의 전체 서정시가 민족적 관심, 표상 그리고 목적들의 총화를 관류할 수는 있겠으나, 개개의 서정시는 그럴 수 없는 것이다. 우리가 서사시의 장에서 발견했듯이, 시로 쓰인 경전들에서는 서정시가 보이지 않는다. 하지만 본격적 서사시는 특정한 기원紀元에 결부되어 있으며, 또한 후일 산문적 발전의 시기에는 거의 성공하지 못하는 반면, 서정시는 민족적 발전의 거의 모든 시기에 성립할 수 있는 이점을 누린다.

α) 이제 한편으로 이 개체화의 내용에는 보편적인 것 자체, 가장 높고 깊은 인간적 신앙, 표상, 인식이 속하며, 종교와 예술의 본질적 내용이 속하며, 아니 심지어 —표상과 직관의 형식에 부합하며 [420] 감응될 수 있다면— 학문적 사상의 본질적 내용까지도 속한다. 그러므로 서정시에서는 보편적 견해, 세계관의 실체적 측면, 삶의 결정적 관계들의 한층 깊은 이해들이 배제되지 않으며, 또한 이로써 내가 비교적 불완전한 종류의 서사시를 언급하는 기회에 다루었던 내용의 대부분은 똑같이 이 새로운 장르의 소유

가 되기도 하는 것이다.

β) 다음으로 둘째, 내적 보편성의 국면에 특수성의 측면이 다가오니, 한편으로 이것은 실체적인 것과 엮이어 개체적 상황, 감응, 표상 등이 한층 깊은 본질성 속에서 파악되고 또 이로써 자체가 실체적 방식으로 언표된다. 예컨대 실러의 본격적 서정시들이나 담시들은 거개가 이러하다. 이와 관련해서는 『이비쿠스의 학鶴들』[137]에서 장엄하게 서술된 복수의 여신들의 (극적이거나 서사적이 아닌) 서정적 합창을 환기하면 족할 것이다. 다른 한편 그 결합은 특수한 성질, 상태, 심정, 사건 등이 포괄적 견해와 언표들을 위한 현실적 증빙으로서 삽입되고 또 보편적인 것을 통해 생동적으로 꿰어짐으로써 성립할 수 있다. 이런 종류의 결합은 예컨대 비가悲歌, Elegie와 서한시書翰詩, Epistel[서간체의 시]에서, 한마디로 반성적 세계 고찰에서 종종 이용된다.

γ) 마지막으로 서정시에서는 주관이 표현되며, 또한 이 목적이라면 자체로서는 지극히 사소한 내용일지라도 주관에 만족스러운 것일 수 있다. 즉 이 경우에는 심정 자체, 주관성 자체가 본격적 의미내용이니, 중요한 것은 감응하는 영혼일 뿐, 상세한 대상이 아니다. 여기서는 이내 사라질 순간적 분위기, 쾌재를 부르고픈 심정, 섬광처럼 지나간 천진난만함과 익살스러움, 우수와 우울, 탄식, 한마디로 감응의 모든 계제가 순간적 운동 속에서, 혹은 [421] 극히 다종의 대상들에 관한 개개의 착상들 속에서 포착되고 또 언어적 표출을 통해 지속된다. 여기서는 내가 앞에서 이미(제2권, 238쪽 이하) 풍속화와 관련하여 다루었던 사항과 비슷한 것이 시의 분야에서 나타난다. 내용과 대상들은 전적으로 우연한 것이며, 또한 관건이 되는 것은 오로지 주관

---

137 역주: *Die Kraniche des Ibykus*. 도둑들의 손에 죽어가는 이비쿠스는 학들의 비상 속에서 그의 복수를 보며, 그 비상으로 인해 도둑들은 실제로 복수의 여신들에게 —실러와 헤겔은 이들을 역설적 의미에서 환희의 여신들이라고 부른다— 발견된다.

적 이해와 표현일 뿐인바, 서정시에서는 그 매력이 때로는 심정의 부드러운 숨결에서, 때로는 신선하고 기발한 직관방식과 핵심을 짚는 놀라운 용어들의 위트에서 발견된다.

b. 서정적 예술작품의 형식

이제 둘째, 그러한 내용을 서정적 예술작품으로 만드는 형식을 개괄하자면, 여기서는 개인의 내적 표상과 감응이 중심점을 이룬다. 그러므로 전체는 가슴과 심정에서, 좀 더 자세히 말해, 시인의 특수한 정조와 상황에서 출발하며, 이로써 의미내용 및 내용을 전개하는 특수한 측면들의 연관성은 그 자체에 의해 실체적 내용으로서, 혹은 외적 현상에 의해 자기완결적 개별 사건으로서 객관적으로 전달되지 않고 오히려 주관에 의해 전달된다. 그런즉슨 개인은 이제 내면 자체에서 시적이며 판타지로 가득하며 감응으로 충만하고 고찰과 사상에서 위대하고 심오하며, 또 무엇보다 내적으로 독립적인 존재로서, 즉 산문의 의존성과 단순한 자의가 제거된 독자적으로 완결된 내적 세계로서 나타나야 한다. — 이를 통해 서정시는 서사시와 완전히 구분되는 하나의 통일성을, 즉 정조나 반성의 내면성을 얻는바, 이 내면성은 자기 자신 속을 거닐며, 외부세계에 자신을 반영, 묘사, 서술하며, 혹은 달리는 어떤 하나의 대상에 몰두하며 또 이 주관적 관심 속에서 거의 어디서든 마음대로 시작하고 중단하는 권리를 소지한다. 이를테면 호라티우스는 종종 일상적 사고방식이나 [422] 표현방식에 준하면 사태가 이제야 제대로 시작한다고 생각되는 그곳에서 벌써 그치곤 한다. 즉 그는 예를 들어 한 축제에 대해 단지 그의 느낌, 명령, 준비들만을 서술할 뿐, 축제의 진행 과정과 성공 여부에 관해서는 아무것도 알려 주지 않는다. 마찬가지로 분위기의 종류, 심정의 개인적 상태, 열정의 정도, 그 격렬함, 분출, 종횡무진의 약동 혹은 영혼의 평안과 차근차근 발전하는 고찰의 고요함 역시 내면의 진행과 연관성을 위한 극히 다양한 종류의 규준들을 제공한다. 이 모든 점들은 잡다하게 규정될 수 있는 내면의 가변성을 보여 주는 관계로, 일반적으로 이에 관해서는 확고한 것이 거의 제시될 수 없다. 나는 이것을 좀 더 자세히 구분할 목적으로 아래의 측면들만을 강조할 것이다.

α) 우리는 다종의 서사시가 서정적 어조의 표현으로 기울고 있음을 발견했다. 이제 서정시도 의미내용과 외적 현상의 면에서 서사적인 사건을 그 대상과 형식으로 취할 수 있으며, 그런 한에서 서사적 요소와 접경한다. 예컨대 영웅찬가, 기사담, 담시가 여기에 속한다. 이 장르들에서는 상황과 사건 및 전환점의 발단과 진행이 민족의 숙명 등에서 보고되는 관계로, 전체의 형식은 이야기적[서사적]이지만, 기본 어조는 완전히 서정적으로 머문다. 왜냐하면 주가 되는 것은 주관성이 결여된 실제 사건의 서술과 묘사가 아니라 오히려 반대로 주관의 이해방식과 감응, 전체에 울려 퍼지는 기쁘거나 한탄스러운, 대담하거나 억눌린 분위기이기 때문이며, 또한 그러한 작시作詩가 낳는 효과도 마찬가지로 완연히 서정적 국면에 속하기 때문이다. 즉 시인은 이야기되는 사건에 의해 하나의 정조 속으로 이행하고 그것을 완전히 표현 속에 투입하며, 또한 바로 그것이 청자에게도 야기될 것을 의도하는 것이다. [423] 그는 자신의 우울, 슬픔, 명랑함, 애국심의 불꽃 등을 하나의 유비적 사건에서 사건 자체보다는 사건 속에 반영된 심정상태가 중심점을 이루는 방식으로 표현하며, 그런 까닭에 또한 그의 내면의 움직임과 공명하는, 그리고 동일한 감정을 청자에게도 가장 잘 일으킬 수 있는 특징들만을 —이것들이 내면의 움직임을 가장 생동적으로 언표하는 한에서— 각별히 강조하고 또 충만한 감응으로써 묘사한다. 이리되면 내용은 서사적이되 그 취급은 서정적이다.

좀 더 세부적으로는 다음의 것들이 여기에 포함된다.

αα) 첫째는 경구警句, Epigramm이다. 단, 이것은 비명碑銘처럼 사태 자체를

극히 간략하고 객관적으로 진술해서는 안 되며 오히려 모종의 감응이 이 진술에 결부되고 이를 통해 내용이 사실적 실제성에서 내면으로 전이되어야 한다. 즉 이 경우에는 주관이 대상과 맞닥뜨려 더 이상 자신을 포기하지 않으며, 역으로 그 속에서 바로 자신을, 대상과 연관된 그의 소망들, 그의 주관적 익살들, 예리한 기지들, 기상천외의 착상들을 표명한다. 이미 그리스의 명작선집은 서사적 어조에 더 이상 매달리지 않는 그러한 많은 재치 있는 경구들을 포함하고 있다. 그리고 근래에도 또한 이에 산입될 수 있는 유사한 것으로는 예를 들어 프랑스인의 경우에는 보드빌Vaudeville에서 종종 보이는 신랄한 이행연구Couplet의 시가 있고, 우리 독일인의 경우에는 풍자시Sinngedichte[138]와 크세니엔Xenien[139]이 있다. 묘비명 자체도 감응이 주재主宰할 경우에는 이러한 서정적 성격을 수용할 수 있다.

ββ) 둘째, 같은 식으로 서정시는 서술체의 이야기로도 확장된다. 이 영역의 가장 비근하고 단순한 형식으로서 나는 기사담Romanze들만을 거론할 것이다. 이것들은 한 사건을 여러 장면들로 개별화하며, 그 각각을 독립적으로 기술하며, 또 압축적인 주요 특징들로 빠르게 진행하는 그 묘사는 충분한 공감을 얻는다. [424] 주관이 충분히 개입함에도 불구하고 상황 고유의 특색을 이렇듯 확실하고 분명하게 이해하고 날카롭게 부각하는 작업은 특히 스페인인들에게서 고상한 양태로 나타나며 또한 그들의 서사적 기사담들을 매우 효과적으로 만들었다. 이 서정적 그림들 위로는 심정의 깊은 감정보다는 오히려 직관의 명쾌한 분별과 그 정확성에 속하는 일종의 청랑晴朗함이 감돈다.

γγ) 이에 반해 담시Ballade들은, 본격적 서사시에는 못 미치지만, 대개 자기

---

138 역주: F. Baron von Logau(1604~1655), *Deutsche Sinngedichte drei tausend*(1654).

139 역주: 「크세니엔(*die Xenien*)」은 괴테와 실러가 공동으로 펴낸 시집이다.

완결적 사건의 총체성을 포함한다. 담시들도 물론 사건의 이미지를 —극히 눈에 띄는 계기들에 한정하여— 그리는 것이 사실이지만, 그와 동시에 이와 완전히 얽혀 있는 마음의 깊이 및 한탄, 우울, 슬픔, 기쁨 등의 심정기조를 보다 가득하게, 그러면서도 보다 집중력 있고 깊이 있게 드러낸다. 영국인들은 그러한 시들을 다수 소유하고 있는데, 이것들은 특히 그들 시의 초창기에서 연원하였다. 무릇 그들의 민족시는 불행으로 점철된 역사와 충돌들을 전율적인, 걱정에 가슴을 졸이는, 숨 막히는 감응 속에서 즐겨 이야기한다. 하지만 독일에서는 최근에도 뷔르거[140]가, 다음으로는 누구보다 괴테와 실러가 이 분야에서 일가를 이루었다. 뷔르거는 그의 슬픈 순수함을 통해, 괴테는 대단한 시각적 명료성과 아울러 전체를 서정적으로 관류하는 한층 깊은 영혼을 통해, 그리고 다시 실러는 근본사상으로의 위대한 고양 및 그 감응을 통해 그리하였는데, 실러는 그 근본사상을 사건의 형식으로, 그럼에도 철저히 서정적으로 표출함으로써, 청자의 심정 또한 서정적 운동의 심정과 고찰로 옮겨 놓고자 의도하였다.

β) 이제 둘째, 현실적 상황으로서의 한 사건이 시인으로 하여금 그 속에서, 혹은 그에 관해서 자신을 표명하도록 만드는 단순한 유인誘因이 될 경우, 서정시의 주관적 요소는 이미 한층 더 명시적으로 드러난다. 소위 기회시Gelegenheitsgedicht가 이 경우이다. [425] 예를 들어 칼리노스[141]와 티르타이오스[142]가 벌써 현실의 상태들에서 출발하는 전쟁비가悲歌들을 노래했으며 또한, 비록 그들의 성격, 정서 그리고 심정이 거의 드러나지는 않지만, 이 상태들을 위해 청자를 격동시키고자 하였다. 핀다로스의 승리찬가들도 특정

---

140 역주: G. A. Bürger(1747~1794), 발라드 시인의 아버지로 불린다.
141 역주: Καλλῖνος(Kallinos) B.C. 7세기경 활동한 에페수스 출신의 고대 그리스 시인이다.
142 역주: Τυρταῖος(Tyrtaios) B.C. 7세기경 스파르타에서 제2차 메세니아 전쟁 시기에 활동한 고대 그리스 시인이다.

핀다로스(나폴리 국립고고학박물관, © Stas Kozlovsky)

한 경쟁자들과 승자들, 그리고 그들의 특수한 관계들에서 보다 세부적인 동기를 찾았다. 그리고 그 밖에도 우리는 많은 호라티우스의 송가들에서 특수한 유인을, 즉 "나는 이 교양 있고 유명한 남자의 일원으로서 이에 관한 시를 지을 것이다"라는 의도와 생각을 엿본다. 하지만 이 종류의 시를 가장 애호한 인물은 작금의 괴테인바, 까닭인즉 그에게는 실로 모든 삶의 사건들이 즉각 시가 되었기 때문이다.

αα) 그런데 서정적 예술작품이 외적인 기회 및 그 속에 포함된 목적들에 종속하지 않고 오히려 하나의 독자적인 전체로서 대자적으로 있으려면, 시인은 본질적으로 자기 자신, 자신의 정조, 기쁨, 고통 혹은 사고방식과 인생관 일반을 언표하기 위해 유인을 단지 기회로만 사용해야 한다. 그러므로

서정적 주관성을 위한 최우선의 조건은 실제적 내용을 완전히 자신 속에 수용하여 자신의 것으로 만드는 것이다. 왜냐하면 본연의 서정시인은 자신 속에 살며, 관계들을 그의 시적 개성에 따라 이해하며 또한, 그가 자신의 내면을 현전하는 세계 및 그 상태, 분규 그리고 운명들과 아무리 다양하게 융합한들, 그럼에도 그는 이 소재들의 묘사 속에서 그의 감응과 고찰들의 고유한 독자적 생동성만을 전하기 때문이다. 이를테면 핀다로스는, 경기 승자의 찬미를 청탁받거나 자청하였을 때, 대상을 장악하여 승자에게 바치는 시라기보다는 자신으로부터 솟구치는 내면의 토로를 표현하는 것이다. [426]

ββ) 이제 그러한 기회시의 서술방식을 좀 더 자세히 보자면, 한편으로 이것은 물론 내용으로 선택된 사건이나 주관이 처한 실제적 현실에서 보다 특정한 소재, 성격 및 예술작품의 내적 구성을 끌어올 수 있다. 왜냐하면 감화된 시인의 심정은 바로 이 내용에 의해 나타날 것이기 때문이다. 실러의 『종鐘의 노래』가 극단적이긴 해도 가장 분명한 사례가 될 것이다. 이 노래는 종을 주조하는 일련의 외적 단계들을 전체 시의 전개 과정을 위한 본질적 거점으로서 제시하며, 연후 그에 상응하는 감응의 토로, 다종적인 삶의 고찰, 그리고 인간적 상태들에 대한 기타의 묘사들을 여기에 결부시킨다. 다른 방식이지만 핀다로스도 승자의 탄생지, 그가 속한 가문의 처사處事, 혹은 그 밖의 삶의 관계들에서 다른 신이 아닌 바로 이 신을 찬양하는, 오로지 이 행위와 운명들만을 언급하는, 오로지 이 특정의 고찰만을 행하는, 이 명언들을 엮는 한층 자세한 기회를 이끌어 낸다. 그러나 다른 한편 서정시인은 다시 이 점에서마저도 완전히 자유로우니, 왜냐하면 대상이 되는 것은 외적 기회 자체가 아니라 내면과 결부된 그 자신이기 때문이며, 그리하여 대상의 어떤 측면들이 어떤 순서로 어떻게 엮여서 표현되는가 하는 것은 오로지 비교적 특수한 주관적 견해 및 시적 심정의 정조에만 달려 있기 때문이다. 사실적 내용을 갖는 객관적 기회나 시인의 고유한 주관성이 어느 정

도 지배적일 수 있는가, 양 측면이 어느 정도 서로 삼투할 수 있는가를 선험적으로 언급할 수 있는 정해진 척도란 없는 것이다.

γγ) 그러나 본연의 서정적 통일성을 제공하는 것은 동기와 그 실제가 아니라 주관적, 내적 운동과 이해방식이다. 왜냐하면 개개인의 정조나 [427] 외적 기회에 의해 시적으로 일어나는 보편적 고찰이 하나의 중심점을 형성하고, 또 이로부터 전체의 색깔, 전개 가능한 특수한 측면들의 범위, 이것들을 상술하고 결합하는 방식, 그리고 이를 통해 예술작품으로서의 시의 발판과 연관성이 규정되기 때문이다. 예를 들어 핀다로스는 전술하였듯이 분류와 전개의 실제적 핵심을 그가 찬미하는 승자들의 객관적 삶의 관계들에 두지만, 개개의 시들에는 언제나 또 다른 관점들과 분위기가 —예컨대 경고, 위로, 격려와 같은 것이— 들어 있으며, 또한 그는 이것들이 시종일관 [그의 시를] 지배하도록 만든다. 이것들은 비록 시적 주관으로서의 시인에게 전적으로 속하지만, 그럼에도 그가 의도된 서정적 효과를 낳기 위해 사용해야 하는 관찰과 결합의 방식을, 그가 앞의 삶의 관계들을 어떤 범위에서 상세하게 다루어야 하는지 혹은 그냥 지나쳐야 하는지를 일러 준다.

γ) 하지만 셋째, 진정한 서정시인은 그가 풍부한 감수성으로 이야기하는 외적 사건들이나 그의 토로를 촉발하는 그 밖의 실제적 환경들과 동기들에서 출발하지 않는다. 오히려 그는 독자적으로 하나의 닫힌 주관적 세계로서 존재하여 동기와 내용을 자기 자신 안에서 찾고, 또 그리하여 그의 고유한 가슴과 정신의 내적 상황, 상태, 사건, 그리고 열정들에 머물 수 있어야 한다. 서사시인에게는 낯선 영웅과 그의 행동 및 행적들이 내용으로 쓰이는 반면, 여기서는 인간의 주관적 내면성 자체가 예술작품이 되는 것이다.

αα) 하지만 이 분야에서도 이야기적 요소는 여전히 나타날 수 있는바, 예컨대 명랑한 연애사건 등에 관한 소품을 감미로운 마무리를 통해 제공하는 소위 아나크레온[143]의 노래들이 그러하다. 그렇더라도 그 사건은 오히려 심

정의 내적 상황의 설명과 같은 것이어야 한다. [428] 호라티우스 역시 그의 『순수한 삶』[144]에서 늑대와 만난 사건을 이용하되, 전체가 기회시로 불릴 수 있는 방식을 이용하지 않고, 다른 방식으로, 즉 시작하는 문장을 위한, 그리고 끝 문장의 흔들림 없는 사랑의 감정을 위한 징표로 이용한다.

ββ) 시인이 한 상황에 처해 자신을 표현하는 경우, 그는 자신의 주관적 현존재뿐만 아니라 실제적 현존재도 마찬가지로 보여 주는 까닭에, 무릇 이 상황은 내면 자체에 한정될 필요는 없고 오히려 구체적인, 이로써 외적이기도 한 총체성으로 나타나도 좋다. 예를 들어 방금 [αα)에서] 인용한 아나크레온의 노래들에서 시인은 순수하고 자유로운, 그리하여 아무런 제한이나 결함이 없이 있는 그대로만 존재하는 이 하나의 인물인 영웅을 묘사하듯 자신을 장미들, 아름다운 소년소녀들 가운데서, 욕망도 동경도 없이 묘사하는데, 여기서는 한층 높은 목적들이란 것이 현전하지 않는 까닭에 그에 대한 의무나 태만도 없이 포도주와 춤을 쾌활하게 즐기는 모습으로 묘사한다. 그는 주관적 예술작품으로서 존재하는 그만의 고유한 인간이다.

하피스[145]의 연가들에서도 내용, 입장, 표현을 거의 유머에 가까울 정도로 변화시키는 매우 생동적인 시인의 개성이 보인다. 하지만 그의 시들에는 특수한 테마, 객관적 이미지, 신, 신화가 전혀 없다. 실로 우리는 이 자유분방한 토로들을 읽으면서 동방의 사람들이 [신이나 신화 등을 표현하는] 회화와 조형예술을 전혀 가질 수 없었음을 감지한다. 그는 하나의 대상에서 다

---

143 역주: B.C. 6세기경의 그리스 서정시인.
144 역주: *Integer vitae*. 호라티우스의 서정시집. "당당한 사람은 무기가 필요 없다오. 어떤 위험이 닥치든, 늑대이든 혹은 다른 것이든, 나는 흔들림 없이 랄레이지를 사랑할 것이오"(i. 22).
145 역주: 페르시아 최고의 서정시인으로 본명은 삼스 알 딘 무함마드(Shams al Din Muhammad)이다. 하피스는 아호이며 '코란의 암기자'란 뜻이다. 그는 술, 우정, 연애 등을 소재로 현세적 기쁨과 고향 시라즈를 찬양한 서정시를 많이 썼다.

른 대상으로 옮겨 가며 각처를 돌아다니지만, 그 완전한 남자는 언제나 하나의 장면 속에서 그의 포도주, 술집, 소녀, 저택 등과 더불어, 아름다운 솔직함으로, 욕망과 이기심 없이, 순수한 향유 속에서, 눈과 눈을 마주치며 영혼 대 영혼으로 우리 앞에 나타난다. ― 우리는 내외의 상황을 이런 식으로 표현하는 사례들을 매우 다양하게 들 수 있다. 하지만 시인이 자신의 주관적 상태들을 상술할 경우, 우리는 특수한 상상, 연애사 가정사 숙부와 숙모의 이야기 따위를 [429] 알려는 쪽으로 ―심지어 클롭슈토크의 시들리와 파니[146]마저도 이 경우이다― 경도되지 않으며, 오히려 인간에게 보편적인 것을 보고 싶어 하며 또 그것을 시적으로 공감하기를 원한다. 그러므로 이 면에서 보면 서정시는 자칫 주관적, 특칭적인 것이 이미 즉자대자적으로 관심을 끌 수밖에 없다는 잘못된 망상으로 이어질 수 있다. 반면 많은 괴테의 노래들은, 비록 그가 그것들을 그런 이름으로 부르지는 않았지만, 사교적 노래들로 불릴 수 있다. 즉 사교모임에서는 사람들이 자기 자신을 내보이지 않으며, 반대로 그들은 자신의 특칭성을 뒤로 물린 채 제3자, 이야기, 일화, 다른 사람들의 특징들을 통해 환담을 나누는데, 이때 그들은 이것들을 특수한 기분 속에서 이해하고 또 자신의 고유한 어조에 맞춰 연출한다. 이 경우 시인은 그 자신이기도 하고 아니기도 하다. 그가 최선을 기울여 내보이는 것은 그 자신이 아닌 어떤 무엇이며, 또한 그는 말하자면 무수한 역할을 행하는 배우와 같아서 때로는 여기에 때로는 저기에 머물고, 여기서는 잠시 한 장면에 저기서는 잠시 한 무리에 매달리되, 그가 무엇을 표현하든 간에 그 속에는 항상 그의 고유한 예술적 내면, 자기감정, 인생역정이 동시에 엮여 든다.

---

146 역주: Friedrich Gottlieb Klopstock(1724~1803). 클롭슈토크는 『메시아(Der Messias)』(1748~1773)의 등장인물인 시들리를 통해 그의 연인이었던 파니 슈미트를 그리고 있다.

γγ) 그런데 내적 주관성이 서정시의 고유한 원천이라면, 서정시에는 자신을 순수 내면적인 정조들, 반성들 등의 표현에 제한시킬 권리가 남아 있어야 한다. 즉 서정시는 구체적 상황들로 ―여기에는 외면성의 묘사도 포함된다― 분산될 필요가 없는 것이다. 이 면에서는 완전히 무의미한 횡설수설, 순전히 노래를 위한 노래인 '랄랄라…'마저도 진정 서정적인 심정의 만족으로 나타나니, 이 심정에서는 어휘들이 다소간 명랑과 고통을 표출하기 위한 단순 무차별적인 운반체가 되며 이제 그것을 보완하기 위해 즉각 음악의 도움도 호출된다. 특히 민요들은 종종 이러한 표현방식을 넘지 못한다. 괴테의 노래들에서는 [430] 이미 한층 규정적이고 풍부한 내용의 표현이 이루어지지만, 여기서조차 때로는 고작 모종의 개별적인 순간적 농담, 무상無常한 정조만이 들어 있으며, 또한 시인은 이를 벗어나지 못하고 순간을 희롱하는 소곡을 지을 뿐이다. 반면 그는 다른 노래들에서, 예컨대 「나는 나의 것을 버렸다Ich hab' mein Sach auf nichts gestellt」라는 노래에서 ―여기서는 첫째로 재화가, 둘째로 여인들, 여행, 명성과 명예가, 마지막으로 투쟁과 전쟁이 덧없는 것으로 나타나며 또한 자유롭고 근심 없는 쾌활함만이 언제나 후렴으로 되풀이된다― 비슷한 정조들을 한층 광범위하게, 심지어 방법적으로 다루고 있다. 그런데 이 입장에서는 역으로 주관적 내면이 말하자면 위대하기 그지없는 직관과 모든 것을 내다보는 이념들의 심정상황 같은 것으로 확장, 심화된다. 예컨대 실러 시들의 대부분도 이러한 종류이다. 이성적으로 위대한 것이 그의 마음을 사로잡았지만, 그는 종교적 혹은 실체적 대상을 찬송가 조로 노래하지 않으며 가수처럼 외적 사건들에 의해 외부로부터 영감을 받지도 않는다. 오히려 그에게는 삶과 아름다움의 이상들, 인간성의 불변적 권리와 사상들이 심정의 최고 관심들이며, 그는 이 심정 속에서 출발한다.

c. 작품이 출현하는 문화의 관점

마지막으로 서정시의 일반적 특징을 논하면서 언급해야 할 세 번째 점은 개개의 시가 출현하는 의식과 문화의 일반적 단계에 관한 것이다.

이 관계에서도 서정시는 서사시에 대해 대립적인 관점을 취한다. 즉 본격적 서사시의 개화기를 위해서는 전체적으로 아직 미발전된, 아직 현실의 산문으로 성숙하지 않은 민족적 상태가 요구되었다면, 역으로 [431] 서정시에 특히 우호적인 시대는 다소 완성된 삶의 관계들의 질서를 이미 명백하게 제시한 시대인바, 그러한 시대에 비로소 모든 인간이 이 외부세계와 대면하여 자신을 내적으로 반성하며, 또한 그 세계에서 벗어나 결국 자신의 내면에서 감응과 표상의 독자적 총체성을 갖는다. 왜냐하면 서정시에서 형식과 내용을 제공하는 것은 객관적 전체와 개별적 행위가 전혀 아니며 오히려 주관 자신이기 때문이다. 하지만 혹여라도 이 점이, 개인이 자신을 서정적으로 표출하려면 민족적 관심 및 견해와 일절 관계를 끊고 또한 형식적으로 단지 자기 자신만을 고려해야 하는 양 이해되어서는 안 된다. 실은 정반대이니, 이런 추상적 독자성에는 완전히 우연적이며 특칭적인 열정, 욕구와 기호의 자의만이 내용으로 남을 것이며 또한 거기서는 괴팍하고 저열한 착상들 및 감응의 기괴한 독창성이 무한정의 유희공간을 누릴 것이다. 모든 참된 시들이 그렇듯, 진정한 서정시는 인간적 가슴의 참된 의미내용을 언표해야 한다. 하지만 서정적 내용이 되려면 극히 사실적이며 실체적인 것마저도 주관적으로 감응, 직관, 표상되거나 사유된 것으로서 나타나야 한다. 나아가 둘째, 여기서 문제시되는 것은 개인적 내면의 단순한 자기표출, 사태가 무엇임을 서사적으로 말하는 일차적인 직접적 어휘가 아니라 우연적이며 일상적인 표출과는 다른, 시적 심정의 예술적 표현이다. 그러므로 단순히 자신에게만 집중하는 마음이 다면적 감응 및 한층 포괄적인 고찰로 자신을 열어 갈수록, 주관이 비교적 산문적으로 각인된 기존의 세계 속에서 그의 시적 내면을 의식해 갈수록, 서정시는 예술을 습득한 문화도 간구하니, 이 문화도 마찬가지로 완성을 위해 진력하는 주관적 자연재능의 탁월한 독자적 작품으로 등장할 수밖에 없다. [432] 이러한 이유에서 서정시는 한 민족의 정신적 발전의 특정 시기에 한정되지 않고 오히려 극히 다양한 시대에 풍성하게 꽃피울 수 있다. 요즈음 각 개인은 독자적으로 자신의 독특한 견해와 감응방식을 소유할 권리를 요구하며, 그런 까닭에 서정시는 특히 오늘날 시의적절하다.

하지만 서정시는 다음의 보다 일반적인 관점들에 따라 대별된다.

α) 첫째는 서정적 표현방식을 갖는 민요시Volkspoesie이다.

αα) 민요시에서는 특히 여러 민족성들의 다양한 특수성이 나타나는 까닭에, 우리는 모든 민족들의 고유성을 배우고, 따라 느끼고, 따라 경험하기 위해 현대의 보편적 관심 속에서도 각종의 민요들을 지칠 줄 모르고 수집한다. 벌써 헤르더가 이를 위해 큰 기여를 하였으며, 괴테 역시 매우 다종적인 이 장르의 산물들을 비교적 독자적으로 모방하였으며, 또 이를 통해 그것들이 우리에게 한층 가깝게 느껴지도록 만들었다. 그런데 우리가 완벽하게 공감할 수 있는 것은 자기 민족의 노래들뿐이다. 우리 독일인들이 아무리 외국 문물에 잘 동화될 수 있다고 해도, 한 민족 내면의 궁극의 음악은 항상 다른 민족들에게 무언가 낯선 것이므로, 이들의 감응 특유의 향토색이 풍기게 하려면 이 낯섦은 일차적으로 개작을 통한 보완을 필요로 한다. 괴테는 그가 우리에게 소개한 외국의 민요들에서 이러한 보완을 매우 함축적이며 아름다운 방식으로 —하지만 예컨대 모를라시아어로 쓰인 아산 아가의 귀부인들의 애도가에서처럼[147] 그러한 시들의 고유성이 전혀 위해를

---

147 역주: 아산 아가(Asan Aga)는 세르비아의 영웅이다. 모를라시아(Morlaccia)어는 달마시안 해변의 모를라시아 지방에서 쓰였던 세르비아-크로아티아의 사투리이다. 괴테는 이 세르비아-크로아티아 노래를

당함이 없이 보존되는 한도에서ー 행하였다.

ββ) 서정적 민요시의 일반적 특성은 시인이 주체로서 부각되지 않고 자신의 대상 속에 흡수되어 사라진다는 바로 그 면에서 근원적 서사시의 특성에 비견될 수 있다. [433] 그러므로 비록 민요에서 극히 자기집중적인 심정의 깊은 감정이 언표된다고 해도, 그럼에도 그 속에서 예술적 표현의 주관적 고유성이 인지되도록 만드는 것은 개별적 개인이 아닌 민족적 감응일 뿐이니, 개인은 그가 민족, 그 현존재, 그리고 그 관심으로부터 분리된 어떠한 내적 표상과 감응도 자체적으로 갖지 않는 한도에서 이 민족적 감응을 자신 안에 완전히, 그리고 가득하게 지닌다. 그러한 분리되지 않은 통일성은 독자적 반성과 문화가 아직 각성되지 않은 상태를 필히 전제한다. 그런즉슨 시인은 이제 주관을 뒤로 물린 채 하나의 단순한 도구가 되며, 또한 민족적 삶의 서정적 감응과 직관방식은 이 도구를 매개로 표출된다. 물론 이런 직접적 근원성은 알찬 압축성과 인상적인 진리를 ー이것은 종종 대단히 큰 영향력을 갖는다ー 민요에 부여하지만, 이는 무반성적 신선함이다. 그런데 이를 통해 민요는 동시에 뭔가 단편적이고 편린적인 것, 불명료한 것으로까지 나아갈 수 있는 전개상의 결함도 갖기 십상이다. 감응은 자신을 깊숙이 은폐하며, 또한 자신을 완전히 언표할 수도 없고 또 하려고도 않는다. 그 밖에도 전체적 입장에서 보면 형식은 전반적으로 완전히 서정적인, 즉 주관적인 종류의 것이지만, 그럼에도, 이미 말했듯, 이 형식과 그 내용을 바로 그 자신의 가슴과 정신의 자산으로서, 그 자신의 예술적 형성의 산물로서 언표하는 주관은 빠져 있다.

γγ) 그러므로 고작 그러한 시들에 도달했을 뿐, 더 나아간 단계의 서정시

를 헤르더가 수집한 민요들에서 취택했다. 괴테의 *Vermischte Gedichte* 참조.

나 [상고기의] 서사시 및 극시 작품들에 이르지 못한 민족들은 대개 미발전된 현실과 덧없는 숙원 및 숙명들에 시달리는 반쯤은 조야한 야만적 민족들이다. 왜냐하면 그들이 이 영웅시대들에서 스스로 내적으로 풍요로운 전체를 형성했더라면, 또한 그 특수한 측면들이 독자적이면서도 조화를 이루는 실재성으로 이미 발전되어 내적으로 구체적인, 그리고 개별적으로 완결된 행동들을 위한 토대를 제공할 수 있었더라면, [434] 초창기 시의 경우 그들 가운데 서사시인들도 나타났을 것이기 때문이다. 그러므로 그러한 노래들이 민족정신을 표현하는 유일한 궁극적 방법으로 등장하는 상태는 오히려 가족생활, 부족들 간의 결속에 한정되어 있을 뿐, 영웅시대의 국가들로 성장한 현존재는 아직 구성되지 않은 상태이다. 민족적 행동의 기억들이 있다면, 이것은 대개 이민족의 억압과 약탈에 대항하는 투쟁들이며, 난폭에 대항하는 난폭의 반발들이며, 동족의 개개인에 대항하는 개개인의 행동들이니, 그 이야기는 회한과 비탄 혹은 일시적 승리에 대한 높은 환호들로 가득 차 있다. 발전된 독자성으로 전개되지 못한 민족의 현실적 삶은 감응의 내면세계로 움츠러드니, 그러므로 이 감응도 전체적으로 미발전된 것으로 머물며, 또한 —이것이 이 경우 아무리 점점 더 집중적인 것으로 된다 한들— 종종 내용의 면에서도 거칠고 야만적이다. 그러므로 민요들이 우리에게 시적으로 관심을 끄는가 아니면 반대로 무언가 몸서리쳐지는 요소를 갖는가는 그것들이 표현하는 상황과 감응의 종류에 달려 있다. 왜냐하면 어떤 민족의 판타지에는 탁월하게 보이는 것이 다른 민족에게는 멋쩍고 끔찍하고 역겨운 것일 수 있기 때문이다. 예컨대 어떤 민요는 남편의 명령으로 담벼락 안에 갇힌 채 가슴께에 아이의 수유를 위한 구멍들을 겨우 간청하여 뚫어 두도록 한, 그리고 수유를 마칠 때까지만 살게 된 한 부인의 이야기를 전한다. 이것은 야만적이며 끔찍한 상황이다. 마찬가지로 도둑질들, 용맹과 단순한 난폭의 개인적 행동들도 자체로는 다른 문화를 지닌 이민족들이 공감할 만한 어떤 것도 내포하지 않는다. 그러므로 민요들은 보편적 인간성과 너무 멀리 떨어진 까닭에 종종 매우 특칭적인 것, 즉 확정된 그 탁월함의 척도가 전혀 존재하지 않는 것이기도 하다. 그러므로 근래 우리는 [435] 이로쿼이족, 에스키모족을 비롯한 여러 야생 민족들의 민요를 알게 되었지만, 이를 통해 시적 향유의 범위가 매번 확장되었던 것은 아니다.

β) 그런데 서정시는 전적으로 내면적 정신을 읊으며, 또 그런 까닭에 그것은 현실적 민요들의 표현방식이나 내용, 혹은 민요조로 불리는 후일의 시들에 머물지 않는다.

αα) 즉 본질적으로 중요한 것은, 방금 살펴보았듯이, 한편으로는 내적으로 압축된 심정이 이 단순한 집중과 그 직접적 관조에서 벗어나 자기 자신의 자유로운 표상으로 거침없이 나아가는 것이며 —방금 서술한 상태들에서는 이것이 다만 불완전하게 나타날 뿐이다— 다른 한편으로는 인간의 가슴이 품을 수 있는 일체의 것을 내면에서 가공하는 것이다. 또 그것을 고유한 정신의 소산으로서 전달하려면, 심정은 표상, 열정, 상태, 갈등들의 풍부한 세계로 확장되어야만 한다. 왜냐하면 서정시 전반은 내면적 삶의 전체를 —이것이 시에 편입될 수 있는 한— 시적으로 읊어야 하며, 따라서 정신의 모든 형성 단계에 공통적으로 속하기 때문이다.

ββ) 둘째, 자기확신적 예술의 사유는 자유로운 자의식과도 결부되어 있다. 민요는 말하자면 자연의 소리와 같이 가슴으로부터 직접 자신을 노래하지만, 자유로운 예술은 그 자신을 의식하며, 그것을 생산하는 자의 인식과 의지를 요구하며, 또한 이 인식을 위한 문화와 철저한 연습을 통해 완성된 완벽한 생산적 기교를 필요로 한다. 그러므로 본격적 서사시가 시인의 고유한 구상과 제작을 숨겨야 한다면, 혹은 서사시가 발생한 시대의 전체적 특성에 비추어 그것이 가시화되지 않도록 해야 한다면, 이는 오로지 서사시가 민족의 객관적인 —시인의 주관에서 출현하지 않은— 현존재와 [436]

관계하기 때문이니, 따라서 이 현존재 역시 주관의 산물이 아닌, 그 자체로서 독자적으로 전개되는 산물인 것으로서 시에 나타나야 한다. 이에 반해 서정시에서는 창작 및 내용이 주관적인 것이며, 따라서 그것은 주관적인 것의 본성을 드러내야 한다.

γγ) 이 점에서 후일의 서정적 예술시문학Kunstpoesie은 민요와 분명히 구별된다. 어떤 민요들은 본격적인 예술적 서정시 작품들과 동시대에 생성되기도 하였다. 그러나 이 경우 이 민요들이 속하는 권역 및 개인들의 전체적 견해는 예의 예술문화에 속하기보다는 직접적인 민족감각에서 아직 분리되지 않은 상태에 있다. 하지만 서정적 민요시와 서정적 예술시의 이 차이가 잘못 이해되어, 마치 서정시가 자의식적 기교와 눈부시도록 우아하게 결합된 예술 이해와 반성을 가장 본질적인 요소로서 가질 때 비로소 절정에 도달하는 양 생각되면 안 된다. 만일 이런 식으로 받아들여진다면, 이는 우리가 예를 들어 호라티우스를 비롯한 로마 서정시인들 일반을 이 장르의 가장 탁월한 시인들로 산정해야 함을, 혹은 그들의 범위 내에서는 이를테면 본격적 연가Minnegesang[148]에 선행하는 시대의 유명가수들을 선호해야 함을 이르는 것에 불과할 것이다. [서정시와 민요가 분명히 구분된다는] 앞의 명제가 이러한 극단적 의미로 이해되면 안 된다. 주관적 판타지와 예술은 독자적 주관성을 원리로 삼으며 또한 바로 이 주관성으로 인해 그것이 참되게 완성되려면 표상 및 예술적 활동을 함에 있어 발전된 자유로운 자의식을 그 기초와 전제로 삼아야 한다는 의미에서만 앞의 명제는 올바른 것이다.

γ) 끝으로 우리는 앞서 언급한 두 단계와 마지막의 단계를 다음과 같이 구분할 수 있다. 민요는 산문적이기도 한 현재와 의식의 현실성이 본격적

---

148 역주: 연가가수의 최고봉은 1200년경 활동했던 포겔바이데(W. von der Vogelweide)이다.

으로 발전되기 이전에 나타난다. 반면 순정한 서정적 예술시는 이 기존의 산문에서 탈피하여 주관적이며 [437] 독자적으로 된 판타지로부터 내면의 고찰과 감응이라는 새로운 시적 세계를 창조하는바, 이를 통해 비로소 서정시는 인간 내면의 참된 내용과 참된 표현방식을 생생하게 산출한다. 그러나 셋째, 그 내용을 예술 일반에서 가능한 것보다 더욱 결정적인 보편성과 더욱 필연적인 연관성 속에서 자유롭게 자의식화할 수 있는, 그런 한에서 다시 한편으로는 심정과 직관의 판타지보다 더욱 고차적인 또 다른 정신의 형식도 있다. 내가 생각하는 것은 철학적 사유이다. 하지만 역으로 다른 한편 이 형식은 추상의 굴레를 벗어나지 못하고 단순 추상관념적 보편성으로서의 사유적 요소 속에서 전개되므로, 구체적 인간은 그의 철학적 의식의 내용과 결과들을 구체적으로, 즉 심정과 직관, 판타지와 감응에 의해 삼투된 것으로서 ―그 속에서 전체 내면의 총체적 표현을 얻고 또 주기 위해― 표현해야 한다는 압박을 느낄 수도 있다.

이 입장에서는 특히 두 가지의 상이한 이해방식이 유력시된다. 즉 그 하나는 판타지로서, 이것은 자신을 넘어 사유의 운동들에 필적할 수 있지만 철학적 설명들의 명료성과 확고한 정합성으로까지 파고들지는 못한다. 이 경우 서정시는 대개 내적으로 투쟁하고 씨름하는, 그 발효 속에서 예술과 철학 모두에게 폭력을 가하는 영혼의 토로가 되는바, 까닭인즉 그것은 한 영역을 넘어서되 다른 한 영역에 정주할 수도, 혹은 그것을 고향으로 삼을 수도 없기 때문이다. 다른 하나는 자신 안에 사유로서 안거하는 철학 하기인데, 이것도 명료하게 파악되고 체계적으로 완성된 그 사상들을 감응으로써 영혼이 깃들게 할 수 있고, 직관을 통해 감성화할 수 있으며, 학적으로 명료한 필연적 과정과 관계를, 예컨대 실러의 많은 시가 그렇듯, 특수한 측면들의 자유로운 유희로 [438] 대체할 수 있다. 여기서 예술은, 교훈적 분석의 무미건조한 어조에 빠지는 것을 원치 않을수록, 그 특수한 측면들의 내적 통일성들을 비구속성이라는 유희의 가상 아래 그만큼 더 감추고자 해야 한다.

2. 서정시의 특수한 측면들

우리는 지금까지 서정시가 표방하는 내용 및 그것을 언표할 수 있는 형식의 일반적 특징, 그리고 서정시의 원리에 다소 적합한 것으로 증명된 문화의 여러 입장을 고찰하였으므로, 차후의 과제는 이 일반적 사항들의 특수한 주요 측면들 및 관계들의 상술이다.

이 면에서도 나는 서사시와 서정시의 차이부터 적시하고자 한다. 서사시를 고찰함에 있어 우리는 근원적, 민족적 서사시에 각별한 주의를 기울였으며, 이에 반해 불충분한 부수적 장르들과 시인의 주관은 도외시하였다. 이것은 지금의 영역에서는 아니 될 일이다. 반대로 여기서는 일면 시인의 주관성이, 일면 여러 장르로의 가지 벋기가 가장 중요한 설명대상인바, 서정시가 여러 장르들로 확장될 수 있는 까닭은 그것이 무릇 내용과 형식의 특수성과 개체화를 원칙으로 삼기 때문이다. 그러므로 우리는 보다 상세한 언급을 위해 다음의 과정을 정할 수 있다.

첫째, 우리는 시선을 서정시인에 맞추어야 한다.
둘째, 우리는 서정적 예술작품을 주관적 판타지의 산물로 간주해야 하며,
셋째, 서정적 표현의 일반 개념으로부터 나타나는 여러 장르들을 언급해야 한다. [439]

a. 서정시인

α) 이미 살펴보았듯이, 서정시의 내용을 형성하는 것은 한편으로는 현존재 및 그 상태들의 보편적 요소를 개괄하는 고찰들이며 다른 한편으로는 특수자의 다양성이다. 그러나 이 두 요소는, 하나는 단순한 보편성들이며 하나는 특수한 관점들 및 감응들인 까닭에, 모두 단순한 추상들이다. 이 추상들이 생생한 서정적 개별성을 얻으려면, 그것들은 내적으로, 그런 까닭에 필히 주관적으로 결합되어야 한다. 그러므로 구체적인 시적 주체, 즉 시인은 자신을 서정시의 중심이자 본격적 내용으로서 내세워야 하되, 그렇다고 현실적 행동과 행위로 나아가 극적 갈등들의 운동에 엮여서는 안 된다. 이와 반대로 그의 유일한 표출과 행동은 그가 자신의 내면에 어휘들을 부여한다는 점에 국한되는데, 이 어휘들은 그 대상이 무엇이든 간에 자신을 언표하는 주관의 정신적 의미를 제시하며, 또 청자에게도 동일한 의미와 정신, 같은 심정상태, 비슷한 방향의 반성을 자극하고 일깨우고자 노력한다.

β) 이 경우 표출은, 비록 그것이 타인들에 대한 것이긴 해도, 노래로 해소되고, 노래 속에서 자신과 화해하는 고통이나 명랑함의 자유로운 넘침일 수 있으며, 또는 ─노래하고 시를 지을 능력이 있는 자는 그것을 천직으로 삼아 반드시 시를 지어야 하는 관계로─ 심정의 가장 중요한 감응들과 매우 멀리 내다보는 고찰들을 그 자체로 두지 않는 한층 깊은 충동일 수 있다. 분명한 원인과 같은 외적 동기들은 결코 더 이상 배제되지 않는다. 그러나 위대한 서정시인은 그 경우, 곧 본래의 대상에서 벗어나 자기 자신을 표현한다. 그리하여 핀다로스에게는, 이미 누차 언급된 사례를 다시 활용하자면, 승자의 관을 쓴 이러저러한 경쟁자를 송축하라는 요구가 종종 제기되었으며, 분명 그는 이를 위해 여러 차례 돈도 받았지만, 그럼에도 그는 가수로서 그의 영웅 자리를 자신이 차지한다. [440] 또한 자신의 판타지를 독자적으로 결합함으로써 이를테면 조상들의 행동들을 찬양하며, 옛 신화를 상기

시키고 혹은 삶, 부, 지배, 위대하고 명예로운 것, 뮤즈들의 숭고함과 사랑스러움에 관해, 그러나 무엇보다 가수의 존엄에 관해 그의 깊은 식견을 언표한다. 그리하여 그는 그의 시들에서도 영웅의 명성을 전파하고 그를 명예롭게 하기보다는 시인 그 자신이 높이 들리도록 한다. 승자들을 찬양하는 것이 그에게 명예였던 것이 아니라 오히려 핀다로스가 그들을 찬양하였다는 것이 그들에게 명예였다. 이러한 특출한 내면의 위대함이 서정시인의 품격을 형성한다. 개인으로서의 호메로스는 그의 서사시에서 사람들이 오늘날 여간해서는 그의 실존을 더 이상 시인하려 들지 않을 정도로 희생되어 있지만, 그의 영웅들은 불멸의 존재로서 계속 살아 있다. 이에 반해 핀다로스의 영웅들은 우리에게 공허한 이름으로 남아 있지만, 자신을 노래하고 자신에게 명예를 부여했던 그 자신은 시인으로서 잊히지 않고 있다. 영웅들이 요청할 법한 명성은 서정가수의 명성에 붙은 하나의 장식물일 뿐이다. ― 로마인들의 경우에도 일단의 서정시인들은 여전히 이러한 독자적 지위를 유지한다. 예컨대 수에토니우스는 아우구스투스가 호라티우스에게 "사람들이 네가 나의 친구라는 인상을 받는다면, 이것이 혹 후세의 너의 명성에 해가 될까 두려운가An vereris, ne apud posteros tibi infame sit, quod videaris familiaris nobis esse?"[149]라는 편지를 썼다고 이야기한다. 그러나 호라티우스는 그가 직책상 아우구스투스에 관해 이야기하는 곳을 예외로 하면 ―우리는 이곳이 어딘지를 쉽사리 알아챌 수 있다― 대개 곧바로 자기 자신으로 되돌아온다. 예컨대 제3권의 14번 송가는 스페인에서 칸타브리안에 승리한 후 귀환하는 아우구스투스를 출발점으로 삼지만, 호라티우스는 그 밖에는 아우구스투스가 세상에 다시 가져다준 평화를 통해 그 자신 역시 시인으로서 평안하

---

149 역주: *Opera*(1802), Friedrich August Wolf 편, 전 4권, Leipzig, 제3권, 51쪽.

게 유유자적할 뿐이다. 연이어 그는 축하연을 위해 화환, [441] 향유香油, 오래된 포도주를 가져오고 네아이라[150]를 속히 불러올 것을 명령하였다 ─ 한마디로 그것은 그 자신의 축제 준비에 관계된 것이다. 하지만 그가 심부름꾼을 보내면서 다음과 같이 분명히 이르는 것을 보면, 사랑싸움은 이제 그에게 플랑쿠스가 집정관으로 있던 그의 젊은 시절만큼 그리 중요한 것이 아니었다.

Si per invisum mora ianitorem

Fiet, abito

퉁명스러운 문지기가 거기서 까다롭게 군다면,

그냥 오거라!

클롭슈토크가 그의 시대에 가수의 독자적 존엄을 다시 느꼈다는 점, 그리고 그가 그 존엄을 발설하고, 그에 맞게 자신을 간수하고 행동함으로써 시인을 궁정시인 및 누구나 써먹는 시인이라는 입장으로부터, 한가롭고 아무짝에도 쓸모없는 농담의 ─이것은 사람을 폐인으로 만들 뿐이다─ 입장으로부터 탈출시켰다는 점은 그의 명예로운 특징이며, 우리는 이 점에서 그를 호라티우스보다 더욱 칭찬할 수 있다. 그럼에도 불구하고 바로 그러한 그를 먼저 서적상이 자신의 시인으로서 간주하는 일이 발생했다. 내가 알기로, 할레에 소재하는 클롭슈토크의 출판인은 그에게 『구세주』한 매당 1 내지 2탈러를 지불하였으며, 이에 더하여 조끼와 바지를 만들어 주고 또 그렇게 성장盛裝시켜 그를 여러 사교계에 데리고 다니면서 그가 사 주었다

---

150 역주: 고대 아테네의 고급 창녀의 이름이다.

프리드리히 고틀리프 클롭슈토크

는 것을 알리기 위해 사람들이 조끼와 바지를 입은 그의 모습을 보도록 하였다. 이에 반해 (비록 철저하게 확증된 것은 아니지만 적어도 후일의 보고들이 설명하는 바에 따르자면) 아테네인들은 핀다로스가 한 노래에서 그들을 칭송했다고 하여 그의 입상을 세워 주었으며(파우사니아스, I, 8) 또한 그 밖에도 그에게 내야 할 벌금의 두 배를 보내 주었는데(아이스키네스, 『에피스툴라』 4), 테베인들은 이 벌금을 받고도 그가 타 도시에 헌정했던 칭송이 과도하다는 이유로 그를 용서할 마음이 없었다.[151] 심지어 아폴로 스스로도 피티아(델피의 여

---

151 역주: 핀다로스는 테베의 관할구역에서 출생했지만 페르시아 전쟁에 대한 테베인들의 불개입 정책에는 찬성하지 않은 것으로 보인다. 후자의 사실은 아이스키네스에 따른 것인데, 오늘날에는 진실이 아

사제)의 입을 빌려 전체 헬라스가 델피의 체육제전에 보내곤 했던 기부금의 반을 핀다로스가 차지했다고 말한 것으로 전해진다.

γ) 셋째, 서정시의 전체 장에서는 [442] 개인의 시적, 내면적 운동의 총체성 역시 표현된다. 왜냐하면 서정시인은 그의 심정과 의식 속에서 시적으로 형상화되는 일체의 것을 노래 속에 언표하도록 촉구받기 때문이다. 이 면에서는 특히 그의 풍부한 삶의 다양성 속에서 언제나 시적인 태도를 취하였던 괴테가 언급될 만하다. 이 점에서도 괴테는 가장 탁월한 인간군에 속한다. 사방팔방에 걸쳐 적극적으로 관심을 두었던, 하지만 이 무한한 확장에도 불구하고 철저하게 자신 안에서만 살았던, 그리고 그를 감동시켰던 것을 시적 직관으로 변형했던 인물은 거의 찾아볼 수 없다. 일상에서는 개방적이라기보다 오히려 폐쇄적이었던 그의 독특한 심정, 그의 사회생활, 그의 꾸준한 연구의 학문적 방향과 결과들, 철저히 연마된 그의 실천적 감각이 낳은 경험 명제들, 그의 인륜적 격률들, 잡다하게 교차하는 시간의 현상들이 그에게 남겼던 인상들, 그로부터 그가 도출했던 결과들, 청춘의 들끓는 희열과 용기, 장년의 원숙한 힘과 내면의 아름다움, 노년의 포용적이고 유쾌한 현명함 — 모든 것이 그에게서는 서정적으로 분출되었으며, 이 분출 속에서 그는 경쾌하기 그지없는 감응의 암시뿐만 아니라 어렵기 짝이 없는 정신의 고통스러운 갈등 역시 언표하며, 이런 표현을 통해 그로부터 해방되었다.

b. 서정적 예술작품

둘째, 시적 예술작품으로서의 서정시를 보자면, 다양하기 그지없는 이해

닌 것으로 간주된다. 이소크라테스는(『안티도시스(*Antidosis*)』, §166) 아테네가 핀다로스에게 10,000드라크마를 지불했다고 말한다.

방식들 및 그에 못지않게 무진장 잡다한 내용의 형식들이 갖는 우연적 풍부함으로 인해 그에 관해 일반적으로 이야기될 수 있는 것은 거의 없다. 왜냐하면 비록 여기서도 이 전체 영역이 미와 예술의 일반 법칙들을 벗어나거나 벗어나려 해서는 안 되지만, 그럼에도 불구하고 그 주관적 특성은 본성상 [443] 표현의 용어들 및 어조들의 범위가 완전히 무제한적이어야 함을 수반하기 때문이다. 그러므로 우리의 목적을 위해 중요한 것은 다만 서정적 예술작품의 전형이 서사적 예술작품의 유형으로부터 어떻게 구분되는가 하는 물음뿐이다.

이 점을 고려하여 나는 다음의 측면들만을 간략히 언급할 것이다.

첫째, 서정적 예술작품의 통일성
둘째, 그 전개방식
셋째, 운격韻格과 낭송이라는 외적 측면

α) 이미 말했듯이, 서사시가 예술에서 차지하는 중요성은 ─특히 근원적 서사시의 경우─ 완벽한 예술형식의 완성에 있다기보다는 민족정신의 총체성에 있는데, 한 백미의 작품이 [즉 호메로스의 서사시가] 이것을 매우 풍성한 전개 속에서 우리에게 전해 주고 있다.

αα) 본연의 서정적 예술작품은 그러한 식의 전체성의 실현을 삼가야 할 것이다. 왜냐하면 주관성은 보편적 개괄로 나아갈 수도 있지만, 주관성이 자신을 진정 내적으로 닫힌 주관으로서 표명하려 할 경우 그 속에는 즉각 특수화와 개체화의 원리가 놓이기 때문이다. 하지만 이렇다고 해서 자연환경에서 도출된 다양한 통찰들, 자신과 타인의 체험의 다양한 기억들, 신화적, 역사적 사건들 등등이 처음부터 배제되는 것은 아니다. 내용의 이러한

폭이 특정 현실의 총체성에 속하긴 해도, 그렇다고 그것은 서사시에서처럼 등장할 수는 없는 일이며, 그 권리는 오직 [시인의] 주관적 기억과 예민한 구성능력 속에서 생명을 얻을 경우에 국한된다.

ββ) 그러므로 서정시의 본격적 통일점으로 간주되어야 하는 것은 주관적 내면이다. 하지만 내면성 자체는 한편으로 극히 형식적인 주관의 자기 통일성이며, 다른 한편으로 표상, 느낌, 인상, [444] 직관 등의 매우 잡다한 특수화와 극히 상이한 다양성으로 분열, 분산되는 것이니, 그것들을 결합하는 유일한 방도는 하나의 동일한 자아가, 말하자면 단순한 그릇으로서 그것들을 자신 속에 담는 것이다. 그러므로 서정적 예술작품을 결속하는 중심점이 제공되려면, 주관은 한편으로 정조情調나 상황을 구체적으로 규정할 수 있어야 하며, 다른 한편으로 자신을 이렇듯 특수화된 자신과 동일시하여 그 속에서 자신을 감응하고 표상해야 한다. 오직 이럼으로써 주관은 내면에 제한된 주관적 총체성이 되며, 또한 이 규정성으로부터 발현하는 것, 그것과 연관된 것만을 언표한다.

γγ) 이렇게 보면 가장 완벽하게 서정적인 것은 한 구체적 상태에 집중된 심정의 정조이다. 왜냐하면 가장 내밀하고 가장 고유한 주관성은 감응하는 가슴이며, 반면 보편적인 것을 향한 고찰과 반성은 교훈적인 것에 빠지거나 내용의 실체적, 사실적 요소를 서사적 방식으로 부각하기 십상이기 때문이다.

β) 둘째, 서정시의 전개를 규정하는 사항도 일반적으로 확언되기 어려운 까닭에 나는 여기서도 몇 가지 중요한 언급을 하는 데 그칠 수밖에 없다.

αα) 서사시의 발전은 더딘 종류의 것이며, 일반적으로 폭넓게 갈라진 현실을 표현하는 방향으로 확대된다. 왜냐하면 서사시에서는 주관이 객관적 요소에 편입되고, 또 이것은 이제 그 독자적 실재성에 따라 자체적으로 형성, 전개되기 때문이다. 거꾸로 서정시에서는 감응과 반성이 현전하는 세

계를 자신 속에 끌어들이고, 이 내면의 요소 속에서 그것을 절감하고 또 무언가 자체로서 내적인 것으로 만들며, 연후 비로소 그것을 말로 포착하고 언표한다. 그러므로 서정시는 서사시의 [객관적] 확장과는 반대로 [주관적] 응축을 원리로 삼으며 또한 장황한 묘사와 설명보다는 [445] 주로 내면적 깊이의 표현을 통해 효과를 낳으려고 의도해야 한다. 하지만 서정시인에게는 거의 침묵하다시피 하는 압축성과 능변의 명료함을 위해 완벽하게 다듬어진 표상 사이에 매우 풍부한 뉘앙스들과 단계들이 열려 있다. 마찬가지로 외적 대상들의 예시도 금지되어서는 안 된다. 이와 반대로 제대로 구체적인 서정적 작품들은 주관을 그 외적인 상황 속에서도 묘사하며, 그런 까닭에 자연환경, 지방색 등을 마찬가지로 자신 안에 수용한다. 심지어 완전히 그러한 묘사들만을 하는 시들도 있다. 그렇긴 하지만 본연의 서정적 요소를 형성하는 것은 실제적 객관성과 그 조형적 그림이 아니라 심정에 대한 외물의 투영, 이를 통해 고조된 정조, 그러한 환경 속에서 자신을 감응하는 가슴이다. 그리하여 우리는 눈앞에 제시된 특징들을 통해 이러저러한 대상들을 외적으로 관조하지 않으며, 오히려 그 속으로 전이된 심정을 내적으로 의식하며 또한 그 같은 감응방식이나 고찰을 향해 움직여야 한다. 이를 위해 가장 분명한 실례를 제공하는 것으로는 기사담들과 담시들이 있다. 이것들이 보고된 사건에서, 앞서 이미 적시했듯이, 이야기하는 시인의 내적 영혼상태에 상응하는 것, 바로 그것만을 부각할수록, 그리고 이러한 정조 자체가 우리에게 생생하게 반향되도록 전체적 전말顛末을 제공할수록, 이것들은 그만큼 더 서정적이 된다. 그러므로 서정시에서는 외적 대상들을 아무리 정감적일망정 본격적으로 그리는 것은, 아니 심지어 내적 상황들을 자세하게 묘사하는 것마저도, 내밀한 응축 및 풍부한 의미의 집중된 표현에 비해 항상 적은 효력을 지닌다.

ββ) 둘째, 에피소드들[152]도 마찬가지로 서정시인에게 금기시되는 것은 아

니지만, 그는 서사시인과는 전혀 다른 이유에서 그것들을 사용해야 한다. 서사시의 경우 그것들은 총체성의 개념에서 ―이 총체성은 자신의 측면들을 객관적으로 독립시킨다― 기인하며, 또한 동시에 서사적 행위의 진행을 [446] 지연하고 방해한다는 의미를 지닌다. 이에 반해 그것들의 서정적 정당화는 주관적 종류의 것이다. 즉 생동적인 개인은 그의 내면세계를 보다 신속하게 통과하며, 극히 다양한 기회에 극히 다양한 사물들을 회상하며, 잡다하기 그지없는 것을 결합하며 또한, 그의 고유한 기본 감정이나 그의 반성의 대상들에서 멀어지지는 않지만, 그의 표상과 직관에 의해 이리저리 왔다 갔다 한다. 서정시에서는 이것이 에피소드적인 것이며 저것이 그렇지 않은 것임을 대개 말하기 어렵긴 해도, 그와 같은 생동성은 시적 내면에도 속한다. 그러나 대개 통일성을 해치지 않는 한에서의 여담餘談들, 무엇보다 놀랄 만한 반전들, 재치 있는 조합들, 갑작스러운, 거의 폭력적이다시피 한 이행들은 정녕 바로 서정시에 속하는 것이다.

γγ) 그러므로 이 영역의 시예술에서는 진행과 연관성의 종류도 마찬가지로 때로는 서사시와 다른, 때로는 완전히 대립적인 본성을 지닐 수 있다. 일반적으로 서정시는 서사시와 다름없이 일상적 의식의 자의, 단순 지성적인 귀결, 혹은 필연성 속에서 제시되는 학문적 사유의 사변적 발전을 용인하지 않으며 오히려 개별적 부분들에서마저도 자유와 독자성을 요구한다. 그러나 서사시는 실제적 현상을 본으로 삼아 가시화되며 따라서 서사시에서는 이러한 상대적 고립화가 실제적 현상의 형식에서 유래하는 반면, 거꾸로 서정시인은 특수한 감응들과 표상들 속에서 이야기하며 따라서 이것들에 대해 다시 자유로운 개체로서의 특징을 부여한다. 왜냐하면 이 모든 것

---

152 역주: 원문 374쪽 역주 105번 참조.

들이 비록 비슷한 정조와 고찰방식의 소산이긴 하지만, 그럼에도 그 각각은 나름의 특수성에 따라 심정을 채우고 또, 심정이 또 다른 관점과 측면들로 돌아설 때까지, 이 한 점에 집중하도록 만들기 때문이다. 그런데 이 경우에는 수미일관한 연관성이 거의 중단 없이 [447] 평온하게 이어질 수 있지만, 마찬가지로 서정적 도약들 속에서 하나의 표상으로부터 멀리 떨어진 또 다른 표상을 향해 무매개적으로 이행할 수도 있는데, 이 경우 시인은 얼핏 속박 없이 종횡무진하는 것으로, 그리고 이 도취된 열광의 비상 속에서 사색적으로 추론하는 오성과 대조적으로 하나의 힘에 의해 —이 힘의 파토스는 그의 의지에 반해 그를 다스리고 또 그의 마음을 빼앗는다— 소유당한 것으로 보인다. 몇몇 종류의 서정시에서는 그러한 열정의 도약과 투쟁이 대단히 본유적인바, 예컨대 호라티우스는 많은 시들에서 일견 연관성을 해체하는 듯한 그런 도약들을 매우 섬세한 계산과 더불어 인위적으로 만들려고 노력했었다. — 마지막으로 한편으로 극히 명료한 연관성과 평온한 진행 및 다른 한편으로 열정과 열광의 구속 없는 격렬함이라는 이 극단들 사이에는 많은 중간 단계의 취급들이 있지만, 나는 이것들을 건너뛸 것이다.

γ) 이 국면에서 마지막으로 언급되어야 할 것은 서정적 예술작품의 외적 형식과 실재에 관한 것이다. 여기에 속하는 것으로는 특히 운격과 음악반주가 있다.

αα) 균일하고 안정된, 그런가 하면 다시 생동적이기도 한 육보격의 흐름이 서사적 운율의 백미임은 쉽게 알 수 있다. 그런데 우리는 서정시에 대해 대뜸 무진장 다양한 여러 운율과 한층 다면적인 그 내적 구조를 요구할 수밖에 없다. 즉 서정시의 소재는 대상 자체에 속하는 대상의 실제적 전개가 아니라 시인의 주관적, 내적 운동인바, 그 한결같음이나 변화, 동요나 평온, 고요한 흐름이나 들끓는 범람 및 용출이 이제 내면을 전달하는 어휘음향들의 시간적 운동으로도 표현되어야 하는 것이다. 정조와 전체적 이해방식

의 종류는 이미 운격에서 예고되어야 한다. 왜냐하면 서정적 분출이 서사적 이야기보다 전달의 외적 요소인 시간과 훨씬 더 밀접히 관계하기 때문이다. [448] 즉 서사적 이야기가 실제 현상들을 과거로 옮겨 오히려 공간적인 확장을 통해 병치하고 연결하는 반면, 서정시는 감응과 표상의 순간적 착상을, 그것이 생성되고 전개되는 시간적 병렬 속에서 서술함으로써 상이한 종류의 시간적 운동 자체를 예술적으로 형상화해야 하기 때문이다. ― 이러한 상이성에는 첫째, 비교적 자주 중단되는 운율적 운각들의 비동일성과 이로 인한 장단음의 보다 다채로운 나열이 속하며, 둘째, 비교적 상이한 종류의 휴지休止가, 셋째, 연聯으로의 마무리에 속하는데, 이 연들은 개별 시행들의 길고 짧음의 관점에서뿐만 아니라 그것들의 운율적 형태화와 연관해서도 자체적으로나 그들의 순서상으로나 풍부한 변화를 가질 수 있다.

ββ) 둘째, 시간적 지속과 그 운율적 운동의 이러한 예술적 취급보다 더욱 서정적인 것은 어휘와 음절들의 음향 자체이다. 여기에 속하는 것으로는 무엇보다 두운, 압운 그리고 유운이 있다. 즉 이러한 체계의 운문화에서는, 이미 위에서 분석하였듯이, 한편으로는 음절들의 정신적 의미성이, 즉 독자적으로 고정된 길고 짧음의 단순한 자연요소로부터 벗어나 이제 정신의 측면에서 지속, 강음부 및 약음부를 규정하는 의미악센트가 크게 작용하며, 다른 한편으로는 특정 철자, 음절 그리고 어휘들에 명확하게 집중된 음향이 그 자체로서 두드러진다. 서정시는 일면 현존하고 현상하는 것의 의미를 내면의 입장에서만 수용, 언표하며 일면 자신의 고유한 전달 질료로서 주로 울림과 소리를 택하는데, 이 점에서 보면 내적 의미를 통한 이 정신화뿐만 아니라 음향의 이러한 부각 역시 서정시에 모름지기 적합하다 할 것이다. 이 영역에서도 리듬의 요소가 압운과 긴밀하게 연관될 수 있는데, 이 경우 이 결연結緣은 다시 [449] 음악의 박자에 접근하는 방식으로 일어난다. 그러므로 엄격하게 보면 두운, 유운, 압운[각운] 등의 시적 적용은 서정시

의 영역에 한정된다고 할 것이다. 중세의 서사시도 당대 언어의 본성상 그러한 형식들과 떨어질 수 없는 것은 맞지만, 이것이 특히 허용되는 유일한 이유는 여기서는 서정적 요소가 애초부터 서사시 자체의 내부에서 비교적 크게 작용하며 또한 영웅찬가에서, 기사담 내지 담시에 속하는 이야기에서 새로운 길을 비교적 강력하게 개척하고 있기 때문이다. 극시에서도 비슷한 것이 나타난다. 그런데 서정시에 더욱 고유하게 속하는 것은 여러 가지로 나눠진 압운의 형태화이다. 이것은 동일한 철자음향, 음절음향 그리고 어휘음향의 반복이나 상이한 철자음향들, 음절음향들 그리고 어휘음향들의 교번交番에 의해 잡다하게 분절되고 교차하는 압운-시연들Reimstrophen로 발전, 완성된다. 물론 서사시와 극시도 마찬가지로 이러한 구분들을 이용하지만, 이는 다만 그것들도 압운을 금지하지 않기 때문이다. 예컨대 스페인인들은 그들의 극시 발전의 최전성기에조차 드라마의 표현에는 거의 맞지 않는 열정의 궤변적 유희에 철저히 자유로운 공간을 부여하며, 또한 8행시, 14행시 등을 그들의 기타 드라마적 운율에 편입시키거나 적어도 간단없이 연속되는 유운과 압운에서 언어의 조음調音적 요소에 대한 그들의 편애를 보여 준다.

γγ) 마지막으로 셋째, 서정시의 어휘는 현실적 선율이, 혹은 노래가 되며, 이를 통해 서정시는 단순한 압운만으로 가능한 것보다 더욱 강력하게 음악에 접근한다. 이러한 성향도 완전히 정당화될 수 있다. 즉 서정적 소재와 내용이 자체로서 독립성과 객관성을 덜 가질수록, 그만큼 더 그것은 낭송을 위해 결정적인 외면성을 요구하는바, 까닭인즉 이 경우 그것은 무엇보다 내적인 종류의 것이며 또한 오로지 주관 자체에 뿌리를 두지만 그럼에도 자신의 전달을 위해 외적인 보조를 필요로 하기 때문이다. [450] 그것은 보다 내면적인 것으로 머무는 까닭에 외적으로 보다 자극적이어야 하는 것이다. 그런데 심정의 이러한 감각적 자극을 야기할 수 있는 것은 음악이 유

일하다.

그러므로 우리는 서정시가 외적으로 낭송될 경우 거의 예외 없이 음악과 함께함을 발견한다. 하지만 이 결합 속에서 하나의 본질적인 단계가 간과되어서는 안 된다. 왜냐하면 본격적 선율들과 융합되는 것은 무엇보다 현대의 낭만적 서정시가 처음일 것이며, 특히 그것도 정조와 심정이 주재主宰하는, 또 음악이 영혼의 이 내적 울림을 선율로 강화하고 발전시켜야 하는 노래들 속에서일 것이기 때문이다. 우리는 이 사실을 예컨대 민요가 음악 반주를 사랑하고 또 불러내는 점에서 본다. 이에 반해 칸초네, 비가, 서한시 등은, 심지어 소네트마저도, 오늘날에는 작곡가를 찾기가 쉽지 않다. 즉 표상과 반성이, 혹은 심지어 감응이 시 자체에서 완벽하게 설명되고, 또 이미 이를 통해 때로는 심정의 단순한 집중에서, 때로는 예술의 감각적 요소에서 점점 벗어난다면, 그곳에서는 서정시가 이미 언어적 전달만으로도 비교적 큰 독자성을 얻으며 또한 음악과의 긴밀한 연계를 위해 그리 쉬이 진력하지 않는다. 반면, 표현되어야 할 내면이 불분명할수록, 그만큼 더 그것은 선율의 도움을 필요로 한다. 그런데 고대인들은 그들 어투의 투명한 명료성에도 불구하고 낭송의 경우 음악의 뒷받침을 요구했는데, 그 이유와 정도에 관해서는 차후 다룰 기회가 있을 것이다.

c. 본격적 서정시의 장르들

셋째, 서정시가 분화해 가는 여러 특수한 장르들을 살펴보자. 나는 이미 서사시의 이야기적 형식에서 주관적 표현방식으로 이행하는 몇몇 장르들을 비교적 상세하게 언급했다. [451] 마찬가지로 사람들은 서정시의 편에서 극시적인 것이 출현함을 보여 주려 할 수도 있을 것이다. 그러나 여기서 드라마의 생동성을 향한 이러한 경도는 본질적으로 다음의 점에, 즉 갈등에 차서 움직이는 행위로 나아가지는 않지만, 서정시 역시, 대화이며 또한 대화의 외적 형식을 자신 속에 수용할 수 있다는 점에 한정될 뿐이다. 하지만 우리는 이 이행 단계들 및 혼성 장르들을 논하지 않을 것이며, 다만 서정시 본연의 원칙이 순정하게 표명되는 형식들만을 간략하게 고찰할 것이다. 이 형식들의 차이는 시인의 의식이 그 대상에 대해 취하는 태도에 근거한다.

α) 즉 한편으로 주관은 자신의 감응과 표상의 특칭성을 지양하고, 또한 신 혹은 신들의 보편적 관점 속에 침잠하니, 이들의 위대함과 권능은 모든 내면을 관류하여 개인으로서의 시인이 사라지게 한다. 찬가, 디티람보스, 패안,[153] 찬송가들이 이 부류에 속하며, 이것은 다시 여러 민족들에게서 여러 방식으로 발전한다. 나는 가장 일반적으로 다음의 차이만을 주목하고자 한다.

αα) 자신의 고유한 내적·외적 상태, 상황, 그리고 이와 결부된 표상들을 넘어서는, 그 대신 그와 자신의 민족에게 절대적이며 신적으로 현상하는 것을 대상으로 삼는 시인은 첫째, 신적인 것을 객관적 이미지로 다듬을 수 있으며 또한 내적 직관을 위해 초안, 제작된 이미지를 찬미되는 신의 권능과 영광을 상찬하기 위해 다른 사람들에게 제시할 수 있다. 이러한 종류로는 예컨대 호메로스의 작품으로 일컬어지는 찬가들이 있다. 이것들은 신의 명성을 위해 지어졌으며 또한 가령 그저 상징적인 것으로 이해되지 않는, 오히려 서사적으로 탄탄하게 가시화되고 형상화된 신화적 상황들과 신의 이야기들을 주로 포함한다. [452]

ββ) 둘째, 예배를 통한 주관적 고양으로서의 디티람보스적 비상飛上은 이와 반대이며 또한 더욱 서정적이다. 이 주관은 마치 가장 깊은 내면이 뒤흔

---

153 역주: 패안(영. Paean)은 치유의 신으로서의 아폴로 또는 그에게 바치는 찬가 및 개선가를 의미한다. 디티람보스(영. Dithyramb)는 주신 디오니소스의 별명이자 동시에 그의 영예를 기리는 찬가를 뜻하기도 한다.

들리고 마비된 듯 대상의 힘에 의해 도취되며, 완전히 일반적인 분위기에 잠기며, 내면을 객관적 이미지와 형상들로 가져갈 수 없으며, 영혼의 환희에 머물러 있다. 주관은 자신을 벗어나 직접 절대자 속으로 들어가며, 이제 절대자의 본질과 힘으로 채워진 주관은 자신이 잠겨 든 무한성을, 그리고 그 찬란함 속에서 신성의 심연이 반포되는 현상들을 환호하며 찬미한다.

그리스인들은 그들 예배의 축제 속에 그러한 단순한 외침과 부름을 그리 오래 그대로 두지 않고, 오히려 특정한 신화적 상황과 행위들을 이야기함으로써 그러한 분출들을 중단시키는 방향으로 발전했다. 그런데 서정적 분출들 사이에 삽입된 이 표현들은 갈수록 주된 것이 되었다. 이것들은 행위의 형식 속에서 생동적이며 완결된 행위로서 독자적으로 등장하였으며, 그리하여 드라마를 형성하였으며, 또한 드라마는 나름대로 다시 합창들의 서정시를 전체의 일부로서 수용했다.

이에 반해 우리는 비교적 숭고한 『구약성서』의 많은 시편에서 이러한 약동하는 고양, 이러한 올려다봄, 일자에 대한 —이 일자에서 주관은 의식의 궁극목적을, 그리고 일체의 힘과 진리, 일체의 명예와 찬양의 본격적 대상을 발견한다— 영혼의 환호와 외침을 한층 인상 깊게 발견한다. 예컨대 시편 33편은 다음과 같이 이르고 있다. "주를 기뻐하라, 너희 바른 자들이여. 경건한 자들은 마땅히 그를 아름답게 찬양해야 하리라. 하프로 주께 감사하고 열 줄 비파로 찬송하라. 그에게 새로운 노래를 불러 올리고 현악연주로 울림을 크게 할지어다. 왜냐하면 주의 말씀은 진실하며, 약속한 것은 확실히 지키시기 때문이로다. 그는 정의와 공의를 사랑하시도다. 대지는 주의 자비로 가득하도다. [453] 하늘은 주의 말씀을 통해, 그 모든 무리들은 그의 입의 숨결을 통해 만들어졌도다. […]" 시편 29편도 다음과 같이 이르고 있다. "주께 돌리라, 너희 권능 있는 자들이여, 영광과 능력을 주께 돌리라. 주께 그의 이름의 영광을 돌리라. 거룩한 치장을 하고 주께 예배하라. 주의

음성이 물 위를 지나도다. 영광의 신이 우렛소리를 내니 주는 많은 물 위에
계시도다. 주의 음성이 권능과 함께 지나며, 주의 음성이 위엄 있게 지나도
다. 주의 음성이 백향목들을 부수니, 주께서 레바논 백향목들을 부수심이
라. 그것들을 송아지처럼 날뛰게 하시며, 레바논과 시룐을 외뿔소처럼 날
뛰게 하시도다. 주의 음성이 화염을 뿌리도다. 주의 음성이 황야를 술렁이
게 하도다."

그러한 고양과 서정적 숭고성은 망아忘我[154]를 내포한다. 그것은 스스로
구체적 내용에 침잠하기보다는 ―이 경우라면 판타지는 고요한 만족 속에
서 사태를 온존하게 둘 것이다― 오히려 의식에 언표될 수 없는 것을 감응,
직관하려고 분투하는 하나의 비규정적 열광으로 치닫는다. 이러한 비규정
성 속에서는 주관적 내면이 자신의 도달 불가능한 대상을 고요한 아름다움
으로 표상할 수 없으며 또한 자신의 표현을 예술작품에서 향유할 수 없다.
판타지는 고요한 이미지를 만들기보다는 자신이 붙들고 있는 외적 현상들
을 다소 무질서하고 단편적으로 끌어모으며, 또한 스스로가 특수한 표상들
을 내적으로 확실하게 분류하지 못하는 관계로 외적인 면에서도 역시 비교
적 자의적으로 돌출하는 리듬만을 사용할 뿐이다.

[유대교의] 교구에 대립하는 예언자들은 이 경우 ―대개 그들 민중의 상태
에 관한 고통과 비탄을 기조로 삼고, 민중이 신으로부터 멀어지고 배반함
을 느끼면서, 그리고 그들의 신념과 정치적 분노의 숭고한 백열白熱 속에
서― 도리어 훈계조의 서정시로 나아간다.

그런데 이를 본뜬 후일의 시대들에서는 이 위대하기 그지없는 온기가 다
소 가식적인, 쉬이 식고 추상화되는 열기로 바뀌었다. [454] 예컨대 클롭슈토

---

154 역주: Außersichsein. 시인의 자신의 주관성을 잊고 열광 상태에 도달한 상태를 뜻한다.

크의 많은 찬송가풍 내지 시편풍의 시들에는 사상의 깊이나 종교적 내용의 고요한 발전이 없다. 여기서 표현되는 것은 주로 무한자를 향한 이 고양의 시도인데, 무한자는 작금의 계몽된 표상에 어울리게 신은 단지 공허한 불가측성, 불가해한 권능, 위대함 및 장엄함 따위로 난립하는 반면, 시인은 이로 인해 무력함이 드러나고 유한성에 직면한다.

β) 서정시의 두 번째 입장은 보다 현대적인 의미에서 송가Ode[155]라는 일반명사로 표시될 수 있는 종류의 것이다. 앞의 단계와는 달리 여기서는 독자적으로 강조되는 시인의 주관성이 주된 측면으로서 즉시 정점에 오르는데, 이것도 마찬가지로 이중의 관계 속에서 이야기될 수 있다.

αα) 즉 한편으로 시인은 이 새로운 형식과 표현방식 속에서도 종래와 같이 그 자체로서 비중 있는 내용을 —말하자면 신들, 영웅들, 군주들, 사랑, 아름다움, 예술, 우정 등의 명성과 찬양을— 선택하며 또한 이 의미내용과 그 구체적 현실이 그의 내면을 꿰뚫고, 채우고, 사로잡고 있음을 보여 주는 바, 이리 되면 열광의 이러한 도취 속에서 전체 영혼을 장악하는 것이, 또 유일하게 규정을 내리는 힘으로서 영혼 속에 주재하는 것이 마치 대상인 듯 보인다. 만일 이것이 전적으로 옳다고 한다면, 사태는 독자적, 객관적으로 하나의 서사적 조각상으로 조형화되고, 발전되고 또 완성될지도 모른다. 하지만 실상은 이와 반대이다. 시인은 바로 그의 고유한 주관성과 그 위대함을 독자적으로 언표하고 객관화하여 이제 그의 편에서 대상을 장악하고 또 대상 속에서 자신을 표명해야 한다. 그리하여 자유로운 독자성 속에서 자신의 고유한 감응이나 반성을 통해 객관적 발전 과정을 가로막은 채, 주관적으로 조명하고 변경하며, 이로써 사태가 아니라 [455] 사태에 의해 채

---

155 역주: 이것은 원래 '노래'를 의미하는 그리스어이다.

워진 주관적 열광이 지배하도록 해야 한다. 하지만 이와 더불어 우리는 현혹적인 내용(대상)의 힘과 주관적 시적 자유라는 두 가지의 상이한, 심지어 대립적인 측면을 갖는바, 까닭인즉 이 자유는 자신을 압도하려 하는 대상과의 투쟁 속에서 발현하기 때문이다. 이러한 대립의 압박은 무엇보다 언어와 이미지들의 비약과 대담성, 얼핏 규칙 없어 보이는 시의 내적 구조와 흐름, 일탈, 틈새, 돌연한 이행 등을 불가피하게 야기하며, 또한 만일 시인이 예술적 완성 속에서 이 불일치를 풀고 내적으로 통일적인 하나의 전체를 그의 작품으로서 생산하고, 또 이로써 스스로 대상들의 위대함을 넘어설 수 있다면, 그는 이 대가적 능력을 통해 자신의 내면적, 시적 수준을 입증한다. 핀다로스의 많은 송가들은 이런 종류의 서정적 열광에서 출현했는데, 이 경우에도 승리를 구가하는 내적 장엄함이 다양하게 변화하는, 그러나 확실한 척도로 규제되는 리듬 속에서 전달된다. 이에 반해 호라티우스는 특히 자신을 가장 드러내고 싶은 곳에서 대단히 차갑고 무미건조하며 또한 모방적인 인위성을 지니는데, 이를 통해 그는 그의 구성이 다분히 계산된 섬세함에 불과한 것임을 헛되이 감추려 했었다. 클롭슈토크의 열광도 역시, 비록 그의 많은 송가들이 참되고 현실적 감응으로 가득 차고 또 매력적, 남성적인 표현의 존엄과 힘을 갖긴 하지만, 언제나 순정한 것은 아니며 종종 작위적인 요소를 갖는다.

ββ) 둘째, 그러나 다른 한편 내용은 무조건 알차고 중요한 것일 필요가 없으며, 오히려 시인의 개별성 자체가 그러한 중요성을 갖게 되어 그는 이제 비교적 의미 없는 대상들에도 ─그가 이것들을 시작의 내용으로 삼는 까닭에─ 존엄, 고귀함, 혹은 적어도 대체로 비교적 높은 관심을 부여한다. 이러한 종류로는 호라티우스의 많은 송가들이 있으며, 또한 클롭슈토크를 비롯한 다른 사람들도 이 입장을 취했다. 여기서는 [456] 시인이 의미내용의 중요성과 씨름하는 것이 아니다. 반대로 그는 자체로는 무의미한 것을 외

적 동인들과 사소한 사건들 등을 통해 높은 곳으로, 즉 그가 스스로를 감응하고 표상하는 높이로 끌어올린다.

γ) 마지막으로 서정적 정조와 반성은 가곡의 단계에서 끝없이 다양하게 펼쳐지며, 따라서 민족 및 시인의 고유한 특수성은 여기서 가장 완전하게 나타난다. 이것은 매우 다양하여 정확한 분류가 대단히 어렵지만, 가장 일반적으로는 대략 다음과 같이 대별된다.

αα) 첫째는 홀로 흥얼거리거나 모임에서 노래하는 데 쓰이는 본격적인 가곡이다. 여기서는 내용, 내적인 위대함과 고상함이 그리 필요치 않다. 이와 반대로 존엄, 고귀함, 사상적 난해함은 자신을 직접적으로 표출하는 즐거움을 방해할 뿐일지도 모른다. 위대한 반성들, 깊은 사상들, 숭고한 감응들이 필요로 하는 것은 모름지기 자신의 직접적 개별성과 관심 및 영혼의 정조로부터 벗어난 주관이다. 그러나 바로 가곡에서는 기쁨과 고통의 이 직접성, 거침없이 깊은 감정에 잠긴 특칭성이 표현된다. 그런 까닭에 각 민족들은 그들의 가곡들에서 고향의 편안함을 가장 많이 느끼기도 하는 것이다.

이제 이 영역은 내용의 범위 면에서, 그리고 그것이 지닌 각종의 분위기 면에서 무한정 확장되지만, 그럼에도 각개의 가곡들은 소재, 진행, 박자, 언어, 이미지 등과 관련된 단순함으로 인해 곧바로 종래의 서정시들과 구분된다. 그것들은 심정에서 자발적으로 출발하며, 또한 말하자면 열광의 비상 속에서 한 대상에서 다른 대상으로 진행하는 대신 대체로 하나의 동일한 내용에 ─이것은 개별적 상황일 수도 있고 [457] 그 정조와 관점이 우리의 가슴을 꿰뚫는 익살이나 비애의 특정한 표현일 수도 있다─ 비교적 고지식하게 집착한다. 가곡은 비상과 격정의 요동 없이, 전환과 이행의 대담함 없이 이러한 감응이나 상황 속에 고요하고 단순하게 머물며, 오직 이 한 가지를 표상의 가벼운 흐름 속에서 ─때로는 보다 편린에 집중하여, 때로는 보다 포괄적이며 논리정연하게, 노래 가능한 리듬 및 복잡하게 얽히지 않고 이해가 쉬운 반복적 압운을 사용하여— 하나의 전체로 만든다. 그런데 대개 가곡은 하여간 다소 잠정적인 것을 내용으로 삼는 까닭에, 우리는 한 민족이 천년만년 같은 가곡들을 불렀으리라는 생각 따위를 할 필요가 없다. 발전을 거듭하는 민족이라면 그들 사이에 가곡시인이 단 한 번만 나타났을 정도로 그렇게 빈약하거나 척박할 리가 없다. 서사시와 달리 가곡의 시는 그야말로 사멸하는 것이 아니라 항상 새롭게 깨어나는 것이다. 이 화단은 철마다 새로워지니, 옛날의, 더 오랜 옛날의 노래들은 늘 새로이 살아나는 시 짓기의 기쁨에 이르지 못하는, 일체의 전진이 끊긴 짓눌린 민족들에게서나 유지된다. 개별적 노래와 개별적 정조는 일어났다 사라지며, 자극과 즐거움을 주고 또 잊힌다. 과연 누가 예컨대 오십 년 전에 널리 알려지고 사랑받던 노래를 여전히 알고 또 노래하겠는가. 각 시대는 자신의 새로운 노랫가락을 울리며, 예전의 노랫가락은 완전히 들리지 않을 때까지 잦아든다. 그럼에도 불구하고 각각의 노래는 가수 자신의 인성을 표현해야 할 뿐만 아니라 여러 사람에게 인상과 만족을 주고 같은 감응을 일으키고 또 그리하여 입에서 입으로 전달되는 일반적 타당성도 가져야 한다. 그 시대에 일반적으로 불리지 않는 노래들이 진정한 노래일 경우는 거의 없다.

나는 노래의 표현방식상의 본질적 차이로서 기왕에 다루었던 두 가지의 주요 측면만을 강조하고자 한다. 즉 한편으로 시인은 그의 안에서 일어나는 일체의 것이 완벽하게 전달되도록 그의 내면과 내면의 운동들을, 특히 [458] 기쁨의 감응과 상태들을 아무런 거리낌 없이 언표할 수 있다. 그러나 다른 한편 그는 정반대의 입장에서 그의 공개되지 않은 심정 속에 압축되어 있는 것을 말하자면 오로지 침묵을 통해 예감케 할 수도 있다. 전자의 표현은 주로 동방에, 그것도 특히 이슬람교 시문학의 —이 시문학의 찬란한 시선은 재치 있는 결합들과 폭넓은 명상 속에서 사면팔방 돌아보기를 사랑

「마왕」의 한 대목을 묘사한 모리츠 폰 슈빈트의 삽화(c.1860, 샤크갤러리)

한다— 근심 없는 명랑성과 무욕의 확장성에 속한다. 이에 반해 후자의 표현은 내적으로 집중된 북유럽적 심정의 내면성에 더욱 속하는바, 종종 이 심정은 억눌린 적막 속에서 극히 외적인 대상들만을 잡으며, 또한 그것들에서 내적으로 억눌린 심정이 자신을 자유롭게 언표할 수 없다는 사실, 아버지에게 안겨 밤새도록 바람을 뚫고 말을 타고 가는 「마왕」[156]의 아이가 그

---

156 역주: 「마왕(Erlkönig)」은 괴테의 서정시로서 슈베르트가 가곡으로 만들었다. 다음은 본문의 내용과 관련된 부분이다. "누가 바람 부는 밤, 이리 늦게 달려가는가? / 그의 아이를 데리고 가는 아버지이네. / 팔에 소년을 보듬어 안았지. / 어찌나 꼭 안았는지 소년은 따뜻해진다. / 아들이여, 너는 왜 그렇게 불안하게 네 얼굴을 감추는가? / 보세요, 아버지는 마왕을 못 보시나요? / 왕관을 쓰고 긴 옷자락을 끌고 있는 마왕을 못 보십니까? / 아들이여, 그것은 넓게 퍼져 있는 띠 모양의 안개이구나. [...] 아버지, 아버지, 지금 그가 날 붙들어요! / 마왕이 나를 괴롭힙니다! / 아버지는 소름이 끼쳐, 빨리 말을 달리면서 / 신음하는 아들을 팔에 안고 있네. / 간신히 궁정에 이르렀으나 / 그의 팔 안에서 아이는 죽어 있네."

렇듯 내적으로 스러지고 질식해 죽는다는 사실을 암시할 뿐이다. 이러한 차이는 안 그래도 이미 서정시에서 일반적으로 민요시와 예술시, 심정과 비교적 포괄적인 반성의 차이로서 표명되지만, 노래의 영역에서도 그것은 다중적 뉘앙스들 및 중간 단계들을 통해 되풀이된다.

마지막으로 여기에 속하는 개별 장르들을 고찰함에 있어 나는 다만 다음의 것만을 언급하고자 한다.

첫째는 민요들로서, 이것들은 그 직접성으로 인해 주로 노래의 입장에 머무르는 것이자 또한 대개 노래 가능한 것, 아니 노랫가락의 동반을 요구하는 것이다. 이것들은 일면 민족의 가장 고유한 생명을 감응케 하는 민족적 행동과 사건들을 생생한 기억으로 간직하며, 일면 여러 신분의 느낌과 상황들, 자연과의 공생, 가까운 인간관계들과의 공생을 직접적으로 언표하며, 또한 희로애락을 매우 다양한 음조들로 노래한다. ─ 둘째, 이러한 민요들에 대비되는 것으로는 문화의 노래들이 있는데, 이는 내적인 면에서 이미 여러모로 풍성해져서 일면 매우 다양한 익살들, 우아한 어법들, [459] 소소한 사고[를 소재로 말하기] 및 우아하게 에둘러 표현하기 등을 통해 사교적 유쾌함을 즐기거나, 시인이 자신 속으로 물러가 그의 고유한 주관성 및 그 심장의 고동에 자신을 맡기는 관계로, 자연 및 비교적 좁은 범위의 인간적 삶을 한층 다감하게 지향하고, 또 이 대상들 및 감정들을 요모조모 서술한다. 만일 그러한 노래들이 특히 자연대상들의 단순한 서술에 머문다면, 그것들은 쉽사리 진부해지며 창조적 판타지를 증언하지 못한다. 대상에 대한 감응들의 서술도 종종 별반 나을 것이 없다. 무엇보다 시인은 대상과 감응들의 그러한 서술에 있어서 직접적 소원이나 욕구에 더 이상 속박되어서는 안 되며 오히려 못지않게 오직 판타지 자체가 주는 만족만이 그에게 중요한 것이 되도록 이론적 자유 속에서 이미 그 너머로 고양되어 있어야 한다. 이러한 거리낌 없는 자유, 가슴의 이러한 확장, 표상의 요소 속에서의 이러한 만족은 예컨대 아나크레온의 많은 노래들, 하피스의 시들 그리고 괴테의 『서동시집』에 정신적 자유 및 정신적 시의 가장 아름다운 매력을 부여한다. ― 그런데 셋째, 이 단계에서도 다소 고차적인 보편적 내용이 배제되어 있다고 할 수는 없다. 예컨대 종교적 교화를 위한 대부분의 프로테스탄트 노래들은 일품의 가곡에 속한다. 이 노래들이 신교도적 마음속에 있는 신을 향한 동경, 은총의 탄원, 회한, 희망, 신뢰, 회의, 신앙 등을 개별적 심정의 사안과 상황으로서 표현하는 것은 사실이지만, 그것을 보편적 방식으로 표현하여 이 감응과 상태들이 동시에 모든 이의 사안이 될 수 있고, 또 되게끔 만든다.

ββ) 이 포괄적 단계의 두 번째 그룹으로는 소네트, 세스티나, 비가, 서한시 등이 산정된다. 이 종류들은 지금껏 고찰한 노래의 권역을 이미 벗어난다. 즉 여기서는 감응과 표현의 직접성이 반성의 매개로, 그리고 [460] 주위를 고루 둘러보는, 직관과 감응의 개체성을 보다 보편적인 관점 아래에 포섭하는 고찰의 매개로 고양된다. 지식, 학식, 교양이 무릇 표명되며, 또한 이 모든 관계들에서 주관성이 아무리 지배적인 것으로 눈에 띈다고 해도, 자신 안에서 특수자와 보편자를 결합, 매개한다고 해도, 그것이 서 있는 입장은 본격적 노래에서보다 한층 보편적이며 한층 확장된 것이다. 예컨대 특히 이탈리아인들은 그들의 소네트와 세스티나들에서 섬세하게 반성하는 감응의 찬란한 사례를 제공하였는바, 이러한 감응은 한 상황 속에서 단순히 동경, 고통, 열망 등의 정조나 외적 대상들의 관찰을 내면에 집중하여 직접적으로 표현하지 않고, 오히려 곱씹어 생각하고, 신화, 역사, 과거 그리고 현재를 사려 깊게 널리 두루 살피며, 언제나 자신 안으로 다시 돌아오고, 자제하고 또 자신을 단속한다. 이러한 종류의 문화는 노래의 단순성을 시샘하지도 않고 송가의 고양을 허락하지도 않으니, 이를 통해 한편으로는 가창성이 사라지지만, 다른 한편으로는 수반적 노래와는 반대로 언어 자체의

울림과 인위적인 압운이 어휘의 음율tönende Melodie로 된다. 이에 반해 비가는 운율, 반성, 격언, 감응들의 서술적 기술의 면에서 한층 서사적으로 유지될 수 있다.

γγ) 이 국면의 세 번째 단계를 점하는 것은 근래 우리 독일인들 사이에서 실러에게서 가장 날카롭게 부각된 성격의 행동양식이다. "체념", "이상들", "망령들의 왕국", "예술가들", "이상과 삶"과 같은 그의 대부분의 서정시들은 본격적인 노래들이 아니며 송가나 찬가, 서한시, 소네트도 아니며 또한 고대적 의미의 비가도 아니다. 반대로 그것들은 이 모든 종류들과는 다른 입장을 취하고 있다. [461] 그것들을 뛰어나게 만드는 것은 무엇보다 그 내용의 위대한 기본 사상이다. 하지만 디티람보스의 경우와는 달리, 시인은 이러한 내용에 현혹되지 않으며, 열광의 충동 속에서 대상의 위대성과 싸우지도 않으며, 오히려 대상을 완벽하게 다루는 명인으로 머문다. 그는 도약하는 감응 및 광범위한 포괄적 고찰을 갖춘 자신의 시적 반성과 더불어, 그리고 그지없이 찬란하고 완벽하게 조음된 어휘들과 이미지들 및 대개 간단명료하면서도 인상적인 리듬들, 압운들에 내재하는 매혹적인 힘과 더불어 대상을 모든 면에서 완벽하게 표현한다. 그리하여 이 위대한 사상들과 근본적인 관심들은 —그의 전 생애는 여기에 헌정되었다— 그의 정신의 가장 내밀한 재산으로서 나타난다. 그러나 그는 고요히 홀로 노래하거나 —입에 노래를 달고 다니는 괴테와 달리— 사교모임에서 노래하지 않고, 오히려 고매한 인사들의 모임에서 그 자체로서 가치 있는 의미내용을 강연하는 가수처럼 노래한다. 그의 노래들은 「종의 노래」에서 그가 스스로 말한 것처럼 울린다.

> 낮은 지상의 삶 너머 높은 곳
> 창공에서 종이,

천둥의 이웃이, 울리매

별들의 세계에 닿으리라.

위로부터 한 소리가 있으리라.

그 창조주를 떠돌며 칭송하고

화관을 쓴 해를 인도하는

밝은 별무리처럼.

영원하고 진지한 사물들에만

쇠로 된 그 입이 헌정되리라.

그리고 매시간 빠른 진동과 더불어

접하리라 좋은 시간의 날갯짓을.

3. 서정시의 역사적 발전

나는 한편으로 서정시의 일반적 특성에 관해, 다른 한편으로 시인, 서정적 예술작품 그리고 서정시의 종류들과 관계하여 고찰되는, 보다 자세한 규정들에 관해 약술하였다. [462] 그리고 이미 이로부터, 특히 이 영역의 시를 구체적으로 취급하려면 그 방식은 동시에 역사적이어야 한다는 점이 충분히 밝혀진다. 까닭인즉 특수한 시대, 특수한 민족성 내지 개인적, 주관적 천재가 내용과 형식의 규정 인자를 서정시와 같은 정도로 제공하는 예술은 전무하다시피 하며, 그 때문에 [서정시에서는] 그 자체로 확언될 수 있는 보편자가 범위의 면에서 제한적이며 또한 가치의 면에서도 추상적이기 때문이다. 이로써 우리에게는 그러한 역사적 연구를 기피해서는 안 된다는 요구가 증대된다. 하지만 서정시는 다양한 갈래로 나누어지며, 또 그럴수록 나는 바로 이 다양성으로 인해 간략한 개관에 그칠 수밖에 없다. 즉 나는 내가 이 영역에서 인지했던 것, 나에게 초미의 관심사가 되었던 것만을 간략하게 개관할 것이다.

우리는 민족적, 개인적인 다양한 서정시들의 일반적 분류 근거를 서사시의 경우처럼 예술적 생산 일반이 전개하는 주요 형식들에서 —우리는 이것들이 상징적, 고전적, 낭만적 예술형식임을 알고 있다— 구해야 한다. 그러므로 이 영역에서도 우리는 주된 분류로서 동방의 서정시에서 그리스와 로마의 서정시로, 그리고 여기에서 슬라브 민족, 라틴 민족, 게르만 민족으로 넘어가는 순서를 따라야 한다.

a. 동방의 서정시

첫째, 동방의 서정시를 좀 더 자세히 살펴보자면, 동방은 그 일반적 원칙에 맞게 주관의 개별적 독립과 자유로도, 내용의 내심화로도 나아가지 않으며, 또한 이 점에서 동방의 서정시는 서방의 서정시와 가장 본질적으로 구분된다. 이러한 내심화의 내적 무한성은 낭만적 심정의 깊이를 형성한다. [463] 이와 반대로 동방의 주관적 의식은 내용의 면에서 한편으로 외적, 개체적인 것에 직접 잠긴 것으로 나타나며, 또한 이 불가분한 통일의 상태와 상황들 속에서 자신을 언표한다. 다른 한편 그 의식은 자신 속에서 굳건한 거점을 발견하지 못한 채 자연 속에서, 그리고 인간적 현존재의 관계들 속에서 그에게 강력하고 실체적인 것으로 여겨지는 것을 향해 스스로를 지양하며, 또한 비록 도달할 수는 없지만, 표상과 감응의 이러한 —때로는 보다 부정적이며, 때로는 보다 자유로운— 관계 속에서 이에 다가가려 애쓴다. — 그러므로 우리는 형식의 면에서 대상과 관계들에 관한 독자적 표상들의 시적 표출보다는 차라리 예의 무반성적 동화의 서술을 조우하는바, 이를 통해 주관은 자신 속으로 회귀한 내면성 속에서 자신을 알리기보다 객체와 상황들에 다가가려는 그의 지양된 모습 속에서 자신을 알리려는 태도를 취한다. 이 면에서 보면 동방의 서정시는 흔히 낭만적 서정시와는 달리, 말하자면 보다 객관적인 어조를 갖는다. 왜냐하면 주관은 사물들과 관계들이 그 속에서 어떤 모습으로 있는가를 언표하는 대신, 그가 사물들 속에서 어떤 모습으로 있는가를 빈번히 언표하기 때문이다. 이리하여 주관은, 예컨대 언젠가 하피스가 외치듯이, 독자적으로 영혼이 깃든 대자적 삶을 종종 사물들에 부여한다

오, 오라! 하피스 심정의 밤꾀꼬리여
기쁨의 장미의 향기를 향해 돌아오라.

다른 한편 동방의 서정시는 주관을 자신으로부터, 그리고 일체의 개체성 및 특수성 일반으로부터 해방시키며, 또한 이를 통해 내면을 근원적으로 확장한다. 그러나 내면은 경계 없는 모호함 속에서 자신을 잃기 쉬우며, 또한 자신의 대상을 긍정적으로 표현해 낼 도리가 없으니, 이유인즉 이 내용은 자체가 형상화할 수 없는 실체이기 때문이다. 그러므로 이 후자의 관점에서 보면 전체적으로 동방의 서정시는, 특히 히브리인, 아랍인, 그리고 페르시아인들의 경우에는, 찬가풍의 찬양이라는 특징을 갖는다. 주관적 판타지는 피조물의 모든 위대함, 힘 그리고 찬란함을 [464] ─그럼에도 형언할 수 없이 한층 높은 신의 위엄 앞에서는 이 광채가 사라짐을 보이기 위해─ 터무니없이 쌓아 올리거나 적어도 사랑스럽고 아름다운 일체의 것을 지치지도 않고 하나의 귀한 줄에 엮어 이것을 술탄이든, 연인이든, 혹은 술집이든 간에 시인이 유일하게 가치 있다고 여기는 곳에 제물로 바친다.

마지막으로 이 국면의 시에서는 표현의 좀 더 자세한 형식으로서 은유, 이미지, 그리고 직유가 제격이다. 왜냐하면 자신의 고유한 내면에서 독자적으로 자유롭지 못한 주관은 외부의 다른 것에 비유적으로 동화됨으로써 자신을 알릴 수 있으며, 여기서는 보편적, 실체적인 것이 특정한 형상과 융

합하여 자유로운 개별성을 이루지 못한 채 추상적으로 머문다. 그리하여 그 나름으로도 오로지 세계의 특수한 현상들에 비유됨으로써만 가시화되며, 그런가 하면 이 현상들은 유일하게 의미를 지니는, 그리고 유일하게 명예롭고 상찬받을 만한 일자의 대략적 비유 가능성을 위해 봉사한다는 가치만을 갖기 때문이다. 이러한 은유, 이미지, 그리고 직유 속에서 내면은 눈으로 보는 듯 거의 완전히 자신을 드러내지만, 이것들은 현실적 감응과 사태 자체가 아니라 다만 시인에 의해 주관적으로 제작된 사태의 표현일 뿐이다. 그러므로 여기서는 서정적 심정에 내적, 구체적 자유를 거절하는 것, 이것을 표현의 자유가 대신한다는 점이 발견된다. 이 표현은 순진하고 거침없는 이미지 및 비유적 언사에서 시작하여 매우 다면적인 중간 단계들을 거쳐 새롭고 놀랄 만한 결합들을 이루는 믿을 수 없는 대담함과 예리하기 그지없는 위트에 이르기까지 계속 발전한다.

끝으로 동방의 서정시에서 두각을 나타냈던 개개의 민족들을 보자면, 여기서는 첫째, 중국인들, 둘째, 인도인들, 무엇보다 셋째, 히브리인, 아랍인 그리고 페르시아인들을 들 수 있겠지만, 이들의 보다 상세한 특징은 생략하기로 하겠다. [465]

b. 그리스인들과 로마인들의 서정시

두 번째 주요 단계는 그리스인들과 로마인들의 서정시인데, 여기서는 고전적 개성이 결정적 성격 특징을 형성한다. 이 원칙에 따라 자신을 서정적으로 전달하는 개별적 의식은 외적, 객관적인 것에 매몰되지 않으며, 자신 너머로 고양되어 모든 피조물에 대해 "숨 쉬는 일체의 것은 주를 찬양하도다!" 등을 숭고하게 외치지 않으며, 유한성의 온갖 구속으로부터 기쁘게 풀려나더라도 만물을 관류하고 만물에 영혼을 부여하는 일자 속에 침잠하지 않으며, 오히려 주관은 그의 고유한 정신의 실체인 보편자와 자유롭게 합일하고 또 이 개별적 합일을 내면에서 시적으로 의식한다.

그리스인들과 로마인들의 서정시는 동방의 서정시와 구분되는 만큼이나 자못 낭만적 서정시와도 구분된다. 왜냐하면 그것은 특칭적 정조와 상황들의 깊은 내적 감정으로 침잠하는 대신 개별적 열정, 직관 그리고 관조가 매우 명쾌하게 해명되도록 내면을 조탁하기 때문이다. 이를 통해 또한 그것은 내적 정신을 표현할 경우에조차, 서정시에 허락되는 한, 고전적 예술형식의 조형적 전형을 최대한 유지한다. 즉 인생관, 금언 등에 관한 그 서술은 그지없이 투명한 보편성에도 불구하고 독자적 성향과 이해방식의 자유로운 개성을 결하지 않으며, 자신을 이미지적, 은유적으로 언표하기보다는 직접적, 본래적으로 언표하며, 그런가 하면 주관적 감응 역시 때로는 보다 일반적인 방식으로, 때로는 가시적 형상 속에서 그 자체로서 객관화된다. 그와 같은 개성 속에서 구상, 표현, 작풍作風, 운율 등과 관계하여 서정시의 여러 특수한 종류들이 파생되며, 또한 완전히 독자적으로 그 발전의 정점을 도모한다. 내면과 그 표상들뿐만 아니라 그 외적인 낭송도 [466] 비교적 조형적인 종류의 것이니, 까닭인즉 이 낭송은 음악적으로 보면 감응의 내적 영혼선율을 부각하기보다는 감각적 어휘음향운동의 리듬 박자를 부각하며 또한 종국에는 여기에 춤이 끼어듦을 허용하기 때문이다.

α) 그리스의 서정시는 매우 풍성한 근원적 발전을 통해 이러한 예술적 특성을 완벽하게 양성한다. 우선은 서사적 작풍을 얼마쯤 간직하는 송가들이 있는데, 이것들은 서사시의 운율 속에서 내적 영감보다는, 이미 위에서 언급했듯이, 신들의 조형적 이미지를 ―이것은 고정된 객관적 특징들과 더불어 영혼 앞에 제시된다― 더욱 언표한다. ― 이후 운율적인 면에서 다음 단계의 발전을 이루는 것은 오보격이 가미된 비가적悲歌的 음절척도이다. 여기서는 육보격 뒤에 오보격이 규칙적으로 되풀이되고 휴지休止들이 균일하게 중단을 야기하는 까닭에 이 음절척도는 시연의 완성을 위한 최초의 출

발을 보여 준다.[157] 그러므로 정치적이든 연애적戀愛的이든 간에 비가의 전체 어조는 이미 서정적이다. 비록 격언적인 비가는 실체적인 것 자체의 서사적 강조와 언표에 특히 가까우며, 또 그런 관계로 객관적 견해를 중시했던 이오니아인들에게 거의 유일하게 속하는 것이긴 해도 말이다. 음악적 요소의 면에서도 주로 리듬의 측면만이 발전된다. ― 그 밖에도 셋째, 새로운 운율을 갖는 단장격의 시가 발전하였는데, 이미 이 시절에 이것은 신랄한 독설들을 통해 한층 주관적인 방향을 취하고 있다.

그러나 진정한 서정적 반성과 열정은 소위 가창歌唱서정시melische Lyrik[158]에서 비로소 발전한다. 운율들은 한층 다종적이고 변화무쌍하게 되며, 시연들은 한층 풍부하게, 음악반주의 요소들은 전조轉調가 추가됨으로써 한층 완벽하게 된다. 각 시인은 자신의 서정적 특성에 맞는 운율을 스스로 짓는다. 사포는 부드럽지만 열정적으로 작열하는, 또 표현의 면에서 효과적으로 고조되는 그녀의 토로를 위해, 알카이오스는 그의 남성적인 담대한 송시들을 위해 그리하며, [467] ― 특히 '연회의 노래들Skolien'은 내용과 어조의 다양성에 더하여 다양한 뉘앙스의 어투와 운율을 허락한다.

마지막으로 합창서정시chorische Lyrik는 표상과 반성의 풍부함, 이행과 연결 등의 대담함의 면에서뿐만 아니라 외적 음송의 면에서도 가장 풍성하게 전

---

157 역주: 엘레지의 2행 연구(聯句)들에서는 강약약격(장단단격)의 육보격 뒤에 강약약격(장단단격)의 오보격이 나타나며, 또한 행중휴지는 보통 다섯 번째 각운의 끝에 나온다.

158 역주: 그리스어 멜로스(Melos)는 노래를 뜻한다. 주로 리라를 반주에 이용하였기 때문에 후일 리리카가 일반적으로 서정시를 의미하게 되었다. 가창서정시는 대체로 상고기 그리스의 서정시를 가리킨다. B.C. 3세기경 알렉산드리아에서 백과전서운동이 일었는데, 이때 아홉 가창서정시인의 ― Alcaeus, Alcman, Anacreon, Bacchylides, Ibycus, Pindar, Sappho, Simonides, Stesichorus의 ― 카논이 만들어졌다. 상고기 그리스의 가창서정시로서 전해 오는 것은 소수에 불과하다. 예를 들어 알렉산드리아 도서관에는 아홉 파피루스 두루마리 분량의 사포의 시들이 있었으며 1권만 해도 1,300시행이 넘었다고 전해 오지만, 오늘날 온전히 남아 있는 것은 한 편에 불과하며 그 밖에는 얇은 책 한 권도 전부 채우지 못할 몇몇 단편(斷片)들이 있을 뿐이다.

개된다. 합창단의 노래는 개별 음성들과 교대로 나타날 수 있으며, 내적인 운동은 언어의 단순한 리듬과 음악의 전조들에 만족하는 대신 조형적 요소를 위해 춤사위들로부터도 도움을 구하는바, 여기서는 서정시의 주관적 측면과 공연을 통한 그 감각화가 완벽한 균형을 유지한다. 이런 종류의 열광의 대상들은 매우 실체적이며 비중 있는 것들, 즉 신들 및 격투경기 승자들의 —종종 정치적으로 갈라섰던 그리스인들은 격투경기들에서 민족적 통일성의 객관적 관점을 발견하였다— 찬양이다. 그리고 아무리 내면의 이해방식에 따른다고 해도 서사적, 객관적 요소들은 빠지지 않는다. 이미 언급했듯이, 예컨대 이 분야에서 완성의 정점에 도달한 핀다로스는 외적으로 제공된 동인들로부터 인륜적, 신적인 것의 보편적 본성에 관한, 다음으로 영웅들, 영웅적 행동들, 국가 건립 등의 본성에 관한 심오한 언표들로 수월하게 이행하며, 또한 판타지의 주관적 약동뿐만 아니라 그 조형적 가시화도 자못 자신의 재량하에 둔다. 그러므로 있는 것은 서사시에서처럼 자체로서 속행되는 사태가 아니라 대상에 휩싸인 주관적 열광이며, 또한 역으로 대상은 심정에 의해 담지되고 생산된 것으로 현상한다.

헬레니즘 시대의 시인들이[159] 쓴 후대의 서정시는 독자적 계승 발전이라기보다는 오히려 현학적 모방이자 표현의 우아함과 정확함을 위한 노력으로서, 그것은 마침내 자잘한 우아함, 재담 등으로 흩어져 버리거나 [468] 아니면 그렇지 않아도 이미 현전하는 예술과 삶의 꽃들을 경구들 속에서 감응과 착상의 끈으로 새로 결합하고 그것들을 칭찬이나 풍자의 위트를 통해 재생하려고 시도한다.

β) 둘째, 로마인들의 경우 서정시의 토양은 다양하게 경작되었지만, 그리

---

159 역주: 추정컨대 헤겔은 여기서 칼리마쿠스와 테오크리투스 등을 염두에 두는 듯하다.

근원적이며 결실이 풍부했던 것은 아니다. 그런고로 한편 그 영광의 시기는 특히 아우구스투스 시대에 ―이 시기에 서정시는 관조의 표현과 정신의 세련된 향유로서 추구되었다― 국한되며 다른 한편 서정시는 신선한 감응과 예술적, 독창적 구상의 사안이 아니라 오히려 번역과 필사 솜씨의 사안, 노력과 취미의 열매로 머문다. 그러나 동시에 현학, 이방의 신화, 그리고 냉철함을 특징으로 하는 헬레니즘적 전형의 모방에도 불구하고, 로마적 고유성 및 각 시인들의 개별적 특성과 정신이 무릇 다시 독자적으로 부각되며 또한 시와 예술의 가장 내면적인 영혼을 논외로 한다면, 그것은 송가 분야에서뿐만 아니라 서한시, 풍자시, 비가의 분야에서도 철저히 내적으로 완결, 완성된 무언가를 제공한다. 반면 이 부류에 들 법한 후일의 풍자시는 시대의 타락에 대한 신랄함, 가시로 찌르는 듯한 격분 그리고 낭송상의 미덕을 갖지만, 그것은 비난받는 현재의 이미지에 유덕한 체하는 질투의 추상적 수사와 분노만을 대치시키며, 그럴수록 투명한 시적 직관의 진정한 권역을 더욱 떠난다.

c. 낭만적 서정시

그러므로 서사시의 경우도 그렇지만 하나의 근원적 의미내용과 정신이 서정시에 도입되려면 신흥 민족들이 등장해야 한다. 게르만 민족, 라틴 민족 그리고 슬라브 민족이 이들이다. 이들은 이교도였던 옛 시절에도 이미 그랬지만 주로 [469] 기독교로 개종한 후에 ―중세뿐만 아니라 최근 수 세기에 걸쳐― 서정시의 제3의 주요 방향을 낭만적 예술형식의 일반적 특성 속에서 점점 더 다양하고 풍부하게 발전시키고 있다.

이 제3의 권역에서는 서정시가 압도적 중요성을 갖게 되어, 그 원칙이 우선은 특히 서사시와 관련하여, 그러나 후기에는 극시와 관련해서도, 그리스인들과 로마인들에게서 가능했던 것보다 훨씬 깊숙이 역설力說된다. 심지어 몇몇 민족들에서는 원래 서사적인 요소들이 전적으로 서사적 서정시의 전형 속에서 다루어지며, 이로써 서정시 장르에 속하는지 서사시 장르에 속하는지 잘 알 수 없는 산물들이 야기된다. 서정적 이해로의 이러한 경도는 이 민족들의 삶의 총화가 주관성의 원칙으로부터 전개된다는 점에 본질적으로 근거하는바, 이 주관성은 실체적, 객관적인 것을 불가불 자신의 것으로서 스스로 산출하고 형상화하며 또한 자신 속으로의 이러한 주관적 침잠을 점점 더 의식한다. 이 원칙은 게르만 종족들에서 가장 투명하고 완벽하게 작용하며, 반면 슬라브 민족들은 실체적, 보편적인 것에 매몰된 동방에서 먼저 벗어나도록 분투해야 한다. 그 중간에는 라틴 민족들이 있는데, 로마 제국의 점령지에 사는 이들은 로마의 지식과 문화 일반의 유산뿐만 아니라 모든 면에서 정제된 상태와 관계들을 눈앞에서 보며, 또한 그와 융화하기 위해 그들의 근원적 본성의 [즉 주관성의] 일부를 포기해야 한다. — 내용에 관해 보자면, 민족적 현존과 개인적 현존의 거의 모든 발전 단계들은 이 민족들과 세기들의 종교 및 점점 부유해지는 세속적 삶과 관련되며, 또한 내면의 반영 속에서 [470] 주관적 상태들 및 상황들로서 언표된다. 형식의 면에서는 때로는 내면의 깊은 감정에 집중된 심정의 표현이 —이 심정은 민족적 등등의 사건이나 자연과 외적 환경 속으로 이입되기도 하며 혹은 순전히 자기 자신만을 대상으로 삼기도 한다—, 또 때로는 자신 안에, 그리고 자신의 확장된 문화 속에 주관적으로 침잠하는 반성이 기본 전형을 이룬다. 외적 요소의 면에서는 [그리스 서정시의] 리듬적 운문화의 조형성이 두운, 유운 그리고 극히 다양한 복합적 압운의 음악으로 변하며 또한 이 새로운 요소들을 한편으로는 지극히 단순, 담백하게, 다른 한편으로는 많은 기교 및 확고하게 주조된 형식들의 고안과 더불어 이용한다. 그런가 하면 외적 읊조림 역시 선율적 곡조 및 악기들로 이루어지는 본격 음악반주를 점점 더 완벽하게 발전시킨다.

끝으로 이 포괄적 집단을 분류함에 있어서 본질적으로 우리는 기왕에 서사시와 관련해서 제시했던 과정을 따를 수 있을 것이다.

이에 준할 것 같으면, 새로운 민족들의 서정시는 첫째, 여전히 이교도적인 근원을 가지며,

둘째, 기독교적 중세의 서정시는 한층 풍부한 내용으로 확장되며,

마지막으로 셋째, 때로는 고대 예술을 부활시키는 연구가, 또 때로는 프로테스탄티즘이라는 현대적 원칙이 본질적 영향력을 갖는다.

하지만 나는 이번에는 이 주요 국면들의 보다 자세한 성격규정에 착수할 수 없으며, 다만 근래 우리 조국의 서정시를 다시 크게 진작하였으나 현재 그 업적이 과소평가되는 한 독일 시인인 『메시아』의 가인歌人을 결론 삼아 부각하는 데 그치고자 한다. 클롭슈토크는 그의 민족에게 새로운 예술시대를 열도록 도운 위대한 독일인들 중 한 사람이다. 그는 용기 있는 영감과 내면의 자긍심으로 고트셰트[160] 시대의 ―이 시대에는 극히 경직된 특유의 범속함이 횡행하였으며, 또 이로써 독일의 정신 속에 고귀하고 품위 있게 존재했던 것이 [471] 완전히 황폐하게 되었다― 엄청난 무의미성으로부터 시를 구출했으며 또한 신성한 시적 소명에 가득 차 비록 엄정하지만 진정한 형식 속에서 시들을 ―그 대부분은 현전하는 고전이다― 제공했던 위대한 인물이다. ― 그의 청년송가들은 때로는 고귀한 우정에 ―그에게는 우정이 고귀한 것, 굳건한 것, 명예로운 것, 그의 영혼의 자존심, 정신의 사원이었다― 또 때로는 깊이와 감응으로 가득 찬 사랑에 헌정되었지만, 바로 이 분야에는 완전히 산문적인 것으로 간주될 수 있는 다수의 산물들이, 예컨대

---

160 역주: Johann Christoph Gottsched(1700~1766). 그는 독일의 철학자, 저술가이자 비평가였다. 약 30여 년에 걸쳐 그는 독일 문예학에서 무소불위의 권위를 누렸으나, 후일에는 어리석은 현학의 본보기로 간주되었다.

『젤마르와 젤마』와 같은 것이 속하기도 한다. 『젤마르와 젤마』는 연인들 사이의 음울하고 지루한 경쟁을 다루는데, 이 경쟁은 많은 눈물, 쓰라림, 공허한 동경 그리고 쓸모없는 우수의 감정을 곁들여 둘 중 누가 먼저 죽을 것인가 하는 한가롭고 시시한 생각을 둘러싸고 벌어진다. ― 그러나 무엇보다 클롭슈토크에게서는 조국애가 매우 다양한 연관성들 속에서 등장한다. 프로테스탄트로서의 그에게는, 가령 그가 시적으로 크게 존중했던 천사들을 예외로 한다면(생생한 현실을 다루는 어떤 시에서는 그마저도 천사들이 추상적이며 죽은 것으로 머물긴 하지만), 기독교 신화, 성인전 등이 예술의 인류적 진지함을 위해서도, 삶의 강인함을 위해서도, 또한 단순히 가엽고 순종적이지 않은, 오히려 자존적이며 적극적으로 경건한 정신의 강인함을 위해서도 만족스러울 수 없었다. 하지만 시인으로서의 그에게는 신화가, 그것도 그 이름과 인물들이 판타지에 이미 하나의 굳건한 발판으로서 현전할 법한 토박이 신화가 절실히 필요하였다. 우리의 입장에서는 이러한 조국애의 요소가 그리스 신들에게 있는 것은 아니며, 그런즉 클롭슈토크는 말하자면 민족적 자긍심에서 보탄, 헤르타 등과 같은 옛 신화를 다시 소생시키려고 시도하였다. 하지만 레겐스부르크 제국회의가 금일의 정치적 실존의 이상일 수 없듯이, 그는 게르만의 신들이었으나 더 이상 그렇게 있지 않은 이 신들의 이름과 더불어 객관적 효과와 타당성을 거의 성취할 수 없었다. 그러므로 보편적 민족 신화를, 민족적으로 형상화된 [472] 자연과 정신의 진리를 실제 시로 지으려는 그의 욕구는 대단하였으되, 그럼에도 예의 침몰한 신들은 전혀 참되지 않은 공허함으로 남았을 뿐이며, 또한 이성과 민족의 신앙이 마치 그들을 진지하게 대하는 체 행동하는 가식은 일종의 어리석은 위선이었다. 그러나 순수한 판타지에는 그리스 신화의 인물들이 무한히 한층 더 사랑스럽고 명랑한, 한층 더 인간적으로 자유롭고 다양한 존재이다. 하지만 서정시에서 표현되는 것은 가인歌人 자신이다. 클롭슈토크는 이러한 가인이므로 우리는 그를 예의 조국애의 욕구와 시도로 인해 존경해야 하는바, 까닭인즉 이 시도는 후과後果를 낳기에, 그리고 시의 연구에서도 학문의 방향을 비슷한 대상들로 돌리기에 충분히 효과적이었기 때문이다. ― 마지막으로 독일어 및 옛 독일의 역사적 인물들의 명예와 존엄에 대해 열광하는 클롭슈토크의 조국애는 극히 순수하고 아름답고 효과적으로 나타난다. 그러한 인물들로는 예컨대 헤르만, 그리고 특히 시를 통해 자화자찬했던 몇몇 독일 황제들이 있다. 그에게서는 독일적 뮤즈의 자긍심이, 그리고 자신의 능력에 대한 기쁜 자의식 속에서 자신을 그리스인, 로마인, 그리고 영국인들과 견주는 그녀의 커 가는 용기가 점점 더 정당하게 활력을 얻었다. 독일의 제후들을 바라보는, 그리고 그들의 특징이 보편적 명예, 예술과 학문, 공공 사안들과 위대한 정신적 목적들의 면에서 일깨울 법한 희망들을 바라보는 그의 시선도 자못 현재적, 애국적이다. 그는 "푹신한 의자에 묻힌, 시종들에 둘러싸여 향이나 피우는, 지금도 명망이 없지만 앞으로는 더욱 없을" 이러한 우리의 제후들에 대해 한편으로는 경멸을, 다른 한편으로는 프리드리히 2세마저도 "독일의 시예술이 굳건한 뿌리와 든든한 둥치에서 빠르게 컸음을, 그리고 가지들 멀리로 그림자를 던졌음을 못 보았다는" 사실에 대한 고통을 표현하였다. [473] 그리고 요셉 2세에게서 정신과 시예술의 신세계가 부상함을 볼지도 모른다는 헛된 희망 역시 그를 고통스럽게 한다. 끝으로 늘그막의 클롭슈토크는 한 민족이 모든 종류의 사슬을 산산이 부수고, 천년의 불의를 발로 차고, 처음으로 이성과 정의 위에 자신의 정치적 삶을 정초하려 했던 현상에 참여하는 것을 마음에 적지 않은 명예로 여긴다. 그는 이 새로운 것을 다음과 같이 반긴다.

청량한, 꿈조차 꾸지 못했던 태양이여.
내 머리를 덮은 잿빛 머리카락,

60년의 생애 후에도 지속하는 힘을

그대는 내게 축복하였으니,

이 힘이 나를 데려와

이 아침을 체험케 해 주었노라!

그는 심지어 프랑스인들에게도 다음과 같이 말을 건넨다.

오 프랑켄(형제들의 이름은 고귀한 이름이다), 용서해 주오

내가 한때 독일인들에게 너희를 피하라고 외쳤던 것을,

그 때문에 나는 이제 그들에게 간원하노니, 너희를 닮으라고.[161]

그러나 이 아름다운 자유의 아침이 끔찍하고 자유를 압살하는 유혈의 낮으로 변화했을 때 그만큼 더 아린 분노가 시인을 엄습했다. 하지만 클롭슈토크는 이 고통을 시적으로 형상화할 수 없었다. 그의 심정에는 한층 풍부한 이성의 요구가 현실 속에서 떠오르지 않았던 관계로, 그는 자신의 실망에 맞설, 보다 높은 것을 찾지 못했으며 또한 자신의 고통을 그만큼 더 산문적이며 불안정하며 혼란스럽게 표출하였다.

이리하여 클롭슈토크는 민족, 자유, 우정, 사랑 그리고 프로테스탄트적 의연함이라는 면에서 위대하며, 영혼과 시의 품격 및 그 노력과 실행의 면에서 존경할 만하며, 또한, 비록 많은 면에서 시대의 제한성에 속박되어 단순 비판적, 문법적, 운율적인 많은 친근미 없는 송가들을 짓긴 하였지만, [474] 실러를 예외로 하면, 그 이후로는 진지하고 남성적인 기질의 면에서 그

---

161 [클롭슈토크], 「삼부회(Die Etats généraux)」

처럼 독립적인 고귀한 인물이 다시 등장하지 않았다.

그러나 이에 반해 실러와 괴테는 단순히 그러한 시대적 가인의 삶이 아니라 한층 포괄적인 시인의 삶을 살았으며, 특히 괴테의 노래들은 그 자신과 민족에게 완전히 속하며, 또한 토속적 토대에서 자라난 만큼이나 우리 정신의 근간이 되는 정조에도 완벽하게 상응하는 까닭에 우리 독일인들이 근래 얻은 것으로서는 가장 탁월하고 심오하고 효과적인 것이다. [474]

Ⅲ. 극시

드라마Drama[극, 劇]는 내용과 형식의 면에서 가장 완전한 총체성으로 발전한 것이며, 그런 까닭에 시와 예술 일반의 최고 단계로 간주되어야 한다. 왜냐하면 언어는 석재, 목재, 색채, 음향과 같은 기타의 감각적 질료에 견주어 유일하게 정신의 표출에 걸맞은 요소이기 때문이며, 또한 언어예술의 특수 장르들 중에서는 다시 극시가 내적으로 완결된 행위를 현실적 행위로서 —이 행위는 실행력 있는 성격의 내면에서 발생하며, 또한 그 결과는 목적, 개인 그리고 충돌들의 본성에 의해 결정된다— 직접 현재하는 듯 묘사함으로써 서사시의 객관성과 서정시의 주관적 원리를 자신 속에서 통일하기 때문이다. 그런데 현실적으로 행위하는 인물로서의 주관이 갖는 내면성과 서사적인 것의 이러한 매개는 장소, 환경, 행동 및 사건의 외적 측면에 대한 서사적 방식의 서술을 드라마에 허락하지 않으며, 그런 까닭에 그것은 전체 예술작품이 진정한 생명성을 갖도록 완벽한 극적 연출을 요구한다. 마지막으로 내적, 외적 현실성의 총체성 속에 있는 행위 자체는 [475] 정반대의 이해를 가능케 하며, 그것을 통괄하는 원칙은 비극적인 것과 희극적인 것으로서의 극시의 유적 차이들을 제3의 주요 측면으로 만든다.

이러한 일반적 관점으로부터 앞으로 설명해야 할 다음의 과정이 밝혀진다.

첫째, 우리는 서사시 및 서정시와 구분되는 극시 예술작품의 일반적 내지 특수한 성격을 고찰해야 한다.

둘째, 우리는 연극적 묘사와 그 필연성에 주의를 기울여야 한다.

셋째, 상이한 종류의 극시를 그 구체적, 역사적 현실성의 면에서 섭렵해야 한다.

1. 시적 예술작품으로서의 드라마

극시작품이 직접적인 관람을 위해 상연되어야 한다는 사실과 별도로 그 자체로서 좀 더 특정하게 강조되어야 할 첫 번째의 점은 극시작품의 시적 측면 자체와 관계한다. 한층 상세한 고찰대상으로서 여기에 속하는 것은

첫째, 극시의 일반적 원칙.

둘째, 극시예술작품의 특수한 규정들.

셋째, 공중公衆에 대한 극시의 관계이다.

a. 극시의 원칙

드라마는 표상하는 의식을 위한 것이다. 드라마 일반이 필요로 하는 것은 현재하는 인간 행위와 관계들의 서술인바, 이 서술은 행위를 표현하는 인물들의 언어적 표출로 이루어진다. 그러나 극적인 행위는 한 특정 목적의 무난하고 단순한 실행에 그치는 것이 아니라 오히려 충돌하는 환경들,

열정들, 성격들에서 기인하며, 또 이에 따라 작용과 반작용으로 이끌리는 데, 이것들은 나름대로 다시 투쟁과 분규의 종식을 필히 요구한다. [476] 그러므로 우리는 생동적 성격들 및 갈등적 상황들로 개별화된 목적들의 자기제시와 자기주장, 상호 표출의 순간에 생기는 서로에 맞선 개입과 규정, 또한 의지와 실행 속에서 얼키설키 충돌하다가 평온함으로 해결되는 이 전체적인 인간적 행태의 내적으로 정초된 최종 결과를 목도한다.

이미 지적하였듯이, 이 새로운 내용의 시적 이해방식은 서사적 그리고 서정적 예술원칙의 매개와 합일이어야 할 것이다.

α) 이 점에서 첫째로 확언되어야 할 것은 시대의 문제, 즉 극시가 발군의 장르로서 통용될 수 있는 시대는 어떤 시대인가 하는 문제이다. 드라마는 이미 내적으로 발전된 민족적 삶의 산물이다. 왜냐하면 드라마는 본격적 서사시의 본원적인 시적 시대뿐만 아니라 서정적 토로의 독립적 주관성 역시 —드라마는 양자를 포괄하며, 이 국면들이 독자적으로 나뉜다면 어떤 것에도 만족하지 않는다— 본질적으로 과거사로 전제하기 때문이다. 이러한 시적 결합을 위해서는 인간적 목적, 분규 그리고 운명들의 자유로운 자의식이 이미 완전히 각성되어 있어야 하는데, 그 형성은 민족적 현존재의 중, 후기 발전기에서나 겨우 가능하였다. 민족들의 최초의 위대한 행위와 사건들도 —트로이 전쟁처럼 외국을 향한 공동출병, 민족 이동의 발발, 십자군 원정, 혹은 페르시아 전쟁처럼 이민족에 대한 자국의 공동방위— 대개 극적인 본성보다는 서사적인 본성을 지니며, 또한 자신의 내면에서 독자적으로 목적을 파악하고 실행하는, 한층 독립적이고 고독한 예의 영웅[주인공]들은 후일에야 비로소 등장한다.

β) 우리는 둘째, 서사적 원칙과 서정적 원칙 자체의 매개에 관해 다음과 같이 생각해야 할 것이다. [477]

이미 서사시가 우리에게 하나의 행위를 보여 주지만, 이것은 민족적 정신의 실체적 총체성으로서의 행위이고, 객관적인 특정 사건들과 행동들이라는 형태를 지니며, 또한 여기서는 주관적 의지, 개인적 목적이 현실적으로 장애가 되는 외적 환경들과 균형을 유지한다. 반면 서정시에서는 주관이 독자적 내면성 속에서 대자적으로 모습을 드러내고 또 스스로를 언표한다.

이제 드라마가 이 두 측면을 자신 속에 함께 간직하려면, 그것은

αα) 첫째, 서사시처럼 사건, 행동, 행위를 가시화해야 한다. 그러나 드라마는 진행되는 모든 것에서 외면성을 제거해야 하며, 그 자리에 자의식적이고 능동적인 개인을 근거이자 동인으로서 대체해야 한다. 왜냐하면 드라마는 서정적 내면과 외부의 조건을 별개로 가르는 것이 아니라 내면과 내면의 외적 실현을 서술하는 것이기 때문이다. 이로써 사건은 외적 환경들이 아니라 내적 의지와 성격으로부터 출현하며 또한 주관적 목적과 열정들에 대한 연관성을 통해서만 극적인 의미를 얻는다. 하지만 이에 못지않게 개인은 닫힌 독립성에만 머무는 것이 아니다. 오히려 개인은 자신의 성격과 목적을 일정한 환경들하에서 의지의 내용으로서 취하며, 이 환경들의 종류와 개인적 목적의 본성으로 인해 다른 사람들과 대립 및 투쟁하는 자신을 발견한다. 이를 통해 행위는 분규와 충돌들에 의해 좌우되며, 이것들은 재차 인간적 목적, 성격 그리고 갈등들의 고유한 내적 본성을 노정하는, 심지어 행위하는 성격들의 의지와 의도에 반하는 하나의 결말로 유도된다. 독립적이며 자기기인적으로 행동하는 개인들에서 표명되는 이 실체적 요소가 서사시와는 다른 면인바, 이것은 극시의 원칙 속에서 효과적이며 생동적으로 드러난다.

ββ) 그러므로 극적인 표현에서 아무리 개인의 내면이 [478] 중심을 이루더라도, 그것은 단순 서정적인 심정상황들에 만족할 수 없으며, 주관으로 하여금 이미 실행된 ―그로서는 한가롭게 참여한― 행동들을 서술케 하지 않

고, 또는 무릇 능동적이지 않은 향유, 직관 그리고 감응을 묘사하지 않는다. 오히려 드라마는 상황과 그 분위기를 개인적 성격을 통해 규정적으로 보여 주어야 하되, 이 성격은 특수한 목적을 결의하고 그것을 의지의 실천적 내용으로 삼아야 한다. 그러므로 드라마에서는 심정의 규정성이 충동으로, 의지를 통한 내면의 실현으로, 행위로 이행하며, 외적으로 드러나고, 객관화되며, 이로써 서사적 실제성의 측면으로 향한다. 그러나 외적인 현상은 개인 자신에게 있어 그의 의도와 목적들을 포함하는 것이지, 단순한 사건으로서 현존하는 것이 아니다. 행위는 실행된 의지이자 동시에 그 내면의 근원과 출발점뿐만 아니라 그 최종 결과 역시 의식하는 의지인 것이다. 다시 말해 개인 자신에게는 행동의 결과가 이 의지에서 발단하며 또한 그의 주관적 성격과 그 상태들에 도로 영향을 준다. 자신을 자신으로부터 규정하는 개인은 실제의 근거일 뿐만 아니라 실제를 자신 속에 도로 수용하는데, 개인의 내면과 전체 실제의 이 상존적 관계가 극시 속의 진정한 서정적 원칙인 것이다.

γγ) 이럼으로써만 행위는 행위로서, 내적 의도와 목적들의 현실적 실행으로서 등장하니, 이 목적들의 실제는 주관 자신이며, 주관과 이 실제의 통합은 주관의 자기 자신과의 통합이며, 주관은 이 실제에서 스스로의 의지를 찾고 스스로를 향유하며, 또한 이제는 그에게서 발단하여 외적 현존재로 이행한 것을 그의 전체 자기를 걸고 책임지기도 해야 한다. 극적인 개인은 그의 고유한 행동들의 과실을 스스로 거둔다.

그러나 이제는 관심이 내면의 목적에 ―이 목적은 자의식에서 기인하며, 그 영웅은 행위하는 개인이다― 제한되는 관계로, 그리고 [479] 외적인 것으로부터는 이 목적에 본질적으로 관계하는 것만을 예술작품에 수용하면 족한 관계로, 드라마는 첫째, 서사시보다 더욱 추상적이다. 왜냐하면 한편으로 행위가 성격의 자기규정에서, 이 내면의 발원처에서 기인하는 한, 행위는 그 모든 측면과 분파를 객관적으로 확장하는 총체적 세계관의 서사적 토대를 전제로 갖는 대신 주관이 그의 목적을 결심하고 관철하는 조건인 특정 환경들의 단순성에 집중하기 때문이며, 다른 한편으로 국가적, 서사적 속성들의 전체 복합체 속에서 우리 앞에 전개되는 것은 개성이 아니라 성격, 그것도 보편적 영혼이라는 특정한 목적을 위해 행위하는 성격이기 때문이다. 여기서 중요한 것은 이 목적이며 개인은 단지 살아 있는 기관이자 활력적인 실행자로만 현상하므로 그것은 특수한 운신폭을 갖는 개인보다 한층 고차적이다. 극히 다종적인, 하나의 점으로 집중된 행위와 전혀 관계 없거나 먼 관계를 가질 뿐인 측면들로 향하는 개인적 성격의 기타 전개는 사족일 것이니, 그런즉 행위하는 개성과 관련해서도 극시는 서사시보다 더욱 단순하게 압축되어야 한다. 등장인물들의 숫자와 상이성에도 같은 것이 통용된다. 왜냐하면 드라마가, 이미 언급했듯이, 내적으로 총체적인 국가적 현실의 ─이것은 여러 신분들, 연령, 성별, 직업들 등의 다양한 종합 속에서 우리에게 가시화된다─ 토대 위에서 진행되지 않고 거꾸로 우리의 시선을 항상 하나의 목적과 그 실행을 향해 조향해야 하는 한, 이러한 늘어진 객관적 장광설은 한가로울 뿐 아니라 해롭기도 할 것이기 때문이다. 그러나 동시에 둘째, 행위의 목적과 내용이 극적이려면, 그것은 [480] 자신의 규정성을 통해 ─개인적 성격은 특정 환경들하에서만 이 특수하게 규정된 목적을 스스로 다시 채택할 수 있다─ 다른 개인에게서 다른 대립된 목적과 열정들을 환기해야 한다. 각각의 행위하는 개인들에게는 정신적, 인류적, 신적 권능들, 권리, 조국과 부모와 형제와 배우자에 대한 사랑이 이러한 추동력 있는 파토스일 수 있다. 하지만 인간적 감응과 행동의 이러한 본질적 의미내용이 극적으로 현상하려면, 그것은 여러 목적들로 특수화되어 의미내용이 의미내용과 대치해야 하며, 그리하여 무릇 행위가 다른 행위하는 개인들에 의해 방해를 경험해야 하고 상호 간에 서로에 대한 성공과 자기관철을 다투는 착종과 대립으로 빠져야 한다. 그러므로 참된 내용, 진정으로 편재遍在하는 작용인은 영원한 권능들, 즉자대자적 인륜성, 생동적 현실의 신들, 한마디로 신적이며 참된 것이다. 그러나 이 신성은 고요한 권능 신성이 아니라 교구[신앙공동체]에 있다. 전자의 경우에는 부동不動의 신들이 행위에 이르는 대신 정적인 조각상들로서 자신 속에 평온하게 잠겨 머물며 후자의 경우에는 신성이 인간적 개성의 내용과 목적으로서, 구체적 현존재로서 실존하며, 행위로 소환되고 운동한다.

하지만 이리하여 신적인 것이 행위의 외적 객관성에서 가장 내적인 객관적 진리를 이룬다면, 이제 셋째, 분규와 갈등의 진행 및 결말에 관한 결정 역시 서로 대치하는 개별적 개인들이 아니라 내적 총체성으로서의 신적인 것 자체에 놓이며, 이로써 드라마는, 그것이 어떤 양식을 기하든 간에, 모든 투쟁과 모순을 해결하는 자기기인적 필연성의 생동적 작용을 서술해야만 한다.

γ) 이로 인해 생산 주체인 극시인에게는 무엇보다 인간적 목적들, 투쟁과 운명들의 근저에 있는 내적, 보편적인 것의 본질을 충분히 통찰해야 한다는 요구가 제기된다. [481] 그는 행위가 사태의 본성상, 그것도 성격들의 주관적 열정과 개성, 인간적 기획 및 결정들, 외적이며 구체적인 관계와 환경들의 면에서, 어떠한 대립과 분규들로 치달을 것인가를 의식해야 한다. 또한 동시에 그는 어떤 힘들이 주재主宰하여 인간에게 그의 실행을 위한 올바른 운명을 할당하는지를 인식할 수 있어야 한다. 일상의 눈에는 단지 어두움, 우연 그리고 혼란만이 지배하는 듯 보이는 곳에서 즉자대자적 이성과 현실 자체의 실제적 자기실행이 시인에게 계시되려면, 인간의 가슴속에 휘몰아쳐 그를 행위로 내모는 열정들의 옳고 그름이 그에게 똑같이 명료해야 하는 것이다. 그러므로 극시인은 심정의 심연들을 그저 모호하게 직조하거나 감각방식과 세계관에서 모종의 배타적 분위기와 제한적 편파성을 일면

적으로 고수해서는 안 되며, 오히려 정신의 지극한 개방성과 포괄성을 필히 구비해야 한다. 왜냐하면 신화적 서사시에서는 정신적 힘들이 상이할 뿐이며, 또한 그 의미는 그들의 다면적인 실제적 개별화로 인해 비교적 비규정적인 데 비해, 극시에서는 이 힘들의 단순하고 실체적인 내용이 서로 대립하는 개인들의 파토스로 등장하기 때문이다. 또한 개인들에서 독립적으로 있는 이 일면적 힘들을 해소하는 것이 곧 드라마이기 때문이다. 이 힘들이 비극에서는 서로 적대적으로 대립하며, 희극에서는 그 자신으로 인해 직접 해소되는 것으로 나타난다.

b. 극시 예술작품

이제 둘째, 구체적 예술작품으로서의 드라마에 관해 나는 주로 다음의 것을 간략히 강조하고자 한다. [482]

첫째는 서사시 및 서정시와는 다른 극시의 통일성이며,

둘째는 분류와 전개의 방식이며,

셋째는 어투, 대화법, 운율과 같은 외적 측면이다.

α) 드라마의 통일성에 관해 확언할 수 있는 가장 일반적인 첫 번째 점은 내가 이미 위에서 약술했던 언급, 즉 극시는 서사시와 대조적으로 한층 엄격하게 내적으로 응축되어야 한다는 사실이다. 왜냐하면 서사시 역시 개별 사건을 통일점으로 삼기는 하지만, 이 사건은 광범위한 민족적 현실이 다양하게 펼쳐지는 토대 위에서 진행되며 또한 객관적 독립성을 갖는 다방면의 에피소드들로 쪼개질 수 있기 때문이다. 비슷한 모습의 느슨한 관계는 반대되는 근거에서 몇몇 종류의 서정시에도 허락되었다. 그런데 이미 보았

듯이, 극시에서는 한편 예의 서사적 기반이 제거되고, 다른 한편 개인들이 순전히 서정적일 뿐인 개체성 속에서 자신을 표명하는 대신 성격과 목적들의 대립을 통해 서로 관계를 맺으며, 이 개인적 관계가 바로 그들의 극적 존재의 기반을 형성한다. 그리고 이미 이로부터 전체 작품의 한층 공고한 완결성 및 그 필연성이 증명된다. [객관적 사건과 주관의] 이 한층 밀접한 결속은 객관적이기도 하고 주관적이기도 하다. 개인들이 투쟁적으로 관철하는 목적들의 사실적 내용의 면에서는 객관적이며, 내적으로 실체적인 이 의미내용이 극시에서는 특수한 성격들의 열정으로서 현상하여 이제 그들 목적의 실패나 관철, 행운이나 불행, 승리나 몰락이 본질적으로 개인들 자신과 맞닥뜨리는 점에서는 주관적이다.

이른바 장소의 통일, 시간의 통일, 행위의 통일이라는 주지의 규정들이 한층 상세한 법칙들로서 거론되고 있다. [483]

αα) 특히 프랑스인들이 고대의 비극과 아리스토텔레스의 언급들로부터 그러한 경직된 규칙들을 추상하였는데, 이에 속하는 것으로는 특정한 행위를 위한 닫힌 장소의 불변성이 있다. 그러나 아리스토텔레스는 비극에 관해(『시학』, c. 5) 그 행위의 지속이 대부분 하루의 길이를 넘지 않는다는 사실만 언급하며, 반면 장소의 통일은 다루지 않으며, 또한 고대의 시인들 역시, 예를 들어 아이스킬로스의 『에우메니데스』와 소포클레스의 『아이아스』의 장면 변화에서 보듯이, 그러한 통일을 엄격한 프랑스적 의미에서 준수하지는 않았다. 최근의 극시들이 숱한 충돌들, 성격들, 에피소드에 따르는 인물[단역端役]들 및 부수적 사건들을, 한마디로 그 내적 충실이 외적인 확대도 필요로 하는 행위를 서술해야 할 경우, 그것들은 장소의 추상적 단일성이라는 멍에에 더더욱 복속할 수 없다. 그러므로 오늘날의 시가 무릇 외적인 면에서 한층 다채롭고 자의적인 낭만적 시 짓기를 하는 한, 그것은 이러한 요구로부터 스스로를 해방하였다. 그러나 행위가 소수의 큰 모티브들에 참으

로 집중되어 외적인 면에서도 단순할 수 있다면, 장면의 다양한 변화가 요구되지 않기도 한다. 그리고 이래야 괜찮을 것이다. 즉 예의 단순 관습적인 규정이 아무리 잘못이더라도, 적어도 한 장소에서 다른 장소로 무작정 오락가락하는 끊임없는 변화를 불허해야 한다는 생각도 마찬가지로 올바른 것이다. 왜냐하면 한편 행위의 극적인 집중은 이 외적인 관점에서도 타당하게 드러나야 하기 때문이며 —이와 대조적으로 서사시는 장면을 광범위하고 느긋하게 바꿔 가며 매우 다양하게 공간을 종횡할 수 있다—, 다른 한편 드라마는 서사시와 달리 내적 상상만을 위해 창작되지 않고 직접적 관람을 위해 창작되기 때문이다. 우리의 판타지는 우리를 한 장소에서 다른 장소로 쉽게 옮길 수 있지만, 실제 관람에서는 [484] 감각적 응시에 모순하는 것이 상상력에 과다하게 부과되어서는 안 된다. 이를테면 그의 비극 및 희극에서 장면을 빈번하게 바꾸는 셰익스피어는 푯말들을 세우고, 상연되는 장면이 어떤 장소인가를 써 놓은 쪽지들을 그 위에 붙였다. 이것은 옹색한 방편에 불과하며, 항상 어수선함으로 머문다. 그러므로 장소의 통일은, 이를 통해 갖가지 결함이 회피되는 한, 적어도 자체로서 합당하고 손쉬운 것으로서 추천되었다. 하지만 물론 단순 경험적인 관람과 개연성에 거스르는 많은 것이 판타지에 위촉되기도 했으니, 이 점에서 최적의 방도는 늘 하나의 다행스러운 중도를 취하는 선에서, 즉 현실의 권리를 침해하지도 않고 지나치게 정확한 그 준수를 요구하지도 않는 선에서 성립할 것이다.

ββ) 시간의 통일에 대해서도 완전히 같은 것이 통용된다. 왜냐하면 대단위의 시간공간이 표상 자체에 어려움 없이 포용되기는 하지만, 감각적인 관람에서는 여러 해를 너무 빨리 건너뛸 수 없기 때문이다. 그러므로 행위가 전체 내용과 갈등의 면에서 단순하다면, 결판에 이르는 그 투쟁의 시간도 단순하게 압축되는 것이 최상일 것이다. 반면 행위가 풍부한 성격들을 요구하며, 또한 그들의 발전 단계가 시간에 따라 파생되는 많은 상황을 필

요로 한다면, 늘 상대적이며 완전히 관습적일 뿐인 시간지속의 형식적 통일은 어느 모로나 불가능할 것이다. 그리고 그러한 서술이 예의 확정된 시간통일에 저촉한다는 그 이유에서부터 그것을 극시의 영역에서 제거하려 한다면, 이는 감각적 현실의 산문을 시의 진리를 다루는 최종 심판관으로 올리려는 것과 진배없을 것이다. 단순 경험적 개연성으로 보자면 우리는 잠깐 동안만 관객이며, 따라서 감각적 현재 속에서 짧은 시공간의 경과만을 볼 수 있을 것이되, 이 개연성에 큰 발언권이 부여될 소지는 거의 없다. 왜냐하면 [485] 시인이 그 개연성을 준수하려고 가장 많이 노력하는 바로 그 지점에서 다른 면으로는 최악의 비개연성들이 거의 불가피하게 다시 발생하기 때문이다.

γγ) 이에 반해 진정 손댈 수 없는 법칙은 행위의 통일이다. 그런데 이 통일의 본질이 정작 무엇인가에 관해서는 논쟁이 분분할 수 있는 관계로, 나는 그 의미를 비교적 상세히 설명하고자 한다. 무릇 각 행위는 이미 하나의 규정된 목적을 가져야 하고, 그것을 관철해야 한다. 왜냐하면 인간은 행위와 더불어 능동적으로 구체적 현실에 ―이 현실에서는 극히 보편적인 것조차 즉각 특수한 현상으로 압축되고 한정된다― 발을 들이기 때문이다. 그러므로 이 면에서 보면 통일은 내면 자체에서 규정된, 그리고 특수한 환경과 관계들하에서 목표가 구체적으로 설정된 목적의 실현 속에서 찾아질 것이다. 그런데 이미 보았듯이 극적 행위를 위한 환경들은 개인적 목적이 다른 개인들로부터 방해를 당하는 종류의 것이다. 까닭인즉 그 목적에는 마찬가지로 현실화되고자 애쓰는 하나의 대립된 목적이 가로놓이고, 이리하여 이러한 대치 속에서 쌍방의 갈등과 분규가 나타나기 때문이다. 그러므로 극적 행위는 충돌을 일으키는 행동에서 본질적으로 기인하며, 또한 참된 통일은 오직 총체적 운동 속에 그 근거를 둘 뿐인바, 이 운동에서는 충돌이 특수한 환경들, 성격들 그리고 목적들의 규정성에 따라 그 목적과 성

격에 들어맞게 발발하기도 하며, 그 모순을 지양하기도 한다. 이때 이 해결은 행위 자체가 그렇듯이 객관적인 동시에 주관적이어야 한다. 즉 한편으로는 대치하는 목적들의 투쟁이 진정되며, 다른 한편 개인들은 많든 적든 그들의 전체 의지와 존재를 그들이 시도하는 바에 투입하여 결과적으로 그 성공이나 실패, 완전한 성취나 제한적 성취, 필연적 몰락이나 얼핏 대립적으로 보이는 의도들과의 평화로운 합일이 [486] 개인의 운명 역시 규정하는 것이다. 왜냐하면 개인은 그를 성취로 내모는 것과 하나로 뒤엉켜 있기 때문이다. 그러므로 진정한 결말은 전체를 싸고도는 행위의 목적과 관심이 개인들과 동일하게 되어 정녕 그들과 결속되어 있어야 비로소 성취된다. — 그런데 극적으로 행위하는 성격들의 차별성과 대립이 단순하게 유지되는가, 혹은 잡다한 에피소드적인 부수 행위들과 인물들로 가지를 치는가에 따라서 다시 통일은 보다 강력할 수도, 보다 느슨할 수도 있다. 이를테면 희극은 다변적인 음모들에도 불구하고 대개 한층 위대한 단순성 속에서 유발되는 비극처럼 그렇게 꼭 짜일 필요가 없는 것이다. 하지만 이 점에서도 낭만적 비애극Trauerspiel[비극]은 고대의 비극보다 한층 다채로우며 또한 그 통일성의 면에서 한층 느슨하다. 그러나 여기에서조차 에피소드들과 부수 인물들의 관계는 인지 가능해야 하며 또한 전체 역시 대단원과 더불어 사실상 종결되고 완성되어 있어야 한다. 이를테면 『로미오와 줄리엣』에서는 연인들과 그들의 목적 및 운명의 외부에 있는 가문들의 불화가 행위의 토대이긴 해도 정작 중요한 요점은 아닌데, 셰익스피어는 말미에서 그 불화의 종결에 비록 미약하나마 필요한 주의를 배려하고 있다. 마찬가지로 『햄릿』에서도 덴마크 왕국의 운명은 그저 하나의 하위 관심에 머물 뿐이지만, 그럼에도 그것은 포틴브라스의 등장을 통해 참작되며, 또한 나름의 만족스러운 결말을 얻는다.

물론 충돌들이 해소되는 특정의 결말에서 다시 새로운 관심과 갈등들의

윌리엄 셰익스피어

가능성이 주어질 수는 있다. 하지만 문제시되는 그 하나의 충돌은 자체적으로 완결된 작품 내에서 해결을 보아야만 한다. 이런 종류로는 예컨대 테베의 설화집에서 따온 소포클레스의 3대 비극이 있다. 첫째 비극은 오이디푸스가 라이오스의 살해자임을 드러내며, 둘째는 에우메니데스 숲에서의 그의 평화로운 죽음을, [487] 셋째는 안티고네의 운명을 담고 있다. 그럼에도 이 3대 비극은 각각 다른 것과 별개로 자체적으로 독립적인 하나의 전체이다.

β) 둘째, 극시 예술작품의 구체적 전개방식과 연관하여 우리는 드라마를 서사시 및 노래[서정시]와 구분하는 세 가지 점, 즉 범위, 진행방식 그리고 장과 막으로의 분할을 각별히 강조해야 한다.

αα) 이미 보았듯이, 본격적인 고대 서사시는 필연적으로 넓은 범위에 걸

쳐 진행되지만 드라마는 그 같은 범위로 확장될 수 없다. 그 이유로서 서사시에서는 세계상태가 총체적으로 서술되지만 드라마에서는 이것이 생략되고 본질적인 극적 내용을 제공하는 비교적 단순한 충돌이 현저하게 드러난다는 점이 기왕에 언급되었으므로, 나는 이 외에 하나의 이유만을 더 들고자 한다. 즉 그것은 서사시인이 관조를 위해 시간을 갖고 차근차근 서술해야만 하는 것이 드라마의 경우에는 대부분 실제적 상연에 맡겨진다는 점이며, 또한 드라마의 주요 측면을 형성하는 것은 실제 행동이 아니라 내면적 열정의 개진이라는 점이다. 그런데 내면은 광범위한 실제적 현상과 대조적으로 단순한 감응, 잠언, 결단들 등으로 집약되며, 또한 서사적 산개 및 시간적 과거와는 달리 이 점에서도 서정적 집중, 열정과 표상들의 현재적 생성, 그리고 이것들의 자기표출이라는 원칙들을 관철한다. 하지만 극시는 단일한 상황의 제시에 만족하지 않으며, 심정과 정신의 비감각적 요소도 행위를 통해 ―다종다양한 성격들의 목적들 및 상태들의 총체성으로서― 동시에 묘사한다. 이 성격들은 하나같이 그들의 내면에서 진행되는 것을 행위로 표출하며, 이로써 드라마는 서정시와 비교할 때 다시 훨씬 넓은 범위로 펼쳐지고 다듬어진다. 이 관계를 일반적으로 규정하자면, 극시는 [488] 대략 고대 서사시의 외연성과 서정시의 집중성의 중간에 있다 할 것이다.

ββ) 둘째, 이러한 외적 척도의 측면보다 더 중요한 것은 서사시의 전개방식과 비견되는 극시의 진행방식이다. 이미 보았듯이, 무릇 서사적 객관성의 형식은 차후 실제적 장애들로 첨예화될 수 있는 제반 정황들의 묘사에 시간을 할애할 것을 요구한다. 그런데 극시의 서술은 하나의 목적과 성격에 또 다른 목적과 성격들을 대치시키는 까닭에, 첫눈에는 이러한 견제와 방해를 극시의 원칙으로 취함이 올바르게 보일 수도 있다. 하지만 사실 관계는 거꾸로다. 극시 본연의 진행은 종국의 파멸을 향한 부단한 전진운

동이다. 이것은 충돌이 치열한 중심축을 이룬다는 점에서 간단히 설명된다. 그러므로 한편에서는 모든 것이 이 갈등의 발발로 이끌리며, 다른 한편에서는 정녕 대립하는 의사意思들, 목적들 그리고 행동들의 갈등과 모순이 모름지기 해결을 필요로 하고, 또한 이 결론을 재촉한다. 하지만 이와 더불어 단순 조급한 진척이 곧 절대적인 극적 아름다움이라고 말하려는 것은 아니다. 이와 반대로 극시인도 각 상황을 그 모든 모티브들을 사용하여 차근차근 조탁하는 여유를 자신에게 허락해야 한다. 그러나 행위를 진척시킴이 없이 단지 진행을 저해할 뿐인 부수적 장면들은 드라마의 특성과 배치된다.

γγ) 마지막으로 극시작품의 과정은 극적 운동 자체의 개념에 근거하는 주요 계기들을 통해 분류되는 것이 가장 자연스럽다. 이와 관련해서 이미 아리스토텔레스는(『시학』, c. 7) 전체가 시작, 중간 그리고 끝을 갖는다고 말한다. 시작은 자체가 필연적이며, 다른 것을 통해 있지 않지만, 다른 것은 그로부터 있고 또 출현한다. 끝은 이와 반대되는 것으로서, 필연적이든 혹은 통례적이든 간에 다른 것을 통해 성립하되 그 자체를 뒤따르는 것은 아무것도 없다. [489] 그러나 중간은 다른 것을 통해 출현하는 것이자 그로부터 다른 것이 출현하는 것이다. ― 경험적 현실에서는 매 행위가 복잡다단한 전제들을 포함하니, 본연의 시작이 어디에서 발견되는가를 규정하기 어렵다. 그러나 극적 행위는 본질적으로 특정한 갈등에서 기인하며, 그런 한도에서 응분의 출발점은, 비록 아직은 미발이더라도, 이후의 과정에서 갈등이 전개될 수밖에 없는 바로 그 상황 속에 있을 것이다. 반면 끝은 갈등과 분규가 모든 점에서 해결되었을 때 비로소 달성될 것이다. 이 출발과 끝의 중간에는 목적들의 투쟁과 충돌하는 성격들의 갈등이 있다. 그런데 극시에서는 이 상이한 마디들이 행위 자체의 계기들이자 행위들로 존재하며, 그런 까닭에 막幕들Akten[행동들]이란 표시는 이를 위해 전적으로 적절한 것이

다. 막은 종종 막간幕間이라고도 불리는데, 어떤 제후는 급한 용무가 있었던지 혹은 중단 없이 구경하고 싶었던지는 모르겠으나 한번은 극장에서 시종들에게 "막간이 또 오네"라고 불평했었다. ─ 수적인 면에서는 각 드라마가 그러한 막들을 셋 갖는 것이 사실적으로 가장 적당하다. 제1막은 충돌의 출현을 설명하며, 차후 이 충돌은 제2막에서 이해관계들의 상충, 차이, 투쟁, 분규로서 생동적으로 전개되며, 마지막으로 제3막에서 그것은 모순의 정점으로 치닫고 그곳에서 필연적으로 해소된다. 고대인들의 경우에는 드라마의 장들이 일반적으로 다소 모호하다. 이처럼 자연스러운 편성에 해당하는 비슷한 예로서 아이스킬로스의 3부작을 들 수 있지만, 여기서는 각 부가 그 자체로 완결된 하나의 전체로서 다듬어져 있다. 현대의 극시들에서 스페인인들은 주로 3막의 구분을 준수한다. 반면 영국인, 프랑스인 그리고 독일인들은 전체를 대개 5막으로 나누는데, 1막에 속하는 것은 제시부이며, 세 개의 중간막들은 [490] 대립하는 분파들의 다양한 공격과 반격, 분규와 투쟁들을 상술하며, 제5막에서 충돌은 비로소 완전히 종식된다.

γ) 극시가 실제 상연과는 별도로 그 고유영역에 머물러 있을 경우에도, 극시에는 몇몇 외적 수단들의 사용이 열려 있는데, 이제 우리는 마지막으로 이에 관해 언급할 것이다. 그러한 수단들은 극적 효과를 갖는 특수한 종류의 어투 일반, 좀 더 세분하자면 독백, 대화 등의 차이, 그리고 운율에 한정된다. 이미 누차 언급하였듯이, 드라마의 주요 측면을 이루는 것은 실제 행동이 아니라 행위의 내적 정신의 노정인데, 이것은 행위하는 성격들 및 그들의 열정, 파토스, 결단, 상호 침해 및 매개와 연관할 뿐만 아니라 그들의 투쟁과 숙명 속에서 진행되는 행위의 일반적 본성과도 관계한다. 따라서 시가 이 내적 정신을 시로서 형상화하는 한, 그에 적합한 표현은 감응과 표상들을 가장 정신적으로 표출하는 시적 어휘에서 특히 발견된다.

αα) 그런데 드라마가 서사시의 원칙과 서정시의 원칙을 자체 내에 총괄

하듯이, 드라마의 어투도 서정적 요소와 서사적 요소를 내포하고 또 드러내야 한다. 특히 현대의 드라마에서 서정적 측면이 발견되는 장소는 대체로 주관성이 자신의 내면에 집중하는 곳이자 그 결의와 행동에서 내면성의 자기감정을 항상 지키려는 곳이다. 하지만 고유한 심정의 토로가 극적이려면, 그것은 종잡을 수 없는 감정, 기억 그리고 고찰들에 단순히 매달려서는 안 되며 오히려 행위에 대한 연관성을 꾸준히 유지하고, 행위의 상이한 계기들을 결과로서 갖고 또 동반해야 한다. ― 이러한 주관적 파토스와 대조적으로 서사적 요소로서의 객관적 파토스는 관계, 목적 그리고 성격들이 갖는 실체적 측면의 전개와 주로 관계하는데, [주관에 집중하기보다는] 오히려 [491] 관객을 향한다. 이 측면도 다시 서정적 어조를 일부 수용할 수 있지만, 이것이 극적으로 머물려면 자체로서 독립적이지 않아야 하며, 또한 행위의 진행 및 행위와의 관계에서 벗어나지 않아야 한다. 이 외에도 서술적 보고報告, 전장의 묘사 등등이 서사시의 두 번째 유물로서 기꺼이 삽입될 수 있다. 하지만 극시에서는 대체 이마저도 일면 비교적 압축적이고 중대한 것이어야 하며, 일면 그 나름으로 행위 자체의 진행에 필연적인 것으로 증명되어야 한다. ― 마지막으로 극시 본연의 요소는 이해관계들의 투쟁과 성격 및 열정들의 분규를 겪는 개인들의 토로인데, 이제 여기에서 앞의 두 요소들은[서사적인 것과 서정적인 것은] 진정 극적인 매개 속에서 서로 삼투하며, 이때 대개 인물들의 진퇴 등을 예고하는 외적 사건의 측면이 추가되거나 또 어떤 때는 그들의 외적 처신이 종종 다른 개인들에 의해 암시되기도 한다. ― 이 모든 면들이 판에 박힌 연극 언어 및 그 수사법에 대해 갖는 주요 차이점은 소위 자연스러운 표현법이다. 근래 디드로와 레싱은, 젊은 시절의 괴테와 실러도 그렇지만, 주로 실제적 자연성의 측면을 지향했다. 레싱은 충만한 교양과 관찰의 섬세함으로써, 괴테와 실러는 꾸밈없이 거칠고 힘찬 직접적 생명성을 선호함으로써 그리하였다. 사람들은 혹 그리스의,

그러나 특히 프랑스의 익살극과 비애극[162]에서처럼 대화할 수도 있겠으나 그것은 부자연스러운 것으로 간주되었는데, 후자의 언사가 딱 그렇다. 그런데 성격들이 [492] 심정과 행위의 실체를 전개하는 대신 자신에 대한, 그리고 그들의 관계들에 대한 한층 고차적인 의식을 결여한 채 극히 직접적인 개별적 삶에서 감응한 것만을 표출한다면, 이러한 종류의 자연성은 다른 한편으로는 단순 실제적인 특징들의 남발과 더불어 무미건조하고 산문적인 것으로 다시 빠져들 수 있다. 개인들이 이 면에서 자연적일수록 그만큼 더 그들은 산문적이 된다. 왜냐하면 자연적 인간들은 대화와 다툼들에서 거지반 단순 개별적 인물들로서 행동하기 때문이며, 또한 직접적 특수성의 면에서 묘사되어야 한다면 이들은 실체적 형상으로 등장할 수 없기 때문이다. 그리고 이 경우에는 문제시되는 사태의 본질의 면에서 무례와 허례가 결국 같은 것으로 귀착한다. 즉 무례가 교양 없는 성향과 감응방식의 직접적 착상에 휘둘리는 특수한 인성에서 비롯한다면, 거꾸로 허례는 다시 객관적이며 내실 있는 어떤 것을 표현함이 없이 존경, 인성의 인정, 사랑, 명예 등에 있는 추상적 보편성과 형식성만을 지향할 뿐이다. 후자의 단순 형식적인 보편성과 전자의 거친 특수성들의 자연적 표출 사이에 참된 보편자가 있는바, 이것은 형식적이지도 무개성적이지도 않으며, 또한 성격의 규정성, 그리고 성향과 목적들의 객관성에서 그 이중적인 충족을 찾는다. 그러므로 순정한 시적 요소는 직접적 실제의 특칭성과 개별성을 보편성의 순화純化적 요소로 제고하고, 양 측면을 서로 매개하는 점에서 성립한다. 이때 우리는 현실의 토대와 그 참된 특징들을 떠나지 않고서도 자신이 또 다른

---

162 역주: 익살극(Lustspiel)과 비애극(Trauerspiel)은 각각 고대 그리스의 '희극(κωμῳδία, Komödie)'과 '비극 (τραγῳδία, Tragödie)'을 독일어로 번역한 말이며 또한 바로크 이후 특정 유형의 희극 및 비극을 가리키기도 한다.

국면에, 즉 예술의 추상관념적 영역에 처해 있음을 느끼는데, 어투는 이와도 관계한다. 이러한 종류로는 그리스 극시 및 후기 괴테의 언어가 있으며, 부분적으로는 실러의 어투가, 제 나름으로는 셰익스피어의 언어 또한 그렇다. 비록 셰익스피어는 당시의 [493] 무대상태에 맞추어 때때로 대사의 일부분을 배우의 창조적 재능에 맡길 수밖에 없었지만 말이다.

ββ) 이제 둘째, 좀 더 자세히 보자면 극시의 표현방식은 합창곡들의 열변, 독백 그리고 대화로 나뉜다. ― 주지하듯 고대의 드라마는 합창과 대화의 차이를 각별히 발전시켰던 반면, 현대의 드라마에서는 이 차이가 사라지는바, 까닭인즉 고대에는 합창에 맡겨졌던 임무가 거의 행위하는 인물들 자신의 입으로 옮겨지기 때문이다. 즉 합창은 개인적 성격들 및 그들의 내적, 외적 투쟁과는 대조적으로 일반적인 생각과 감응들을 때로는 서사적 언사의 실체성에, 때로는 서정시의 격정에 호소하는 방식으로 표출한다. 반대로 독백에서는 개개의 내면이 행위의 특정한 상황 속에서 독자적으로 객관화된다. 따라서 독백이 극시에서 차지하는 진정한 위치는 특히 다음의 순간들, 즉 심정이 이전의 사건들에서 벗어나 단순히 자신 속으로 집약되는 순간, 그가 다른 사람들에 대해 갖는 차이나 그 자신의 고유한 내분을 스스로 변호하는 순간, 천천히 다져지거나 갑작스럽게 내린 결단들을 최종적으로 결심하는 순간이다. ― 그러나 셋째, 완전한 드라마적 형식은 대화이다. 왜냐하면 행위하는 개인들은 오로지 대화 속에서 그들의 성격과 목적을 그 특수성에 따라, 그리고 파토스의 실체성과 관계하여 상호 대립적으로 발설하고, 투쟁에 빠지고, 또한 이로써 행위의 실행을 진전시킬 수 있기 때문이다. 그뿐만 아니라 대화에서는 다시 주관적 파토스와 객관적 파토스의 표현이 구분된다. 주관적 파토스는 우연적이며 특수한 열정에 더욱 속하는데, 이것은 자신 안에 응축되어 머물면서 매우 간결하게 표현되기도 하고 혹은 마구잡이로 날뛰어 자신을 완전히 드러낼 수도 있다. 감동적 장

면을 통해 주관적인 감응을 일으키려는 시인들은 [494] 특히 이러한 종류의 파토스를 이용한다. 그런데 그들이 사적인 고통과 거친 열정, 혹은 영혼의 화해되지 않은 내적 갈등을 제아무리 잘 그리더라도, 참된 인간심정은 이보다는 객관적 의미내용을 동시에 전개하는 파토스에 의해 더욱 감동받는다. 그렇기 때문에 예컨대 비교적 오래전에 쓰인 괴테의 작품들은 그 소재가 자체로는 아무리 심오하더라도, 또한 장면들의 대화가 아무리 자연스럽더라도, 전체적으로 그리 인상적이지 못하다. 마찬가지로 화해를 얻지 못한 상심과 제어되지 않은 분노는 건전한 마음을 거의 감동시키지 못한다. 특히 참혹은 마음을 따뜻하게 만드는 대신 차갑게 만든다. 시인이 열정을 매우 감동적으로 그릴 수 있다는 것은 여기서 도움이 되지 않으며, 우리는 저민 가슴만을 느끼면서 얼굴을 돌린다. 왜냐하면 거기에는 예술에 결단코 없어서는 안 될 화해라는 긍정적 요소가 결여되어 있기 때문이다. 이에 반해 고대인들은 그들의 비극에서 무엇보다 파토스의 객관적 측면을 활용하였는데, 여기에는 동시에 인간적 개별성 역시, 고대가 요구하는 한도에서 들어 있었다. 실러의 작품들도 역시 위대한 심정의 이러한 파토스, 즉 어디서나 자신을 행위의 기초로서 드러내고 또 언표하는 형형한 파토스를 갖는다. 특히 이 점은 꾸준히 통용되는바, 실러의 비극들은, 무엇보다 무대에서 전달될 경우, 오늘날에도 여전히 이 효력을 잃지 않고 있다. 왜냐하면 보편적, 지속적이면서 심오한 극적 효과를 낳는 것은 오직 행위의 실체적 요소일 뿐이기 때문이다. 그것은 특정한 내용으로서는 인륜적인 것이며, 형식적으로는 정신과 성격의 위대함인데, 셰익스피어는 다시 이 위대함의 면에서도 걸출하였다.

γγ) 마지막으로 나는 운율에 관해 몇 마디 첨언하고자 한다. 드라마의 운율은 육보격의 평온하고 단조로운 흐름과 서정시적 운율의 빈번한 중단 및 휴지의 중간을 취하는 것이 최선이다. 이 면에서는 무엇보다 단장격 운율

이 추천되었다. [495] 왜냐하면 단장격의 전진적 리듬은 ─이것은 단단장격을 통해 한층 더 추동적이고 급하게 되거나 장장격을 통해 한층 더 무겁게 될 수 있다─ 행위의 진행 과정을 위한 최적의 동반자이며, 또한 특히 6운각 시구는 고상하고 절제된 열정의 품위 있는 어조를 갖기 때문이다. 반대로 요즈음 사람들 중에서 스페인인들은 4운각의 고요하고 느린 장단격을 사용한다. 압운이 없거나 복합적으로 뒤얽힌 압운과 불완전 운각을 갖는 이 장단격은 이미지들에 탐닉하는 판타지를 위해, 그리고 행위를 촉진하기보다는 차라리 멈추게 하는 예리한 지적 분석을 위해 최적의 것으로 증명된다. 그 밖에도 스페인인들은 서정적 예민함의 본격적인 유희를 위해 소네트와 8행 시구 등을 대화에 섞어 넣었다. 이와 비슷하게 프랑스의 알렉산더격 시행은 형식적 깍듯함과 낭송 투의 수사修辭를 때로는 온건한, 또 때로는 격렬한 열정들과 조화시키는데, 프랑스 드라마는 인위적으로 그 상투적 표현을 발전시키려고 애썼다. 반면 한층 현실주의적인 영국인들은, 근래 우리 독일인들도 그들을 따랐는데, 이미 아리스토텔레스가(『시학』, c. 4) 운율들 중 가장 말하기에 적합한 것μάλιστα λεκτικὸν τῶν μέτρων이라고 불렀던 단장격 운율을 다시 견지했지만, 그것을 삼보격으로 다루기보다는 많은 자유재량을 갖고 덜 격정적인 성격으로 다루었다.

c. 극시 예술작품과 대중의 관계

어투와 운율의 장단점들은 서사시 및 서정시에서도 중요하지만, 그것들은 극시 예술작품에서 한층 결정적으로 작용하는바, 까닭인즉 여기서는 성향, 성격 그리고 행위들이 중요하며, 또한 이것들이 생생하게 현실적으로 우리에게 다가와야 하기 때문이다. 이를테면 칼데론의 익살극[희극]은 때로는 지적으로 날카로운, 때로는 과장된 어법의 재기발랄한 이미지 유희와 [496] 다양한 서정적 운율의 변화를 동반하지만, 우리에게는 이미 이런 표현법으로 인해 일반적 공감을 얻기가 매우 어려울 것이다. 그 밖에도 내용 및 드라마적 형식이라는 측면들도 마찬가지로 이 감각적 현재성과 친밀성 때문에 그것들이 상연되는 대중과 훨씬 직접적으로 관계 맺는다. 우리는 이 관계도 간략히 일별할 것이다.

학술적 저술들과 서정시 내지 서사시들은 말하자면 전문적 대중을 갖기도 하고 그러한 시나 다른 문서들이 무차별적이고 우연적으로 어떤 사람의 수중에 들어가기도 한다. 그림이나 조각상들이 신통치 않으면 지나쳐 버리듯 어떤 책이 마음에 들지 않으면 그것을 치워 버릴 수 있는데, 이때 저자는 그의 작품이 장삼이사를 위해 쓰인 것이 아니라는 변명을, 많든 적든 늘 늘어놓는다. 극시 생산의 경우에는 사정이 판이하다. 여기서는 즉 정해진 대중이 현재하며, 작품은 이들을 위해 집필되어야 하며, 또 시인은 찬성과 비난의 권리를 갖는 이들에게 의무를 다해야 한다. 왜냐하면 작품은 현재적 총체로서의 이들에게 상연되며, 이들은 이 장소, 이 시간에 그것을 생생한 공감을 통해 즐기기 때문이다. 이제 판결을 위해 무리 지어 회동하는 그 대중은 교양, 관심, 취미의 습관, 애호 등에서 극히 복합적이고 상이하며, 그리하여 저자는 모두의 마음에 들기 위해 진정한 예술의 순수한 요구를 돌보지 않고 때로는 저속함의 재능과 일정한 몰염치마저도 필요로 할 수 있다. 극시인에게도 대중을 무시할 구실이 남아 있긴 하지만, 이 경우 그는 그의 본연의 영향력과 관계하여 늘 자신의 목적을 그르쳐 왔다. 특히 우리 독일인들의 경우에는 티크 시대 이래로 대중에 대한 이러한 경멸이 유행하고 있다. 독일의 작가는 그의 특수한 개성에 따라 자신을 언표하고 싶을 뿐, 청자와 관객이 [497] 그의 작품을 즐기도록 할 생각이 없다. 반대로 각자는 독일적 고집을 갖고 자신이 독창적임을 드러내기 위해 다른 사람과는 다른 무엇을 가져야만 한다. 이를테면 심정과 정신의 반어적 의도성에 머물러 그들 민족과 시대에 대해 강력한 힘을 발휘하지 못했던 티크와 슐레겔 형제는 실러가 우리 독일인들을 위해 올바른 소리를 짚어 내고 또 가장 대중적으로 되었다는 이유에서 특히 그를 공격하고 헐뜯었다. 이에 반해 우리의 이웃인 프랑스인들은 거꾸로다. 그들은 목전의 영향을 위해 집필하고 또 항상 대중을 안중에 두는데, 프랑스에서는 특정한 예술취미가 확립되어 있는 까닭에 대중은 나름대로 다시 작가에게 날카롭고 무관용적인 비평가이자 또 그렇게 있을 수 있다. 반면 우리에게는 무정부상태가 지배하는데, 여기서 각자는 일상에서처럼 우연적으로 자신의 개인적 견해, 감응 혹은 기분에 따라 판단하며 또한 갈채를 보내거나 비난을 한다.

그런데 극시작품의 본성에는 그 자체가 생명성을 지녀야 한다는 규정이 들어 있으며 작품이 그의 민족에게서 박수를 받으며 수용되는 것도 이 생명성 때문인바, 그런고로 극시인은 무엇보다 기타의 우연한 방향 및 시대 환경들과는 별도로 이 긴한 성공을 예술적으로 확보해 주는 요구들을 따라야만 한다. 나는 이와 관련하여 가장 일반적인 사항들만을 주목할 것이다.

α) 첫째, 극적인 행위 속에서 서로를 반박하고, 또 그 싸움을 해결하는 목적들은 인간보편적인 관심, 혹은 시인이 한 민족을 위해 생산할 경우라면, 그 민족에게 타당하고 실체적인 하나의 파토스를 기반에 두어야 한다. 그런데 여기서 인간보편적 요소와 특수한 민족적 요소는 충돌들의 실체성과 연관하여 현격하게 다를 수 있다. 그러므로 어떤 민족에게는 극시예술 발전의 정상에 있는 작품들이 다른 시대와 [498] 다른 민족에게는 전혀 즐겁지 않은 것으로 머물 수 있다. 이를테면 인도 서정시의 많은 점들은 오늘날에도 여전히 우리에게 극히 우아하고 나긋하고 매력적이고 감미롭게 보일 것이며, 우리는 거기에서 거북스러운 차이를 느끼지 않는다. 반면 『샤쿤탈라』[163]에서 행위의 중심이 되는 충돌은, 즉 브라만의 분노에 찬 저주는 ─그녀는 그를 외면함으로써 그에게 경외를 표하는 것을 게을리 한다─ 우리에게 매우 어색하게 보일 수 있으며 그리하여 우리는 이 놀랍고도 사랑

스러운 시의 갖가지 기타 장점들에도 불구하고 행위의 본질적 중심점에 대해 관심을 가질 수가 없다. 스페인인들은 개인적 명예라는 모티브를 때로는 날카로운 논리적 귀결의 추상 속에서 다루며, 그 귀결의 끔찍함은 우리의 표상과 감응을 매우 깊이 상하게 하는데, 그 방식에 대해서도 같은 것이 적용된다. 오직 이 이유에서 완전히 실패한 시도로서 내게 떠오르는 것으로서는 예컨대 우리에게 비교적 덜 알려진 칼데론의 작품들 중 하나인 『비밀스러운 모독에 대한 비밀스러운 복수』를 무대에 올리는 시도가 있다. 비슷한 부류에 속하는, 그렇지만 비교적 심오한 인간적 갈등을 묘사하는 또다른 비극인 『명예로운 의사』는 다시금 약간의 수정과 더불어 심지어 『의연한 왕자』보다도 더욱 성공적이었는데, 후자에서는 또다시 완고하고 추상적인 가톨릭 원칙이 우리의 감상을 방해한다. 셰익스피어의 비극과 익살들[희극]은 반대 방향에서 거꾸로 점점 많은 관객을 끌었는데, 이유인즉 거기서는 그 대단한 민족성에도 불구하고 인간보편적인 요소가 훨씬 우위를 점하며, 그리하여 셰익스피어는, 민족적 예술인습들이 지나치게 협소하고 세분화되어 그러한 작품들의 향유가 마냥 배척되거나 적어도 축소되는 곳을 제외하면, 모든 곳에서 환영받았기 때문이다. 우리는 민족관의 몇몇 측면들 및 무대의 표현과 관련하여 변화된 관습들을 갖지만, 만일 우리가 이와 별도로 고대의 비극작가들에게 [499] 한층 깊은 주관적 내면성과 폭넓은 특수한 성격묘사를 더 요구하지 않는다면, 그들도 셰익스피어 드라마들과 비슷한 장점을 가질 것이다. 반면 고대의 소재들은 어떤 시대에도 그 효과를 잃지 않을 것이다. 그러므로 우리는 일반적으로 주장할 수 있을진대, 극시작품이 실체적, 인간적 관심들을 다루는 대신 특정한 민족적 시대성을 통해

---

163 역주: 4~5세기경 살았던 고대 인도의 시인 칼리다사의 산스크리트어 희곡.

제약된 극히 특수한 성격과 열정들을 내용으로 선택한다면, 그럴수록 그것들은 아무리 기타의 점에서 탁월할지라도 그만큼 더 쉬이 사라질 것이다.

β) 그런데 둘째, 그러한 인간보편적 목적과 행위들은 생동적 현실로의 시적 개별화를 거쳐야 한다. 왜냐하면 극시작품은 생동적인 감관에 —이것은 물론 관객에게도 없어서는 안 된다— 호소해야 할 뿐 아니라 그 자체로도 상황, 상태, 성격 그리고 행위들의 생동적 현실로 현존해야 하기 때문이다.

αα) 이 면에서 나는 눈앞에서 벌어지는 행위와 관계된 지역적 환경, 예절, 관습 및 기타 외면성들의 측면을 이미 다른 곳에서(제1권, 356~378쪽) 비교적 소상하게 논하였다. 이러한 요소들의 극적 개별화는 여기서 철저히 시적, 생동적이어야 하며 많은 흥미를 일으켜야 하는바, 우리는 이질적인 것을 외면하고 이 생동성 자체를 통해 심지어 이에 대한 관심으로 끌려듦을 느끼기도 하며, 혹은 그러한 생동성이 그저 외적인 형식으로만 통용될 수도 있고 또 그것을 원할 수도 있는데, 이때에는 그 속에 있는 정신적, 보편적 요소가 그것을 압도한다.

ββ) 이 외적 측면보다 더욱 중요한 것은 성격들의 생동성인데, 이 성격들은 —예컨대 지금의 극시인들에게서는 지나치게 자주 보이는 경우이지만— 단순 사인私人으로서의 관심을 가져서는 아니 될 터이다. 단순한 열정과 목적들의 그런 추상들은 정녕 무효한 것으로 남는다. 단순 피상적인 개별화도, 이 경우에는 내용과 형식이 우화적 인물들에서처럼 서로 갈라지기 때문에 결코 만족스러운 것이 못 된다. 깊은 감정과 사상들, 위대한 성향과 언사들이 [500] 이러한 결함을 보완해 줄 수는 없다. 이와는 반대로 극시의 개인은 그 자신에 즉해 철저히 생동적이어야 하고 성향과 성격이 목적 및 행위와 일치하는 완결된 총체성이어야 한다. 이 경우 요체가 되는 것은 단순히 넓은 폭의 특수한 성격 특징들이 아니라 추진력 있는 개성이다. 이것은 자신이 하나의 통일성이며, 만사를 그 통일성으로 통합하며, 또한 자신

을 말과 행동의 유일한 원천으로서 제시하니, 모든 특수한 말은, 그리고 성향, 행동 및 태도의 모든 개별적 특징은 이 원천에서 발원한다. 상이한 특성과 활동들이 아무리 하나의 전체로 나열되더라도, 그 단순한 모둠이 아직 생동적 성격을 제공하는 것은 아니며, 반대로 이를 위해서는 시인 자신의 편에서 생동적이고 판타지가 풍부한 창조가 전제되어야 한다. 비록 그들이 호메로스의 서사적 영웅들에 필적할 만큼 풍부하고 특수한 특징들을 내포하지는 않더라도, 예컨대 소포클레스 비극에서 나오는 개인들이 이러한 종류이다. 요즈음 작가들 중에서는 누구보다 셰익스피어와 괴테가 생명 넘치는 성격들을 제시했는데, 이에 반해 프랑스인들은, 특히 비교적 초기의 극시들에서는, 진정으로 생동적인 개인들에 만족하는 대신 일반적 유형과 열정의 형식적, 추상적 대변인들에 만족하는 모습을 보였다.

γγ) 그러나 셋째, 성격들의 이러한 생동성과 더불어 사안이 종결되는 것도 아니다. 예를 들어 괴테의 『이피게니에』와 『타소』는 모두 이 면에서 발군이지만, 그럼에도 가장 고유한 의미에서 보자면 이것들은 극적인 면에서 생동적이거나 감동적이지 않다. 이미 실러는 『이피게니에』에 관해 여기서는 마음속에서 진행되는 인륜적 요소와 또 그 속에 있는 성향이 행위로 나타나고 또 말하자면 우리의 목전에 놓인다고 말한다. 그런데 기실 구분되는 성격들의 내면세계를 특정한 상황들 속에서 그려 내고 또 언표하는 일은 아직 충분한 것이 못 되며, 오히려 목적들로 인한 그들의 충돌이 현저히 드러나고, [501] 앞을 향해 촉진되고 또 추동되어야 한다. 그러므로 『이피게니에』에서 지나치게 평온한 진행, 지나치게 큰 정체를 발견한 실러는 심지어 말하기를, 우리가 비극의 엄격한 개념을 들이대는 즉시 그것은 분명 서사적 분야로 넘어간다고 한다. 즉 극적인 효과를 낳는 것은 행위로서의 행위이지 특정한 목적 및 그 실행과 별개인 성격 그 자체의 노정이 아니다. 서사시에서는 성격, 환경들, 사건 및 사고들의 폭과 다면성이 공간을 차지하

지만, 드라마에서는 특정한 충돌 및 그 투쟁으로의 집중이 가장 완벽한 효과를 낳는다. 이러한 의미에서 아리스토텔레스의 언급, 즉 비극의 행위에는 사념과 성격διάνοια χαὶ ἦϑος이라는 두 가지의 원천αἴτια δύο이 있지만, 그러나 요체는 목적τέλος이며 또한 개인들은 성격의 표현을 위해 행동하는 것이 아니라 오히려 이 성격들이 행위를 위해 함께 포함되어야 한다는 언급은(『시학』, c. 6) 정당하다.

γ) 이 자리에서 고찰될 수 있는 마지막 측면은 대중과의 관계에서 본 극시인에 관한 것이다. 서사시의 순정한 근원성은 시인이 객관적으로 존재하는 그의 작품과 마주하여 주관으로서의 자신을 지양하고 또한 우리에게 사실만을 제공할 것을 요구한다. 반면 서정적 가수는 그의 고유한 심정과 그의 주관적 세계관을 언표한다.

αα) 이제 드라마가 행위를 감각적 현재성 속에서 상연하고, 또한 개인들이 자신들의 고유한 이름으로 말하고 행동하는 한, 이 영역에서는 시인이 완전히 ―그가 최소한 사건들의 설명자로서 등장하는 서사시에서보다 더욱더― 뒤로 물러서야 하는 것으로 보일지도 모른다. 하지만 이러한 겉모습은 오직 상대적으로 옳을 뿐이다. 왜냐하면 서두에서 이미 언급했듯이, 드라마는 주관적 자기의식이 세계관 및 [502] 예술적 발전과 관계하여 이미 높은 발전 단계에 도달했던 시기에 기원을 두기 때문이다. 그러므로 극시작품은 서사시와 달리 마치 그것이 민족의식 자체에서 발생한 듯한 가상을, 그리고 시인 자신은 그 사안에 있어서 주관성이 결여된 도구에 불과한 듯한 가상을 지녀서는 안 되며, 오히려 우리는 완성된 작품에서 자의식적이며 독창적인 창조의 산물을, 이로써 또한 한 개인적 시인의 예술과 거장다운 면모를 동시에 인식한다. 이를 통해 비로소 극시의 산물들은, 곧바로 현실적인 행위 및 사건들과는 달리, 예술적 생동성과 규정성을 갖는 그 본연의 정점에 도달한다. 따라서 극시작품들의 시인들에 관해서는 근원적 고

대 서사시의 창시자들에 관한 논쟁과 같은 것이 결코 성립할 수 없다.

ββ) 그러나 다른 면으로 보면, 대중 스스로가 예술의 순정한 의미와 정신을 자신 속에 간직하고 있다면, 그들은 하나의 드라마에서 가령 우연한 기분과 분위기, 이러저러한 주관의 개인적 방향과 편파적 세계관 따위를 —서정시인에게는 이러한 것들의 표출이 다소간 허락되어야 하지만— 보고자 하지 않으며, 오히려 극적 행위의 과정과 결말 속에서 즉자대자적으로 이성적이며 참된 요소의 실현이, 비극적이든 희극적이든 간에, 완수될 것을 요구하는 권리를 갖는다. 이러한 의미에서 극시인은 인간적 행위와 신적 섭리의 본질, 그리고 일체의 인간적 성격, 열정, 운명들의 이 영원한 실체에 대한 분명하고도 생명에 찬 표현의 본질을 가장 심오하게 통찰해야 하는바, 나는 이미 앞에서 무엇보다도 이 점을 시인에게 요구한 바 있다. 이러한 통찰과 생명력 있는 예술의 힘이 개인에게 실제로 획득된다면, 시인은 물론 이와 더불어 일정한 환경하에서는 그의 시대와 민족의 제한적, 반예술적 표상과 때때로 갈등에 빠지기도 하지만, [503] 이 경우 분쟁의 책임은 그가 아니라 대중이 부담해야 한다. 시인 자신은 진리와 그를 재촉하는 천재를 추종해야 하는 것 이외의 다른 의무를 지지 않으니, 이 천재에게는, 그가 올바르기만 하다면, 진리가 중요시되는 모든 곳에서 그러하듯 종국적으로 승리가 보장될 것이다.

γγ) 극시인이 대중에게 어느 정도 개인으로서 나타나도 좋을지를 묻는다면, 이에 관해 규정적으로 확언할 수 있는 것은 거의 없다. 그러므로 나는 다만 다음의 점만을, 즉 많은 시대에는 극시 역시 특히 정치, 인륜, 시, 종교 등과 관련된 새로운 시대표상들에 하나의 생동적인 입구를 마련해 주기 위해 사용되었음을 일반적으로 환기하고자 한다. 이미 아리스토파네스는 그의 초기 희극들에서 아테네의 내부 사정과 펠로폰네소스 전쟁에 대해 반대한다. 또 한편 볼테르도 극시작품들을 통해 종종 그의 계몽원칙들을 전

파하고자 시도한다. 그러나 무엇보다 레싱은 『나탄』에서 종교적으로 고루해진 정설에 반대하는 그의 도덕적 신념을 정당화하고자 노력했으며, 또한 근래에는 괴테도 그의 초기 산물들에서 독일적 인생관과 예술관에 포함된 산문을 구축驅逐하고자 노력하였던바, 티크는 이 점에서 그를 누차 추종하였다. 시인의 그러한 개인적 관점이 비교적 높은 입장인 것으로 밝혀진다면, 그리고 그 독자적 의도성이 표현된 행위를 벗어나서 행위를 수단으로 격하시키는 일이 없다면, 그것은 예술에게 부당함과 해악을 가하지 않는다. 그러나 작품의 시적 자유가 그 아래서 신음한다면 시인은 비록 참되더라도 예술적 산물과는 별개인 그의 경향들의 이러한 과시를 통해 대중에게 큰 인상을 줄 수는 있겠으나, 그가 일으키는 관심은 이 경우 소재에 그칠 뿐이며 예술 자체와는 거의 관계가 없는 것이다. 그러나 이런 종류의 가장 나쁜 경우는 시인이 [504] 단순한 흥미를 위해 대중에게 널리 퍼져 있는 잘못된 방향에 아첨하고자 할 때, 그리고 이로써 진리뿐만 아니라 예술에 대해서도 겹으로 죄를 지을 때 나타난다. — 마지막으로 하나의 세부적인 언급을 덧붙이자면, 다양한 종류의 극시들 중에서 비극은 희극에 비해 시인의 주관성의 자유로운 출현을 위한 유희공간을 덜 갖는데, 까닭인즉 희극에서는 이미 애초부터 주관적인 것 일반의 우연과 자의가 원리이기 때문이다. 예를 들어 아리스토파네스는 파라바제Parabase[164]들에서 한편 당시의 사건과 상태들에 관한 그의 정치적 견해들을 감추지 않고 그의 동료 시민들에게 현명한 조언들을 하며 다른 한편 그의 적대자들 및 경쟁자들을 예술 속에서 타박하고 심지어 때로는 자신의 고유한 인격과 그 우연성들마저도 공개적으로 희생함으로써, 아테네의 대중에게 누차 자신의 본심을 보여 준다.

---

164 역주: 그리스 희극에서 합창단의 지휘자가 시인의 이름으로 관객에게 이야기하는 부분.

2. 시적 예술작품의 외적 제작

　모든 장르의 예술들 중에서 감각적으로 충만한 외적 현상의 실제성이 결여된 것은 오직 시뿐이다. 그런데 드라마는 가령 과거의 행동들 따위를 정신적 관조에 대해 이야기하거나 내적인 주관적 세계를 표상과 심정에 대해 언표하는 것이 아니라, 오히려 눈앞의 행위를 그 현재성과 현실성에 따라 표현하고자 노력하는 관계로, 만일 드라마가 시 자체가 제공할 수 있는 수단에 제한되어 머물러야 한다면 그것은 자신의 고유한 목적과 모순에 빠질 것이다. 왜냐하면 눈앞의 행위는 완전히 내면에 속하며, 또한 이 면에서 어휘를 통해 완벽하게 표현되는 것이 사실이지만, 역으로 행위의 운동은 외적 실제성으로도 드러나며, 또한 육체적이기도 한 현존재, 행동, 태도, 신체적 운동, 감응과 열정들의 얼굴 표정을 갖는 온전한 인간을, 그것도 그 자체로서뿐만 아니라 [505] 사람이 사람에게 주는 영향과 이를 통해 발생할 수 있는 반작용 속에서도 요구하기 때문이다. 더욱이 이 경우 현실적 실제성 속에서 표현되는 개인은 자신이 움직이고 활동하는 외적 환경과 특정 장소를 필수로 삼는다. 그리고 이 측면들 중 어떤 것도 직접적 우연성으로 남아서는 안 되고 오히려 예술 자체의 계기로서 예술적으로 형상화되어야 하며, 그러한 한도에서 극시는 그 밖의 거의 모든 예술들의 조력을 필요로 한다. 장면 배경이 되는 것은 어떤 때는 사원 등과 같은 건축적 환경이고 어떤 때는 외적 자연인데, 두 가지는 모두 회화에 의해 취급, 제작되어야 한다. 그리고 이 장소에는 영혼이 생생한 조각상들이 등장하여 그들의 의지와 감응을 예술적으로 전개하고, 또 그것들을 표현적인 낭송, 회화적인 표정연기 및 내면에서 우러난 그 밖의 신체 자세와 동작을 통해 객관화한다. ― 좀 더 세부적으로 보면, 이 면에서는 내가 이전에 이미 음악 분야에서 낭송과 선율의 대립으로 지적했던 바를 떠올리게 하는 하나의 차이점이 대두될 수 있다. 즉 낭송음악이 어휘의 정신적 의미를 핵심으로 삼으며 그 특징적 표현에 음악적 측면을 철저히 종속시키듯이 ─반면 선율은 비록 어휘의 내용을 자신 속에 수용할 수 있지만 자유로이 독자적으로 자신의 고유한 요소 속에서 활보하며 전개된다─, 극시도 한편으로는 앞의 자매 예술들을 단지 감각적 기반과 환경으로서 이용할 뿐이며 본래 중요한, 현저히 눈에 띄는 중심점으로서의 시어는 이를 벗어나 자유로운 지배를 누린다. 그러나 다른 한편 처음에는 고작 조력자와 동반자로서 여겨졌던 것이 독자적으로 목적이 되며, 또한 자신의 고유한 영역에서 자체로서 독립적인 미로 발전한다. 낭송은 노래로, 몸놀림은 모방적인 춤으로 발전하며, 무대장치도 마찬가지로 그 화려함과 회화적 매력을 통해 그 자체로서 [506] 예술적 완성을 요구한다. 우리가 방금 언급했던 극의 외적 제작과 시적인 것 그 자체를 대립적인 것으로 ─이러한 대립은 특히 근래에 누차 나타났다─ 본다면, 다음의 점들이 이 분야를 위해 더욱 설명되어야 한다.

첫째, 시로서의 극시는 자신을 자신에게 한정시키고자 하며, 그런 관계로 그 작품들의 극장 상연을 안중에 두지 않는다.
둘째는 낭송, 표정연기 그리고 몸짓에 한정되는 본연의 연극예술이며, 여기서는 시어가 언제나 규정적, 지배적 요소로 머문다.
마지막으로 셋째는 무대장치, 음악 그리고 춤이라는 갖가지 수단들을 사용하고 그것들을 시어에 대해 독립시키는 제작이다.

a. 극시작품들의 독서와 낭독

이미 보았듯이 극시의 진정한 감각적 질료는 한갓 인간의 목소리나 발화發話된 어휘가 아니라 온전한 인간, 즉 감응, 표상, 사상들을 표명할 뿐 아니라 구체적 행위에 엮이기도 하고, 그의 총체적 현존재의 면에서 타인의 표상, 목적, 행동과 태도에 영향을 주기도 하고, 비슷한 역작용을 경험하거나 그에 맞서 자신을 주장하기도 하는 인간이다.

α) 이 규정이 극시 자체의 본질에 근거를 둔다면, 상연을 위해 극시를 구성하는 것은 이에 비해 비본질적 사족으로 간주되었는데, 오늘날 특히 우리 독일인들에게는 이 견해가 일반적이다. 비록 모든 극시작가들이, 아무리 이에 대해 무관심하거나 경멸적으로 행동한들, 그들의 작품을 무대에 올리는 것을 정녕 바라고 희망하지만 말이다. 그런 관계로 우리의 새로운 대부분의 드라마들도 무대가 극시에 속하지 않는다는 극히 단순한 이유에서 무대를 전혀 안중에 두려 하지 않는다. 물론 [507] 극시의 산물이 그 내적 가치만으로는 시적으로 충분치 않다는 사실이 주장되어서는 안 되겠지만, 이 드라마의 내적 가치는 본질적으로 드라마가 탁월하게 상연됨으로써 비로소 제공된다. 그리스의 비극들은 이를 위한 최고의 증빙을 제공한다. 이것들은 더 이상 극장에서 목도되지 않지만, 좀 더 자세히 들여다보면, 그 당시 모름지기 무대를 염두에 두고 집필되었으며, 또한 부분적으로는 바로 이 때문에 우리에게 완전한 만족을 보장한다. 그런데 이것들이 현재 극장에서 추방된 까닭은 그 극적 구성이 —특히 합창들을 사용하는 탓에— 우리에게 익숙한 구성과 구분되기 때문이 아니라, 내용의 면에서 종종 민족적 전제와 관계들에 기초하여 오늘날 우리의 의식이 그에 대한 낯섦으로 인해 더 이상 편안함을 느낄 수 없기 때문이다. 우리는 필록테테스의 병, 그의 발에 있는 농양, 그의 신음과 외침 따위를 듣거나 보고 싶어 하지 않을 것이며, 특별히 중요한 의미를 갖는 헤라클레스의 화살도 마찬가지로 우리에게 흥미를 일으키지 않을 것이다.[165] 이와 비슷하게 우리는 『아울리스의 이피게니에』와 『타우리스의 이피게니에』[166]에 나오는 인간제물의 야만을 오페라에서는 즐기지만, 반면 비극에서는 이 측면이, 괴테가 그의 『이피게

니에』에서 그러했듯이, 완전히 달라질 수밖에 없을 것이다.

β) 그러나 우리는 그리스인들과 달리 때로는 단지 읽기만 하고 때로는 한 작품이 생생하게 총체적으로 공연됨을 보기도 하는데, 이런 행태는 시인들 자신이 그들의 작품을 어느 정도는 읽기용으로만 규정하는 일탈을 불렀다. 그들은 이런 사정이 구성의 본질에는 전혀 영향을 끼치지 않을 것이라고 생각했다. 물론 이 점에서는 단지 외적인 것에만 관계하는 몇몇 개별적 측면들이 있다. 그것은 소위 무대지식이라고 불리며, 또 그것을 해친다고 해서 극시작품의 시적 가치가 감소되는 것은 아니다. 예를 들어 [508] 다른 장면이 무리 없이 연결될 수 있도록, 혹은 배우에게 필요한 환복과 휴식의 시간이 주어질 수 있도록 장면을 적절하게 설치하는 계측이 여기에 속한다. 그와 같은 지식과 솜씨들은 시적인 장단점을 제공하는 것이 아니며, 또한 다소간 변화와 인습이 공존하는 극장의 시설에 의존한다. 그러나 반대로 또 다른 측면들도 있다. 즉 시인들은 진정 극적으로 되기 위해서는 기본적으로 생생한 상연을 안중에 두어야 하며 또한 상연을, 다시 말해 실제적, 현실적 연기를 염두에 두고 그의 인물들로 하여금 말하고 행위하도록 시켜야 하는 것이다. 이 면에서 보면 연극공연은 하나의 현실적 시금석이다. 왜냐하면 건전한, 혹은 예술적으로 성숙한 대중이라는 최고의 법정 앞에서 소위 미사여구로 점철된 단순한 대사들과 장광설들은, 만일 거기에 극적인 진리가 없다면, 견디지 못하기 때문이다. 시대에 따라 대중도 전문가들과 비평가들의 머리에 가득 찬 오해와 괴팍을 통해, 그 대단히 상찬되는 교양

---

165 역주: 네소스의 독이 묻은 겉옷을 입은 헤라클레스가 괴로움을 못 이겨 스스로 장작더미에 올라 죽으려 하였는데 아무도 불을 놓으려 하지 않았다. 이때 필록테테스가 불을 놓아 헤라클레스의 장례를 치렀고 이 때문에 그는 헤라클레스의 활과 히드라의 독이 묻은 화살을 갖게 되었다고 한다. 그는 그리스 연합군의 일원으로 트로이로 향하던 중 부상을 당해 렘노스에 버려져 그곳에 10년간 홀로 남겨졌다.

166 역주: 이것은 C. W. von Gluck의 오페라로서 전자는 1774년, 후자는 1779년 제작되었다.

을 통해 타락할 수 있음이 사실이지만, 대중이 여전히 모종의 순정한 감관을 내포한다면, 그들은 자연과 예술의 생동적 현실이 요구하고 필요로 하는 바대로 인물들이 자신을 표명하고 행위할 경우에만 만족한다. 반면 시인이 오직 홀로 있는 독자를 위해서만 집필한다면, 그는 자신의 인물들을 이를테면 서한들에서처럼 말하고 행동하게 만들기 십상이다. 누군가가 우리에게 그의 목적과 행동들의 이유를 편지로 써서 우리를 안심시키거나 그 밖에 그의 마음을 보여 준다면, 이에 대해 어떤 말을 할 것인가 말 것인가를 정하기 위해 편지의 수령과 현실적 답장 사이에는 거듭된 숙고와 생각들이 끼어든다. 왜냐하면 생각은 광범위한 가능성들을 포괄하기 때문이다. 그러나 눈앞에서 오가는 대화에서는 다음의 전제가 통용된다. 즉 인간에게는 그의 의지와 가슴, 동요와 [509] 결단이 직접적으로 존재하며, 대체 상세한 숙고라는 앞의 우회를 거치지 않고 직접적인 심정에 의해 눈은 눈으로, 입은 입으로, 귀는 귀로 수용되고 또 대응된다. 다시 말해 이 경우 성격은 다종의 가능성으로부터 선택할 수 있는 시간을 더 이상 갖지 못하는 관계로 행위와 말들은 매 상황에서 성격 그 자체로부터 생생하게 튀어나온다. ― 이 면에서 보면 그러한 극적 생동성을 요구하는 무대에 관심을 쏟는 것은 시인에게, 그의 창작에 무의미하지 않다. 그렇다. 생각건대 본래 여하한 대본도 인쇄되어서는 안 될 것이며 오히려, 대략 고대인들의 경우가 그랬던 것처럼, 원고로서 극장공연 목록에 넘겨지고, 또 극히 의미 없는 부수만이 발행되어야 할 것이다. 적어도 이 경우에는 교양 있는 언어, 아름다운 감응, 탁월한 반성 그리고 깊은 사상을 갖추었으되 드라마를 드라마답게 만드는 바로 그 요소에서, 즉 행위와 그 역동적 생동성에서 좌절하는 드라마들이 그리 많이 나타나지는 않을 것이다.

γ) 이제 극시작품들의 독서와 낭독이란 문제를 보자면 그것들이 무대에서 내려져도 그 효과를 잃지 않는 장르인가를 결정해야 하는데, 이는 어려

운 일이다. 말년에 오랜 극장경험을 쌓았던 괴테조차도 이 점에서는 불확실하였는데, 특히 비할 데 없이 잡다한 것을 마음에 들어 하는, 혼란하기 그지없는 우리들 취미에서야 어떠하겠는가. 행위하는 인물들의 성격과 목적이 그 자체로서 위대하고 실체적이라면, 그들은 물론 비교적 쉽게 이해될 것이다. 그러나 관심들의 운동, 행위의 연속적 단계, 상황들의 긴장과 착종, 성격들의 상호 작용을 위한 올바른 척도, 그들 태도와 언사의 존엄과 진리 — 이에 관해서는 극장상연 없이 단순한 독서에만 머문다면 확실한 판단을 내리기가 어려울 것이다. 낭독도 상대적인 도움만을 제공할 뿐이다. 왜냐하면 [51] 드라마의 대사는 여러 개인들을 요구하지, 단 하나의 목소리를, 아무리 이것이 인위적으로 뉘앙스를 낳고 변조된다고 하더라도, 요구하는 것이 아니기 때문이다. 게다가 낭독의 경우에는 언제나 말하는 인물들을 거명해야 하는가 아닌가 하는 난처함이 마음에 걸리는데, 두 가지 모두 나름대로 불만족스럽다. 드라마 구연이 하나의 목소리로 계속된다면, 이름의 거명은 이해를 위해서는 불가피하되 파토스의 표현에는 늘 해를 입힌다. 반면 구연이 극적으로 생생하여 우리를 완전히 상황 속으로 실감나게 끌어들인다면, 이때는 자칫 하나의 새로운 모순이 야기되기 쉽다. 즉 귀의 만족과 더불어 눈 또한 자신의 요구들을 즉시 제기하는 것이다. 하나의 행위를 귀 기울여 들을 때, 우리는 행위하는 인물들, 그들의 태도와 환경 등도 보고 싶어 하며, 또한 눈은 완전성을 원하지만 자신 앞에 있는 것은 사교모임의 한가운데 앉거나 조용히 서 있는 낭독자가 전부이다. 그러므로 낭독은 언제나 삼매경에 빠진 혼자만의 독서와 —이때는 실제적 측면이 완전히 폐지되어 판타지에 맡겨진다— 총체적 공연 사이의 불만족스러운 중간자일 뿐이다.

b. 배우예술

이제 극시의 현실적 상연과 더불어 음악 이외에도 제2의 공연예술, 즉 배우예술Shauspielerkunst이 나타났는데, 이것은 근래에 비로소 만개하였다. 배우예술의 원칙은 몸짓, 연기, 낭송, 음악, 춤 그리고 무대장치도 끌어들이지만 대사와 그 시적 표현에 압도적인 힘을 부여한다는 점에서 성립한다. 시로서의 시를 위해서는 이것이 유일하게 올바른 관계이다. 왜냐하면 연기, 노래 그리고 춤이 자체로서 독자적으로 발전하기 시작하는 즉시, 시예술로서의 시는 수단으로 격하되며 또한 기타의 경우에는 동반적 역할에 그치는 예술들에 대해 그 지배권을 상실하기 때문이다. 이와 관련하여 다음의 입장들이 구분될 수 있다. [511]

α) 첫 단계에서 우리가 발견하는 것은 그리스인들의 배우예술이다. 여기서는 일면 언어예술이 조각과 결합된다. 행위하는 개인이 [즉 배우가] 총체적 육체성을 갖는 객관적 조상彫像으로서 등장하는 것이다. 그러나 조상이 생명을 얻고 시의 내용을 내면에 수용하고 언표하며 열정의 모든 내적 운동 속으로 들어간다. 또한 동시에 그것을 언어와 목소리로 만드는 한, 이 표현은 일체의 조상과 회화보다 더욱 영혼이 생생하며 정신적으로 한층 명료한 것으로 존재한다. 영혼의 이러한 생생함은 두 가지 측면으로 구분된다.

αα) 첫째는 예술적 말하기로서의 낭송이다. 이것은 이해 가능성에 주안점을 두었던 그리스인들의 경우에는 거의 발전하지 않았다. 반면 우리는 심정의 전체적 객관성과 성격의 고유성을 극히 섬세한 뉘앙스들과 이행 과정들, 한층 날카로운 대립과 대비, 어조와 음성의 표현, 그리고 낭송방법에서 다시 인식하기를 원한다. 이와 반대로 고대인들은, 어휘들이 아무리 주된 요소이긴 해도, 일면 리듬을 강조하기 위해, 일면 어휘들을 더욱 풍부한 성조로 표현하기 위해 낭송에 음악반주를 추가하였다. 그런데 대화는 그냥 말해지든가 혹은 아주 가볍게 반주를 곁들였던 듯한 반면, 합창들은 서정

적, 음악적으로 시연되었다. 노래의 다소 예리한 강세 두기는 합창곡 연™
들의 가사 의미를 더욱 이해하기 쉽게 만들었던 것 같다. 적어도 나로서는
이 가정 이외에는 그리스인들이 어떻게 아이스킬로스와 소포클레스의 합
창들을 이해할 수 있었는지를 알 수 없다. 왜냐하면 아무리 그들이 합창을
이해하지 못해 불평할 필요가 우리만큼은 없었다고 하나, 그럼에도 나는
말할 수밖에 없거니와, 비록 내가 독일어를 이해하고, 또 어느 정도 파악할
수 있을 테지만, 비슷한 문체로 쓰인 독일어 서정시가 무대에서 낭송된다
면, 게다가 완전히 노래로 불린다면, 그것은 나에게 언제나 불명료하게 남
을 것이기 때문이다.

ββ) 두 번째 요소를 제공했던 것은 몸짓과 움직임이다. 이 면에서 즉각
주목되는 점은 [512] 가면 착용 탓에 그리스 배우들에게는 표정연기가 전무
했다는 사실이다. 얼굴 표정들은 불변하는 조각의 이미지를 주었으니, 그
조형성은 영혼의 특칭적 정조들의 변화무쌍한 표현들을, 그리고 극적 투쟁
속에서 군건한 보편적 파토스를 쟁취한 행위하는 성격들을 ―이 성격들은
이 파토스의 실체를 근대적 심정의 깊은 감정으로 심화시키지도, 오늘날
극적 성격들의 특수성으로 확장시키지도 않았다― 수용하지 못하였다. 연
기도 마찬가지로 단순하였으며, 그 까닭에 우리는 유명한 그리스의 배우들
에 관해 아무것도 알지 못한다. 때로는 소포클레스와 아리스토파네스가 그
러했듯 시인 자신이 연기하였으며, 때로는 예술과는 전혀 다른 생업에 종
사했던 시민들이 무대에 등장했다. 이에 반해 합창들은 춤을 동반하였는
데, 이것을 우리 독일인들은 현대식 춤에 비추어 경박한 것으로 여김 직한
반면 그리스인들은 모름지기 극장상연의 감각적 총체성에 속하는 것으로
여겼다.

γγ) 그러므로 그리스인들의 경우에는 음악반주와 춤을 통해 외적 실제성
이 더없이 완전하게 발전하며, 또한 실체적 열정의 대사와 그 정신적 표현도

마찬가지의 충분한 시적 권리를 누린다. 이 구체적 통일성이 전체 표현에 조형적 특성을 부여하니, 까닭인즉 정신적인 것이 독자적으로 내면화되거나 이러한 보다 특칭화된 주관성 속에서 표현되지 않고, 오히려 균등한 권리를 갖는 감각적 현상의 외면과 완벽하게 결연을 맺고 화해하기 때문이다.

β) 하지만 대사가 정신의 정신적 표출로 머물러야 하는 한, 음악과 춤은 대사에 부담 요인이 되는바, 현대의 배우예술도 이 요소들로부터 해방될 방도를 찾아야 했다. 그리하여 시인은 여기서 낭송, 표정연기, 그리고 몸짓을 통해 시작품을 감각적으로 현상시키는 배우 자체와도 관계한다. [513] 그런데 작가가 외부의 질료에 대해 갖는 이 관계는 다른 예술들과 대비하여 매우 독특한 종류의 것이다. 회화와 조각에서는 예술가 자신이 그의 구상들을 색채, 청동 혹은 대리석 속에 실현하며, 또한 음악공연이 다른 사람들의 손과 성대를 필요로 하는 것은 [시인의 경우와] 마찬가지이지만, 그렇더라도 여기서 지배적인 것은 —물론 연주의 영혼이 없어서는 안 될 것으로 되— 다소간 기계적인 예술적 숙련과 기교이다. 반면 배우는 형상, 인상, 목소리 등을 지닌 전인적 개인으로서 예술작품에 몰입하며, 또한 그가 표현하는 성격과 완전히 동행해야 하는 과제를 갖는다.

αα) 이 면에서 시인은 배우가 자신을 버리고 주어진 역할에 완전히 몰입하여 시인이 구상하고 시적으로 형상화한 대로 연기할 것을 요구하는 권리를 갖는다. 배우는 말하자면 저자가 연주하는 악기, 모든 색을 받아들이고 그대로 다시 내놓는 해면과 같은 것이다. 고대인들의 경우에는 이것이 비교적 쉬운 일이었으니, 까닭인즉 이미 말했듯이 낭송은 주로 명확성에 제한되어 있었고, 리듬 등의 측면은 음악이 걱정할 일이었고, 그런가 하면 가면들이 얼굴 표정을 가렸고, 또 연기에도 큰 유희공간이 없었기 때문이다. 이를 통해 배우는 어려움 없이 자신을 보편적, 비극적 파토스의 연기에 맞출 수 있었으며, 또한 희극에서 예컨대 소크라테스, 니키아스, 클레온 등과

같은 현존 인물들의 성격묘사가 표현되어야 할 경우라도, 일면 가면들이
이 개인적 특징들을 적절하게 모사했으며, 일면 —아리스토파네스는 보편
적 시대경향들을 대변할 목적으로만 그러한 성격들을 이용했던 관계로—
그 개별성을 자세하게 묘사할 필요가 거의 없었다.

ββ) 현대의 연극에서는 사정이 전혀 다르다. 즉 여기서는 가면과 음악반
주가 사라지고, 표정연기, [514] 다양한 몸짓, 그리고 풍부한 뉘앙스의 낭송이
그 자리를 대신한다. 왜냐하면 한편 열정들은, 시인이 이것들을 유類적인
성격서술 속에서 한층 보편적으로 표현할 경우에도, 주관의 내면에서 생동
하는 것으로 나타나야 하기 때문이며, 다른 한편 성격들은 대부분 훨씬 더
폭넓은 특수성을 지니며 그 고유한 표현도 마찬가지로 생생한 현실성 속에
서 가시화되어야 하기 때문이다. 특히 셰익스피어의 인물들은 그 자체로서
완전하고 닫힌 총체적 인간인바, 마찬가지로 배우도 나름대로 그들을 이
완전한 총체성 속에서 가시화해야 한다. 그러므로 성조, 낭송방식, 몸짓, 인
상, 한마디로 일체의 내적, 외적 현상은 특정한 역할에 적합한 고유성을 요
청한다. 이를 통해 대사 이외에도 다면적인 뉘앙스를 갖는 몸짓연기 역시
완전히 다른 의미를 갖는다. 그렇다. 시인은 여기서 그리스인들이었다면
말을 통해 표현했을 법한 많은 것을 배우의 몸짓에 위임한다. 예컨대 『발렌
슈타인』의 끝부분이 그렇다. 늙은 옥타비오 피콜로미니는 발렌슈타인의 몰
락에 본질적으로 협조하였다. 그는 발렌슈타인이 부틀러의 음모에 의해 살
해되었음을 발견하며, 또 테르츠키 백작 부인도 그녀가 독약을 마셨음을
알리는데, 그 순간 황제의 편지가 도착한다. 고든이 수신처를 읽고서 "피콜
로미니 공작 귀하에게"[167]라고 말하며 비난의 눈길과 더불어 편지를 옥타비

---

167 역주: 이것은 극의 마지막 대사이다. 옥타비오 피콜로미니는 발렌슈타인의 죽음에 공을 세움으로써
황제로부터 공작 칭호를 하사받는다.

오에게 건넨다. 옥타비오는 깜짝 놀라서 고통스럽게 하늘을 본다. 옥타비오가 이러한 그의 임무에 대한 —옥타비오 자신도 그 피의 결말에 적지 않은 부분을 책임져야 하는데— 보상에서 느끼는 것은 여기서 말로 포착되지 않으며, 그 표현은 전적으로 배우의 연기에 맡겨진다. — 현대적 극의 연기술에 부과된 이러한 요구들로 인해 시는 그 표현의 질료와 연관하여 고대인들로서는 알지 못했던 압박에 종종 빠질 수 있다. 즉 배우는 살아 있는 인간인 까닭에 [515] 각각의 개인이 그렇듯 발성기관, 모습, 얼굴 표정의 면에서 타고난 고유성을 지니지만, 그는 이것을 때로는 보편적 파토스와 유적 성격을 표현하기 위해 지양해야 하며, 또 때로는 개별성을 한층 풍부하게 표현하는, 이로써 한층 폭넓은 형상들을 갖는 시와 조화시켜야 하는 것이다.

γγ) 현재 우리는 배우들을 예술가라고 부르며 그들에게 예술적 소명이라는 대단한 명예를 바친다. 오늘날 우리 생각에는 배우로 있다는 것이 도덕적 흠도, 사회적 흠도 아니다. 이 예술은 재능, 지성, 인내, 노력, 연습, 지식을 많이 요구하며, 그 정점에서는 풍부한 재능을 지닌 천재마저도 요구하는 까닭에 그러한 평가는 정당하다. 왜냐하면 배우는 시인과 배역의 정신 속으로 깊이 파고들고, 또 그의 고유한 내적, 외적 개성을 그 정신에 완전히 맞추어야 할 뿐 아니라, 자신의 고유한 생산성으로 많은 점을 보충하고, 틈을 메우고, 이행을 발견해야 하며 또한 그의 연기를 통해 우리에게 시인을 설명해야 하기 때문이다. 즉 그는 시인의 모든 숨은 의도들 및 근저에 놓인 대가적 수완들을 눈앞에 생생한 현실로 끌어내고 또 이해 가능하게 만들어야 하는 것이다.

c. 시에서 한층 독립한 극장예술

마지막으로 공연예술이 수용하는 세 번째 입장은 그것이 종래의 시의 지배로부터 해방된다는 점, 지금까지는 여하튼 단순한 부수물이자 수단이었던 것이 독자적 목적으로 된다는 점, 또한 그것이 자체로서 발전되기 시작한다는 점을 통해 나타난다. 드라마의 발전 과정에서는 음악과 춤뿐만 아니라 배우 본연의 예술도 이 해방을 향해 나아간다.

α) 우선 배우와 관계해서 보면, 그의 예술에는 대체로 두 가지의 체계가 있다. 첫 번째의 체계, 즉 배우가 정신적, 신체적으로 살아 있는 시인의 기관이어야 [516] 한다는 점은 방금 다루었다. 전문역할 연기들과 연기학교를 높이 쳐주며, 또한 비교적 전형적으로 극을 표현하는 프랑스인들은 특히 비극과 상류사회의 풍자극haute comédie에서 이 체계를 충실하게 따랐다. 반대 입장의 배우예술은 시인이 제공하는 일체의 것이 배우의 자연적 소질, 기량, 그리고 예술을 위한 부속물이자 얼개에 불과할 뿐이라는 견해로 기운다. 빈번히 들리건대, 배우들은 시인들이 그들을 위해 집필해야 한다고 요구한다. 이 경우 시 짓기는 예술가(배우)에게 그의 영혼과 예술, 그의 주관성의 이 궁극적 요소를 찬연하게 발휘할 기회를 주는 것으로 족하다. 이미 이탈리아인들에게서는 이러한 종류로서 코메디아 델라르테[168]가 있었는데, 여기서는 어릿광대, 의사 등의 인물들이 정형화되고 또 상황과 장들의 순서가 주어져 있지만, 그 밖의 공연은 거의 전부가 배우들에게 위임되었다. 우리의 경우에는 이플란트와 코체부의 일부 작품들을 비롯하여 무릇 시의 측면에서 보면 그 자체로는 무의미한, 심지어 저열하기 짝이 없는 대다수의 산물들이 배우의 자유로운 생산성을 위한 그러한 기회이다. 배우는 대개 윤곽만 처리된 이 범작凡作들에서 이제 처음으로 무언가를 꾸미고 형상화해 내야 하니, 이것은 이 생동적이며 독자적인 성과로 인해 그가 아닌

---

168 역주: Comedia dell'arte. 16세기에서 18세기까지 이탈리아에서 발달한 가벼운 희극으로서, 뚜렷한 각본이 없으며 배우의 즉흥적인 '재간(arte)'에 많이 의존한다. 노래, 춤, 곡예 등의 요소가 중시되고, 등장인물은 대개 정형화된 가면과 의상을 사용한다.

다른 예술가에게는 해당하지 않는 하나의 독특한 관심을 얻는다. 여기서는 독일에서 대단히 애호된 자연성이라는 것도 톡톡히 한몫하여 우리는 오늘날 누구도 알아듣지 못할 말들을 웅얼거리는 것을 탁월한 연기로 간주할 지경에 이르렀다. 이와 정반대로 괴테는 볼테르의 『탕크레드』와 『마호메트』를 바이마르의 무대에 올릴 목적으로 번역하였는데, 이는 그의 배우들을 범속한 자연성으로부터 격리시키고 또 한층 높은 성조에 익숙하도록 만들기 위함이었다. 프랑스인들도 같은 이유에서 대개의 경우, 심지어 활발한 익살극의 와중에도, 항상 관객을 [517] 바라보고 그들과 대면하였다. 사실상 성격을 단순히 지적으로 이해하고 능숙하게 표현하는 것이 전부가 아니듯이, 단순한 자연성과 그 생동적인 일상성도 전부가 아니다. 오히려 배우가 이 영역에서 진정 예술적으로 활약하려면, 그는 내가 앞서 이미 음악연주를 논하는 기회에(제3권, 438~445쪽) 언급했던 것과 유사한 천재적 기교를 체득해야만 한다.

β) 독립적인 극장예술에 산입될 수 있는 두 번째 영역은 점점 한 특정 방향을 취하기 시작하는 현대의 오페라이다. 즉 오페라의 핵심은 뭐니 뭐니 해도 음악이며, 또 음악은 시와 대사로부터 내용을 얻되 그것을 자신의 목적에 따라 자유롭게 취급하고 연주하는 까닭에, 오페라는 근래 특히 독일에서 오히려 하나의 사치물이 되었으며, 또한 부속물, 장식의 화려함, 복장의 사치스러움, 대형 합창단들 및 그들의 배치에 압도적인 독립성을 부여했다. 우리는 현재 이러한 겉치레를 비난해 마지않는데, 이미 키케로는 로마 비극에 대해 이와 비슷한 불평을 가하고 있다. 시를 언제나 실체로 삼아야 하는 비애극에서는 감각적 외면에 대한 그러한 낭비가, 아무리 실러가 『오를레앙의 처녀』에서 이 샛길로 빠졌다고는 하나, 제대로 설 자리가 물론 없다. 이에 반해 오페라에서는 아리아의 감각적 화려함 및 목소리와 악기들의 쟁쟁한 협연을 위해 외적 무대장치와 설비가 그 자체로서 괄목할 만

한 매력을 갖는 것이 허용될 수 있다. 왜냐하면 일단 무대장치들이 화려하다면, 이것들보다 돋보이기 위해, 복장들이 그보다 덜 화려할 도리는 없고 또 그 밖의 것도 이와 어울려야 하기 때문이다. 물론 그런 식의 감각적 화려함은 언제든지 순정한 예술의 몰락이 이미 나타났다는 징조인데, 여기에 가장 적합한 내용으로서 각별히 상응하는 것은 지성적 관계에서 [518] 벗어난 것, 즉 불가사의하고 환상적이며 동화적인 것인바, 모차르트는 『마술피리』에서 예술적으로 적절히 완성된 그 최고의 사례를 제공한다. 그러나 장면, 복장, 기계 사용 등의 각종 예술이 미흡할 경우라면, 본격적인 극적 내용에 너무 진지하게 접근하지 않는 것, 마치 천일야화와 같은 동화들 속에 있는 듯한 분위기로 자신을 몰고 가는 것이 최선일 것이다.

γ) 무엇보다 동화적이며 불가사의한 것에 대해 우호적인 금일의 발레도 비슷한 경우이다. 한편으로는 여기서도 인물 배치와 무대 장면의 회화적 아름다움에 더하여 특히 장식, 복장, 그리고 조명의 변화무쌍한 현란함과 매력이 주효하니, 적어도 우리는 자신이 산문의 오성, 일상의 곤궁 및 핍박을 멀리 뒤로한 한 영역으로 옮겨 가 있음을 발견한다. 다른 한편 전문가들은 오늘날의 춤에서 중추적 역할을 하는 다리의 능수능란한 놀림에 환호한다. 이 춤은 현재 갈피를 잃은 단순 숙련으로 인해 무의미함과 정신적 빈곤의 극단으로 치닫지만, 그래도 그 속에서 하나의 정신적 표현이 내비친다면, 여기에 속하는 것으로는 모든 기술적 난관을 완벽하게 정복한 후에 나타나는 절제된 몸짓과 영혼의 조화, 극히 드물게 나타나는 자유와 우아미가 있다. 춤에 속하는 제2의 요소는 행위의 고유한 표현으로서의 팬터마임인데, 이것은 여기서 오페라의 합창과 독창 부분을 대신한다. 하지만 현대의 춤이 기술적 인위성을 더해 갈수록 팬터마임은 평가절하되어 몰락에 이르렀으매, 발레를 유일하게 예술의 자유로운 영역으로 끌고 갈 법한 바로 그것이 오늘날의 발레에서는 점점 더 사라질 위기에 처해 있다. [519]

3. 극시의 여러 장르 및 그 역사적 주요 계기

종래의 고찰 과정을 간략히 되짚어 보건대, 우리는 첫째, 극시의 원칙을 그 일반적 규정들 및 특수한 규정들의 면에서, 그리고 극시와 대중의 관계 속에서 밝혔으며, 둘째, 드라마는 하나의 완결된 행위를 그 현재적 전개를 통해 제시하며, 그런 관계로 본질적으로 완전히 감각적인 표현을 ―이것은 현실적 극장공연을 통해 비로소 예술적으로 전개된다― 요구한다는 점을 살펴보았다. 그런데 행위는, 이러한 외적 실재성과 관계하려면, 필히 그 자체가 시적 구상과 실행의 면에서 모름지기 규정되고 완결된 것이어야 한다. 이것을 성취하려면 극시는 셋째, 목적과 성격들, 전체 행위의 투쟁과 결과를 여러 방식으로 현상케 하는 특수한 장르들로 분할되어야 하며, 또한 이 차이로부터 때로는 대립적이며 때로는 매개적인 그들의 전형을 구한다. 이 차이가 야기하는 주요 측면들은 역사적으로 여러 형태들로 발전하여 비극적인 것, 희극적인 것 및 이 두 이해방식의 균형으로서 존재하는바, 이것들은 극시에서 비로소 본질적인 ―그 장르들의 구분 근거를 제공할 수 있을 정도의― 중요성을 얻는다.

이제 이 점들을 좀 더 자세히 설명하자면, 우리는

첫째, 비극, 희극 그리고 소위 드라마의 일반적 원칙을 드러내야 하고, 둘째, 고대의 극시와 현대적 극시의 특징을 ―위의 장르들은 현실적 발전 속에서 양자의 대립으로 갈라진다― 표시해야 하며, [520] 또한 셋째, 우리는 마지막으로 특히 희극과 비극이 이 대립 속에서 수용할 수 있는 구체적 형식들을 고찰할 것이다.

a. 비극, 희극 그리고 드라마의 원칙

서사시의 종류들을 분류하는 본질적 근거는 서사적으로 표현되는 내적 실체성이 그 보편성 속에서 언표되는가, 혹은 객관적 성격들, 행동들 그리고 사건들의 형식으로 보고되는가의 차이에 있다. 반대로 서정시에서는 내용이 주관성의 내면으로서 전달되는 까닭에 서정시는, 느슨하든 긴밀하든 간에, 양자의 연계 정도 및 방식을 통해 여러 등급의 표현방식으로 구분된다. 마지막으로 목적과 성격들의 충돌 및 그러한 투쟁의 필연적 해소를 중심점으로 삼는 극시는 그 여러 장르들의 원칙을 오로지 개인들이 그들의 목적 및 목적의 내용에 대해 갖는 관계로부터 도출한다. 즉 이 관계의 규정성은 특수한 방식의 극적 분규와 결말을 결정하는 요인이기도 하며, 또한 그런 까닭에 전체 과정의 본질적 전형을 생생하게 예술적으로 표현한다. 이와 관련하여 우리는 다음의 계기들을 ─즉 한편으로는 실체의 면에서 훌륭하고 위대한 것, 세계 속에 실현된 신성의 근거, 개별적 성격과 목적이 갖는 진정하고 즉자대자적으로 영원한 의미내용과 다른 한편으로는 구속받지 않는 주관성 자체의 자기규정과 자유를─ 주요 사항으로서 부각할 수 있는데, 모든 참된 행위의 본질은 이들을 매개함으로써 형성된다. 극시가 행위를 어떤 형식으로 현상시키든 간에, 극시에서 진정 결정적인 작용을 하는 것은 즉자대자적 참이다. [521] 그러나 개인들, 행위들 그리고 갈등들을 규정하는 형식이 실체적인 것의 측면인가 아니면 주관적 자의, 어리석음, 부조리의 측면인가에 따라 위의 작용을 가시화하는 특정한 방식은 여러 가지의, 심지어 대립적이기도 한 형상을 갖는다.

이와 관련하여 우리는

첫째, 비극의 원칙을 그 실체적, 근원적 전형의 면에서,

> 둘째, 일체의 관계들과 목적들이 주관성 자체의 의욕과 행동 및 외적 우
> 연성에 의해 지배되는 희극의 원칙을,
> 셋째, 앞의 두 장르들의 중간 단계로서 드라마의 원칙 내지 좁은 의미에
> 서의 연극의 원칙을 검토해야만 한다.

α) 우선 비극에 관해 보자면, 나는 이 자리에서 아주 일반적인 기본 규정들만을 간략하게 언급할 것인데, 이것들의 보다 구체적인 세분화는 여러 역사적 발전 단계를 거치면서 비로소 나타날 수 있다.

αα) 비극적 개인들이 고수하는 목적들에 비극적 행위의 진정한 내용을 제공하는 것은 인간의 의지 속에 있는 실체적이며 그 자체로서 정당한 위력들이다. 부부, 부모, 자식, 형제 사이의 가족애, 국가적 삶, 시민의 애국 정신, 지배자들의 의지, 나아가 종교적 현존재가 ―그러나 이 현존재는 행위를 포기하는 경건함이 아니며, 행위의 선악에 관한 신적 판결로서 인간의 가슴속에 있는 것도 아니고, 반대로 현실적 이해와 관계들을 능동적으로 파고들고 촉진하는 것이다― 이 힘들이다. 진정한 비극적 성격들 역시 비슷한 기질을 갖는다. 그들은 철두철미 자신의 개념에 적합할 수 있고 또 그래야만 하는 존재이지 서사적으로 서로 분리되는 다중적 요소들의 [522] 총화가 아니다. 그들 스스로는 삶을 살아가는 개인이지만, 아무리 그렇더라도 그들은 이 특정 성격을 지배하는 단일한 힘으로만 존재할 뿐이니, 성격은 이 힘을 통해 자신의 개성에 따라 위에 열거된 견실한 삶의 내용의 한 특수 측면과 불가분 결합되며 이에 대해 책임지려 한다. 이러한 수준에서는 직접적 개인의 단순한 우연성들은 사라지고 극예술의 비극적 영웅들이 ―이들은 실체적 삶의 국면의 생생한 대변자일 수도 있고 아니면 이미 자유로운 자기기인성을 통해 위대하고 굳건하게 존재하는 개인일 수도 있

다— 말하자면 조각작품들처럼 부상한다. 그리고 이 면에서 보면 입상과 신상들이 즉자적으로는 다소 추상적이지만, 그것들은 다른 어떤 식의 설명이나 주석들보다 그리스인들의 높은 비극적 성격들을 더욱 잘 해명하고 있다.

그러므로 일반적으로 말해 본원적 비극의 고유한 테마는 신성, 그것도 종교적 의식 자체의 내용을 이루는 신성이 아니라 세계와 개인적 행위 속으로 발을 들이되, 이 현실 속에서 자신의 실체적 성격을 상실하거나 자신과 반대되는 입장으로 돌아서지 않는 신성이다. 이러한 형식에서는 의지와 실행의 정신적 실체가 인륜적인 것으로 존재한다. 왜냐하면 인륜적인 것은 —우리가 그것을 단지 주관적 반성의 입장에서 형식적 도덕성으로 이해하지 않고 그 직접적 진정성 속에서 이해한다면— 신성의 세속적 실제이자 실체적인 것이기 때문이다. 그리고 이 실체성의 본질적 측면과 특수한 측면이 참다운 인간적 행위를 움직이는 내용을 제공하며, 행위 자체 속에서 이 행위의 본질을 해명하고 실현한다.

ββ) 실제적 객관성으로 내몰리는 일체의 것은 특수화의 원칙에 종속하는데, 인륜적 힘들과 행위하는 성격들은 이제 이 원칙을 통해 내용과 개별적 현상으로 구분된다. [523] 그런데 극시가 요구하듯이, 이 특수한 힘들이 행동으로 현상하도록 호출되고 한 인간적 파토스의 특정한 목적으로서 실현되며 이 파토스가 행위로 이행한다면, 이 힘들은 그 조화가 지양되고 또 적대적 상호 폐쇄성 속에서 등장한다. 이 경우 개별적 행위는 특정 조건들하에서 하나의 목적 내지 성격을 실현할 것이며, 또한 이 전제들하에서 성격은 독자적으로 완결된 그 자신의 규정성 속에 일면적으로 고립되고, 그런 까닭에 자신에 반대하는 대립된 파토스를 필연적으로 자극하며, 이로써 불가피하게 갈등들을 초래한다. 그러한 충돌에서는 대립의 양 측면들이 자체로는 정당성을 소유하되, 그럼에도 다른 한편 자신의 목적과 성격의 참된 긍

정적 의미내용을 동등하게 정당한 또 다른 힘을 부정하고 침해함으로써만 관철할 수 있으니, 그것들은 인륜성 속에서, 그리고 인륜성을 통해 마찬가지로 인륜적 잘못에 빠지기도 하는바, 이 점에서 이제 본원적 비극성이 성립한다.

나는 방금 이러한 필연적 갈등들의 보편적 근거를 이미 언급했다. 구체적 통일성으로서의 인륜적 실체는 여러 관계들과 힘들의 총화이지만, 상황이 비활동적일 경우 이것들은 평온한 삶을 누리며, 또한 정신의 작품을 축복받은 신들로서 완성한다. 그러나 역으로 이 총체성 자체의 개념에는 우선은 추상적인 그 관념성에서 벗어나 실제적 현실 및 세속적 현상으로 자신을 변환시켜야 한다는 점도 마찬가지로 들어 있다. 이 요소의 본성으로 인해 이제 단순한 차이는 [즉 상이성은] 개별적 성격들이 처한 특정 조건들 속에서 파악될 경우, 대립과 충돌로 변모할 수밖에 없다. 그리하여 그저 올림포스에서, 판타지 및 종교적 표상의 하늘에서 평화로운 고요와 통일성 속에 머무는 예의 신들이 비로소 진정 진지하게 고려되어, 이제 그들은 인간적 개성의 특정한 파토스로서 현실적으로 삶을 영위하며, 또한 일체의 정당성에도 불구하고 [524] 그들의 특정한 특수성과 상대방에 대한 대립을 통해 잘못과 부당함으로 이끌린다.

YY) 그런데 이와 더불어 하나의 매개되지 않은 모순이 정립된다. 이 모순은 실제성으로 발현할 수는 있되 이 속에서 자신을 실체적이며 진정 현실적인 것으로 보존할 수 없고, 오히려 그 고유한 권리는 그것이 모순으로서 스스로를 지양한다는 점에 국한된다. 그러므로 셋째, 비극적 목적과 성격이 정당한 만큼이나, 또 비극적 충돌이 필연적인 만큼이나 이 분규의 비극적 해결 역시 정당하며 필연적이다. 즉 이 해결을 통해 영원한 정의가 목적들과 개인들에게 행사되는바, 이리하여 평온을 해치는 그들의 개성이 몰락하고 더불어 인륜적 실체와 통일성이 산출된다. 왜냐하면 비록 성격들이 자체적 타당성을 내세우기는 하지만, 그럼에도 그들은 그것을 비극적으로, 모순을 일으키는 침해적 일면성 속에서 실행할 수밖에 없기 때문이다. 진정한 실체성은 현실성에 이르러야 한다. 그러나 그것은 특수성들의 투쟁이 —이것의 본질적 근거가 아무리 세속적 실제성과 인간적 행위의 개념 속에 있다고 해도— 아니라 특정한 목적들과 개인들의 조화로운, 즉 침해와 대립이 없는 활동을 가능케 하는 화해로 존재한다. 그러므로 비극적 결말에서는 이 조화에 순응할 수 없었던 일면적 특수성만이 지양되니, 이제 이것은 자신과 자신의 계획을 포기할 수 없을 경우 행위의 비극적 운명 속에서 총체적 몰락으로 희생되는데, 가능하다면 그 목적의 실행을 불가피하게 포기해야 하는 자신을 발견할 수도 있다. 주지하듯, 이 면에서 아리스토텔레스는 비극이 공포와 연민을 일으키며, 또 이 정서들의 카타르시스를 가져온다는 점을 그 참된 효과로 설정했다. 아리스토텔레스에게서는 이 정서들이 나의 주관성에 대한 단순 감정적인 일치나 불일치, 쾌적함이나 불쾌함, 친근함이나 소원함 등의 매우 피상적인 갖가지 [525] 규정들을 —우리는 근래에 비로소 이 규정들을 찬동과 불쾌의 원칙으로 [즉 취미판단의 원칙으로] 삼고자 했다— 의미하지 않는다. 왜냐하면 예술작품은 오로지 정신의 이성과 진리에 부합하는 것의 표현을 중시해야 할 것이며, 또한 이 원칙의 추구를 위해서는 필히 그 시선을 전혀 다른 관점으로 돌려야 하기 때문이다. 그러므로 아리스토텔레스의 이 진술을 보더라도 우리가 주안점을 두어야 하는 것은 공포와 연민의 단순한 감응이 아니라 오히려 그 예술적 현상을 통해 이러한 감응들을 정화하는 내용의 원칙이다. 한편 인간은 외적이며 유한한 것의 힘 앞에서 공포를 느끼지만 다른 한편 즉자대자적 존재자의 위력 앞에서 공포를 느낀다. 인간이 진정 두려워해야 하는 것은 외적인 폭력과 그 억압이 아니라 인륜적 힘이다. 이것은 그 자신의 자유로운 이성의 규정이자 영원불가침의 것인데, 여기서 돌아선다면 인간은 이것과의 대립을 자초하는 것이다. 공포가 그렇듯이 연민도 두 가지 대상을 갖는다. 첫 번째 대상은 일상적인 정서, 즉 무언가 유한하고 부정적인 것으로 느껴지는 타자의 불행과 고난에 대한 동정이다. 특히 소도시의 아낙네들은 그러한 동정심에 바싹 다가서 있다. 그러나 고귀하고 위대한 인간은 동정과 유감을 이런 식으로 표하려 하지 않는다. 왜냐하면 단지 불행의 허무한 측면과 그 부정적 요소만이 부각되는 한, 불행을 당한 자는 그 안에서 폄하되기 때문이다. 참된 연민은 이와 반대로 고통받는 자의 인륜적 정당성, 그의 안에 현전할 수밖에 없는 긍정적, 실체적 요소에 대한 공감이다. 무뢰한과 불량배는 이런 종류의 연민을 우리에게 불러일으킬 수 없다. 그러므로 침해당한 인륜성의 힘에 대한 공포를 일으킬 법한 비극적 성격이 그의 불행 속에서 비극적 동정을 환기하려면, 그의 내면은 의미내용으로 가득 차고 강인해야 한다. 왜냐하면 오직 참된 의미내용만이 고귀한 인간의 [526] 가슴속으로 파고들어 그 깊은 곳을 전율케 하기 때문이다. 그러므로 우리는 또한 비극적 결말에 대한 관심을 순진한 만족과 혼동해서는 안 된다. 즉 그것은 불행으로서의 불행에 그치는 슬픈 이야기에 대한 우리의 참여와는 다른 것이다. 이런 식의 불상사들은 외적 우연성과 상대적 환경들의 단순한 위기를 통해, 질병, 재산의 상실, 죽음 등을 통해 인간에게, 그가 아무 짓도 하지 않고 아무 잘못이 없음에도 닥칠 수 있으며, 또한 이 경우 우리를 본격적으로 사로잡는 관심은 급히 가서 도와주어야 하겠다는 혈기에 불과하다. 우리가 이 일을 할 수 없을 경우, 비탄과 참담의 광경들은 애처로움에 그칠 뿐이다. 이에 반해 진정으로 비극적인 고통은 오로지 행위하는 개인들의 고유한, 정당하면서도 그들의 충돌을 통해 잘못을 저지르게 된 행동들의 결과로서 그들을 엄습하니, 그들은 자신의 전체를 바쳐 이 행동에 책임을 져야만 한다.

그러므로 단순한 공포와 비극적 동정 너머에는 화해의 감정이 자리하는데, 비극은 일면적 목적과 열정들의 상대적 정당성에 단호히 대처하는 영원한 정의의 절대적 지배를 —이것은 상대적 타당성을 갖는 인륜적 힘들의 갈등과 모순이 참된 현실에서 승리를 구가하고 존속하는 것을 그냥 두지 않는다— 내비침으로써 이 감정을 허락한다.

이 원리에 의거하면 비극적인 것은 주로 그런 식의 갈등 및 그 해결의 관조에서 기인하는 관계로, 그 전체적 표현방식의 면에서 비극적인 것의 전체 범위와 과정을 예술작품의 원리로 삼고 또 완벽하게 형상화할 수 있는 것은 오로지 극시뿐이다. 이를 근거로 나는 또한 이제야 비로소 비극적 관조방식에 관해 논하는 기회를 얻었다. 비록 그 작용은, 정도의 차이는 있으나마, 다른 예술들로도 다양하게 확장되지만 말이다. [527]

β) 이제 비극에서는 영원한 실체성이 화해 속에서 승리를 구가하며 출현하는데, 그 까닭은 투쟁하는 개성으로부터 잘못된 편파성만이 제거되며 대신 그 개성이 원했던 긍정적 요소는 —이것은 더 이상 불일치를 포함하지 않는 긍정적인 것으로서 매개된다— 보존되어야 할 것으로 묘사되기 때문이다. 이와 반대로 희극에서는 주관성이 무한한 보장을 누리며 우위를 점한다. 극시를 여러 장르로 구분함에 있어서 서로 대비될 수 있는 것은 행위의 이 두 기본 계기들뿐이다. 비극에서는 개인들이 그들의 완고한 의지와 성격의 편파성으로 인해 파괴되거나 상반된 실체적 요소를 자기포기와 더불어 자신 속에 수용해야만 한다. 희극에서는 개인들이 모든 것을 자신을 통해 그리고 자신 안에서 해체하지만 그럼에도 그들의 주관성은 자신 속에 안전하게 온존한다. 그러므로 희극에서는 개인들이 웃음거리가 되지만 그 속에서도 그들 주관성의 승리가 가시화된다.

αα) 그러므로 희극의 일반적 토대가 되는 세계에서는 주체로서의 인간이 기타의 경우에는 그의 지식과 실천의 본질적 의미내용으로 간주되는 일체의 것을 스스로 지배한다. 따라서 [이러한 인간이 지배하는] 이 세계의 목적들은 그 자체의 비본질성으로 인해 스스로 파멸한다. 예컨대 한 민주적인 민

족이 싸우기 좋아하고, 경박하고, 교만하고, 믿음과 인식이 없고, 수다스럽고, 자만하고 허영에 찬 이기적 시민들로 이루어졌다면, 그러한 민족은 구제불능이다. 그러한 민족은 그들의 어리석음으로 인해 스스로 해체된다. 그럼에도 모든 비실체적 행위가 이미 이러한 몰가치성으로 인해 희극적인 것은 아니다. 본연의 희극적인 것과 우스꽝스러운 것은 이 면에서 종종 혼동된다. 본질적인 것과 그 현상, 목적과 수단의 모든 상치는, 즉 현상이 자체 내에서 스스로를 지양하도록 만드는 모순, 목적이 그 실현 속에서 스스로 자신의 목표를 사장하도록 만드는 모순은 우스꽝스러울 수 있다. 그러나 희극적인 것에 대해서는 한층 심오한 것이 요구된다. 예를 들어 인간들의 악덕은 전혀 희극적인 것이 아니다. [528] 풍자는 그 따분한 증거를 제공한다. 그것은 인간의 덕성에 반하는 현실세계의 모순을 요란한 색깔로 그릴수록 점점 더 따분해진다. 이와 마찬가지로 어리석음, 난센스, 우둔함도 그 자체로 보면, 비록 이것이 웃음을 자아낼지라도, 반드시 희극적인 것은 아니다. 무릇 사람들을 웃게 하는 대상들에서보다 더 상반적인 요소가 발견되는 곳도 없다. 극히 진부하고 몰취미한 것들도 사람들을 웃게 할 수 있으며, 또한 종종 극히 중요하고 심오한 것들도, 만일 여기에서 그들의 습관 및 일상적 관점과 모순되는 완전히 무의미한 측면이 보인다면, 마찬가지로 사람들을 웃게 할 수 있다. 이 경우 웃음은 만족스러운 영리함의 표현, 즉 그들이 그러한 대비를 인식하고 숙지할 만큼 현명하기도 하다는 표시일 뿐이다. 마찬가지로 조롱, 경멸, 허탈 등의 웃음도 있다. 이것들과는 반대로 무릇 희극적인 것에는 그 자신의 모순을 철저히 극복하여 이를테면 그 속에서 괴롭고 불행하게 머물지 않는 주관성의 끝없는 낙천성과 자기신뢰, 그 희열과 편안함이 속하며, 또한 자기 확신에 찬 이 주관성은 그 목적과 실현의 해체를 감당할 수 있다. 경직된 오성은, 자신의 태도가 타인에게 극도로 웃음거리가 되는 바로 그 경우를 가장 견디지 못한다.

ββ) 좀 더 자세히 보자면, 나는 희극적 행위의 대상을 제공할 수 있는 내용의 유형과 관련하여 오직 다음의 점들만을 일반적으로 다룰 것이다.

첫째, 목적과 성격들은 한편 즉자대자적으로 비실체적이고 모순적이며, 이로써 자신을 관철할 능력이 없다. 예를 들어 탐욕은, 그것이 목표하는 바와 그것이 사용하는 자질구레한 수단의 관점에서 볼 때, 애초에 그 자체가 허무한 것으로 나타난다. 왜냐하면 그것은 부의 죽은 추상인 화폐 자체를 궁극적 실재로 간주하고 그것에 머무르며, 또한 이 황량한 만족을 그 밖의 모든 구체적 만족의 박탈을 통해 [529] 도달하려고 시도하지만, 그럼에도 간계와 기만 등에 대한 자신의 목적과 수단의 무력함으로 인해 이 목표에 도달할 수 없기 때문이다. 그런데 개인이 그의 실존의 전체적 의미내용을 이루되 자체적으로는 잘못된 그러한 내용과 그의 주관성을 진지하게 결합한다면, 그리고 그 내용이 그의 손을 떠나게 되어 그가 거기에 집착할수록 그만큼 더 불행하게 내적으로 붕괴한다면, 그러한 서술에는 —한편으로 고통스러운 상황들이, 다른 한편으로 단순한 조롱과 남의 불행을 즐기는 마음이 여전히 공간을 차지하는 모든 곳이 그렇듯이— 희극 본연의 핵심이 빠져 있다. 그러므로 보다 희극적이려면, 자체로는 사소하고 허망한 목적들이 겉으로는 대단히 진지하고 용의주도하게 성사되어야 하며, 주관이 원하는 것은 자체로 하찮은 것이며 또 바로 그 때문에 주관은 자신의 계획을 그르치되 사실상 주관에서 몰락하는 것은 아무것도 없어야 하며, 그리하여 주관은 이러한 몰락에서 벗어나 자유로운 명랑성으로 고양될 수 있어야한다.

둘째, 반대의 관계도 성립하는데, 이 경우 개인들은 자신이 실체적 목적들이자 성격들인 양 우쭐대지만, 그 성취를 위해서는 개인으로서, 즉 그와 정반대되는 도구로서 존재한다. 이 경우 실체적인 것은 단순한 허상으로 존재하며, 또한 자체적으로나 타자에 대해서나 하나의 가상이 된다. 이 가상은 자신이 본질적인 것 자체의 모습이자 가치인 척하지만, 바로 이를 통해 목적과 개인, 행위와 성격이 모순으로 얽혀 들며, 또한 내심 그리던 목적과 성격 자체의 달성이 좌절된다. 이러한 종류로는 예컨대 아리스토파네스의 『여인들의 민회民會; Ecclesiazusae』가 있는데, 여기서는 새로운 헌법을 숙의하고 정초하려는 여인들이 여성의 갖가지 변덕과 열정을 그대로 유지한다.

이 첫 번째 두 요소에 대해 세 번째 요소를 이루는 것은 외적 우연들의 사용인데, 상황들은 이것들의 다양하고 특이한 분규를 통해 출현한다. 그리고 이 상황 속에서 목적들과 그 실행, 내적 성격과 [530] 그 외적 상태들은 희극적 대조를 이루며 또한 마찬가지로 희극적 해결로 인도된다.

ΥΥ) 그런데 무릇 희극적인 것이 성립하려면 목적들 자체와 그 내용이 애초부터 주관성 및 외적 환경들의 우연성과 모순적으로 상치해야 하므로, 희극적 행위는 대개 비극적 행위보다 더욱 절박하게 해결을 요구한다. 곧 즉자대자적으로 참인 것과 그 개별적 실재 사이의 모순은 희극적 행위에서 한층 심화된 모습으로 제시되는 것이다.

그런데 이 해결 속에서는 무언가가 파괴되지만, 그것이 실체적인 것이나 주관성 자체일 수는 없다.

왜냐하면 희극도 진정한 예술이려면 다음의 과제를 지켜야 하기 때문이다. 즉 희극의 묘사를 통해 이를테면 즉자대자적으로 이성적인 것이 내적으로 전도되고 붕괴되는 것으로 나타나서는 안 되며 오히려 반대로 어리석음과 불합리, 잘못된 대립과 모순들은 현실에서도 승리할 수 없으며 또한 궁극적으로 존속할 수 없는 것으로 나타나야 한다. 예를 들어 아리스토파네스는 아테네의 민중적 삶의 진정한 인륜성, 순정한 철학, 참된 신앙, 진정한 예술을 조롱하는 것이 아니다. 그는 예전의 믿음과 예전의 도덕이 사라진 민주주의의 혹들, 즉 국가와 종교와 예술의 참된 현실에 적나라하게 대립하는 궤변, 눈물을 쥐어짜는 비극, 경망한 떠벌림, 송사중독증 등을 자기 해체적 어리석음으로서 보여 주는 것이다. 겸손이라는 도덕적 탁월함을 포기하고, 또 오직 파괴되기 위해서만 현존할 수 있는 것을 미화하며 장려하는 일은 다만 오늘날 코체부와 같은 자에게서나 성공을 거두었을 뿐이다.

그런데 이에 못지않게 희극에서는 주관성 자체도 [531] 파멸되어서는 안 된다. 즉 실체적인 것의 가상과 허상, 혹은 완전히 오류적인 사소한 것만이 극에 등장할 경우에는, 이 모든 유한성의 몰락을 피해 자유롭게, 그리고 자신 속에서 안정적이고 행복하게 존재하는 내적으로 견고한 주관성이 한층 높은 원리가 된다. 희극적 주관성이 현실에서 현상하는 것의 지배자가 되는 것이다. 실체의 적절한 실제적 현재는 현실에서 사라지고 없다. 이제 즉자적으로 비본질적인 것이 자업자득으로 자신의 가상실존을 상실한다면, 주관은 이러한 해체도 관장하며, 또한 자신 속에 안정적이고 편안하게 머문다.

γ) 이제 비극과 희극의 중간에는 제3의 극시 장르가 있다. 적어도 여기서는 비극적인 것과 희극적인 것 양 측면이 마냥 대립적인 것으로 고립되어 있지 않고 그 차별성의 매개가 시도되거나 양자가 서로 합류하여 하나의 구체적 전체를 이루지만, 그러나 이 장르가 그리 결정적으로 중요한 것은 아니다.

αα) 고대인들의 경우 여기에 속하는 것으로는 사티로스극이 있는데, 여기서는 주 행위가 설령 비극적이지는 않더라도 진지한 것으로 머무는 반면, 사티로스들의 합창은 희극적으로 취급된다. 비희극悲喜劇, Tragikomödie도 이 부류에 속하는 것으로 산정되는데, 플라우투스의 암피트루오Amphitryo[169]

---

169 역주: 헤라클레스 탄생에 얽힌 비극적 소재를 다룬 유일한 고대 희극으로서 B.C. 196년경 플라우투스에 의해 쓰였다. 여기서는 익살스러운 장면에 비극적인 파토스가 섞여 있는데, 작가 자신이 이 작품을

가 그 사례이다. 여기서는 이미 프롤로그에서 머큐리가 관객을 향해 다음과 같이 외친다.

> Quid contraxistis frontem? quia Tragoediam
>
> 그대들은 왜 이마를 찌푸리는가? 내가 말했기 때문에 그런가,
>
> Dixi futuram hanc? Deus sum: conmutavero
>
> 이것은 비애극이 될 것이라고? 나는 신이다,
>
> Eamdem hanc, si voltis: faciam, ex Tragoedia
>
> 그대들이 원한다면 나는 그것을 바꿀 수도 있다! 나는 만든다
>
> Comoedia ut sit: omnibus iisdem versibus … Faciam ut conmista sit Tragicocomoedia.
>
> 비애극을 즉시 익살극으로 … 이 작품은 그렇기 때문에 비희극이 될 것이다.

[532] 그리고 그는 이러한 혼융의 근거로서 한편으로는 신들과 왕들이, 다른 한편으로는 희극적 인물인 노예 소시아가 극중 인물들로 등장하는 정황을 든다. 현대의 극시에서는 비극적 요소와 희극적 요소가 더욱 혼재하는데, 까닭인즉 여기서는 비극에서조차 주관성의 원리가 ―희극에서는 이것이 독자적으로 자유롭다― 시종일관 지배적인 것으로 나타나며, 또한 인륜적 힘들을 내용으로 하는 실체성을 뒤로 밀어내기 때문이다.

ββ) 그러나 하나의 새로운 전체를 향한 비극적 이해와 희극적 이해의 한층 깊은 매개는 이 대립자들의 [즉 주관성과 실체성의] 병존이나 도착倒錯이 아

비희극이라고 불렀다.

닌, 서로가 서로를 누그러뜨리는 평준화에서 성립한다. 주관성은 희극적 부조리 속에서 행위하는 대신 견실한 관계들의 진지성과 안정된 성격으로 채워지며, 반면 의지의 비극적 단호함과 충돌들의 심각함은, 이해들이 조정되고 목적 및 개인들이 조화롭게 합일할 수 있는 한, 그만큼 유연하게 완화된다. 특히 현대의 연극과 드라마는 그러한 구상방식 속에 성립 근거를 갖는다. 이 원칙이 깊이를 지니는 까닭은 이해, 열정 그리고 성격들의 차이 및 갈등에도 불구하고 인간의 행위를 통해 내적으로 조화로운 하나의 현실이 성립한다는 관점이 그 속에 들어 있기 때문이다. 이미 고대인들에게도 비슷한 결말을 취하는 비극들이 있는데, 개인들은 여기서 희생되는 대신 자신을 보존한다. 예컨대 아이스킬로스의 『에우메니데스』에 나오는 아레오파고스는 아폴로와 복수의 여신들 양측에 모두 존중받을 권리를 부여한다. [소포클레스의] 『필록테테스』에서도 헤라클레스의 신적인 출현과 조언으로 인해 네오프톨레무스와 필록테테스 사이의 싸움이 중재되고, 그들은 의기투합하여 트로이로 출정한다. 그러나 여기서는 조정이 신들의 명령 등을 통해 외부로부터 나타나며, 또한 그 내적 원천을 양측 자체에 두지 않는 반면, 현대의 [533] 연극에서는 개인들이 스스로 그들의 고유한 행위 과정을 통해 이러한 싸움을 중단하고 그들 목적이나 성격의 쌍방적 화해를 이끌어 낸다. 이 면에서는 괴테의 『이피게니에』가 진정 시적 모범이 되는 ―심지어 『타소』보다 더 나은― 연극이다. 『타소』에서는 한편으로 안토니오와의 화해가 오히려 심정과 주관적 인정의 사안일 뿐이다. 즉 타소는 안토니오가 그의 성격에는 없는 삶의 현실적 이해를 갖고 있음을 심정적, 주관적으로만 인정할 뿐이다. 다른 한편 타소가 현실, 예절, 예법과 싸우면서 지켰던 이상적 삶의 권리는 주로 주관적으로 관객에게서만 제대로 의식되며 또한 안토니오는 기껏해야 시인을 [즉 타소를] 걱정하여 그의 운명에 참여를 표할 뿐이다.

YY) 그러나 전체적으로 보면 한편으로 이 중간 장르의 경계는 비극이나 희극의 경계보다 더욱 불안정하며 다른 한편 여기에는 순수한 극시의 전형에서 벗어날 위험, 혹은 산문적인 것에 빠질 위험이 근접해 있다. 즉 여기서는 갈등들이 그 고유한 분쟁을 통해 평화로운 결말에 이르러야 한다. 그러므로 그것들은 애초 비극적으로 날카롭게 대립하지 않으며, 그런 관계로 시인은 별다른 애로 없이 그의 모든 표현력을 성격들의 내면에 맞추고 상황들의 과정을 이 성격묘사를 위한 단순한 수단으로 삼는다. 혹은 역으로 그는 시간적, 관습적 상태들의 외적 측면에 압도적인 유희공간을 허락한다. 그리고 둘 다 여의치 않다면, 심지어 그는 복잡하고 긴박한 사건들에 대한 단순한 흥미를 통해 민감한 주의력을 유지하는 일 따위에 매달린다. 그러므로 이 권역에는 시보다는 극장 효과를 더욱 염두에 두는 다량의 최신 연극 각본들이 또한 속하는데, 이것들은 참된 시적 감동 대신 단순 인간적인 감동을 지향하거나 어떤 때는 단지 여흥을, 또 어떤 때는 대중의 도덕적 개선을 목표로 한다. 그런데 어쨌든 대개 여기서는 [534] 철저하게 닦인 기량을 찬란하게 선뵐 기회가 배우를 위해 빈번히 마련된다.

b. 고대 극시와 현대 극시의 차이

극시예술을 비극과 희극으로 나누는 근거를 제공했던 바로 그 원칙은 극시 발전사의 본질적 전기를 제공하기도 한다. 왜냐하면 이 발전의 진행은 극적 행위의 개념에 내포된 주요 계기들을 하나씩 해명하고 다듬어서 전체적 이해와 연기가 목적, 갈등 그리고 성격들 속에서 실체적인 것을 드러내도록 만들고, 주관적 내면성과 특칭성이 중심점을 이루도록 만드는 점에서 오로지 성립하기 때문이다.

α) 이와 관련하여 우리는, 완전한 예술사가 현안이 아닌 이상, 동방에서 만나는 극시예술의 단초들을 처음부터 논외로 할 수 있다. 동방의 시가 서

사시 및 몇몇 종류의 서정시들에서 아무리 큰 발전을 보았다고 해도, 그럼에도 동방의 전체적 세계관은 애초 극시예술의 적절한 발전을 가로막고 있다. 왜냐하면 진정 비극적으로 행위하기 위해서는 이미 개별적 자유와 독립성의 원칙이, 혹은 적어도 자신의 행동과 그 결과를 자유롭게 스스로 책임지고자 하는 자기규정이 깨어 있어야 하며 또한 희극의 출현을 위해서는 주관성 및 그 자기 확신적 지배의 자유로운 권리가 더욱 고도로 드러나 있어야 하기 때문이다. 두 가지는 모두 동방에 들어맞지 않는 경우이다. 한편으로는 특히 이슬람교 시문학의 장대한 숭고성에서 이미 개별적 독립성이 다소 강하게 표명되기는 하지만, 그럼에도 [535] 다른 한편 유일의 실체적 권능은 그에 의해 창조된 모든 피조물들을 그만큼 더 철저하게 자신에게 예속시키며 또 그들의 운명을 가차 없이 바꾸는 까닭에, 그러한 숭고성은 자신을 극적으로 언표하려는 일체의 시도들에서 완전히 멀리 떨어져 있는 것이다. 그러므로 극시예술은 개별적 행위 및 자신 안으로 침잠하는 주관성의 특수한 내용의 정당화를 요구하지만, 여기서는 그것이 그런 식으로 나타날 수 없다. 즉 바로 이슬람교에서 보듯이, 모든 것 위에 있으며 어떠한 특수성의 대두도 궁극적으로 허락하지 않는 유일의 지배적 권능이 추상적, 보편적으로 존재할수록, 분명 신의 의지에 대한 주관의 예속은 그만큼 더 추상적으로 머무는 것이다. 그러므로 극시의 출발점들은 중국인과 인도인들에게서 발견될 뿐이지만, 지금까지 알려진 얼마 되지 않는 표본에 의거하자면, 여기서도 자유롭고 개별적인 행위의 관철로서의 극시가 아니라 오히려 사건들을 활성화하고 현재의 흐름 속에서 벌어지는 특정 상황들에 대한 감응들을 일깨우는 극시가 발견될 뿐이다.

β) 그러므로 우리는 극시의 본격적 시작을 그리스인들에게서 찾아야 할지니, 자유로운 개성의 원칙은 무릇 이들에게서 고전적 예술형식의 완성을 처음으로 가능케 한다. 이 전형에 따르자면 개인은 행위와 연관해서도 등

장할 수 있지만, 여기서는 그가 인간적 목적들의 실체적 의미내용이 갖는 자유로운 생동성을 직접적으로 요구해야 한다는 단서가 붙는다. 그러므로 고대의 드라마, 즉 고대의 비극과 희극에서는 개인들이 수행하는 목적의 보편성과 본질성이 특히 중요하다. 비극에서는 특정 행위와 관련된 의식의 인륜적 정당성, 행동의 즉자대자적 정당화가 중요하며, 또한 희극에서도 ─적어도 고대 희극에서는─ 마찬가지로 보편적인 공적 관심들, 즉 정치가들과 그들의 국가 운영방식, 전쟁과 평화, 민족과 그 인륜적 상태들, 철학과 그 타락 등이 부각된다. [536] 이를 통해 여기서는 내면적 심정과 고유한 성격의 잡다한 묘사, 혹은 특수한 분쟁과 음모가 전혀 자리를 차지할 수 없으며, 또한 관심은 개인들의 운명을 중요시하지 않는다. 오히려 이런 다소 특칭적인 측면들보다는 무엇보다 삶의 본질적 힘들 및 인간의 가슴을 관장하는 신들의 단순한 투쟁과 그 결말에 대한 참여가 요구된다. 비극의 영웅들은 그러한 신들의 개인적 대변자로서 등장하며, 이와 비슷하게 희극적 인물들은, 목하의 현실 자체에서 공적 현존재의 기본 방향이 부조리로 변질되었을 경우, 이 일반적 부조리를 만천하에 드러낸다.

γ) 반면 현대의 낭만적 시문학에서 각별한 대상이 되는 것은 그 만족이 단지 주관적 목적과 관계할 뿐인 개인의 열정, 즉 특정 환경에 처한 특수한 개인 및 성격의 운명과 같은 것이다. 이 면에서 보면 낭만적 시문학의 시적 관심은 성격들의 위대성에 있다. 성격들은 그들의 판타지나 성향과 소질을 통해 자신들의 상황과 행위들의 극복 및 심정의 충만한 부흡를 실제적인 가능성으로서 보여 주며, 설령 이 가능성이 때때로, 그리고 유일하게 주위 사정과 분규들에 의해 훼손 및 파괴된다고 해도, 동시에 성격들은 그들 본성의 위대성 속에서 다시 화해를 얻는다. 그러므로 이러한 이해방식에서는 우리의 관심이 행위의 특수한 내용과 관련하여 인륜적 정당화와 필연성을 향하는 대신 각 개인과 그의 관심사들을 향한다. 따라서 이 입장에서는

사랑, 명예욕 등이 주 모티브를 제공하며, 심지어 범죄마저도 배제되지 않는다. 하지만 후자는 자승자박이 되기 쉽다. 왜냐하면 범죄자 그 자체는, 그가 [537] 뮐너[170]의 『죄』의 영웅들처럼 전적으로 허약하고 태생적으로 비열할 경우라면, 역겨운 모습만을 보여 주기 때문이다. 그러므로 적어도 여기서는 무엇보다 모든 부정적인 것을 견디는, 그리고 자신의 행동을 부정하거나 내면에서 파열됨이 없이 자신의 운명을 감내할 수 있는 성격의 형식적 위대함과 주관성의 힘이 요구되어야 한다. 그러나 아무리 낭만적 시문학이 실체적인 것 대신 개인들의 고유한 개성을 중시한다고 해도, 거꾸로 실체적 목적들, 조국, 가족, 왕권과 왕국 등이 결코 경원시될 수는 없는 일이다. 그러나 이 경우 이것들은 의지와 행위의 본격적이며 궁극적인 내용을 제공하기보다는 오히려 전체적으로 개인들의 주관적 성격을 받치는, 그리고 그들이 그 위에서 투쟁에 빠지는 특정한 토대를 형성한다.

나아가 이러한 주관성 이외에도 내면의 관점에서뿐만 아니라 행위가 진행되는 외적 환경 및 관계들의 관점에서도 광범위한 특칭성이 나타날 수 있다. 이를 통해 여기서는 고대인들에게서 발견되는 바의 단순한 갈등들과는 달리 다양한 내용의 행위하는 성격들, 항상 새롭게 뒤얽히는 기묘한 분규들, 풀리지 않는 음모, 우연한 사건들이 정당하게 통용되는바, 이 모든 측면들은 무릇 본질적 내용의 단호한 실체성에서 벗어나 있으며 또한 고전적 예술형식과는 다른 낭만적 예술형식의 전형을 특징짓는다.

그러나 얼핏 무절제한 듯 보이는 이러한 특칭성에도 불구하고, 전체가 극적이며 시적으로 머물러야 한다면, 이 입장에서도 한편으로는 투쟁을 통해 극복되어야 하는 충돌의 규정성이 가시적으로 부각되어야 하며, 다른

---

170 Adolf Müllner(1774~1829), 극시인.

한편, 특히 비극에서는, 특수한 행위의 진행과 결말을 통해 [538] 섭리든 숙명이든 간에 한층 고차적인 세계통치자의 지배가 분명하게 나타나야 한다.

c. 극시와 그 장르들의 구체적 전개

우리는 구상과 시적 제작의 본질적 차이들을 방금 고찰하였다. 이제 극시예술의 여러 장르들은 이 차이들에서 비롯하며 또한 단계적으로 발전함으로써 비로소 참된 실제적 완전성에 도달한다. 그러므로 우리는 마지막으로 이 구체적 형상화방식에 대해서도 고찰의 눈길을 돌려야 할 것이다.

α) 우리는 극시의 동방적 단초들이 배제되어야 할 이유를 위에서 이미 거론하였다. 그러므로 본격적 비극과 희극에 가장 적합한 단계로 보이는 일차적 주 권역은 그리스인들의 극시이다. 즉 무릇 희극적인 것과 비극적인 것의 참된 본질에 관한 의식이 여기서 처음 나타나며, 또한 인간적 행위의 이러한 대립적 직관방식들이 서로 엄격하게 분리되어 확고한 구분을 이룬 연후, 우선은 비극이, 다음으로는 희극이 유기적 발전 속에서 그 완성의 정점에 오르며, 끝으로 로마의 극시예술은 이러한 완성의 비교적 희미한 ―로마인들이 후일 유사한 노력을 기울여 서사시와 서정시에서 달성했던 것에도 못 미치는― 잔영만을 재현한다. ― 하지만 나는 이 단계의 보다 상세한 고찰과 관련하여 주요 항목만을 간략히 다룰 요량이며, 이에 따라 논의를 아이스킬로스와 소포클레스의 비극적 입장 및 아리스토파네스의 희극적 입장에 한정시킬 것이다.

αα) 첫째, 비극에 관해 보자면, 이미 언급하였듯이, 그 전체 구성과 구조를 규정하는 기본 형식은 목적들과 그 내용의 주관적 측면, [539] 그리고 개인들과 그들의 투쟁 및 운명의 주관적 측면의 부각 속에서 찾아질 것이다.

서사시에서든 비극에서든 비극적 행위의 보편적 토대를 제공하는 것은 세계상태인데, 나는 이것을 앞에서 이미 영웅적 세계상태라고 특징지었다.

왜냐하면 오직 영웅시대에서만 보편적이고 인륜적인 힘들은 국가의 법률이나 도덕적 계율과 의무들로서 대자적으로 고정되어 있지 않으며, 또한 그런 까닭에 근원적 신선함 속에 신들로서 ―이 신들은 자신의 고유한 활동을 통해 서로 대립하거나 스스로가 자유로운 인간적 개성의 생생한 내용으로서 현상한다― 등장할 수 있기 때문이다. 그런데 인륜적인 것이 애초부터 실체적 근거, 보편적 토대로서 제시된다면, 또 이로부터 개인적 행위가 분화 속에서 성장할 뿐 아니라 다시 이 운동으로부터 못지않게 통일로 되돌아가야 한다면, 우리는 행위에서 인륜성을 위한 두 가지 구분되는 형식들을 목도한다.

즉 첫째는 단순한 의식이다. 이것은 특수한 측면들이 미분화된 동일성만을 실체로 보고자 하며, 그런 한에서 심란함 없이 평온하게 자신과 타인에 대해 무비난적이며 중립적으로 머문다. 자존(自尊)과 자기 믿음과 행운을 누리는 이 의식은 특수화되지 않음으로써 보편적일 뿐이며, 어떠한 특정한 행위에도 이를 수 없으며, 그 속에 있는 분규들 앞에서 일종의 공포를 느끼며, 또한 비록 스스로 행동하지 않는 그 의식이 동시에 스스로 정한 목적 속에서 결단과 행위로 나아가는 정신적 용기를 한층 고차적인 것으로 존중하긴 해도, 스스로는 그러한 용기를 떠맡을 능력이 없으며, 자신을 단순한 토대이자 관망자인 것으로 알며, 그리하여 그 의식이 한층 높은 존재로 존중받는 행위하는 개인들을 위해 담보할 수 있는 것은 그들의 결단과 투쟁의 에너지에 그 고유한 지혜의 대상을, 즉 인륜적 힘들의 실체적 이상성을 대비시키는 일밖에 없다.

두 번째 측면을 이루는 것은 개인적 파토스이다. 이것은 인륜적으로 정당한 행위하는 성격들을 [540] 다른 성격들에 대한 대립으로 추동하며, 또 이로써 그들을 갈등으로 이끈다. 이러한 파토스의 개인들은 우리가 현대적 의미에서 성격들이라고 부르는 것도, 단순한 추상들도 아니며, 오히려 그들은 양자의 생동적 중심에 서 있는 확고한 인물들이다. 이 인물들은 그들의 본질 그대로 존재하며, 그 자신 속에 충돌을 갖지 않으며, 다른 파토스를 마지못해 인정하는 일이 없으며, 또 그런 한에서 —오늘날의 반어와는 반대로— 고매하고 절대적으로 규정된 성격들이되, 그 규정성의 내용과 근거를 하나의 특수한 인륜적 권능 속에서 찾는 성격들이다. 그런데 행위의 정당성을 갖는 그러한 개인들의 대립이 비로소 비극적인 것을 형성하는 까닭에, 대립은 [즉 비극은] 오로지 인간적 현실을 토대로 삼아 나타날 뿐이다. 왜냐하면 한 특수한 특질이 개인의 실체를 형성하는 것은, 그것도 개인이 자신의 모든 관심과 존재를 바쳐 그 하나의 내용에 진력하고, 또 그 내용이 실행력 있는 열정으로 되게끔 만드는 것은 오직 이 현실에서만 가능하기 때문이다. 그러나 지복에 잠긴 신들에게는 무차별적인 신적 본성이 본질적 요소이며, 설령 대립이 인다고 해도, 거기에는 궁극적 진지함이 없다. 또한 그것은 —내가 이미 호메로스의 서사시를 다루면서 거론하였듯이— 스스로가 다시 반어적으로 해결된다.

신성의 미분화된 의식과 투쟁적 행위라는 —이것은 신적 능력과 행동 속에서 등장하며, 또한 인륜적 목적들을 결의하고 실행한다— 위의 두 측면은 전체 드라마를 위해 똑같이 중요하며 또한 그 주요 요소들을 제공하는 바, 그리스 비극은 자신의 예술작품들에서 양자의 매개를 합창과 행위하는 영웅들로서 표현한다.

근래 그리스 합창의 의미에 관해 많은 논의가 있었는데, 그 와중에 그것이 현대의 비극에도 도입될 수 있는지, 또 도입되어야 하는지에 관한 의문이 제기되었다. 즉 사람들은 그러한 실체적 토대의 필요성을 느꼈으되 동시에 그것을 제대로 도입하여 끼워 맞출 능력이 없었으니, [541] 까닭인즉 그들은 그리스 비극의 관점에서 순정한 비극적 요소가 무엇인지, 합창이 왜 필연적인지를 충분히 깊게 이해하지 못했기 때문이다. 즉 한편으로 사람들은 합창에는 전체에 관한 고요한 반성이 귀속한다는 등, 반면 행위하는 인물들은 그들의 특수한 목적들과 상황들에 얽매인 까닭에 합창과 그 정관靜觀들에서 그들의 성격과 행위의 가치를 재는 척도를 얻는다는 등, 마찬가지로 관객은 그의 앞에서 벌어지는 일에 대한 자신의 고유한 판단의 객관적 대변자들을 예술작품 속의 합창에서 발견한다는 등 말하며, 또 그런 한도에서 그들은 합창을 인정했다. 부분적으로 이 견해는 합창이 실제로 실체적인, 한층 높은, 잘못된 투쟁들에 대해 경고하는, 결말을 위해 마음을 쓰는 의식으로서 존재한다는 점에서 정곡을 찌르고 있다. 그럼에도 불구하고 합창은 가령 관객과 같이 단순히 외적이며 한가롭게 반성하는 도덕적 인물, 그 자체로는 재미없고 지루하며 오로지 이 반성을 위해서만 추가된 인물과 같은 것이 아니라 오히려 인륜적, 영웅적인 삶과 행위 자체의 현실적 실체이며 개별 영웅들과 대비되는 비옥한 토지로서의 민족이니, 이 토지에서 비롯하여 개인들은 마치 꽃과 높이 솟는 나무들처럼 그들 고유의 본향으로부터 성장하며, 또한 그 토지의 존재를 통해 조건 지어진다. 그러므로 합창은 규정된 합법적 국법들과 고착화된 종교적 도그마들이 아직 인륜적 분규들에 대처하지 않는 시대의 입장에, 인륜적인 것이 처음 적나라한 생동적 현실성 속에서 현상하며, 또한 개인적 행위의 대립적 에너지가 낳을 수밖에 없는 공포의 충돌들에 대해 오직 불변의 균형 잡힌 삶만이 안전한 것으로 남아 있는 시대의 입장에 본질적으로 속한다. 합창은 우리에게 이 안전한 피난처가 실제로 현전한다는 의식을 준다. 그러므로 합창은 행위에 실제로 개입하지 않고, 투쟁하는 영웅들에 반대하는 권리를 적극 행사하지 않으며, [542] 자신의 판단을 다만 이론적으로 이야기하고, 신적 권리와 내적인 힘들을 ─판타지는 이 힘들을 외적으로 표상하여 일군의 주재하는 신들로서 그린다─ 경고하거나 공감하거나 소환하지 않는다. 이미 보았듯이 이러한 표현의 합창은 서정적이다. 왜냐하면 그것은 행위하지 않으며, 또한 어떠한 사건도 서사적으로 이야기하면 안 되기 때문이다. 하지만 그 내용은 동시에 실체적 보편성의 서사적 특성을 간직하며, 그런 까닭에 본격적 송가형식과는 달리 때로는 패안과 디티람보스에 가까운 서정시 양식으로 움직인다. 그리스 비극에서의 합창의 이러한 위치는 본질적으로 강조되어야 한다. 극장이 자체적으로 외적인 대지와 정경과 환경을 갖듯이, 합창은 정신적 정경이라고 말할 수 있는 민족을 가지며, 또한 우리는 그것을 신상을 ―합창에서는 행위하는 영웅들이 이것이다― 에워싸는 건축의 사원에 비교할 수 있다. 이에 반해 우리의 경우에는 입상들이 그러한 배경 없이 노천에 서 있다. 현대의 비극도 그런 배경을 필요로 하지 않으니, 까닭인즉 그 행위들은 실체적 근거에서 기인하기보다 주관적 의지와 성격 및 얼핏 외적, 우연적으로 보이는 사건들과 환경들에서 기인하기 때문이다. ― 이런 관계로, 만일 우리가 합창을 그리스 드라마 성립기의 우연한 끝자락이나 단순한 잔재로서 간주한다면, 이것은 완전히 잘못된 견해이다. 예술의 면에서 보면 물론 합창의 외적 근원은 디오니소스 축제에서 ―후일 변사가 중간에 등장하여 그의 전언이 결과적으로 극적 행위의 현실적 인물들로 변신, 제고되기 전까지는― 합창의 노래들이 주를 이루었다는 사실로부터 유래한다. 그러나 합창은 비극의 전성기에 가령 그저 신들의 축제와 디오니소스의 예배라는 이 동기를 기리기 위해서만 유지된 것이 아니라 오히려 그것은 점점 더 아름답고 규모 있게 발전했던바, 까닭인즉 합창은 본질적으로 극적 행위 자체에 속하며, 특히 합창의 저열화에서도 비극의 몰락이 비칠 정도로, 필수적이기 때문이다. [543] 합창은 저열화를 통해 더 이상 전체를 통합하는 지절로서 머물지 않고 다소간 있어도 좋고 없어도 좋은 장식으로 격하되었다. 이에 반해 낭만적 비극에서는 합창이 적합한 것으로 보이지도 않으며, 낭만적 비극이 근원적으로 합창의 노래들에서 성립한 것도 아니다. 이와 반대로 여기서의 내용은 그리스적 의미에서의 합창들의 도입을 통해서는 여하튼 실패할 수밖에 없는 종류의 것이다. 왜냐하면 낭만적 드라마의 출발이 되었던 고대의 소위 신비극, 도덕극, 그리고 기타 익살극이라는 것들은 앞서 말한 본연의 그리스적 의미에서는 어떠한 행위도, 삶과 신적인 것이 분화되지 않은 의식으로부터의 탈피도 표현하지 않기 때문이다. 합창은 기사도나 왕의 지배에도 마찬가지로 적합하지 않은 바, 까닭인즉 여기서는 백성이 복종을 해야 하거나 스스로 하나의 파당이 되어 그의 행운이나 불운에 대한 관심과 더불어 행위 속에 엮여 들기 때문이다. 대저 합창은 특칭적 열정, 목적 그리고 성격들이 문제시되거나 술수가 횡행하는 곳에서는 제자리를 발견할 수 없다.

합창과 대비되는 제2의 주요 요소는 갈등에 차서 행위하는 개인들이다. 그리스 비극에서 충돌들의 동인을 낳는 것은 가령 악의, 범죄, 비열함 혹은 단순한 불행, 무분별 등과 같은 것이 아니라, 이미 누차 말했듯이 오히려 한 특정 행위를 위한 인륜적 정당성이다. 왜냐하면 추상적인 악은 자체 내에 진리를 갖는 것도, 관심을 끄는 것도 아니기 때문이다. 하지만 다른 한편 우리가 행위하는 개인들에게 인륜적 성격 특징들을 부여하는 것이 단순한 의도로 간주되어서는 안 되며, 오히려 그들의 정당성은 즉자대자적으로 본질적이어야 한다. 그러므로 우리는 오늘날 벌어지는 범죄들, 아무짝에 쓸모없는 범죄자들 혹은 운명에 관한 헛소리를 지껄이는 소위 도덕적으로 고상한 범죄자들을 고대 비극에서는 찾아볼 수 없으며, 또한 관심과 성격의 단순한 주관성, 지배욕, 맹목적 애착, 명예 [544] 혹은 기타 열정들에서 —이것들의 정당성은 오직 특수한 경향성과 인간성에만 뿌리를 둘 수 있다— 기인하는 결단과 행동도 못지않게 찾아볼 수 없다. 그런데 목적의 의미내용을 통해 정당화된 하나의 결단이 일면적 특수성 속에서 실행된다면, 그것은 —갈등들의 실제적 가능성을 이미 즉자적으로 내포하는 일정 조건들하에서는— 동등하게 인륜적인 다른 영역의 인간적 의지를 침해한다. 또한 대립하는 성격이 이 의지를 자신의 현실적 파토스로서 견지하여 반발을 행한다면, 이를 통해 동등하게 정당한 힘들과 개인들의 충돌이 완전히 활성화된다. 이러한 내용의 권역은 다양하게 특화될 수 있지만, 그럼에도 그것은 본성상 그리 풍부하지 않다. 주된 대립은 국가, 즉 인륜적 삶의 정신적 보편성과 자연적 인륜성으로서의 가족의 대립인데, 특히 소포클레스는 이것을 아이스킬로스의 전례에 따라 매우 아름답게 다루었다. 이것은 비극적 표현의 가장 순수한 힘들이다. 왜냐하면 이 국면들의 조화 및 그 현실 속에서 행해지는 화합적 행위는 인륜적 현존재의 완벽한 실제성을 형성하기 때문이다. 이 점에서는 아이스킬로스의 『테베에 대항하는 일곱 용사』와 더욱 좋게는 소포클레스의 『안티고네』를 환기하는 것으로 충분하다. 안티고네는 혈족의 유대와 지하의 신들을 공경하지만, 크레온은 공공의 삶과 공동의 번영을 주재하는 힘인 제우스를 공경한다. 아이스킬로스의 『아울리스섬의 에피게니아』, 『아가멤논』, 『제주를 바치는 여인들』, 『에우메니데스』 및 소포클레스의 『엘렉트라』에서도 우리는 비슷한 갈등을 발견한다. 아가멤논은 왕이자 군의 사령관으로서 그리스인들과 트로이 원정을 위해 그의 딸을 제물로 바치며 이를 통해 딸과 부인에 대한 사랑의 유대를 끊어 버리는데, 어머니로서 이 유대를 가슴 깊이 간직하는 클리타임네스트라는 복수심에 차서 귀향하는 남편에게 치욕적 몰락을 준비한다. 그녀의 아들이기도 하고 왕의 아들이기도 한 오레스테스는 어머니를 존경한다. 그러나 그는 아버지의 권리와 왕의 권리를 [545] 대변해야 하므로 그를 품었던 자궁을 벤다. ― 이것은 모든 시대에 통용되는 내용이며, 따라서 그 표현은 대단한 민족적 상이성에도 불구하고 우리의 인간적, 예술적인 공감도 변함없이 생생하게 얻고 있다.

두 번째의 주요 충돌은 이미 이보다 한층 형식적인데, 그리스의 비극작가들은 이를 특히 오이디푸스의 운명에서 즐겨 표현했으며, 소포클레스는 이에 관한 완벽한 실례를 그의 『오이디푸스왕』과 『콜로노스의 오이디푸스』를 통해 후세에 남겼다. 여기서는 깨어 있는 의식의 권리, 인간이 자의식적 의지로써 실행한 것의 정당성이 그가 무의식적이며 무의지적으로 신의 규정에 따라 실제로 행한 것과의 대비 속에서 문제시된다. 오이디푸스는 아버지를 살해하고 어머니와 결혼하여 근친상간을 통해 아이들을 낳았으며, 알지도 뜻하지도 않았지만 이 지독한 패륜에 말려들었다. 오늘날의 한층 깊은 의식의 권리는 이 죄악들을, 스스로 알지도 뜻하지도 않았다는 이유에서, 고유한 자아의 행동들로서 인정하지 않을 것이다. 그러나 조형적인 그리스인은 그가 개인으로서 실행했던 것을 책임지며, 형식적 주관성의 자의식과 객관적으로 일어난 사태를 가르지 않는다.

마지막으로 때로는 개인적 행위 일반과 그리스적 숙명의 일반적 관계에서 비롯하는, 때로는 비교적 특수한 관계들에서 비롯하는 그 밖의 충돌들은 우리에게는 별로 중요한 것이 아니다.

그러나 이 모든 비극적 갈등들에서 우리는 특히 죄나 결백이라는 잘못된 생각을 버려야 한다. 비극적 영웅들은 유죄이기도 하고 무죄이기도 하다. 인간에게 선택권이 열려 있어서 그가 실행하는 것을 자의적으로 결단했던 오직 그 경우에만 유죄라는 생각이 타당하다면, 고대의 조형적 인물들은 결백하다. 그들은 [546] 자신이 바로 이 성격, 이 파토스이기 때문에 이 성격, 이 파토스에서 비롯하여 행위하는 것이다. 여기에는 어떠한 망설임도 선택도 없다. 그들이 선택을 행하지 않는다는 것, 처음부터 철저히 그들이 뜻하고 실행하는 바대로 존재한다는 것, 바로 이것이 위대한 성격들의 힘이다. 그들은 본질 그대로 존재하며 또한 영원히 그렇게 존재하니, 이 점이 그들의 위대함이다. 왜냐하면 유약한 행위는 오로지 주관 자체와 그 내용의 분리에서 성립하는바, 이리되면 성격, 의지 그리고 목적은 하나가 되어 절대적으로 현상하지 않으며, 또한 개인의 영혼 속에는 어떤 확고한 목적도 그의 고유한 개성의 실체로서, 전체 의지의 파토스이자 힘으로서 살지 않는 관계로, 그는 우유부단하게 이리저리 입장을 바꾸어 자의에 따라 결단할 수 있기 때문이다. 이러한 좌고우면은 조형적 인물들과 거리가 멀다. 의지의 내용과 주관성 사이의 끈은 그들에게 끊을 수 없는 것이다. 그들을 행위로 몰고 가는 것은 바로 인륜적으로 정당화된 파토스이다. 그들은 서로에 대한 격한 언쟁 속에서도 이 파토스를 가슴의 주관적 수사와 열정의 궤변보다는 오히려 견실하면서도 교양 있는 객관적 언어로 언표한다. 이 언어의 깊이, 척도 그리고 조형적인 생동적 아름다움에서는 누구보다도 소포클레스가 압권이었다. 그러나 동시에 충돌을 야기하는 그들의 파토스는 그들을 침해적이며 과오 있는 행동들로 몰고 간다. 이 행동들을 행함에 있어 그들은 가령 결백 따위를 원하지 않는다. 그 반대이다. 그들이 행했던 것, 실제로 행해야 했던 것은 그들의 명예이다. 우리는 그러한 영웅에게 그가 결백하게 행동했다는 것보다 더 심한 악담을 수군거릴 수 없다. 유죄야말로 위대한 성격들의 명예이다. 그들은 동정이나 연민을 위해 움직이려는 것이 아니다. 왜냐하면 주관적 연민은 실체적인 것보다는 인격의 주관적 깊이에서 일어나기 때문이다. 그러나 그들의 견고하고 강한 성격은 그 본질적 파토스와 하나이며, 또한 이 분리 불가능한 조화가 일으키는 것은 연민이 ─에우리피데스마저도 처음에는 이러한 연민으로 이행했었다─ 아니라 경탄이다. [547]

마지막으로 비극적 분규의 결과는 맞서 싸우는 양측의 정당성은 공히 보존되되 그들 주장의 편파성은 제거되어 무애無礙의 내적 조화가 회귀함을, 즉 모든 신들에게 명명백백 동등한 명예를 부여하는 합창의 상태가 회귀함을 유일한 대단원으로 삼는다. 참된 발전은 오로지 대립으로서의 대립을 지양하는 가운데, 즉 갈등 속에서 서로가 서로를 부정하고자 애쓰는 행위하는 힘들이 화해하는 가운데 성립할 뿐이다. 오직 이 경우에만 결과는 정신의 불행과 고난이 아닌 그 만족으로 존재한다. 왜냐하면 개인들에게 닥친 일의 필연성은 그러한 대단원에서 비로소 절대적 이성원리로서 현상할 수 있으며, 또한 심정은 진정으로 인륜적인, 영웅들의 운명에는 전율하지만 사태의 면에서는 화해된 평안을 얻기 때문이다. 고대 비극은 오직 이 통찰을 견지할 경우에만 이해된다. 그러므로 우리는 그런 식의 끝맺음을 권선징악적인, 다시 말해 "악덕이 토하면 덕이 상 앞에 앉는다"는 단순 도덕적인 결말로 이해해서도 안 된다. 여기서는 내적으로 반성된 인성의 이 주관적 측면이나 그 선악이 전혀 중요하지 않으며 오히려, 충돌이 완벽한 것이었다면, 긍정적 화해의 전망과 서로 투쟁했던 두 힘들의 동등한 타당성이 중요하다. 많은 사람들은 맹목적 운명, 즉 단순 비이성적이며 비지성적인 숙명을 고대적이라고 부르는데, 이 역시 대단원의 필연성이 아니다. 운명의 이성원리가 여기서 아직 자의식적 섭리로서 현상하는 것은 아니다. 왜냐하면 자의식적 섭리의 단계에서는 신적인 궁극목적이 세계 및 개인들에 의해 그 자체로서 그리고 타자에 대해서 천명되기 때문이다. 그러나 개별적 신들과 인간들 위에 있는 지고의 권능은 편파적으로 독자화되는, 이로써 그 권한의 한계를 넘어서는 힘들 및 이로부터 결과하는 갈등들의 존속을 인내하지 않으니, 운명의 이성원리는 바로 이 사실 속에 내재한다. [548] 운명은 개성을 그 한계 속으로 되돌리며, 만일 개성이 월권을 했다면 그것을 파괴한다. 그러나 비이성적 강제와 무고한 고난은 관객의 영혼 속에 인륜적 평안 대신 분개만을 야기할 것이다. ― 그러므로 다른 한편에서 보면 비극적 화해는 다시 서사적 화해와도 구분된다. 이 점을 염두에 두고 아킬레우스와 오디세우스를 보자. 양자는 목적을 달성했으며 또한 그들은 그런 성취를 이룰 만하다. 그러나 그들의 성공을 돕는 것은 항구적 행운이 아니다. 오히려 그들은 유한성을 절감할 수밖에 없으며 또한 여러 난관들, 상실과 희생들을 뚫고 힘들게 싸워야만 했다. 왜냐하면 광범위한 객관적 사건들과 삶의 과정에는 유한자의 무력함 역시 현상한다는 점을 진리는 무릇 요구하기 때문이다. 아킬레우스의 분노가 진정되기는 한다. 그는 모욕적으로 잃었던 것을 [즉 브리세이스를] 아가멤논으로부터 얻고, 헥토르에게 복수를 함으로써 파트로클로스의 장례를 치렀으며, 아킬레우스 자신은 위인으로 칭송받는다. 그러나 아킬레우스의 분노와 [복수를 통한] 그 화해는 자신이 가장 아낀 벗인 파트로클로스를 대가로 한 것이었다. 말하자면, 사별死別 후 헥토르에게 앙갚음하기 위해 아킬레우스는 분노를 내려놓고는 트로이인들과의 전쟁에 다시 뛰어들 수밖에 없는 자신을 목격하는데, 바로 그때 위인으로 알려진 아킬레우스는 자신이 요절할 것을 감지하고 있었다. 이와 비슷하게 오디세우스는 이타카에, 그가 소망하는 이 목적지에 결국 도착하지만 그의 모든 동료들과 모든 트로이의 전리품들을 잃은 후에, 여러 해 동안 지체하며 신고辛苦를 겪은 후에 홀로 잠든 상태로 도착한다. 양자는 유한성의 채무를 지불하며 또한 네메시스[171]는 트로이의 몰락과 그리스 영웅들의 운명에서 그녀의 권리를 행사한다. 그러나 네메시스는 오래된 정의에 불과하며, 무릇 지나치게 높은 것을 끌어내려 행운과 불행의 추상적 균형을 다시 산출할 뿐이다. 또한 보다 상세한 인륜적 규정을 결여한 채 [549] 유한한 존재와 접하고 그에 관여할 뿐이다. 이것이 사건의 분야에서 나타나는 서사적 정당성, 즉 단순 평형이라는 일반적 화해이다. 이에 대해 한층 높은 비극적 화해는 특정한 인륜적 실체성들이 그 대립에서 벗어나 진정한 조화로 출현하는 과정에 관계한다. 그런데 이러한 조화를 산출하는 방식은 아주 여러 가지인 까닭에, 나는 이 점에서 문제시되는 주요 계기들만을 주목하고자

---

171 역주: 밤의 신 닉스의 딸이다. 제우스의 구애를 거절하기 위해 거위로 변신하였으나 제우스도 백조의 모습으로 변신하여 그녀는 알을 낳게 되었다. 이 알에서 태어난 인물이 훗날 트로이 전쟁의 원인이 된 헬레나이다. 네메시스는 율법의 여신으로 인간의 우쭐대는 행위에 대한 신의 보복을 상징한다.

한다.

첫째, 파토스의 편파성이 충돌들의 본격적 근거를 형성한다면, 이는 여기서 그 편파성이 생동적 행위에 인입되고 이로써 한 특정 개인의 유일무이한 파토스가 됨을 의미할 뿐인데, 이 점은 특히 강조되어야 한다. 그런데 편파성이 지양되어야 한다면, 이에 따라 이 개인은 ―그가 오로지 하나의 파토스로서만 행위했다면― 제거되고 희생되어야만 한다. 왜냐하면 개인은 오로지 이 하나의 삶일 뿐이며, 또한 이 삶이 자체로서 이 하나의 삶으로 굳건히 간주되지 않는다면, 개인은 파멸된 존재이기 때문이다.

이러한 전개의 가장 완벽한 방식은 투쟁하는 개인들이 구체적 현존재의 면에서 즉자적으로 각각 총체성으로서 등장하고, 그리하여 스스로가 그들이 맞서 싸우는 존재의 위력 속에 있으며, 따라서 그들이 자신의 고유한 실존에 적합하려면 의당 존중해야 할 바의 바로 그것을 침해하는 경우에 가능하다. 이를테면 안티고네는 크레온의 국가권력하에 살고 있다. 그녀는 스스로가 왕녀이자 [크레온의 아들인] 하이몬의 신부인 까닭에 군주의 명령에 순종해야 마땅하다. 하지만 나름대로는 아버지이자 남편인 크레온도 혈연의 신성함을 존중해야 했을 것이며, 또한 이 경건함에 역행하는 것을 명령하지 말아야 했다. 그리하여 이들 자신에게는 서로에 대해 맞서게끔 만드는 그 무엇이 내재하며, 또한 그들은 자신의 고유한 현존재의 권역에 속하는 것에 사로잡혀 파멸한다. 안티고네는 신부의 춤을 즐기기도 전에 죽음을 맞지만, 크레온 역시 안티고네 때문에 자살한 아들과 그 아들의 죽음 때문에 자살한 부인으로 인해 벌을 받는다. [550] 이 면에서 『안티고네』는 나에게 고대 및 현대 세계의 모든 걸작들 중 ―나는 그 모든 것을 거의 알고 있으며, 사람들은 그것을 알아야 하고 또 알 수 있다― 가장 탁월하고 가장 만족스러운 예술작품으로 보인다.

그런데 비극적 결말이 양자의 편파성과 그들의 상등相等한 명예를 말소하기 위해 언제나 관련 개인들의 몰락을 필요로 하는 것은 아니다. 아이스킬로스의 『에우메니데스』에서 아폴로는 가족 수장 및 왕의 존엄과 숭배를 지키려 하며 또한 클리타임네스트라를 죽이라고 오레스테스에게 사주한다. 그런데 주지하듯 『에우메니데스』는 오레스테스의 죽음이나 아폴로에 맞선 에우메니데스의 —이들은 복수의 여신들로서 어머니의 피와 경건성 때문에 아폴로에 대해 복수를 꾀한다— 파멸로 끝나지 않으며, 오히려 오레스테스에게는 처벌이 내려지고 두 신들에게는 명예가 주어진다. 그런데 동시에 우리는 이 단호한 결말에서 그리스인들이 신들을 투쟁적인 특수 상황 속에서 가시화했을 때 그 신들을 무엇으로 간주했는지를 분명하게 본다. 현실의 아테네에서는 그 신들이 충만하고 조화로운 인륜성으로 결집되는 계기들로서 나타날 뿐이다. 아레오파고스의 투표도 마찬가지이다. 살아 있는 아테네의 실체를 대변하는 아테나 여신은 오레스테스의 석방을 의미하는 흰 돌을 던지며, 또한 에우메니데스에게는 아폴로와 마찬가지로 제단과 숭배를 약속한다.

둘째, 이러한 객관적 화해와는 대조적으로 평형은, 행위하는 개성이 종국적으로 자신의 편파성을 스스로 포기할 경우, 주관적일 수 있다. 그러나 자신의 실체적 파토스를 비운다면 그 개성은 무성격적인 것으로 현상할 터인데, 이는 조형적 인물들의 견실성과 모순된다. 그러므로 개인은 오직 한 층 높은 힘과 그 충고 및 명령에 대해서만 스스로를 포기할 수 있으니, 이리되면 그는 자체로는 자신의 파토스를 고수하지만 완강한 의지는 신을 통해 좌절된다. 이 경우 매듭은 풀리는 것이 아니라, 예컨대 『필록테테스』에서처럼, 기계신Deux ex machina[172]을 통해 잘려 나간다. [551]

---

172 역주: 초자연적인 힘을 이용하여 극의 긴박한 국면을 타개하고, 이를 결말로 이끌어 가는 수법이다. 라틴어로 '기계에 의한 신(神)' 또는 '기계장치의 신'을 의미하며, 무대 측면에 설치된 기중기 따위의

마지막으로 다분히 외적인 이런 방식의 대단원보다 더욱 아름다운 것은 내적인 화해인데, 이것은 그 주관성으로 인해 이미 현대적 요소와 맞닿아 있다. 영원히 상찬될 법한 『콜로노스의 오이디푸스』는 이에 대한 가장 완벽한 고대의 사례이다. 오이디푸스는 그의 아버지를 모르고 죽이며, 테베의 왕좌와 생모의 침대에 오른다. 이 부지중의 범죄들은 그를 불행하게 만들지 않는다. 그러나 오래전 수수께끼를 해결했던 늙은이[오이디푸스]는 기어코 자신의 어두운 운명에 관해 알게 되며, 또한 이 운명이 이미 그에게서 일어났다는 사실에 전율한다. 선악의 의식에 도달했던 아담이 그렇듯 그는 자신에 관한 수수께끼를 해결함으로써 행복을 잃었다. 이제 이를 본 그는 자신의 눈을 멀게 하며, 스스로를 왕좌에서 추방하고, 아담과 이브가 천국에서 쫓겨나듯 테베를 떠나며, 또한 의지할 곳 없는 늙은이가 되어 각처를 헤맨다. 하지만 이 중죄인은 그가 돌아왔으면 좋겠다는 아들의 요청에 귀를 기울이는 대신 콜로노스에 머물면서 그에게 복수를 행하는 여신들과 함께하며, 일체의 갈등을 내적으로 삭이며, 또한 내면에서 스스로 속죄한다. 한 신이 그를 죽음으로 부른다. 그의 먼눈은 빛나고 밝아지며, 그의 사지는 쾌유되어 그를 융숭하게 받아들였던 도시를 수호한다. 죽음 속에서의 이러한 변용은 그의 개성과 인격 속에서 나타나는 그의 화해이자 현대적 의미의 화해이기도 하다. 사람들은 이 속에서 기독교적인 어조를 찾고자 했었다. 그것은 신이 은총으로 용서하는 죄인의 모습이자 생시에는 곡절을 겪었지만 죽음 속에서 지복으로 보상받는 운명이다. 그러나 기독교의 종교적 화해는 영혼의 변용으로 존재한다. 영원한 구원의 샘물로 정화된 영혼은 그 현실과 행동들 너머로 솟으니, 까닭인즉 그것은 마음 자체를 마음의 무덤

기계를 신이 타고 등장하도록 연출한다 하여 이러한 이름이 붙었다.

으로 만들며 ―정신은 이것을 할 능력이 있다― 현세적 죄과의 고발을 그 자신의 현세적 개성을 바쳐 지불하며 또한 그러한 고발에 대해 영원하고 순수 정신적인 내면의 지복에 대한 확신으로 굳건히 대처하기 때문이다. [552] 이에 반해 『콜로노스의 오이디푸스』에서는 인륜적 힘들 및 이로부터 발생하는 침해들의 다툼이 인륜적 의미내용 자체의 통일성과 조화로 나아가매, 오이디푸스의 변용은 여전히 의식의 고대적 산출에 머물러 있을 뿐이다.

하지만 이 화해 속에는 만족의 주관성이라는 또 하나의 요소가 놓여 있는데, 이것은 희극이라는 대립적 분야로 넘어가는 기점이 된다.

ββ) 즉 이미 살펴보았듯이, 자신의 행위를 스스로 모순적인 것으로 만들고 또 해체하는, 그럼에도 평온하고 자기 확신적으로 머무는 주관성은 무릇 희극적이다. 그러므로 희극은 비극의 종착점을, 즉 내면에서 절대적 화해를 구한 밝은 심정을 자신의 토대이자 출발점으로 삼는다. 이것은 자신의 목적과 반대되는 것을 스스로 야기했던 심정이며, 그런 까닭에 자신의 고유한 수단을 통해 자신의 의지를 파괴하고 또 자체적으로 결딴난 심정이지만, 아무리 그렇다 한들 자신의 낙천성까지 상실하지는 않는다. 그러나 다른 한편 이러한 주관의 확신이 가능하려면 목적들은, 이와 더불어 또한 성격들은 즉자대자적으로 실체적인 것을 전혀 포함하지 말아야 하며, 또는 설령 즉자대자적으로 본질성을 갖는 경우라도, 그것들은 모름지기 실로 대립적인, 따라서 비실체적인 인물 속에서 목적이 되고 또 실행되어야 한다. 그런고로 이렇게 보면 파멸하는 것은 언제나 즉자적으로 공허하고 무차별적인 것에 그치며, 또한 주관은 이에 괘념하지 않고 있는 그대로 머문다.

전반적으로 이것은 우리에게 아리스토파네스의 작품들로 전해 오는 고대의 고전적 희극의 개념이기도 하다. 이 면에서는 행위하는 개인들이 그 자체로서 희극적인지, 혹은 관객의 관점에서만 희극적인지가 면밀하게 구분되어야 한다. 참된 희극으로 산정될 수 있는 것은 오로지 전자이며, 그 대가는 아리스토파네스였다. 이 관점에서 한 개인이 희극적으로 묘사되려면, 그가 자신의 목적과 의지의 진지함에 대해 스스로 진지하지 않음이, 그리하여 주관 자신의 입장에서 보면 이 진지함이 언제나 자기파괴를 [553] 수반함이 나타나야만 한다. 왜냐하면 애초부터 그는 본질적 분열을 일으키는 한층 고차적이며 보편타당한 관심에 개입할 능력이 없기 때문이다. 또한, 설사 실제로 그러한 것에 개입하더라도, 그는 오직 하나의 본성만을, 즉 무언가를 이루고자 원하는 듯 보이지만 자신의 현재적 실존을 통해 직접 그것을 이미 허망한 것으로 만들어 버린 본성만을 드러내어 그에게는 절실한 것이 진정으로 전무함을 우리는 보기 때문이다. 그러므로 희극은 다분히 하위 입장의 현재와 현실 속에서, 한번 있으면 있는 그대로 있는, 달리 있을 수도 없고 있으려 하지도 않는 사람들, 여하한 진정한 파토스도 갖지 못하는 사람들, 그럼에도 그들의 본질과 그들이 추진하는 것에 대해 최소한의 의심도 하지 않는 사람들 사이에서 행해진다. 그러나 동시에 그들은 자신들이 진력하는 유한성에 진지하게 매이지 않는다는 점, 오히려 그 위로 넘어가며 또한 실패와 상실을 당하고도 내적으로 공고하고 확신에 차 있다는 점을 통해 스스로를 한층 높은 본성들인 것으로서 공표한다. 인간이 시작하는 모든 일을 처음부터 즉자대자적으로 격려해 온 정신의 이 절대적 자유, 이 주관적 명랑함의 세계로 아리스토파네스는 우리를 안내한다. 그를 읽지 않고서는 그것이 어떻게 인간에게 너부러지게 좋을 수 있는지를 알기 어려울 것이다. ― 이제 이런 종류의 희극은 일정한 관심들 속에서 운동하는데, 그것이 이를테면 인륜성, 종교, 예술에 대립하는 영역들 등속에서 유래할 필요는 없다. 이와 반대로 고대 그리스의 희극은 바로 이 객관적, 실체적 권역의 내부에 머문다. 그러나 그 속에는 주관적 자의, 저속한 어리석음 및 부조리가 있으니, 이를 통해 개인들은 한층 높이 상승하려는 행위를 스스로 포기한다. 그리고 여기서 아리스토파네스는 부분적으로는 그리스 신들, 부분적으로는 아테네인들로부터 풍부한 행운의 소재를 얻는다. 왜냐하면 인간적 개성을 통한 신적 요소의 형상화가 특칭적, 인간적인 것을 향해 계속 수행된다면, 신들은 특수화되고 인간은 신들을 대변하게 되는데, [554] 후자는 심지어 신적 의미의 숭고함에 대립하며, 이 숭고함에 어울리지 않는 인간적 주관성을 공허하게 펼치는 서술이 되기 때문이다. 그러나 아리스토파네스는 군중의 어리석음들, 연사와 정치가들의 광기들, 전쟁의 부조리, 무엇보다 에우리피데스 비극의 새로운 방향을 그의 동료 시민들의 조롱에 사정없이 내던지는 것을 특히 사랑한다. 그는 이러한 내용의 위대한 희극성을 여러 인물에서 구현하며, 지칠 줄 모르는 익살 속에서 이들을 즉각 처음부터 바보들로 만들며, 그 결과 우리는 그들에게서 어떠한 영리함도 유래할 수 없음을 곧장 보게 된다. 예를 들어 그의 빚에서 벗어나려고 철학자들에게로 가기를 원하는 스트렙시아데스, 스트렙시아데스와 그의 아들의 선생으로서 진력하는 소크라테스,[173] 그가 진정한 비극작가를 다시 불러 올리기 위해 지하세계로 내려보내는 디오니소스,[174] 평화의 여신을 샘에서 끌어올리려는 클레온,[175] 여인들,[176] 그리스인들 등이 그런 인물들이다. 이 서술의 기조를 이루는 자기신뢰로는 자신이 기도한 바를 실행하지 못하며 그런 만큼 더욱더 황당무계해진다. 그들은 아무 생각 없는 바보들이다. 그 바보들은 생각 없는 바보들이다. 또한 비교적 똑똑한 자들마저도 일의 진행 여부에 상관없이 이 생각 없는 주관적 확신을 결코 상실하지 않으며, 그리하여 그들이 개입하는 일에 대해 즉시 모순의 낌새를 보인다. 이것은

173 역주: 『구름』.
174 역주: 『개구리』.
175 역주: 『기사』.
176 역주: 『여인들의 민회』.

올림포스 신들의 웃음에 찬 지복이며, 인간에게로 귀향하는, 그리고 어떠한 것에도 흔들리지 않는 그들의 근심 없는 태연함이다. 그러나 아리스토파네스는 결코 삭막하고 악질적인 험담가로 보이지 않으며, 매우 기지에 찬 교양인, 매우 뛰어난 시민이었으니, 그는 아테네의 번영을 진지하게 대했으며 또한 자신이 철저히 참된 애국자임을 증명했다. 그러므로 이미 언급했듯이 그의 희극에서 표현되는 것은 신적, 인륜적인 것의 완전한 해체가 아니라 이 실체적 힘들의 가상을 퍼뜨리는 만연된 부조리 및 [555] 애초부터 이미 진정한 사태가 더 이상 현전하지 않는 형상과 개별적 현상의 완전한 해체이며, 그리하여 이것들은 주관성의 가식 없는 유희에 공개적으로 적나라하게 주어질 수 있는 것이다. 그러나 이 대단한 통찰에도 불구하고 주관성의 이러한 승리 속에는 그리스 쇠락의 거대한 징후 역시 들어 있다. 왜냐하면 아리스토파네스는 신들과 정치적, 인륜적 현존재와 이 의미내용을 실현해야 할 시민적, 개인적 주관성의 참된 본질에 대한 절대적 모순을 노정하기 때문이다. 그러므로 생각 없는 근본적 행복감의 이 모습들은 사실상 창의적, 교양적이며 기지에 찬 그리스 민족의 시가 배출한 최후의 위대한 결과들이다.

β) 우리는 이제 곧 현대세계의 극시예술로 건너갈 것인데, 나는 여기서도 비애극, 연극 그리고 희극에서 중요한 몇 가지 주요 차이들을 일반적으로만 밝힐 것이다.

αα) 고대의 조형적 절정기의 비극은 아직 일면성에 머물러 있다. 그것은 인륜적 실체와 필연성의 정당화를 유일한 본질적 토대로 삼으며, 이에 반해 행위하는 성격의 개인적, 주관적, 내적 심화는 미발未發의 상태로 둔다. 반면 희극은 비극과 반대되는 조형성 속에서 나름대로 완벽을 기한다. 즉 그것은 주관성의 부조리와 그 해체를 자유롭게 드러내는 가운데 주관성을 표현한다.

현대 비극은 처음부터 그 고유의 영역 속에 주관성의 원칙을 수용한다. 따라서 그 대상과 내용은 인륜적 힘들의 단순 개별적, 고전적 체현으로서의 성격이 아니라 주관적 내면성으로서의 성격이다. 또한 그것은 이와 같은 유형 속에서 주위 사정들의 외적 우연을 통해 행위들을 충돌에 이르도록 만들 뿐만 아니라 비슷한 우연성을 통해 결과 역시 [556] 결정하거나 결정하는 것처럼 보인다. ― 이와 관련하여 우리는 다음의 항목들을 언급해야 한다.

> 첫째는 성격들의 내용을 이루는, 그리고 그들이 실행해야 할 다양한 목적들의 본성이며,
> 둘째는 비극적 성격들 자체 및 그들에게 불가피한 충돌들이며,
> 셋째는 고대 비극과는 다른 방식의 비극적 화해와 결말이다.

낭만적 비애극에서는 고난과 열정의 주관성이 말 그대로 중심점을 제공하지만, 아무리 그렇더라도 인간의 행위에서는 특정 목적들의 근거가 가족, 국가, 교회 등의 구체적 영역을 벗어날 수 없다. 왜냐하면 무릇 인간은 행위와 더불어 실제적 특수성의 권역에 발을 들이기 때문이다. 하지만 현재 이 권역들에서 개인들의 관심을 형성하는 것은 실체적인 것 자체가 아니며, 그런 한도에서 한편으로 목적들은 폭넓은 다양성으로, 그리고 종종 진정 본질적인 것을 겨우 희미하게 내비칠 뿐인 전문성으로 특화된다. 게다가 이 목적들은 완전히 변화된 형상을 지닌다. 예컨대 종교적 권역에서는 중심 내용이 더 이상 특수한 인륜적 힘들로 ―이 힘들은 판타지를 통해 고유한 인격을 갖는 신인神人들로 제시되었다― 머물거나 인간적 영웅들의 파토스로서 머물지 않으며, 오히려 그리스도와 성자들 등의 이야기가 표현된

다. 국가에서는 특히 왕권, 봉신들의 권력, 왕조들 간의 싸움, 같은 왕가의 개별적 구성원들 간의 싸움이 각양각색으로 나타난다. 나아가 시민적, 사법私法적 등의 관계들 역시 중요하며, 또한 이와 비슷하게 가족의 삶에서도 고대 드라마에는 아직 허용되지 않았던 측면들이 대두한다. 왜냐하면 앞서 거론한 영역들에서는 [557] 주관성 자체의 원칙이 권리를 행사하며, 바로 이를 통해 모든 권역들에서 새로운 계기들이 등장하며, 또한 현대의 인간은 이 계기들을 그의 행위의 목적이자 규준으로 삼을 권한을 갖기 때문이다.

다른 한편 주관성 자체는 자신을 유일한 내용으로 선언하고 사랑, 개인적 명예 등을 배타적 목적으로 견지하는 굉장한 권리를 가지니, 이로 인해 그 밖의 관계들은 일면 이 현대적 관심들이 운동하는 외적 토대로서 나타나며, 일면 주관적 심정의 요구들에 그 자체로서 갈등적으로 대립한다. 한층 깊이 보자면 주관적 성격은, 비록 그가 불의와 범죄 자체를 목적으로 삼지 않을 경우라도, 그의 숨겨진 목적의 달성을 위해 불의와 범죄를 꺼리지 않는다.

이러한 특칭화 및 주관성과는 대조적으로 셋째, 목적들은 다시 보편성과 포괄적 범위의 내용으로 확장될 수도 있으며, 혹은 그 자체가 실체적인 것으로 파악되고 실행되기도 한다. 나는 첫 번째 관점과 관련하여 절대적, 철학적 비극인 괴테의 『파우스트』만을 주목할 것이다. 여기서는 한편으로는 학문의 불만족성과 다른 한편으로는 세속적 삶 및 현세적 향유의 생동성이, 한마디로 절대자의 본질과 그의 현상 속에서 절대자와 주관적 앎 내지 노력을 매개하려는 비극적 시도가 한 폭의 내용을 제공하는데, 이러한 폭을 하나의 동일한 작품 속에 포괄하는 작업을 전에는 다른 어떠한 극시인들도 감행하지 못했다. 종합적, 시민적 질서와 그의 시대의 세계 및 인간성의 전체적 상태에 분개하고 또 이 보편적 의미에서 이에 반기를 드는 실러의 카를 모어[177]도 비슷한 유형이다. 발렌슈타인도 마찬가지로 독일의 통일과 평화라는 원대한 보편적 목적을 택하지만, 이 목적은 실패한다. 왜냐하면 그의 수단들은 외적, 인위적으로 규합되었을 뿐, [558] 일이 막상 벌어지는 바로 그곳에서는 파열되고 붕괴되었기 때문이며, 그뿐만 아니라 황제의 권위에 대항하는 그의 봉기 역시 황제의 힘 앞에서 무산될 수밖에 없었기 때문이다. 카를 모어와 발렌슈타인이 추구하는 바의 그러한 보편적 세계목적들은 한 개인을 통해 타인들을 순종적 도구들로 삼는 방식으로 진행되는 것이 아니다. 오히려 그 목적들은 때로는 많은 사람들의 의지와 더불어, 때로는 그들의 의식에 반하거나 그들의 의식을 고려함이 없이 자체적으로 스스로를 관철한다. 목적들을 자체적으로 실체적인 것으로 파악하는 실례로서 나는 칼데론의 몇몇 비극들만을 들고자 하는데, 여기서는 사랑, 명예 등의 권리와 의무들이 행위하는 개인들 자신 내지는 그 자체로 확정된 법조문에 따라 관장된다. 아주 다른 관점이긴 하지만 실러의 비극적 인물들에서도, 이 개인들이 그들의 목적들을 동시에 보편적, 절대적 인권이라는 의미에서 이해하고 옹호하는 한, 어쨌든 종종 비슷한 것이 나타난다. 예컨대 이미 『간계와 사랑』에 나오는 소령 페르디난트는 유행하는 인습들에 대해 자연권들을 방어하려고 생각하며, 또한 무엇보다 [『돈 카를로스』의] 포자 후작은 사상의 자유를 양도할 수 없는 인간성의 소유물로 요구한다.

그러나 일반적으로 현대 비극에서는 개인들이 목적의 실체성을 위해 행위하지 않으며, 또한 이것이 그들의 열정을 추동하는 인자로서 입증되지도 않는다. 오히려 만족을 재촉하는 것은 그들의 가슴과 심정의 주관성 내지 그들 성격의 특수성이다. 방금 거론한 사례들에서도 예의 스페인식 명예와 사랑의 주인공들의 경우에는 목적의 내용이 즉자대자적으로 주관적이어서

---

177 역주: 그는 실러의 작품 「군도」의 등장인물이다.

그 권리와 의무들이 가슴의 고유한 소망들과 직접 일치하며, 실러의 청년기 작품들에서는 자연, 인권, 그리고 세계 개선의 강력한 주장이 다분히 주관적 열의의 맹신으로 현상할 뿐이다. 그리고 [559] 실러는 나이가 들면서 성숙한 파토스를 제시하려고 시도했는데, 이는 그가 고대 비극의 원리를 현대의 극시예술에서도 재생하려고 의도했기 때문이다. 이 면에서 고대 비극과 현대 비극은 차이를 보인다. 이를 좀 더 자세히 드러낼 요량으로 나는 다만 셰익스피어의 『햄릿』을 참조하려 하는데, 그에게는 아이스킬로스가 『코에포로이』[178]에서, 소포클레스가 『엘렉트라』[179]에서 다루었던 충돌과 유사한 것이 기저에 깔려 있다. 『햄릿』에서도 그의 아버지인 왕이 살해되고, 어머

---

[178] 역주: 아이스킬로스의 작품 중에서 가장 유명한 것은 '오레스테스 3부작'으로 불리는 『아가멤논』, 『제주를 바치는 여인들(코에포로이)』, 그리고 『자비로운 여신들』이다. 이 작품은 트로이 전쟁의 주역 가운데 하나인 그리스군의 총사령관 아가멤논의 죽음, 그리고 그의 아들 오레스테스의 복수를 둘러싼 이야기를 소재로 취한다. 아가멤논은 트로이 전쟁 당시 그리스군의 총사령관이었다. 그는 실수로 아르테미스 여신의 분노를 사고, 여신을 달래기 위해 딸 이피게니아를 산 제물로 바친다. 이에 격분한 어머니 클리타임네스트라는 남편을 없애려는 흉계를 꾸민다. '오레스테스 3부작'의 첫 편인 『아가멤논』은 고향으로 돌아온 아가멤논이 아내의 손에 비참하게 암살당하는 사건을 소재로 한다. 『제주를 바치는 여인들(코에포로이)』은 아가멤논의 아들 오레스테스가 이 비극적인 소식을 듣고 남몰래 고향을 찾아오는 것으로 시작된다. 아버지의 무덤을 찾은 오레스테스는 제사를 지내는 여인들 사이에서 누이 엘렉트라를 알아본다. 남매는 복수를 다짐하며 친어머니인 클리타임네스트라를 처단한다. 무시무시한 존속 살해의 범죄를 처벌하기 위해 복수의 여신들이 나타나자, 오레스테스는 괴로워하며 미케네를 떠난다. 『자비로운 여신들』에서 오레스테스는 아폴로 신의 조언을 따라 지혜의 여신 아테나가 보호하는 도시 아테네로 향한다. 곧이어 법정에서 복수의 여신들과 오레스테스 간에 팽팽한 설전이 벌어진다. 변론을 맡은 아폴로 신은 아버지의 복수를 위해 어머니를 죽인 오레스테스의 행위가 정당했다고 주장한다. 배심원의 투표에서는 의견이 반반으로 갈렸지만, 재판장인 아테나 여신이 아폴로의 의견에 동조해 무죄를 선언함으로써, 오레스테스는 결국 복수의 여신들의 위협에서 벗어난다. 복수의 여신들은 격분하지만, 결국 지혜의 여신에게 설득되어 아테네를 수호하는 '자비로운 여신들'이 되기로 맹세한다.

[179] 역주: 아가멤논의 딸 엘렉트라는 아버지를 지극히 사랑하며, 아버지를 살해한 어머니 클리타임네스트라에게 극단적 증오를 드러낸다. 양자의 화해 가능성은 전혀 없다. 엘렉트라의 성격은 격렬하고 단호하며, 일을 처리하는 방식도 극단적이다. 이 성격은 그녀의 동생 크리소테미스의 성격과 대조를 이룬다. 엘렉트라는 크레온에 맞서 강한 의지를 드러내는 안티고네와, 크리소테미스는 크레온에 복종하기를 종용하는 안티고네의 동생 이스메네와 유사한 성격을 보인다.

니는 살해자와 결혼했다. 그러나 아가멤논의 죽음이 그리스 시인들에게서 모종의 인륜적 정당성을 갖는 반면, 셰익스피어에게서는 그것이 흉악무도한 범죄라는 단 하나의 형상을 지닐 뿐이며, 이 범죄에 어머니는 무고한 까닭에 복수하는 아들은 형제를 살해한, 참으로 존경할 만한 점을 전혀 찾아볼 수 없는 왕을 대적하면 그뿐이다. 그러므로 본격적 충돌의 중심에 놓인 것 역시 아들의 인륜적 복수 자체가 인륜성을 침해할 수밖에 없다는 사실이 아니라 오히려 햄릿의 주관적 성격인바, 그의 고상한 영혼은 이런 종류의 격동적 행동에 적합하지 않으며, 세계 및 삶에 대한 혐오로 가득 차 있으며, 실행을 위한 결단, 예행연습, 그리고 모의 사이에서 갈팡질팡하며, 또한 자신의 우유부단과 여건들의 외적 착종을 통해 파멸한다.

그러므로 둘째, 우리는 이제 현대 비극에서 두드러진 중요성을 갖는 측면, 즉 성격들 및 그로 인한 충돌로 넘어갈 것인데, 간단히 말해 여기서는 우선 다음을 출발점으로 삼을 수 있다.

고전적 그리스 비극의 영웅들이 일정한 여건들하에서 하나의 —독자적으로 완결된 그들의 고유한 본성에 유일하게 상응하는— 인륜적 파토스를 위해 확고하게 결단을 내릴 경우, 그들은 동등하게 정당한 또 하나의 대립적인 인륜적 힘과 필연적으로 갈등에 빠진다. [560] 이에 반해 낭만적 성격들은 애초부터 그들을 이러저러하게 행위하도록 만드는 광범위하고 다소 우연적인 관계들 및 조건들 한가운데 있으며, 그리하여 갈등들은 물론 외적 전제들을 계기로 삼긴 해도 본질적으로 성격에서 기인하며, 또한 개인들의 열정은 실체적 정당성 때문이 아니라 그들의 본질이 그렇기 때문에 여기에 순응한다. 그리스의 영웅들도 개성에 따라 행위하는 것은 맞지만, 이미 말했듯 고대 비극의 절정기에는 이 개성 자체가 필경 내적, 인륜적 파토스로 존재하는 반면, 현대 비극에서는 고유한 성격 자체가 주관적 소망과 욕구들, 외부의 영향들 등에 따라 결단을 내린다. 이 경우 그는 그 자체로 정당한 것을 고수하기도 하고 불의와 범죄에 이끌리기도 하는데, 이는 우연에 따른다. 그러므로 여기서는 목적의 인륜성과 성격이 합치할 수도 있겠지만, 목적, 열정 그리고 주관적 내면성이 특수화되는 탓에 이 일치는 비극적 깊이와 아름다움을 위한 본질적 근거와 객관적 조건을 형성하지 않는다.

이제 성격들 자체의 광범한 차이들에 관해 보자면, 이 분야는 다채롭고 다양하게 열려 있으며, 또 그런 까닭에 이에 관한 일반적 언급은 거의 불가능하다. 그러므로 나는 다음의 주요 측면들만을 다룰 것이다. ― 즉각 눈에 들어오는 첫 번째 대립은 추상적인, 이로써 형식적인 성격과 우리에게 구체적 인간으로서 생동적으로 다가오는 개인들 사이의 대립이다. 첫 번째 종류의 예로서 특히 인용되는 것은 프랑스 및 이탈리아의 비극적 인물들인데, 고대인들의 모방에서 생성된 이 인물들은 하여간 특정한 열정들의 ―사랑, 명예, 명성, 지배욕, 포악함 등의― 단순한 인격화로서 간주될 뿐이며, [561] 미사여구를 남용하고 수사학의 각종 기교들을 동원하여 그들 행위의 모티브들 및 그들 감응들의 정도와 종류를 최선으로 제공하지만, 이런 식의 표현방식은 그리스인들의 걸작 극시들보다 세네카의 범작들을 더욱 떠오르게 만든다. 스페인의 비극도 이러한 추상적 성격묘사와 접경한다. 여기서 사랑의 파토스는 명예, 우정, 왕의 권위 등과 갈등을 빚지만 그 자체가 종류의 면에서 너무 추상적, 주관적이며, 또한 권리와 의무의 면에서 너무 날카롭게 주조되어 있어서 말하자면 주관적 실체성이라고 할 만하며, 또한 이 주관적 실체성으로서의 파토스가 본격적 관심사로 돌출할 경우에는 성격들의 보다 충만한 특칭화가 거의 허용되지 않는다. 그럼에도 스페인 비극의 인물들은 종종 하나의 ―비록 거의 내실은 없지만― 완결성과 프랑스의 인물들에는 없는 완고한 인품을 지니며 또한 스페인인들은 동시에, 프랑스 비극들의 과정 속에 있는 삭막한 단순성과는 대조적으로, 비애극에서도 내면적 다양성의 결여를 예리하고 풍부하게 고안된 흥미로운 상황들과 그 착종들로 대체할 줄 안다. — 이에 반해 특히 영국인들은 개인들 및 성격들을 인간적으로 충실하게 묘사하는 거장으로 유명하며, 또한 다시 그들 중에서는 누구보다 셰익스피어가 범접을 불허하는 위치에 있다. 왜냐하면 예컨대 『맥베스』의 지배욕이나 『오셀로』의 질투와 같은 단순 형식적인 열정이 그의 비극적 주인공들의 전체 파토스를 차지하더라도, 그러한 하나의 추상에 의해 가령 폭넓은 개성과 같은 것이 소진되지 않으며 오히려 개인들은 이러한 규정성 속에서도 여전히 온전한 인간으로서 머물기 때문이다. 그렇다. 셰익스피어는 무한히 넓은 그의 세계 무대에서 죄악과 어리석음의 극단으로까지 나아가지만, 앞서 언급했듯이, 그는 이 극단적 경계들에서조차 풍부한 시적 장치를 사용하는데, 그리하여 그의 인물들을 제한성 속에 가라앉히는 대신 오히려 그들에게 그만큼 더 많은 정신과 판타지를 부여한다. [562] 그는 그들이 자신을 마치 예술작품처럼 이론적, 객관적으로 관조하도록 만드는 이미지를 통해 그들 스스로를 그들 자신의 자유로운 예술가로 만들며, 또한 이를 통해 간명하고 충실한 그의 성격 구상과 더불어 우리로 하여금 범죄자 및 형편없고 범속하기 짝이 없는 건달과 얼뜨기들에 대해서도 대단히 흥미를 갖도록 만들 줄 안다. 그의 비극적 성격들이 자신을 표출하는 방식도 이와 비슷하다. 그들은 개별적, 현실적이며, 직접적, 생동적이고, 또 대단히 다양하지만 그럼에도 그들은 요소 요소에서 고상함과 괄목할 만한 표현력, 내면의 깊은 감정, 순간적으로 산출되는 이미지와 비유들의 창안력, —현학적이라기보다는, 현실적으로 체감되는 보통의— 수사修辭능력을 갖추고 있는바, 직접적 생동성과 내적 영혼의 위대함을 이런 식으로 묶는 점에서 셰익스피어에 버금갈 만한 극시인을 최근의 인물들 중에서 찾기란 쉽지 않다. 왜냐하면 청년기의 괴테는 유사한 자연충실성과 특칭성을 추구하였으나 열정의 내면적 힘과 높이를 갖지 못하였으며, 또한 다시 실러도 격렬함으로 치달았지만 이 격렬함의 노도 같은 확장에는 이렇다 할 중핵이 빠져 있기 때문이다.

　현대적 성격들이 갖는 두 번째 차이점은 그들의 확고함이나 그들의 내적 흔들림과 불일치에서 성립한다. 그리스인들의 경우에도 우유부단의 유약함, 갈팡질팡하는 반성, 결단을 이끌어야 할 근거들의 고민이 에우리피데스의 비극들에서 종종 나타나기는 한다. 그런데 에우리피데스 역시 성격들과 행위의 완성된 조형성을 진즉 떠나 주관적 동요로 넘어간다. 현대 비애극에서는 그러한 동요하는 인물들이 더욱 자주, 특히 그들의 내면 자체가 이중적 열정에 속하는 식으로 나타나며, 이 열정은 그들을 하나의 결단, 하나의 행동으로부터 또 다른 결단 혹은 행동으로 내몬다. 나는 다른 곳에서(제1권, 312~316쪽) 이미 이러한 동요에 관해 [563] 논하였으므로, 여기서는 다만 비극적 행위가 아무리 충돌에서 기인할 수밖에 없더라도 그럼에도 한 동일한 개인 속에 분열을 들여놓음은 언제나 어쭙잖은 점을 다분히 수반한다는 사실만을 첨언하고자 한다. 왜냐하면 대립된 관심으로의 분열은 일면 정신의 탁함과 우둔함에, 일면 유약함과 미숙함에 근거를 두기 때문이다. 괴테의 청년기 작품들에서도 이런 인물들이 여전히 몇몇 발견된다. 예컨대 『괴츠』의 바이스링엔, 『스텔라』의 페르난도, 그러나 무엇보다 『클라비고』의 클라비고가 그런 인물이다. 그들은 완성되지 않은, 이로써 확고한 개성에 도달할 수 없는 이중적 인간들이다. 그 자체로 안정된 하나의 성격에 두 대립적인 삶의 국면들, 의무들 등이 똑같이 신성하게 나타난다면, 그럼에도 불구하고 그가 다른 하나의 측면을 배제한 채 하나의 측면에만 설 수밖에 없음을 알고 있다면, 이는 이미 다른 경우이다. 즉 이 경우에는 동요가 단지 하나의 이행일 뿐, 성격 자체의 중추를 형성하는 것은 아니다. 또 다른 종류로서는 한 심정이 더 나은 의지에 반하여 그와 대립적인 열정의 목적들로 미혹되고, 또 이 내면의 분열에서 벗어나 내적, 외적으로 자신을 구제하거나 그 분열에 즉해 몰락하는 비극적 사례가 있다. 예컨대 실러의 『오를레앙의

처녀』가 그렇다. 하지만 내면의 불화라는 이 주관적 비극성이 비극의 지렛
대가 된다면, 그것은 무릇 때로는 그저 슬프고 고통스러운, 또 때로는 짜증
스러운 뭔가를 보여 줄 터, 시인들로서는 이것들을 들춰내어 각별히 발전
시키기보다는 차라리 피하는 편이 낫다. 그러나 가장 나쁜 것은 성격 및 인
간 자체의 그러한 동요와 돌변을 ─이것은 말하자면 일종의 그릇된 예술변
증법이다─ 전체 서술의 원리로 만드는 것이며, 또한 어떠한 성격도 내적
으로 견고하거나 자기 확신적이지 않음을 보여 주는 바로 그 점에서 진리
가 성립한다고 보는 것이다. 열정과 성격들의 일면적 목적들은 반론 없이
실현될 수 없으며, 또한 일상적 현실에서도 [564] 그들은 관계들의, 그리고 대
립적 개인들의 반작용적 힘으로 인해 유한성과 지속 불가능성의 경험을 면
할 수 없다. 처음에는 이러한 결말이 사실에 합당한 결론을 형성하지만, 그
것은 변증법적 톱니바퀴의 작용이 아니며, 또한 말하자면 개인 자신의 한
가운데로 들여질 필요도 없는바, 그렇지 않다면 주관은 이 하나의 주관성
으로서 다만 공허하고 비규정적인, 목적 및 성격의 규정성과 더불어 생동
적으로 성장하지 못하는 형식으로 존재할 뿐이다.

온전한 인간의 내면적 상태의 변화가 바로 이 고유한 특수성 자체의 정
합적 결과를 나타내고 그리하여 애초부터 즉자대자적으로 성격 속에 들어
있던 것만을 전개하고 드러낸다면, 이는 또 다른 것이다. 예컨대 셰익스피
어의 『리어왕』에서 노인 리어왕의 타고난 어리석음이 광기로 고조되는 것
과 비슷하게 글로스터 백작의 정신적 실명은 현실의 육체적 실명으로 변하
는데, 이때 비로소 그에게는 그의 아들들의 사랑을 진실로 구분하는 눈이
뜨인다. ─ 동요하고 내적으로 불일치하는 성격들의 서술과는 대조적으로,
바로 셰익스피어는 내적으로 굳건하고 일관된, 자기 자신과 자신들의 목적
을 단호하게 견지하는, 또 바로 이를 통해 파멸하는 인물들에 관한 가장 아
름다운 사례를 우리에게 제공한다. 그들은 인륜적으로 정당화됨이 없이 오

직 그들 개성의 형식적 필연성에 의해 지탱될 뿐이어서 외부 사정들을 통해 행동으로 미혹되기도 하며, 혹은 다른 사람들에 대해 자신을 주장하기 위해서든, 아니면 이미 다른 길이 없기 때문이든 간에 이제 자신들의 행동을 어쩔 수 없이 행할 경우에조차, 그들은 맹목적으로 뛰어들고 의지의 힘으로 맞버틴다. 종래에는 아직 발현하지 않았던, 그 성격답게 속에만 있었던 열정이 이제 생성, 전개되는바, 위대한 영혼의 이러한 진행과 경과, 그 내면적 발전, 그리고 환경들, 관계들 및 [565] 귀결들과의 자기파멸적인 투쟁의 그림, 이것이 극히 흥미로운 많은 셰익스피어 비극들의 주된 내용이다.

우리가 이제 언급해야 할 마지막 주요 사항은 현대적 성격들이 맞닥뜨리는 비극적 대단원 및 이 입장에서 도달 가능한 비극적 화해의 종류에 관한 것이다. 고대 비극에서는 독립적으로 행위하는, 이로써 충돌을 야기하는 특수한 힘들에 맞서 운명의 절대적 힘으로서의 영원한 정의가 인륜적 실체의 조화를 구원, 보존하며, 또한 그 주재主宰의 내적 이성원리가 있기에 우리는 몰락하는 개인들을 보면서 만족한다. 이제 이와 비슷한 정의가 현대 비극에서 등장할 경우, 그것은 때로는 목적과 성격들의 특수성으로 인해 비교적 추상적으로 존재하기도 하며, 때로는 개인들이 자신의 관철을 위해 불가피하게 여기는 다소 심각한 불의와 범죄로 인해 비교적 냉혹하고 범죄적인 본성을 지니기도 한다. 예컨대 맥베스, 리어왕의 큰딸들과 그녀들의 남편들, 『간계와 사랑』에서의 수상, 리처드 3세 등은 그들의 만행으로 인해 그들이 당한 것보다 더 나은 대접을 받을 이유가 하등 없다. 보통 이런 유의 대단원은 개인들이 현전하는 권력에도 불구하고 그들의 특수한 목적을 실행하려 하며 또 그 권력에 의해 좌초한다는 식으로 서술된다. 예컨대 발렌슈타인은 황권의 견고함에 의해 파멸한다. 하지만 합법적 질서를 주장하면서 벗을 배신하고 우정의 형식을 악용했던 늙은 피콜로미니도 희생당한 그의 아들의 죽음을 통해 처벌받는다. 괴츠 폰 베를리힝엔 역시 비교적 확고하게 정초된 기존의 정치적 상태를 공격하고 그에 의해 파멸하며, 바이스링엔과 아델하이트도 비록 이 합법적 권력의 편에 서 있긴 하지만 불의와 불충으로 인해 불행한 종말을 자초한다. 그런데 이 경우에는 성격들의 주관성에 곁들여 [566] 개인들이 자신들의 개인적 운명과 화해하였음도 보여주어야 한다는 점이 즉각 요구된다. 이러한 만족은 심정이 자신의 현세적 개성의 몰락의 대가로 한층 높은 불멸의 지복이 보장되었음을 인지할 경우에는 종교적일 수 있고, 성격이 몰락에 이르러서도 꺾임 없이 강인함과 태연함을 유지할 수 있다. 또한 모든 관계들 및 불행들에 맞서 자신의 주관적 자유를 불굴의 에너지 속에서 보존할 경우에는 형식적이되 현세적일 수 있고, 끝으로 심정이 그의 행위에 적합한 운명은 ―비록 혹독할지언정― 오직 하나뿐임을 인정할 경우에는 내용적으로 한층 풍부할 수 있다.

그러나 다른 한편 비극적 결말은 단지 불행한 여건들과 외적 우연성들의 ―이 우연성들은 달리 전개될 수도 있었으며, 또한 자못 행복한 결말로 귀결될 수도 있었다― 작용으로서 서술되기도 한다. 이 경우 우리에게는 성격, 여건들, 분규들의 특수성에도 불구하고 세속적인 것 일반의 무상함에 자신을 절대적으로 맡기는, 그리고 유한성의 운명을 견뎌야 하는 현대적 개성의 모습만이 남는다. 하지만 이러한 단순한 슬픔은 공허한 것이며, 또한 특히 내면 자체로서 고상하고 아름다운 심정들이 그 싸움에서 단순 외적인 우연들의 불운으로 인해 몰락할 경우, 그 슬픔은 잔혹하고 외적일 뿐인 필연성이 된다. 그러한 진행이 우리를 강하게 엄습할 수는 있어도 그것은 그저 끔찍한 것으로 나타날 뿐이니, 이에 외부적 우연들은 예의 아름다운 성격들 고유의 내적 본성과 필히 일치해야 한다는 요구가 직접 촉발된다. 오직 이러한 고려에서만 우리는 예컨대 햄릿과 줄리엣의 몰락을 화해로 느낄 수 있다. 외적인 면에서는 햄릿의 죽음이 레어티스와의 싸움 및 검의 혼동을 통해 우연히 야기된 것으로 나타난다. 그러나 햄릿의 심정의 이

면에는 처음부터 죽음이 놓여 있다. 유한성의 모래톱은 그에게 만족을 주지 못한다. 삶의 모든 상태들을 대하는 그러한 슬픔과 유약함, 이 비탄과 혐오에서 [567] 우리는 그가 이 끔찍한 환경들 속에서 패배자로 있음을, 죽음이 외부에서 그에게 다가오기 전에 내면의 진저리가 그를 거의 탈진케 했음을 처음부터 느낀다. 『로미오와 줄리엣』도 마찬가지 경우이다. 이 연약한 꽃이 재배되었던 땅은 그 꽃에 어울리지 않으며, 우리는 그토록 아름다운 사랑의 덧없음을 한탄할 도리밖에 없으니, 이 사랑은 우연한 세계의 골짜기에 있는 연약한 장미처럼 거친 폭풍우에 의해, 고상하고 호의적이지만 잘못된 허약한 방책에 의해 꺾인다. 그러나 우리를 엄습하는 이 쓰라림은 고통스러울 뿐인 화해, 불행 속의 불행한 지복이다.

ββ) 시인들은 분규의 우연성에서 개인들의 단순한 몰락을 내세우기도 하지만, 같은 우연성에 하나의 흥미로운 반전을 부여하여 기타 여건상 도저히 허락될 법하지 않은 관계와 성격들의 행복한 결말을 이끌어 낼 수도 있다. 그러한 운명의 행복한 결말은 적어도 불행한 결말에 버금가는 당위성을 가지며, 또한 이 차이 이외의 다른 어떤 것이 문제시되지 않는다면, 나로서는 행복한 결말을 더욱 선호함을 고백해야 하겠다. 또 그래서 안 될 이유라도 있는가? 단순한 불행이 단지 불행이라는 이유로 행복한 결말보다 선호된다면, 그 근거에는 다만 모종의 잘난 척하는 감수성, 즉 자신을 고통과 고난에 방목하고 또 자신이 일상적인 것으로 간주하는 고통 없는 상황들에서보다 거기에서 더욱 흥미를 발견하는 감수성이 현전할 뿐이다. 그러므로 관심들이 자체로서 값어치가 없는 종류의 것이어서 개인들의 희생이 진정 그에 가당하지 않다면, 개인들은 자기를 희생하는 대신 그들의 목적을 단념하거나 서로가 그 목적들에 관해 합의에 이를 수 있으며, 또한 그런 관계로 결말은 비극적일 필요가 없다. 왜냐하면 무릇 갈등과 해결의 비극성은 한층 높은 관점에 그 권리를 부여하기 위해 [568] 이러한 것이 필연적일 경우

에만 표출되기 때문이다. 그러나 이 필연성이 결여되어 있다면, 단순한 역경과 불행은 무엇으로도 정당화되지 않는다. 비극도 희극도 아닌 연극과 드라마의 자연적 근거는 이 점에 놓여 있다. 이런 장르의 고유한 시적 입장을 나는 이미 위에서 거론했다. 그런데 우리 독일인들의 경우 이 장르는 때로는 시민적 삶이나 가정사와 같은 영역의 감동적 요소를 목표로 하였으며, 때로는 『괴츠』 이래로 회자된 바의 기사도를 다루었는데, 이 분야에서는 주로 도덕성의 승리가 가장 흔히 찬미되었다. 여기서는 보통 금전과 재산, 신분 차이, 불행한 연애, 소소한 범위와 관계들에 국한된 내면의 비열함 등, 한마디로 그렇지 않아도 이미 늘 목전에 보이는 것이 문제시된다. 다만 차이가 있다면, 그러한 도덕적 각본들에서는 덕과 의무가 낙승하고 악덕이 창피당하고 처벌되거나 속죄에 이르러서 이제 화해가 사필귀정의 이 도덕적 결말 속에서 이루어진다는 점뿐이다. 이를 통해 주 관심은 성향, 착한 마음, 그리고 악한 마음이라는 주관성에 놓이게 된다. 그런데 추상적, 도덕적 성향이 중심점을 제공할수록, 한편으로 개성은 그만큼 더 사태의 파토스, 즉 내적으로 본질적인 목적의 파토스에 결부될 수 없으며, 그런가 하면 다른 한편 특정한 성격 역시 궁극적으로 역경을 딛고 자신을 관철할 수 없게 된다. 왜냐하면 일단 모든 것이 단순 도덕적인 성향과 심정 속으로 끌려들어온다면, 도덕적 반성의 이러한 주관성과 강력함 속에서는 성격의, 혹은 적어도 특수한 목적들의 기타 규정성이 더 이상 거점을 갖지 못하기 때문이다. 심정은 부서질 수 있으며, 그 성향은 변화될 수 있다. 그러므로 정확히 보면 예컨대 코체부의 『인간혐오와 참회Menschenhaß und Reue』와 같은 감동적 연극 및 이플란트가 쓴 드라마의 많은 도덕적 과오들은 [569] 정녕 좋게 끝나는 것도 나쁘게 끝나는 것도 아니다. 즉 줄거리는 보통 용서와 개선의 약속을 향해 나아가며, 또한 여기에서 내면의 개조와 자기와의 절연의 모든 가능성이 나타난다. 이것은 물론 정신의 높은 본성이자 위대함이다.

그러나 사나이가 백수건달이었는데 그가 자신을 고칠 것을 약속하는 경우
―코체부의 주인공들이 대개 그렇고 이플란트의 주인공들도 흔히 그렇
다― 천성이 무용지물인 그러한 자에게는 전향轉向조차 가식이거나 피상적
이어서 마음 깊이 자리하지 않으며 또한 그 순간만 외적인 해결책이 될 뿐
이다. 그리고 만일 일이 새로이 달라지려 하면, 그러한 개전은 근본적으로
여전히 나쁜 천성으로 인도될 수 있다.

YY) 마지막으로 현대의 희극에 관해 보자. 나는 이미 고대 그리스의 희극
을 다루면서 행위하는 인물들의 어리석음과 일면성이 다른 사람들에게만
우스꽝스럽게 나타나는가, 혹은 그들 자신에게도 마찬가지로 그런가의 차
이, 따라서 희극적 인물이 오직 관객들에게서만 조롱을 사는가, 혹은 그 자
신 스스로도 자신을 조롱하는가의 차이를 언급하였는데, 현대의 희극에서
는 이 차이가 본질적으로 중요하게 된다. 진정한 희극작가인 아리스토파네
스는 오직 후자만을 표현의 기본 원칙으로 삼았다. 하지만 이미 이후의 그
리스 희극과 후일 플라우투스와 테렌티우스[180]의 희극에서는 차후 현대의
익살극[희극]에서 결정적으로 통용되는, 이로써 다수의 희극산물들로 하여
금 많든 적든 단순 산문적, 희극적인 것, 아니 심지어 불쾌하고 역겨운 것
마저도 지향하게 만드는 하나의 대립적 경향이 발전되었다. 특히 몰리에르
는 예컨대 그의 비교적 섬세한 희극들에서 ―이것들을 시시한 익살극이랄
수는 없다― 이러한 입장을 취한다. 여기서는 개인들이 그들의 목적을 지
독히도 진지하게 대하는데, 이 점이 산문적 요소의 근거가 된다. 그들은 극
히 열렬한 이 진지함과 더불어 자신들의 목적을 추구한다. 또한 [570] 그들이
종국에 가서 그 때문에 기만당하거나 스스로 그 목적 자체를 파기할 경우,

---

180 역주: 플라우투스(B.C. 254?~184)와 테렌티우스(B.C. 195?~159)는 고대 로마 희극의 완성자이다.

그들은 자유롭고 만족스럽게 함께 웃을 수 없으며, 대개는 타인의 악의 섞인 조롱거리가 될 뿐이다. 예를 들어 한 현실의 악당을 폭로하는 몰리에르의 작품 『타르튀프[위선재]』는 전혀 우스꽝스러운 것이 아니라 뭔가 대단히 진지한 것이며, 또한 속임수에 당한 오르공의 실망은 불행의 고통으로까지 나아가는데, 이는 오직 기계신을 통해서만, 즉 집행관이 마지막에 그에게 다음과 같이 말함으로써만 해결될 수 있다.

> 그대, 걱정의 짐을 내려놓으시지요.
> 사기꾼을 미워하는 군주가 우리를 다스리기 때문입니다.
> 인간의 마음은 그의 앞에서 열리며
> 사기꾼의 술수는 그의 날카로운 눈길에 녹아 사라집니다.

예컨대 몰리에르의 수전노와 같은 완고한 성격들의 추한 추상도 본연의 희극적 요소를 전혀 갖지 않는다. 왜냐하면 이 성격들은 고루한 열정에 진지하게 절대적으로 집착하며, 또한 그들의 심정을 이러한 제한으로부터 해방시키지 못하기 때문이다. ― 그럴진대 특히 이 분야의 거장에게는, 그 대책으로서, 성격들을 정확하게 묘사하는 섬세한 솜씨나 교묘하게 꾸며진 계략의 실행이 그 총명함을 증명하는 최상의 기회이다. 대개의 경우 계략은 한 개인이 타인을 기만하여 자신의 목적을 이루려 할 때 드러난다. 그는 타인의 관심들을 함께 나누고 또 후원하는 듯 보이지만, 그 기만은 이 부정한 후원 자체를 통해 정작 그 자신을 멸망시키는 모순을 낳는다. 이에 반해 이때는 그 반대 수단도, 즉 다른 사람들을 혼란하게 만들기 위해 그 스스로가 혼란스러운 체하는 수단도 일상적으로 사용된다. 이것은 무한히 많은 상황들에서 극히 교묘하게 [571] 날조되며 또 복잡하게 뒤엉키는 임시변통의 방책이다. 스페인인들은 그러한 계략과 분규들을 고안함에 있어 매우 섬세한 거장의 솜씨를 보여 주며, 또한 이 분야에서 우아하고 탁월한 작품들을 다수 제공하였다. 여기서는 사랑, 명예 등과 같은 관심이 내용을 제공하는데, 이것들은 비애극에서는 매우 깊은 충돌들로 인도되지만 희극에서는 —예컨대 오랫동안 느껴 온 사랑을 고백하려 하지 않는, 그리고 바로 이 때문에 종국에는 그 사랑을 스스로 배신하는 자존심과 같이— 원래가 실체 없는 것으로 증명되며 또한 희극적으로 지양된다. 끝으로 그러한 계략을 꾸미고 주관하는 인물들은 보통 로마의 익살극에서는 노예들이며 현대 희극에서는 시종 내지 하녀들인데, 이들은 주인의 목적들을 존중하는 대신 자신의 이득에 따라 그것들을 이룰 수 있게 도와주거나 망쳐 버린다. 또한 정작 주인이 시종으로, 시종이 주인으로 있는 우스꽝스러운 광경만을 제공하거나 적어도 그 밖의 희극적 상황들을 위한 —이것들은 외적으로 생기기도 하고 분명히 조장되기도 한다— 기회를 제공한다. 우리 자신은 관객이기 때문에 비밀을 알고 있다. 종종 존경스럽기 그지없는 최고의 아버지들, 숙부들 등에 대해 각종 계략과 속임수가 매우 진지하게 펼쳐지지만, 우리는 그로부터 안전하며, 또한 그런 까닭에 그러한 간계들이 모순을 숨기고 있든 백일하에 드러내든 간에 그 모든 모순들에 관해 웃을 수 있다.

이런 식으로 무릇 현대적 익살극은 관객에게 사적 관심과 이 범위의 성격들을 우연적인 비행非行, 가소로움, 비정상적 습벽들과 어리석음들 속에서, 때로는 성격묘사를 위주로, 때로는 상황과 상태들의 희극적 착종을 위주로 제시한다. 그러나 이런 종류의 익살극은 아리스토파네스 희극의 전편에 부단한 화해로서 흐르는 바의 격의 없는 익살을 살리지 못하며, 또한 내면 자체로서 사악한 것, 시종들의 교활함, 아들들과 피후견인들의 속임수들이 존경스러운 주인들, 아버지들, 후견인들에 대해 승리할 경우에는 심지어 거부감을 줄 수도 있다. [572] 이 어른들 자신은 나쁜 편견이나 변덕스러움이 그들을 규정하도록 두지 않지만, 그 때문에 그들은 이 무력한 어리석음으로 인해 웃음거리가 되며, 또한 다른 사람들의 목적에 희생된다.

익살극의 관점을 다루는 희극적 방식은 전체적으로 산문적이다. 하지만 이와 대조적으로 현대세계 역시 진정으로 시적인 하나의 희극적 입장을 발전시켰다. 즉 여기서는 온갖 실패와 그르침을 괘념하지 않는 심정의 유쾌함, 확신에 찬 방종, 자만, 근본적으로 즐거운 숙맥 내지 주관성 일반의 대담성이 다시 기조를 형성하며, 또한 이를 통해 한층 깊은 충만함과 내면성을 갖는 유머 속에서 ─그 범위는 비교적 협소할 수도 넓을 수도 있으며, 그 의미내용은 비교적 하찮을 수도 중요할 수도 있다─ 고대인의 경우 아리스토파네스가 그의 분야에서 가장 완벽하게 성취했던 것을 다시 산출한다. 끝으로 이 국면의 가장 빛나는 사례를 들라 하면, 그 성격을 자세히 규정짓지는 않겠지만, 나는 여기서 다시 한번 셰익스피어를 들 것이다.

이제 희극 장르의 발전과 더불어 우리는 실로 학적 설명의 종착점에 도달했다. 우리는 상징적 예술에서 출발하였는데, 여기서는 주관성이 스스로를 내용과 형식으로서 발견하고 또 객관화하고자 분투한다. 우리는 고전적 조형예술로 나아갔는데, 이 예술은 대자적으로 명료화된 실체적 요소를 생동적 개별성 속에서 제시한다. 또한 우리는 내면의 깊은 감정과 심정의 예술인 낭만적 예술에서 끝났는데, 이 예술은 자신 속에서 자유로이 정신적으로 운동하는 절대적 주관성, 즉 자신 속에서 만족을 구하여 더 이상 객관적인 것 내지 특수한 것과 통합되지 않는, 그리고 이 해체의 부정적 측면을 희극의 유머 속에서 의식화하는 주관성을 수반한다. 그런데 이 정점에서 희극은 동시에 예술 일반의 해체로 인도된다. 모든 예술의 목적은 정신을 통해 산출된 동일성인데, [573] 그 속에서는 영원한 것, 신적인 것, 즉자대자적으로 참된 것이 실제적 현상과 형상으로 나타나며, 또한 우리의 외적 직관 및 심정과 표상에 대해 현시된다. 그런데 희극은 이러한 통일성[동일성]의 자기파괴를 표현할 뿐이다. 왜냐하면 절대자는 자신의 실현을 원하지만, 현실 자체의 요소 속에서 이제 독자적으로 자유롭게 된, 그리고 우연적, 주관적인 것만을 향하는 관심을 통해 이 실현 자체가 파기되었음을 보기 때문이다. 그러므로 절대자의 현재와 작용은 더 이상 현실적 현존재의 성격들과 목적들의 긍정적 합치 속에서 나타나지 않고, 다만 절대자에 상응하지 않는 일체의 것이 스스로를 지양하는 부정적 형식 속에서 —이러한 해체 속에서는 주관성 자체만이 자기 확신적이자 동시에 자기 보증적인 것으로 나타난다— 표명될 뿐이다.

이리하여 이제 우리는 예술미와 그 형상화의 모든 본질적 규정들을 남김없이 하나의 철학적 화환으로 정렬하였는바, 이 화환을 엮는 일은 학문[철학]이 완성할 수 있는 가장 가치 있는 임무에 속한다. 왜냐하면 우리가 예술에서 관계하는 것은 단순히 쾌적하거나 유용한 유희도구가 아니라, 의미내용과 유한성의 형식들로부터의 정신의 해방, 감각적, 현상적인 것과 절대자의 화해, 그 속에서의 절대자의 현현, 자연의 역사로는 불충분한, 오히려 세계[정신]의 역사에서 현시되는 진리의 전개 등이니, 예술은 그 자체가 세계사의 가장 아름다운 측면을, 그리고 현실에서의 각고의 노동 및 인식을 위한 신고의 노력에 대한 최상의 보상을 이루기 때문이다. 그러므로 우리의 고찰은 예술작품에 대한 단순한 비판이나 예술작품들의 생산 지침에 본질을 둘 수 없었으며, 오히려 미와 예술의 근본 개념을 그 실현이 거치는 모든 국면들을 통해 추구하고, 사유를 통해 포착하고 또 확증하는 것만을 유일한 목적으로 삼았다. 이러한 대의와 관련한 나의 서술이 여러분에게 충분했기를 바란다. [574] 무릇 우리는 하나의 유대로 묶여 있다. 그리고 앞의 공동의 목적을 위해 우리를 묶어 주었던 유대는 이제 해체되었지만, 그 대신 우리는 한층 더 높고 파괴되지 않는 미와 진리의 유대로 묶였을 것을, 그리고 이제부터는 이것이 우리를 영원히 하나로 굳게 지켜 줄 것을 마지막 소원 삼아 바란다.

미학 강의 3

– 회화, 음악, 시문학